"十二五"江苏省高等学校重点教材

刑法学总论

Criminal Law Subjects

李晓明 著

图书在版编目(CIP)数据

刑法学总论/李晓明著. —北京:北京大学出版社,2016.10
(21世纪法学规划教材)
ISBN 978-7-301-27570-2

Ⅰ. ①刑… Ⅱ. ①李… Ⅲ. ①刑法—法的理论—中国—高等学校—教材 Ⅳ. ①D924.01

中国版本图书馆 CIP 数据核字(2016)第 224493 号

书　　　名	刑法学总论 XINGFAXUE ZONGLUN
著作责任者	李晓明　著
责 任 编 辑	毕苗苗
标 准 书 号	ISBN 978-7-301-27570-2
出 版 发 行	北京大学出版社
地　　　址	北京市海淀区成府路 205 号　100871
网　　　址	http://www.pup.cn
电 子 信 箱	law@pup.pku.edu.cn
新 浪 微 博	@北京大学出版社　@北大出版社法律图书
电　　　话	邮购部 62752015　发行部 62750672　编辑部 62752027
印 刷 者	北京虎彩文化传播有限公司
经 销 者	新华书店
	787 毫米×1092 毫米　16 开本　36 印张　766 千字 2016 年 10 月第 1 版　2019 年 7 月第 3 次印刷
定　　　价	69.00 元

未经许可,不得以任何方式复制或抄袭本书之部分或全部内容。
版权所有,侵权必究
举报电话: 010-62752024　电子信箱: fd@pup.pku.edu.cn
图书如有印装质量问题,请与出版部联系,电话: 010-62756370

丛书出版前言

秉承"学术的尊严,精神的魅力"的理念,北京大学出版社多年来在文史、社科、法律、经管等领域出版了不同层次、不同品种的大学教材,获得了广大读者好评。

但一些院校和读者面对多种教材时出现选择上的困惑,因此北京大学出版社对全社教材进行了整合优化。集全社之力,推出一套统一的精品教材。

"21世纪法学规划教材"即是本套精品教材的法律部分。本系列教材在全社法律教材中选取了精品之作,均由我国法学领域颇具影响力和潜力的专家学者编写而成,力求结合教学实践,推动我国法律教育的发展。

"21世纪法学规划教材"面向各高等院校法学专业学生,内容不仅包括了16门核心课教材,还包括多门传统专业课教材,以及新兴课程教材;在注重系统性和全面性的同时,强调与司法实践、研究生教育接轨,培养学生的法律思维和法学素质,帮助学生打下扎实的专业基础和掌握最新的学科前沿知识。

本系列教材在保持相对一致的风格和体例的基础上,以精品课程建设的标准严格要求各教材的编写;汲取同类教材特别是国外优秀教材的经验和精华,同时具有中国当下的问题意识;增加支持先进教学手段和多元化教学方法的内容,努力配备丰富、多元的教辅材料,如电子课件、配套案例等。

为了使本系列教材具有持续的生命力,我们将积极与作者沟通,结合立法和司法实践,对教材不断进行修订。

无论您是教师还是学生,在适用本系列教材的过程中,如果发现任何问题或有任何意见、建议,欢迎及时与我们联系(发送邮件至 bjdxcbs1979@163.com)。我们会将您的意见或建议及时反馈给作者,供作者在修订再版时进行参考,从而进一步完善教材内容。

最后,感谢所有参与编写和为我们出谋划策提供帮助的专家学者,以及广大使用本系列教材的师生,希望本系列教材能够为我国高等院校法学专业教育和我国的法治建设贡献绵薄之力。

北京大学出版社
2012年3月

序

刑法学是一门古老而又年轻的学科。说它古老,是因为自人类社会以降,为规范人类行为,实现社会和谐,人类竭尽使用刑罚在内的一切规制手段,追求社会秩序的安宁。中国五千年的文化历史,虽然法文化不甚发达,但刑律文化源远流长,历史上许多著名的政治家、思想家对刑律文化有过精辟论述。说它年轻,是因为尽管人类社会很早就适用刑法或刑律,但刑法学或刑法学科的真正形成也不过二三百年的历史,在我国也只有百年不到的历史。

自1949年起,我国刑法学就开始了前瞻性的研究,"刑法草案"易稿66次,但直到1979年7月1日,我国才颁布了第一部社会主义刑法典,从此结束了新中国成立以后没有刑法典的历史。此后的18年时间里我国先后制定了25个单行刑法,并于1997年3月14日,根据这些单行刑法对1979年刑法典进行了系统修订。目前1997年刑法典也已通过了9个刑法修正案,在不久的将来我国或许会有一部新的完备的刑法典出现。

回顾1979年以来我国刑法创制及其理论研究的历史,我国刑法立法在不断发展与完善,但也暴露出来许多缺陷与问题。一方面,刑法典的制定对于稳定我国改革开放后的社会秩序,推动刑法学教学与研究事业的繁荣等,发挥了重要的历史性作用。而且,在经历了从注释刑法到理论刑法,再由理论刑法回归到"中距刑法"(既有理论又不脱离刑法典)的阶段,刑法典均不断得到"纠偏"、自我完善,日趋成熟。与此同时,我国刑法学学科建设也暴露出一些问题:

(1) 刑法典制定的仓促不适应当今社会的迅速发展。众所周知,1979年制定刑法典时"文化大革命"刚刚结束,改革开放刚刚起步,国家基本还处于计划经济阶段,商品经济与市场经济尚未形成。当时,我国刑法典只能是"纲领性、粗线条"的立法思路,如侵占罪和绑架罪等都未在刑法典中规定,刑法典只有192个条文,涵盖100多个罪名。而在1997年修订刑法典时,也显得仓促和急迫,许多问题没能深入研究,特别是一些重大问题都没能在修订中解决。例如,刑法典的计划经济痕迹问题、市场主体的保护不平等问题、死刑问题以及罪名和刑罚结构的完善问题等。从客观上来看,这些问题之所以未解决,一方面是由于我国刑法立法技术水平有限,另一方面也因为我国经济、社会变革与发展较快,使得刑法典不能完全适应社会的需求与进步。

(2) 现行刑法典的立法技术水平不适应当今社会文化背景和法治环境的要求。我国现行刑法典的理念与体系基本上还是原苏联20世纪30年代的蓝本,而俄罗斯现行刑法典早已抛弃了这一旧的刑法体系。经过几十年的发展，我国国情发生了巨大的变化，如今所处的国际环境与背景也更加复杂，因此刑法典也必须尽快适应时代潮流发展的趋势与规律。

（3）我国现行刑法典及其理论研究所体现的价值观念、体系结构和刑法立场等不适应我国司法环境与立法技术的要求。我国刑法典体现的价值观念呈多元化分布，既有马克思主义法学观，又有原苏联法律与政治意识形态，也有我国自身形成的社会主义刑法观；在改革开放以后，还受到西方社会刑罚观、人权观、法律价值观和法治精神的影响。这些多元化的价值理念相互之间存在较大的冲突和矛盾，导致我国刑法立法的价值选择不明确，非常不利于我国刑法立法的完备与成熟，甚至从根本上在割裂我国刑法的内容与体系。具体表现在：犯罪与刑罚关系上的不确定性、犯罪成立标准上定量化的弊端、刑罚体系完备性的欠缺、行政执法与刑事司法衔接上的困难以及类似保安处分措施定位上的摇摆等。此外，还表现在我国刑法典的立法宗旨和刑法立场不够明确，如刑法是打击犯罪还是保障人权、是体现公正还是追逐功利、是罪刑法定还是解释扩张等，均未在刑法典中予以明确的定位或体现，结果导致刑法立法立场不坚定，在立法宗旨和刑法规范的价值选择上是混乱的，在刑事司法运行与追求上是功利的，在刑罚后果上更是无效的。

（4）现行刑法典及其理论研究所体现的文化理念、规则规范等不适应我国基本国情与人文环境的要求。如上所述，我国现行的刑法典基本上是一个舶来品，这虽然是在特定的历史环境与背景下造成的结果，但时至今日我国刑法典及其刑法理论研究应当更多地关注自身的国情和本民族的刑律文化元素。因此，我国刑法典必须具有本民族的刑律文化元素，只有这样才能进一步确保刑法典的规定具有针对性，才能确保刑事司法效果的基本功用，从而确保整个社会更加和谐、有序，人们更加安居乐业。

为此，加强刑法基本理论的研究，注重刑法立法技术的改革与创新，重视刑法学教学与教材建设，显得尤为重要。这三个方面也是相辅相成、缺一不可的。刑法基本理论是刑法立法技术的基础，刑法基本理论和立法技术的完善，需要刑法学教学研究与教材的支持。

本书就是针对高等学校法学专业本科教学和研究生教学之需，系统梳理了我国传统的本科生和研究生的刑法学教材体系，反映了我国的刑事司法实践和司法考试的内容。本书的特点是：

（1）立足我国刑法典的基本体系，深入分析其立法优势与弊端。

（2）创新性地试图建立"中距刑法学"的理论体系，不仅更新了传统的注释刑法学的理论知识体系与教学方法体系，而且纠偏了纯理论的刑法学教学，基本完成了对我国传统刑法学教材重复、守旧、徘徊的改造过程。

（3）重视刑法立法和理论基本立场与社会、法治发展阶段及进程相适应的实用性研究，使得我国的刑法学研究更加理性，也更加符合实际与应用。

（4）不仅提升了我国刑法学理论的系统性与深入性，还增强了有效破解司法实务难题的有效性和操作性,增加了这两本书的阅读性和工具性,使得刑法学学科体系的逻辑结构与知识体系更趋严密。

作为一名长期耕耘在刑法学教学一线的老园丁,对于刑法学教科书编写的酸甜苦辣感同深受,并且经历了从传统的"注释刑法"阶段,到中青年刑法学者倡导的"理论刑法"阶段。我多次下决心,《刑法学总论》和《刑法学分论》或许能够克服和解决主编制带来的许多弊端与矛盾,做到专业主张与学术思想的一脉相承。这两本书充分体现理论刑法学与注释刑法学的融通与并重,以追求对我国传统刑法立法与刑法理论内容的更新与改造,尤其加强了对中国现代刑法学理论与体系的建设性研究。考虑到参加法律职业资格考试的需要,本书特别注意将近些年来司法考试的重点、难点与试题举例或编入其中,并将书稿内容涉及的刑法立法与司法解释尽收囊中,以孜孜追求我国刑法学科体系知识内容的详尽性与完备性。

优秀的刑法学教材不是需不需要的问题,而是必须追求和打造的问题,这也正是我国刑法学理论研究的基础,也是我国现代刑法学未来发展的动力,更是本书追求的最终目标。

是为自序。

李晓明
2016 年 8 月 1 日
于苏州大学相门寓所

目 录

导言 ……………………………………………………………………………………（1）
  一、何为刑法学（1）   二、刑法学原理（7）
  三、刑法学体系（14）   四、刑法学研究方法（30）

第一编 刑法基础理论

第一章 刑法概述 ……………………………………………………………（43）
第一节 刑法的定义及特征 ………………………………………………（43）
  一、刑法的定义（43）   二、刑法的特征（46）
第二节 刑法的性质与功能 ………………………………………………（47）
  一、刑法的本质（47）   二、刑法的功能（49）
第三节 刑法的目的与任务 ………………………………………………（50）
  一、刑法的目的（50）   二、刑法的任务（51）
第四节 刑法的渊源与类型 ………………………………………………（52）
  一、刑法的渊源（52）   二、刑法的类型（54）

第二章 刑法的制定与规范 …………………………………………………（56）
第一节 刑法的制定及其程序 ……………………………………………（56）
  一、刑法制定的根据（56）   二、刑法制定的程序（59）
第二节 刑法的规范及其内容 ……………………………………………（61）
  一、规范与法律规范（61）   二、刑法规范的类型（68）
  三、刑法规范的内容（69）
第三节 我国刑法的修改与完善 …………………………………………（81）
  一、1979年刑法典的制定及评价（81） 二、25个单行刑法的先后出台（82）
  三、1997年对刑法典的系统修订（83） 四、刑法修正案（一）至（九）（85）
  五、未来刑法典修订的建议（87）

第三章　刑法的基本原则……………………………………………………（89）
第一节　罪责法定原则……………………………………………………（89）
一、"罪刑法定"的思想渊源（89）　　二、罪刑法定原则的真正价值（91）
三、"罪刑法定"的理论分歧（95）　　四、罪刑法定原则与类推制度（100）
五、我国"罪责法定原则"的确立（101）　　六、罪责法定原则的基本内容（103）

第二节　罪责相适应原则……………………………………………………（104）
一、"罪刑相适应"的思想渊源（104）　　二、我国"罪责相适应原则"的确立（106）
三、"罪责相适应原则"的基本内容（108）　　四、"罪责相适应原则"的司法适用（109）

第三节　适用刑法人人平等原则……………………………………………（110）
一、"适用刑法人人平等"的思想渊源（111）
二、"适用刑法人人平等原则"的立法化（111）
三、我国"适用刑法人人平等原则"的确立（113）
四、"适用刑法人人平等原则"的实现（114）

第四章　刑法体系……………………………………………………………（116）
第一节　刑法的形式体系……………………………………………………（117）
一、混合式（117）　　二、编纂式（117）
三、典籍式（118）

第二节　刑法典的体系………………………………………………………（118）
一、刑法典的结构（118）　　二、刑法典的编、章、节（119）
三、刑法典的条、款、项（120）

第三节　刑法的本质体系……………………………………………………（121）

第五章　刑法解释……………………………………………………………（123）
第一节　刑法解释的基本范畴………………………………………………（123）
一、刑法解释的含义和特征（123）　　二、刑法解释的目标（125）
三、刑法解释的原则（127）　　四、刑法解释的方法（130）
五、刑法解释的分类（132）

第二节　刑法立法解释………………………………………………………（134）
一、刑法立法解释的含义和特征（134）　　二、刑法立法解释的形式（135）
三、刑法立法解释的效力（136）　　四、刑法立法解释的兴起（137）

第三节　刑法司法解释………………………………………………………（138）
一、刑法司法解释的含义和特征（138）　　二、刑法司法解释的分类（140）
三、刑法司法解释的效力（142）

第四节　刑法学理解释………………………………………………………（143）
一、刑法学理解释的含义和特征（143）　　二、刑法学理解释的意义（144）

三、刑法学理解释的分类（144）

　　四、刑法学理解释的立场：实质解释与形式解释（145）

　　五、刑法学理解释的再创：分层解释和阶段推进（147）

第六章　刑法效力 (149)

第一节　刑法的规范效力 (149)

第二节　刑法的空间效力 (151)

　　一、刑法空间效力的一般理论（151）　　二、我国刑法空间效力的规定（155）

第三节　刑法的时间效力 (160)

　　一、我国刑法生效和诉讼时效（160）　　二、我国刑法的溯及力（161）

　　三、刑法时间效力的法律适用（162）

第四节　刑法的其他效力 (164)

　　一、刑法总则的效力（164）　　二、刑法的追诉时效（164）

　　三、"告诉才处理"案件的效力（166）　　四、行刑时效（167）

第二编　犯罪成立及其认定

第七章　犯罪概述 (171)

第一节　犯罪的概念 (171)

　　一、犯罪的一般定义（171）　　二、犯罪的基本特征（173）

　　三、我国刑法规定的犯罪（179）

第二节　犯罪的本质 (182)

　　一、法益及其功能（182）　　二、社会危害与法益侵害（185）

　　三、刑法的法益及其确认（187）

第三节　犯罪的分类 (190)

　　一、犯罪的理论分类（190）　　二、犯罪的法定分类（191）

第四节　犯罪的标准 (192)

　　一、以犯罪成立要件为基本标准（192）

　　二、以刑法规范的规定为修正标准（193）

　　三、以立法与司法解释为补充标准（193）

第八章　犯罪成立 (195)

第一节　犯罪论体系的梳理 (195)

　　一、犯罪构成的由来（195）　　二、德国和日本的犯罪成立理论（197）

　　三、英美法系国家的犯罪成立理论（199）　　四、苏联和中国的犯罪构成理论（200）

第二节 犯罪成立理论的分析 (202)

一、犯罪客体与刑法法益（202）　　二、犯罪构成与刑法法益（203）

三、犯罪构成要件与犯罪构成要件要素（204）

四、犯罪构成与犯罪概念（205）　　五、犯罪构成与犯罪形态（206）

六、犯罪构成与犯罪成立（207）

第三节 犯罪成立要件的重构 (208)

一、犯罪成立要件的界定（209）　　二、犯罪成立要件的分类（209）

三、犯罪概念与犯罪成立的关系（214）

第九章 犯罪客观要件 (216)

第一节 犯罪客观要件概述 (216)

一、犯罪客观要件的定义和特征（216）　　二、犯罪客观要件的主要内容（217）

三、犯罪客观要件的重要意义（218）

第二节 法益侵害行为 (219)

一、侵害行为的定义和特征（219）　　二、侵害行为的表现形式（220）

三、侵害行为的时间、地点和方法（223）　　四、"违反国家规定"之含义（223）

五、刑法中典型的非侵害行为（224）

第三节 侵害行为对象 (226)

一、侵害行为对象的定义和特征（226）　　二、研究侵害行为对象的意义（226）

三、犯罪客体与犯罪对象的区别（227）　　四、"公共财产"的范围（227）

五、"公民私人所有财产"的范围（227）

第四节 侵害结果 (228)

一、研究侵害结果的意义（228）　　二、大陆法系刑法中的侵害结果（229）

三、我国刑法中的侵害结果（230）　　四、作为罪过认定根据的侵害结果（234）

五、侵害结果与侵害行为的同一性（235）

第五节 刑法上的因果关系 (236)

一、刑法上的因果关系的定义及特征（236）

二、必然因果关系与偶然因果关系（237）

三、不作为犯罪中的因果关系（238）

第十章 犯罪主观要件 (239)

第一节 犯罪主观要件概述 (239)

一、犯罪主观要件的定义和特征（239）　　二、犯罪主观要件的基本内容（240）

第二节 犯罪主体 (242)

一、犯罪主体的定义和特征（242）　　二、研究犯罪主体的意义（244）

三、犯罪主体的基本类型（244）　　四、特殊主体与定罪量刑（247）

五、"国家工作人员"身份的界定（248）　　六、"司法人员"身份的界定（250）
　第三节　刑事责任能力 ··· （251）
　　一、刑事责任能力的定义和特征（251）　　二、刑事责任能力的基本内容（251）
　　三、刑事责任能力的等级划分（252）　　四、影响刑事责任能力的因素（253）
　第四节　犯罪的故意和过失 ··· （256）
　　一、犯罪故意（256）　　二、犯罪过失（259）
　　三、犯罪目的与犯罪动机（262）
　第五节　认识错误 ··· （263）
　　一、认识错误的概念（263）　　二、事实认识错误（264）
　　三、法律认识错误（266）
　第六节　意外事件 ··· （266）
　　一、意外事件的概念（266）　　二、意外事件与疏忽大意过失（267）
　第七节　违法性认识 ·· （267）
　　一、"不知法不赦"原则遭遇的挑战（267）　　二、国外有关违法性认识的理论学说（268）
　　三、我国刑法对违法性认识的基本立场（269）

第十一章　犯罪量度要件 ··· （271）
　第一节　犯罪量度要件概述 ··· （271）
　　一、犯罪量度要件的定义和特征（271）　　二、具备犯罪量度要件的根据（273）
　　三、犯罪量度要件的本质（276）　　四、犯罪量度要件的评价（277）
　第二节　犯罪数额 ··· （277）
　第三节　犯罪情节 ··· （279）
　第四节　侵害程度 ··· （279）
　第五节　正当防卫 ··· （282）
　　一、正当防卫的定义和成立条件（282）　　二、防卫过当及其刑事责任（289）
　第六节　紧急避险 ··· （289）
　　一、紧急避险的定义和成立条件（289）　　二、正当防卫与紧急避险的区别（296）
　　三、紧急避险过当及其刑事责任（296）

第十二章　犯罪形态（Ⅰ）：未完成形态 ··· （297）
　第一节　未完成犯罪形态概述 ·· （299）
　　一、未完成犯罪形态的界定（299）　　二、未完成犯罪形态的范围（302）
　　三、未完成犯罪形态的成立（305）
　第二节　犯罪预备 ··· （307）
　　一、犯罪预备的定义和特征（308）　　二、犯罪预备的类型（310）
　　三、犯罪预备的处罚（311）

第三节　犯罪未遂 (312)

一、犯罪未遂的定义及特征（313）　二、犯罪未遂的类型（318）

三、未遂犯的刑事责任（320）

第四节　犯罪中止 (322)

一、犯罪中止的定义和特征（322）　二、犯罪中止的类型（325）

三、中止犯的刑事责任（325）

第十三章　犯罪形态(II)：共同犯罪 (327)

第一节　共同犯罪概述 (327)

一、共同犯罪的定义和学说（327）　二、共同犯罪人之间的关系（329）

三、共同犯罪的成立要件（330）

第二节　共同犯罪的形式 (334)

一、一般共同犯罪（335）　二、聚众共同犯罪（335）

三、集团共同犯罪（336）

第三节　共同犯罪人及其刑事责任 (338)

一、共同犯罪人的分类标准（338）　二、主犯、从犯、胁从犯的刑事责任（340）

三、教唆犯的刑事责任（342）

第四节　共同犯罪认定中的特殊问题 (345)

一、共同犯罪中的未完成形态（345）　二、共同犯罪中的片面共犯（346）

三、共同犯罪中的实行过限（347）　四、共同犯罪中的身份确定（348）

第十四章　犯罪形态(III)：单位犯罪 (350)

第一节　单位犯罪概述 (351)

一、单位犯罪的定义和特征（352）　二、单位犯罪的理论根据（353）

三、单位犯罪与法人犯罪（354）　四、单位犯罪的基本类型（354）

第二节　单位犯罪的认定 (355)

一、单位犯罪成立的客观要件（355）　二、单位犯罪成立的主观要件（356）

三、单位犯罪中的量度要件（359）

第三节　单位犯罪的刑事责任 (360)

一、单位犯罪刑事责任承担的理论根据（360）

二、单位犯罪中单位与自然人责任的分配（361）

三、单位犯罪刑事责任承担的模式（362）

四、单位犯罪中单位承担刑事责任的方式：罚金（363）

五、单位犯罪中自然人承担刑事责任的方式：主刑、附加刑及其他处罚（364）

第四节　单位犯罪刑事责任的适用 (364)

一、累犯与单位犯罪刑事责任（364）　二、自首与单位犯罪刑事责任（365）

三、立功与单位犯罪刑事责任（367）

第十五章 犯罪形态(Ⅳ)：一罪与数罪……………………………………（368）

第一节 一罪与数罪概述………………………………………………（368）

一、一罪与数罪的界定及其意义（368）　二、区分一罪与数罪的一般标准（369）

三、一罪与数罪的主要分类（371）

第二节 一罪的认定……………………………………………………（373）

一、实质的一罪（373）　二、法定的一罪（377）

三、处断的一罪（382）

第三节 数罪的认定……………………………………………………（388）

一、同种数罪（388）　二、异种数罪（391）

三、法条竞合（392）

第三编　刑事责任及其承担

第十六章 刑事责任概述……………………………………………………（399）

第一节 刑事责任概述…………………………………………………（399）

一、刑事责任概念的梳理（399）　二、刑事责任概念的界定（401）

三、刑事责任的目的（403）　四、刑事责任的类型（404）

第二节 刑事责任的根据和原则………………………………………（407）

一、刑事责任的根据（407）　二、刑事责任的原则（412）

第三节 刑事责任的定位及进程………………………………………（414）

一、刑事责任的定位（414）　二、刑事责任的进程（418）

第十七章 刑事责任的承担方式(Ⅰ)：刑罚………………………………（425）

第一节 刑罚概述………………………………………………………（425）

一、刑罚（425）　二、刑罚权（427）

三、刑罚功能（428）

第二节 刑罚体系………………………………………………………（430）

一、刑罚体系的概念和种类（430）　二、我国的刑罚体系（431）

第三节 主刑……………………………………………………………（433）

一、管制（433）　二、拘役（436）

三、有期徒刑（438）　四、无期徒刑（439）

五、死刑（441）

第四节 附加刑…………………………………………………………（442）

一、罚金（443）　　　　　　　　二、剥夺政治权利（445）
　　三、没收财产（446）

第十八章　刑事责任的承担方式（Ⅱ）：驱逐出境和剥夺军衔 …………（449）
第一节　驱逐出境…………………………………………………………（449）
　　一、适用对象（450）　　　　　　二、适用范围（450）
　　三、适用方式（450）　　　　　　四、驱逐出境期限（451）
第二节　剥夺军衔…………………………………………………………（451）
　　一、国内外有关剥夺军衔等制度的法律规定（451）
　　二、剥夺军衔及剥夺勋章、奖章和荣誉称号等制度的完善（452）

第十九章　刑事责任的承担方式（Ⅲ）：赔偿经济损失 …………………（454）
第一节　赔偿经济损失的法律规定………………………………………（454）
　　一、我国刑法典的规定（454）　　二、我国《刑事诉讼法》的规定（456）
第二节　赔偿经济损失的立法前瞻………………………………………（458）
　　一、建立被害人国家补偿或救助制度（459）
　　二、完善"赔偿经济损失"和"附带民事诉讼"制度（460）
　　三、建立犯罪人终身偿付被害人损失的责任追究制度（461）

第二十章　刑事责任的承担方式（Ⅳ）：有罪宣告 ………………………（462）
第一节　有罪宣告概述……………………………………………………（462）
　　一、有罪宣告的概念（462）　　　二、有罪宣告的属性（463）
　　三、有罪宣告的意义（464）
第二节　有罪宣告的适用…………………………………………………（464）
　　一、有罪宣告的适用条件（464）　二、有罪宣告的机关（465）
　　三、有罪宣告的后果（465）
第三节　有罪宣告与不起诉制度…………………………………………（466）
　　一、从免于起诉到不起诉（466）
　　二、有罪宣告与不起诉和撤销案件的区别（467）
　　三、不起诉和附条件不起诉的性质与后果（467）
第四节　有罪宣告与期待可能性…………………………………………（468）
　　一、期待可能性的概念（468）　　二、期待可能性的成立（469）
　　三、期待可能性对刑事责任的影响（470）

第二十一章　刑事责任的承担方式（Ⅴ）：非刑罚处罚措施 ……………（472）
第一节　非刑罚处罚措施概述……………………………………………（472）

一、非刑罚处罚措施的界定（472）　　二、非刑罚处罚的适用条件（473）
　第二节　非刑罚处罚措施的具体内容·····································（474）
　　一、训诫（474）　　　　　　　　　二、责令具结悔过（474）
　　三、责令赔礼道歉（475）　　　　　四、责令赔偿损失（475）
　　五、行政处罚与行政处分（476）　　六、剥夺"职业资格"（477）

第二十二章　刑事责任的承担方式（Ⅵ）：责令管教或收容教养··············（479）
　第一节　责令管教···（479）
　　一、"责令管教"的定性（480）
　　二、"责令管教"的对象及其"责令主体"（481）
　　三、不履行管教或监管职责所应承担的法律责任（481）
　第二节　收容教养···（482）
　　一、收容教养的早期规定（483）　　二、收容教养制度存在的问题（483）
　　三、收容教养制度的未来改进（484）　四、收容教养制度的立法展望（485）

第四编　刑事责任的裁量、实现、变更与消灭

第二十三章　刑事责任的裁量···（491）
　第一节　刑事责任裁量概述···（491）
　　一、刑事责任裁量的定义（491）　　二、刑事责任裁量的特性（493）
　　三、刑事责任裁量的根据（494）　　四、刑事责任裁量的原则（495）
　第二节　刑事责任裁量的情节···（496）
　　一、刑事责任裁量情节的概念和分类（497）二、法定情节（498）
　　三、酌定情节（502）　　　　　　　四、累犯情节（504）
　　五、自首情节（505）　　　　　　　六、立功情节（508）
　第三节　刑事责任裁量制度···（510）
　　一、从重、从轻、减轻与免除处罚制度（510）二、数罪并罚制度（512）
　　三、缓刑制度（516）　　　　　　　四、禁止令制度（519）
　　五、对犯罪财物的处理制度（520）
　第四节　刑事责任裁量的偏差与规范化···································（521）
　　一、刑事责任裁量偏差的原因（521）二、刑事责任裁量偏差的矫正（523）
　　三、刑事责任裁量的方法（523）　　四、刑事责任裁量的基准（524）

第二十四章　刑事责任的实现···（527）
　第一节　刑事责任实现概述···（527）

一、刑事责任实现的界定（527） 二、刑事责任实现的原则（528）
三、刑事责任实现的效益（529）

第二节　刑事责任实现的刑罚方法…………………………………………（531）
一、主刑的执行（531） 二、附加刑的执行（534）

第二十五章　刑事责任的变更……………………………………………（536）
第一节　缓刑的变更…………………………………………………………（536）
一、缓刑的一般撤销及处理（537） 二、缓刑考验期满及其处理（537）
三、特别缓刑的撤销及处理（537）

第二节　减刑…………………………………………………………………（538）
一、减刑的概念（538） 二、减刑的条件（538）
三、减刑的具体规则（541） 四、减刑的主要程序（543）

第三节　假释…………………………………………………………………（544）
一、假释的定义及特征（544） 二、假释的条件（545）
三、假释的程序（547） 四、假释的考验期限（547）
五、假释的考察（547） 六、假释的撤销（547）

第四节　死刑缓期2年执行的变更执行……………………………………（548）
一、死缓制度的起源与概念（548） 二、死缓制度的适用条件（549）
三、死缓制度的变更执行（549） 四、死缓变更的特殊限制（550）

第二十六章　刑事责任的消灭……………………………………………（552）
第一节　刑事责任消灭概述…………………………………………………（552）
一、刑事责任消灭的界定（552） 二、刑事责任消灭的理论依据（552）
三、刑事责任消灭的事由（553）

第二节　时效…………………………………………………………………（554）
一、时效的种类（554） 二、追诉时效的期限（554）
三、追诉期限的计算（555）

第三节　赦免…………………………………………………………………（556）
一、大赦（557） 二、特赦（557）

第四节　前科消灭制度………………………………………………………（558）
一、国外前科消灭制度的立法借鉴（558）
二、我国未成年犯罪人前科保密制度（558）
三、刑事登记及前科消灭制度的建立（559）

后记……………………………………………………………………………（560）

导　　言

在研究中国刑法之前,有必要对刑法学的基本原理、发展脉络、理论体系和研究方法进行初步探讨,以便为今后更为深入的刑法专业研究奠定基础。

一、何为刑法学

何为刑法学?这是首先要解决的问题,包括刑法学的定义和研究对象,及其与相邻学科间的关系等。

（一）刑法学的定义

众所周知,自人类社会以降,就产生了规制人们行为与社会秩序的"刑俱"和"罚则"。在我国古代传统文化中,虽然没有现代"法"的概念,但却有"律"的称谓,而且历代统治者制定的"律"大都以"刑律"为主。据考证,我国古代实行"井田制"[①];就象形文字而言,"刑"与"井"有关,即井田中间有口井,国王派人持刀守井,谁去抢水就砍头,这便是我国最早的象形文字"刑"的来历。而"法"在我国古代写作"灋",左边三点水,右边是一个"廌",下加"去"字。[②] 因此,《说文·井部》曰:"刑,罚罪也,从刀井。《易》曰:井者,法也。"《说文解字约注》（卷十）解说认为:"刑字从井,盖与灋字从水同意。可知古人言法,皆取象于水之平。"[③]一直到20世纪初,我国受西方法律文化的传播影响,才建立了现代意义上的刑法的概念。

由此可见,古今中外的刑法文化及理论,是一个渐进演变和不断发展的过程。包括西方19世纪前的刑法学,也只是刑事科学与法学的综合体。这些从意大利刑法学家贝卡利亚的名著《论犯罪与刑罚》所阐述的内容即可窥见一斑,诸如刑事诉讼法学、刑事侦查学、刑事证据学、监狱学、犯罪学等与刑事或犯罪有关的一切学科。[④] 当然,随着学科研究的不断深入,加之社会分工及学科划分的逐步细化,这些学科也就逐渐演变成与刑法学并列的独立学科了。其中,有些学科至今还与刑法学有着密不可分的联系。例如,就刑事政策学而言,早在20世纪欧洲的一些刑法学家就将其与刑法学相融合。至于犯罪学,有的学

---

① 井田制是我国春秋时期之前实行"土地国有"的主要形式,出现于商,鼎盛于西周,春秋时期之后由于铁制农具和牛耕的出现,"井田制"逐渐瓦解。
② 传说古代有一种叫"廌"的异兽神羊,头上长一只"能辨曲直"的犄角,遇有不直之人便用角去抵,"去"有去曲之意;三点水作偏旁引喻为执法要像水一样"公平",不偏不倚。
③ 张舜徽:《说文解字约注》（卷十）,中州书画社1983年版。
④ 〔意〕贝卡利亚:《论犯罪与刑罚》,编译组译,西南政法学院1980年印行本,目录。

者认为它属于刑法学的分支学科。① 然而,刑事政策学毕竟是策略性学科,而刑法学则是规范性学科。同理,刑法学与犯罪学虽然都研究犯罪,但毕竟各自研究犯罪的视角和立足点却有不同。一般而言,刑法学是规范法学,刑事政策学和犯罪学是事实性学科,甚至二者的研究宗旨、目的和学科目标并不完全一样。当然,广义犯罪学具有包括一切犯罪对策学科在内的更大范围,因此它不仅不能成为刑法学的分支或下位学科,相反极有可能成为刑法学、刑事诉讼法学、刑事政策学、刑事侦查学、犯罪心理学、刑事证据学等的上位学科。例如,国际刑法学协会也将刑事诉讼法学作为广义刑法学的研究内容与范围,国际犯罪学协会把刑事司法学、警察学、刑事政策学、犯罪心理学等都作为犯罪学的研究内容。因此,界定学科既要有历史的观点也要有发展的观点,更要注意区分广狭两义和上下位概念,不能不加分析地任意判断和比较。

所以,准确地讲,现代刑法学是同刑事诉讼法学、刑事侦查学、监狱学、犯罪学等学科分离之后针对实体法内容的狭义概念。即使这样,学术界又将现代刑法学划分为广狭两义。广义刑法学不仅包括理论刑法学、规范刑法学和解释刑法学,甚至包括刑法学基础理论、刑法哲学、刑法史学、刑法人类学、刑法社会学、刑法经济学、刑法数学、刑法判例学、刑法立法学、比较刑法学、国际刑法学、普通刑法学和特别刑法学等;其中,特别刑法学中又被划分为行政刑法学、经济刑法学、环境刑法学、军事刑法学等。而狭义刑法学只包括理论刑法学、规范刑法学和解释刑法学。本书研究的是狭义上的刑法学,或称为以中国刑法典为基本内容和支撑的刑法学。

1949年新中国成立以后,我国首次公布的刑法典是1979年刑法典,该刑法典于1997年进行过系统修订。故在我国,依托刑法典来描述刑法学也只能是20世纪80年代初开始的事情。从此种意义上讲,在我国目前具有代表性的关于刑法学概念的观点主要包括:

(1)"刑法学是法学的一个部门,它是以刑法作为研究对象的专门学科。……其主要内容是犯罪和刑罚两大方面。"②

(2)"刑法学是对犯罪和刑罚的规律、对刑事立法和司法实践进行理论概括的科学。"③

(3)"刑法学是以现行刑法为研究对象的学科。"④

(4)"刑法学就是研究刑法及其所规定的犯罪、刑事责任和刑罚的科学。"⑤

(5)"刑法学是法学的一个重要部门,它是关于犯罪、刑事责任、刑罚以及刑法规范的适用规律的知识体系。"⑥

---

① 陈兴良:《刑事一体化视野中的犯罪学研究》,载《中国法学》1999年第6期。
② 杨春洗等:《刑法总论》,北京大学出版社1981年版,第1页。
③ 高铭暄主编:《刑法学》,法律出版社1982年版,第1页。
④ 苏惠渔主编:《刑法学》,中国政法大学出版社1994年版,第1页。
⑤ 高铭暄、马克昌主编:《刑法学》(上编),中国法制出版社1998年版,第2页。
⑥ 何秉松主编:《刑法教科书》,中国法制出版社1995年版,第3页。

(6)"刑法学是研究刑法及其规定的犯罪、刑事责任和刑罚的科学。"①

(7)"刑法学是关于罪刑关系的辩证运动的一般规律的科学。"②

(8)"刑法学是指包含刑法解释学与刑法哲学的刑法学,是以刑法及其规定为研究对象的学科。"③

(9)"刑法学是以刑法为研究对象的知识体系和理论体系。"④

(10)"刑法学是研究罪责认定与确认及其相互关系的一门学科。"⑤

由于上述定义形成于不同时期,故不可避免地受当时研究状况与社会背景的影响。(1)(3)(8)(9)等观点都认为,刑法学是以刑法为研究对象的;(1)(2)等观点认为,刑法学是研究犯罪和刑罚的;(7)(10)等观点认为,刑法学是研究罪与刑或罪与责及其相互关系的;(4)(5)(6)等观点认为,刑法学是研究犯罪、刑事责任和刑罚的;(2)(4)(6)(7)等观点还认为,刑法学是一门科学。此外,(5)(9)等观点还把刑法学表述为"一种理论知识体系"。显然,上述定义既有共识,也有分歧。因此,在界定刑法学定义之前,本书尚需明确如下问题。

第一,关于刑法学的学科定位。刑法学归属于法学是毫无疑问的,而且是法学学科中的一个重要部门法学。但刑法学是不是一门科学?这个问题争论很大,值得认真研究。尤其是作为部门法的刑法学,其主体支撑是刑法典或刑事法律,而法又是统治阶级意志或全民意志的体现。如此,立法活动中一种意志的体现或决策,在较大程度上往往受到价值因素左右或决定,其实质是一种主观价值的选择与判断。所以,这样的立法决策内容未必就一定是科学或真理,反映的不一定都是规律。既然无规律可言,也就不一定具有科学内涵。因此,称刑法学为科学未必妥当或准确,其实它只是一种人文学科而已。

第二,关于刑法学的研究对象。据上述定义,有人认为,刑法学的研究对象是"犯罪和刑罚",也有人认为,是"犯罪、刑事责任和刑罚"。很显然,"刑事责任"是不是刑法学最核心的研究对象是个有争议的问题,取决于如何界定和理解刑事责任。本书认为,从我国刑法典的规定及现代刑法理论来看,犯罪和刑罚未必是同一层级的概念,因为除刑罚之外承担刑事责任的方式还包括有罪宣告、非刑罚处罚措施、政府收容教养和赔偿经济损失等。然而,如果将刑事责任视为或界定为具有实体内容的范畴,那么犯罪和刑事责任则属于同一层级或相互对应的基本概念与范畴。这主要是因为从理论上讲,犯多大的罪就需要承担多大的刑事责任。因此,刑法学的研究对象应当是犯罪和刑事责任及其相互关系。当然,这里的刑事责任包括刑罚、有罪宣告、非刑罚处罚措施、政府收容教养和赔偿经济损失等因为犯罪所产生的一切后果,并不只是传统概念中的所谓"刑事责任"是犯罪与刑罚之

---

① 赵秉志主编:《当代刑法学》,中国政法大学出版社2009年版,第1页;孙国祥主编:《刑法学》,科学出版社2002年版,第13页。
② 陈兴良:《当代中国刑法新观念》,中国政法大学出版社1996年版,第85页。
③ 张明楷:《刑法学》(上),法律出版社1997年版,第2页。
④ 曲新久:《刑法学》,中国政法大学出版社2009年版,第2页。
⑤ 李晓明、李洪欣、陈姗姗:《中国刑法基本原理》(第4版),法律出版社2013年版,第4页。

间的过渡或"桥梁"。

第三,关于刑法学最邻近的属概念。众所周知,就定义的方法来讲,一般是指种差加最邻近的属概念。就刑法学来说,最邻近的属概念应当是"法学学科",最好不使用"科学"之类的属概念,以使其表述更加准确和贴切。如前所述,刑法学并不是一门科学,不应当如此称呼。

综上所述,本书认为,刑法学的定义可以这样表述:**它是研究犯罪和刑事责任及其相互关系的学科,是法学的一个重要部门法学;具体而言,是指专门研究犯罪规范和刑事责任规范,包括何为刑法意义上的犯罪,触犯何罪以及最终应承担何种刑事责任(刑罚、有罪宣告、非刑罚处罚、政府收容教养和赔偿经济损失等)或应受到何种处罚的理论知识体系。**这一定义起码说明了以下问题:一是刑法学是专门研究犯罪和刑事责任及其相互关系的部门法学;二是该部门法学解决的首先是刑法意义上的犯罪定义,包括该行为具体触犯何罪;三是最终解决的是触犯某种罪之后究竟应当对行为人如何进行处罚,以及给予何种处罚等。

(二) 刑法学的研究对象

任何学科都有自己特定的研究对象,这是建立该学科的基础,也是区别于其他学科的根本和依据。毛泽东同志在《矛盾论》一文中指出:"科学研究的区分,就是根据科学对象所具有的特殊矛盾性。因此,对于某一现象和领域所特有的某一种矛盾的研究,就构成某一门科学的对象。"[①]刑法学也是如此,应当有自身特定的研究对象,以及不同于其他事物的特殊矛盾规律。

所谓研究对象,是指该学科研究的特殊领域、目标指向或研究范围。这似乎是一个很简单的道理,但其也始终是刑法学界争论最大的问题。如1957年新中国最早编印的刑法教科书就曾指出,我国刑法学"研究的对象,就是我国社会现象之一的犯罪,和我们国家同犯罪作斗争的方法——刑罚"[②]。很显然,当时的教科书将犯罪和刑罚作为刑法学的研究对象,这是源于苏联等社会主义国家的传统刑法学观点。1979年我国第一部刑法典颁布后,1982年5月法律出版社出版的全国高等学校法学教材《刑法学》一书中也指出:"刑法学是法学的一个重要部门,它是以刑法为研究对象的科学。……刑法学就是对犯罪和刑罚的规律、对刑事立法和司法实践进行理论概括的科学。"[③]此后,这一表述便成为我国刑法学界的主流性观点。后来随着"刑事责任"问题研究的深入,刑法学界又普遍认为,应当把"刑事责任"纳入刑法学的研究对象,故其研究对象又被发展为"刑法及其所规定的犯罪、刑事责任和刑罚"[④]。当然,对此学界也有不同认识。有学者指出:"刑事责任理论的

[①] 《毛泽东选集》(第1卷),人民出版社1991年版,第309页。
[②] 中国人民大学法律系刑法教研室:《中华人民共和国刑法总则讲义》(初稿),1957年印刷,第11页;张中庸编:《中华人民共和国刑法》,原东北人民大学1957年印刷,第12—13页。
[③] 高铭暄主编:《刑法学》,法律出版社1982年版,第1页。
[④] 高铭暄主编:《刑法学原理》(第1卷),中国人民大学出版社1993年版,第5页。

提出,不失为解决两种罪刑关系的对立性的一次有益的尝试。然而,这种尝试是否科学,却值得怀疑。"[1]

目前,认为"刑事责任"应当成为刑法学研究对象之一的观点早已成为主流,这可从1997年刑法典修订后新出版的不少教材或专著中略见一斑。如有学者认为:"正因为刑事责任是法律的后果,故刑事责任不是犯罪论的内容,而是与犯罪论并列的内容;刑罚、非刑罚制裁措施、单纯有罪宣告等都是刑事责任的表现形式,故属于刑事责任论的内容。"[2]还有学者认为:"刑事责任是指因犯罪行为而产生的,犯罪人本人必须承担的,只能由司法机关依据刑事法律加以确认的,以刑罚为主要实现方式的,与犯罪行为的客观危害和犯罪人人身危险程度相当的刑事法律后果。"[3]由此可见,"犯罪"与"刑罚"一开始是社会主义国家确立的刑法学的研究对象,但1997年我国刑法典修订之后,广大中青年刑法学者开始深入研究"刑事责任"问题,甚至将其纳入刑法学的研究对象来考察。1979年刑法典也在总则第二章规定了"犯罪和刑事责任",显然这里的"刑事责任"也是相对于"犯罪行为"而言的一种法律后果的表述。如故意、过失行为,刑事责任年龄和刑事责任能力,正当防卫与紧急避险,犯罪预备、未遂和中止,共同犯罪等,都将直接影响到行为人的刑事法律后果,所以,将"刑事责任"的表现形式排列为刑罚、驱逐出境和剥夺军衔、有罪宣告、非刑罚处罚措施、政府收容教养和赔偿经济损失等,这些都是其直接表现形式或应承担的法律后果。

综上所述,刑法学的研究对象是关于刑法以及所涉及的法律意义上的犯罪、刑事责任及其相互关系的理论知识体系。具体而言,刑法学第一个研究对象是犯罪及其认定;第二个研究对象是刑事责任及其实现,刑事责任的具体内容除刑罚外,还包括有罪宣告、非刑罚处罚措施、政府收容教养和赔偿经济损失等;第三个研究对象是罪责关系,或者仍称为"罪刑关系",但这里的"责"当然是指"刑事责任",这里的"刑"应作"刑事责任"的新阐述,而非原来的"刑罚"。

(三) 刑法学与相邻学科间的关系

为进一步深刻认识刑法学,有必要弄清楚刑法学与其他相邻学科间的关系。

1. 与犯罪学的关系

相同之处:都研究犯罪,是犯罪的对策学科。

联系之处:刑法学的研究成果从规范意义上为犯罪学的研究方向及研究范围明确了方向和边界;反过来,犯罪学的研究成果也相对影响着刑事立法和司法,尤其对犯罪类型的划分和认定奠定了基础。

不同之处:(1) 二者研究的范围不同。刑法学研究的是刑法规定的法定犯罪;而犯罪学研究的是从行为性质上确定的实质犯罪。由此可见,后者研究的犯罪范围要比前者大。

---

[1] 陈兴良:《刑法哲学》,中国政法大学出版社1992年版,第668页。
[2] 张明楷:《刑法学》(上),法律出版社1997年版,第369页。
[3] 李晓明主编:《刑法学》(上),法律出版社2001年版,第425页。

(2) 二者研究犯罪的角度不同。刑法学研究"什么是犯罪",而犯罪学研究"为什么犯罪"。(3) 学科的规范不同。刑法学属规范学科,即以立法规范为依据;而犯罪学是事实或理论学科,研究的是犯罪的现实情况、原因及其对策,即以社会事实为依据、以理论思辨为指导。(4) 学科任务不同。刑法学的任务是惩罚犯罪或通过惩罚而直接地控制犯罪或间接地预防犯罪;而犯罪学的任务是探讨犯罪原因,进而从宏观或微观上预防和控制犯罪。(5) 研究的视野不同。刑法学的研究视野窄,只专注于法律规定;而犯罪学的研究视野宽,除研究法律规定外,更关注社会上各种类型的犯罪表现。

2. 与刑事政策学的关系

相同之处:都研究犯罪,都是犯罪的对策学科。

联系之处:刑事政策学为刑法学提供基础和依据,尤其在法律没有作出明确规定之时,提供政策上的引导或指导;刑法学为刑事政策学提供出路,一旦条件成熟即可将某些政策上升为法律,使之更好地发挥作用。

不同之处:(1) 学科性质不同。刑法学是规范性学科;而刑事政策学是决策性学科。(2) 研究对象不同。刑法学的研究对象是确定的法律(刑法典);而刑事政策学的研究对象是根据犯罪表现来制定犯罪策略。(3) 作用不同。刑法学研究的内容大多具有直接的法律效力;而刑事政策学研究的内容大都没有直接的法律效力,只是指导刑法立法与司法的方针和原则等。

3. 与刑事诉讼法学的关系

相同之处:都研究犯罪,都是犯罪的对策学科。

联系之处:一个解决实体问题,一个解决程序问题,二者缺一不可。

不同之处:(1) 法律性质不同。刑法是实体法,解决犯罪的实体认定问题,即是否犯罪、犯什么罪以及应给予什么样的处罚;而刑事诉讼法是程序法,解决如何处理犯罪的程序问题,即规定对犯罪的立案、侦查、起诉、审判和执行等具体运作过程。(2) 研究对象不同。刑法学研究某个行为是否构成犯罪,触犯何罪以及应承担何种刑事责任或给予何种处罚;而刑事诉讼法学研究的是犯罪后依据什么程序追究其刑事责任。

4. 与宪法学的关系

相同之处:都研究的是法律,都是法学的分支学科。

联系之处:宪法是刑法的制定依据,因此,宪法体现的制度是刑法制定和执行的根据;而刑法制度是宪法制度的具体贯彻和体现,尤其是刑事法治必须以宪法政治为基础;在刑法执行时,如果对于一个行为是否定罪有争议,那么需要根据宪法所体现的价值理念来判断,当然这要有刑法的具体规定以及宪法的授权。另外,刑法制度必须以宪法制度为保障。

不同之处:(1) 法律性质不同。宪法是母法,是国家的根本大法;而刑法是子法,是国家的基本法律。(2) 研究对象不同。宪法学研究的是国家的根本制度和公民权利;而刑法学研究的是国家的刑事实体法的制度。

二、刑法学原理

所谓原理,是指一事物的基本结构和功能机制的原本理论。刑法学原理是指有关刑法理论知识体系的基本结构和功能机制运行的最一般理论,它是刑法学建构和功能运行不可缺少的重要机理与内容。本书认为,刑法学的基本原理"是指构成刑法学的最普遍的基本理论,这就是罪责关系原理",而且,"这一原理归根到底是由刑事责任的目的性所决定的"。[1] 此外,要补充一些基本性的论证。因为人触犯何罪究竟应承担何种行为后果,或者应给予何种处罚及具体承担刑事责任的方式,将直接关乎为什么要制定刑法以及如何运行刑法的问题。可以说,这是刑法学要解决的最基本问题,也是刑法学研究的核心,包括制定刑法应遵循的基本原则和追求的价值目标。由于这些问题一直为学界所忽视,故长期以来刑法学原理的研究不够深入。

不可否认,刑法主要是围绕"刑罚"展开的。为了表明国家对待"刑罚"的态度,有的国家的刑法典将"刑罚"的目的直接写入刑法条文中,如《苏俄刑法典》第 20 条规定:"刑罚不仅是对所犯罪行的惩罚,而且还改造和教育被判刑人……以及预防被判刑人重新犯罪和其他人实施犯罪为目的。"[2]另外,《罗马尼亚刑法典》第 52 条、《蒙古刑法典》第 16 条、《朝鲜刑法典》第 27 条均有类似规定。我国刑法虽然没对刑罚目的作出明确规定,但并不说明它不重要。古今中外的刑法学,无论何种学派或观点,基本上都是围绕报应、防卫两大命题展开的,报应的核心内容就是刑罚。当然,在表述刑法规范时,还存在究竟是国家意志,还是统治阶级意志,或者是全民意志的问题,以及是国家在制定刑法,还是国家在和公民制定契约[3],或者是否存在罪刑关系和刑罚功能等诸多问题。

(一)报应与防卫及并合主义博弈之阶段性功能原理

众所周知,刑法的制定历来存有报应论、防卫论、并合主义等不同学说。报应论认为,恶有恶报,善有善报,这是一种人类社会的公理。犯罪是一种恶行,从公正立场出发,它理应受恶的报应。这种报应以惩罚罪犯或者加害于犯罪人为主要表现。在我国历史上就有许多人认为,之所以要实施刑罚,目的之一就是报应和报复。如著名思想家荀况指出:"凡刑人之本,禁暴恶恶。……凡爵列官职,庆赏刑罚,皆报也,以类相从也。……夫德不称位,能不称官,赏不当功,刑不当罪,不祥莫大焉。"[4]

西方法学史上关于刑罚目的的学说也源远流长,最早将刑罚目的归结为报应的学派,当首推古希腊哲学家亚里士多德。他认为,刑罚的目的正在于它的报应性,即抵消犯罪所引起的罪恶,并明确指出:"以刑罚惩治罪恶,就某一意义(如给人痛苦)而言,仍旧只是一件可以采取的坏事,相反,人就惩恶的目的在于消除罪恶而言,善施恰恰是可以开创某些

---

[1] 李晓明主编:《中国刑法基本原理》(第 3 版),法律出版社 2010 年版,第 8 页。
[2] 高铭暄:《中华人民共和国刑法的孕育和诞生》,法律出版社 1981 年版,第 58 页。
[3] 李晓明主编:《中国刑法基本原理》(第 3 版),法律出版社 2010 年版,第 9 页。
[4] 《荀子·正论》。

事业而成为善德的基础。"①中世纪后，西方的神意报应更是占据上风。古罗马著名思想家圣·奥古斯丁指出："只有最高的上帝才最明白怎样对人的犯罪施行适当的惩罚。"②近代德国著名哲学家康德还创立了"道义报应"的刑法哲学，进一步将报应刑的思想推向极端。他指出："违背道德上之原则，加害恶于他人者，须受害恶之报应（刑罚），此理有固然者也。"③康德甚至还主张刑罚要实行等量报应，"如果你诽谤了别人，你就是诽谤了你自己；……如果你杀了别人，你就是杀了你自己"④。这种观点虽然较"神意报应"有进步，但也存有缺陷：一是"同态报复"论的影子挥之不去，很显然残留着"同态复仇"的痕迹；二是以道德罪过来诠释刑罚的本质，显然已把刑罚和道德混为一谈。而另一位德国著名的哲学家黑格尔在否定康德"道义报应"的基础上，将其辩证法中"否定之否定"规律运用其中，提出了著名的"法律报应"。显然，黑格尔不仅主张从犯人的客观行为中去寻求刑罚的概念和尺度，而且还反对"道义报应"的主观罪过根据。本书认为，绝对排斥道德罪过在确定刑罚中的意义也是不足取的，因为道德和法律之间毕竟存在着十分密切的联系，二者之间的关联性也是难以绝对分离和荡除的。

报应论之后的防卫论则认为，国家之所以制定刑法、设置刑罚是为了追求刑罚之害的更大功利，即预防犯罪的发生，保护社会的正常秩序，特别是法律秩序。古代中国一些思想家就曾认为，刑罚"去其为恶之具，使夫奸人无用复肆其志"，如"亡才刖足""盗者截手""淫者割其势"等，正如晋代思想家刘颂所说："除恶塞源，莫善于此。"⑤西方预防再犯的思想也可追溯到古希腊哲学家普罗塔哥拉那里。他指出："刑罚应该为着未来而处罚，因此再不会有其他的人，或者被处罚者本人，再犯同样的不法行为。"⑥这些理念均得到后来的古希腊著名哲学家柏拉图以及荷兰法学家格劳秀斯的肯定。直到1764年近代刑法之父贝卡利亚《论犯罪和刑罚》一书的出版，才使双面预防主义成为一家之说，当然也是由于英国法理学家边沁的进一步发挥才最终形成完整体系。贝卡利亚认为："刑罚的目的，只是阻止有罪的人再使社会遭受到危害并制止其他人实施同样的行为。"⑦这其中已经包括个别预防和一般预防的双重目的。尽管如此，两位巨匠又对一般预防格外注重，边沁毫不掩饰地指出："无论如何，刑罚的主要目的都是一般预防。"⑧

然而，当一般预防的刑罚目的占据长期统治地位后，西方的犯罪率包括再犯率却大幅度上升，刑罚的威慑作用普遍受到质疑。加之当时欧洲大陆兴起一股实证主义之风，故以实证为思想方法的个别预防理论也应运而生。具体而言，一是以意大利犯罪学家龙勃罗

---

① 〔古希腊〕亚里士多德：《政治学》，吴寿彭译，商务印书馆1961年版，第383页。
② 《西方法律思想史资料选编》，北京大学出版社1983年版，第93页。
③ 王觐：《中华刑法论》（上卷），北平朝阳学院1933年新订7版，第20—21页。
④ 同上。
⑤ 《晋书·刑法志》。
⑥ 林山田：《刑罚学》，台湾商务印书馆1983年版，第64页。
⑦ 〔意〕贝卡利亚：《论犯罪与刑罚》，黄风译，中国大百科全书出版社1993年版，第12篇。
⑧ Jeremy Bentham, *Theoretical Basis of Penalty*, Pegasus Press, 1843, p.396.

梭为代表提出的"天生犯罪人"理论,主张对生来犯罪人的不同情况采取不同措施;二是以意大利的犯罪学家菲利为代表提出的"犯罪饱和"理论,主张根据造成犯罪人不同的社会情形,用不同的救治方法取代刑罚,即刑罚替代论;三是以德国的刑法学家李斯特为代表主张的"社会防卫"理论,主张教育刑,以达到保卫社会的目的。时至今日,我国学者何秉松教授提出了"以人权防卫论"取代传统的"社会防卫论"的观点。[1] 由此可见,不仅报应与防卫的观点争议很大,甚至在防卫问题上也有社会防卫和人权防卫之分。

虽然报应论与防卫论各有道理[2],但各自又都存在难以克服的片面性。面对报应论与防卫论的根本对立,学界又出现了一种折衷主张,即"刑罚一体化"的观点,也称"并合主义"刑罚观[3]。该观点认为,报应与防卫都是刑罚赖以存在的根据。因此,刑罚既回顾已然之罪,也前瞻未然之罪。对已然之罪刑罚以惩罚为目的,对未然之罪刑罚以预防为目的;在预防未然之罪上,刑罚目的既包括个别预防也包括一般预防。当然,各国的犯罪学家们也从不同角度阐述了自己对"一体论"的认识与看法。其中,以美国学者帕克为代表的"一体论"者认为,刑罚具有报应与预防双重目的,且根据犯罪性质区分了以道义为渊源的报应目的(如杀人、抢劫、盗窃犯罪等)和以非道义为渊源的防卫目的(如非法停车及其他犯罪等)。以美国学者赫希为代表的"一体论"者认为,刑罚既蕴含痛苦也潜藏谴责,且刑罚的痛苦性以防卫为根据,谴责性以报应为根据。以英国学者哈特为代表的"一体论"者认为,刑罚根据应视刑事活动的立法、审判、行刑等阶段而定,立法阶段应以一般预防为根据,审判阶段应以报应为根据,行刑阶段应以个别预防为根据。

在该问题上,我国学界代表性的观点主要包括:(1) 惩罚说,认为惩罚是刑罚的本质属性;(2) 改造说,认为刑罚最终的目的不是惩罚,而是达到改造犯罪人成为新人的目的;(3) 预防说,主张刑罚的目的是预防犯罪,包括个别预防和一般预防;(4) 双重目的说,主张既惩罚又改造;(5) 三目的说,主张惩罚与改造罪犯、教育和警戒社会,以及号召群众积极同犯罪作斗争;(6) 预防和消灭犯罪说,主张刑罚最终达到的是预防和最终消灭犯罪的目的;(7) 根本目的和直接目的说,根本目的是预防犯罪,直接目的是惩罚犯罪、威慑犯罪和改造罪犯。[4]

我们曾经认为,"报应和防卫应当是辩证的统一"。这是因为,"犯罪具有双重属性——已然之罪和未然之罪。已然犯罪主要表现为主观恶性与客观危害相统一的社会危害性,未然犯罪主要表现为再犯可能与初犯可能相统一的人身危险性"。因此,"犯罪是社会危害性与人身危险性的辩证统一"[5]。从一定意义上讲,报应体现了刑罚目的的正当原则,预防体现了刑罚目的中的效率原则。正当原则要求某一事物的存在具有其内在的根

---

[1] 何秉松主编:《新时代曙光下刑法理论体系的反思与重构》,中国人民公安大学出版社2008年版,第67页。
[2] "因为有犯罪而科处刑罚"是报应刑论的经典表述,"为了没有犯罪而科处刑罚"是防卫刑论的经典表述。
[3] "因为有犯罪并为了没有犯罪而科处刑罚"是并合主义刑罚观的经典表述。张明楷:《新刑法与并合主义》,载《中国社会科学》2000年第1期。
[4] 高铭暄主编:《新中国刑法学概论述》(1949—1985),河南人民出版社1986年版,第408—411页。
[5] 李晓明主编:《中国刑法基本原理》(第3版),法律出版社2010年版,第13页。

据,表现在刑罚上就是建立罪有应得的基础;效率原则要求既使一些人(至少一个)状况变好,又不使其他人(至少一个)状态变坏,表现在刑罚上就是谋取"最大多数人的最大幸福"。离开了报应的制约,预防犯罪就会成为实行严刑苛罚的借口;而离开了防卫的导引,惩罚犯罪又变得僵死呆板、毫无生气和意义。然而,从另一侧面看,在报应与防卫的选择上还与刑法学的发展阶段不无关系。例如,在刑事古典学派那里或刑事古典的历史阶段,刑法本身就起源于报应,从一定意义上说,那个时候没有报应就没有刑罚,"以血还血,以牙还牙"就是对这种报应刑的生动描述。之后在实证学派探讨犯罪原因的催化下,发现了行为人与犯罪的某种关系,于是惩罚理论由"行为主义"发展到了"行为人主义"。随着对刑罚功效的进一步拓展与认识,刑罚在体现着报应的同时,也的确不失有防卫或预防犯罪的功效。显然,这个时候报应论在刑罚所占的空间自然受到防卫论的挤占或压缩,甚至随着这种防卫论的日渐加强,双方也在互相博弈。似乎"报应"与"防卫"的主张与效应之间一直面临着"钟摆"的重复与纠偏,本书将此种现象称作"钟摆效应"或"纠偏效应",此时彼占上风,彼时此占上风。然而,任何走向报应和防卫两个极端的主张都是错误的,此乃现代刑法的基本原理之一,也即报应和防卫的高度统一。或许在某个历史阶段或时期双方的优势地位可能会调整或互换,但无论哪一方也永远替代不了另一方。

实际上,兼顾报应与防卫的"一体论"就是所谓的"并合主义",即兼顾两派的合理成分,而消解其对立,从此形成并合或者折衷的刑法学理论体系。虽然这种观点表面上看比较全面,但是有些问题依然存在。实际上,"刑罚的轻缓化是刑罚发展的必然趋势,极度轻缓化的刑罚已经无法与严重的犯罪对应,也就无法再体现其报应性,因此刑罚的正当性不能再从报应性方面去寻找,兼顾报应的并合主义刑罚观是无法存在的"[①]。这也就说明,报应论和防卫论不可调和,二者不可能兼顾,各自存在的问题在并合主义观点下依然无法解决。当然也有学者认为,并合主义理论就是人格责任论,在德国由毕克迈耶首创,再由麦兹格和鲍克尔曼予以发展,在日本则得到团藤重光等学者的大力支持。[②] 该学说站在道义责任论的立场上,以决定论的自由意志为前提,认为行为人主体的人格及其表现的行为才是责任的基础。"责任第一位的是行为责任,应着眼于作为行为人的人格主体现实化的行为,在行为的背后,还受到人的素质和环境制约,并存在着经过行为人主体的努力而形成的人格,对行为人这一过程中所表现的人格态度也可以加以谴责,因此,我们把它叫做第二位形成人格的责任。这第一位的责任与第二位的责任,在现实中是不可分割的,应把二者合二为一体称作人格责任。"[③] 总之,在人格责任论看来,最重要的是犯罪行为及其背后潜在的人格体系;人们如何决定其行为,取决于其人之人格,行为者的人格与其行为之间有着密不可分的关系,行为者所表现之行为是该行为人人格之显现,行为人背后的人格才是责任非难的对象。因此,日本学者大塚仁跟随团藤重光采取了人格责任论,并受人

---

① 龙腾云:《刑罚本质理论的重构——以刑罚进化论为视角》,载《河北法学》2014年第7期。
② 张文、刘艳红:《人格刑法学理论之推进与重建》,载《浙江社会科学》2004年第1期。
③ 〔日〕福田平、大塚仁:《日本刑法总论讲义》,李乔等译,辽宁人民出版社1986年版,第112—113页。

格责任论的启发,在这一理论的基础之上进一步深化、拓展,系统地提出了人格刑法学的理论。针对这个观点,我国也有学者认为,大塚仁人格刑法学的最大特点在于,它同时使用行为和人格解释、考察刑法理论。但是,也仅仅是考察和解释,因为根据大塚仁人格刑法学的思想,定罪仍然实行的是单一的行为中心论,人格在这里的作用不过是被用来说明作为犯罪构成的行为,符合犯罪构成的行为是体现了行为人人格的行为。也就是说,它仍然只是如同刑事实证学派一样,揭示了行为背后隐藏的东西——人格,但并没有让这种隐藏的东西从行为这一遮盖物后面浮现出来,发挥其在定罪方面的作用。"真正吸收新旧两派刑法之长的刑法理论,当然是引入行为人刑法所考虑的犯罪人的危险性或者说犯罪人人格因素,建立起真正意义上的人格刑法学。此乃彻底消解行为刑法与行为人刑法矛盾的途径。"[①]然而,本书认为,无论国外学者主张的所谓"准"人格刑法学,还是国内学者主张的所谓"真正"人格刑法学,在定罪问题上"太过主观",甚至接近于龙勃罗梭的"天生犯罪人论"。当然,在"保安处分"的认定中,如果能够更多地参考"人格刑法学"的一些观点,也许更具其本身的价值性。也就是说,人格刑法学或许更适合"未然犯罪"或"危险犯",而不适合"已然犯罪"或"实害犯"。

如前所述,在防卫论中除社会防卫论之外,还有人权防卫论。人权防卫论的提出者是我国学者何秉松教授,他试图架构一个"人权防卫论"的刑法学学科体系,彻底抛弃长期以来的"刑法工具论",重新审视和考察刑罚种类、刑罚制度、刑罚执行等一系列理论与实践问题。[②] 显然何秉松教授不仅要摆脱刑法的"统治工具"学说,而且要建立一个以"人权防卫"为立法根据和基础的新型刑法典及其理论体系。本书认为,在传统的追求公平正义(报应)和防卫社会(功利)的基础上,不仅要保护被害人和全社会的权益和法益,而且同时要体现对犯罪嫌疑人和被告人的权益和法益,包括对其最基本人权(人性)的保护。对于报应、防卫及并合主义的评价,显然前面二者均过于极端或功利,并合主义虽然具有折衷的调和,但无论如何也摆脱不了其"和稀泥"的形象与立场。

为此,本书更倾向于根据社会不同的发展阶段,以及刑法立法的技术水平和法治环境状况,对刑法功能的选择与定位应与刑法的演化与进步及其相应的发展阶段相匹配。例如,在刑事古典学派所处的社会历史发展阶段和法治环境下,刑法的功能在整体上更多倾向于报应主义刑法观;在刑事实证学派和社会防卫学派所处的社会发展阶段和历史时期,刑法的功能在整体上更多倾向于社会防卫主义刑法观;在后刑事古典学派所处的社会发展阶段和历史条件下,刑法的功能在整体上则更多倾向于并和主义刑法观;而在当今现代刑法学派的社会条件与法治环境下,刑法的功能在整体上应更多倾向于"人权防卫"的刑法观。相应地,刑法所保护的法益也应当冲破只保护被害人或者社会法益的藩篱,大胆迈入保障人权或人权保障优先的轨道上。这说明刑法功能不是固定不变的,而是随着社会

---

① 张文、刘艳红:《人格刑法学理论之推进与重建》,载《浙江社会科学》2004年第1期。
② 何秉松主编:《新时代曙光下刑法理论体系的反思与重构》,中国人民公安大学出版社2008年版,第70—76页。

的不同阶段和历史时期,不断选择和需求不同的刑法功能与刑法观。它是一个动态的演化与发展过程,是一个不断更替和演进的过程。

（二）意志与契约的形式选择及刑法制定之立法原理

长期以来,主流观点尤其是马克思主义法学观,一直在演绎和强调"法是统治阶级意志的体现"。① 然而,该种主张也不是永恒的、颠扑不破的,自从一开始就受到"契约论"的挑战。众所周知,"契约"主要源于民法理论,似乎与刑法无缘也无关。然而,刑法虽是公法②,可如今公法与私法截然分离的历史已基本结束,二者正呈日益融合的趋势。这主要表现在:(1) 国家权力干预的层面越来越大,甚至逐渐渗透到私法的每个领域（如经济活动）;(2) 私法的渗透力也逐渐增强,许多公法规范又可以在私法中找到渊源,如私法的自由、平等、人权精神越来越多地体现在公法领域。甚至作为私法（主要是民法）重要范畴的"契约"及其观念也逐渐渗透到刑法领域,最终促进了现代刑法契约观的形成。也就是说,"刑事法律作为公法的一个分支,相当于政府与公民之间的一种'契约',用于表明什么应当作为犯罪受到处罚和通过怎样的程序加以处罚"③。作为公民来讲,这一契约在割舍了自己部分自由的情况下达成,公民违约便受到国家惩罚。但这种惩罚必须是事先同公民约定好的,是双方在各得其所的情况下自愿达成的共同协议,且这种协议应当是平等、合理的。这正是刑法确立或刑法学存在的重要前提和基础,也即刑法学的基本原理。当然这也就必然在国家的权力与公民的自由之间划出一条严格的"界线",而"罪刑法定"正是这条"界线"的界标牌。我们曾经称之为"特殊契约观",甚至认为是刑法中罪刑法定原则的根基性原理所在。④

显然,在刑法制定的立法原理中始终存在"意志论"和"契约论"的争议。本书认为,这或许与一个国家的文化或历史发展阶段有关,在一个政权的建立或成立初期,为了巩固刚刚诞生的新政权,在刑法立法中加大或强调"国家意志"或"统治阶级的意志"本没有错,但到了该政权得以加强和稳固的阶段或者和平时期,再主要强调国家或统治阶级意志,则将不合时宜。特别是在一个国家的刑法典中确立"罪刑法定"原则之后,如前所述,就必须从观念上深刻认识"特殊契约观"原理的根基性和指导性意义,以便更好地建构合理的刑法结构和刑法运行机理,甚至阐释和注解好"罪刑法定"这一基本原则,更好地为国家的刑事立法、刑事司法及刑法学的学科建构提供理论支撑。

（三）犯罪与责任的关系论证及刑法学科的结构原理

关于犯罪与刑罚、犯罪与刑事责任等的关系,一直是刑法乃至刑法学绕不开的一个话题。在我国传统的刑法教科书中,一直把这三者之间的关系称为"罪责刑相适应",甚至作

---

① 孙国华主编:《法学基础理论》,法律出版社1982年版,第47页。
② 公法与私法相对应,其存在的基础是政治国家,权力与服从是其基本特征。
③ 〔斯洛文尼亚〕卜思天·儒潘基奇:《关于比较刑事法的若干法哲学思考》,杨忠民译,载《比较法研究》1995年第1期。
④ 李晓明:《罪刑法定原则的确立与刑法观念的变革》,载《刑事法学》2001年第10期。

为刑法一个重要的基本原则来阐释,当然也有人主张"罪刑相适应"或"罪责相适应"[①]。陈兴良教授也在其《刑法哲学》一书中明确指出,刑法学的学科主线是"罪刑关系"。显然,这里的"罪"是指犯罪,这里的"刑"是指刑罚。然而,根据我国刑法典的规定,承担刑事责任的方式除刑罚外,还包括驱逐出境和剥夺军衔、有罪宣告、非刑罚处罚措施和赔偿经济损失,以及对因不满16周岁不予刑事处罚的人由政府收容教养等。因此从理论上讲,"罪刑关系"的"刑"不能再仅仅是指"刑罚",而应当是指"刑事责任",所以"罪刑关系"也就应发展为"罪责关系",或者可以仍然叫"罪刑关系",但这里的"刑"应当作广义的"刑事责任"来解释。毋庸置疑,一个学科的学科主线确定也是十分重要的,它支撑着一个学科的基本框架、原理及学科体系。在"罪责关系"的理论形成之前,每当谈到社会上的犯罪或刑事案件与法的问题,人们自然想到的就是"罪"与"罚",甚至许多著名小说都是以"罪与罚"为书名或标题的。但当人们意识到刑法归根到底就是以解决"罪"与"罚"为支撑和关系纽带时,显然已经是一种学科理论的原理性思考了,甚至深入思考"罪"与"罚"的关系,对于深刻理解刑法学的理论体系、框架结构及其基本原理都是十分必要的,也是不可或缺的。如今,作为刑法的基本原理来研究,如果能够深刻认识"罪刑关系"或"罪责关系"在整个学科体系中的原理意义和结构价值,肯定对深化我国刑法理论的发展及其实践均具有重要意义。

在"罪责关系"原理的讨论中,核心内容是"有罪必有责",过去称作"有罪必有罚"[②]。现在的"有罪必有责"既符合刑法学的基本原理,又符合我国刑法的相关规定。例如,根据刑法的相关规定,是否所有犯了罪的人都必须受到处罚呢?显然不是,像精神病人、未成年人等,他们虽然实施了犯罪行为(如杀人),但由于他是精神病人而没有能力承担被"处罚"的责任,或者是由于其达不到承担被"处罚"的责任年龄,国家不让其受到"刑罚"的"处罚"。那么是否要承担其他责任呢?答案是肯定的。如对精神病人实施"保安措施"或"治疗",对未成年人进行训诫或责令家长看管以及"政府收容"等。总之,对某些主体,虽然"有罪",但不能"处罚",当然这种不"处罚"是由于国家根据法律规定免除了对其的"处罚",而绝对不是其没有任何责任。因此,并不像过去所讲的"有罪必有罚",实际上有些人有罪但最终也罚不了,因为根据法律规定不能够对其进行惩罚。由此可见,研究"罪责关系"或"罪刑关系",不仅对于深刻理解刑法学的学科主线及其原理具有重要意义,甚至对于理解刑法的功能原理也具有重大意义,十分有利于对极端"报应"理论的纠偏。而且,上述几个刑法学的原理,相互之间都是具有密切联系的。

分析、讨论上述"报应"与"防卫"原理、"意志"与"契约"原理和"罪责关系"原理或称"罪刑关系"原理(或称"学科主线"原理)等,有助于基本掌握刑法学的基本原理和基础性理论,并从理论、立法和实践上对刑法学及其学科形成一个整体性的认识,如为什么国家

[①] 李晓明、李洪欣、陈珊珊:《中国刑法基本原理》(第4版),法律出版社2013年版,第25—27页。
[②] 李晓明主编:《中国刑法基本原理》(第3版),法律出版社2010年版,第104页。

要制定一部刑法以及为什么刑法能够规制社会秩序,甚至怎样规制社会秩序等问题不仅具有理论意义,甚至具有实践价值。

三、刑法学体系

刑法学体系,即刑法学的学科体系,是指一个学科的基本理论知识体系。一般来说,一个学科的学科体系主要由四大方面构成:一是学科的研究对象;二是学科的基础理论;三是学科的研究方法;四是学科的基本结构。也就是说,满足了这四个方面,也就满足了一个学科的学科体系。

(一)建立刑法学科体系的标准

根据建立学科体系基本要素的需要,有学者提出了建构刑法学科体系的四大标准[①]:

标准之一:研究对象是否正确。刑法学的研究对象不仅是该学科存在的基础,也是刑法学体系的主线。因此,抓住了刑法学的研究对象就等于抓住了刑法学学科体系的主线。换言之,需要确定研究对象确定得是否正确,对刑法学体系的科学性与否具有关键意义。除刑法学的基本范畴外,刑法学第一层级的研究对象就是犯罪和刑事责任及其相互关系和运作规律。

标准之二:基础理论是否可靠、扎实。实践中,任何研究都离不开基础理论作指导,没有基础理论铺路,任何专业或应用性研究都不可能取得成功。因为基础理论是基石,基石若不可靠,体系就必然崩塌瓦解。很难想象一个没有可靠基础理论的学科将来会有什么发展。但这里应注意基础理论和理论基础的区别,后者是专业外的东西,前者是专业内的东西。

标准之三:研究方法是否科学。研究方法"是用来发现真理的工具"[②],是建构学科体系大厦的脚手架。当然,刑法学学科体系也离不开科学研究方法的支撑与参与,没有科学研究方法的催产,刑法学科的体系大厦很难牢固。根据刑法学的学科特点,其研究方法不可能是单一的,主要应包括思辨的方法、解释的方法、比较的方法和实证的方法等,也应当有发展的方法和普遍联系的方法。

标准之四:要素结构是否合理。选择的要素是否精当,尤其是要素结构排列是否科学合理,是构建刑法学学科体系的重中之重。刑法学学科体系究竟包括哪些要素?如立法论、犯罪论、刑事责任论、刑罚论、定罪论、量刑论、行刑论等,究竟哪些要素更为合理,或这些要素如何衔接和配置,均是建立刑法学科体系必须解决好的问题。否则,学科体系将失去科学性和稳定性,更不会具有强大的生命力和发展空间。

总之,上述标准都是一个学科建设普遍性的不可缺少的标准。但随着学科的发展,除了上述四项标准,是否就没有其他标准了?答案是否定的。例如,一个学科建设的"立足

---

① 陈兴良:《刑法哲学》,中国政法大学出版社1996年版,第656页。
② 〔德〕康德:《未来形而上学导论》,庞景仁译,商务印书馆1982年版,第4页。

点"或称"研究角度"问题等,也是现代学科建设必须考虑的标准之一,故本书再补充一个标准,列为标准之五。

标准之五:研究视角是否明确。如前所述,刑法学科的研究对象之一就是"犯罪",那么包括犯罪学、刑事政策学、刑事侦查学等,甚至犯罪心理学也都是研究犯罪的,这样就出现了同一个研究对象许多学科都在研究的问题。显然,这就为学科建设提出或增加了一个新的标准:研究视角。也就是说,同一个研究对象,假如研究视角不同,也可能构成不同的学科。当然,刑法学是从规范意义上研究犯罪与刑罚的一个学科,不同于犯罪学专门研究犯罪原因和治理犯罪的社会对策,不同于刑事政策学制定治理犯罪的总策略,也不同于刑事侦查学调查和证明犯罪人是谁,还不同于犯罪心理学研究形成犯罪心理规律等。

了解上述五个标准,尤其是认识这些标准之间的相互关系,对于构建科学的刑法学学科体系十分有益,且必不可少。

（二）历史上的刑法学学科体系及其评价

纵观刑法学的研究史,曾先后出现过四种典型的刑法学学科体系模式,即行为中心论、行为人中心论、社会防卫中心论和社会危害中心论;此外,还有并合论、人格论和人权防卫中心论等。虽然这些并不相同的学科体系模式都以"罪刑关系"为主线,且在内容上也不断发展,但其犯罪论与刑罚论两个版块要素结构与内容范围的呆板性、孤立性并没有发生实质改变,值得进一步深入分析和研究。

1. 行为中心论的刑法学学科体系

众所周知,这一学科体系是刑事古典学派建立的。该学派从犯罪的最直观形态——犯罪行为入手,前溯犯罪人的主观心理,后顾犯罪行为的危害结果,剖析犯罪行为与犯罪人的主观心理联系,得出犯罪行为在主观上是犯罪人自由意志的产物,在客观上有害于社会的结论。[①] 由此建立了行为中心论的刑法学学科体系。在犯罪论上,一方面从犯罪人的角度提出一切犯罪都是应受刑罚惩罚的行为,另一方面从社会的角度提出一切犯罪都是应受刑罚遏制的行为。在刑罚论上,一方面从犯罪人之行为是犯罪主观恶性的体现出发,提出刑罚的目的是对犯罪之恶的回复与报应,另一方面以犯罪行为是犯罪社会危害之导因为基点,得出刑罚的目的是预防犯罪的结论。而且,从上述犯罪与刑罚的这种联系上推导出了"有罪必罚、无罪不罚"的刑法原则,即"罪刑相适应"原则。从此完成了以行为中心论为主线的"刑法原则论—犯罪论—刑罚论"的学科体系。

需要指出的是,在这一学科体系建立中,刑事古典学派内部又分为两支:一是以康德、黑格尔等人为代表的报应主义,二是以贝卡利亚、费尔巴哈等人为代表的功利主义。具体而言:

（1）研究对象问题。从表面上看,行为中心论学科体系是以刑法为研究对象的,似乎无懈可击。但仔细考察不难发现,在研究刑法的视角上,不同的学派之间存在严重分歧。

[①] 陈兴良:《刑法哲学》,中国政法大学出版社1996年版,第659页。

双方虽然都以犯罪和刑罚为研究对象,但以康德、黑格尔为代表的报应主义者注重的是已然犯罪,由此便推演出了必须实施报应刑的结论,而且必然使刑法原则扎根于已然犯罪之中;以贝卡利亚、费尔巴哈为代表的功利主义者注重的是未然犯罪,由此便推演出必须实施功利刑的结论,而且必然使刑法原则扎根于未然犯罪之中。值得肯定的是,行为中心论者不仅对犯罪与刑罚分别进行研究,而且研究二者间的相互关系,这是十分可取的。但不同的行为中心论者并非把完整意义上的罪刑关系进行研究,而是将刑法学的整体对象人为地割裂开来,由此导致了其在刑法学研究对象上各自的片面性。

(2) 基础理论问题。由于报应主义和功利主义在刑法学的研究对象上各执一端,导致其在基础理论上也必然各有所依。二者虽然都承认犯罪与刑罚均是"恶",但报应主义者是从社会公正观念出发,主张"恶有恶报、以恶报恶";而功利主义者则从预防未来角度出发,主张"以恶去恶、以恶制恶"。由此可见,二者的基础理论依据也是不同的。报应主义者强调人作为目的的价值,主张社会的公正性,这是无可厚非的,但只追求公正性不是刑法的全部功能或唯一目标,而要通过"以恶报恶"使人们意识到刑法的公正性,从而使大家普遍遵守刑法,不违法犯罪,最终达到"以恶制恶"的目的。功利主义者从社会客观需要出发,主张"以恶制恶"同样无可厚非,更接近刑法作为治理社会手段的真谛,但如果把刑罚的正当性仅仅奠基于它能排除更大的恶这一命题上,必然导致用刑施罚的不公正,甚至导致刑及无辜和轻罪重罚。由此可见,二者这种得之公正、失之功利或得之功利、失之公正均带有片面性,显然无法作为刑法学体系的科学依据。

(3) 研究方法问题。行为中心论者为什么在研究对象和刑法学基础理论的确立上均存有偏颇或片面呢?这主要是由其孤立、片面的研究方法所导致。因为他们只看到公正与功利之间的对立性,而忽视了二者之间的同一性,即看不到公正对功利追求的制约与功利追求是公正的价值所在两方面的互补与统一。因此导致了他们是用孤立的静止的观点去分析和解决问题,而不是用联系和发展的观点去分析和解决问题。

(4) 结构要素问题。实事求是地讲,行为中心论刑法学体系的逻辑结构是无可非议的,但用已发展上百年的现代刑法观念与理论来衡量,其研究对象中缺少了刑事责任要素。如此,理论基本要素的合理组合并不意味着整个理论体系的科学完美,因为合乎逻辑的结构虽然是理论体系科学性的起码要求,但科学性绝非逻辑性的代名词,而有着更深刻、更高层次的要求。可见,合理的逻辑结构和要素丝毫不影响对行为中心论刑法学科体系权威性的置疑与客观评价。

(5) 研究角度和立足点。报应主义和功利主义研究的立足点均太偏激,前者只立足于"报应"或"惩罚"基点上,只顾一点不顾其余;后者也有同样的问题,只立足于"功利"或"预防"。由此导致了对"犯罪行为"研究和认识角度上的偏颇,最终必然出现问题和不足。

2. 行为人中心论的刑法学学科体系

由于行为中心论刑法学体系存在固有的缺陷,故在刑法学历史上其必然被新的刑法学体系所代替,这就是行为人中心论刑法学体系的建立。该学科体系是刑事实证学派运用统计分析、个案调查等实证方法,剖析犯罪的成因,得出了犯罪并非犯罪人自由意志的结果,而是一定生理或社会因素的必然产物之结论,从而否定了行为中心论重要理论命题的自由意志论,并依次展开了同行为中心论的全面论战。他们认为,既然犯罪不是犯罪人自由意志的结果,那么犯罪便不是应受刑罚惩罚的行为,进而刑罚对他们的威慑也不过是对牛弹琴,这样实证学派便完全否定了刑事古典学派所确立的犯罪论。同样,既然犯罪不是自由意志的产物,那么其也不是一种恶,因此以"恶有恶报"为由对其进行刑罚惩罚是没有任何根据的,进而犯罪人也就不会畏惧刑罚,从而又否定了刑事古典学派关于刑罚目的是报复或一般预防的刑罚论。当然也就从根本上否定了已然之罪同报应刑之间的报应关系和未然之罪同防卫刑之间的功利关系,以及"有罪必罚"和"罪刑相适应"等刑法原则和理论。而且,在此基础上实证学派构建了自己的刑法体系。他们认为,犯罪是一种社会疾病,而犯罪人则是这种社会疾病的病原体;如同治病必须先诊断病因一样,根治犯罪必须首先探究犯罪原因。因此,他们以犯罪人的生理特征为基础建立了"天生犯罪人论"的罪因体系,并取代了行为中心论的犯罪论体系。同时,既然犯罪是一种疾病,为免遭传染或侵害社会,就应采取隔离和矫治措施,依此便建立了"因人施罚"和"隔离矫正"的刑罚体系,并以此取代了刑事古典学派的刑罚论体系。当然,他们又以刑罚与犯罪是矫治与被矫治的关系为基础,指出了对症下药的"刑罚个别化"原则,即"犯罪与犯罪人的人身危险相适应"的原则,并以此取代了刑事古典学派所提出的"罪刑相适应"的原则。具体而言:

(1) 研究对象问题。从表面上看,行为人中心论虽然实现了刑法学研究对象上的统一,但事实上这种统一是建立在对"罪刑关系"的歪曲与肢解的基础上的。也就是说,行为人中心论对行为中心论报应关系的公正性及一般预防关系的否定是错误的,行为中心论在刑法学研究对象上只看到了"罪刑关系"中报应与功利对立性的一面,而忽视了其同一性的一面,导致了片面性;而行为人中心论则只保留了"罪刑关系"的半个命题(功利主义中的个别预防关系),而否定了其另一半命题(报应与公正),从而把这种片面性进一步推向了极端。

(2) 基础理论问题。行为人中心论刑法学体系所依据的基础理论是"天生犯罪人论"。该观点认为,犯罪人在生理、心理或体质等方面具有天生的不同特质,这些人具有天生的犯罪倾向。很显然,这个命题是十分荒谬的。他们认为,人的生理特征决定了犯罪的不可避免性。而且,行为人中心论反对犯罪人有自由意志之说。他们认为,犯罪与犯罪人的意志毫无关联。菲利指出:"我们不能承认自由意志。因为如果自由意志仅为我们内心中存在的幻想,则并非人类心理上存在的实际功能。"[①]而事实上,人的自由意志是客观存在的,犯罪人也不例外。尽管不良的社会环境是犯罪的客观原因,但这种客观因素必须通过犯罪人的主观意志才能发挥作用。否则,无法解释同样环境下有些人犯罪,而有些人不犯罪的客观现象。也就是说,对于外界的影响,犯罪人的主观上既可以接受,也可以不接

---

① 〔意〕菲利:《实证派犯罪学》,郭建安译,中国政法大学出版社1987年版,第15页。

受。也只有基于这样的认识,才能科学地解释为什么同样的环境下有些人犯罪而有些人不犯罪。此外,行为人中心论的"人身危险性"观点容易刑及无辜,置人的权利与尊严于不顾,从而陷入只要目的正当就可以不择手段的泥淖之中。因此本书认为,行为人中心论刑法学体系的基础理论也是站不住脚的。

(3) 研究方法问题。众所周知,行为人中心论者是以实证主义为其方法论的。实证主义是于19世纪欧洲产生的一个具有较大影响的哲学流派,刑事实证学派便是这种哲学思潮在刑法学领域的反映,它反对用纯理性的逻辑来抽象地研究犯罪与刑罚问题,而主张用数据和实验来研究犯罪症状。相较于刑事古典学派的纯理性推演,实证方法所得出的结论往往更令人信服,但纯粹实证方法也具有其自身的局限性。这主要表现在:一是并非所有犯罪问题均可通过直接观察和实验方法就能够得以解决,必须经过演绎和推理;二是一次性的观察与实验所得出的结论只适用于特定的对象范围,环境与条件的改变容易改变结论;三是这种方法也存有片面性和偶然性,因为任何事物都有一定的特殊性,且周围因素存在可变性。例如,龙勃罗梭用实证主义方法得出了"天生犯罪人论"的错误结论等。加之,刑事实证学派故意夸大实证方法的作用,无视其局限性,甚至奉其为万能,将有限的观察与实验结论推广到普遍性的犯罪与刑罚问题上去,如对自由意志与一般预防功能的绝然否定等,都使其必然滑入僵死的形而上学的片面方法论泥淖之中。

(4) 要素结构问题。行为人中心论的学科体系是以犯罪原因论、处罚个别化和犯罪矫治为主体的体系,这种体系与其说是刑法学体系,倒不如说是犯罪学体系。这是由于在这一体系中,犯罪学与刑法学混为一谈,难以区分。从内容上看,行为人中心论的学科体系增添了犯罪原因、犯罪矫治等,但其贬低甚至完全否认了行为中心论所主张的犯罪构成理论与刑罚理论,将犯罪论变成了罪犯病理学,将刑罚论变成了犯罪矫治学。这种组合,虽然有其内在的逻辑结构,但对刑法学来讲显然是不合理的,因为其转移和扭曲了刑法学"规范基点"的研究方向与目标。

(5) 研究角度和立足点。行为人主义研究的立足点也较为偏激,只注意犯罪行为中犯罪人的个性因素,而不顾犯罪行为的共性特征。特别是其立足点偏离了刑法学的"规范"性质,完全站到了犯罪学的立场上来研究刑法问题,如此完全不考虑刑法学的操作性实施。当然,其"刑罚个别化"的部分主张还是值得现代刑法借鉴和倡导的。

3. 社会防卫中心论的刑法学学科体系

该学科体系是由刑事政策学派建立的,主要代表人物有德国的李斯特等。他们在分析犯罪原因时,反对"天生犯罪人论",更多强调的是社会因素,当然也吸收了一些实证学派人体特质方面的观点;在刑罚目的上,他们反对"报应刑论",提倡"社会防卫论",强调以预防再犯和保护社会为目的。认为刑罚虽然是与犯罪作斗争的重要手段,但不是唯一手段;主张广泛地适用保安处分和预防性措施,反对短期监禁,提倡缓刑、不定期刑、罚金和假释制度。由此可见,该学派并非一个彻底的一元论者,实质上是二元论者(人体特质与社会原因相结合),或称古典学派与实证学派的"折衷主义者"。

第二次世界大战后,以意大利、法国为中心创建了"社会防卫国际协会"。为了与战前德国刑事政策学派倡导的"社会防卫论"相区别,1950年马克·安塞尔在第12次国际刑法及刑务会议上,作为法国代表发表题为《人道的社会防卫》的报告,提出了"新社会防卫论"。但在"社会防卫国际协会"中,以意大利律师F.格拉曼迪卡为代表的理论与以法国学派为代表的理论产生对立。格拉曼迪卡主张放弃刑罚,反对国家具有惩罚权力,他只承认国家享有反对反社会行为的防卫权力,其核心观点是:国家有义务通过保护个人和保护社会的措施来对人民实施社会化,也就是保证正常的秩序。格拉曼迪卡只要社会防卫法而不要刑法,主张对犯人一切预防或治疗的措施均由"社会防卫处分"来解决。与此相反,安塞尔的主张被称之为狭义的"新社会防卫论"。新社会防卫论的观点并不否定刑法,也不想用社会防卫法来取代刑法,只是想通过对传统刑法的修正,将社会防卫的内容包括进刑法之中,使其变为"刑法非刑化"体系。也就是通过保护犯罪者个人来保护社会,以教育方法消除犯人的危险性;通过人格研究,实现使犯人重新社会化的"预防犯罪与犯人处遇"体系。

新社会防卫论反对报应和复仇原则,认为犯罪既涉及个人又涉及社会,所以与犯罪有关的问题不能仅限于判决和惩罚犯罪者。具体而言:

(1) 研究对象问题。社会防卫中心论虽然也提倡"行为人主义",但更多强调的还是防卫主义,故其同行为人中心论的分歧集中表现在"折衷论"与"天生犯罪论"的对立。社会防卫中心论在遵循"刑罚个别化"原则的前提下,特别强调以预防再犯和保护社会为目的,如主张广泛适用"保安处分"和预防性措施。很显然,这些内容和范围不仅没有摆脱行为人中心论的僵化和束缚,而且进一步增加了犯罪学研究内容在刑法学中的比重,使得刑法学在研究对象问题上偏离得更远。

(2) 基础理论问题。新社会防卫论刑法学体系所依据的基础理论是社会防卫理论。他们既反对传统的刑法体系,也反对源于实证派理论的刑法体系,试图建立一种同犯罪作斗争的新的社会防卫体系,亦即将社会防卫的内容纳入刑法学体系之中。该体系灵活运用责任概念,由刑事责任扩散为社会责任,这在很大程度上混淆了犯罪学与刑法学在基础理论问题上的界限。

(3) 研究方法创新不足。新社会防卫论在防卫犯罪方法上主要包括,通过使个人和社会分离或隔离的方法,或者通过对个人适用矫正措施和教育措施的方法,把犯罪者变成守法公民。①

(4) 要素结构更加零散。社会防卫中心论只要采用社会政策,包括刑事政策,甚至有想用犯罪预防立法和刑事政策替代刑法典的趋势和动意。在刑事政策的着眼点上,这是对犯罪人个人的预防,而非犯罪的一般预防。新社会防卫论是以犯罪者重新社会化为目

---

① 李晓明:《中国犯罪学论纲》,中国审计出版社1996年版,第56页。

的,因此无论刑罚还是保安处分,都以预防重新犯罪作为出发点。[①]

(5) 研究角度和立足点。社会防卫中心论在保留了刑事古典学功利主义和行为人主义偏激性研究立足点的基础上,其只立足于"社会防卫"或"刑事政策"的基点,进一步将刑法学的研究视角推向极端,甚至严重混淆了刑法学与犯罪学及刑事政策学的界限,这更是一种片面的主张。由此也导致了对"刑法对策"研究和认识角度上的偏颇,最终必然会产生问题和冲突。

4. 社会危害中心论的刑法学学科体系

社会危害中心论的刑法学学科体系是由以苏联为代表的社会主义国家的刑法学家们建立的。虽然社会主义国家对西方国家刑法学的可继承性已成定论,但由于意识形态和阶级利益的对抗性、国情及价值理念上的差异性等,又注定其对西方国家的刑法学不可能照搬。因此,社会主义国家的刑法学体系如何建立,曾经引起苏联和我国刑法学家的苦心思考和研究,但最终还是构筑了世界上第四个刑法学体系,即社会危害中心论的刑法学体系。该体系的建立过程和经历阶段有以下三个时期:

第一个时期为草创时期(1917年10月至20世纪30年代中期)。在这一时期,苏联学者基本上对西方国家报应主义刑法观持否定态度,他们不是进行认真、客观地分析,而是一味地批判和抵制。相反,对功利主义尤其是行为功利主义却态度"暧昧",甚至全部照搬。这在1922年《苏俄刑法典》中已显露端倪:"刑罚是一种防卫的方法,故刑罚使用应适合其目的,同时并应完全免除残酷的性质,不宜使罪犯遭受无益与过多的痛苦。"这不仅肯定了犯罪与刑罚的功利关系,且还主张刑罚的份量与预防犯罪的需要相适应。相反,对犯罪与刑罚的报应关系却重视不够,如规定既遂与未遂同处。1926年的《苏俄刑法典》这种倾向更为明显,在犯罪概念中只表明是一种"社会危害性",未提"应受刑罚惩罚性",取消了"刑罚"的概念,取而代之的是"社会保卫方法"(《苏俄刑法典》第9条),这在根本上否定了犯罪与刑罚的因果报应关系。显然,这与当时苏联的国际背景和国内需求有关。

第二个时期为系统化时期(20世纪30年代中期至20世纪60年代初期)。在这一时期,苏联涌现出像孟沙金等一代杰出社会主义刑法学者,他们出版了一大批刑法教科书及专著,使苏联刑法学真正上升到社会主义刑法学理论化的高度;其突出特点就是建立了以"社会危害为中心"的犯罪论体系和以"预防犯罪为中心"的刑罚论体系。在犯罪论上主张以"社会危害性"为核心;在刑罚论上仍然坚持"刑罚以预防犯罪为目的"。

第三个时期为完善时期(20世纪60年代至90年代)。在这一时期,不少苏联刑法学者已开始注意"罪刑关系"的对立性,并提出了"刑事责任"这一范畴,且试图将犯罪与刑罚统一于刑事责任中。他们认为,犯罪与刑罚之间并非直接的联系,而应以刑事责任为中介。刑事责任论包括已然犯罪之责,也包括未然犯罪之责。因此,刑罚对已然犯罪的回顾和对未然犯罪的前瞻,可以在刑事责任中达到和谐的统一,刑事责任为用刑施罚提供了完

[①] 李晓明:《中国犯罪学论纲》,中国审计出版社1996年版,第56页。

整的理论根据。

中国刑法学只是赶上了上述第三个时期,20世纪50—60年代中国刑法学几乎是苏联刑法学的翻版,此后的20年由于大规模政治运动的原因,刑法学研究工作基本停止。1979年中国第一部刑法典的仓促颁布,也基本上是在模仿苏联第三时期教科书的基础上,结合我国计划经济的现实情况而构建的一个粗线条的刑法体系。这一体系几乎和苏联第三时期的刑法学体系大同小异,占主导地位的仍是社会危害中心论。该体系最显著的特点就是强调了犯罪的阶级性,而犯罪的阶级性又是马克思主义犯罪观的一个核心立足点。社会危害性既是犯罪的本质特征,也是犯罪的其他法律特征的渊源。在犯罪论上,该体系提出了作为衡量犯罪社会危害性标准的犯罪构成理论;在刑罚论上,该体系以犯罪具有社会危害性为前提,提出了刑罚的目的应是预防犯罪的结论,并以此为主线建构了刑罚论体系。具体而言:

(1)研究对象问题。社会危害中心论将刑法学的研究对象界定为法律所规定的犯罪与刑罚。很显然,这样的研究对象未能全面系统地正确反映刑法学的特性,主要表现在:一是未能将刑事责任明确列为刑法学的研究对象,导致犯罪与刑罚尤其是同罪不同罚的现象不能自圆其说;二是未能将罪责刑的相互关系列为刑法学的研究对象,致使三者之间的关系未能得到充分说明与阐释;三是"法律规定"的限制显然把刑事立法过程排斥在刑法学的领域之外,易导致注释刑法的产生;四是仅以刑法规范为研究对象的刑法学,又把刑事司法实践中对刑法规范的适用拒之门外,即未把"司法判例"列入司法解释[①]。这将严重束缚刑法理论研究的手脚,使刑法理论研究走向注释、走向停滞,数十年来我国刑法立法与司法实践也充分证明了这些情况。

(2)基础理论问题。很显然,社会危害中心论的理论基础是马克思主义犯罪观。当然,将此犯罪观作为社会主义刑法学犯罪论的基础理论,虽有道理但并非全面。如果作为整个刑法学的基础理论,则是对马克思主义刑法观的肢解,因为其尚需马克思主义刑罚观提供共同支撑。由此可见,社会危害中心论的基础理论内容至少是片面的、不完整的。

(3)研究方法问题。由于受社会危害中心论"法律规定"或刑法规范的束缚与限制,刑法学研究只能将注解、诠释视为正宗,而将其他方法视为旁门左道,这必然将刑法学研究引入"注释"的歧途,从而阻碍了刑法理论研究的发展。故其在研究方法上是非常单调或独霸的。

(4)要素结构问题。社会危害中心论的刑法体系分总则、分则两大部分,总则主要是犯罪论和刑罚论,分论中主要是八大种类(1979年刑法典)或十大种类(1997年刑法典)的犯罪及量刑。其主要缺陷表现在:第一,它是一个孤立的体系,不仅割裂了犯罪与刑罚的内在关系,而且在理论构建中造成了前后间的矛盾。例如,在犯罪论中将犯罪的社会危害性作为定罪的根据,在刑罚论中又将预防犯罪的刑罚目的作为用刑施罚的指南。这就使

---

① 李晓明:《司法解释中不可缺少的元素:刑事判例》,载《苏州大学学报》(社会科学版)2014年第6期。

犯罪的社会危害性指向已然的犯罪,使刑罚的目的指向未然的犯罪。这种立法上的前后矛盾,是由于没能用统一的刑法理论与立法价值理念予以统一指导所造成的结果,也必然使刑法学的体系成为犯罪论与刑罚论两大块的孤立堆积,甚至缺乏内在的逻辑条理与联系。究其原因,主要是没有用"罪责关系"理论作指导,造成其前后自相矛盾、杂乱无章,缺乏有机系统的组合。尽管1997年刑法典确定的"罪刑法定"原则,似乎对"社会危害中心论"有所限制,但由于该部刑法典的立法价值观念与1979年刑法典相比并没有根本性变化,故"社会危害性"始终是定罪的一个重要根据,如曾轰动全国的"许霆案"就是典型案例。第二,它是一个静态的体系。这主要是受"法律规定"或刑法规范的限制,囿于对法条的注释,未能将司法实践运用刑法的过程直接纳入其视野。最终导致刑法立法及其理论研究虽充满着司法实践的气息,但突出表现是"头疼治头、脚痛医脚"的情况十分常见,往往是材料堆砌有余但理论抽象不足,整体刑法理论研究缺乏应有的动力和活力,这就是我国刑法理论始终得不到长足发展主要原因。第三,它是一个封闭的体系。该体系的基本构架由于存在不合理性,使得许多刑法理论内容得不到及时、有效的补充和完善。刑法理论与司法实践虽日新月异,但学科体系始终固守着原先的结构与内容,尤其是在刑法体系和立法价值理念没有根本改变的情况下,我国的刑法学科建设无法得到更长足的发展。第四,它是一个无本之木的体系。简言之,我国现行的刑法学体系根本不接"地气",其实就是一个舶来品,其基本来源于或移植于苏联20世纪20—30年代的刑法学理论。当然,其社会主义的刑法价值观似乎是适合我国社会主义基本国情的。但是,我国也是一个具有5000多年文明史的国家,在这一历史文化中也积淀了非常丰富的刑律文化。更何况,如今我国依法治国的对象也正是从这一历史和法律文化中走出来的祖先的后裔。我国的现行刑法没有更多地汲取我国本民族的刑律文化精华,无论如何都是一个缺憾,更是一种立法价值理念和传承上的不足。所以,在我国亟需建立一个拥有本民族并呈现开放性的适应我国国情的刑法学科体系。

5. 人权防卫中心论的刑法学学科体系

如前所述,在西方主要经历了行为中心论学科体系、行为人中心论学科体系、社会防卫中心论学科体系等,以及在苏联和我国经历了社会危害中心论的学科体系的情况下,我国学者何秉松教授于21世纪初又提出了"人权防卫中心论"的刑法学学科体系。何秉松教授的观点体现新时代的历史使命和精神,清除旧时代的历史痕迹与阶级局限性,立足于"以人为本"取代"以社会为本"、"和谐社会"取代"阶级斗争为纲",甚至以刑罚权作为建构刑法理论体系的基础与核心,作为刑法理论体系的出发点和归宿,最终更新思维方法和研究方法,特别提出了在构建刑法理论体系时借鉴"系统思维"等。[①] 在此基础上,何秉松教授架构了"人权防卫论"的刑法学学科体系的"蓝图"。即绪论部分的"刑法的基本原理

---

① 何秉松主编:《新时代曙光下刑法理论体系的反思与重构》,中国人民公安大学出版社2008年版,第67—70页。

原则",重点研究刑罚权与刑罚权的规制;犯罪论部分的"犯罪理论体系",主要研究的内容是刑法关于犯罪概念和犯罪成立条件的理论化和体系化;刑罚论部分的"刑罚的理论体系",创新一个崭新的刑罚理论——人权防卫论,并据此重新审视和考察刑罚种类、刑罚制度、刑罚执行等一系列理论与实践问题,包括其最新发展如社区矫正和恢复性司法等。①

然而,虽然何教授跟随时代的崭新构想让人深受启发,但至今并没有看到更加细致和具体方案的论述。人权防卫中心论的刑法学学科体系或许是在国际新时期"人权保护"的新思潮影响下,根据我国法治化的要求,尤其是刑事法治化的进程,大胆设计出来的以保障人权为主旨并融入了新的观念与时代特点的我国刑法理论新体系。

(三)罪责关系中心论的刑法学学科体系构建

建立一套科学、完备的刑法学学科体系本不是一件易事,几百年来刑法学的前辈们可以说为之付出了艰苦卓绝的努力。上述列举的行为中心论、行为人中心论、社会防卫中心论、社会危害中心论和人权防卫中心论等刑法学学科体系的类型,虽然与其当时的刑法发展阶段相适应且有其科学合理之处,但按照现代刑法的要求,其自身或许也存在着一些缺陷或弊端。所以,本书提出建立"罪责关系中心论"的刑法学学科体系,以适应现阶段刑法时代发展的新需求。

1. 研究对象的确定

一般来说,要建立任何学科,其研究对象是关键或称先决条件,明确了研究对象也就把握了该学科建立的主线。刑法学也是如此。上述刑法学学科体系之所以不同,关键在于其所确立的研究对象各异。例如,行为中心论在研究对象上,正是由于其内部两相纷争,加之没能科学地解决犯罪与刑罚二者间的关系,导致刑法学科体系的科学性受到影响。后来的行为人中心论、社会防卫中心和社会危害中心论等,也都是由于其在刑法学研究对象上的偏离,从而影响到刑法学体系的科学建立。社会危害中心论虽然对刑法学研究对象补充至犯罪、刑事责任、刑罚三个方面,但仍未科学地解决好三者间的相互关系,尤其没能正确地选择其中的要素及其规律作为刑法学的研究对象,故长期以来也使其刑法学的学科体系存在缺憾。在上述成果的基础上,本书提出以"犯罪、刑事责任及其辩证关系"作为刑法学的研究对象,而不再是罪责刑及其相互关系。

2. 基础理论的寻找

在学科建设中,基础理论是否可靠,具有十分重要的意义。上述刑法学科体系之所以存在缺陷,关键还在于基础理论的寻找上也存在问题。在行为中心论中,虽然两个学派均将自由意志论作为刑法学的基础理论,即均承认犯罪人主观选择的"恶",但在选择对待"恶"的策略上出现了分歧,一个是"以恶报恶",一个是"以恶制恶"。因为二者无法达到协调与统一,便导致了其刑法学基础理论出现矛盾。在行为人中心论中,由于其学科体系依

---

① 何秉松主编:《新时代曙光下刑法理论体系的反思与重构》,中国人民公安大学出版社2008年版,第70—76页。

据的是"天生犯罪人论"这一错误命题,以致偏离公正,完全导向依据人的"个性特点"定罪,最终导致了基础理论的破产。在社会防卫中心论中,由于其偏离了"规范性"的刑法学基础理论,依据的主要是社会学或犯罪学中的防卫理论,最终也导致了刑法学科体系的崩溃与零乱。在社会危害中心论中,其学科体系依据的基础理论是社会危害论,如前所述,其也无法科学地解释刑法理论中罪与责之间的相互关系。故本书认为,刑法学科依据的基础理论应当是"法益侵害"和"罪责关系",也即犯罪与刑事责任及其辩证关系,以及围绕"罪责关系"的刑法学主线。

首先,刑法学应当研究罪与责的关系。这是由刑法学的特定研究对象所决定的,由此建立起来的刑法学体系是一个"法益侵害"和"罪责关系"的完整体系。另外,以"罪责关系"为中心的刑法学体系更是一个逻辑与历史相统一的体系,因此这是一个较为完整和统一的学科体系。

其次,刑法学应当研究罪责之间的辩证关系。刑法学研究史上的学科体系之所以不尽科学与完善,关键是没能从根本上科学解释罪责刑三者间的相互关系,不是缺少一项就是偏向极端,抑或相互包容和交叉,甚至疑似"中间过渡"或"桥梁"。如罪责关系中心论的学科体系认为,有责(罚)才能有罪,有罪必然有责(罚),这是具有内在辩证逻辑关系的必然结论,而不是行为中心论的学科体系所主张的"有罪必有罚",也不是如社会危害中心论的学科体系所认为的,在"罪"与"刑"之间还要有一个过渡的桥梁"责",即罪责刑关系。简言之,不是研究不彻底,就是构建不完善,没能正确处理好三者间的科学与辩证关系。而且,这种辩证关系表现在:(1)刑事责任(罚)既是定罪的前提和基础,又是犯罪的必然结果和归宿。当然,作为定罪前提和基础的刑事责任(罚)既是笼统的抽象的,又是具体、有据的(刑法分则对每一个罪名的规定),在定罪时主要依据的是刑法总则与分则关于该行为是否具有可罚性的规定,而在量刑时才最终根据犯罪人的具体情况和刑法的具体规定综合判处实际的"宣告刑"。因此,也可以说作为犯罪必然结果和归宿的刑事责任(罚)才是具体的、个性化的和现实的,甚至包含其承担方式的不同。(2)犯罪又是追究具体刑事责任(罚)的前提和基础,有罪必然有责(罚),有罪也应当担责(罚)。也就是说,"犯罪+每个人的具体情况=应当承担的'被宣告'的责(罚)"。(3)刑罚虽然是追究刑事责任的主要形式,但不是唯一形式。三者间的关系是:犯罪与刑事责任(罚)是同位概念,而刑罚与刑事责任(全部的"罚")是种属概念,承担刑事责任(罚)的方式除刑罚外,还包含驱逐出境、赔偿经济损失、有罪宣告、非刑罚处罚措施、强令家长管教或政府收容教养等。因此,"犯罪"不能完全等同或对等于"刑罚"。

最后,刑法学应该研究罪与责的辩证关系及其一般规律。有学者认为,"探讨刑法规律,……具有重大的认识论价值","某些现时有争论的问题,……也可根据刑法规律加以推测。总之,研究刑法规律对刑法发展具有重要意义"。[①] 从哲学角度讲,"罪责关系"是

---

① 储槐植:《刑事一体化与关系刑法论》,北京大学出版社1997年版,第229、231页。

一个辩证的运动的关系,这种辩证的运动的关系是有规律可循的,揭示这些规律应当成为刑法学的基本任务和主要理论内容。长期以来,学界对刑法规律的研究很不深入,尤其对罪与责的辩证关系及其规律研究不够,致使刑法学中许多重大理论与实践问题无法得到解答。从学科使命上讲,其不能只囿于对刑法条文的注释,而应立足于揭示隐藏于法条背后的内在规律,只有这样才能对法条乃至整个刑法规范作出科学合理的解释,才能不断推动刑法理论与实践的发展,也才能够最终为将来的刑事立法指明方向。另外,也只有把握了罪与责的辩证关系及其规律,才能使刑法上升至一个开放的学科。

3. 研究方法的更新

从某种意义上讲,一个学科研究方法的先进与否直接决定着该学科的生命力及其发展水平。刑法学也是如此。目前刑法学之所以在某些方面的研究不深入,主要原因正在于其研究方法的滞后。故只有摸索出一套科学的研究方法,才能推动刑法学的发展与完善。根据刑法学的研究特点,本书认为应当建立如下研究方法体系:

(1) 归纳的与演绎的方法。归纳法也称归纳推理,是一种由个别到一般的论证方法,即从个别性知识引出一般性知识的推理,由已知真的前提引出可能真的结论,疑惑通过许多个别的事例或分论点归纳出共有的特性,从而得出一般性结论。要做出正确的归纳,就要求从总体中选出的样本必须足够大而且具有代表性。归纳法可以先举事例再归纳结论,也可以先提出结论再举例加以证明。前者即为通常所说的归纳法,后者称为例证法,此外,归纳法还包括提高归纳前提对结论确证度的逻辑方法,即求因果五法、求概率方法、统计方法、收集和整理经验材料的方法等。例如,将构成要件要素分为成文的构成要件要素与不成文的构成要件要素、记述的构成要件要素与规范的构成要件要素等,都是对刑法条文进行归纳的结论。再如,受贿罪所保护的法益是职务行为的公正性还是职务行为的不可收买性?非法侵入住宅罪所保护的法益是住宅权还是住宅成员的安全?财产犯罪所保护的法益究竟是财产的所有权还是财产的占有权?这些问题都是需要通过归纳各种具有可罚性或不具有可罚性的行为才可以得出正确结论。由此可见,在刑法执行和司法活动中,以及在案件的辩护与判断中,根本离不开归纳法,又可进一步具体分为完全归纳法和不完全归纳法。而且,归纳方法具有很大的创造性,因此,归纳方法不仅有利于从社会生活事实提炼出一般刑法原理,还有利于从刑法原理中提炼出更为普遍的法哲学原理。而演绎法也叫演绎推理,是指以一定的反映客观规律的一般理论认识为依据,从服从该理论认识的已知部分推知事物的未知部分的一种思维方法。演绎法是认识"隐性"知识的一种有效方法,也即由一般到个别的认识方法,它是从普遍性结论或一般性事理推导出个别性结论或个别性事理的论证方法。在演绎论证中,普遍性结论或一般性事理是依据,通常运用在议论文中。刑法学研究中的演绎法,一方面表现为从哲学、法理学的一般原理推演出刑法原理,如法理学主张法治,刑法便从中推演出"罪刑法定原则"等;另一方面表现为刑法法条或罪名在具体案件或办案中的运用,如刑法规定"为谋取不正当利益,给予国家工作人员以财物的"是行贿罪,在司法实践中,这就是法官认定"行贿罪"的依据。因此,整个刑法的执行或整个司法活动是离不开演绎推理的。

然而,使用演绎法进行论证必须符合演绎推理的形式,这就是通常所说的"三段论":大前提、小前提和结论。大前提就是一般事理(即法律规定),小前提就是需要论证或认定的个别事物(即案件、案例或行为),结论就是论点(即案件结论或罪名定性)。因此,演绎与归纳不同,它反映的是论据与论点之间由一般到个别的逻辑关系,但其基本要求是,其所依据的一般原理即大前提必须是正确的,而且要和结论有必然联系,否则结论的正确性将遭质疑。由此可见,演绎与归纳是刑法学研究以及刑事司法工作不可缺少的重要方法。

在我国的刑法学研究以及司法实践中,比较流行的方法是演绎方法,而相对忽视了归纳法。所以,在今后的刑法学研究及司法实践中,要注意两种方法的结合与配合。当然,在二者之间还有一种臻美的逻辑方法,这就是由一般到一般的推理思维过程。确切地说,它是一种由"有缺陷、不完善(不雅致)的一般"到"理想的、完善(雅致)的一般"的推理。由此可见,臻美逻辑中从一般到一般的推理过程,恰到好处地弥补了归纳法与演绎法之间的缺陷。① 刑法学研究当中总是存在这种不完美的情况,如罚金刑的"公平性"问题就是一个悖论,然而用臻美逻辑方法针对恶意对抗罚金问题设置一项"十倍以上罚金"就可抵减一般罚金理论的"不公平性"和不完美缺陷。

(2) 实证的与思辨的方法。思辨研究是从观念出发,通过抽象推理、逻辑演绎来认识、揭示事物的本质。而实证研究是从审慎缜密的观察出发,以实证、真实的事实为依据,找出事物的发展规律。实证方法可以弥补思辨方法过于空泛的不足,思辨方法也能补充实证方法无以揭示事物本质的不足,二者结合起来才能将刑法学理论研究推向空前。尤其在刑法学基础理论研究方面,要注意思辨研究与实证研究的密切结合。

(3) 定性的与定量的方法。我国刑法学研究较为重视定性研究,而往往忽视定量研究,致使刑法学研究过于抽象、空泛,缺乏可操作性。从定性研究到定量研究是学科进步的标志。定量研究是刑法学科面临的重要课题,也是新的挑战。它不仅要求研究人员掌握数理统计知识、现代科技工具,并把它运用到刑法理论与实践研究中去,而且需要研究人员耗费大量精力,深入调查研究,搜集资料数据。包括常见罪名的定量分析、构罪标准方面的定量意义(尤其适合我国构罪标准既定性又定量的基本模式)以及罪名之间法定刑的确立根据等,都需要定量分析做支撑。此外,在定量研究方面,有些学者利用电脑研究定罪量刑的结合平衡问题,并取得一定成果,这是良好的开端。

(4) 比较的与类比的方法。比较的方法是通过比较来认识事物的一种方法。通过比较,人们将不同的事物区别开来,了解他们的异同;通过比较,人们知其优劣,发现真理;通过比较,人们进行相互借鉴和学习。近年来,我国刑法学者对不同国家法律的比较研究,尤其是对中外刑法理论与实践的比较研究有较大进展,这是值得欣喜的。但是,比较方法在刑法的运用还是较为粗浅的,往往停留于表面上和逻辑上的比较分析,这是远远不够

---

① 李晓明:《行政刑法学导论》,法律出版社2003年版,第133页。

的。类比的方法不完全等同于一般性的逻辑比较,它的逻辑思维与推理过程是一种从个别对象向另一个个别对象的过渡。①显然,这似乎与臻美推理有着异曲同工之妙,可以说其具体表现正好与臻美逻辑的思维与推理过程相反。在刑法中也有类比的现象与举例,如对妇女、儿童及老年人的特殊保护,似乎就需要类比的方法进行深入研究,因为在这些特殊保护对象的因素之间就有着从一种个别对象向另一个个别对象的类比过程,显然研究其对于刑法决策具有重要意义。总之,进行类比研究必须掌握科学的方法,即应尽可能地广泛了解比较对象在实际应用中的效果,了解它们各自不同的历史文化背景、法律传统和现实经济政治状况的差别,以及这些对象在实际应用中的联系,实事求是地剖析其优劣,切忌片面、机械地进行类比。另外,在刑法学研究中还应注意规范与功能比较、宏观与微观比较等方法。

(5) 解释的与判例的方法。用文字解释法律,这似乎是制定法的一个附属物或者规定,这与判例法明显不同。在判例法中,所有对法律的理解都体现在法官在具体判例中对法律的阐述、解释及其论述。当然,刑法解释从不同角度可以做出不同分类,但在立法与司法等有效解释中一直存在着形式解释与实质解释的争论与选择。长期以来,我国对刑法的解释都存在实质解释与形式解释的争议。形式解释论以罪刑法定原则为核心,主张在对法条解释时,先进行形式解释——刑法条文字面可能具有的含义,然后再进行实质解释——刑法条文规定的具有严重社会危害性的行为;在判断某一行为是否构成犯罪时,先对行为进行形式解释——判断该行为是否包含于刑法条文之中,然后再作实质解释——判断行为是否具有严重的社会危害性。实质解释论则以处罚的必要性为出发点,主张对法条解释时,直接将不具有处罚必要性的行为排除在法条范围之外,即法条规定的行为方式均为具有处罚必要性的社会危害性行为;在对行为进行解释时,先从实质解释出发——判断行为是否具有处罚的必要性,然后再进行形式解释——判断刑法条文的可能含义是否涵盖了该行为方式。②本书主张,刑法解释所选择的立场应当与刑法的发展阶段和法治环境相关联。在刑事法治形成初期或立法技术水平不高时,更应采取的是形式解释论,因为包括法治环境在内等都需要形式解释来打造和培养,尤其是要严格执行"罪刑法定"原则,防止实质解释权的扩张与滥用。而在刑事法治已经形成或相对成熟之后,更应采取的是实质解释论,因为此时的法治环境相对成熟,且立法技术水平也大大提高,防止司法权滥用的氛围也已形成,接下来更需要的是通过实质解释来弥补"罪刑法定"或"形式解释"给刑法执行带来的不足或负面作用。另外,文字的解释毕竟还是从大概念到小概念,永远无法完全挣脱或排除制定法所带来的缺陷与不足。此时,在文字解释的基础上,如果用"判例解释"作为补充,或许能增加更多的实务操作性,纠正文字解释带来的循环缠绕。③

(6) 移植的与本土的方法。我国自1949年新中国成立之后颁布、实施的刑法典,尤

---

① 李晓明:《行政刑法学导论》,法律出版社2003年版,第139—140页。
② 刘志刚、邱威:《形式解释论与实质解释论辨析》,载《河南省政法管理干部学院学报》2011年第3期。
③ 李晓明:《司法解释中不可缺少的元素:刑事判例》,载《苏州大学学报》(社会科学版)2014年第6期。

其是1979年刑法典基本上是移植苏联的,这可能是由于我国与苏联都是社会主义国家,均受到马克思主义法学观特别是马克思主义刑法观的价值理念的影响。此后的刑法理论研究,几乎都是受德、日等大陆法系国家刑法的影响,近些年或许也开始受到英美刑法理念的影响。相比之下,却没能发现完全属于中国刑法特有的一些基础理论,更缺乏具有中国特色的刑法理论。这就涉及如何面对国外刑法移植和本土刑法理论的关系问题。固然在世界范围内,不仅犯罪具有共同点,而且刑法也具有相似性,存在了几百年的外国刑法理论肯定有值得我国借鉴之处,这正是人类文明成果的共通性或相似性,即外国的刑法理论学说可以解决中国司法实践中的许多问题。例如,国外的监督过失理论可以解决我国现实生活中出现的许多过失犯罪案件,国外关于非法占有目的的理论可以解决我国司法实践中频繁遇到的财产罪案件等。然而,由于文化、人种、民族、社会等许多方面因素的不同,尤其是我国社会主义革命和建设形成的价值观念与理念上的文化与特色,以及我国几千年刑律文化的传承与影响等,均必然导致我国刑法理论与实践具有自己的特色。因此,在借鉴和引进国外刑法理论与实践的前提下,根据自身需要和长期的刑法文化建设,并不妨碍而且必须建设中国特色的刑法学体系,寻找一条融合中外刑法理论并真正适合我国民族特性的刑法理论体系,这才是我国刑法学的价值追求和奋斗目标。

(7) 理念的与操作的方法。德国法学家考夫曼(Arthur Kaufmann)一语道破了刑法理念与操作性的真谛:"法的理念作为真正的正义的最终的和永恒的形态,人在这个世界上既未彻底认识也未充分实现,但是,人的一切立法的行为都以这个理念为取向,法的理念的宏伟景象从未抛弃人们。"[①]长期以来,我国的刑法价值理念是多元化的,既有马克思主义的刑法观,又受到苏联刑法价值理念的影响,还有我国社会主义革命和建设的特殊背景,西方发达国家刑法文化近些年的不断传入与移植,以及我国几千年刑律文化的传承等。然而,也正是这种多元化刑法价值理念的并存,最终导致了我国现行刑法价值观矛盾与冲突。例如,"工具论"与现代和平时期"平等""稳定"刑法文化的冲突,主观到客观"认定犯罪"理念与当今强调"保障人权"机能、机制的冲突,"社会危害性"的价值理念与将没有社会危害性行为入罪的实际操作上的冲突,犯罪未遂三个成立条件争论中主观立场与客观立场的冲突,共犯从属性与独立性争论中主观主义与客观主义处罚根据的矛盾与冲突等。将这些充满矛盾的价值理念与具体立法操作混合在一起,不可能形成完整意义上的运行良好的刑法体系。此外,由于我国的刑法解释与立法理念存在诸多矛盾与冲突,尤其是以解释代替立法、以解释超越立法等,也充分反映了刑法价值理念与实际操作上的不一致,从而导致解释者没有使妥当的刑法理念成为自己内心深处的真实想法,或者不善于运用各种解释方法,使解释结论符合刑法理念,或者一直就事论事地研究问题,而没有任何刑法理念与基本立场。[②] 再者,理念的多元化不仅极易导致立法上的矛盾与冲突,而且也

---

① 〔德〕亚图·考夫曼:《类推与"事物本质"——兼论类型理论》,吴从周译,台湾学林文化事业有限公司1999年版,第7页。
② 张明楷:《刑法研究中的十大关系》,载《政法论坛》2006年第2期。

给司法操作带来困难。因此,从某种程度上讲,法律的价值不仅仅体现"公平"与"公正",而是在极大程度上要强调"操作性"。由此可见,我国刑法亟需理念的一致与操作上的统一。

此外,刑法不是孤立存在的社会现象,它与一个国家的政治、经济、伦理、文化等存在着相互影响甚至相互制约的关系。因此,刑法学和政治学、经济学、社会学、伦理学等学科也存在相通之处,在研究方法上也是可以相互借鉴的。例如,有的学者利用经济分析方法来研究刑法,虽然还不够深入,但毕竟也是有益的尝试。再如,刑法学研究中的现代化、科学化气息不浓,这与刑法学界对现代自然科学方法缺乏足够的认识有关。但随着现代科学技术的突飞猛进,像基因理论、克隆技术、生态与环境理论等,也都与刑法有关,甚至需要刑法予以保护。事实上,现代自然科学方法论,如控制论、系统论、信息论、博弈论、模糊论、耗散结构论、协同论及突变论已经不同程度地被引进法学领域,只是刑法学尚未有明显跟进的动作。目前,互联网、大数据等技术对刑法学研究也是一个较大的冲击与挑战。因此,在引进其他社会科学研究方法的同时,也应适当引介一些自然科学的研究方法研究现代刑法学理论。

4. 学科体系的重构

通过对上述传统刑法学学科体系的分析可以发现,行为中心论虽然具有较深厚的刑法学思想与理论的沉积,但由于其在研究对象、基础理论、研究方法等方面存在固有矛盾,故不可能统率现代刑法学及其理论;行为人中心论与社会防卫中心论的刑法学体系,在研究对象、理论基础等方面也表现出零散和偏激的弊端;社会危害中心论的刑法学体系虽然有许多长处,如与现行刑法体系相协调,内容架构上既考虑了理论的内在联系,又兼顾到叙述上的方便及现行刑法解释的系统性与完整性等,但最终也未能全面完成科学阐释罪责刑三者间的辩证关系及其规律的历史使命。本书还从刑法学发展的轨迹、历史进路以及研究方法等方面,深入分析了我国目前存在的刑法价值理念与立法技术和刑法解释等方面的矛盾与冲突,所以建设具有我国特色尤其是适合本民族与本土文化的刑法学科理论体系迫在眉睫。因此,本书认为,作为现代刑法学的理论体系,尤其考虑到其科学性、生命力及适应未来社会的长远建设与发展,现将我国刑法学的学科体系设计为图0-1的初步框架。

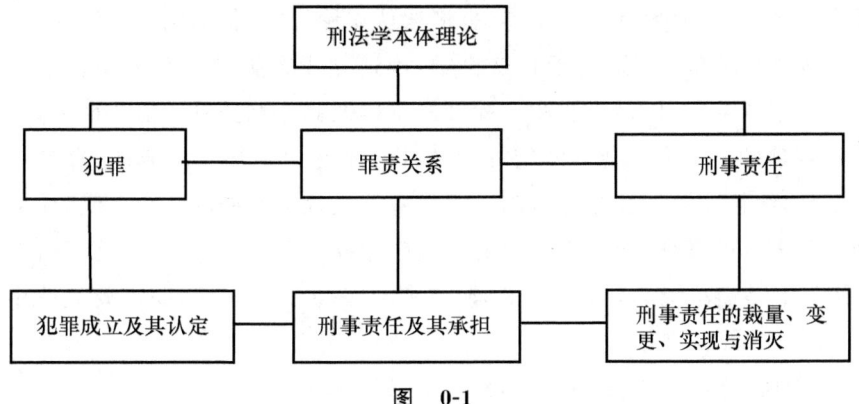

图 0-1

四、刑法学研究方法

刑法学的研究方法也是刑法学科学架构不可缺少的重要因素。因此,认真学习刑法学的基本原理,准确把握刑法学的研究方法,对于刑法学的深入研究意义十分重大。

研究方法对一门学科的发展至关重要,科学的研究方法是一门学科成熟与独立的标志之一。对于一门学科来讲,研究方法不在多,而在专,重在适合一个学科的使用。长期以来,我国刑法学虽然以马克思主义的辩证唯物主义和历史唯物主义为基础性的研究方法,但也不应盲目排斥其他科学研究方法在刑法学领域中的应用,否则刑法学的分析工具将被禁锢,甚至失去更新换代的鲜活生命力,最终在发展中受阻。根据现代刑法学科与理论发展的需要,本书选择一些适合我国刑法学特点的方法进行有针对性的重点分析。

(一)哲学方法:刑法价值理念之统一与刑法立场的阶段性选择

众所周知,哲学是关于世界观和方法论的学说;而且,世界观和方法论是统一的,有什么样的世界观就有什么样的方法论。所谓世界观,是指人们对整个世界以及人和世界关系的根本观点与看法;所谓方法论,是指人们认识世界和改造世界的根本原则与方法。在传统的刑法教科书中,辩证唯物主义和历史唯物主义一直是我国刑法学研究的主要方法。当然,在运用马克思主义哲学方法时,必须摒弃教条,防止僵化;不能因为马克思主义哲学方法的使用,而一味地排斥其他哲学方法在刑法学研究中的地位。因为"马克思的整个世界观不是教义,而是方法"[①]。这也是由其自身的本质和规律所决定的。因此,必须客观地、实事求是地对待马克思主义哲学,不能搞所谓的"占统治地位"的哲学;否则,西方人类历史上的刑法智慧成果,尤其是那些并没有直接运用马克思主义哲学所进行的刑法学的研究成果,都将无法做出科学合理的解释。当然,这也是为了防止类似于西方所谓"占统治地位"的宗教或"国教"在历史上所带来灾难的重演,从而避免给国家或社会带来不必要的损失。所以,哲学方法的选择和运用必须坚持包容性、科学性、统而兼顾、兼收并蓄的胸怀与视野,从而使得刑法学研究尽可能地吸收全人类的智慧成果,其中也包括我国古代刑律哲学文化中的精华与智慧成果。

至于刑法哲学,主要包括刑法本体论、刑法认识论、刑法价值论。具体而言:

(1) 本体论的研究不仅适用于自然科学,也适用于人类社会和人文科学。法律包括刑法是实践性很强的学科,是对法律与社会的本体及其相互关系的潜心研究。因此,刑法本体论的内容基础一定是社会本体论,因为"社会不是以法律为基础的,那是法学家们的幻想。相反地,法律应该以社会为基础。法律应该是社会共同的、由一定物质生活方式所产生的利益和需要的表现,而不是单个的个人恣意横行"[②]。

(2) 认识论是刑法绕不开的一个话题,包括刑法立法与司法,既需要立法中刑法价值

---

① 《马克思恩格斯全集》(第39卷),人民出版社1974年版,第406页。
② 《马克思恩格斯全集》(第6卷),人民出版社1961年版,291—292页。

的认识、选择与判断,也需要司法中事实的辨析、认定与判断。在这些选择与判断中,首先是认识社会、认识犯罪的过程,其次是动用哪些刑罚措施来协调社会矛盾与处置犯罪的过程。例如,立法是一个利益权衡和选择的过程,也是一个价值判断和选择的过程。再如,犯罪成立理论是一个定罪推理的模型建构,建构何种犯罪成立理论模式,都需要得到刑法认识论的全面支撑。包括形式理性与实质理性的关系、刑法解释与刑法适用的关系、刑法演绎与刑法归纳的关系等,都需要刑法认识论的极大关注。由此可见,刑法认识论也是刑法学哲学的极其重要内容。

(3) 价值论是刑法哲学的核心所在,首先表现在立法决策研究之中,其次表现在司法判定研究之中。众所周知,人类在取得巨大社会实践成就的同时,却面临着极度严重的价值选择危机。刑法的立法与司法过程何尝不是这样一种情况,同样是面临着打击犯罪还是保障人权——一个"两难"的价值选择且又不得不选择。类似的情况又如公权力与私权利的博弈、程序公正与实体公正的权衡、非法证据的排除等,也都需要作出相应的价值判断与选择。所以,在刑法哲学中讨论价值论实属必然。

诚然,刑法哲学方法的一些核心内容也都是对普通哲学方法的一些借鉴。如马克思主义哲学中最重要的一些哲学方法主要包括:矛盾分析法中的两点论与重点论、一分为二等方法;马克思主义认识论的方法,如具体问题具体分析、整体与部分的辩证关系、量变与质变的辩证关系等。而现代西方哲学具有代表性的几种哲学方法主要包括:分析哲学方法与精神分析法、结构主义与解构主义方法、现象学方法与解释学方法等,这些哲学方法在包括法学在内的一些学科中均在普遍采用。

哲学研究的基本方法是思辨的方法,这在刑法学方法中也是不可缺少的。一般来说,思辨的方法主要有三种形式:(1) 演绎式思辨。这种思辨方法就是通过一定的概念、范畴、体系对新观察到的现象辨析和认知,以及从一般性的概念出发确认个别事物。(2) 归纳式思辨。这种思辨方法就是通过对一定数量的事物或知识的认识、感知概括性、综合性认识的过程,它的发展历程是从实物或知识片断到概念、关系、系统乃至整体。(3) 顿悟式思辨。这种思辨方法一般适合于单纯抽象问题的研究,诸如神、灵、魂等宗教问题的研究。一般来说,哲学的思辨方法不太适合于实证方法的运用,如辩证唯物论的物质、神学中的上帝等,都是无法用自然科学那种实证的实验手段来证实的。相反,人文学科中的文学、艺术、历史等,更多使用的是思辨的分析与研究。

所谓思辨的方法,即逻辑推理的方法,是指先将一些最基本的概念、术语、命题的内涵与外延确定一个客观标准,然后运用逻辑的形式,如三段论和其他逻辑方法,将其联系起来,以求得符合思维规律的论断。思辨的方法主要有演绎、分析、综合、比较、归纳等,其中最为常用是演绎方法,即三段论式的推理方法:"大前提+小前提→结论"。演绎的方法是从概念到概念、从判断到判断的形象思维运动,是从公理中推出个别结论的方法,其中有个发现事实、认识事实的过程。逻辑认识中的演绎、分析、综合、归纳等推理形式是以已经认识的事实来认识尚未认识的事实,但是认识的结果(结论)是否具有部分的真理性或全面的真理性,是不能断然肯定的。具体而言:(1)大前提是否正确只是人类长期实践经验得出的结论,属于感性认识形式;(2)从个别事物中归纳出一般原理(结论),因为经验所得的个别事物相对于事物的全部总是极小的,甚至可以忽略不计的部分,根据数学上的"取极限"原理,分子(个别事物)的有限比之于分母(事物的全部)的无限,结果只能趋近于零。所以,无论人们如何详尽地列举个别事物的性状,仍然无法穷尽事物之全部集合,由此归纳出的结论的可靠性就无法不让人怀疑。思辨的方法是概念间的自我运动,这种自我运动或者以不证自明的先验的真理或者以未经验证的假说为出发点。如前所述,这两种前提都有可能存在"假"或"不完全真"的可能性,由此得出的结论就有可能是"假"的或"不完全真"的。① 思辨方法在刑法上的运用,可以纯化刑法概念以及刑法概念之间的逻辑关系,理顺和重构刑法学体系,有利于人们加深对一些刑法学范畴、命题的认识。

历史的方法,即沿革性的解释方法,又称为沿革式的分析方法。它是指从法制史或法学史的角度,来探究刑事实体法、刑事判例法以及刑法学说的进化史,核心的价值是总结前人的经验得失以资借鉴,并修正和完善本国立法,发展本国刑法理论。历史的方法对于刑法学科非常重要,是一种从纵向角度来研究刑法的一种方法,时间跨度大,涉及人物与事件多。因此,这就要求研究者在众多的史料中去粗取精,去伪存真,做到忠于史实,忠于研究。同时,在研究过程中研究者要结合新的考古发掘情况,更新史料,不要只顾在故纸堆中寻章摘句,而要到实践中甚至边远的未开化地区中去体察民情民风,从原始的法制度的"活化石"中寻求刑法的源流与本相。在研究刑法的历史时,要注意概念间的"断裂"现象,并且要在认识概念的断裂的基础上进而区分哪些概念是"形式断裂",哪些概念是"本质断裂"。只有本着这样的研究态度,才能还历史以真相,不作望文生义之比附,而曲解历史事实,混淆视听。如前所述,有必要对刑法进行分阶段的研究,从中把握其各个社会阶段的刑法规律,并选择适合相应阶段的一些刑法原则与策略。

(二)解释方法:刑法解释类型之选择与发展阶段的高度性契合

解释的方法是指对刑法规范进行文理、语义等方面的分析、注解,以阐明刑法的真义,发现刑法的精神,总结其原则的研究方法。刑法解释的目的在于发现刑法规范的真义与立法的精神,其解释虽带有解释者的主观价值倾向与个人情绪,但就总体而言它是客观的、大体中立的。刑法解释一般以论证刑法的合理性与正当性为己任,刑法解释的主要工具为目的论解释,但刑法的抽象性与静止性同犯罪活动的具体性与多变性的极大悬差要求刑法解释不能拘泥于文本,而要在刑法原则之下消减具体犯罪的无关紧要的事实,使其适应于犯罪构成的框架,以用有限之刑法驾驭无限之现实犯罪。当然,刑法解释的方法也不是没有节制的,它主要受到刑法条文(罪刑法定的要求)、刑法原则(尤其是基本原则)、刑事政策(如我国"惩办与宽大相结合"的政策)以及保障人权(如疑罪从无原则)等方面的约束与限制。刑法解释不仅具备对规范的注解功能,还具备对刑法规范的价值评判功能。

---

① 周路主编:《实证犯罪学》,天津社会科学出版社1995年版,第12页。

因此,刑法解释的方法主要属于分析定性的方法。刑法解释的方法主要有以下几类:

1. 文理解释

文理解释,又称为直接解释,是根据刑法文本把握刑法体系与原则,分析刑法规范的结构,考察刑法规范的真实含义的研究方法。文理解释方法要遵守三个原则:(1) 应依普遍意义解释法律文义;(2) 应根据社会生活的实际需要去解释法律条文;(3) 应从整体上把握文本含义,推究法条含义。

2. 论理解释

论理解释,又称为间接解释,是根据论理的方法与原则,在刑法文义之外寻求法律的精神、原则、立法者的原意等,阐明法律的意义。该方法的运用必须以了解法律发生的原因、理由及历史为前提,结合社会现实情况,方能把握立法者的目的。论理解释又分为扩张解释和限制解释。前者是指依法律文本的精神,扩充法律条文的范围,使之适合于立法者的原意及现实司法的需要;后者是指依法律文本的精神,缩小法律条文的范围,使之不与立法者意旨与现实需要相悖。

3. 类推解释

类推解释,类似于扩张解释,是指对于法律文本未规定的事项,比附于最为近似的法条,类推适用以定其罪或减免其罪,即所谓"举重以明轻,举轻以明重"。类推解释是根据社会形势的需要,在时代精神的指导下,不拘泥于传统法律精神以求得法律之新义的研究方法。虽然在我国1979年刑法典中曾规定了类推,但由于类推违反罪刑法定和破坏法治,1997年刑法典取消了类推原则,正式确立罪刑法定原则,目前类推解释为多数国家所不采。

4. 沿革解释

沿革解释,又称为历史解释,是从立法的历史中探究立法者的真意,如将法条与前法的相关规定加以比较,以期充分探明法条的本意,或从法律制度的渊源和经过中寻求法条的真意,或从古今中外刑法产生、发展、消亡的历史中,探寻刑法生长的根本法则以及发展的基本路径。

刑法解释方法的选用与一个国家刑法的发展阶段不无关系。因此,在研究刑法解释方法与类型时,除考虑其功能选择外,还应考虑刑法发展阶段的现实需求。例如,就我国目前刑法与社会的发展阶段而言,正是"依法治国"的初级阶段和刑事法治形成初期,因此,全面坚持罪刑法定原则,营造人权保障的氛围,对刑事法治环境的塑造非常必要、十分有益的。这也是针对形式解释论与实质解释论等争论,以及凸显刑法解释类型之选择与我国刑法发展阶段的高度性契合。目前,尤其是在刑事法治形成初期和罪刑法定的初创时期,在刑法立法技术尚不发达、不成熟的情况下,应当坚定地选择刑法的形式解释论。而在我国刑事法治的社会秩序基本建成之后,随着我国刑法立法技术的完善与提高,才可以考虑刑法实质解释论的适用;否则,在没有真正树立起人权保障的理念、刑法立法尚不完善的情况下选择实质解释论,将不利于刑事法治的最终形成与建设,更不利于刑法学科的发展,以及法治社会的实现。

(三)研究方法:刑法理论研究之创新与分析工具的适当性运用

研究方法对于一个学科建设和研究是至关重要的。从某种意义上说,一个学科的成熟在极大程度上取决于是否有一套适合自身发展需要的独特研究方法。刑法是一门"古老而又年轻"的学科,说它"古老",是指其思想渊源具有很长的历史,基础理论研究也有几百年的跨度;说它"年轻",是指迄今为止其并未完全成熟,这当然与其研究方法的拓展深度有关。在过去对刑法的研究中,学者更多关注的是刑法的思辨和定性的研究方法,很少使用定量和分析工具。

在思辨和定性研究中,最常用的还有一种优化或比较的方法。当然,优化和比较是相辅相成的,优化是建立在比较的基础之上的一种逻辑方法,而比较是通过对比来认识和衡量事物的一种方法。一般认为,通过比较认识、鉴别事物的方法在刑法学研究上的运用就是刑法学上的比较的方法。① 通过比较,人们将不同事物区别开来,了解他们的异同;通过优化,我们也可以做到好中选优,知其优劣,最终发现真理和最优方案。近年来,我国刑法学者对不同国家法律的比较研究,尤其是对我国刑法理论和实践与外国刑法理论何实践的比较研究有所进展,这是值得欣喜的。但是,比较方法的运用还是比较粗浅的,往往停留于表面上、逻辑上的比较分析,这是远远不够的。进行这类比较研究,必须掌握科学的比较方法,即应尽可能广泛地了解比较对象在实际应用中的效果,了解它们各自不同的历史文化背景、法律传统和现实经济政治情况的差别以及这些对象在实际应用中的影响,实事求是地剖析其是非优劣,切忌片面、机械地进行比较。此外,还应注意运用各种比较方法,如规范比较和功能比较、宏观比较和微观比较及叙述比较和评价比较等。

比较的方法分为历史的比较(纵比)和现实的比较(横比)两种。严格意义上的历史方法应是在对历史上刑法发展的趋向和特点做出整体性的研究和把握的基础上,总结出刑法发展的基本规律,鉴往知来,为以后的刑事立法和司法实践服务。本书关注的比较的方法是在两项或多项事物中找其差异点或共同点,截长补短,并从其发展、联系中寻求科学规律,探求其真意。目前,中国刑法学上的比较方法主要就是比较各国现行刑法制度、刑法原则、刑法学说以及刑法思想,总结其得失优劣,以资完善本国立法、发展本国学说。当然,也可以对中外刑法上的具体制度、规定、观点、问题进行比较,更可以对国内刑法上的一些问题进行比较。进行刑法学的比较研究应尽可能地掌握原始材料,在实地考察、学习原始材料的基础上进行比较,否则,比较得出的结论将大打折扣。

值得注意的是,在比较分析的过程中,又出现了批判的方法与思维。批判法学兴起于20世纪70年代末的美国,是一种旨在挑战和推翻传统法律理论和实践中的既定规范与标准的法学思潮。批判法学把批判的矛头指向西方现代法理学中具有悠久历史传统的西方自由主义法律思想以及体现这些思想的法律制度。批判法学核心内容是,竭力撕破法

---

① 李晓明主编:《中国刑法基本原理》,法律出版社2005年版,第29页。

律的确定性、中立性和客观性的面具,以证明法律不是一个理性体系,而是一种意识形态,这一意识形态使不公平的政治制度得到支持并成为可能。① 当然,此前的一些学者也都提过批判的思维与哲理。苏格拉底就曾说过:"一种未经审视的生活还不如没有的好。"德国哲学家恩斯特·卡西尔也说过:"人类生活的真正价值,恰恰就存在于这种审视之中,存在于这种对人类生活的批判态度之中。"②

从方法论上看,批判法学一方面继承了社会批判理论的基本观点和思想体系,对传统法学研究的主流方法发起了全面的攻击。有学者认为:"与人类整体认识的特征一样,法律认识和法学研究实际上也是一个不断审视、批判和反思的过程,从对神权法的理性批判到对自然法的科学批判再到对实证法的道德批判,就可以看出法学发展历程中的批判意味。"③然而,在我国对于批判法学褒贬不一,褒扬体现在其关注政治、利益集团和"人为"价值理念选择的影响,贬斥体现在其存在否定一切、"法律虚无主义"及无政府主义的嫌疑。

在刑法学研究中借鉴批判法学的一些方法,对于完善方法研究和突破传统刑法理论的束缚,都是十分必要和有益的。曾经有学者就以《刑法理性批判》为题,批判过"法律是统治阶级意志的体现,是维护阶级统治的工具"的传统观点,甚至还尖锐地指出:"在现代法治社会,对刑法绝对工具价值的顶礼膜拜、刑法被政治所操纵的这种特殊的工具性恰恰是刑法的最大的悲哀。刑法的绝对工具价值蕴涵着刑法异化的极大危险。"④包括对我国刑法体系、立法理念,以及对保障人权、公权力与私权利的相互制约、对国有企业与民营企业保护平等的问题,都是我们展开刑法学批判的重要内容。从某种意义上来讲,在刑法研究中运用批判的方法,才能够最终促进和推动我国刑法学持续、健康、稳步发展。

在思辨和定性的传统刑法研究之中,实证的方法和定量分析的工具略显不足。实证的方法又称科学观察的方法,一般是指在坚持价值中立的前提下,通过受控实验和实地考察所得到的科学资料来对刑法学上的具体问题进行系统研究的经验探求方法。实证的方法是对刑法问题的量化处理,是对刑法学的思辨方法的突破与超越;实证的方法是对刑法学问题的客观研究模式,而且是唯一模式,是对思辨研究和定性研究的重要纠正与补充。以实证的方法来研究犯罪问题,就是要把犯罪人、犯罪行为及其后果等与现实社会的经济状况、物质生活条件和生活环境结合起来进行系统分析,以探求犯罪主体的个人品性和其人格形成过程的条件或因素,并且确定犯罪者的类型和犯罪类型,挖掘犯罪规律,以作为刑事立法和司法的根据。

实证的方法中的经济分析方法是刑法学研究方法中的一个重要方法,是将经济学的理论和经验主义的方法运用到刑法学研究中的方法。首先将经济分析的方法运用于法律

---

① 〔美〕奥尔特曼:《批判法学》,信春鹰译,中国政法大学出版社2009年版,第1页。
② 〔德〕恩斯特·卡西尔:《人论》,甘阳译,上海译文出版社1985年版,第8页。
③ 李其瑞:《法学研究与方法论》,山东人民出版社2005年版,第267页。
④ 梁根林:《刑法理性批判》,北大法律信息网:http://article.chinalawinfo.com,访问日期:2013年6月3日。

研究的是圭多·卡拉布雷西和罗纳德·H.科斯。经济分析方法通过归纳、总结、经验性检验以及其他经济分析的方法创造出了一种极具解释力和经验支持的刑法经济学理论。另外,威慑作用、剥夺资格以及刑罚适用的成本问题都应一同考虑。我们也会讨论处罚的象征性效用,这可能会被认为是强调价值性的社会规范。这一影响也会进入一个更广阔的刑法经济分析的领域。① 实证分析方法的科学性受限于科学的彻底的多样性和事实上的不可界定性,这使得对整个领域进行调查是不可能的。而且,用来证实理论的观察也许模棱两可,为纯化实验对象而被排除出的某个因素也许是被观察现象的真正原因。"法律不是科学,甚至不是半科学。与科学相比,法律与神学和形而上学更为接近。"②

此外,我国刑法学研究较为重视定性研究,而往往忽略定量研究,致使研究过于抽象、空泛,缺乏可操作性。我国刑法分则各罪名法定刑之间的平衡性研究一直是一个刑法定量研究与定量分析的空白,故这一研究领域如果能够有所突破,将会打破"拍脑袋决定刑罚"的习惯做法与传统。

(四)实践方法:刑事司法规律之遵循与刑事一体化的理念确立

刑法是一门实践性很强的学科,学习刑法正是为了刑法实践和解决社会矛盾与问题。而且,刑事司法是有规律可循的,故应注意寻找和遵循司法规律,要做到这一点也就必须在学习刑法之初就具有实践的意识和方法,包括刑事一体化的理念与方法。要知道,案件是复杂的,拿到手中的一个案子不是单靠一门实体法或程序法就能解决问题的,因为大多数案件既有实体问题也有程序问题,甚至是程序与实体的综合与交叉。因此,真正意义上刑法的实践与运用,都是实体与程序的矛盾综合体,甚至在我国刑法典与刑事诉讼法典的条文中都可以看到,实体法中有程序问题,程序法中也有实体问题,并没有绝对的界限。例如,此次《刑法修正案(九)》就规定了许多程序问题,这或许是今后刑事立法的另一个特点或规律。

"刑事一体化"是近年来我国刑法学界比较时髦的一个概念,也是使用频率较高的词汇之一。然而,究竟何为"刑事一体化"?学界有许多争论。本书认为,在"刑法学"一体化(大致包括犯罪学、刑法学和监狱学③)、"刑事法学"一体化(包括进了刑事实体法、刑事程序法、刑事执行法等)和"刑事学科"一体化(几乎囊括了与刑事问题相关的一切学科或领域④)的基础上,可以推动"刑事法律与科学研究"一体化⑤,并界定其研究范围:除上述"刑法学"一体化、"刑事法学"一体化和"刑事学科"一体化所包括的研究内容外,还有刑事侦

---

① 〔美〕斯蒂文·萨维尔:《法律的经济分析》,柯华庆译,中国政法大学出版社2009年版,第113页。
② 〔美〕波斯纳:《法理学问题》,苏力译,中国政法大学出版社1994年版,第89页。
③ 因为在20世纪90年代,我国学界往往把犯罪学、监狱学等视为刑法学的二级学科。参见陈兴良:《刑事一体化视野中的犯罪学研究》,载《中国法学》1999年第6期。
④ 也有学者称其为"刑事科学系统化",认为应当将"刑事一体化"放到整个刑事科学的学科体系发展的背景之下来考察,这样"刑事一体化"的困惑和未来的出路都会显得豁然开朗。对于这一学科发展进程,本书将其定义为"刑事科学系统化"。参见钱瑞振:《刑事一体化——荣耀与尴尬》,http://www.yfzs.gov.cn/gb/info/ZTHD/zw/2009-10/10/1535503127.html,访问日期:2012年10月7日。
⑤ 李晓明:《"刑事法律与科学研究"一体化》,台湾元照出版公司2012年版,第1—5页。

查学科(犯罪侦查学)和刑事技术学科(主要包括法医、痕迹检验、文件鉴定、微量物证分析、公安图像技术等),甚至包括协调警察、法庭、监狱运作机制和追求司法效益的一门新兴学科——刑事司法学,以及随着市场经济的日益发展而逐渐成熟的保安学等。[①]

然而,就"刑事科学"而言,"刑事"当然是与"民事"相对应,是"指治理犯罪的相关事宜,外延宽泛,涵盖犯罪、刑法(实体法和程序法)、刑罚制度与执行等"[②]。当然,本书也认为,"刑事"一词除了犯罪事实和犯罪对策外,还应当包括犯罪情势和态势以及潜在犯罪与可能犯罪(包括正当防卫、紧急避险)等的研究。"科学"是人类分门别类的学问,是运用范畴、定理、定律、分类等思维形式反映现实世界各种现象的本质及其规律的综合知识体系。刑事科学,当然就是由一系列涉及犯罪(包括犯罪事实、犯罪对策和犯罪态势等)的相关学科的基础理论和分门别类的综合知识体系,甚至包括刑事侦查、刑事鉴定(国外称为"法庭科学")、刑事照(录)相、痕迹检验、文书检验、司法弹道检验(枪弹检验)、指纹登记与鉴定、外貌识别技术、保安等犯罪对策学科与领域。本书认为,相对于"刑事科学"来讲,法学包括刑法学及刑事诉讼法学等只是一个群体意志的体现,并不一定属于科学。

本书认为,真正的"刑事一体化"应当是建立在以研究"刑事"问题为基础(即以刑事事实和刑事对策等为基础)、以刑事"法学"、刑事"科学"和刑事"技术"基础理论研究为中心或主线(即以法学、科学规律及其学科群相互间的"刑事"理念或价值观念联系和科学技术规律及其学科群之间的联系为主线或整体研究对象)的"刑事法律与科学包括刑事技术研究"的综合一体化,故简称为"刑事法律与科学研究"一体化。这是一个"刑事一体化"的新范畴,它集刑事法学、刑事科学及刑事技术为"一体",并自始至终贯穿了一条基本主线,即"刑事理念与价值"的综合性研究,或者真正以刑事学科群及其技术学科群为核心的刑事法律与科学包括刑事技术的综合"一体化"研究。

(五)学习方法:能力素质培养之追求与以问题导向意识为核心

至于刑法学的学习方法,核心是通过刑法学科的学习达到法律人能力与素质培养的基本要求。为彻底改变传统的刑法学教学中"满堂灌"的方式,真正调动教(老师讲授)与学(学生主动学习)两个方面的积极性,本书认为应从以下几个方面做出努力:(1)依据"兴趣导向",在整体教学方法设计中始终以培养学生学习兴趣和让学生自主选择自己感兴趣的问题(包括质疑和喜欢研究的题目)为背景或起点;(2)增加和强化课堂上教师引导、答疑、点评等重要环节,而美国"詹姆斯教学法"课堂上学生自由度太大,不完全适合我国法学教育的课堂[③];(3)教师的引导突出表现在课时前三分之一阶段对教学内容重点、难点、疑点的提示与设置,以及课程讨论中的纠偏和研究问题基本模式等探讨;(4)增强"究问"式研究问题动力与方式。无论老师讲完重点内容,还是学生发言讲述完自己感兴

[①] 李晓明:《"刑事法律与科学研究"一体化的提出及其原理——从"刑事一体化"说开去》,载李晓明主编:《刑法与刑事司法》(2012年第1卷),法律出版社2012年版。
[②] 储槐植:《刑事一体化论要》,北京大学出版社2007年版,第21页。
[③] 李晓明:《大胆实践,探索新教法,实施素质教育》,载《河北法学》1998年第3期。

趣的问题,均允许学生对其提出质疑、究问、评论或发表不同见解,以"穷追猛打"式的连续究问,直至把问题研究得更透彻。在此基础之上,本书尝试从以下方面改变学习的理念、内容与方式:

(1) 改变传统的刑法学教学方式与学习理念。具体而言,要在教学观念上完成"三个转向",即由教师主导型向学生能动型方面转向,由单纯传播知识向培养能力方面转向,由只重视教学内容向内容与方法并重方面转向。"三个转向"是通过"十个改变"完成的,这"十个改变"依次是:变单纯"给水"为教其"取水";变列举案例为研讨案例;变讲授式为启发式;变灌输式为引导式;变以教师为中心为以学生为中心;变按部就班为灵活多变;变多讲授为多讨论;变课堂笔记为读书笔记;变上课猛记笔记为上课听讲、思考为主;变以上课学习为主为以课上与课下学习并重。

(2) 建立以刑法为内容的课堂究问与辩论制度。课堂究问与辩论制度其实也是刑法学理论知识实践的一种重要形式。学生在课堂上根据自己所学的知识进行积极的思考,并运用这些知识尝试性地去解决司法实践中遇到的问题,向老师或学生进行大胆的究问和辩论。这便打破了过去那种"老师只管讲、学生只管听"的传统教学方式,相对更多地给学生提供了实践和锻炼自己的机会,也提高了学生的综合素质。这样不仅为学生提供和创造了实践自己知识的机会,甚至在较大程度上对老师也是一个促进。试想,在课堂上,老师不知学生会提出什么问题,因此便需要在课前认真备课或做大量的课前准备;而学生各种各样的提问,反过来会促进或推动老师进行积极的换位思考,甚至发现很有价值的学术问题,激发老师和同学的创造性思维。师生这样互动,会形成一种良性循环,进一步促进整个教学水平和知识实践能力的提高。

(3) 建立系统的案例教学制度。如今,案例教学作为一种重要的教学实践环节正在推广,但通常的案例教学比较浅显或不大规范,如选择案例随意,案例多的教学内容则多举,案例少的教学内容则少举,甚至只是列举或说明等,实际上根本没有与学生一起对案例进行讨论。这些不规范的做法均程度不同地影响到刑法学的教学实践效果。我们这里提出的"系统案例教学制度",是想从刑法学教学案例的选择内容、讨论规则、讨论方式和结论归结与认定等方面,均做出一系列的详细具体的规定,甚至在某一教学内容上用几个案例、用什么案例,以及案例的资料发放、讨论准备时间、发言时间、发言过程和程序等均做出具体规定,以做到刑法案例教学的规范化和标准化。

(4) 建立模拟刑事法庭实践制度。模拟刑事法庭是刑法学教学实践的一种最好形式,它不仅能够使参加刑事法庭模拟的同学受到很好的"司法"实践锻炼,而且使参与观摩的同学也同样能增强"司法"实践的直观认识。一方面,如果能将模拟刑事法庭在课外活动中普遍开展起来,会使更多的同学具有这种刑事法学知识实践的机会,使大家普遍参与到这种"司法"实践锻炼中。另一方面,如果再能将这种形式有针对性地搬向中小学、社会,它不仅为同学们提供了更大更广阔的刑法课程实践锻炼的机会,甚至会起到宣传法律、普及法律、教育他人等更大更明显的社会效果。因此,建立模拟刑事法庭是加强刑法学教学实践环节的一项极好的制度,非常值得推广。

(5) 建立日常社会实践调查制度。教学实践也好,社会实践也好,并不拘泥于某种特定形式,如安排专门的实习、实践和操作课程及专门组织社会调查和模拟刑事法庭等,这些固然是实践,但日常生活本身就是一个客观存在的知识与社会实践的大课堂,只要用心和留意,在我们的身边和日常生活里到处都有实践的机会和内容,还可以运用所学到的刑法学知识试着解决一些力所能及的法律实践问题,从中受到刑法知识的实践锻炼。

(6) 建立系统的刑事法律社会咨询制度。刑事法律社会咨询也是刑法学知识实践的一个绝佳机会,因为所咨询的问题正是社会上发生的具体实践问题,而且问题来源十分广阔和复杂,正是自己所学刑法学知识运用和锻炼的好机会。

(7) 建立知识实践考核记分制度。刑法学实践既然是刑法学教学内容的重要环节,为促进该项工作的正常发展,本书认为有必要建立刑法学知识实践考核登记记分制度,即在学分制体系中应当增加知识实践记分制度,真正将知识实践纳入到学生的学籍及教学成绩管理制度范围内来加强管理,以此建立刑法课程实践的具体指标体系,提高学生的综合素质与能力。

第一编 刑法基础理论

第一章　刑法概述
第二章　刑法的制定与规范
第三章　刑法的基本原则
第四章　刑法体系
第五章　刑法解释
第六章　刑法效力

第一章

刑法概述

刑法是国家法律体系中一个重要的部门法,是国家维护社会秩序不可缺少的基本法律。任何国家要维护秩序都离不开刑法作后盾。虽然刑法只是一个普通的法律部门,但其在国家治理与社会秩序中,是除宪法之外最重要的部门法。因此,本章就刑法的定义与特征、性质与功能、目的与任务、渊源与类型等予以重点介绍。

第一节 刑法的定义及特征

研究任何事物,都必须先给该事物下一个定义,即选择一个研究视角或建立一个研究平台,并给其一个准确的边界。否则,如果无法确定这个事物的研究范围,也就无法在同一个层次上讨论问题,甚至可能产生不必要的争论。刑法研究也是如此。

一、刑法的定义

同刑法学一样,由于立足点不同,故对"刑法"作出的解释也就不同。

首先,从阶级本质上讲,主要观点有:(1)"刑法就是掌握国家权力的统治阶级,为了维护本阶级在政治和经济上的统治,根据自己的意志,以国家名义颁布,规定什么行为是犯罪和如何惩罚犯罪的法律。"[①](2)"刑法是掌握政权的阶级,为了维护其阶级利益,根据本阶级的意志,以国家名义颁布的,规定犯罪及其刑事责任的法律规范的总和。"[②](3)"刑法就是掌握了国家权力的阶级即统治阶级,为了维护本阶级政治上的统治和经济上的利益,根据自己的意志,规定哪些行为是犯罪,并给犯罪人以何种刑罚处罚的法律。"[③](4)"刑法是掌握国家政权的统治阶级,为了维护其阶级利益和统治秩序,以国家的名义,规定什么是犯罪和对犯罪处以什么刑罚的法律。"[④](5)"刑法是掌握政权的阶级即统治阶

---

① 赵长青主编:《中国刑法教程》,中国政法大学出版社1997年版,第7页。
② 张明楷:《刑法学》(上),法律出版社1997年版,第11页。
③ 高铭暄主编:《中国刑法学》,中国人民大学出版社1989年版,第11页。
④ 周道鸾主编:《中国刑法》(修订本),中国政法大学出版社1995年版,第1页。

级,为了本阶级的统治和经济上的利益,根据自己的意志,规定哪些行为是犯罪和应负刑事责任,并给犯罪人以何种刑罚处罚的法律。"①(6)"刑法是掌握政权的统治阶级为维护其自身利益和统治秩序,凭借国家强制力规定何种行为是犯罪和对犯罪判处何种刑罚的法律规范的总和。"②综上,这些定义大同小异,揭示的均是刑法的阶级和国家本质,显然这也是马克思主义法学观或刑法观的产物。不过,从社会革命理论的角度,以及从揭示旧的刑法本质的角度来讨论刑法的阶级性或国家本质性,也无可非议。但是,一个国家一旦进入和平时期或经济建设时期,再用阶级性或统治阶级意志等思维来分析刑法的制定,总是会过于政治化。一方面,不尽符合当下的历史阶段和社会实际,如敌人或统治阶级的具体范围不好区分,太激烈地讨论这些问题也不利于社会稳定;另一方面,法律包括刑法究竟是阶级意志、国家意志还是全民意志或公民意志,还是有争论的。从法律角度(非政治角度)出发,法律是全民意志的体现或公民意志的体现应当是一种符合法学思维的成熟概念,如人大代表也是代表着公民意志举手表决通过一切法律(包括刑法)的。如果认为法律是国家意志或统治阶级意志的体现,一方面不够直观,另一方面也显得空泛。

其次,从刑法教义上讲,主要观点有:(1)"刑法是国家的重要法律之一,是国家对罪犯定罪判刑的大法。"③(2)"刑法就是规定犯罪与刑罚的法律。"④(3)"这种规定犯罪和刑罚的法律规范的总和,就是刑法。"⑤(4)"刑法是规定犯罪、刑事责任和刑罚的法律"。⑥(5)"规定犯罪及其刑事责任的法律规范的总和。"⑦(6)"刑法是规定犯罪及其法律后果(刑罚)的法律的总称。"⑧(7)"与其说刑法是规定犯罪与刑罚的法律,不如说刑法是规定犯罪与刑罚的关系的法律。"⑨(8)"刑法是规定犯罪和刑罚的法律。"⑩由此可见,虽然在刑法的定义上各抒己见,甚至在内容上争议也十分激烈,但大家的共识还是明确的,即刑法是关于犯罪和刑罚的法律。

再次,从表现形式上讲,主要观点有:(1)刑法典;(2)单行刑法;(3)附属刑法,即非刑事法律中的刑法规范。由此又可以将刑法划分为广义刑法和狭义刑法,广义刑法包括刑法典、单行刑法和附属刑法,狭义刑法只包括刑法典。也有学者称狭义刑法为普通刑法,称单行刑法和附属刑法为特别刑法;还有学者将刑法典称为主刑法,将特别刑法称为辅助刑法。或者认为普通刑法是常典,属于原则刑法;特别刑法是特典,属于例外刑法。⑪

---

① 赵秉志主编:《新刑法教程》,中国人民大学出版社1997年版,第25页。
② 王金彪主编:《新刑法通论》,警官教育出版社1997年版,第15页。
③ 高铭暄主编:《刑法学》,法律出版社1982年版,第17页。
④ 周道鸾主编:《中国刑法》(修订本),中国政法大学出版社1995年版,第1页。
⑤ 杨春洗等:《刑法总论》,北京大学出版社1981年版,第8页。
⑥ 赵秉志等主编:《犯罪学通论》,高等教育出版社1993年版,第10页。
⑦ 苏惠渔主编:《刑法学》,中国政法大学出版社1994年版,第13页。
⑧ 何秉松主编:《刑法教科书》,中国法制出版社1995年版,第13页。
⑨ 陈兴良:《刑法哲学》,中国政法大学出版社1992年版,第673页。
⑩ 曲新久:《刑法学》,中国政法大学出版社2009年版,第1页。
⑪ 林山田:《刑法通论》,台湾三民书局1995年版,第10—13页。

由此可见,由刑法表现形式上来界定刑法的定义也是极其复杂的。我们认为,从刑法体系上来看,刑法典、单行刑法和附属刑法的排列和划分还是比较适合中国人逻辑思维的,也是比较实际的。

最后,从法律体系或法律部门上讲,还可将刑法划分为刑事法(相对于民事法而言)、实体法(相对于程序法而言)、子法(相对于母法——宪法而言)、强行法(相对于任意法而言)、公法(相对于私法而言)、固有法(相对于继受法而言)等。在国外也有学者称刑法为犯罪法、罪刑法、刑罚法、犯罪与刑罚法。在我国古代还将刑法称为刑律、刑事律例等。

刑法的定义究竟如何来界定?是根据特定的研究对象,还是寻求自己独特的研究视角?这一直是学术界争论的问题。本书倾向于二者的结合,尤其是后者,是研究事物定义不可忽视的重要因素。因为对任何事物的认识都有一个视角或立足点(也可称为选择的象限、坐标或参照物),在此基础上必然形成一定的视野范围与认识标准,否则,将无法进行一定视野的研究或准确描述该事物,从而也就无从阐述清楚这个定义。本书之所以用如此大的篇幅说明这个问题,是由于学界很少专门讨论和阐述这个问题,这既是一个思维问题,也是一个方法问题,因此需要论证清楚。当然,刑法学科或刑法理论的研究者,在了解了刑法的阶级本质定义、刑法本体的形式定义及刑法在法律体系中的定位或部门法的定位后,更应侧重阐述和论证刑法内容或范围的实质定义及特征。

从刑法教义学上讨论的 8 种刑法定义均有其合理之处,共同揭示了刑法本质多方面的含义。例如,刑法是规定犯罪的法律,刑法是规定刑事责任的法律,刑法是规定刑罚的法律,刑法是定罪判刑的大法,刑法是规定罪刑关系的法律,等等。这些定义在我国近几十年的刑法理论研究与司法实践中均起到了巨大作用,甚至有些理论至今仍在影响着我国刑法理论的发展。不过,上述 8 种定义中的有些观点,尽管在当时看来是正确的,甚至是无懈可击的,但随着时间的推移、研究的深入和认识上的不断深化,其中的一些观点现在看来就很值得推敲。尽管如此,本书也不否认其历史性的作用与贡献。客观地讲,如今刑法理论有所发展的话,也正是在以往这些理论的基础上取得的一些进步。也就是说,刑法理论的研究是不断发展的。因此,随着社会的发展、人类知识的进步,人们对事物的认识与看法发生变化也是正常的,更何况许多问题至今仍在讨论之中。鉴于这样的考虑,本书评述以上 8 种定义,旨在对刑法的定义进行更深入的研究,以推动刑法理论的发展。

本书认为,第一种观点使用"罪犯"一词欠妥,因为众所周知,在正式定罪判刑之前对犯罪者均应称"犯罪嫌疑人"或"被告人",而不能称为"罪犯"或"犯罪人",尤其在刑法定义中更应注意其涵义的严密性。第二、三、八种观点的主要缺陷表现在:一是只将刑法定义为犯罪与刑罚的法律不够全面,二是缺少"刑事责任"范畴的介入,三是缺少罪刑关系方面的动态表述。第四种观点中涉及的犯罪、刑事责任与刑罚不是同一个层级的概念,严格地讲,"刑罚"是"刑事责任"的属概念,此外还包括驱逐出境和剥夺军衔、有罪宣告、非刑罚处罚措施、政府收容教养和赔偿经济损失等。第五、六种观点也缺乏刑法规定的其他内容及罪刑关系的动态表述。第七种观点显然不是对"刑法"一词的专门定义,即不是关于刑法定义的全部表述,但本书仍然认为其是一种很有价值的观点。

那么,刑法的定义究竟应如何表述?本书认为,刑法是规定犯罪和刑事责任及其辩证关系的法律规范总和。具体是指专门规定什么是犯罪,实施犯罪行为应承担什么样刑事责任或者应受到什么样的处罚的法律。显然,这一定义揭示了刑法这一部门法的基本涵义与实质内容。从静态方面讲,该定义明确了犯罪及其刑事责任的特定研究对象;从动态方面讲,该定义解释了犯罪及其刑事责任之间的辩证关系。该定义从特定对象、研究视角和动态开放系统等多个方面阐述了刑法的基本涵义与实质内容。

二、刑法的特征

为了进一步深刻认识刑法的内涵与本质,有必要认真研究和准确把握刑法的基本特征。如前所述,刑法是专门规定犯罪和刑事责任及其辩证关系的法律,在此内涵下其基本特征表现在以下方面:

第一,刑法所规制的侵害行为的程度最严重。众所周知,刑法所调整和规制的侵害行为都是犯罪行为,而且都是最为严重的侵害行为,即其侵害性或危害社会的程度最严重。有的学者就认为:"犯罪现象危害程度是指犯罪现象所蕴含的社会破坏性能量的总量或总体水平,它是社会犯罪现象严重程度和犯罪现象质的特征的一个重要标示。"[1]也正因为如此,必须动用刑法来进行调整,使这种最严重的危害社会的行为得以遏制。

第二,刑法规定的制裁侵害行为的措施最严厉。一切法律都具有强制力,这是共性;一切违法行为都应受到法律的制裁,这也是一般原则。但在所有的法律制裁中,刑法制裁的力度最大,强制性程度最强,措施与手段也最为严厉。这首先表现在刑法的规范方式最为特别,它更多采用的是禁止性规范(当然也有些是命令式和授权式规范)[2]。这当然与刑法的公法性质有关,因为公法多采用禁止性和命令性规范,而私法多采用授权性规范。其次表现在刑法的强制方式与手段最为特殊。民法的强制方式主要包括赔偿损失、支付违约金、消除影响、赔礼道歉、返还财产、恢复原状等,而刑法的强制手段(即刑罚)包括生命刑、财产刑、自由刑、资格刑等,其严厉程度既可以剥夺人的自由,还可以剥夺人的财产,甚至剥夺人的生命,这是其他任何法律的强制手段所不能达到的。再次表现在刑法是执行其他法律法规最为坚强的后盾和保障。民事法律、行政法律最终得以贯彻执行要靠刑法来保证,如如果当事人拒绝执行民事判决,即可以"拒不执行法院判决罪"对当事人予以判刑。

第三,刑法所保护的法律关系的类型范围最广。各个部门的法律所调整的法律关系是不一样的,这当然是法律各部门的分工,不同的法律部门所调整的法律关系截然不同,如民法调整平等主体间的人身关系和财产关系,婚姻法调整的是婚姻家庭关系,经济法调

---

[1] 赵宝成:《犯罪现象危害程度的测量》,载《人民检察》2005年第15期。
[2] 法律规范通常包括授权性规范(多表述为"可以")、义务性规范(多表述为"必须"或"应当")和禁止性规范(多表述为"不能")等,刑法多采用的是禁止性规范。

整的是横向和纵向的经济关系等。但在整个法律部门体系中,只有刑法所调整的法律关系最为广泛,如既要调整财产关系,又要调整人身关系,还要调整经济关系或特殊人群的社会关系等。除刑法之外的各个部门法,不管这些部门法调整的是何种法律关系,也只能是某一方面的法律关系,而刑法立足调整和保护的是受到犯罪侵害的所有各个部门法的法律关系。由此可见,在所有的法律中,刑法调整的法律关系的类型与范围最广。

第四,刑法是调整侵害与被侵害关系的最后手段。刑法调整的范围几乎涉及各个部门法的法律关系,从这种意义上讲,刑法是调整侵害与被侵害关系的最后手段。因为上述法律部门虽然调整一定范围内的法律关系,但这些关系未必涉及侵害与被侵害的关系,即便涉及了,被侵害的程度也并不非常严重。然而,刑法是专门调整这些侵害与被侵害关系的法律规范,而且是最后手段。在立法活动中,如1997年3月全国人大会议召开期间,代表们对刑法的讨论,有人直接将"刑法"比作法律长河中的下游堤坝,上游是其他各个部门法所调整的法律关系;而刑法是对这些法律关系的最后调整,所以刑法实际上也就是最后手段。

总之,把握上述特征,对于深刻认识刑法的内涵和本质是有益的,也是十分必要的。

第二节 刑法的性质与功能

刑法的性质即刑法的本质,对于深刻理解和认识刑法具有重要意义,研究刑法的功能对于充分发挥其效用具有重要作用,因此本节首先研究刑法的本质与功能。

一、刑法的本质

关于刑法的本质,我国传统的观点是阶级性、政治性和法律性。当然,一些学者也提出了"鲜明的革命性""广泛的人民性""严格的平等性""历史的进步性"等学说。[①] 然而,刑法的本质是由其根本性质决定的。根据刑法的制定基础,刑法的性质理应增加社会性、经济性、文化性、平等性等内容,尤其是在和平年代和经济建设时期,原有的阶级性和政治性内容理应淡化,法律性及其效能性的内容也应进一步充实、调整和规范。

第一,刑法的阶级性质。这主要表现在:(1)刑法是一个历史范畴,不是自古有之的,按照马克思主义的哲学观点,它是阶级社会的产物,是随着阶级和国家的出现而出现的;(2)刑法反映的是一个国家占统治地位的阶级的意志和利益,这种意志只不过是通过国家的形式表现出来的;(3)刑法的阶级性是由国家的阶级性所决定的,据此就划分出奴隶制社会的刑法、封建制社会的刑法、资本主义社会的刑法和社会主义社会的刑法等。从历史的范畴来分析,尤其是根据马克思历史唯物主义的观点,可以得出这样一个结论。然而,如前所述,当一个国家进入和平时期或经济建设时期,总是强调刑法的阶级和阶级斗

---

① 周道鸾主编:《中国刑法》(修订本),中国政法大学出版社1995年版,第3—4页。

争学说,并不利于一个社会的和平、稳定,也不符合社会结构或阶层的实际情况。因此,随着社会的不断发展及政权的巩固,这种过分强调阶级的意识应当逐渐淡化,才更加有利于适应新形势的的刑法理论和立法的建设,也才更加契合社会的实际需求与情况。

第二,刑法的政治性质。政治性实际上是与阶级性相互联系的,在一定意义上,阶级性就是政治性。这主要表现在:(1)刑法是统治阶级实现自己统治的有效工具,在某种程度上起着阶级压迫或阶级镇压的重要作用;(2)刑法是一个国家统治和管理社会的有效方式,许多社会管理活动需要靠刑法来实现或作后盾。当然,在政治性层面表现突出的问题是政党意识和地位,以及同立法的关系。就我国的现实情况而言,执政党对立法包括对刑事立法的领导权也是十分明确的,这正是目前中国刑法立法的政治性要求。执政党对刑法立法的领导是组织、体制上的领导,并非包办代替,更不是将全国人大及其常委会当成一个"走过场"的"橡皮图章"式机构,而是通过执政党中央最高领导集体,以及执政党在各级人民代表大会中的党组织来领导立法,并体现执政党的领导意志。最终刑法典及其修正案是否通过,还是完全由全国人民代表大会的代表来决定,并通过一定的法定程序表决来完成。

第三,刑法的经济性质。经济基础决定上层建筑,因此,我国现实的经济结构、经济现实也就决定了我国目前的政治基础,二者是密切联系的。刑法作为国家上层建筑的一个重要组成部分,它不仅反映着一定的经济基础,而且是一个国家的政治现实和政治表现,同时又反过来为其反映的经济基础服务。如前所述,什么样的经济基础决定什么样的上层建筑,最终决定的是什么样的立法包括刑法。另外,现代刑法的经济性质还体现在立法技术层面,除刑法表现出来的对某些经济关系的保护外(如公有制经济和国有企业的特殊保护),还体现在刑法的经济成本与经济效益方面,以及对公有财产与私有财产的关系处理方面等。

第四,刑法的文化性质。一个国家的法律包括刑法,是一个国家和民族价值观的文化折射物,是一个国家和民族文化底蕴的真实体现,这就是刑法文化性的具体内涵。一个国家或民族的文化底蕴如何,将直接影响到国家刑法具体内容的制定与贯彻执行。例如,在一夫多妻制的社会文化背景下就不存在重婚罪的问题;再如,我国刑法在部分少数民族地区允许变通适用,就是考虑到这些少数民族地区具体的社会文化背景不同。我国目前的刑法文化或刑法价值观念,可以说是多重价值观和多元文化的集中体现,这本身就是我国目前政治国情、经济国情、文化国情和思想哲学基础国情的真实反映。在我国目前的刑法价值观中,既有马克思主义的价值观、法学观和哲学观,又有苏联十月社会主义革命对我国的影响,即我们通常所说的马克思列宁主义,还有中国共产党在几十年的革命生涯中总结摸索形成的价值观念、哲学方法和理论,包括国家政治和法学方法理论。随着改革开放的逐步深化,西方的价值观念也在不断影响我国的社会和国家管理,有些西方刑法的价值理念也进入我们的研究和教学领域,以及立法和司法领域。这些都是我国刑法面临的现实。然而,我国也不可能完全摆脱自己本民族价值文化观念的束缚,如儒家文化、道家文化等,或者我国的古代法律文化和刑律文化等。由此可见,我国现行刑法的文化观与价值观是一个多元化的矛盾体,在这一矛盾体中,外来文化大量挤占了中国本民族传统文化的空间,从一定意义上讲,我国刑法今后的文化观、价值观的选择与确立应特别注意我国本民族文化的建设,因为我国传统文化根深蒂固、枝叶繁茂,不可能对我国刑法的价值观念、思想意识没有影响。当然,多元化的价值观有其积极的一面,可以兼收并蓄,但也有消极的一面,即如果刑法体现的价值观念冲突太突出,容易造成具体法律规范与制度上的混乱与矛盾,甚至会影响到刑法的执行。因此,注意整合我国刑法目前的多元化价值观,是建立好刑法文化的重要因素,也是改变长期以来我国刑法缺乏本土文化的最好形式。

第五,刑法的法律性质。也称为刑事法律本身的技术性质,简言之,刑法是一个国家不可缺少的最重要的秩序法。具体表现在:(1)刑法在整个法律体系中具有特殊的地位,刑法规定和制裁的不是一般性的违法行为,而是严重的违法行为——犯罪行为,其对社会的核心秩序具有极大的破坏性;(2)为有效地规制社会秩序,刑法的强制性最为严厉,包括剥夺人身自由、经济财产和资格名誉等权利,甚至可以剥夺一个人的生命;(3)为全面保护社会秩序,刑法所保护的社会关系最为广泛,尤其是当违法行为达到极其严重的程度时,其他法律无法适用的均可以刑法作为最后手段来治理,所以说刑法是后盾法,是规制社会秩序的最后一道防线。然而,在研究刑法的法律性质的同时,也应注意其效能的充分发挥,也只有这样才能真正实现刑法的价值及其社会功能。

深刻认识我国刑法上述五个方面的性质,对于全面、正确地理解和认识我国的现行刑法,以及今后进行新的刑法立法和司法及其理论研究,都是十分有益的,也是极其重要的。

二、刑法的功能

关于刑法的功能也是中外刑法学界探讨和争论的永恒话题,长期以来一代又一代学者为之付出艰苦努力,甚至不惜争论和斗争。从另一个角度讲,刑法功能问题也是刑法的基础理论和基本原理问题,不弄清其中缘由则无法阐发和解释刑法整体理论的全部,甚至不能诠释整个刑法原理的全貌。本书主要从以下几个方面进行分析:

(1) 规制功能。这也称为导向功能,是指刑法引导人们积极学法、懂法、守法,维护法律尊严,引导人们应当实施或不应当实施何种行为,以规制人们的日常行为,使之合法化、规范化。当然,刑法对人们行为的规制与引导,不是从正面而是从反面进行的。例如,实施了违反刑法的犯罪行为就要负刑事责任,从反面告诫人们,不要实施违反刑法的行为。刑罚的规制功能不仅表现在立法上,还表现在司法上,包括对刑法的立法解释、司法解释、典型判例等,均是对刑法导向功能的极大宣扬,具有最大的宣传力和影响力。

(2) 评价功能。这也称为主持正义功能,是指刑法具有公正评价人之行为和事件,使有罪之人无可逃脱,无罪之人不受追究,公正无私、主持正义的功能。当然,公正评价不仅需要立法来宣布,需要司法来阐释、解释和标榜,甚至也需要其他许多具体措施和条件来配合,如较高的公民素质和司法人员素质,高尚的司法职业道德,科学合理的司法体制,有效的司法监督机制等。另外,由于刑法规范有明文规定,评价的主体可以是司法人员,也可以是社会上的任何一位公民或团体,只是效力和对社会的效果不同而已,但这丝毫不影响刑法的公正性评价作用,尤其是对于社会舆论的公正监督与评判,更是良好的宣传阵地。

(3)惩戒功能。这是指刑法本身所具有的制裁功能,即惩罚犯罪、威慑犯罪之功能,起到告诫、警示或预防犯罪的最终目的。该项功能不仅可以通过制裁措施告诫已经犯罪的人不要重新犯罪,而且还可以警示那些没有犯罪的人不要去犯罪。当然,前者称为特殊预防,后者称为一般预防,总之都是通过惩罚与告诫实现的。由此可见,这也是刑法的最原始功能,或称之为最基本功能。

(4)保护功能。这是指通过刑法的威慑力量来保护社会和公民的权利不受侵犯,也同时保护包括被害人和被告人在内的一切人的权利不受侵犯的实际效能与作用。主要表现在:保护社会和公民的人身安全和其他合法权益不受侵犯;保护公民的一切合法利益及社会管理秩序;保护国家和民族利益;保护社会主义社会关系不受侵犯。这些都是刑法的最基本功能,也是刑法的目的功能,根本目标就在于保障公民权利、维护社会秩序,使得整个社会和公民个人得到切实保护。

(5)保障功能。这是指的刑法的最终效果功能。主要表现在:保障公民合法正当权利的实现;保障正常秩序,维护社会安定;保障无罪的人不受刑事追究及有罪的人不受法外制裁;保障其他法律的最终贯彻执行;保障社会主义现代化建设的顺利进行。了解这些功能,无疑有助于树立对刑法和刑事司法的信心。

上述刑法的五大功能是相辅相成、缺一不可的。其中,规制功能是基础,评价功能是标准,惩戒功能是手段,保护功能是基本目标,而保障功能是追求效果。

第三节 刑法的目的与任务

刑法的目的与任务是一个问题的两个方面,刑法的目的不明确难以表明刑法的具体任务,刑法的具体任务不清楚难以实现刑法的最终目的。

一、刑法的目的

目的是指想要达到的境地或想要得到的结果。不仅人之活动有目的性,且立法与司法活动也具有目的性。刑法的目的就是国家通过制定刑法所期望达到的效果。我国1997年修订后的刑法典第1条规定:"为了惩罚犯罪,保护人民,根据宪法,结合我国同犯罪作斗争的具体经验及实际情况制定本法。"这明确表明我国刑法的总目的就在于惩罚犯罪、保护人民,这是由我国刑法的性质所决定的,也是与刑法的任务相一致。所谓惩罚犯罪,是指对任何触犯我国刑法的犯罪分子,都要严格依照我国刑法的规定,追究其刑事责任,使其受到应有的惩罚;所谓保护人民,是指全面保护人民的利益,既包括代表人民根本利益和长远利益的国家政权、社会主义的政治经济制度,也包括人民的当前利益和切身利益,如公民的人身权利、民主权利、财产权利、劳动权利、婚姻家庭权利等,甚至包括犯罪者本人应有的合法权利。二者是密切联系、有机统一、缺一不可的,只有有力地惩罚犯罪才能更好地保护人民,只有更好地保护人民才能更加有效地惩罚犯罪。

然而,有的学者将"保护合法权益"视为刑法的目的。① 其实,保护合法权益并非刑法的独有目的,其他法律恐怕均有保护合法权益的目的,故将"惩罚犯罪,保护人民"作为刑法的目的更为妥切。这个问题仍可以进一步探讨和研究。本书基本赞同将刑法目的进行分层研究的观点,以有利于将刑法目的贯彻于整个刑事司法活动的始终,也将有利于司法解释和操作。② 具体而言,将整个刑法目的列为第一层次,将各章的目的列为第二层次,将条文的目的列为第三层次。例如,我国刑法分则第四章规定了诬告陷害罪,该章的目的是保护公民的人身权利与民主权利,"自我诬告"(有意虚假告发自己犯罪)的行为由于没有侵犯其他公民的人身、民主权利而不成立本罪。但如果像有的国家刑法典的规定那样,将诬告陷害罪规定在"妨害司法活动罪"一章中,则"自我诬告"行为由于妨害了司法活动而可能成立本罪。由此可见,刑法目的对刑法的具体执行是有影响的。因此,本书建议在进行刑法研究时,多关注刑法的立法目的研究,从而准确把握立法宗旨和初衷,这对准确解释和理解法律非常重要。

二、刑法的任务

刑法的任务是指刑法在法律部门分工中具体承担的工作与责任。一般来说,刑法的任务是由刑法的性质决定的,我国刑法的任务也必然决定于我国社会主义的国家性质。我国刑法典第 2 条明确规定:"中华人民共和国刑法的任务,是用刑法同一切犯罪行为作斗争,以保卫国家安全,保卫人民民主专政的政权和社会主义制度,保护国有财产和劳动群众集体所有的财产,保护公民私人所有的财产,保护公民的人身权利、民主权利和其他权利,维护社会秩序、经济秩序,保障社会主义建设事业的顺利进行。"这明确地表明我国刑法承担如下任务:

(1) 同一切犯罪行为作斗争。这是我国刑法的基本任务,也是不同于其他法律部门的特殊任务。彭真同志早在 1979 年 6 月 26 日第五届全国人大第二次会议上所作的《关于七个法律草案的说明》中就明确指出:"刑法的任务仅限于处理刑事犯罪问题。不能把应按党纪、政纪和民法、行政法、经济法处理的并不触犯刑法的问题,列入刑法,追究刑事责任。"

(2) 保卫国家安全、国家政权和社会主义制度。这是我国刑法的首要任务,是由刑法的基本职能和我国的国家性质所决定的。在任何国家或社会,没有国家安全和政权的存

---

① 张明楷:《刑法学》(上),法律出版社 1997 年版,第 22 页。
② 同上书,第 22—23 页。

在，其他一切均无从谈起。我国人民民主专政的政权和社会主义制度是在中国共产党的领导下，全国人民经过长期的革命斗争和浴血奋战换来的，是广大人民群众根本利益的集中体现。这是关系到国家、民族生死存亡的大事，是关系到社会主义制度的前途和命运的重大问题，故不能有丝毫松懈和疏忽，必须作为刑法的首要任务提出。

（3）保护社会主义的经济基础。这也是我国刑法要完成的一项极其重要的任务。经济基础决定上层建筑，上层建筑又反过来为经济基础服务。我国刑法当然是社会主义上层建筑的一个重要组成部分，因此其必然承担起保护社会主义经济基础的任务，而且也只有保护社会主义的经济基础，才能最终保卫国家安全和社会主义制度。社会主义经济基础具体包括国有财产、劳动群众集体所有财产和公民私人所有财产等。

（4）保护公民的人权。这也是我国刑法要完成的一项根本任务。人权的范围是极其广泛的，包括人身权利、民主权利和其他权利。人身权利是指与人身有关的各项权利，具体包括生命权、健康权、名誉权、人身自由权等。人身权是其他人权存在的基础和前提，没有这些权利，其他权利也无从谈起。因此，我国刑法详细规定了侵犯人身权利的主要犯罪，如故意杀人、故意伤害、强奸妇女、刑讯逼供、虐待等犯罪，打击这些犯罪都是对公民人身权利的切实保护。民主权利是指与民主自由有关的各项权利。我国刑法中规定了侵犯民主权利的一切犯罪，如破坏选举、非法剥夺公民宗教信仰自由、侵犯少数民族风俗习惯、侵犯公民通信自由等犯罪，打击这些犯罪无疑对切实保障公民的信仰自由十分有益。

（5）维护社会秩序和经济秩序，保障社会主义建设事业的顺利进行。这是我国刑法不可缺少的极其重要的任务。社会秩序和经济秩序同人民生命、财产的安全和社会主义现代化建设密切相关，如果没有一个良好安定的社会治安秩序和繁荣稳定的社会经济秩序，人民的安居乐业和工作及社会主义现代化建设事业就无从谈起。因此，只有维护好社会秩序和经济秩序，才能保障国家政权和社会主义建设事业的稳定发展，最终也才保障每个公民生活安定、幸福。

总之，我们要充分发挥刑法的威慑力，努力完成我国刑法所规定的一切任务，并具体实现刑法的立法宗旨和最终追求的目的目标。

第四节　刑法的渊源与类型

刑法的渊源和类型是研究刑法的重要基础。了解和掌握刑法从何而来，以及以什么形式和类型出现，对于进一步理解刑法、适用刑法以及开展刑法理论研究和刑事司法实践工作，均具有十分重要的现实意义。

一、刑法的渊源

刑法的渊源也叫刑法法源，是指刑法创制的方式和表现形式，即刑法是何种国家机关依照什么方式和程序创制出来的，并表现为何种形式的法律文件。研究刑法的渊源，有助于我们建立严密的刑事立法体系,防止刑事立法权的滥用;也有助于我们正确地认识和掌握各种刑事法律的效力范围,保证刑法的统一贯彻和执行,更好地体现司法效果。具体而言,我国刑法的渊源主要包括以下方面:

1. 刑法典

刑法典是国家以刑法名义颁布的、系统规定犯罪及其刑事责任和处罚的完整性法律。这是刑法的一个极其重要渊源,就制定机关和法律效力来讲为最高。1997年7月1日在我国第五届全国人大第二次会议上通过,并于1997年3月14日第八届全国人大第五次会议修订的《中华人民共和国刑法》,即为我国的现行刑法典。当提到"根据刑法的有关规定"或"刑法典第××条"时,均是指上述刑法典。目前,我国刑法的主要渊源就是该刑法典,而且是一部较为完备的刑法典。

2. 单行刑法

单行刑法又称为特别刑法、例外刑法、刑法特别法等,在我国台湾地区还称为非常态刑法。单行刑法是指在刑法典之外,为了弥补刑法典之不足,立法机关针对特定的犯罪人、时间、地点或特定的事项而制定的修改或补充性的刑法规范。故单行刑法实际上是刑法典以外的特别刑法的总和,这里不仅仅是形式上的不同,而且内容也不同。

单行刑法的特征具体表现在:(1)形式上的独立性。单行刑法是以刑法典以外的形式规定的,如1981年6月10日第五届全国人大常委会第十九次会议通过的《中华人民共和国惩治军人违反职责罪暂行条例》等。(2)具体内容上的修改补充性。如修改原有的犯罪构成要件、修改法定刑、补充新罪名等。1982年3月8日第五届全国人大常委会第二十二次会议通过的《关于严惩严重破坏经济的犯罪的决定》和1983年9月2日第六届全国人大常委会第二次会议通过的《关于严惩严重危害社会治安犯罪分子的决定》等,几乎全部提高了有关犯罪的法定刑。据不完全统计,1981年至1995年底,我国总共制定了25个单行刑法,形成了对1979年刑法典的很大补充和修改,直到1997年才将这些补充和修改规定全部纳入或吸收进新修改的刑法典中。(3)适用范围上的专门性。单行刑法适用于专人、专地、专事或专项,如1990年3月28日全国七届人大常委会第十七次会议通过的《关于禁毒的规定》和1991年9月4日第七届全国人大常委会第二十一次会议通过的《关于严禁卖淫嫖娼的决定》等均体现了单行刑法在适用范围上的专门性。(4)在法律效力上的优越性。一般而言,单行刑法在法律效力上均优于一般法。另外,单行刑法还具有自身的特殊功能。主要表现在:(1)创制功能。确立和创制新罪名,如1988年1月21日第六届全国人大常委会第二十四次会议通过的《关于惩治走私罪的补充规定》中就确立"巨额财产来源不明罪"的新罪名。(2)补充功能。我国后来颁布的单行刑法对总则、分则的局部都进行了补充。如增加了普遍管辖权原则;在刑法溯及力上增加了"从新原则";关于死刑核准权的下放问题等。(3)修改功能。是指对原有事项进行修改,如1982年3月8日第五届全国人大常委会第二十二次会议通过的《关于严惩严重破坏经济的罪犯的决定》中对1979年刑法典中的许多条文进行了修改和补充。(4)解释功能。一是对原有罪名进行解释,二是使原有的功能具体化。如原有的"走私罪""投机倒把罪""贪污罪"是两个层次,解释之后是四至五个层次。

3. 附属刑法

附属刑法是指附带规定于经济法、行政法等非刑事法律中的刑法规范。例如,在一些非刑事法律中涉及的一些刑事条款,即"构成犯罪按刑法规定追究刑事责任或处理",并提及"参照""比照"等字样。这些刑事条款通常只讲罪状,没有单独的法定刑,确切地说不是一个完备的刑法条文。但也有例外情况,如1990年9月7日第七届全国人大常委会第十五次会议通过的《中华人民共和国铁路法》中就规定了"携带危险物品进站上车罪",其中也规定了单独适用的法定刑。但是,这种情况是非常少见的,因为立法机关的想法是,积累到一定程度,有了一定经验之后,再把相关犯罪补充到刑法中去,说到底还是想保持一个完整的刑法体系。加之考虑到国外在这方面的立法经验,有些国家在民事、经济、行政法规中设立了刑法条文,但执行起来效果不甚理想,普遍感到刑法比较分散,也较为混乱。所以,我国基本上保持了只讲罪名、罪状,而不另立罚则。到1995年底,这种条文已积累到了130多个。

4. 省级民族自治地方人大制定的变通或补充规定

这种变通或补充规定只能由省级民族自治地方人民代表大会根据当地民族的政治、经济、文化特点和刑法典的基本原则来制定,需报经全国人民代表大会及其常务委员会批准才能发生法律效力,且只能在特定地域使用,没有普遍约束力,本书不作进一步探讨。

二、刑法的类型

刑法类型是指刑法以一定形式表现出的具体种类,从不同角度可以对刑法作出不同的分类,且一般情况下,刑法的类型都是相互对应的,下面分别相应的介绍。

(1) 根据刑法规定范围的大小,可将其划分为广义刑法和狭义刑法。"刑法"一词有时在广义上使用,有时在狭义上使用。广义刑法是指与规定犯罪及其应承担的刑事责任及处罚有关的一切刑法规范的总和,具体包括刑法典、单行刑法和附属刑法等形式。狭义刑法是指把规定犯罪及其应承担的刑事责任与处罚的一切刑法规范加以条理化和系统化,并以专书或法典表现出来的刑法,单指刑法典。区分广义刑法和狭义刑法,有助于对刑法理论与司法实践进行深入探讨与研究。

(2) 根据刑法适用范围的大小,可将其划分为普通刑法与特别刑法。普通刑法是指具有普遍适用性质与效力的刑法,即其效力及于一国领域内任何地区和个人的刑法规范。通常所说的刑法典便是普通刑法。但也有学者认为,作为刑法典补充的具有相同效力范围的单行刑法也属于普通刑法的范围。[①] 特别刑法是指适用于特定人员、特定时间、特定地域和特定事项而制定的刑法。在实践中,往往将那些具有普遍效力的单行刑法也视作

---

① 康树华等主编:《新刑法教程》,中国民主法制出版社1997年版,第10页。

特别刑法，而且称这种特别刑法为"形式意义上的特别法"。在我国，单行刑法和附属刑法均属于特别刑法。

（3）根据刑法形式上的独立与否，可将其划分为单独刑法和附属刑法。单独刑法是指其法律规范全部是单一的刑法内容而形成的规范性文件，具体包括刑法典和单行刑法。而附属刑法是指附带规定于经济法、行政法等非刑事法律中的刑法规范。这些附属刑法在法律中不是主体部分，始终处于一种附属地位，故称其为附属刑法。

（4）根据法律名称是否与刑法有关，可将其划分为形式刑法与实质刑法。实质刑法是指虽然法律名称上不属于刑法，但其实质内容规定了什么是犯罪、触犯了何罪及其应承担的刑事责任与处罚的规范性文件，如附属刑法就是这种情况。由于实质刑法容易被人忽视或轻视，故极其严重的犯罪不宜规定在实质刑法中，最好规定在刑法典和单行刑法中。形式刑法，即刑法典和单行刑法。

（5）根据刑法规范是否完备，可将其划分为完备刑法和空白刑法。完备刑法是指刑法条文对于犯罪构成要件等法律规范有明确、完备的规定，适用时不需要再参照其他法律，因此称其为完备刑法。空白刑法是指刑法条文对于犯罪构成要件等法律规范没有作出完备的规定，适用时需要参照其他法律或由其他法律作出规定，因此称其为空白刑法。刑法典和单行刑法大多是完备刑法，附属刑法大多是空白刑法，当然也有例外。

作出上述刑法类型划分，旨在引起大家对刑法类型研究的重视与兴趣，以促进刑法理论研究和司法实际工作的深入开展。

第二章

刑法的制定与规范

刑法规范的制定及过程涉及刑法的立法目的、宗旨及背景,无论对于理论研究者还是司法工作者均十分重要,不仅关乎对刑法的准确认识和理解,甚至涉及对刑法的有效贯彻与执行。一般来说,刑法规范是指刑法规定犯罪及其承担刑事责任的基本规则,主要包括刑法的概念、基本原则和规则,有广狭两义之分。广义的刑法规范既包括实体意义上的规范,又包括程序意义上的规范;狭义的刑法规范,只包括实体意义上的规范。对刑法规范的研究,实际上是从微观角度入手,继而开展中观和宏观方面的概念、原则与规则的研究。研究刑法规范,不仅有利于其正确创制和不断完善,还有利于对其的准确把握,以正确开展执法与司法,最终推动其良性运行。

第一节 刑法的制定及其程序

刑法的制定及其程序是我们了解立法目的、深刻理解立法规范的一个重要过程。本节将专门讨论刑法制定的根据、刑法制定的程序等内容。

一、刑法制定的根据

刑法的制定根据是刑事立法赖以创制、修改和完善的基本依据。我国刑法典第 1 条明确规定:"为了惩罚犯罪,保护人民,根据宪法,结合我国同犯罪作斗争的具体经验及实际情况,制定本法。"因此,我国刑法典的制定根据有两个:一是宪法,二是同犯罪作斗争的具体经验及实际。换言之,一个是法律根据,另一个是实践根据。

(一)法律根据

将宪法作为我国刑法的制定根据,这是由宪法的性质和地位所决定的。宪法是我国的根本大法,在法律体系中被称为"母法",它规定的是国家的根本制度和原则,具有最高的法律效力。其他一切基本法律的制定都必须以宪法为依据,这些基本法律(包括刑法)同宪法的关系是子法与母法的关系,其立法必须充分体现宪法的基本精神和原则,否则将因"违宪"而不具有法律效力。而刑法的制定也必须以宪法为依据,即把一些重要的宪法原则贯彻或体现到具体刑法条文中去,且不得与宪法相抵触。这些根据主要表现在：

(1)"惩罚犯罪"的宪法根据

《宪法》第28条规定："国家维护社会秩序,镇压叛国和其他危害国家安全的犯罪活动,制裁危害社会治安、破坏社会主义经济和其他犯罪的活动,惩办和改造犯罪分子。"这是制定刑法中惩罚犯罪的重要根据之一。

(2)"法律面前人人平等"的宪法根据

《宪法》第33条第2款规定："中华人民共和国公民在法律面前一律平等。"这也是一项极其重要的宪法原则,被刑法具体规定或应用为"适用刑法人人平等原则"(刑法典第3条),充分体现了我国宪法和刑法中的公平公正原则。

(3)"不得违宪"的宪法根据

《宪法》第5条第2、3、4款规定："一切法律、行政法规和地方性法规都不得同宪法相抵触。""一切国家机关和武装力量、各政党和各社会团体、各企业事业组织都必须遵守宪法和法律。一切违反宪法和法律的行为,必须予以追究。""任何组织或者个人都不得有超越宪法和法律的特权。"宪法的这些规定必须在刑法中得到真正体现,并加以贯彻执行,防止有人凭借手中的权力、地位和身份在犯罪后逃避刑事追究。要做到这一点,必须首先在刑法立法中真正做到平等与公正,因为这是刑事司法公正的重要前提和基础,甚至在打击犯罪和保障人权的关系上,要更多地体现和坚持"保障人权优先"[①]。

(4)"公私财产不受侵犯"的宪法根据

《宪法》第12条第1款和第13条第1款规定："社会主义的公共财产神圣不可侵犯。""国家保护公民的合法的收入、储蓄、房屋和其他合法财产的所有权。"尽管这些表述中还存在"神圣不可侵犯""不受侵犯"等表述上的不同,但就其本质上来讲没有太大的区别。当然,对于公民的私有财产来讲,其保护的前提必须是"合法财产"。这是除人身自由外最重要的根据。

(5)"尊重和保障人权"的宪法根据

《宪法》第33条第3款规定："国家尊重和保障人权。"在《刑事诉讼法》第2条也规定有"惩罚犯罪分子,保障无罪的人不受刑事追究"以及"尊重和保障人权,保护公民的人身权利、财产权利、民主权利和其他权利"等内容。这充分体现了国家开始高度重视人权保护,在刑法中也必须坚持这一重要原则。

(6)"权利和义务对等"的宪法根据

《宪法》第33条第4款规定："任何公民享有宪法和法律规定的权利,同时必须履行宪法和法律规定的义务。"也就是说,作为一个国家公民,既享有宪法赋予的各种权利,也必须承担或履行宪法赋予的各种义务,权利与义务是对等的。

---

① 李晓明：《罪刑法定原则的确立与刑法观念的变革》,载《苏州大学学报》(社会科学版)2001年第1期。

(7) "人身自由不受侵犯"的宪法根据

《宪法》第 37 条规定:"中华人民共和国公民的人身自由不受侵犯。""任何公民,非经人民检察院批准或者决定或者人民法院决定,并由公安机关执行,不受逮捕。""禁止非法拘禁和以其他方法非法剥夺或者限制公民的人身自由,禁止非法搜查公民的身体。"由此可见,一个人的人身自由是非常重要的,是宪法赋予每一个公民的基本权利。很难想象如果一个公民没有了人身自由,还能够有多少权利得以保障。

(8) "人格尊严、住宅和通信自由及秘密受国家保护"的宪法根据

《宪法》第 38、39、40 条规定:"中华人民共和国公民的人格尊严不受侵犯。禁止用任何方法对公民进行侮辱、诽谤和诬告陷害。""中华人民共和国公民的住宅不受侵犯。禁止非法搜查或者非法侵入公民的住宅。""中华人民共和国公民的通信自由和通信秘密受法律的保护。除因国家安全或者追查刑事犯罪的需要,由公安机关或者检察机关依照法律规定的程序对通信进行检查外,任何组织或者个人不得以任何理由侵犯公民的通信自由和通信秘密。"这些都是公民的基本权利,公民没有这些权利,不仅会没有尊严,而且会感到很不安全。这在刑法中均有体现。

(9) "控告检举权"的宪法根据

《宪法》第 41 条第 2、3 款规定:"对于公民的申诉、控告或者检举,有关国家机关必须查清事实,负责处理。任何人不得压制和打击报复。""由于国家机关和国家工作人员侵犯公民权利而受到损失的人,有依照法律规定取得赔偿的权利。"这是公民的最基本权利的体现,均在刑法典中有明确规定。

(10) "劳动和休息权利和义务"的宪法根据

《宪法》第 42 条第 1 款和第 43 条第 1 款规定:"中华人民共和国公民有劳动的权利和义务。""中华人民共和国劳动者有休息的权利。"劳动和休息也是公民的一项最基本权利。

(11) "少数民族刑法适用变通"的宪法根据

《宪法》第 116 条规定:"民族自治地方的人民代表大会有权依照当地民族的政治、经济和文化的特点,制定自治条例和单行条例。自治区的自治条例和单行条例,报全国人民代表大会常务委员会批准后生效……"这就是刑法典第 90 条规定的宪法根据,它解决了少数民族刑法适用的变通。

以上本书列举了我国刑法典 11 项涉及《宪法》的制定根据,不过很有可能并不全面。由此可见,刑法典的有关规定都是以宪法为依据的,是宪法精神和原则的具体体现;而且,也正是通过刑法典惩治犯罪,才能够真正保障宪法的贯彻与实施,二者是相辅相成的。

(二) 实践根据

这是马克思主义从实际出发、实事求是的科学态度在制定刑法过程中的充分体现。要制定出适合我国实际情况以及同犯罪作斗争实际需要的刑法,就必须坚持一切从实际出发、实事求是的思想路线,结合我国同犯罪作斗争的具体经验和实际情况来进行,而不能闭门造车、照搬照抄;只有这样,才能真正制定出一部适合我国实际情况的好刑法。要

做到这一点,就必须进行深入细致、全面系统的社会调查工作,认真研究社会主义市场经济条件下犯罪出现的新情况、新问题和新规律,对某些未来可能出现的犯罪进行超前研究,防止出现法律空档与盲区,以减少社会损失和危害。要制定出一部不仅具有社会主义特色、适合我国国情,且具有强大生命力的刑法,以保持我国刑法在相当长的一段时间内的持续性和稳定性,为国家的长治久安做出应有的努力和贡献。具体而言,1997年修订刑法典时的实践根据主要包括:

(1) 根据改革开放和社会主义市场经济建设中出现的新情况和新问题,经过慎重考虑,全国人大在1997年系统修订刑法典时,就把那些新型的严重违法行为规定为犯罪,增加了一系列新的罪名,之后又以刑法修正案的形式对罪名和法定刑进行了补充和完善,以保证用刑罚的手段惩治那些破坏社会主义建设以及侵犯国家和人民利益的犯罪分子。

(2) 总结我国长期同犯罪作斗争的经验,将罪刑法定原则写进刑法,而对那些不适合现阶段实际需要的制度,如类推制度等予以删除,使我国的刑法制度日趋完善和成熟,更好地为我国的社会主义现代化建设和刑事司法实际需要服务。

(3) 借鉴了国际社会同有组织犯罪、洗钱犯罪、暴力和恐怖犯罪作斗争的经验,结合我国的客观情况,规定了惩治这些犯罪的刑法对策与措施,有效地保障了社会的安宁与稳定,促进了社会主义现代化建设事业的顺利进行。

(4) 根据改革开放以来我国社会主义市场经济建设的需要,我国刑法还规定了侵犯商业秘密、保护环境和金融秩序等许多方面的新罪名的规定。这对于维护我国市场秩序和保护宽松的市场环境,以及我国长期的经济发展等都将起到巨大的保障、促进和推动作用。

二、刑法制定的程序

刑法制定的程序关乎刑法立法与制定的合法性过程,了解此过程对于深刻理解和认识刑法的内容、掌握和改进刑法立法技术、进行刑法立法理论研究和参与刑法立法实践均十分必要。

刑法制定的程序也称为刑法立法程序,是指享有刑法立法权的国家机关在进行刑法的创制活动中必经的阶段和采取的必要步骤,即制定、认可、修改和废止具有刑法效力的规范性法律文件的法定程序。整个刑法的制定是由一系列法定环节构成的,具体包括立法预测、立法规划、法律起草、提出法律案议案、审议法律案、通过法律和公布法律等。但就法定程序而言,刑法的制定程序主要包括刑法修改议案的提出、刑法修改议案的审议、刑法的通过和刑法的公布四个阶段。其他三项工作,均可视为立法程序前的准备工作,并不具有法定性。

(一) 提出刑法案议案

刑法案议案是法律案议案的一种,是指有权的国家机关、组织和人员向立法机关提出的关于制定、认可、修改和废止刑事法律的意见和建议。在不同国家中,享有提出法律案议案权的主体不尽相同,这是由各国的宪法具体规定的。

根据我国《宪法》第58、62、67条等的规定,全国人民代表大会和全国人民代表大会常务委员会行使国家的立法权。有权向全国人民代表大会提出法律案议案(包括刑法案议案)的主体包括全国人民代表大会主席团、全国人民代表大会常务委员会、全国人民代表大会各专门委员会、全国人民代表大会会议期间的一个代表团、全国人民代表大会会议期间30名以上的代表联名、国务院、中央军事委员会、最高人民法院和最高人民检察院。

有权向全国人民代表大会常务委员会提出法律案议案(包括刑法案议案)的主体包括委员长会议、全国人民代表大会各专门委员会、全国人民代表大会常务委员会会议期间常委会组成人员10人以上的人员联名、国务院、中央军事委员会、最高人民法院和最高人民检察院。

由此可见,刑法案议案的提案权是一项十分重要的权力。普通公民、学者及各种社会组织虽然没有刑法案议案的提案权,但有权随时提出各种刑事立法的建议和意见。立法机关应当重视这些意见和建议,并注意吸收其合理部分。另外,提出刑法案议案不等于提出刑法草案。刑法案议案是指有提案权的机关和人员提出的刑事立法动议,可以附带刑法草案,也可以只提出刑事立法的主旨和理由,而刑法草案是指提交审议的刑法草稿和文本。在我国,由人大代表提出的法律案议案(包括刑法案议案)通常并不同时附带法律草案;由国家机关,如全国人大法律委员会、国务院提出的,则既有议案,也附有草案。

(二) 审议刑法案议案

刑法案议案的审议是指立法机关对已列入议事日程的刑法草案正式进行审查、讨论或辩论,审议刑法案议案是制定刑法的关键阶段。

1. 刑法草案的说明

这主要由提案人向全国人大及其常委会作刑法草案的说明,包括立法理由、起草经过、刑法草案的指导思想和原则及立法中的主要问题等。

2. 对刑法草案的审议

全国人大全体会议听取提案人对刑法草案议案的说明后,交由各代表团审议,并交由有关专门委员会和法律委员会审议。审议的原则主要包括:刑法草案的内容是否符合宪法和国家的方针和政策;刑法草案的内容是否符合我国国情;刑法草案的内容是否同我国的法律体系和谐一致,各方面的意见和利益是否基本协调一致;与国际条约和协定是否一致;刑法草案的结构是否合理,层次是否清楚,法律用语、概念是否准确、统一,文字表达是否言简意赅、合乎逻辑。

(三) 通过刑法案议案

通过刑法案议案是指立法机关就刑法草案进行表决,达到法定人数的同意票数,使之成为法律。在整个立法过程中,这是具有决定性意义的阶段。我国法律案的通过分为一般性法律案的通过和特殊性法律案的通过两种。就一般性法律案而言,根据我国《宪法》第64条的规定,"法律和其他议案由全国人民代表大会以全体代表的过半数通过",根据

《全国人民代表大会组织法》第 31 条的规定,常务委员会审议的法律案和其他议案,由常务委员会以全体组成人员的过半数通过。就特殊性法律案而言,根据我国《宪法》第 64 条第 1 款的规定,宪法的修改,由全国人民代表大会常务委员会或者五分之一以上的全国人民代表大会代表提议,并由全国人民代表大会以全体代表的三分之二以上的多数通过。

(四)公布刑法立法

刑法公布是指立法机关将通过的刑法用一定的形式公之于众。刑法通过后,未经公布也不具有法律效力,更不可能在现实生活中实施。因此,刑法公布也是刑事立法必经的重要步骤。根据我国《宪法》的有关规定,我国刑法的公布权由国家主席行使。然而,本书建议,为了落实我国立法层面的"合宪性审查",在全国人大及其常委会制定或修改了刑法之后,应设立一个"合宪性审查"的独立机构与特别程序,且该程序由全国人大及其常委会以外的机构(如全国政协)来进行"合宪性审查",如此能够形成更加有效的"合宪性审查"工作,从而最终真正实现"合宪性审查"。

第二节　刑法的规范及其内容

刑法规范是法律规范的内容之一,而法律规范的性质决定法律形式。尽管本书涉及刑法的定义、特征和本质,以及刑法的目的和任务、渊源和类型,但这些也只是一些宏观论述,而在微观层面,真正决定刑法性质的是刑法规范的一些具体属性。为了深刻理解刑法规范,本书先从规范与法律规范谈起。

一、规范与法律规范

规范与法律规范是刑法规范的上位概念,故在研究刑法规范之前必须先研究这些概念。

(一)规范及其种类

《辞海》中对规范一词的解释是:"① 标准;法式。如:道德规范;技术规范;语言规范。……② 模范;典范。……"[①]一般来说,规范可具体划分为技术规范和社会规范两大类,前者是一种调整人与自然[②]之间关系的规范,后者是一种调整人与人之间关系的规范。传统观点认为,技术规范具体是指规定人们支配和使用自然力、劳动工具、劳动对象的行为规则。[③] 在当前自然科学技术迅猛发展且又十分发达的情况下,没有技术规范就不可能进行生产劳动,违反技术规范就可能造成严重的事故,如导致生产者残废、死亡,引起中毒、火灾、爆炸、坍塌或者其他灾害等,甚至造成毁灭性的灾害。因此,国家往往把遵

---

① 《辞海》(缩写本),上海辞书出版社 1996 年版,第 1626 页。
② 自然又有广义和狭义之分,广义的自然是指包括人在内的世界自然物;狭义的自然是除人之外的或与人相对应的自然物,具体是指人赖以生存和发展的自然环境与物质条件。
③ 《中国大百科全书》(法学卷),中国大百科全书出版社 1984 年版,第 100 页。

守技术规范、遵守大自然法则确立为某种法律义务,从而使其成为法律规范,对违反技术规范造成的严重后果或危害,要求追究法律责任。例如,我国1989年《环境保护法》第44条规定:"违反本法规定,造成土地、森林、草原、水、矿产、渔业、野生动植物等资源的破坏,依照有关法律的规定承担法律责任。"第41条规定:"造成环境污染危害的,有责任排除危害,并对直接受到损害的单位或者个人赔偿损失。"第43条规定:"违反本法规定,造成重大环境污染事故,导致公私财产重大损失或者人身伤亡的严重后果的,对直接责任人员依法追究刑事责任。"①1997年修订的刑法典在刑法分则第六章第六节专门规定了"破坏环境资源保护罪"。其中,刑法典第344条规定,违反国家规定,非法采伐、毁坏珍贵树木或者国家重点保护的其他植物的,处3年以下有期徒刑、拘役或者管制,并处罚金;情节严重的,处3年以上7年以下有期徒刑,并处罚金。由此可见,技术规范与法律规范有着十分密切的联系。

社会规范是指人们在社会活动中必须遵守的行为规则。② 具体而言,它是规定人及其相互之间关系的行为准则,或者调整人们之间的社会关系的行为规则。一般来说,社会规范的主要内容包括道德规范、法律规范、宗教规范、风俗习惯、社团纪律、各阶级政党的党章党纪及其他共同生活规则等。社会规范与技术规范的主要区别在于:(1) 规范的来源不同。前者是人们或人与人约定俗成的,包括法律规范的制定也完全可以视为公民与国家间的一种契约或约定;而后者不可能是人与自然间的约定,从某种意义上讲,人们尽管能在一定程度上对自然与技术加以改造,但更多的时候(尤其是科学技术尚未发展到一定水平的时候)人们对自然界的规则只能服从。(2) 规范所调整的关系不同。如前所述,前者是调整人与人之间的关系,甚至包括人与国家和社会间的关系(有学者认为,实质上这些也是人与人之间的关系);而后者调整的是人与大自然之间的关系,当然从间接意义上讲,技术规范的背后也可能涉及人或国家,但就直接意义来讲,还是人与自然的关系,一种服从和被服从的关系,哪怕国家代表大自然与公民进行某种法律内容的约定,也是受自然界及技术规范与规则严格制约或限制的。至于在现代科学技术已经十分发达的今天,在涉及大自然客观规律的科学技术需要由法律进行规制的情况下,法律规范还能否保持原来的那种纯社会规范意义上的内容,一直备受学术界的关注,尤其受到法学界的强烈关注。

(二) 法律规范及其构成

关于法律规范的定义,传统观点认为,法律规范是由国家制定或者认可的,反映统治阶级意志,并以国家强制力保证实施的一种行为规范。③ 也有学者认为,法律规范是国家意志的体现,是通过一定的法律条文表现出来的,具有一定内在逻辑结构的特殊行为规

---

① 2014年4月24日,第十二届全国人民代表大会常务委员会第八次会议上对《环境保护法》进行了修订。
② 李文芳、张世勤主编:《法学概论》,中国刑警学院1985年印刷,第69页。
③ 孙国华主编:《法学基础理论》,法律出版社1981年版,第263页。

则。① 还有学者认为,法律规范是由国家颁布并保护着的、有一般约束力的行为规则,它赋予社会关系参加者某种法律权利,并给他们规定一定的法律义务。② 总之,这些观点认为,法律规范的主要特点就在于它体现了国家权力的属性,甚至认为,"法律规范是体现国家权力的命令",这种规范是出自国家的规范,是体现国家意志的规范,也是由国家强制力保证实施的规范。③ 显然,这些定义和观点强调的是法律规范的实质性、阶级性、国家性、命令性和强制性。这是无产阶级从政治、阶级本质的角度所认识的法的特性,且无产阶级一直认为只要是法就具有这种特性,并没有从法律规范的技术层面,法律规范同其他规范的区别方面,以及法律规范同法的其他基本范畴的区别上来界定其内涵。由此可见,要真正深刻认识法律规范,还必须从相关的一些基本范畴谈起。

本书已经讨论了"规范"的文字含义及其表述,有必要进一步讨论"规范"的法律含义及其表述。有学者认为,"规范"这个词体现了行为正当性、正常性、社会合理性,体现了经济基础、政治制度等其他社会生活的客观的需要。④ 对此本书并不完全认同,因为既然法律规范具有强烈的阶级性、国家意志性和命令性,就不可能绝对正当和合理。从理论的应然层面来讲,法律规范应当是正当的、合理的;但从立法的实然层面来讲,法律规范又不可能是完全正当的和合理的。因为法律是价值选择和意志表现,换言之,法理学应当是科学,是讲(应然性)道理之学,而法律及其创制就未必科学,其是(实然性)的意志选择。

通常人们在文字上将技术规范、社会规范、包括法律规范等,均表述为一种"规则"。那么究竟"规则"与"规范"是不是同义词?《现代汉语词典》对"规则"一词的解释是:规定出来供大家共同遵守的制度或章程。⑤ 另外,我国法学界一般将英语中的"rule"译作规则,而将"norm"译作规范。奥地利法学家凯尔森认为,立法者创制的是规范,法律科学表述的却是规则,前者是规定性的,后者是叙述性的。⑥ 英国法学家沃克(David M. Walker)认为,法律规则与法律规范都是规范人的行为的,但是规则较规范具体,规范比规则抽象。⑦ 从上述传统的法律规范的定义与观点看,我国法学界更倾向于将"规则"与"规范"视为同一含义。如有的学者认为:"法律规范是抽象的、概括的规则。"⑧ 也有学者认为:"法律规则是法律规范的一部分(另一部分是法律原则)。"⑨ 甚至在法理学的理论体系中,有些学者不再更多地讨论"法律规范",取而代之的是"法律规则"⑩。由此可见,在讨论法

---

① 卢云主编:《法学基础理论》,中国政法大学出版社1994年版,第290页。
② 孙国华主编:《法学基础理论》,中国人民大学出版社1996年版,第347页。
③ 同上。
④ 同上。
⑤ 《现代汉语词典》,商务印书馆1979年版,第410页。
⑥ 〔奥〕凯尔森:《法与国家的一般理论》,沈宗灵译,中国大百科全书出版社1996年版,第48页以下。转引自周永坤:《法理学——全球视野》,法律出版社2000年版,第203页。
⑦ 周永坤:《法理学——全球视野》,法律出版社2000年版,第203页。
⑧ 孙国华主编:《法学基础理论》,中国人民大学出版社1996年版,第347页。
⑨ 周永坤:《法理学——全球视野》,法律出版社2000年版,第203页。
⑩ 同上书,第202—208页。

律规范之前,特别是在讨论法律规范与社会规范关系时,进一步辨析和讨论"规则"与"规范"的关系,以及"法律规则"与"法律规范"的关系,具有极其重要的理论价值和方向性的指导作用。

关于法律规范的归属,传统观点一直认为,法律规范应归属于社会规范。如有的学者认为,法律规范作为一种社会规范,是国家机关制定或认可的,并以国家强制力保障执行的一种特殊的行为规则。① 也有学者认为,法律规范是社会规范的一种,是一种特殊的社会规范;其特殊性就在于,它是反映统治阶级意志的,经国家制定和认可的,并由国家强制力保证实施的行为规则。② 这些观点的主要理论依据是,自然界万物作为法律关系的客体,它们是完全依附于作为主体的人的利益和需要的;在自然界中,人的价值仅仅在于它们能够满足作为主体的人的需要,因此人与自然界之间的关系在这里实际上是人与人之间的联系。还有学者认为:"就'法律规范是一种社会规范'的命题而言,它显然不符合法律规范也调整人与自然之间的关系的事实。"③ 此外,有学者进一步认为,环境法调整的不是人与人之间的社会关系,而是人与环境之间的关系。如有的学者给环境法下的定义是:"调整人类与环境系统的矛盾关系的行为规范的总和。"④ 也有学者认为:"环境法调整的对象具有特殊性,既调整人与人的关系,也调整人与自然的关系。"还有的学者认为:"以调整人与自然环境关系为标志的环境法学是对人与人关系的法学的超越。"⑤ 这些观点的主要理论依据是,在世界各国的法律法规中,包括国际公约、国际条约中,关于自然资源保护、森林保护、环境保护、海洋资源保护、水污染防止等内容随处可见,其中均大量存在调整人与自然及科学技术规则的法律规范。因此,传统的"法律规范属于社会规范,法律规范是只调整人与人的规范"的观点,更多地受到发展变化了的实际情况及新出现情况的严峻挑战。

其实,法律规范是否完全归属于社会规范,其根本或核心的问题是法律规范究竟是只包括社会规范,还是同时包括技术规范。换言之,法律规范调整的只是人与人之间的所谓"社会规范",或者也包括人与自然的所谓"技术规范"。长期以来,学界对此也争论很大。其核心和焦点问题有两个:(1)究竟什么是技术规范和社会规范?(2)人与自然的关系究竟是否属于人与人之间的关系?澄清这些问题,对于理清法律规范的基本定位与归属十分关键。

首先,什么是现代意义上的技术规范和社会规范?有学者认为,行为规范有两类:一类是技术规范,也称为认知规范,是指人在处理人与自然、人与社会、人与自己所创造的各种语言符号关系的程序、步骤、方法和技巧的一些原则、传统,是一种知识性的、智能型的

---

① 卢云主编:《法学基础理论》,中国政法大学出版社1994年版,第290页。
② 李文芳、张世勤主编:《法学概论》,中国刑事警察学院1985年版,第70页。
③ 唐志铭:《法律规范三论》,载《中国法学》1990年第6期。
④ 罗辉汉:《环境法学》,中山大学出版社1986年版,第32页。
⑤ 蔡守秋:《论当代环境法学的发展》,载《法商研究》1998年第3期。

行为规范。另一类是社会规范,也称为道德规范,是指人在处理与他人、与社会、与国家关系时所遵守的行为准则,是一种涉及人们之间利害关系、感情、良知和道德评价的一种价值非中性的规范。[①] 显然,该观点所讲的技术规范不同于传统意义上的技术规范,是一种知识性和智能型的规范。它虽然也涉及规范,但不同于传统意义上的技术规范,是一种知识性和智能型的规范;它虽然也涉及社会或个人的利益,但不直接涉及人与人之间的利害关系,因而是价值中性、无道德评价的。详言之,它不仅适用于人与自然的关系,如尊重自然界的规律、科学规则与工艺技术流程,而且适用于人与社会乃至人的思维、语言等领域,如心理学规律、社会组织运行机制、逻辑思维规则、语言等的约定和法则等。社会规范也不同于传统意义上的社会规范,主要是指由于人们的社会关系而产生的一切行为规范,既包括涉及人与人之间利害关系和道德评价的规范,又包括那些更多地属于知识性的、智能型的技术性社会规范。由此可见,现代意义上的技术规范和社会规范的定义似乎存在相互交叉和混同,故非常有必要予以澄清。本书认为,与传统技术规范相比,现代意义上的技术规范,不仅包括人与自然法则,而且也包括人与管理技术和操作规程的法则,如交通安全法则、安全生产规章、国家计量标准、数学通讯符号规则等。又如有学者指出,所谓技术规范是指由技术本身所构成的调整人与人之间权利与义务关系的规范。[②] 也就是说,技术本身就是规范,而在网络世界里这种技术主要是软件。这些显然是对传统技术规范的突破,与通过调整人与自然之间的关系来调整人与人之间关系的传统技术规范观点形成了鲜明的对比。现代意义上的技术规范是以技术规则为基础直接调整人与自然或技术之间的权利义务关系。相对来讲,现代意义上的社会规范则直接调整的是人与人之间的关系,即社会冲突、社会纷争中人与人之间的利害关系。至于人与自然的关系是属于技术规范还是社会规范,长期以来在学界争论很大。主张归属于技术规范的观点认为,人与自然间的关系并不能归结为实际上的人与人之间的关系,因为这种关系除考虑特定时期的人的具体利益和需要外,还应考虑甚至优先考虑自然生态平衡的法则与客观要求,所以最终人对某些法则与技术只是一种遵守与服从的关系,故二者实质上是一种技术规范的范围。主张归属于社会规范的观点认为,人与自然之间不直接存在法律关系,而是通过调整人的行为最终实现人与自然关系的调整与协调,所以对人与自然关系的调整实际上是对人之行为的调整,故二者实质上还是一种社会规范的范畴。本书认为,在技术规范与社会规范出现交叉和混同时,要解决人与自然关系的归属,关键仍在于对技术规范与社会规范含义的界定。显然,上述现代意义上的技术规范的定义包含了人与自然关系的内容,故本书主张人与自然的关系应属于技术规范范畴。正因为如此,最终就导致对法律规范属于社会规范这个传统观念的突破。如有的学者指出,法律规范既调整人与人之间的关系,又调整人与自然间的关系,因此它不仅有社会规范的部分,而且还有技术规范的部分;只不

---

① 魏宏:《法律规范的社会学内涵》,载《法律科学》1996年第4期。
② 郑友德、伍春艳:《从信息网络社会规范体系的重构看法律规范的变迁》,载《科学·经济·社会》2000年第3期。

过前者被规范的对象是人与人双方的权利义务,后者被规范的对象仅仅是作为能动的人的一方,即法律规范只能规定人对自然可以做什么、应该做什么或不应该做什么。①

其次,人与自然的关系究竟应否属于人与人之间的关系?人类自在地球上出现以来,便一直生活在大自然的怀抱。然而,人类在极其漫长的岁月里并未认识到大自然将直接关系到人类的存亡,也始终未能把人与自然的关系提到相当的理论高度来认识。总结人类文明的这段历史,其大致可分为这样几个基本阶段:在人类文明的早期阶段,人对大自然的力量既恐惧害怕又盲目崇拜,甚至将其神化,视为一种超然力量;随着人类文明的不断演进,人类逐渐意识到似乎自己才是世界万物的真正统治者;伴随着近代工业革命大机器的轰鸣声,人类似乎更飘飘然了,进一步确信自己才是自然界万物的中心和主宰,甚至要"与天斗,与地斗","征服自然,改造自然";然而,伴随着人类的自我陶醉,甚至为高额利润而不顾一切地对大自然的开发、改造和攫取,造成了人与自然的尖锐冲突与对立,引起了自然生态环境的严重危机,诸如水土流失、沙漠化、沙尘暴、水土资源匮乏、大批物种灭绝等。其实,马克思、恩格斯早就对此提出过忠告:人"不仅生活在自然中,而且生活在人类历史中","人创造环境,同样环境也创造人"。②这就要求人们注意同大自然的关系,尤其在"人类历史"的长河中,警惕大自然对人类的"报复"。不过,人类却并没有太多地理会和重视这些忠告。有学者指出:"当人类具有了能与自然威力相匹敌的强大力量的时候,人们在人与自然之间的关系问题上依然没有从人类中心主义和人主宰自然的偏轨中彻底清醒过来。"③这种情况一直持续到现代,当人与自然的矛盾日益显现,尤其是环境问题日益严重,直接威胁到整个人类的生存与发展时,人类才逐渐认识到人与自然的关系是多么重要。针对日益严重的环境问题,罗马俱乐部率先提出了"人与自然协调发展"的口号,强调"人类必须开始对自然采取一种新的态度,它必须建立在协调关系之上而不是征服关系之上"④。从此,人们对从过去人与自然的对立(倡导所谓的征服自然、改造自然)转变为现在人与自然的和谐导向(即所谓的善待自然、顺从自然),并似乎已达成了基本的共识。作为这种认识与思考强有力证明成果之一的就是"生态伦理学"的产生。该学科不同于长期以来人们把道德规范调节局限于人与人之间的社会关系的旧识,主张把良心、权利等观念扩展到自然界中去,要求建立起一种新型的、完善的伦理意识,诸如"善待自然"等思想,就是这种理论的应用或具体实践。按照传统的法理学观点,自然万物如果不能满足作为主体的人的需要,就没有价值,自然万物本身也无利益和权利可言。因此,得出了"人与自然的关系实际上是人与人的关系"的命题与结论。而生态伦理学认为,应该重新确定人类在大自然中的位置,人类并不是自然界的主宰或中心,而是自然界中平等的一员,不仅要

---

① 张志铭:《法律规范三论》,载《中国法学》1990年第6期。
② 李爱年:《环境保护法不能直接调整人与自然的关系》,载《法学评论》2002年第3期。
③ 张志铭:《法律规范三论》,载《中国法学》1990年第6期。
④ 〔美〕梅萨罗维克等:《人类处于转折点》,梅艳译,三联书店1987年版,第148页。转引自李爱年:《环境保护法不能直接调整人与自然的关系》,载《法学评论》2002年第3期。

承认人的权利与价值,而且还要肯定自然界万物本身所固有的权利与价值。就连那些认为法律规范不能调整人与自然关系的学者也不得不承认,"在这里涉及保护自然的所有权、使用权、经营权、管理权和资源永续利用等问题"①。又如有些学者指出的那样,生态伦理学的这些思想,标志着人类在人与自然关系问题的认识和实践上进入了追求和谐的崭新阶段。② 在此基础上,自然万物也可能成为与人一样的法律关系主体,只不过,这种主体只能是限制性主体,或称类主体或被动主体。例如,有的学者就主张动物为有限主体,认为动物的主体地位在多数情况下为类主体,即作为一个类而享有主体资格,少数情况下为个体性主体;动物的权利为有限权利,其资格为有限资格,主要是群体权利,而不是个体权利。③ 而那种通过各种财产权制度,将自然万物只认定为完全依附于人的利益和需要的物质载体,认定为仅仅存在于人与人之间的法定权利和义务的对象,进而将法律所调整的人与自然的关系视为实际上的人与人之间的关系,显然反映的还是历史上导致的人与自然尖锐对立的人统治自然、主宰自然的旧的传统观念。

总之,现代意义上的法律规范可以这样定位:(1)或者是社会规范的一种,或者是技术规范的一种。换言之,不仅有社会规范的内容,也有技术规范的内容;也许有些法律规范完全属于社会规范的内容,也许有些法律规范便是社会规范与技术规范内容的混合(结合)物与交叉物。(2)现代意义上的法律规范既调整人与人之间的关系,又调整人与自然之间的关系,具有各自的不同特点。就前者而言,被规范的对象是人与人双方,法定权利和法定义务是一种相对物;就后者而言,被规范的对象仅仅是作为能动的人的一方,法律规范只应该规定人对自然可以做什么,应该做什么或不应该做什么。(3)法律规范又不同于一般的社会规范和技术规范。前者是由国家制定和认可的,并由国家强制力保证实施的行为规范;而后者则是一般性的未必有任何国家特征的社会规范与技术规范,或存在于人们的理念中,或散见于人们的生活习惯中,或作用于通常的技术操作中,当然也可能以法律规范的面目出现。

综上所述,法律规范是由国家立法机关制定或认可的,由国家强制力保证实施的规定人们权利和义务的一般行为规则或原则(包括其中的法律概念和术语)。

从法律规范的定义也可看出,法律规范的内容主要包括法律规则与法律原则。前者是指由国家立法机关制定或认可的,旨在规定法律上的权利、义务、责任的准则与标准,或赋予某种事实状态的法律意义上的指示与规定;后者是指由国家立法机关制定或认可的,旨在确立某种或某些法律的基础性真理与原理,或是为其他法律要素提供基础或本源性的综合性原理和出发点。二者的主要区别表现在:(1)在对人及事的覆盖面上,法律原则较宽,法律规则较窄。换言之,法律原则具有更大的宏观指导性,常常成为一群规则的基础。(2)在稳定性方面,法律原则有较强的稳定性,而法律规则有一定的易变性。这是因

---

① 李爱年:《环境保护法不能直接调整人与自然的关系》,载《法学评论》2002年第3期。
② 张志铭:《法律规范三论》,载《中国法学》1990年第6期。
③ 《2001年环境资源法学国际研讨会学术综述》,载《法学评论》2002年第3期。

为法律原则通常是社会重大价值的积淀,一般不会轻易改变;而法律规则是对具体行为或事项的规定,相对较容易改变。(3)在适用的确定性方面,法律原则较为模糊,而法律规则较为明确。当二者发生冲突时,选择的方法也不完全一样,规则冲突的适用常常要么有效要么无效,原则冲突的适用常常对各自所代表的利益加以权衡,或两个原则均加以适当的考虑。①

法律规范的类型从不同角度可作出不同的分类。依据效力的不同,可将法律规范划分为宪法规范、基本法规范和规章性规范等;依据功能的不同,可将法律规范划分为调整性规范、职权性规范、保护性规范等;依据强制程度的不同,可将法律规范划分为强制性规范、指导性规范和任意性规范等;依据法源的不同,可将法律规范划分为制定法规范、判例法规范和习惯法规范等;依据用途的不同,可将法律规范划分为实体性规范和程序性规范等;依据法域的不同,可将法律规范划分为刑事法规范、民事法规范;依据法律部门的不同,可以将法律规范划分为宪法规范、刑法规范、刑事诉讼法规范、民法规范、民事诉讼法规范等。另外,"法律规范"一词,既可指个体,也可指群体,还可指整体。如果将整体法律规范看成一个完整的有机体,个体法律规范必然是该有机整体的"细胞",而群体法律规范也就是该有机体的某一"器官"或法律规范群。需要特别指出的是,本书在讨论法律规范的结构时,仅仅指的是其个体的法律规范要素结构,而非其他。

二、刑法规范的类型

刑法规范也称罪刑规范,即犯罪和刑事责任的规范,是法律规范中的一种。具体而言,是指由国家颁布并有一定强制力和约束力的,禁止人们实施犯罪行为、命令人们履行某种义务以免犯罪、指令司法人员如何认定与追究犯罪的一种行为规则。其基本特征如下:

(1)刑法规范是由国家刑事立法机关制定的人人必须遵守的刑事性质的行为规则。这不同于一般号召性的口号与建议,具有国家强制力的约束与保护。

(2)刑法规范反映的不一定是全体社会的意志,而是人大代表表决通过的大多数人的意志,并最终上升为国家意志。因此,它具有国家意志和强制性,不同于一般性的法律规范。

(3)刑法规范具体规定了社会关系参加者的刑事权利和义务,以及违反了刑法规范应承担的刑法处罚或制裁。

(4)刑法规范具有平等性,它是以同一个标准来要求或评价处于刑法效力范围内的每个公民的行为规则。

(5)刑法规范为了统治阶级的利益,确认、保护和发展具有刑法性质的一定社会关系。

---

① 周永坤:《法理学——全球视野》,法律出版社2000年版,第210页。

了解上述特征,对于深刻理解刑法规范的含义无疑是十分有益的。不过,并非在刑法条文中的规定均为刑法规范。因为规范的内容是什么、允许做什么、应当做什么,尤其是刑法总则中的许多一般性规定与原则规定,根本不属于刑法规范。尽管刑法规范是由刑法条文来表达的,刑法条文是刑法规范的载体,且刑法规范是刑法条文的内容与实质,但二者并非等同。一个条文也可能表达几个规范,几个条文也可能表达一个规范。总之,刑法条文是直观的,而刑法规范不是直观的。刑法规范从现象上或表现形式上看,是一种裁判规范,即指示或命令司法工作人员如何裁定、判断行为是否构成犯罪,以及对犯罪应如何追究刑事责任的一种规范。裁判规范所指向的对象是司法工作人员,故司法工作人员具有遵守刑法规范的义务,违反义务者将受到法律的制裁。当然,刑法规范也是禁止一般人实施犯罪行为的行为规范,即刑法规范作为行为规范时,所指向的对象是一般人,它禁止一般人实施犯罪行为,给一般人提供评价行为的标准,以期望一般人不实施犯罪行为。行为规范主要是通过假定条件与法律后果之间的密切关系体现出来的。由此可见,行为规范存在于刑法规范之中,而不是独立于刑法规范之外。

关于刑法规范的分类,本书认为,主要应包括刑法规范中的概念、刑法规范中的规则和刑法规范中的原则等。

三、刑法规范的内容

与一般的法律规范一样,刑法规范也包括概念、规则与原则三项内容。

(一) 刑法规范中的概念

法律概念是法律要素之一,是法律规范中极其重要的内容,也是构成法律及法律规范的基本要素和细胞。尽管学界对此有不同看法[①],但由于法律概念在法律中的特殊性和重要性,故许多学者还是把法律概念作为一种独立的法律要素来研究。如有学者认为:"法律规则、原则、概念三要素说有较强的说服力,且对认识法律有重要的工具价值。"[②]刑法规范也是如此,其中的一些法律概念、术语也应当作为刑法规范独立的法律要素加以研究。本书主要从刑法规范中概念的功能与分类两个方面进行讨论。

刑法规范中的概念不仅对于法学理论研究具有重要意义,而且对于立法和司法运作也具有重要意义,它是制定和实施一切法律不可缺少的工具。其主要有三大功能:

1. 表达功能

所谓表达功能,是指用语言或文字对所示意思的表述或阐释。同一般的法律概念一样,刑法规范中的法律概念也具有这种专门表述或阐释刑法具体规范含义或意思的功能,因为刑法规范就是这些无数的法律概念的连接。故从这个意义上讲,法律规范包括刑法规范,均离不开法律概念,更离不开自身专属或专有的法律概念。普通的法律概念,如公

---

① 有学者认为,法律概念是一个独立的法律要素,因为在任何法律中都有许多相对独立的概念需要明确和解释;也有学者认为,法律概念不是一个独立的法律要素,因为法律概念往往包含在规则和原则之中。
② 周永坤:《法理学——全球视野》,法律出版社 2000 年版,第 202 页。

民、法人、自然人、权利、义务、公务人员、国家工作人员等,刑法独有的法律概念,如犯罪、刑事责任、故意犯罪、过失犯罪、刑罚、非刑罚处罚、有期徒刑、无期徒刑、死刑、罚金、没收财产、刑法责任能力等。也就是说,立法者只有借助这些普通法律概念和专有法律概念,才能比较准确地表述或表达刑法规范的内容,也才能创制有关刑法的规范性文件。

2. 认识功能

所谓认识功能,是指人的大脑对客观事物的反映。刑法规范中的法律概念,除表达功能外,还具有认识功能,即帮助人们准确地认识、理解和领会刑法的内容与规定。具体而言,刑法规范中法律概念的这种认识功能,一方面可以帮助公民、法官、律师、学者等理解和掌握法律的基本精神、具体内容和术语,另一方面也有利于社会对法律进行必要的交流和宣传,甚至有利于对法律进行深入研究和修改。如果没有这种认识功能,也很难想象对刑法规范如何理解和沟通,客观上也就必然影响到对刑法规范的制定、修改和执行。

3. 专用功能

所谓专用功能,是指某一概念或术语在某一学科或领域内被专门使用,即约定俗成指的是什么含义。该功能实际上与表达功能和认识功能具有紧密联系,三者之间可以说是互为前提和基础。首先,表达功能是认识功能的前提和基础,没有准确的表达或表述,就很难使人们准确地理解和认识刑法规范及其法律概念的具体内容。其次,认识功能又促进了人们对刑法规范进一步的完整理解和表述,同时由于这种精湛的理解、认识与表达,又使得刑法规范及其法律概念具有了专属和专用功能。最后,这种专属与专用功能对表达和认识功能又分别是一次推动,正因为专属或专用,才使得人们(尤其是法律专业人员,如律师、法官等)对刑法规范及其法律概念理解得更加精深,表达得更加准确。

依据不同的标准,可以对刑法规范中的法律概念作出不同的分类。如依据法律的性质不同,可将其分为刑法规范中的法律概念、民法规范中的法律概念、经济法规范中的法律概念等;依据实体和程序的不同,可将其分为实体法律规范中的法律概念、程序法律规范中的法律概念;依据具体内容的不同,可将其分为涉人概念、涉物概念和涉事概念等;依据确定性程度的不同,可将其分为确定性概念和非确定性概念;依据涵盖面的大小,可将其分为一般法律概念和部门法律概念等。本书主要讨论涉人、涉物、涉事三种类型:(1)涉人概念。这是指在刑法规范中涉及行为主体人的概念。如法人、自然人、团体人、单位等,又如机关法人、企业法人、国家工作人员、证人、鉴定人等。在刑法规范中,不可能没有涉人概念,因为人是行为的主体,刑法规范说到底是规制人们行为的规定与规则,一切法律原则与规则都是为人制定的,故刑法规范离不开涉人概念。当然,这里的人既包括自然人也包括法人,甚至一些非法人单位。(2)涉物概念。这是指在刑法规范中涉及物品、物资与物源的概念,甚至包括其质量、数量、时空等。如标的物、金额、被破坏物、国有财产、销售额、生产额、赔偿额等。(3)涉事概念。这是指在刑法规范中涉及法律事件和法律行为的概念。如故意犯罪、过失犯罪、生产销售假冒伪劣产品、走私、非法经营相同种类营业、紧急避险、收受贿赂等。(4)其他概念。这主要是无法包括在涉人概念、涉物概念和涉事概念中的其他一些概念,如涉及时间和空间的概念。

(二) 刑法规范中的原则

所谓刑法规范中的原则,是指刑法规范中规定的基本准则,也称刑法的基本原则。

刑法的基本原则问题是资产阶级首先提出来的。资产阶级在反封建的斗争中,在理想主义的指导下,兼有与"自由""平等""博爱"的口号相适应,提出了"罪刑法定主义""罪刑等价主义""刑罚人道主义"三大理论。这三大理论的提出是有针对性的,其同封建刑法的罪刑擅断、刑罚等差和酷刑主义是完全对立的。显然这些原则在人类刑法史上具有一定的进步意义,一方面起到了反封建的作用,另一方面毕竟也在一定程度上限制着资产阶级的统治者,使他们不能像封建统治者那样任意行事。但就这些理论的缔造者——资产阶级而言,也并未明确地将这三大理论概括为刑法的基本原则,甚至没有彻底实行这些原则,尤其是到了帝国主义时期,他们便开始不断地抛弃这些原则,这与资产阶级在刑法理论上由理性主义向实证主义的转变是分不开的。资产阶级的刑法典虽然在表面上还保留着原来的形式,但在实质内容上已经融入了实证主义的主张,实际上此时的刑法已经是刑事古典学派和刑事实证学派的混合物了。

相比较而言,我国的刑法观并没有简单地抛弃资产阶级的刑法原则理论,而是在批判地继承,发展自己的刑法原则理论。刑法基本原则作为一个理论范畴的确立,是社会主义国家的刑法理论所独有的。[①] 换言之,社会主义国家是在批判借鉴资产阶级刑法"罪刑法定主义"等三大理论的基础上,创立了刑法基本原则这一理论范畴,并赋予其在刑法理论体系中的应有地位,从而进一步深化了对此问题的研究。早在20世纪50年代,我国法学界也对刑法的基本原则问题进行过研究。当时提出的刑法基本原则主要包括无罪不罚原则、罪刑相适应原则(也叫罪刑相当)、改造罪犯成为新人的原则、社会主义人道主义原则、个人负责原则等。但当时对这些原则的研究,尚限于简单命题的提出。1979年刑法典颁布后,刑法原则又成为学术界的一个热点问题,并相继补充了一些刑法原则,如国家主权原则、法制原则、民主原则、罪刑法定原则、刑罚轻重必须依法适时的原则、惩罚与教育改造相结合的原则、区分两类不同性质犯罪的原则、主观与客观相一致的原则等,甚至在1979年刑法典中明确规定了"类推原则"。

然而,上述原则并非均属于我国刑法的基本原则,有些最多只能算作部分原则。[②] 因此,要深入理解刑法的基本原则还必须从刑法基本原则的定义谈起。

1. 刑法基本原则的定义

什么是刑法的基本原则?对于这样一个基本概念的科学界定是深入研究刑法基本原则理论问题的重要前提和基础,而恰恰就在这一点上,我国刑法学界并未达成共识和一致。当然,我国1997年刑法典修订前的法律中均未将刑法基本原则立法化,故在此前对

[①] 高铭暄主编:《刑法学原理》,中国人民大学出版社1994年版,第159页。

[②] 李晓明:《行政刑法学导论》,法律出版社2003年版,第207页。

该问题的研究也只能是学者们一种自发的理论分析和探讨,由于探讨角度、评价标准各异,故在对刑法基本原则的理解上也就存在较大分歧。

早在20世纪50年代,我国刑法学界就对刑法基本原则进行过研究。当时有学者认为,我国刑法的基本原则就是刑法中规定的犯罪、刑罚、犯罪与刑罚关系等方面的概念、制度赖以确立的原则,这些原则贯穿着各个部门法所共有的社会主义民主主义精神、人道主义精神和法治精神,保障公民的人身权利,对犯罪的准确惩罚和对犯罪的彻底消灭。① 当时提出的刑法基本原则主要有包括无罪不罚原则、罪刑相适应原则、改造罪犯成为新人的原则、社会主义人道主义原则、个人负责原则等。对这些基本原则的研究,尚限于简单命题的提出。1979年刑法典颁布后,刑法基本原则又成为学术界的一个热点问题,并相继补充了一些刑法基本原则,如国家主权原则、法制原则、民主原则、罪刑法定原则、刑罚轻重必须依法适时的原则、惩罚与教育改造相结合的原则、区分两类不同性质犯罪的原则、主观与客观相一致的原则等。

此外,有的学者还对刑法基本原则的概念进行了研究。具有代表性的观点主要包括:(1)认为刑法的基本原则是指我国刑法中的犯罪与刑事责任、刑罚的种类和具体运用、罪名的分类、分则的体系等问题所据以确定的原则。② (2)认为刑法的基本原则是指我国刑法这个部门法所特有的、贯穿全部刑事立法和刑事司法工作的准则,它们应当体现我国刑法的制定根据。③ (3)认为刑法的基本原则是指刑法本身所固有的、贯穿于刑法始终并在适用刑法时必须严格遵守的、具有全局性和根本性意义的原则。④ (4)认为上述观点只表述了其外部特征,还没有真正揭示其内在的本质特征,故提出了"刑法的基本原则就是以调整犯罪与刑罚的关系为己任的,确切地说,是调整刑法中的报应与功利的关系的基本准则"。⑤ (5)认为刑法的基本原则"是指反映犯罪、刑事责任和刑罚的根本规律,贯穿于全部刑法规范,指导和制约刑法适用的具有全局性和根本性意义的准则"。⑥ (6)认为刑法的基本原则"是指贯穿全部刑法规范、具有指导和制约全部刑事立法和刑事司法意义的、并体现我国刑事法制的基本性质与基本精神的准则、规则"。⑦ (7)认为刑法的基本原则"是指刑法本身所具有的,贯穿于刑法始终,必须得到普遍遵循的具有全局性、根本性的准则"。⑧ (8)认为刑法的基本原则"是指制定和适用刑法所必须遵守的基本准则"。⑨

上述定义均有其合理之处,有些观点甚至是科学和正确的。本书在认真学习和吸收这些观点的基础上,根据现代刑法理论研究的成果,将刑法基本原则的定义表述为:**以调**

---

① 赵长青主编:《中国刑法教程》,中国政法大学出版社1998年版,第27页。
② 杨春洗等:《刑法总论》,北京大学出版社1981年版,第24页。
③ 王作富主编:《中国刑法适用》,中国人民公安大学出版社1987年版,第19页。
④ 何秉松:《试论我国刑法的基本原则》,载《河北法学》1985年第6期。
⑤ 高铭暄主编:《刑法学原理》(第1卷),中国人民大学出版社1994年版,第163页。
⑥ 赵长青主编:《中国刑法教程》,中国政法大学出版社1997年版,第27页。
⑦ 赵秉志主编:《新刑法教程》,中国人民大学出版社1997年版,第46页。
⑧ 张明楷:《刑法学》(上),法律出版社1997年版,第36页。
⑨ 周道鸾主编:《中国刑法》(修订本),中国政法大学出版社1996年版,第9页。

整罪刑(指刑事责任)关系为己任,带有全局性、根本性,充分体现刑法独特的法治精神,并贯穿于整个刑法的制定与适用过程中,为刑法立法与司法所普遍遵守的根本性原则。

2. 确立刑法基本原则的标准

在刑法的基本原则问题上,之所以经常出现分歧,根本原因在于没有一个统一的确立刑法基本原则的标准,这样就无法使该问题的研究建立在同一基点或参照系里,因而使许多结论无法统一。本书试图确立几个衡量刑法基本原则的具体标准,供研究此问题时参考。

本书认为,确立刑法的基本原则应遵循如下标准:

(1) 该原则调整的必须是罪刑关系或称罪责关系。这是刑法基本原则的功能标准。"罪刑关系"是我国刑法学界的一种新理论。① 它是研究已然之罪与报应之刑的因果关系及未然之罪与预防之刑的功利关系的辩证统一规律的一种学说。这种学说视罪刑关系为刑法体系各因素辩证运动的一条主线,科学、准确地反映了刑法罪刑关系辩证运动的一般规律。因此,作为反映罪刑关系基本原理的刑法基本原则,应当将是否调整罪刑关系视为确立自身的标准之一。也就是说,若调整不了刑法体系中的罪刑关系,刑法的基本原则将无法在刑法体系中起到全局性、根本性的作用,进而也无法担当起刑法基本原则的责任与使命。显然,这是由刑法基本原则的功能所决定的。

(2) 该原则体现的必须是刑法独特的法治精神。这是刑法基本原则的本质标准。也就是说,刑法的基本原则必须是刑法特有的原则,而且要充分体现刑法特有的法治精神。相反,那些一切法律共有的原则,那些未能充分体现刑法特有的法治精神的原则,均不能作为刑法的基本原则。这是由刑法基本原则的本质特征所决定。

(3) 该原则具有全局性和根本性。这是刑法基本原则的静态标准。也就是说,刑法基本原则必须贯穿于整个刑法体系的始终,且具有全局性和根本性。那些不能指导全局或不能解决根本问题,而只涉及刑法局部的问题,是无论如何也不能作为刑法基本原则的。这是由刑法基本原则的静态量化标准的要求所决定的。

(4) 该原则将贯穿于整个刑法的制定与适用中,且为立法和司法活动所普遍遵循。这是刑法基本原则的动态标准。也就是说,刑法的基本原则不仅符合全局性和根本性这一静态规范要求,而且要符合刑法制定与适用这一动态规范要求;不管是立法活动还是司法活动,不管是立法解释还是司法解释,不管是制定刑法典还是制定单行法或附属刑法,均应普遍遵循。这是由刑法基本原则的动态运作规律的要求所决定的。

上述四项标准是一个相互联系、相互依存、辩证统一、缺一不可的关系,只有四者同时具备,才能符合确立刑法基本原则的标准。

3. 刑法基本原则确立的意义

刑法基本原则既然是贯穿于整个刑法的基本准则,是刑法精神的集中体现,其对刑法

---

① 陈兴良等:《罪刑关系论》,载《中国社会科学》1987年第4期。

的制定与适用所具有的重大指导意义是毋庸置疑的。主要表现在以下方面：

(1) 有利于刑法立法的科学化。由于整个刑法体系由几项基本原则作指导，故进一步增强了刑事立法的科学化、系统化和一体化。这不仅表现在刑法典的创立上，而且表现在今后刑法的修改、补充与完善方面。有明确的刑法基本原则作指导，不仅有助于使今后的刑法修订工作有章可循、有则可依，而且使量刑规范更加明确、具体。这不仅有利于刑法的修改和补充，而且有利于保护社会、保障人权。另外，刑法立法的科学化还表现在具体的刑法规范的制定上，再不会出现那种所谓"罪刑法定原则"与"类推原则"并存，既相互矛盾又相互对立的局面，有力地推动了我国刑法规范化、科学化的进程。

(2) 有利于刑法司法的公正化。由于刑法立法、刑法体系规范化、科学化具有坚实的基础，使得刑法司法工作的科学化具有进一步的保证。在司法实践中，可以真正做到以刑法基本原则作指导，强化法制意识和公平、公正观念，努力确保刑法司法的公正，使刑法立法的科学化和刑法司法的公正联成一体，进一步开拓和创造依法治国的环境与局面，最终推动我国社会主义法制建设向纵深发展。

(3) 有利于严密刑事法网并充分发挥刑法的威慑力。刑法立法的科学化和刑法司法的公正，使得刑法规范在立法与司法确有保障的情况下，能够充分发挥作用。在刑法基本原则的统一指导下，无论是刑法典的最初制定，还是刑法典今后的修改与补充，均可更系统、更科学地逐步严密刑事法网，以便更加充分地发挥刑法的巨大威慑力，为社会的安宁与稳定、祖国的繁荣与昌盛贡献力量。

(4) 有利于提高立法技术并推动刑法理论的发展与进步。毫无疑问，刑法基本原则的确立对于提高我国的刑法立法技术十分有益。刑法立法技术的提高，不仅完成了整个刑法体系与内容的系统化、科学化，而且最终必将推动整个刑法理论研究的发展与进步。

4. 刑法的基本原则

确立了刑法基本原则的标准，也就为正确地选择适用我国刑法的基本原则奠定了基础。针对上述我国学者提出的众多的刑法基本原则，应进行辨别和分析，以便最终将刑法真正的基本原则找出来，供我们在立法和司法实践中使用。

(1) 严格来说，国家主权原则是国际法的原则。尽管在刑法条款中也涉及国家主权，但其毕竟只在刑法中解决局部问题，即便算是刑法的一个原则，也只能算作一个部分原则或局部原则，而不能作为整个刑法的基本原则。

(2) "法律面前人人平等"原则是宪法中规定的一条基本原则，但它不符合确立刑法基本原则的四条标准，因此严格来讲，其不是刑法的一条基本原则，而应修改为"适用刑法人人平等"原则。

(3) 民主原则、社会主义人道主义原则均是我国社会主义法制的一般原则。这主要是因为其刑法意蕴很少，刑法特征不明显，故不能作为刑法的基本原则。

(4) 区分两类不同性质犯罪的原则涉及两类矛盾问题，实事求是地讲，是一个政治原则，根本不能作为刑法的一项基本原则。

(5) 个人负责原则是刑事责任原则,充其量只能作为刑法的一个局部原则,而不能作为刑法的基本原则。

(6) 惩罚与教育改造相结合的原则和主观与客观相一致的原则,一个是行刑原则,一个是定罪原则,均是刑法的局部原则,因此也不能作为刑法的基本原则。

(7) 在 1979 年刑法典的基础上,我国学者也曾提出类推原则或罪刑法定和类推相结合(或相互补充)的原则。然而,罪刑法定和类推是不可能相互结合的,也没有办法相互补充。因为罪刑法定和类推本身就是一对矛盾,既然确立罪刑法定,也就不可能再进行类推;既然允许类推,也就不可能再进行罪刑法定。况且,1997 年刑法典已经正式确立了罪刑法定原则,不再存在类推的问题。

如此分析下来,剩下的只有两条原则:一是罪刑法定原则,二是罪刑相应原则。用确立刑法基本原则的四项标准来衡量,这两项原则均符合这四项标准的。因此,也只有这两项原则才是我国刑法真正的基本原则。在这两项原则中,罪刑法定是要确立一种科学合理的罪刑关系,使之法定化;罪刑相应原则是对罪刑关系的质和量进行调节的基本准则,使之相当化和一致化。两者通盘解决了我国刑法中罪刑关系的实质与核心问题。

当然,1997 年刑法典在总则中将"法律面前人人平等"也规定为刑法的基本原则,不过深入分析,发现它应当是一个统一的宪法原则,故本书不认为它是一项专门的刑法基本原则。但如果改称为"适用刑法平等原则",则仍可作为刑法的一条基本原则。

需要指出的是,由于传统的刑法最初是针对自然人追究刑事责任的,刑罚的单一性是传统刑法的基本特征,且最集中体现在"刑"字上,就连罚金刑也出现得较晚,只是法人犯罪或单位犯罪出现以后,罚金刑才被更多地运用于惩罚法人犯罪或单位犯罪,因为对法人或单位不可能像对待自然人那样,将其关进监狱里服刑,只能被判处罚金。特别在刑法中,大量存在法人犯罪或单位犯罪,除罚金刑外还大量采用资格刑和其他非刑罚方法。也就是说,在刑法责任中,不只是具有传统的刑罚方法,此外还有大量的非刑罚方法,甚至通过有罪宣告来实现刑法责任。由此可见,在刑法中,"责任"的概念显得更加突出,包括在内容范围上也远远超出了"刑"的范畴。因此,在刑法中,法定的不仅仅是罪和刑的问题,更重要的是罪和责的问题。相对于刑法的基本原则而言,罪责法定比罪刑法定更适宜,罪责相当也比罪刑相当更适宜。本书之所以仍称"罪刑法定"和"罪刑相适应",一是沿用俗称,二是在改变了其各自的内在含义的基础上使用,即赋予了新的内涵和定义。

(三) 刑法规范中的规则

所谓规则是指规定出来供大家遵守的制度或章程[①]。那么,刑法规范中的规则当然是指在刑法规范中规定的供大家遵守的制度或章程。通常情况下,研究法律规范侧重于对法律规范结构的研究。法律规范的结构,包括刑法规范的结构,均是争论颇大的问题,也是研究刑法规范无法回避的问题。从我国 20 世纪 80 年代开始,在法律规范结构上占

[①] 《现代汉语词典》,商务印书馆 1979 年版,第 410 页。

主流地位的观点是三结构理论或称三要素说,即所谓的假定、处理和制裁。① 之后,又有学者提出了四结构理论,即法律规范的承受者、法律规范的应用域、法律规范的规定域和法律规范的制裁域②;也有学者提出了经改造后的三结构理论,即假定、指示和法律后果。③ 但新兴的主要学说是两结构说或两要素说,即法律规范的行为模式和法律后果两部分。④ 本书结合刑法规范对法律规则的结构及其内容予以具体分析。

1. 传统的三结构说:假定、处理和制裁

除了我国 20 世纪 80 年代的法理教科书,《中国大百科全书》(法学卷)也将法律规范阐释为三结构说,即假定、处理和制裁,并进一步明确指出:"它们构成法律规范的 3 个要素。"⑤

(1) 所谓假定,是指法律规范中指出的适用该规范的条件和情况的那一部分。传统观点认为,每一个法律规范都是在一定条件出现的情况下才能适用,而适用这一法律规范的这种条件就称为假定。⑥ 有些学者认为,这一定义不妥,极易造成误解,因为法律规范的假定部分不仅包括法律规范适用的条件,还应包括法律规范适用的范围;而且,法律规范的假定不应是"法律规范中指出的",而应是"指法律规范的"适用范围和条件。法律规范"假定"的定义应当是,法律规范适用的范围和条件。⑦ 还有的学者甚至怀疑"假定"在法律规范中普遍存在的合理性,认为我国《刑法》《婚姻法》《商标法》《森林法》等法律中所确立的规范,并不都有"假定"部分,却很难说它们不是法律规范。⑧ 这种分析不无道理,本书进一步认为,也许有些法律规定将"假定"省略了,尽管如此也不是所有的法律规范都必须有"假定"的,也不能据此认为就不是法律规范。换言之,法律规范也应具有多样性,任何以偏概全的观点都是都是站不住脚的。

(2) 所谓处理,是指的行为规则本身。也就是说,法律规范中指出的允许做什么、不允许做什么或禁止做什么,以及法律要求做什么的那一部分。传统观点认为,这是法律规范的中心部分,是规范的主要内容。⑨ 但有的学者认为,"处理"一词与中文约定俗成的含义不合。⑩ 还有学者主张,在法律规范中不应用"处理",而应用"指示",并指出指示部分规定了人们的权利和义务。它具体指明了人们可以做什么,应当做什么,应该做什么,不应该做什么,以其作为人们行为的标准和尺度。⑪ 本书认为,这是一种词语或术语使用的

---

① 孙国华主编:《法学基础理论》,法律出版社 1981 年版,第 263 页。
② 王常龙:《法律规范结构探析》,载《河北法学》1990 年版第 4 期。
③ 卢云主编:《法学基础理论》,中国政法大学出版社 1994 年版,第 290 页。
④ 周永坤:《法理学——全球视野》,法律出版社 2000 年版,第 204 页。
⑤ 《中国大百科全书》(法学卷),中国大百科全书出版社 1984 年版,第 101 页。
⑥ 同上。
⑦ 李振江:《法律规范的逻辑分析》,载《法学研究》1993 年第 1 期。
⑧ 罗玉中:《法律规范的逻辑结构》,载《法学研究》1985 年第 4 期。
⑨ 《中国大百科全书》(法学卷),中国大百科全书出版社 1984 年版,第 101 页。
⑩ 周永坤:《法理学——全球视野》,法律出版社 2000 年版,第 204 页。
⑪ 卢云主编:《法学基础理论》,中国政法大学出版社 1994 年版,第 290—291 页。

不当(或与汉语中约定俗成的含义不符),主要是法律规范的实质内容只有假定和处理(或称"指示"),而基本上没有关于制裁方面的实质内容规定。而在刑法规范中,其规范的实质内容可能更多涉及的是假定的制裁,而没有关于处理的实质内容规定。如我国刑法典第170条的规定"伪造货币的,处3年以上10年以下有期徒刑,……"、第171条的规定"出售、购买伪造的货币或者明知是伪造的货币而运输,数额较大的,处3年以下有期徒刑或者拘役,……"以及第172条的规定"明知是伪造的货币而持有、使用,数额较大的,处3年以下有期徒期或者拘役,……"均是很有力的证明。

(3) 所谓制裁,是指法律规范中规定的违反该规范时,将要承担什么样的法律后果那一部分。即是说,法律规范中的制裁是指违反法律规范将导致的被制裁或处罚法律后果的规定,如判处有期徒刑、罚金等。传统观点认为,不论制裁部分怎样规定,法律规范一般都有制裁,因为制裁是保证法律规范实现的强制措施,是法律规范的一个标志。[①] 其理由是,有些法律明确地规定了制裁,如刑法中关于具体罪状及其刑事责任的规定;有些法律的制裁规定没有在刑法中规定,而是规定在其他法律中,如对违反《选举法》的制裁规定,并没有规定在《选举法》中,而是规定在《刑法》中。然而,如前所述,我国违反《宪法》的制裁规定又体现在哪些法律之中?甚至这些违反《宪法》的行为又依据什么样的程序或程序法进行制裁?这些问题均值得进一步深入研究。由此可见,任何法律规范中必然有制裁性规定的说法也是较为武断的。

尽管三结构说至今仍占据我国法律规范理论的主导地位,但不可否认,其中的缺陷与弊端也日趋明显,故近些年来也有逐渐被相当一部分人放弃的趋势。

2. 后来的两结构说:假定、处理,或者假定、制裁

在传统的法律规范三结构理论日渐受到质疑、责难和挑战的情况下,关于法律规范逻辑结构的讨论也日趋热烈,并不断产生出一些新的主张与观点。其中具有代表性的观点,是两结构说。然而,在两结构说中,不同学者的学术观点又有所不同。有学者认为,法律规范应当由制裁和假定两部分组成[②];也有学者认为,法律结构是由假定、处理,或者假定、制裁二因素构成的;还有学者认为,一种法律规范是三因素构成,还有一种法律规范是二因素构成,前者是逻辑性规范,后者是命令性规范。[③]

首先,分析逻辑性规范结构的诸观点。显然制裁与假定结构的前后顺序是倒置了,不可能先有制裁再有假定。如果说这种排序只是文章表述上的内容顺序的话尚可,而如果是法律规则逻辑结构上的顺序,则应该调整过来,即排序为假定与制裁。如此,也就将两结构说中的逻辑结构观点归为两种:一种是假定与处理结构,另一种是假定与制裁结构。显然,前一种结构主要适用于宪法等义务性法律规范的内容,如有的学者认为,宪法的规定只有假定和处理,而没有制裁;后一种结构主要适用于刑法、刑法等授权性或命令性法

[①] 《中国大百科全书》(法学卷),中国大百科全书出版社1984年版,第101页。
[②] 李振江:《法律规范的逻辑结构分析》,载《法学研究》1993年第1期。
[③] 孙国华主编:《法学基础理论》,中国人民大学出版社1986年版,第348页。

律规范的内容,如有的学者认为,刑法的规定只有假定和制裁,而没有处理。由此可见,对刑法规范或规则来说,较实用的还是假定与制裁的结构。

其次,分析逻辑性规范和命令性规范的区分。就逻辑性规范而言,除传统的假定、处理、制裁三结构说外,还有的学者提出了四结构说,并将逻辑结构的形式表示为[①]:

具有某特征的主体 p,在某条件或某情况 r 下,必须(禁止或可以)做某行为 q,否则就要承担后果 s。

其中,p 表示法律规范的承受者,r 表示法律规范的应用域,q 表示法律规范的规定域,s 表示法律规范的制裁域。这种四结构说似乎分析或说明某些《刑事诉讼法》的条文(如我国1980年《刑事诉讼法》第33条还是具有非常典型的或代表性意义的),但如果想以此说明刑法中的法律规范,则不一定就那么吻合或典型。正如有些学者所主张的那样,将调整性规范(假定与处理)和保护性规范(假定和制裁)结合起来,以实现或体现逻辑性规范(假定、处理与制裁),究竟有无必要也值得探讨。

命令性规范是指在规范性法律文件中直接体现的最基本的国家权力的规范性命令。简言之,一项命令就是一个规范。如我国刑法典第66条的规定"危害国家安全的犯罪分子在刑罚执行完毕或者赦免以后,在任何时候再犯危害国家安全罪的,都以累犯论处"就是一项命令性规范,其基本公式是"如果……则(就必须)……"。另外,该项命令性规范由两个因素构成:一是"假定",即规范生效时必须具备或不具备的条件,指出规范生效的具体事实状况;二是"制裁",即违反规范的规定时所带来的法律后果。

因此,本书认为,将法律规范三因素视为一种逻辑性的规范,将法律规范二因素视为一种命令性规范的观点,有相当的科学性与合理性。这种切换不同视角对法律规范进行科学研究的态度是实事求是的,也是符合客观实际情况的。

3. 法律规则的要素说

上述法律行为规则及刑法行为规则结构的几种理论学说,从三结构说到四结构说或两结构说,甚至表述为三因素说或二因素说,以及三要素说或二要素说等。本书认为,要素说的称谓与提法更加适合于我国现实行刑法规范的研究。当然,要素说又有三要素说和二要素说之分;三要素说又有旧三要素说(假定、处理、制裁)和新三要素说(法律概念、法律规则、法律原则)之分,二要素说不仅有假定、处理与假定、制裁具体内容之分,也有旧二要素(如前)和新二要素(行为模式与法律后果)之分。正如有学者指出的,三要素说(指旧三要素说)主要适用于分析义务性规则,用来分析授权性规则就显得牵强。[②] 实际上,两种不同的二要素说具体适用的法律规范也有不同,如假定、处理的二要素说主要适用于宪法等义务性法律规范的内容,而假定、制裁的二要素说主要适用于刑法及刑法等授权性或命令性法律规范的内容。由此可见,法律规则不仅仅与要素有关,而且和要素的具体内

---

① 王常龙:《法律规范结构探析》,载《河北法学》1990年第4期。
② 周永坤:《法理学——全球视野》,法律出版社2000年版,第204页。

容有关；法律规则也不仅仅与要素和选择有关，同时也和所要规定的法律规范的内容与形态有关。

就法律规范的操作性而言，本书更加赞同或倾向于行为模式与法律后果两要素说，因为它不仅科学，而且更加实用或更便于法律的运行与操作。

（1）行为模式：引起刑法后果的主要前提。刑法规范的行为模式，是相对于现实活动中人们的实际行为而言的。应当说，在现实的活动中，人们的行为是千姿百态的，也是十分具体、充满个性的。作为引导和调整人们行为的法律规范，包括刑法规范，不可能将这些具体的、充满个性的行为照搬进法律中，只能概括和抽象出一些一般"模式"，也就是一些典型性、代表性的模式，并将其规定在法律中，并宣布其各自应负的相应的法律后果。从理论上讲，所谓的行为模式是指法律规范中规定的，人们可以为、应当为或不得为的具体方式。它既可以是义务规范，也可以是授权规范；前者是指示人们可以作为与不作为或要求别人作为与不作为的规则；后者是直接要求人们作为或不作为的规则。由此可见，行为模式的实质内容是权利规范和义务规范的统一。在整体法律规范中，由于存在许许多多的法律规范和具体情况，也就相应规定了各式各样的行为模式，经过"合并同类项"，它们便会变为一些法律规范中的行为模式群。对于刑法规范而言，大致有这样三类行为模式群：

一是"可以"行为模式。这是指在法律规范中授权人们可以从事某种行为的模式。如刑法典第67条规定："……对于自首的犯罪分子，可以从轻或者减轻处罚。其中，犯罪较轻的，可以免除处罚。"由于"可以"行为模式是一种授权性规范，故往往同时也规定了相应的从事这一行为时的条件与范围，如上述刑法规定中的"可以从轻或者减轻处罚"，必须是针对"自首"的行为人。这种授权性的行为模式，既可以授予国家机关及其工作人员，也可以授予公民个人。如刑法典第98条规定："本法所称告诉才处理是指被害人告诉才处理。如果被害人因受强制、威吓无法告诉的，人民检察院和被害人的近亲属也可以告诉。"其中，显然就包括了对公民个人的授权。

二是"应当"或者"必须"行为模式。这是指法律规范要求人们从事某种行为，即当事人负有从事某种行为的义务。在刑法规范中，"应当"在某种意义上就是"必须"，"必须"是更加明确的指令性行为。如刑法典第29条、65条、102条、106条、109条、157条、171条、236条、237条、238条、242条等，均规定了"应当"或者"必须"的行为模式。

三是"不应"或者"禁止"行为模式。这是指不允许人们去做某种行为，即当事人负有不作为的某种特定义务。如1979年刑法典第138条规定："严禁用任何方法、手段诬告陷害干部、群众。凡捏造事实诬告陷害他人（包括犯人）的，参照所诬陷的罪行的性质、情节、后果和量刑标准给予刑事处分。国家工作人员犯诬陷罪的，从重处罚。"需要特别说明的是，现行刑法典虽然大都未使用"禁止"或"不应"的字眼，但就其规定的"行为模式"的内容性质而言，大都属于禁止性行为模式。

总之，无论是哪一类行为模式，表现形式可能或繁或简，或隐或现，但总是能起到构成法律规范的基础性效果,也当然是引起法律后果的重要前提。

(2) 法律后果:犯罪行为模式的应然归宿。完整的刑法规范,除具有犯罪的行为模式外,还应具有与之相应的刑法后果。反过来说,如果缺少刑法后果部分,一方面会使得整个刑法规范不完整,另一方面也很难使犯罪行为模式在实际生活中发挥准则和规制性作用,刑法规范就会因此失去权威性和严肃性。从理论上来讲,所谓法律后果,是指法律规范中指示可能的法律结果或法律反映的具体形式与状况,如刑法中关于刑事责任的规定等,均是典型意义上的法律后果的法律规范规定。具体而言,刑法后果大体可分为两大类:

一是肯定式的刑法后果。通常这是指刑法规范肯定行为的合法性和有效性,并加以保护、赞许或者奖励的一系列规则。这里涉及一个理论问题,即法律规范除"制裁"的内容外,还究竟包不包括"奖励"的内容?传统的法律规范构成理论"三要素说"(假定、处理、制裁)显然持否定态度,"甚至认为缺少它就不配称为法律规范"。而有的学者认为,"这种理解无疑是过于偏狭的","它既不完全符合事实,也不符合法律规范的发展规律"[①];还有的学者明确指出,奖励性法律规范由假定、处理和奖励三个因素构成。[②] 本书认为这不无道理。如我国刑法典第68条第2款规定:"犯罪后自首又有重大立功表现的,应当减轻或者免除处罚。"这就是一种肯定和奖励;又如我国刑法典第20条和第21条所规定的"正当防卫"和"紧急避险",也是一种肯定式的法律规范。

二是否定式的刑法后果。通常这是指刑法规范否定该行为的合法性和有效性,并加以撤销或者制裁的一系列规则。由于犯罪的行为模式不同,否定的具体方式和程度也有所不同。如我国刑法典第215条规定:"伪造、擅自制造他人注册商标标识或者销售伪造、擅自制造的注册商标标识,情节严重的,处3年以下有期徒刑,并处罚金。"由此可见,否定性的刑法后果一般表现为刑法责任的具体内容。

总之,作为刑法规范重要组成部分的法律后果,无论是肯定式的刑法后果或是否定式的刑法后果,都是从规范意义上讨论的(即法定性的),而不是从行为人个人实际承担意义上来讨论的(即宣告性的)。也就是说,犯罪人究竟对自己的实际行为是否承担刑法后果,承担多大的刑法后果,只有在具体的适用刑法过程中才能确定。

综上所述,本书十分明确地将法律规范划分为两部分,可以基本说明法律规范,尤其是刑法规范的基本结构。本书认为,行为模式与法律后果的要素结构说,在极大程度上具有实用性和可操作性;不仅可以同逻辑性规范说相互取长补短,互为推动,形成一个有机的结合和辩证的统一,而且可以对命令性规范说进行科学、合理的分析与解释。实际上,命令性规范说中的"假定"就是要素结构说中的"行为模式",而命令性规范说中的"制裁"就是要素结构说中的"法律后果"。双方完全可以互置、互换,达成协调与统一,其基本公

[①] 罗玉中:《法律规范的逻辑结构》,载《法学研究》1985年第4期。
[②] 杨万明:《论奖励性规范》,载《法学研究》1985年第4期。

式可表示为：如果具有某种行为模式，那么就必然产生特定的法律后果。然而，尽管行为模式与法律后果二要素说十分明确，便于认识与操作，但并不是每一个法律条文，均存在这两部分内容与结构，也许有些行为模式与法律后果根本不在一个法律条文中，也许根本不在一个法律文件中，甚至有些只是制定了一半，另一半尚未制定。如此解释，才能最终更科学、更合理地认识刑法规范中的法律规范现象。

第三节　我国刑法的修改与完善

刑法典的修改与完善实际上是一个问题的两个方面，正因为不完善才需要修改，修改了也就相对完善了。另外，我国刑法典的修改可具体划分为局部修改和全面系统地修订。前者如1981年以来全国人大及其常委会对1979年刑法典的多次修订和补充，即25个单行刑法以及1997年以来对我国刑法典进行的多次修改、补充和删减，即九个刑法修正案；后者是指1997年全国人大对1979年刑法典进行的一次全面系统的重大修改和完善，本书主要重点介绍后者。

一、1979年刑法典的制定及评价

一般来说，就当时的社会发展状况而言，1979年刑法典是一部"好刑法"。因为它所规定的刑法的任务、基本原则和内容等基本是正确的，对犯罪和相应刑罚的规定也是比较合理的，且其最初制定时，死刑罪名只有28个。经过1997年全国人大对刑法典进行系统的修改，刑法典的体系、结构更加完整。实践证明，1979年刑法典在打击犯罪，保护人民群众利益，维护国家安全，保卫国家政权和社会主义制度，维护社会秩序和促进改革开放等方面发挥了重要作用。当然，这部刑法典也存在一些不足，主要表现在以下方面：

（1）1979年刑法典在制定时，我国仍完全处在计划经济体制下，那时刑法也可以说是为计划经济体制服务的，或者说受计划经济模式的制约与影响比较大。因此，1979年刑法典规定了许多保护国有企业和公有财产的条款，甚至至今都没有修改。由于当时还没有个体户和私营企业，故刑法也就不可能专门保护个体和私营企业的利益，而所保护的个人财产事实上只是属于公民基本生活资料方面的财产，包括房前屋后的自留地和自留树。现在看来这些财产的地位都是次要的。因此，随着时间的推移，1979年刑法典表现出越来越大的局限性以及无法适应已经发展变化的情况。

（2）1979年刑法典对有些犯罪行为具体分析和研究得不够，规定得不够具体，导致在司法操作上的随意性很大。如渎职、流氓、投机倒把三个"口袋罪"，规定得都比较笼统，一是在司法实践中不好操作，二是不够协调和统一。

（3）在改革开放的时代背景下，1979年刑法典制定后不久，有些犯罪就已经发展得相当严重。如走私罪、有组织犯罪、毒品犯罪等，都需要相应地加大打击力度，严密刑事法网。

（4）国际条约的因素。改革开放以来，中国不仅加入了许多国际条约，而且还与一些国家签订了许多双边协定。所以，我国必须将这些公约和协定的内容纳入国内法，以履行和承担相应的国际义务。同时，我国也顺应国际潮流，在刑法中相应规定刑事普遍管辖原则，以更加充分地维护和行使我国的主权，更好地完成刑法的任务。

（5）死刑问题有待进一步完善。其中，对未成年人适用"死缓"的规定，已无法再实施下去。一方面是为了同国际上接轨，另一方面也是为充分体现对未成年人的教育和保护。

（6）改革开放后，我国的国情发生很大变化，不仅出现了一些新的犯罪，还有一些旧社会遗留下来的犯罪也时而泛起。有些犯罪是在1979年刑法典中不曾规定，如绑架罪等，虽然在最初制定刑法典时也曾讨论过，但当时没能确定下来。后来出现严重的绑架行为，当然就要逐步加以规定。另外，还有一些犯罪虽然当时已存在，但并不很严重，如伪造货币罪、毒品犯罪等，只规定了有限的罪名和条文。后来这些犯罪的情势发生了重大变化，刑法典条文逐渐不够用了，也需要在新的情况下加以扩充。

二、25个单行刑法的先后出台

1979年7月1日通过并颁布的刑法典是于1980年1月1日开始施行的。这部刑法典基本上是一个粗线条、纲领性的法律，故未能真正成为一部刑法典，因为它还尚未达到系统、完备的法典程度。当时除了一些罪名、罪状规定得不够细致外，甚至连"军职罪"都没有规定。那时刑法典的基本思路是：对实践中比较成熟、有把握的且在生活中发生较多的犯罪就予以规定，而对虽然时有发生但经验尚不够成熟或者只是偶尔发生的犯罪，尤其是对犯罪活动情况、罪状等还不能作出精确归纳的犯罪，就没有急于规定。因为当时就是在"宜粗不宜细"的指导思想下制定一个能够解决社会上一些重大犯罪问题和常见犯罪的规定，故没有考虑犯罪的超前性。可想而知，1979年刑法典公布后，很快出现了一些不适应社会发展的情况，许多罪名不够用，之后又不断进行了修改。从1981年开始，鉴于当时的实际情况，全国人大常委会针对一些具体问题作了一些补充规定，如1981年6月10日第五届全国人大常委会第十九次会议通过的《关于处理逃跑或者重新犯罪的劳改犯和劳教人员的决定》（1981年7月10日起施行）和《中华人民共和国惩治军人违反职责罪暂行条例》（1982年1月1日起施行）。

从1982年起，我国刑法典的全面修订工作就已经开始酝酿了。1988年，全国人大法工委组织在京的专家、学者和司法机关的同志参加，认真讨论修改意见。其中争论的一个关键问题即是大改、中改还是小改。大改就是像修改《宪法》那样，另起炉灶，从头做起；中改就是做较大范围的修订，但不打破原有体系重来；小改就是做一些局部的修改与调整。当时大家的意见倾向于小改，但后来由于国际国内形势的变化，此项工作不得不暂停下来。第二次提出修改是在1991年至1992年。这段时间是希望就突出的问题进行修订，即将刑法分则第一章"反革命罪"改为"危害国家安全罪"或"国事罪"，当时修订草案都出来了，但由于受国内形势的影响，一些同志担心"反革命罪"更改会改变打击反革命这一刑法的主要任务,故又搁置了下来。第三次提出修改是在1993年,当时是和《刑事诉讼法》的修改同时并进的。因为《刑事诉讼法》条文的修改意见比较统一,且鉴于立法机关参加法律修改的力量相对集中,故决定将《刑事诉讼法》的修改日程提前,刑法典的修改日程推后。当然从修改法律的合理性来讲,应当是先实体后程序,因为程序法是为实体法服务的,它的任务就是保证实体法的贯彻执行。但从这两部法律的修改难易程度上讲,反而是程序法更好办一些,因此也就先易后难了。1996年3月17日正式通过了《刑事诉讼法》的修订。第四次提出修改是在1996年4月。《刑事诉讼法》的修订获得通过以后,1996年4月30日,全国人大法制工作委员会和内务司法委员会联合召开了一个布署修改《刑法》的会议,集中精力对《刑法》进行全面地修改。立法、司法机关和高等科研院校的专家、学者共40多人,共同承担这一任务,希望用一年的时间完成此任务,因为1997年1月1日《刑事诉讼法》就要开始实施,时间很紧;如果刑法典的修改再推迟就难以和程序法相配套。在这种情况下,刑法典修改的速度与步伐加快了,并于1997年3月14日顺利获得了通过。

三、1997年对刑法典的系统修订

如上所述,我国在1996年修改了《刑事诉讼法》之后,1997年刑法典的修订被列入重要的修法议程。其中一个重要因素是,1998年是全国人大换届之年,通常情况下全国人大换届没有时间修订具体法律。也正因如此,1997年刑法典的修订还是略显仓促了一些,不仅对有些包含死刑的罪名没有来得及讨论修订,甚至对国有企业和非国有企业的不平等保护问题也没能进行及时修改,一直保留至今。

(一)对刑法总则的主要修订

刑法总则部分保留了原刑法的基本结构,条文由89条增至101条。修订的主要内容有:

(1)第一章原章名"刑法的指导思想、任务和适用范围"修改为"刑法的任务、基本原则和适用范围",其他章名没变。

(2)明确规定了刑法的基本原则。这就是罪刑法定原则、罪责刑相适应原则和法律面前人人平等原则,取消了关于类推制度的规定。

(3)扩大了我国刑法对境外犯罪的管辖权。具体包括两个方面:一是第7条的规定,对中国公民在境外的犯罪扩大了管辖权;二是第9条的规定,对国际犯罪行使普遍的刑事管辖权。

(4)强化了公民行使正当防卫的权利。特别是增加规定:对正在行凶、杀人、抢劫、强奸、绑架等严重危及人身安全的暴力犯罪,采取防卫行为,造成不法侵害人伤亡的,不属于防卫过当,不负刑事责任。这充分体现了鼓励群众同犯罪行为作斗争的立法精神。

(5)在犯罪主体上,明确规定了单位也可构成犯罪。

(6)完善了自首和立功制度,增加了独立的立功情节。

(7) 增加了关于犯罪时不满 18 周岁的人和审判时怀孕的妇女不适用死刑的规定,取消了旧法中对未成年人适用"死缓"的规定。

(8) 相应扩大了国家工作人员的适用范围。

(9) 对减刑、假释的条件、程序作了更加完善和具体的规定。

(10) 在刑罚种类上,虽然主刑、附加刑的数量没有变化,但在某些具体刑种上作出了新的规定。这主要表现在:补充规定了对被判处管制的犯罪人在被管制期限内必须遵守的行为规范;提高了拘役期限的下限,由原来的 15 天改为 1 个月;明确规定了对故意杀人、强奸、放火、爆炸、投毒、强奸等严重破坏社会秩序的犯罪分子,可以附加剥夺政治权利;补充规定了没收财产的应当对犯罪人个人及其抚养的家属保留必需的生活费用等。

(二) 对刑法分则的主要修订

修订后的刑法典,结合我国政治、经济、社会发展的实际情况和司法、执法的实践经验,对刑法分则作了较系统的补充和完善。1979 年刑法典分则共 8 章,103 条,151 个罪名。1997 年修订后的刑法典仍采用了原有的章、节、款、项的逻辑层次,共设 10 章,351 个条文,比 1979 年刑法典分则增加了 248 条。修订的主要内容包括:

(1) 第一章原章名"反革命罪"修改为"危害国家安全罪"。除保留原有的勾结外国、阴谋危害国家主权、领土完整和安全罪的规定外,对分裂国家、武装叛乱、颠覆国家政权和推翻社会主义制度,与境外机构、组织、人员勾结实施危害国家安全的犯罪,以及境内外机构、组织或者个人资助境内组织或者个人实施危害国家安全的犯罪,作了更加明确、具体的规定。增加规定了"与境外机构、组织、个人相勾结",实施危害国家主权、领土完整和安全,分裂国家、武装叛乱、颠覆国家政权和推翻社会主义制度的犯罪。将反革命杀人、反革命伤害等与普通杀人、伤害罪予以合并。

(2) 第二章"危害公共安全罪",由 1979 年刑法典的 10 条扩充为 26 条。而且,吸收了全国人大常委会《关于惩治劫持航空器的犯罪分子的决定》中的内容,并新增了恐怖活动组织犯罪、危害航空犯罪、涉枪犯罪、航空与铁路交通肇事犯罪、建筑工程责任事故犯罪等罪名。

(3) 第三章原章名"破坏社会主义经济秩序罪"修改为"破坏社会主义市场经济秩序罪",由 1979 年刑法典的 15 条扩充为 92 条。而且,吸收了全国人大常委会作出的《关于惩治生产、销售伪劣商品犯罪的决定》《关于惩治走私罪的补充规定》《关于惩治偷税、抗税犯罪的补充规定》等 9 个单行刑法的内容,新增了生产、销售伪劣商品罪、走私罪、妨害对公司、企业的管理秩序罪、破坏金融管理秩序罪、金融诈骗罪、危害税收征管罪、侵犯知识产权罪、扰乱市场秩序罪共 8 节。

(4) 第四章"侵犯公民人身权利、民主权利罪"由 1979 年刑法典的 19 条扩充为 30 条。而且,吸收了 1979 年刑法典第七章"妨害婚姻、家庭罪"和全国人大常委会《关于严厉惩治严重危害社会治安的犯罪分子的决定》《关于严惩拐卖、绑架妇女、儿童犯罪分子的决定》等内容。

(5) 第五章"侵犯财产罪"由1979年刑法典的7条扩充为13条。而且,将贪污罪放入贪污贿赂罪一章,并新增了聚众哄抢公私财物、侵占他人财物犯罪等罪名。

(6) 第六章"妨害社会管理秩序罪"也作了较大修改,由1979年刑法典的22条扩充为91条。而且,吸收了全国人大常委会《关于惩治组织、运送他人偷越国(边)境犯罪的补充规定》等7个单行刑法的内容,新增了扰乱公共秩序罪,妨害司法罪,妨害国(边)境管理罪,妨害文物管理罪,危害公共卫生罪,破坏环境保护罪,走私、贩卖、运输、制造毒品罪,组织、强迫、容留、介绍卖淫罪,制造、贩卖、传播淫秽物品罪等9节。另外,将流氓罪分解为侮辱、猥亵妇女罪,聚众淫乱罪,聚众斗殴罪,寻衅滋事罪等罪名。

(7) 第七章"危害国防利益罪"属新增加的一章,共14条,与我国《国防法》相衔接,对危害国防利益的犯罪作了具体规定。

(8) 第八章"贪污贿赂罪"属新增加的一章,共14条,吸收了全国人大常委会《关于惩治贪污贿赂罪的补充规定》和最高人民检察院起草的"反贪污贿赂法草案"等内容,增设了国家工作人员敲诈勒索他人财物罪、单位受贿罪、私分国有资产罪、私分罚没财物罪等罪名。

(9) 第九章"渎职罪"由1979年刑法典的8条扩充为24条。主要是对玩忽职守罪进行了分解,将有关民事、经济、行政法律中的"依照""比照"等刑法规范中的玩忽职守罪、徇私舞弊罪追究刑事责任的条文,改为刑法的具体条款。

(10) 第十章"军人违反职责罪"属新增加的一章,共33条。而且,吸收了《中华人民共和国惩治军人违反职责罪暂行条例》的主要内容,并新增了指使部属进行违反职责罪、擅自行动或者违反协同规则罪、拒绝救援友邻部队罪、非法处置武器装备罪、非法处置军队房地产罪、私放俘虏罪等13个罪名。

四、刑法修正案(一)至(九)

当1997年新修订的刑法典于同年10月1日实施后不久,1998年12月29日第九届全国人大常委会第六次会议通过了《关于惩治骗购外汇、逃汇和非法买卖外汇犯罪的决定》,从此拉开了对1997年刑法典修改的序幕。此后,从1999年12月25日通过的第一个刑法修正案到2015年8月28日通过的第九个刑法修正案,对刑法典的修改十分频繁。这既反映了我国刑法因社会快速发展变化之需,同时也体现了我国刑法在一定程度上还不完善及1997年刑法典修订之仓促。这九个刑法修正案的时间和具体内容是:

(1) 1999年12月25日,第九届全国人大常委会第十三次会议通过《中华人民共和国刑法修正案(一)》(以下简称《刑法修正案(一)》),主要对涉及破坏社会主义市场经济秩序的条款进行了修改。修改了刑法典第168、174、180、181、182、185和225条,在刑法典第162条之后增加一条,作为刑法典第162条之一。

(2) 2001年8月31日,第九届全国人大常委会第二十三次会议通过《中华人民共和国刑法修正案(二)》(以下简称《刑法修正案(二)》),主要对涉及毁林开垦和乱占滥用林地的犯罪条款进行了修改。修改了刑法典第 342 条。

(3) 2001 年 12 月 29 日,第九届全国人大常委会第二十五次会议通过《中华人民共和国刑法修正案(三)》(以下简称《刑法修正案(三)》),主要对惩治恐怖活动犯罪,保障国家和人民生命、财产安全的犯罪条款进行了修改。修改了刑法典第 114、115、120、125、127 和 2191 条,分别在刑法典第 120、291 条之后各增加一条,分别作为刑法典第 120、291 条之一。

(4) 2002 年 12 月 28 日,第九届全国人大常委会第三十一次会议通过《中华人民共和国刑法修正案(四)》(以下简称《刑法修正案(四)》),主要对涉及破坏社会主义市场经济秩序、妨害社会管理秩序和国家机关工作人员渎职的犯罪条款进行修改。修改了刑法典第 145、152、155、339、344、345 和 399 条,在刑法典第 244 条之后增加一条,作为刑法典第 244 条之一。

(5) 2005 年 2 月 28 日,第十届全国人大常委会第十四次会议通过《中华人民共和国刑法修正案(五)》(以下简称《刑法修正案(五)》),主要对涉及信用卡诈骗和破坏武器装备、军事设施、军事通信的犯罪条款进行修改和补充。修改了刑法典第 196 和 369 条,在刑法典第 177 条之后增加一条,作为刑法典第 177 条之一。

(6) 2006 年 6 月 29 日,第十届全国人大常委会第二十二次会议通过《中华人民共和国刑法修正案(六)》(以下简称《刑法修正案(六)》),主要对涉及安全生产、上市公司、证券市场犯罪的部分条款进行了修改和补充。修改了刑法典第 134、135、161、163、164、169、182、186、187、188、191、303 和 312 条,分别在刑法典第 135、139、162、175、185、262、399 条之后各增加一条,分别作为刑法典第 135、139、162、175、185、262、399 条之一。

(7) 2009 年 2 月 28 日,第十一届全国人大常委会第七次会议通过《中华人民共和国刑法修正案(七)》(以下简称《刑法修正案(七)》),主要对涉及走私珍稀植物,证券、期货交易,偷税漏税,勒索绑架,传销,窃取他人信息,组织未成年人犯罪,计算机犯罪,非法使用军牌,国家工作人员收入来源不明等犯罪的条款进行了修改和补充。修改了刑法典第 151、180、201、225、239、253、285、312、337、375、388 和 395 条,在刑法典第 224、262 条之后各增加一条,分别作为刑法典第 224、262 条之一。

(8) 2011 年 2 月 25 日,第十一届全国人大常委会第十九次会议通过《中华人民共和国刑法修正案(八)》(以下简称《刑法修正案(八)》),主要包括两个方面的修改:一是充分体现了宽严相济的刑事政策,对有些刑罚进行了调整,如取消了 13 个死刑罪名,规范了被判处死缓的人减刑、假释后实际执行期限,调整了数罪并罚的期限。同时,也体现了人道主义精神,对未成年人、老年人犯罪的一些刑罚规定进行了调整,使我国的刑罚制度更趋合理。二是根据社会经济发展的需要,进一步加强了刑法对公民生命、健康权的保护,加重了一些严重侵犯公民生命安全犯罪的处罚力度,如生产、销售有毒有害食品、假药,拒不支付劳动者报酬,醉酒驾车,飙车,黑社会性质组织犯罪以及累犯等行为的处罚都有所加重。而且,修改了刑法典第 38、49、50、63、65、66、67、69、72、74、76、78、81、85、100、107、

109、133、141、143、144、151、153、157、164、199、200、205、210、226、234、244、264、274、293、294、295、328、338、343 和 358 条,在刑法典第 17、210、276、408 条之后各增加一条,分别作为刑法典第 17、210、276、408 条之一,并删除了第 68 条第 2 款、第 205 条第 2 款和第 206 条第 2 款。另外,《刑法修正案(八)》还大幅修改了刑法总则,共修改了 17 个刑法总则条文。

(9) 2015 年 8 月 29 日,第十二届全国人大常委会第十六次会议通过《中华人民共和国刑法修正案(九)》(以下简称《刑法修正案(九)》),主要涉及对 9 个死刑罪名和嫖宿幼女罪的取消,贪污受贿数额特别巨大可能被判处无期徒刑,猥亵男性也将构成犯罪,医闹、替考、法庭上辱骂法官等行为也都将入罪。而且,修改了刑法典第 50、53、69、120、120 之一、133、151、164、170、237、239、241、246、253、260、267、277、280、283、285、286、288、290、291、300、302、309、311、313、322、350、358、383、390、391、392、393、426 和 433 条,在刑法典第 37、260、280、284、286、307、308、390 条之后各增加一条,分别作为刑法典第 37、260、280、284、286、307、308、390 条之一。在刑法典第 120 条后增加 5 条,分别作为刑法典第 120 条之一、之二、之三、之四、之五;在刑法典第 287 条后增加 2 条,分别作为刑法典第 287 条之一、之二,并删除了第 199 和 306 条第 2 款。另外,《刑法修正案(九)》也对刑法总则进行了修改,共修改了 4 个刑法总则条文。

综上所述,《刑法修正案(一)》及《刑法修正案(三)》至《刑法修正案(五)》都各增加了 3 个罪名,《刑法修正案(六)》增加了 11 个罪名,《刑法修正案(七)》增加了 10 个罪名,《刑法修正案(八)》增加了 7 个罪名,《刑法修正案(九)》共增加了 19 个罪名,取消了 1 个罪名。由此可见,我国的刑事政策从"惩办与宽大相结合"过渡到"宽严相济",每次修改的内容都包括宽与严两个方面,所有的刑法规定都可以纳入宽与严的维度。而且,在全面推动"依法治国"的基础上,适时调整刑事政策和刑法修改之间的互动机制。

五、未来刑法典修订的建议

如上所述,从 1997 年至今,全国人大常委会先后通过了九个刑法修正案,尤其是《刑法修正案八》和《刑法修正案九》,不仅开创了对刑法总则大幅度修改的先河,甚至分别取消了 13 个死刑罪名和 9 个死刑罪名,这种触及刑法原则及底线或刑法重大问题的做法可以说是史无前例的。对此学界提出了不同看法,争论集中在全国人大常委会究竟有无权力对刑法总则、死刑罪名以及对刑法典的立法目的等重大问题予以修改。如果具有这种权力,那么对于一部由全国人民代表大会讨论通过的刑法典,全国人大常委会就有权作出重大修改,这会涉及重大的刑法立法权力的划分问题。换言之,全国人大常委会究竟具有多大的权力修改刑法?哪些部分能予以修改,而哪些部分无权修改?这是我国《宪法》和《立法法》没有明确的问题。根据中国共产党十八届四中全会对于公权力提出的"法无明文规定不可为"的基本精神,全国人大修改刑法典的重大问题应当明确,尤其是刑法总则的修改以及死刑或者与刑法典立法原意有冲突的修改是否都应交由全国人大履行刑法修改权,这的确是一个值得慎重对待和作出明确规定的事项,并且需要尽快予以规范。

当然,本书对于之后的刑法典修改有如下建议:(1)不要再搞那种"一窝蜂"的座谈讨论会式的立法,大家聚集在一起讨论,都负责也都不负责,这种方式破坏了刑法典修订的系统性、完整性和全面性,以及相互之间的衔接与配合。(2)尽快完善市场主体的平等保护(即对国有企业与非国有企业保护的平等问题)、进一步减少死刑罪名、对公民个人财产进行全面的合法保护等。这既是一个公平问题,也是一个公正问题,还是一个调动非公有制企业积极性的问题。(3)对资格刑进行系统地完善和规定,尤其是对经济犯罪(如白领犯罪)和技术型犯罪(如计算机犯罪),要扩大使用资格刑的范围,这样才能弥补我国刑法资格刑资源不足的缺陷。(4)尽快制定适合我国国情的、价值理念统一的、以刑法基本立场及其原理做支撑的我国全新的刑法典,并考虑进行招标或招聘,组建专家团队对刑法立法草案进行起草。而且,可以实行承包制或责任制以及时间上的保证制(高薪聘请专家学者,但实施统一管理,使其专心致志地从事刑法草案起草),进行系统性、比较性、研判式、定位式刑法典草案起草。(5)摒弃多种价值观念冲突式的立法(如主观主义刑法观与客观主义刑法观的冲突),尽可能地在同一种刑法观的指导下进行统一价值理念的系统立法,或者可以进行阶段划分式的刑法价值观选择。例如,在建立或推动刑事法治时期,与之配套的一定就是客观主义刑法观和刑法形式解释论;而在刑事法治基本完善之后,完全可以逐步改造成主观主义刑法观和刑法的实质解释论,以严密刑法法网,适应我国社会不同时期的具体需要。(6)增加本土法律文化元素,尤其是对于那些丰富的刑律文化资源,要注意挖掘和利用,为我国未来现代刑法典的制定奠定良好的文化基础。

第三章

刑法的基本原则

刑法基本原则既是贯穿刑法及其学科的一条主线，也是刑法立法和刑事司法中全局性和根本性的问题。它不仅是整个是刑法立法和刑事司法的指导思想，同时也集中反映了一个国家在刑法立法上的价值理念，甚至一个国家刑事法治化和民主化程度的高低。还有，对刑法基本原则的准确理解，是正确贯彻执行和适用刑法的重要前提。根据我国刑法典第3、4、5条的规定，本章将专门讨论罪责（罪刑）法定、适用刑法人人平等和罪责（罪刑）相适应三大基本原则。

第一节　罪责法定原则

"罪刑法定"的提出距今已有200多年的历史。在刑法理论上，罪刑法定被称为"刑法的铁则"[①]和理论基石，它的价值功能与地位是其他刑法原则无法替代的。我国1979年刑法典没有明确罪刑法定原则，而1997年刑法典第3条中明确确立了"罪刑法定原则"[②]。然而，本书认为，我国刑法典第3条规定的该项原则应当使用"罪责法定原则"[③]的称谓。

一、"罪刑法定"的思想渊源

罪刑法定是近现代刑法的一个极其重要的原则，该原则从思想产生到学说形成，再到立法化，经历了一个较为漫长的历史发展过程，也具有久远的思想沉积和社会渊源。

据考证，在古罗马法中就有过这种意喻的法律规定，被称为"适用刑罚必须依据法律实体"，但由于当时的犯罪构成要件并不明确，故谈不上严格意义上的罪刑法定。一般来说，罪刑法定的早期思想渊源是公元1215年英王约翰签署的《英国大宪章》，其中第39条规定："凡是自由民除经其贵族依法判决和遵照国内法律之规定外，不得加以扣留、监禁、没收其财产、褫夺其法律保护，或加以放逐、伤害、搜索或逮捕。"从表述内容看，还不能说

---

① 陈兴良：《本体刑法学》，商务印书馆2001年版，第89页。
② 为方便表述，本书不再区分罪刑法定、罪刑法定原则和罪刑法定主义，而是在同一种意义上使用。
③ 李晓明：《行政刑法学导论》，法律出版社2003年版，第200页。

是完整意义上的罪刑法定,该条规定只是奠定了"正当法定程序"的思想基础。之后,英国1628年的《权利请愿书》、1688年的《人身保护法》等,均从不同角度充实了上述接近罪刑法定思想的理论,甚至影响到整个英联邦及其殖民地(如美国)国家。

到了17、18世纪,一些资产阶级启蒙思想家们在其著作中更加全面和系统地阐述了罪刑法定的思想,并由此形成了一种思潮,同封建社会的"罪刑擅断"相抗衡。英国古典自然法学派代表人物洛克曾在《政府论》(下篇)中指出:"处在政府之下的人们的自由,应有长期有效的规则作为生活的准绳。这种规则为社会一切成员所共同遵守,并为社会所建立的立法机关所制定。"洛克进一步认为:"制定的、固定的、大家了解的、经一般人同意采纳和准许的法律,才是是非善恶的尺度。"①这里洛克虽然没有提及"罪刑法定"这个词,但其肯定固定的规则作为生活的准绳与是非善恶尺度的思想,无疑蕴含着罪刑法定的思想和精神。法国古典自然法学派代表人物孟德斯鸠也在其《论法的精神》一书中指出:"专制国家是无所谓法律的。法官本身就是法律;法律明确时,法官遵守法律;法律不明确时,法官则探求法律的精神。在共和国里,政制的性质要求法官以法律的文字为依据;否则,在有关一个公民的财产、荣誉或生命的案件中,就有可能对法律作有害于该公民的解释了。"②显然,孟德斯鸠充分阐述了法制内容需要法律明确和法官判案需要以法律文字为依据的必要性,以及对罪刑法定的追求与希望。意大利著名刑法思想家、刑事古典学派创始人切萨雷·贝卡利亚在其《论犯罪与刑罚》一书中曾指出:"只有法律才能规定惩治犯罪的刑罚,……超出法律范围的刑罚是不公正的,因为它是法律没有规定的另一种刑罚。""当法典中含有应逐字适用的法律条文,而法典加给法院的唯一职责是查明公民行为并确定它是否符合成文法的时候;当所有的公民——由最无知识的人一直到哲学家——都应当遵循的关于什么是正义的和不正义的规则是毫无疑义的时候,国民将免受许多人的微小的专制行为。"③这些表述都明确地阐述了罪刑法定的基本精神和内容。

由此可见,罪刑法定思想是在长期反对封建社会"罪刑擅断"的斗争中逐渐产生和发展起来的,它是建立在社会契约论和平等、自由、博爱等思想基础上的,是资产阶级革命的产物和重要胜利果实。当然,反对封建擅断,限制刑罚权的滥用,针对的不仅仅是古代、中世纪的擅断(因为那时无法律或法律不完备),还包括现代有法不依、肆意定罪判刑的擅断。

罪刑法定思想传入美国后,推动了1774年13个殖民地代表会议的宣言和1776年弗吉尼亚州的权利宣言的产生。1787年美国《宪法》有"不准制定任何事后法"的规定,即不准制定有溯及力的法律,各州也有同样规定。这说明,即使在实行判例法的英美法系,也在"正当法律程序"的形式下实行罪刑法定原则。不过,最终完成罪刑法定由学说到立法根本转变的是在法国资产阶级革命胜利后。1789年法国《人权宣言》第5条规定:"法律

---

① 〔英〕洛克:《政府论》(下篇),叶启芳、瞿菊农译,商务印书馆1964年版,第16页。
② 〔法〕孟德斯鸠:《论法的精神》(上册),张雁深译,商务印书馆1962年版,第76页。
③ 〔意〕贝卡利亚:《论犯罪与刑罚》,黄风译,中国大百科全书出版社1993年版,第10—14页。

仅有权禁止有害于社会的行为。凡未经法律禁止的行为既不得受到妨碍,而且任何人都不得被迫从事法律所未规定的行为。"第8条也规定:"法律只应规定确实需要和显然不可少的刑罚,而且除非根据在犯法前已经制定和公布的且系依法施行的法律以外,不得处罚任何人。"在此指引下,1791年法国制定了一部刑法草案(称为1791年《法国刑法典》),对各种犯罪都规定了具体的犯罪构成和绝对确定的法定刑,毫不允许审判官有根据犯罪情节酌情科刑之余地,这在刑法理论上称为"绝对罪刑法定"。而将罪刑法定真正作为刑法原则提出的,当属近代德国刑法学家安塞尔姆·费尔巴哈,他早在1799年和1800年出版的《对实定刑法原理与基本概念的反省》(上、下卷)一书中就指出:"每一应判刑的行为都应依据法律处刑。"尤其是"对公民的刑罚,只能是忠于并根据一种刑法科刑。哪里没有法律,哪里就没有对公民的处罚。"这一精湛表述,更加精准地描述了罪刑法定的精神实质与内容。值得注意的是,费尔巴哈在其1801年出版的《德国现行普通刑法教科书》中首次使用了"罪刑法定原则"这一确切法律用语,并将其概括为"无法无罪,无法不罚"。这就是著名的"罪刑法定"的经典定义:"法无明文规定不为罪(nullum crimen sine lege),法无明文规定不处罚(nulla poena sine lege)。"之后罪刑法定原则被明确地规定在费尔巴哈主持草拟的1813年《巴伐利亚刑法典》之中,从而明确了刑法典中的罪刑法定原则。

然而,1791年《法国刑法典》规定的绝对罪刑法定根本行不通,所以1799年拿破仑政权建立后又重新制定了一部刑法草案,这就是举世闻名的1810年《法国刑法典》。该法除了对少数犯罪规定了绝对确定的法定刑以外,其余犯罪的法定刑都规定了一定幅度,在法律规定的幅度以内,审判官根据案件情节可以自由裁量刑罚,这在刑法理论上被称为"相对罪刑法定"。1810年《法国刑法典》一经颁行,成为世界多数国家效仿的范本,遂使"罪刑法定"成为大陆法系国家通行的刑法基本原则。联邦德国于1976年修订的刑法典第1条规定:"行为之处罚,以其可罚性于行为前明定于法律者为限。"意大利于1968年修订的刑法典第1条规定:"行为非经法律明文规定犯罪及刑罚者,不得定罪科刑。"日本早在1880年的刑法典中就有"无论何种行为,法无明文规定者不罚"的规定。我国清末修律时,罪刑法定思想由日本传入,光绪34年(1908年)颁布的《钦定宪法大纲》就规定:"臣民非按照法律规定,不加以逮捕、监察、处罚。"此后在宣统2年(1910年)颁布的《大清新刑律》也规定:"法律无正条者,不问何种行为,不为罪。"于1935年颁布至今仍在我国台湾地区施行的"刑法"也在第1条规定:"行为之处罚,以行为时之法律有明文规定者为限。"然而,在社会主义国家刑法典中,包括苏联的第一部刑法典和我国1979年刑法典,均未规定罪刑法定原则。

二、罪刑法定原则的真正价值

所谓价值,是指一个事物的积极功用和意义。[①] 罪刑法定的价值当然是指罪刑法定

---

① 《辞海》(缩印本),上海辞书出版社1998年版,第249页。

的积极功用和意义。如上所述,罪刑法定产生于反对封建罪刑擅断的时代背景下,如此决定了其主要功用便是限制国家权力。正如日本学者木村龟二在分析罪刑法定两个重要的思想因素——三权分立的国家法思想和心理强制说的刑法思想时指出的那样:"前者是保护个人自由,反对国家专制,通过成文法律确立限制国家刑罚的制度。"①然而,限制国家权力的实质意义与核心价值又究竟是什么?应当是反对国家的专制与专权,保护个人自由和保障公民的基本人权。正如有的学者指出:"以刑法价值论考察,刑事古典学派宣扬的罪刑法定主义是以个人自由为价值取向的,体现的是刑法的人权保障机制。"②这种以个人本位为核心的刑法基本原则,在世界各国产生了广泛而深远的影响,直至现在仍然占据着主导与统治地位,从而显示出罪刑法定的强大生命力。具体而言,罪刑法定原则的价值和意义主要表现在以下方面:

(1) 对刑事司法权的严格限制。从根本上来说,罪刑法定主要是对司法权的限制,这也是刑事古典学派为彻底杜绝罪刑擅断,防止国家利用司法权侵犯个人自由的一种绝妙的制度设计,它是资产阶级同封建势力长期斗争的结果,是资产阶级革命的重要成果之一。贝卡利亚在《论犯罪与刑罚》一书中指出:"为了不使刑罚成为某人或某些人(这里主要是指国家的少数掌权者——作者注)对其他公民施加的暴行,从本质上来说,刑罚应该是公开的、及时的、必要的,在法定条件下尽量轻微的同犯罪相对称的并由法律规定的。"③并进一步认为:"当一部法典业已厘定,就应逐字遵守,法官唯一的使命就是判定公民的行为是否符合成文法律。"④德国著名刑法学家安塞尔姆·费尔巴哈也认为,刑法"与行使国家司法权官吏相关联。刑法要求官吏对犯罪应当根据刑法处罚这一完全的拘束"⑤。这就明确地告诫人们:"罪刑法定"是一种裁判规范,也是国家对公民个人的一种承诺、一种约定,国家只能在法律规定的范围内认定与处罚犯罪。同时,也就明确地划清了国家刑事司法权与公民个人自由间的界限,也意味着对国家司法权的严格限制与约束。

(2) 对公平正义的一种体现与追求。这种体现与追求当然是经过社会契约实现的。公民既然将自己可能受到刑罚处罚的权利让与国家,那么相应地也就从国家那里取得了这种处罚权必须获得公民及其代表者的同意或通过的对价权利,并需要用法律明确规定,不得随意施刑。即是说,"刑事法律作为公法的一个分支,相当于政府与公民之间的一种'契约',用于表明什么应当作为犯罪受到处罚和通过怎样的程序加以处罚"⑥。作为公民来讲,这一契约是在割舍了自己的一部分自由的情况下达成的,公民违约便必然受到国家

---

① 〔日〕木村龟二:《罪刑法定主义的现代意义》,《刑法》1934年版,第4页。转引自〔日〕中山研一:《刑法的基本思想》,姜伟、毕英达译,国际文化出版公司1988年版,第28页。
② 陈兴良:《本体刑法学》,商务印书馆2001年版,第87页。
③ 〔意〕贝卡利亚:《论犯罪与刑罚》,黄风译,中国大百科全书出版社1993年版,第109页。
④ 同上书,第13页。
⑤ 马克昌主编:《近代西方刑法学说史略》,中国检察出版社1996年版,第87页。
⑥ 〔斯洛文尼亚〕卜思天·儒潘基奇:《关于比较刑事法的若干法哲学思考》,杨忠民译,载《比较法研究》1995年第1期。

的惩罚。但是,这种惩罚必须是事先同公民约定好的,也就是说,必须是双方当事人在各得其所的情况下自愿达成的双方认可的共同协议,且这种协议应当是平等的、合理的。这就必然在国家的权利与公民的自由之间划分出一条严格的界线,而罪刑法定就是这条界线的明显界标。这就是所谓的"特殊'契约'观",可以说是刑法理论中罪刑法定的基本原理所在。在确立了罪刑法定的基本原则之后,必须从理念上深刻认识"特殊'契约'观"的基本原理,以便更好地理解和运用罪刑法定基本原则,更好地为我国的刑事立法与司法实践服务。

(3) 对公民行为的一种引导与威慑。既然刑罚是一种行为规范,罪刑法定要求这种规范必须明确、固定,跃然纸上。一方面,它以法律的形式告诉人们应该做什么,不应该做什么,从而对公民的行为起到一个规制与引导作用;另一方面,它又为公民提供或开列了一张"罪刑价目表",警示公民不要去触犯刑律,尤其震慑那些可能犯罪的人不要去犯罪,否则就将会受到法律严厉的制裁。正如德国刑法学家费尔巴哈指出的那样:"刑法与作为就违法行为应予威吓的可能的犯罪者在刑罚权之下的所有的人相关联。"① 从而,罪刑法定原则起着一般性的预防效用。

然而,时代的变迁导致个人本位向社会本位的转变,使得罪刑法定原则本身那种僵硬死板的缺陷日益明显。此时,刑事实证学派所确立的社会防卫论恰好体现了社会本位的价值取向,个别实证学派的学者甚至由此提出了松弛、批判甚至取消罪刑法定的主张。如日本学者牧野英一就曾指出:"刑法是为保卫社会才规定对犯罪人予以处罚的,所以,行动受刑法限制的不是法官,只能是犯罪人,这是不言自明的。"② 他甚至还认为:"这种通过罪刑的法定而制约的形式上的法律关系的要求,将起阻碍作用,乃至成为桎梏。"③ 当然,反对牧野英一观点的也大有人在,如日本学者佐伯千韧就认为,罪刑法定主义反映了近代法国资产阶级革命自由民的刑法要求,而"教育刑主义必须受罪刑法定原则的制约。绝对不定期与类推解释尽管有其一定的积极意义,但也必须予以彻底否定"④。由此可见,在 19 世纪末 20 世纪初,围绕罪刑法定原则激烈讨论,体现出人权保障与社会保护绝然不同价值取向的斗争。其结果是,罪刑法定并没有因为有人反对而退出历史舞台,当然刑事实证学派也用不定期刑、扩大解释、类推解释、缓刑、假释、保安处分等,对罪刑法定进行了一定程度的修正。尽管如此,如今的罪刑法定仍然发挥着刑法核心和理论重要基石的作用。因此,把握它的价值取向也就成为现代刑法的最根本任务。本书认为,现代意义上的罪刑法定应从以下两个方面作出解释:(1) 要树立人权保障"优先"观。罪刑法定是反封建的一大产物,是罪刑擅断的对立物,它确立的是个人本位的价值观,以人权保障为己任。如

---

① 马克昌主编:《近代西方刑法学说史略》,中国检察出版社 1996 年版,第 87 页。
② 〔日〕牧野英一:《刑法学的新思潮和新刑法》,1909 年版,第 15 页。转引自〔日〕中山研一:《刑法的基本思想》,姜伟、毕英达译,国际文化出版公司 1988 年版,第 17 页。
③ 同上书,第 7 页。
④ 同上书,第 94 页。

果说刑法是国家与公民之间订立的一种特殊"契约"的话,那么所订立的"契约"是否公平?其内容和实质是怎样的?这些均不是"契约"形式本身所能够解决的问题。也就是说,"契约"形式自身尚不足以支撑罪刑法定原则的全部内容,这就需要人权保障观念作补充。由此可见,刑法的人权保障观,尤其是人权保障"优先"观是罪刑法定原则的重要内容和根本理念,可以说前者是后者的前提和基础,后者是前者的重要保障。如前所述,刑法具有两种重要的机能,即刑法的社会保护机能和刑法的权利保障机能,前者来自于刑法的自身功能,是社会利益的捍卫者;而后者来自于古典自然法的"天赋人权"及"契约自由",是公民自由的大宪章。(2)要树立自由与秩序"统一"观。众所周知,个人自由来自于古典自然法学派主张的"天赋人权"的神圣性和绝对性,显然其过分强调了个体的自由性,忽视了个人自由只有在一定的社会关系和秩序中才能够生存。按照马克思主义的观点,自由就是从事一切对别人没有害处的活动的权利[①],而秩序则意味着按照一定的规范和准则,对社会系统进行有效控制,使社会按其特定的秩序与轨道正常运行。[②] 因此,就自由与秩序的本质而言,二者并不是截然对立的,而是一种有机的辩证统一。虽然经历过19世纪个人本位向20世纪社会本位价值观的转变,甚至有矫枉过正之嫌,但从根本上讲,并没有彻底否认前者,只是在两种价值观的选择上更偏重于后者而已。这是因为,只有建立了秩序,才能够真正实现每一个人的自由;秩序也不能走向极端和"异化",最终妨碍到个人自由的实现。由此可见,既然个人自由与社会秩序能够统一,因而刑法的社会保护与人权保障均不可偏废,因为法律的任务就是要在两者之间保持一种相对的平衡。其中的关键问题是,罪刑法定能否容纳社会保护的价值内容?或者社会保护的价值内容能否接受罪刑法定的人权保障实质?本书认为是肯定的,如前所述,个人自由和社会秩序并不是完全对立的,人权保障与社会自由也并非势不两立。事实上,正是两者的"撞击",最终才使得罪刑法定由最初的绝对主义发展到如今的相对主义。这主要表现在,罪刑法定由完全取消司法裁量权到限制司法裁量权,由完全否定类推到允许有限制地适用类推(在有利于被告时才可适用类推,如"从旧兼从轻原则"等)。而社会保护的价值观虽是后来者,但也没能完全彻底取代罪刑法定,甚至今日之罪刑法定仍是目前世界刑法立法的一大潮流。如有的学者评价:"罪刑法定主义从绝对到相对的变化,并非自我否定,而是自我完善。尤其是经过第二次世界大战纳粹法西斯践踏法制、侵犯人权的血的洗礼,人们更加认识到罪刑法定主义的重要价值。"[③]可见,个人自由与社会秩序、罪刑法定与类推是能够统一的,树立统一观念对于深刻理解和运作罪刑法定基本原则是十分有益的。

长期以来,针对个人自由与社会秩序是否完全对立,人权保障与社会保护是否能够并存,学界进行了广泛而深入的讨论。有学者认为:"个人与社会、自由与秩序是辩证统一的。人既具有个体性,又具有社会性。……不仅个人与社会是统一的,而且自由与秩序也

---

① 《马克思恩格斯全集》(第1卷),人民出版社1960年版,第438页。
② 陈兴良:《罪刑法定的当代命运》,载《刑法问题与争鸣》,方正出版社2000年版,第122页。
③ 同上书,第124页。

具有其内在同一性。因为秩序意味着按照一定的规范和准则,对社会系统进行有效的控制,使社会按照一定的轨道正常运用。因此,秩序是自由的前提或基础,同时秩序本身也包含着自由。自由与秩序就其本性而言,并不是截然对立的,而是存在着一种有机的、相互包含的关系。"①美国学者查尔斯·霍顿·库利也认为:"社会和个人之间的关系是一种有机的关系。""只有糟糕的社会秩序才是和自由对立的。""自由只有通过社会秩序或在社会秩序中才能存在,而且只有当社会秩序得到健康的发展,自由才可能增长。"②这些观点均有二者统一之意。

三、"罪刑法定"的理论分歧

"罪刑法定"的理论分歧主要是指在研究和应用"罪刑法定"理论过程中,对其理解和界定上的差异点。研究其分歧,不仅有利于充分观察不同国家、不同学者对刑法典及其理论的不同认识和理解,而且也有利于罪刑法定在司法实践中的深入贯彻与执行。具体而言,主要表现在以下三个方面:

(一)刑事古典学派与刑事实证学派所主张的"罪刑法定"之不同

资本主义发展初期,贝卡利亚在反对封建罪刑擅断的斗争中提出了"罪刑法定"。他指出:"经验和理性告诉我们:人类传统的可靠性和确定性,随着逐渐远离其起源而削弱。如果不建立一座社会契约的坚固石碑,法律怎么能够抵抗得住时间和欲望的必然侵袭呢?"③显然,这里所称的"社会契约的坚固石碑"就是法典,也就是贝卡利亚所讲的"罪刑法定"。可见,刑事古典学派最初的"罪刑法定",既反对类推适用又反对法律的扩张解释,可以说是一种彻底的"罪刑法定",不允许有任何的保留。贝卡利亚将"罪刑法定"视为"刑法之公理",当其对封建的"罪刑擅断"进行猛烈抨击之后,引申出"罪刑法定"四个著名论断④:

(1)"只有法律才能为犯罪规定刑罚。只有代表根据社会契约而联合起来的整个社会的立法者才拥有这一权威,任何法官(他是社会的一部分)都不能自命公正地对该社会的任一成员科处刑罚。超越法律限度的刑罚就不再是一种正义的刑罚。因此,任何一个司法官员都不得以热忱或公共福利为借口,增加对犯罪公民的既定刑罚。"显然,这一论断集中阐述了贝卡利亚主张对司法权必须严格限制的基本思想。这一限制是以"三权分立"为基本前提的,实质上是在利用严格意义上的立法权来对司法权进行限制。即是说,除立法机关外,其他任何机关和个人,包括司法机关均无权规定犯罪和设置刑罚。司法机关只能严格按照立法机关确立的法律对犯罪公民定罪量刑,随意增加罪名或增加既定刑罚均属越权或专制。

---

① 陈兴良:《本体刑法学》,商务印书馆2001年版,第90页。
② 〔美〕库利:《人类本性与社会秩序》,包凡一、王源译,华夏出版社1999年版,第26、300—301页。
③ 〔意〕贝卡利亚:《论犯罪与刑罚》,黄风译,中国大百科全书出版社1993年版,第15页。
④ 同上书,第11—12页。

（2）"代表社会的君主只能制定约束一切成员的普遍性法律，但不能规定某个人是否触犯了社会契约。由于国家可能成为两方：君主所代表的一方断定出现了对契约的侵犯，而被告一方则予以否认。所以需要一个判定事实真像的第三者。这就是说，需要一个做出终极判决的司法官，他的判决是对具体事实做出单纯的肯定或否定。"显然，这一论断集中阐述了贝卡利亚主张对立法权也必须严格限制的基本思想。这一限制是以"社会契约"为基本前提的，实质上是在利用严格意义上的司法权来对立法权进行限制。即是说，除司法机关外，其他任何机关包括立法机关均无权判定某一个人有罪或给予刑罚处罚。立法机关只能严格按照"社会契约"规定普遍性的法律，而不能针对具体人，否则也是一种越权或专制。

（3）"严酷的刑罚也违背了公正和社会契约的本质。"显然，这一论断集中阐述了贝卡利亚主张对立法权本身也必须严格限制的基本思想。这一限制是以"人类文明""司法文明"为基本前提的，实质上是在利用人类的善良、开明等理念来对立法权的内容进行限制。即是说，立法机关虽然有权制定立法，但这种立法权也是有一定限制的，不能把一切行为都规定为犯罪，也不能规定过于残暴的刑罚；否则，也是越权或专制。

（4）"刑事法官根本没有解释刑事法律的权力，因为他们不是立法者。"显然，这一论断集中体现了贝卡利亚否定法官拥有法律解释权的基本思想。在贝卡利亚看来，"'法律的精神需要探询'，再没有比这更危险的公理了。采纳这一公理，等于放弃了堤坝，让位给汹涌的歧见"①。可见，贝卡利亚认为自由解释法律是擅断和徇私的源泉，因此断然否定法官的司法解释权。这种观点表面看似乎极端，但却反映出贝卡利亚对"罪刑法定"理解的基本思想；该思想甚至对我国法治不无借鉴意义，如最高人民法院出台的司法解释究竟是否合法。

如果说贝卡利亚是罪刑法定思想奠基人的话，那么费尔巴哈则是罪刑法定原则的真正创造者，故被尊称为"近代刑法学之父"。正如有学者指出："在孟德斯鸠、贝卡利亚的刑法思想中，都包含着罪刑法定主义的内容，但他们都没有明确提出罪刑法定的原则。正是费尔巴哈，使罪刑法定主义从思想转化为实定刑法的原则。"②费尔巴哈是基于对道德与法律的严格区分，提出了"道德责任"与"法律责任"的范畴，并建立了"法定责任论"。进而在罪刑法定原则的指导下，逐步建立了"犯罪认定标准的法定化"，即"犯罪构成"理论，也使得"罪刑法定"原则真正在刑法立法与刑事司法活动中得以切实落实与贯彻。虽然刑事实证主义学派的相当一部分人极力反对"罪刑法定"原则，认为"应从罪刑法定主义绝对禁止类推的'死框框'的束缚中解脱出来，实行有限制的慎重的类推"③。主要理由是："当今的作为法律国家制度的法官不能与封建专制的法官相提并论……即使有恣意违法擅断，

---

① 〔意〕贝卡利亚：《论犯罪与刑罚》，黄风译，中国大百科全书出版社1993年版，第12页。
② 陈兴良：《刑法的启蒙》，法律出版社1998年版，第102页。
③ 侯国云：《罪刑法定原则在中国的时代命运》，载《刑法问题与争鸣》，方正出版社2000年版，第40页。

也是个别'执法人'本身的问题,而不是类推制度的问题。"①甚至包括个别刑事古典学派的学者(如宾丁)都否认罪刑法定,但绝大多数刑事实证学派的学者还是拥护罪刑法定的,只不过也试图完善和修正刑事古典学派在罪刑法定方面的某些观点。正如日本学者木村龟二指出:"实证主义与罪刑法定主义的冲突在于实证主义派生原则之一的绝对不定期刑。因此,要贯彻罪刑法定主义原则的理念,就要在相对不定期刑范围内寻求政治性妥协的立足点。"而德国著名刑法学家弗兰茨·冯·李斯特也赞同罪刑法定,李斯特曾指出:"刑法是保护犯罪人的大宪章","刑法是刑事政策不可逾越的界限。"②显然,在这里李斯特也充分强调了罪刑法定主义和客观主义。总而言之,两派斗争的结果,最终使"绝对罪刑法定"和"相对罪刑法定"得以产生,这些内容也正是刑事古典学派与刑事实证学派在罪刑法定问题上的根本区别:

其一,绝对罪刑法定原则是一种严格的、不容任意选择和变通的原则,它要求犯罪和刑罚的法律规定必须是绝对确定的;司法机关和司法人员只能被动地执行法律,而没有任何自由裁量的权力。主要内容包括:(1)绝对禁止适用类推和扩大解释,把刑法条文对犯罪种类、犯罪构成要件的明文规定,作为现行案件定罪的唯一根据;对法律没有明文规定的行为,不论其危害性大小,一概不能通过类推和扩大解释以犯罪论处。(2)绝对禁止适用习惯法,把成文的刑法典和刑法规范作为刑法的唯一渊源。(3)绝对禁止刑法溯及既往,把从旧原则作为解决刑法溯及力问题的唯一原则。(4)绝对禁止法外施刑和不定期刑,要求刑罚的名称、种类、幅度等,都必须由法律加以明确规定,并且刑期必须是绝对确定的,即在不允许存在绝对的不定期刑,也不允许规定相对的不定期刑。

其二,相对罪刑法定原则是一种较为灵活的原则,是对传统的绝对罪刑法定原则的修正。主要内容包括:(1)在定罪规定上,允许有一定范围的抽象性和概括性,甚至允许严格限制下的扩大解释。尤其是大陆法系的制定法,在法律规范中不可能没有概念,也不可能不对立法中的概念做出解释,甚至做出扩大解释,但进行扩大解释时必须以不超越解释权限为前提,且以符合立法精神为原则,不允许越权解释或违背立法本意作任意解释。(2)在刑法的渊源上,允许习惯法成为刑法的间接渊源,但必须以确有必要或不得已而用之为前提,即只有当对行为的违法性、有责性和构成要件符合性的确定必须借助于习惯法加以说明时,习惯法才能成为对个案定性处理的根据。(3)在刑法的溯及力上,允许采用从旧兼从轻原则,作为禁止刑法溯及既往的例外。③(4)在刑罚种类上,允许采用相对的不定期刑,即刑法在对刑罚种类作出明文规定的前提下,可以规定出具有最高刑和最低刑的量刑幅度,使得法官可以在量刑幅度之内选择适当的刑种和刑期判处刑罚。

从当今世界各国的刑法立法和刑事司法状况看,早期的绝对罪刑法定已受到极大挑战,相对罪刑法定已成为各国刑法改革的方向。但同时值得注意的是,一些学者认为,对

---

① 甘雨沛、何鹏:《外国刑法学》(上册),北京大学出版社1984年版,第220—225页。
② 参见马克昌:《近代西方刑法学说史略》,中国检察出版社1996年版,第194页。
③ 这可能涉及我国刑法典第90条规定中民族自治地方的"刑法变通"问题,由此可见,我国是相对罪刑法定。

罪刑法定原则内容的过分修改,实际上意味着对法制原则的破坏,这种无疑是历史的倒退。

(二) 大陆法系和英美法系所主张的"罪刑法定"之不同

大陆法系在近代法治原则的驱使下,不仅明确指出了三权分立的原则并把它制度化,还在这一基础上,充分发挥制定法传统的优势,明确确立了罪刑法定原则,为刑法学的成熟与发展奠定了坚实的理论基础;同时,充分强调了立法权的上位作用,相应地严格限制了司法权,尤其不容许利用法律的适用解释来代替立法,更不容许依照判例进行审判。这些均与罪刑法定的绝对性相契合,可以说是罪刑法定的核心内容所在。在大陆法系国家,法官在适用解释时,如果随意扩张或增添法条的含义和内容,就等于是在创制新的法律,也就不是真正意义上的罪刑法定了。

相比之下,英美法系在近代虽然也受法治原则的影响,但由于它最初由习惯性的司法实践所形成,故传统上被称为"不成文法"(与大陆法系的"成文法"相对应),不过,在英美法系的发展过程中也出现了许多经过整理的"成文"的东西。由于英美法系法律改革的推动,促进了英美法系法律法典化的形成,这便为法律法定化和罪刑法定化奠定了基础。表面上,英美法系似乎与罪刑法定格格不入,因为其是判例法的传统,允许"法官造法",这显然不是罪刑法定的本意所在。但如今的英美法系,并不全部是依照判例判案例如,在20世纪60年代左右,美国各州推动刑法法典化,许多州的案件审判都是制定法和判例法并用,而且制定法的效率要高于判例法。除制定法外,真正在审判实践中突破原判例而形成新判例(即创造新法)的情况并不是很多,且这种新判例的创造又不是可以任意进行的,不仅有一定的程序,而且有一定的条件。由此决定了英美法系在实质上并不排斥罪刑法定,相反许多英美法系国家非常赞同罪刑法定,而且在立法与司法实践中应用的正是罪刑法定。以美国为例,虽然各州的实体刑法互有差异,但就其发展来看,大体经历过五个阶段:"殖民地"时期;从美国革命到南北战争的"形成"时期;经济、政治和法律的"稳定"时期;工业化、城市化社会和"福利国"时期;"现代法典化"时期。[①] 美国法学会1962年通过的《模范刑法典》在美国刑法法典化的历史中发挥了最重要的作用。而美国刑法的渊源,除宪法、制定法和普通法法院判例外,还有行政条例和地方法规。美国刑法中有些犯罪定义是在联邦政府、州政府和地方当局制定的条例和法规中规定的,这正是美国刑法复杂性的一面。尽管如此,美国刑法中照样规定和体现着罪刑法定的基本精神,而且这种罪刑法定的规定与精神具体体现于美国《宪法》对刑法的诸多限制,美国《宪法》中直接规定一些犯罪,如叛国罪、弹劾、海盗案和违犯国际公法及国际法之罪等。此外,美国《宪法》对刑法的限制主要表现在:(1)《宪法》对刑事立法的特别限制,具体包括禁止剥夺公权法案[②]和禁止

---

① 储槐植:《美国刑法》,北京大学出版社1987年版,第19页。
② 据1867年美国最高法院在一个判决中的解释:"剥夺公权法案,就是立法机关制定不依司法程序而直接判处刑罚的法令。"

追溯既往法律。① (2)《宪法》保护的权利不得规定为犯罪,具体体现在《宪法修正案》第 1 条、第 2 条、第 5 条、第 8 条和第 13 条的规定。(3) 正当程序条款限制,包括实质性限制——未经正当法律程序不得剥夺任何人的生命、自由或财产,以及程序性限制——法无明文规定不为罪,法无明文规定不处罚;刑事法律应具有确定性,不得含糊其辞。(4)《宪法》对司法解释权的严格限制等。

由此可见,大陆法系与英美法系在罪刑法定上具有许多不同点,主要表现在:(1) 大陆法系的罪刑法定规定在刑法规范中,而英美法系的罪刑法定规定在宪法规范中。(2) 大陆法系的罪刑法定内容相对系统、集中、全面,而英美法系的罪刑法定内容相对零乱、分散、不甚全面。(3) 大陆法系的罪刑法定主要限制的是司法权,而英美法系的罪刑法定对立法权与司法权均有限制。(4) 大陆法系罪刑法定的规定是实体法内容,而英美法系罪刑法定的规定既有实体法内容,也有程序法内容。(5) 在罪刑法定的直接影响下,大陆法系法官的社会地位相对较低,而英美法系法官的社会地位相对较高等。

(三) 中国和外国所主张的"罪刑法定"之不同

有学者认为,中国古代就有"罪刑法定",肇始于春秋战国时期。这具体表现在:儒家以德与礼为刑法的渊源,主张刑法的多元化,必然导致非法定主义;而法家强调刑罚的威慑力量,主张法的明确性、安定性、一元化、罪刑法定、罪刑明定。② 晋代的刘颂就说过:"律法,断罪皆当以法律令正文;若无正文,依附名例断之。其正文、名例所不及,皆勿论。"③《唐律》也规定:"诸决罚不如法者,笞三十;以故致死者,徒一年。"④ 从形式上看,唐代实行的是严格意义上的罪刑法定主义,而且为了保证罪刑法定主义的贯彻,法律还规定了司法官违反法律的枉法裁判。"诸制敕断罪,临时处分,不为永格者,不得引为比。若辄引,致罪有出入者,以故失论。"⑤ 不过,中国古代社会是建立在封建专制或君主专制——"人治"之下的"罪刑法定",不同于西方"法治"意义上的"罪刑法定",尚不能认为是完整意义上的"罪刑法定",因为除"罪刑法定"外,还有"决事比""比罪""比附""例推""比附援引"等"类推"制度。因此,中国古代只能说有"罪刑法定"的思想。而近代我国最早移植西方"罪刑法定"原则的范例,是沈家本在《大清新刑律》中直接引入西方的"罪刑法定"原则,并且明确指出:"一切犯罪需有正条乃为成立,即刑律不准比附援引。"⑥ 南京临时政府和北洋军阀政府,以及南京国民党政府,不仅继续沿用了《大清新刑律》,而且删修而成的《中华民国暂行新刑律》及后来制定的《中华民国刑法》等均在形式上做到了"罪刑法定"的法典化。这些刑法典中的"罪刑法定"基本上是照抄照搬西方的法律条文,有的是有名无实,有

---

① 在美国,追溯既往法律(Ex Post Facto Laws)就是许可对该法律颁布以前的无罪行为追究责任的法律。这被认为不符合"先喻后行"的公正理念,显然这就是罪刑法定的主要内容。
② 李晓明主编:《刑法学》(上),法律出版社 2001 年版,第 37—38 页。
③ 戴炎辉:《中国法制史》,台湾三民书局 1995 年版,第 20 页。
④ (唐)长孙无忌等:《唐律疏议》,刘俊文点校,中华书局 1983 年版,第 557 页。
⑤ 同上书,第 562 页。
⑥ 沈家本:《寄簃文存》(卷二),《论诬指》,中华书局 1985 年版。

的是形同虚设。新中国成立后后,我国在《惩治反革命条例》和1979年刑法典中均规定了"类推"原则,一直到1997年刑法典修改时才予以取消,并在第3条明确规定了"罪刑法定"原则。刑法典第3条"罪刑法定"的具体内容是:"法律明文规定为犯罪行为的,依照法律定罪处刑;法律没有明文规定为犯罪行为的,不得定罪处刑。"显然,这与西方"罪刑法定"的经典定义"法无明文规定不为罪,法无明文规定不处罚"还有明显差异。主要表现在:(1)我国的"罪刑法定"是"两点论",一是"要"定罪处罚,二是"不"定罪处罚;而国外的"罪刑法定"是"一点论",即"不"定罪处罚。(2)我国的"罪刑法定"是"要"定罪处罚在先,"不"定罪处罚在后,从这些内容看,其倾向还是强调"要"定罪处罚;而国外唯一强调的是"不"定罪处罚。

四、罪刑法定原则与类推制度

1997年修订后的刑法典的公布,意味着我国对刑事类推制度的彻底抛弃,同时也标志着我国刑法对法官自由裁量权的进一步限制,以及对刑法不溯及既往原则的坚决捍卫等,这些内容均充分体现了我国社会主义法治的基本精神。

类推制度在我国法制史中源远流长,尤其以唐朝的"决事比"制度为甚,贯穿于我国封建王朝法律制度的始终。我国封建社会统治者们以维护其统治地位为最终目标,惧怕劳动人民的反抗,公然宣称"法不可知,则威不可测",漠视个人自由和基本权利。"欲加之罪,何患无词",于是类推制度被广泛运用。从理论上讲,古代社会本位的价值观也决定了以个人本位价值观为基础的罪刑法定原则难以成为我国法律文化中的应有之义,而体现社会本位价值观的法律形式——类推则有根深蒂固的思想基础。当然,对类推制度也应坚持一分为二的观点,任何事物均存在着利与弊的交织,也必然存在着类推制度立与废的各自主张。主张确立类推制度者认为,实行类推制度不仅可以保持刑法的稳定性,同时也能够有效地保护国家利益和公民权益;从法律文化渊源上,类推也符合我国的历史传统,并顺应了世界刑法的发展潮流(类推制度的灵活性特点,正在日益受到世界各国的重视)。而主张废除类推制度者认为,实行类推有悖于罪刑法定原则,违背了立法与司法分权的法治化要求;类推有悖于世界民主化进程之趋向,同时也不利于保障公民的合法权益,更与当今世界刑法发展的历史潮流背道而驰。由此也导致了类推制度和罪刑法定原则的长期争论。

然而,本书认为,类推制度的益处无非是弥补刑法典的空白,但因这点"小利"而付出的代价却是极其沉重的,尤其是在一个尚未建立起刑事法治的社会。类推的方式是"比照刑法分则中最相类似的条文定罪量刑",而"最相类似"又无一个明确的范围界定,这无疑为法官出入人罪"大开绿灯",提供了任意裁量的可能性。而且,凡适用类推的案件都要逐级上报至最高人民法院,其程序非常繁琐,实践中又运用极少,实则形同虚设。从公民个人的角度来讲,由于类推制度的存在,使他们对自己的任何行为都怀有一种顾虑,在法律条文的背后可能隐藏着更多对他们不利的东西,这实际上已经构成了对公民个人自由的严重威胁。在我国随意司法和选择性司法尚未根本改变的情况下,这非常不利于公正司法和长远法治建设。

诚然,罪刑法定原则也有其弊端,那就是刑法可能会放纵一些具有社会危害性的行为,因为刑法条文不可能穷尽实践中出现的一切犯罪形态。另外,从形式上看,刑法规范可能会出现僵化的局面。从整个法律体系和整个社会规范体系的角度看,刑罚手段仅仅是这一庞大体系中最后的、最严厉的组成部分之一,除此之外,人们的行为还受民事制裁手段、行政制裁手段及社会舆论的约束。刑罚手段和这些手段是相辅相成、互为补充的,这注定了刑法的规范内容和规范功能有天然的不完整性。罪刑法定原则价值形式上的体现是立法权对司法权的限制,即对法官自由裁量权的限制,这不仅是对法治原则的充分体现,也是当今世界刑法理论发展的一大潮流。在罪刑法定原则的规定下,若法官再去惩罚那些刑法中没有规定的行为,便是违法。另外,罪刑法定原则坚决捍卫了法不溯及既往,这是确立罪刑法定原则后带来的最大价值。法不溯及既往是罪刑法定原则的天然附属物,只要罪刑法定原则存在,则必然存在法不溯及既往的约束,从而推动国家法治。

五、我国"罪责法定原则"的确立

1979年刑法典规定了"罪类推制度"[①]之后,学界曾有不少争论。有人认为,我国刑法虽然规定了罪类推制度,但并不是完全没有体现罪刑法定的精神,也就是说当时我国采用的是不彻底的罪刑法定原则。[②] 也有人认为,既然刑法明确规定了类推制度,就不可能同时存在罪刑法定,因为罪刑法定原则和类推制度是相互矛盾的。[③] 事实上,在1979年刑法典第10条的犯罪概念中体现了"罪刑法定"的基本精神,如其中"依照法律应当受刑罚处罚的,都是犯罪"的规定,很难说没有罪刑法定的因素。但是,无论如何,1979年刑法典不仅没有明确规定罪刑法定原则,而且在第79条明确规定了类推原则。诚然,类推制度在我国社会主义法制建设初期,对于弥补立法经验之不足,更好地保护国家和人民的利益曾起到过一定的积极作用,但是类推制度本质上是与罪刑法定原则相矛盾的,长期执行其有悖于法治原则。因此,随着刑事立法的不断完善,1997年修订刑法典时明确确立了罪刑法定原则,相应地取消了类推原则,为此也将刑法分则由原来的103条增至350条,罪名也由原来的200多个增至450多个。在司法实践中,1979年刑法典虽然规定了类推,但在实际办案中使用的很少,且案件性质主要集中在因通奸造成严重后果和侵占遗忘物等行为上,这类行为刑法修订后也都有完善。

1997年刑法典公布后,学界开始关注对刑事责任问题的研究,而且发现"犯罪"和"刑罚"并不是同位概念。因为就一个人的犯罪后果而言,除了刑罚之外还包括有罪宣告、非

[①] 我国1979年刑法典第79条规定:"本法分则没有明文规定的犯罪,可以比照本法分则最相类似的条文定罪。"
[②] 高铭暄主编:《刑法学》,法律出版社1982年版,第38页。
[③] 何秉松:《刑法教科书》,中国法制出版社1995年版,第33页。

刑罚处罚、政府收容教养和赔偿经济损失等，这些都是犯罪后承担刑事责任的方式。而且，犯罪和刑罚并不能相等同，犯罪只能和"刑事责任"相适应，并非犯同样的罪就一定承担同样的刑罚。尤其是1997年刑法典将1979年刑法典第44条的规定"犯罪的时候不满18岁的人和审判的时候怀孕的妇女，不适用死刑。已满16岁不满18岁的，如果所犯罪行特别严重，可以判处死刑缓期2年执行。"修改为第49条："犯罪的时候不满18岁的人和审判的时候怀孕的妇女，不适用死刑。"显然，这一方面取消了1979年刑法典中对未满18岁的未成年人"不适用死刑，但适用'死缓'"的规定[①]，另一方面又再次重申了"怀孕的妇女不适用死刑"的规定。由这些刑法规定可以看出，"犯罪"和"刑罚"是不等同的，同是故意杀人行为，年满18岁的成年人就有可能被判处死刑，而未满18岁的成年人和审判时怀孕的妇女就不会被判处死刑。因此，本书建议，应当对其中"罪刑法定"的"刑"赋予新的内容，即"刑事责任"，而非传统刑法理论中的"刑罚"。如此，才能最终既符合现行刑法典第3条所规定的犯罪的确切含义与内容，又符合刑事责任理论发展后的"罪责法定"的新表述。此外，刑法典第37条规定的"免予刑事处罚"，也不再作其他非刑罚方法处理的，又是一种纯粹的"有罪宣告"。也就是说，对于刑事责任的追究而言，除刑罚方式外还应当包括有罪宣告、非刑罚处罚、政府收容教养和赔偿经济损失等，这才是完整意义上的刑事责任内容。正如有学者认为的，实现刑事责任的方式有三种，这就是通过给予刑罚处罚实现刑事责任，通过适用实体上的非刑罚方法实现刑事责任，通过宣告行为构成犯罪实现刑事责任。[②]

众所周知，传统刑法的刑事责任概念较为简单，即犯罪和刑罚的中介和桥梁；但如今，刑事责任具有上述多个方面的实体内容，甚至包括法人或单位刑事责任，这无形之中使刑事责任问题进一步复杂化了。因此，"罪责法定"的提出，既有刑法理论上的强有力支持，又有立法实践上的实际需求，应当是顺理成章能够确立的事情。至于"罪责法定"的含义，本书认为应当界定为：法无明文规定不为罪，法无明文规定不究责。至于我国刑法典第3条，可以改为："法律明文规定为犯罪的，依照法律定罪究责；法律没有明文规定为犯罪的，不得定罪究责。"需要说明的是，这样的"罪责法定"原则，除将"处罚"改为"究责"外，也同时将"犯罪行为的"改为"犯罪的"。这主要是因为，"犯罪行为"和"犯罪"毕竟是两个不同的范畴，后者是严格意义上的具备刑法总则和刑法分则所有犯罪构成要件的"犯罪"，而前者只是作为犯罪的构成要件之一的"犯罪行为"，两者有着本质区别，在刑法典中尤其不能混用，以免引起误解。由此可见，由"罪刑法定"到"罪责法定"，虽然只是一字之差，但大大扩展了其应有内容，法定的内容不仅包括了刑罚，而且包括了有罪宣告、非刑罚处罚、政府收容教养和赔偿经济损失等实现刑法责任的方式。

[①] 在刑法理论和立法规定上，"死刑"本身就包括"死缓"，"不适用死刑"也当然包括"不适用死缓"，而"适用死缓"也就不可能不适用死刑。所以，1979年刑法典是作了一个自相矛盾的立法规定。

[②] 张明楷：《刑法学》（上），法律出版社1997年版，第391—393页。

六、罪责法定原则的基本内容

根据西方"罪刑法定"的经典定义和我国刑法典第 3 条的规定,"罪责法定"的基本内容包括罪之法定、责之法定,如果仍然使用"罪刑法定"的称谓,那么这里的"刑"就应当解释为"刑事责任",而非单指"刑罚",显然"刑"的内容范围比原来扩展许多。

1. 罪之法定

罪之法定即犯罪之法定化,是责之法定的重要前提,也是罪责法定原则的根本要求之一。我国刑法中的罪之法定主要是通过三项内容来实现的:一是对犯罪概念的科学界定,如刑法典第 13 条明确规定了"犯罪"的概念,不过"犯罪"的概念应当是形式定义说,即刑事违法性或应受刑法惩罚性,而不再是社会危害性。二是对犯罪成立要件的严格规定,具体体现在刑法典第 14 条关于故意犯罪的规定,第 15 条关于过失犯罪的规定,第 16 条关于意外事件和不可抗力的规定以及第 17 条和第 18 条关于刑事责任能力的规定等。三是对具体犯罪行为特征的规定,集中体现在我国刑法分则所规定的各个罪名及具体罪状中。

2. 责之法定

责之法定即刑事责任之法定化,没有责之法定仍不可能有效地保障公民的合法权益。因此,责之法定也是罪责法定原则的重要内容之一。我国刑法责之法定化主要体现在:一是明确规定了刑罚的种类,把刑罚分为死刑、无期徒刑、有期徒刑、拘役、管制、没收财产、剥夺政治权利、罚金、驱逐出境等。二是明确规定了有罪宣告或免于刑事处罚的基本条件及涉及的罪名。三是明确规定了非刑罚处罚方式,包括训诫、责令具结悔过、责令赔礼道歉、责令赔偿损失、建议行政机关给予行政处罚或行政处分。四是明确规定了必要时政府可以对未达到刑事责任年龄的人进行收容教养。五是明确规定了犯罪人对被害人的赔偿经济损失制度等。六是明确规定了量刑的原则和量刑制度,不允许滥用刑罚。七是明确规定了各具体犯罪的法定刑。

3. 法律解释之法定

由于刑法条文具有一定的抽象性,而现实生活又是千姿百态的,为了便于大家的理解和执行,有关部门需要对刑法规范进行解释,其中包括立法解释和司法解释。那么,如何才能正确地进行刑法解释?本书认为,一是要确立刑法解释的理论标准,如采用综合解释论,使之既符合立法者的立法原意,又符合适用法条时的法律意思;二是应明确刑法解释应当遵循的原则,如恪守立法原意、符合立法宗旨、不得违背刑法规范的基本原则等。

4. 犯罪成立规格之法定

定罪是司法机关依法认定被审理的行为是否成立犯罪以及构成何种犯罪的活动。要真正贯彻罪责法定原则,就必须高度重视定罪这一重要的司法活动。具体而言,一是明确定罪的原则,即坚持依法定罪和疑罪从无的原则;二是严守定罪根据,即坚持以证据为根据、以法律为准绳,不能主观臆断和推想;三是要正确确定罪名,即使用和表述罪名要以刑法分则条文中有关罪状的规定为根据,最好做到罪名由法典规定。

关于罪责法定的基本要求:(1)法定性。也就是说,犯罪和刑事责任必须事先由法律作出明文规定,不允许法官自由擅断;具体包括犯罪的法定性、刑事责任的法定性、排斥事后法、排斥习惯法、排斥任意解释以及排斥行政规章规定的"罚则"等。(2)实定性。对于什么行为是犯罪和犯罪所产生的具体法律后果,都必须作出实体性的规定。(3)明确性。刑法条文必须文字清晰,意思确切,不容含糊其词或模棱两可。如对犯罪成立条件必须明确,应承担的刑事责任也必须明确。(4)合理性。刑法对认定犯罪的范围必须合理,对犯罪所规定的刑事责任必须合理。具体而言,合理性排斥处罚范围的广泛性,排斥残酷的、不均衡的刑罚等刑事责任实现方式。(5)禁止类推和扩大解释。对于法律没有明文规定的行为,不论其危害性大小,都不能通过类推和扩大解释以犯罪论处。(6)禁止刑法溯及既往。也就是说,把从旧原则作为解决刑法溯及力问题的唯一原则。(7)禁止法外施刑和不定期刑。刑事责任的名称、种类、幅度等都必须由法律加以确定,包括刑期的确定,不允许存在绝对的不定期刑。

第二节 罪责相适应原则

与"罪责关系"和"罪责法定"范畴相一致,显然本书将传统的"罪刑相适应"或"罪责刑相适应"称作"罪责相适应"。当然,也有学者称之为罪刑均衡或罪刑相当,这是刑法另一个极其重要的基本原则,它同"罪责法定"原则一样是对刑法"罪责关系"质与量的基本定位,使之法定化、相当化或一致化。两个原则通盘协调了我国刑法中"罪责关系"的实质与核心。需要进一步说明的是,本书之所以称作"罪责法定",不仅仅是"责"与"刑"的简单替换,还是现代刑法及其精神的深入体现,如果像传统的"罪刑相适应"或"罪责刑相适应"所解释的那样"犯多大的罪就应当承担多大的刑罚",也就使得"刑罚个别化"原则不再有存在的空间,以及特殊人群的从轻判处或减轻处罚也将无法得到很好的执行。本书使用"罪责刑相适应"的情况将完全不同,因为犯相同的罪未必承担相同的刑罚,而是要与其应当承担的刑事责任相适应,并不像传统的"罪刑相适应"那样是"罪"与"刑"的"相适应"。

一、"罪刑相适应"的思想渊源

如上所述,罪刑相适应也叫罪刑相当,是近现代刑法的一个极其重要的原则。这一原则虽然也是在资产阶级革命胜利后确立的,但其基本思想却源远流长,与"罪刑法定"相比,其经历了一个更为漫长的历史发展过程。

"罪刑相适应"的早期思想可追溯到原始社会的同态复仇和奴隶社会的等量复仇。同态复仇和等量复仇也是从更加原始的本能攻击和血亲复仇逐渐演变和发展而来的。人们在这一漫长的历史发展过程中,不断追求和实现等价与公正的实现。"以血还血,以眼还眼,以牙还牙"均是罪刑相当思想最原始、最粗糙的表述形式。恩格斯在《家庭、私有制和国家的起源》一书中清楚地描述了原始社会的血亲复仇:"个人依靠氏族来保护自己的安全,而且也能做到这一点;凡伤害个人的,便是伤害了整个氏族。……假使一个氏族成员被外族人杀害了,那么被害者的全氏族就有义务实行血族复仇。"①古希腊哲学家亚里士多德在其《伦理学》一书中也曾指出:"击者与被击者,杀人与被杀者,行者与受者,两方分际不均,法官所事,即在施刑罚以补其利益而遂之。"②古罗马哲学家西塞罗在其著作《法律篇》中指出:"对违反任何法律的惩罚应与犯罪行为相符合。"③中国古代也有"罚必当暴"之说,甚至荀子还把刑罚和罪过视为一种对等的报偿关系,指出:"刑当罪则威,不当罪则侮。"④荀子十分明确地表述了其罪刑相当的最古老、最原始思想。

值得一提的是,在奴隶社会初期,同态复仇的习俗残存下来已被早期的法律所认可。如《汉谟拉比法典》第 196 条规定:"倘自由民损毁任何自由民之子之眼,则应毁其眼。"第 197 条规定:"倘断自由民(之子)之骨,则应斩其骨。"《十二铜表法》第 8 表第 2 条也规定:"如果故意伤人肢体,而又未与(受害人)和解者,则他本人亦应遭受同样的伤害。"这些均是典型的同态复仇思想。然而,同态复仇不可能完全实现"以血还血,以牙还牙"的格言。随着私有制的出现,赔偿制度逐渐产生。美国学者摩尔根曾经描述了易洛魁人的情形:双方氏族的成员分别举行会议,为对杀人犯罪行为从宽处理而提出一些条件;通常采取的方式是赔偿相当价值的财物并道歉。由此可见,以相当价值的财物作为赔偿也可满足其对公正的追求,只不过抚恤金的价值是依据对人伤害的程度来衡量的。尽管奴隶社会和封建社会的刑罚均是维护特权的法律,但人类社会并没有因此而停止对等价与公正的追求与探索。早在我国西周时朝,就初步划分了故意和过失、侵犯和偶犯的区别。后来的《法经》也规定了所谓的"具其加减",即根据犯罪的不同情况有区别地进行处罚。《唐律》中不再简单地采用杀人者死的原则,而是将杀人区分为谋杀、故杀和戏杀三种,并分别予以不同的处罚,还规定了诬告反坐的原则。

罪刑相当真正成为刑法基本原则,是 17、18 世纪的资产阶级启蒙思想家们倡导的结果。他们从公平、公正的角度,深入探讨了犯罪与刑罚的关系。如孟德斯鸠曾经指出:"刑罚应有程度之分,按罪大小,定惩罚轻重。"⑤贝卡利亚也说过:"犯罪对公共利益的危害越大,促使人们犯罪的力量越强,制止人们犯罪的手段就应该越强有力。这就需要刑罚与犯罪相对称。""刑罚不但应该从程度上与犯罪相对称,也应从实施刑罚的方式上与犯罪相对称。""刑罚应尽量符合犯罪的本性,这条原则惊人地进一步密切了犯罪与刑罚之间的重要联接,这种相似性特别有助于人们把犯罪的动机同刑罚的报应进行对比,当诱人侵犯法律的观念竭力追逐某一目标时,这种相似性能改变人的心灵,并把它引向相反的目标。"⑥

---

① 《马克思恩格斯选集》(第 4 卷),人民出版社 1995 年版,第 85 页。
② 《西方法律思想史资料选编》,北京大学出版社 1983 年版,第 32 页。
③ 同上书,第 83 页。
④ 《荀子·君子》。
⑤ 〔法〕孟德斯鸠:《波斯人信札》,梁守锵译,商务印书馆 1962 年版,第 141 页。
⑥ 〔意〕贝卡利亚:《论犯罪与刑罚》,黄风译,中国大百科全书出版社 1993 年版,第 65、57—58、116 页。

二、我国"罪责相适应原则"的确立

我国1997年刑法典第5条明确规定:"刑罚的轻重,应当与犯罪分子所犯罪行和承担的刑事责任相适应。"实际上,这句话的意思是"应当与犯罪人所犯罪行及其应承担的刑事责任相适应"。这样一个"应"字就基本反映出根据不同犯罪主体而承担的刑事责任会有所差别,如上述提及的未成年人、怀孕的妇女等。所以,刑法典第5条包含了两层意思:一是刑罚的轻重应当与犯罪人所犯的罪行相当或相适应,即应当与犯罪人的行为性质及应确定的罪名相当或相适应;二是刑罚的轻重还应当与犯罪人应承担的刑事责任相当或相适应,即应当与犯罪人能够承担或应当承担的刑事责任相当或相适应。由此可见,该条文实际规定的就是"罪责相当或相适应",而非"罪刑相当或相适应"。一方面从刑法理论和范畴上讲,尤其是考虑到刑事责任理论的发展,以及"罪责关系"论刑法学主线的形成来看,传统的"罪刑关系"理论不仅无法自圆其说,而且传统的"罪刑相适应"或"罪责刑相适应"理论也需重新解释和完善。另一方面,从我国刑法的实际规定看,除在第32、33、34条规定了"主刑"和"附加刑"等刑罚方法外,还在第35条规定了"驱逐出境",在第35条规定了"赔偿经济损失",在第37条规定了"训诫、责令具结悔过、赔礼道歉、赔偿损失,或者由主管部门予以行政处罚或行政处分"等非刑罚方法,以及在第17条规定了"责令家长管教"或"政府收容教养"。这些都是实现刑事责任的重要形式,也就是说,如果不把"罪刑相适应"改为"罪责相适应",都无法解释我国刑法目前的这些规定。

然而,"罪责相适应"就是罪重的责任要重,罪轻的责任要轻,各法律条文间对责任(也即量刑)要统一平衡,不能罪重的责任比罪轻的轻,也不能罪轻的责任比罪重的重。但根据刑法典第5条的规定,责任轻重不仅与犯罪人所犯的罪行有关,而且还与犯罪主体的刑事责任能力有关。所谓刑事责任,是指具有刑事责任能力的人由于实施了犯罪行为而引起的,其程度与犯罪的社会危害性和犯罪人的人身危险性程度相适应的,具有应受刑事惩罚性的一种负担。① 例如,同样是故意杀人,成年人与未成年人承担的刑事责任显然是不一样的。一个人实施了刑法规定的犯罪,这只是行为人可能受到刑罚处罚的一个前提或基础,而只有根据法律规定确定行为人应当承担的刑事责任及其大小,才能对行为人判处相应的刑罚。在一般情况下,罪行较重则承担的刑事责任也更重,罪行较轻则刑事责任更轻。但是,罪行本身的轻重是由犯罪的主客观事实所决定的;而刑事责任的轻重虽然主要由行为人主客观事实本身所决定,但这绝非其唯一或全部,也会受到犯罪主体(包括刑事责任年龄和能力)及犯罪人的人身危险性(包括再犯的可能、是否有自首立功情节等)之制约。具体体现在以下方面:

1. 刑事责任与罪质相当

罪质是犯罪的性质,即犯罪成立主客观要件统一表现的犯罪性质。不同的罪质标志

---

① 王晨:《刑事责任的一般理论》,武汉大学出版社1998年版,第58页。

着其犯罪行为侵害、威胁合法权益的指向不同。这种不同,正是表明各种犯罪具有不同的社会危害程度,从而决定刑事责任大小的根本所在。如危害国家安全的犯罪重于一般的刑事犯罪,故意杀人罪重于故意伤害罪等,就是由各自的罪质所决定的。国家的刑法立法首先着眼于罪的不同,并确定与之相对应的轻重有别的刑事责任,即法定刑。所以,审判机关在量刑时,也要首先确定与该犯罪的罪质相对应的法定刑是什么。罪质认定正确,就在总体上为正确量刑提供了根本保证,即使在具体选择刑种、刑度时略有偏颇,也不致刑罚畸轻畸重;反之,如果罪质认定错误,据以裁量刑罚的法定刑必然也是不对的。那么,由此而选定的宣告刑,其悖谬的必然性及其严重程度,就不言而喻了。所以,坚持刑事责任与罪质相当,是罪责相适应原则的必然要求。

2. 刑事责任与罪情相当

罪情是指犯罪情节,即案件的具体情况。因为案件定性正确,只是解决了正确确定法定刑的初步,不等于量刑结果的最终完成。因为在罪质相同的犯罪中,不同案件的犯罪情节不尽相同,其社会危害程度也颇有不同,而要使刑事责任真实反映形形色色的具体案件的社会危害程度,量刑就理所当然地必须注意刑事责任与犯罪情节相当。我国刑法采取相对确定的法定刑,而且刑种、刑度的选择余地较大,其目的之一就是便于审判机关针对每一个具体案件的犯罪情节和犯罪人的具体情况,分别裁量刑罚,使刑事责任真正适应各自犯罪的社会危害程度。

3. 刑事责任与罪责相当

这里的"罪责"是指犯罪人的主观罪责。我国刑法总则规定了犯罪人的罪过形式,同时也规定了不同刑事责任年龄的人应承担的刑事责任,只有达到刑事责任年龄、具有刑事责任能力的人实施了犯罪才负刑事责任,而未成年人犯罪、聋哑人犯罪等具有从轻或者减轻处罚的情节,犯罪的预备、未遂、中止等具有从轻、减轻或者免除处罚的规定,甚至共同犯罪中的主犯、从犯、胁从犯、教唆犯等承担的刑事责任也不同。由此可见,刑事责任的最终决定应与犯罪人的主观罪过及所应当或能够承担的刑事责任相适应。

4. 刑事责任与犯罪人的人身危险性相当

犯罪人的人身危险性是指犯罪人的各种主客观因素,包括犯罪前的表现、犯罪前科、主观恶性,以及悔罪表现和对社会的潜在威胁和再次犯罪的可能性程度,即所谓的犯罪人自身存在的危害社会的风险程度。当今世界的刑法思潮,很注重刑事责任对犯罪人未来再犯可能性的威慑或遏制作用。犯罪人罪前品行是否较好和有无劣迹、是否累犯以及罪后自首或逃避罪责、积极退赔经济损失或隐藏赃款赃物等,虽然对其所实施的犯罪本身没有直接影响,但可预示着其改造的难易程度和可能性的大小。把这种人身危险情况作为决定刑事责任轻重的根据之一,也是符合刑法目的需要的。因此,刑事责任也应当与犯罪人的人身危险性相当。

综上所述,由"罪刑相适应"发展为"罪责相适应",不单单是一个"责"和"罪"的替代,这反映了我国现行刑法的多方面具体规定,甚至体现了现代刑法的基本精神,尤其现代刑法所体现的"刑罚个别化"原则,否则无法解释相同的罪行而处罚却不同的情况。因此,在阐发"罪责相适应"原则基本精神与原理时一定要兼顾现代刑法精神,从而更加深刻而全面地理解该项重要的基本原则。

三、"罪责相适应原则"的基本内容

资产阶级革命胜利后,罪刑相当思想在资产阶级的立法中得到充分的体现。如1789年法国《人权宣言》第8条规定:"法律只应当制定严格的、明显的必需的刑法。"1793年法国《宪法》所附的《人权宣言》第15条规定:"刑罚应与犯法行为相适应,并应有益于社会。"从1791年到1810年的《法国刑法典》,虽然由绝对确定的法定刑改为相对确定的法定刑,但无疑均贯彻了罪刑相适应原则,并成为后世的刑事立法的楷模。如今,虽然世界各国对罪刑相当的理解还不尽一致,有严格意义上的罪刑相当和相对意义上的罪刑相当,甚至各国在刑法典中对犯罪与刑事责任的规定也不尽相同,但总体上,罪责相当作为刑法基本原则的地位是不可动摇的。具体内容包括:

(1) 有罪有责当罚,无罪无责不罚;惩罚对象只能是犯罪人和有责人,而不能罚及无辜。

(2) 轻罪轻责轻罚,重罪重责重罚;刑事责任的轻重应与犯罪的轻重及应承担的刑事责任相适应,不能轻罪轻责重判,也不能重罪重责轻判。

(3) 一罪一责一罚,数罪数责并罚。

(4) 同罪同责同罚,异罪异责异罚;同一性质、相同责任的犯罪,应当处以轻重相近的刑事责任,不能由于犯罪人的地位、身份的不同而给予轻重悬殊的特别待遇,即要罪责相当。

(5) 刑事责任的性质应当与犯罪的性质相当或相适应。

不仅我国如此,即便是在国外也是如此。如日本学者在评价德国刑法时指出:"德国刑法在刑罚之外还规定与罪责无关的矫正及保安处分,其理由在于,国家保护公众和具体的居民免受犯罪行为的侵害的任务,在某些情况下仅仅靠刑罚是不可能完成的,因为只有在行为人有责地实施犯罪行为的情况下,始可科处刑罚,且其刑度受有责地实施不法程度的限制。"其进一步指出:"仅靠与罪责相适应的刑罚——只要行为人有责任能力——显然是没有足够的效果的。"[①]显然,这里的矫正与保安措施就是指非刑罚处罚。至于其中的"责"是否包括非刑罚方法,本书保留异议,但其中的"罪责"与"罪责相适应"的表述和本书的表述是一致的。

总之,现代意义上的罪刑相适应或罪刑相当实际上只能是"罪责相适应"或罪责相当,它不仅包括量刑与犯罪性质、犯罪情节相当,即刑事责任与犯罪性质、犯罪情节有关,还包括刑事责任与犯罪人的人身危险性相当。也就是说,审判机关对任何犯罪决定刑事责任时,都要坚持这两个方面,必须全面衡量,不可偏废,缺一不可。换言之,犯罪人的犯罪行

---

① 〔日〕西原春夫:《刑法总论》(改订准备版)(下卷),成文堂1995年版,第555页。

为与其应承担的刑事责任及其刑罚和其他刑事责任之间应当保持一个相对应或相当的均衡关系，并以此来保持刑法的公正性。本书称之为"罪责相适应"，主要是考虑刑法不仅将罪法定，而且也将责法定，只讲"罪刑相适应"显然是不全面的，因为责中不仅仅包括刑罚，还包括有罪宣告、非刑罚处罚、政府收容教养和赔偿经济损失等。

四、"罪责相适应原则"的司法适用

罪责相适应原则的"适"应包括立法和司法两个方面。法律制定出来后，更重要的是司法方面的相当，主要表现和应注意的问题如下：

1. 全面把握定罪方面的基本内容

定罪的准确与否直接关系到量刑的正误，而定罪内容又直接决定着犯罪，即是否构成犯罪和构成何种犯罪。定罪内容具体包括：(1) 确定行为是否构成犯罪，以区别罪与非罪；(2) 确定行为构成何种犯罪，以区别此罪与彼罪；(3) 确定犯罪的严重程度，以区别重罪与轻罪；(4) 确定犯罪的形态，以区别一般构成与特殊构成；(5) 确定行为所包含的罪数，以区别一罪与数罪。

2. 注意纠正重定罪轻量刑的错误倾向

在司法实践中，有些同志对定罪往往比较重视，将其作为检验刑事审判工作的一项重要指标，而对于量刑则重视不够，甚至有人认为，我国刑法对量刑幅度规定较宽，只要定性正确，多判几年少判几年出不了大错，无关紧要。尤其是二审法院在对上诉的刑事案件进行审理时，也往往是重定性而轻量刑，只有量刑畸重的才予以改判，而一般偏重的不予纠正。本书认为，这是一种十分错误的倾向，必须引起司法部门的高度重视，并及时予以纠正。定罪与量刑是刑事审判工作的两个基本环节，二者同等重要，均不可偏废。只有这样，才能保证罪责相当原则不折不扣地被贯彻执行。

3. 尽快完善行刑方面的司法应用

行刑是定罪与量刑的结果，并充分展示着对罪犯的改造和对犯罪的预防功效。在司法实践中，必须尽快扭转重定罪、量刑而轻行刑的基本倾向。过去罪责相当原则只适用到量刑阶段，行刑阶段的未然因素没有包括在该原则的应用之中。事实上，行刑是罪责相当原则的重要组成部分，如减刑、假释等均是罪责相当原则不可缺少的重要环节。如减刑的实质条件是确有悔改或立功表现，假释的实质条件是确有悔改、不致再危害社会。只有这些环节全部完善了，才能确保罪责相当原则得到彻底地贯彻落实。

4. 坚持强化量刑公正的司法观念

由于种种复杂的历史和现实原因，重刑主义的思想倾向在人们的心目中根深蒂固。这在一定程度上也反映到法官们的判案工作中，甚至有人认为，刑罚越重，越能有效地遏制犯罪。尤其在社会治安状况不好的情况下，重刑主义观念表现得尤为突出。值得一提的是，重刑主义是一种粗暴落后的刑罚思想，是与罪责相当原则根本对立的；推崇重刑主义，罪责相当原则就必然遭到破坏。因此，必须清醒地认识重刑主义的危害，牢固树立公正量刑的思想,切实做到罪责相当,以强化和保证我国在量刑上的公正。

5. 努力实现量刑中的平衡与统一

按照罪责相当原则的要求,相同案件在处刑轻重上也应基本一致。但从我国的司法实践来看,不同法院之间在对相同案件的处理上很不一致,甚至同一法院的不同法官在相同案件的处理结果上也差别甚大。造成这种现象的原因,既有立法上的粗疏,但更主要的是司法操作上的随意所致,这就需要努力争取和实现量刑中的平衡与统一,从而加速我国量刑制度的规范化、科学化和现代化的早日实现。

综上所述,所谓罪责相适应(过去称为罪刑相当、罪刑相称和罪刑均衡),是泛指的犯多大的罪就应承担多大的刑事责任,以及依据其承担的刑事责任选择具体的惩罚措施。也就是说,重罪重责,轻罪轻责;罪当其责,责当其罪,罪责相称,罪责相当。由此可见,"罪责相适应"与"罪刑相适应",虽然只是一字之差,但其所包含的意义区别很大。本书主张的罪责相适应,不只是考虑犯罪与刑罚的相适应,还主要是考虑犯罪与刑事责任的相适应。也就是说,量刑的轻重既要看所犯客观罪行的轻重,又要考虑行为人犯罪行为本身的具体客观情况因素;既要考虑到罪的大小,又要考虑到应承担刑事责任的大小,以此来决定最终的刑事责任。如果单纯地以罪行的轻重来决定刑事责任的轻重,而根本不考虑犯罪者具体的个人情况、客观行为的特殊表现及影响刑事责任的其他因素,就难以准确地定罪量刑,也难以达到准确追究刑事责任目的与效果。

第三节 适用刑法人人平等原则

适用刑法人人平等原则是宪法中公民在法律面前人人平等原则在刑法上的反映。我国《宪法》第33条规定:"中华人民共和国公民在法律面前人人平等。"法律面前人人平等是近代资产阶级反对封建特权等级制度而提出来的一个口号,它的哲学基础是:人是理性动物,人人皆有平等自由之意志,因此,人人在法律面前是平等的。到后来逐步发展为:人之为人,在法律上是平等的,应平等地受到尊严地对待。而这一原则在刑法学界有五种不同的表述:(1)"法律面前人人平等原则"[1];(2)"适用刑法平等原则"[2];(3)"刑法面前人人平等原则"[3];(4)"适用法律人人平等原则"[4];(5)"罪刑平等原则"[5]。本书认为,"适用刑法人人平等原则"的表述更加符合我国刑法典第4条的立法原意。具体而言,在适用刑法时,将刑法规定作为同一尺度,使全体公民平等地享有刑法所规定的权利,同样承担刑法所规定的义务,不因民族、职业、种族、性别、家庭出身、受教育程度、宗教信仰、社会地

---

[1] 周振想主编:《中国新刑法释论与罪案》,方正出版社1998年版,第45页。
[2] 张明楷:《刑法学》(上),法律出版社1997年版,第46页。
[3] 赵秉志主编:《新刑法教程》,中国人民大学出版社1997年版,第55页。
[4] 赵长青主编:《中国刑法教程》,中国政法大学出版社1997年版,第32页。
[5] 陈兴良:《刑法适用总论》(上卷),法律出版社1999年版,第38页。

位、职务等差别而有不同。严格地讲,适用刑法平等是"适用法律人人平等原则"的具体应用和发挥。"适用法律人人平等原则"本不属于刑法原则,而是我国《宪法》规定的一条原则,当然其也是整个社会主义法制中一条极其重要的原则,这在我国《宪法》及其他法律中均有体现,如我国《刑事诉讼法》第 6 条就有类似规定。然而,1997 年修订的我国刑法典第 4 条又对此进行了重申,这就说明了该项原则在适用刑法时也是极其重要的,为此,有必要对此项原则进行深入分析。

一、"适用刑法人人平等"的思想渊源

法律面前人人平等作为一种思想已具有很长的历史。早在公元前 5 世纪,古希腊政治家伯里克利就说过:"我们的制度之所以被称为民主政治,因为政权在全体公民手中,而不是在少数人手中。解决私人争执的时候,每个人在法律上都是平等的。"[①]我国古代也有"王子犯法与庶民同罪""刑无等级""法不阿贵""刑过不避大臣,赏善不遗匹夫"等说法,但这些均不能称为现代意义上的法制原则,只能是人们在法律面前要求平等的一种社会思潮,而作为一种口号是到了资产阶级革命时期才提出的。欧洲文艺复兴时期,新兴资产阶级思想家的先驱们提出了"人权""平等"思想。17、18 世纪,英国古典自然法学派代表人物洛克以及法国启蒙思想家卢梭等人,针对封建贵族和僧侣们的特权和神权,系统地提出了"天赋人权"学说。洛克认为,人类在自然状态中是自由、平等的,但每个人的权利经常会受到他人的侵犯,于是人们互相订约建立国家,将执行自然法和惩罚违反自然法者的权利交给国家。卢梭也认为,每个人都是生而自由平等的,放弃自己的自由就是放弃做人的资格,就是放弃人类的自身权利。在他们看来,自然法的本质是理性,制定法必须以自然法为基础,国家应该以正式公布的和被接受的法律进行统治,对富人和穷人、权贵与平民应一视同仁,并强调只有法律才是识别善与恶的真正标尺。这些理论不仅为当时的资产阶级革命奠定了思想基础,也为资本主义法制建设提供了理论基础,甚至为法律面前人人平等原则提供了依据。

二、"适用刑法人人平等原则"的立法化

"法律面前人人平等"是资产阶级革命取得胜利后才作为一个完整意义上的法制原则被提出的。1789 年法国《人权宣言》正式确认了这一原则,明确规定"法律是公共意志的体现","在法律面前,所有的公民都是平等的",即"在权利方面,人们生来是而且始终是自由平等的"。这种法律上的平等具体表现为:(1)全体公民"都有权亲身或经由其代表去参与法律的制定";(2)"法律对所有的人,无论是实行保护或者处罚都是一样的";(3)他们可以按其能力担任一切官职、公共职位和职务,除德行和才能上的差别外不得有其他差别。1791 年的法国《宪法》以根本法的形式肯定了这些原则。法国《人权宣言》和

---

① 〔古希腊〕修昔底德:《伯罗奔尼撒战争史》,谢德风译,商务印书馆 1960 年版,第 130 页。

法国《宪法》所确认的法律面前人人平等的原则,在反对封建专制和等级特权,促进资本主义经济关系的发展上,适应了当时历史发展的客观需求,后来被欧美等资本主义国家广泛采用,成为资本主义法制的一项重要内容。随后在英美等国的法律中均有类似的规定,这一法制原则在各国的部门法中也得以贯彻,在刑事法律中也有所体现。意大利刑法学家贝卡利亚指出:"法律认为,所有臣民都平等地依存于它,任何名义和财产上的差别要想成为合理的,就得把这种基于法律先天的平等作为前提。""伟人和富翁都不应有权用金钱赎买对弱者和穷人的侵犯。否则,受法律保护的,作为劳动报酬的财富就变成了暴政的滋补品。"① 此外,他还指出刑罚是犯罪的必然结果,不论是谁犯罪都应当受到法律的制裁。要维护刑罚的肯定性,即是说要使罪犯不可避免地受到刑罚,从而在观念上建立起犯罪与刑罚的必然性因果关系。他写道:"对于犯罪最强有力的约束力量不是刑罚的严酷性、而是刑罚的必然性"②。

　　最初,"法律面前人人平等"的提出发生在资产阶级革命时期,其核心是确认私有制神圣不可侵犯,因而资产阶级所谓的法律上平等,掩盖了实际存在的人们经济上和社会地位上的不平等。从理论上讲,只有建立公有制的社会主义国家,法律面前人人平等才能名副其实地实现。法律面前人人平等不仅是我国社会主义法制和宪法的基本原则之一,如今也已成为我国刑法的基本原则之一,它基本反映了社会主义经济和政治的客观要求。本书主张的适用刑法平等原则,追求的不是多数人或绝大多数人在刑法面前的平等,而是一切人、任何人在刑法面前的平等。古今中外,对绝大多数人适用刑法都是平等的,具有超越刑法特权的人总是极少数。但是,这种极少数的不平等,就极大地破坏着法制,冲击着社会心理的平衡,妨害着经济与社会的发展,阻碍着社会的进步。正因为如此,绝大多数人一直在为一切人在法律面前平等而奋斗。基于同样的理由,不能因为绝大多数人已在刑法面前平等而感到满足,要为一切人适用刑法平等原则的目标而努力。这些努力包括:(1)对实施犯罪的任何人,都必须严格依照刑法定罪量刑。一方面,在定罪上必须平等,既不能将有罪认定为无罪,也不容许将重罪认定为轻罪;反之亦然。行为人社会地位的高低、权力的大小、金钱的多少等,也不能影响其是否有罪与罪之轻重。另一方面,在量刑上必须公正。该判重刑的不得判轻刑,该判轻刑的也不得免除刑罚;反之亦然。社会地位的高低、职务的大小、金钱的多少,都不能影响量刑的轻重。(2)对无罪的任何人,都不能定罪量刑。适用刑法平等原则,主要强调的是司法适用,刑法典第4条的规定也集中反映了这一点,这是从实际出发。但是,适用刑法平等同时意味着任何人不能随意动用刑法侵犯他人的合法权益。(3)对具有从轻、减轻或免除处罚以及有缓刑、减刑或假释等情节的,在适用标准与程序上也都必须严格依法办事。不容许任何人搞双重标准,更不容许任何人有超越法律的特权。

---

① 〔意〕贝卡利亚:《论犯罪与刑罚》,黄风译,中国大百科全书出版社1993年版,第72—73页。
② 同上书,第59页。

三、我国"适用刑法人人平等原则"的确立

1997年我国刑法典第4条明确规定:"对任何人犯罪,在适用法律上一律平等。不允许任何人有超越法律的特权。"这就是刑法确立的法律面前人人平等原则的具体规定,其基本含义是:对任何人犯罪,不论犯罪人的家庭出身、社会地位、职业性质、财产状况、政治面貌、才能业绩如何等,都应追究刑事责任,一律平等地适用刑法,依法定罪、量刑和行刑,不容许任何人有超越法律的特权。我国适用刑法平等原则包括以下几层含义:

(1) 适用法律上的一律平等,而非制定法律上的一律平等,即立法上的平等。我国法学界关于"法律面前人人平等"的具体指向曾经展开过激烈的争论。有学者认为"法律面前人人平等"的提法不符合现代宪政的要求,应改为"法律上人人平等",因为前者只包括适法上的人人平等,而后者还包括立法上的人人平等。不过,有学者则坚决否定这个观点。争论的结果是,我国《宪法》确定了"法律面前人人平等"的提法,其理由是:我国在政治上实行的是民主集中制,人大代表的选举是直接选举与间接选举相结合并以间接选举为主。因此,在我国现行的立法模式下,"立法上人人平等"是不符合法理的。在实践上,我国的立法也主要是由全国以及部分地方的立法机关来进行,谈不上立法上的人人平等。如果从应然的角度上讲,法律面前人人平等应包括立法上的人人平等,因为这里的"法律"就是一般意义上的法律。法不是静止的法,法应是动态的法,它是一个包括立法、司法、执法等全过程,哪个环节上做不到人人平等,法律面前人人平等也就失去了应有的价值。不过,在谈论法律面前人人平等时,应尊重中国的现实,坚持一切从实际出发,实事求是,这样有助于把握"适用刑法平等原则"的价值意蕴。

(2) 适用刑法人人平等原则的重要保证是法外无特权,没有人能够不受法律的约束。只要有一人有不受法律约束、享有超越法律的特权,我国刑事法治的大厦就会"坍塌",社会主义法治就会变成历史上法家眼中的"法治"——人治底下的法治。"人治底下的法治"就是君王一人凌驾于法律之上的"法治",是君王享有法外特权的"法治"。只因为一人凌驾于法律之上,法治的价值意蕴全变,形式上的法治就会脱下它的伪装,露出专制的狰狞面孔。因此,只要有一人享有法外特权,现代民主国家的刑事法治就会蜕变为封建国家的罪刑擅断,人民将重新沦入专制的魔爪之中。以前,我国刑法学界有学者提出在刑法适用上给犯罪的"能人"网开一面,这种要求表面上看起来还颇有几分道理,但细细思量,就会发现"能人犯罪"提法背后暗藏的是封建的刑法特权思想。从西周开始沿袭几千年的封建"八议"中就有"议能"一项,即国家对有才干的人在法律上给予一定的特权。可以说,"能人犯罪网开一面"的提法是封建特权观念在少数人头脑中死灰复燃的表现。我国的刑事司法必须坚持适用刑法人人平等的原则,坚持"法不阿贵,法不阿能"的刑法理念,使全体公民的行为"一断于法",这样才能最终建设好社会主义法治国家。

(3) 适用刑法人人平等原则是保障人权的需要。人权的一个重要要求是一国政府要对它的全体公民平等地对待,使他们受到尊严的待遇。适用刑法人人平等原则保证了一

国之内的每一个人,不管地位多高、权力多大、能力多强,只要触犯刑法都要无一例外地受到刑法的制裁。在适用刑法上实现人人平等原则后,公民要求法律上平等对待的要求就得到了满足,从而产生一种平等感和作为一国公民的尊严感,而不会觉得自己是低人一等的"二等公民"。因此,现代宪政理念中的人权要求不但体现在保护公民权益上,而且体现在公民构成犯罪一律要受到刑事制裁上。

(4)适用刑法人人平等原则是刑法自身生存的保障。平等是法的最高的价值意蕴,同时亦是法之所以为法的生命维系,是法得以生存的价值保障。平等,是法追求的正义,是法独立于政治与个人喜恶、获得独立与生存的价值保障。刑法作为一个重要的部门法,更是如此。如果刑法在适用对象上失去普适性,刑法作为维护社会安定、保障人权之法的价值与功能将大打折扣;如果一部刑法典在法条上规定有人能享有法外特权,那么这样的刑法是在自我贬损,刑法也就变成徒具形式的"一纸空文"。

适用刑法人人平等的原则具体体现在定罪、量刑和行刑三个方面:

一是定罪上一律平等。任何人犯罪,无论其身份、地位等如何,一律平等对待,适用相同的定罪标准。既不能因为被告人地位高、功劳大而使其逍遥法外、不依法定罪,也不能因为被告人是普通百姓就妄加追究、任意出入罪。

二是量刑上一律平等。犯相同的罪且有相同的犯罪情节和刑事责任的,应做到同罪同罚。虽然触犯相同的罪名,但犯罪情节或刑事责任不同,如有的具有法定从重处罚的情节,有的具有法定从轻、减轻或者免除处罚的情节,从而出现同罪不同罚的情况,便是合理的、正常的,并不违背量刑平等原则。但如果是由于考虑行为人权势大、地位高等因素而导致同罪异罚的,则是违背适用刑法人人平等原则的,因为这等于承认有人享有超越法律的特权。

三是行刑上一律平等。在执行刑罚时,对所有的受刑人平等对待,凡罪行相同、主观恶性相同的,刑罚处遇也应相同,不能考虑其身份地位、财富程度等而使一部分人享受特殊的行刑待遇。尤其在掌握法律规定的减刑、假释条件标准时,更应体现平等,要严格依法办事,不能搞亲疏贵贱。不过,因罪行轻重不同、主观恶性不同、改造表现不同而给予差别处遇,这是行刑过程中的应有之义,不仅不违反行刑平等原则,而且恰恰是行刑平等原则的实质体现。

四、"适用刑法人人平等原则"的实现

"徒法不足以自行。"刑事立法无论如何完善,如果不付诸实施,也只能是白纸空文。那么,如何才能真正做到刑法面前人人平等?

第一,坚持反对特权。由于封建等级特权思想、资本主义的金钱万能等腐朽思潮的影响,特权思想通过各种渠道,以各种不同的形式程度不同地干扰、影响着我国各地的刑事司法实践活动,从而造成适用刑法人人平等原则不能得到很好的贯彻执行。例如,在刑事司法中,不能平等地保护不同身份、不同地位者的合法权利,有时会因被害人的身份地位而给予不同的对待。又如,在一些地方甚至出现以罚代刑的做法。这些均严重违背了适用刑法人人平等的基本原则,使刑事司法的民主性受到了严重损害。因此,必须树立严肃执法的观念,要求刑事司法人员在办理案件过程中,对罪与非罪、此罪与彼罪及行为人的刑事责任的大小和应判刑罚的轻重,严格依照刑法条文的规定处理,坚决反对特权;只有这样,才能真正做到刑法面前人人平等。

第二,严禁变通执法。在改革开放过程中,不可否认发展经济、发展生产力是第一位的,但经济发展离不开法制做保障。然而,有的司法工作人员对法制与经济的关系不能正确对待,认为在一些较特殊的情况下,如果对一些犯罪加以处罚,不利于生产力和商品经济的发展,因而主张对经济领域里的某些犯罪实行变通方法,对已构成犯罪的经过变通不作犯罪处理,或者暂缓追诉,允许行为人戴罪立功,或以缓刑从宽处理。本书认为,这种主张是不符合刑法面前人人平等原则的,也难以体现刑罚的公正性。如果为了一时一地或某个单位眼前的利益,而不依法办事或搞变通,势必导致整个刑事司法活动各行其是,不仅严重违反了刑法面前人人平等的司法原则,而且会放纵罪犯,最终破坏社会主义民主和法制。

第三,坚持司法公正。刑事司法公正,是适用刑法平等的必然要求,具体内容包括定罪公正、量刑公正、行刑公正三个方面。其中,定罪公正又包括两个方面:一是定罪只能依据行为本身的性质来确定,而不能受行为人或被害人的身份、地位、种族、民族、财产等因素的影响。换言之,对性质相同的犯罪,只能做出相同的定罪结论,绝不能因人而出入其罪。二是在坚持依法办事的前提下,要在全国范围内力争定罪标准的协调统一。量刑公正是指依据犯罪事实、情节等公正地适用刑法,不能以罚代刑、以言代法、以党纪、政纪代替刑事处罚。行刑公正是指刑事执法中要严肃认真、依法办事、一视同仁,尤其在办理减刑、假释中必须严格按照统一标准、条件和程序办理,不能因人而异,搞特殊化。

第四,严惩渎职犯罪。国家工作人员是人民的公仆,享有人们赋予的权力,本应模范遵纪守法,而不应有任何特权。刑法典专章规定了渎职罪,贯彻了对渎职犯罪从严惩处的立法精神。在刑事司法活动中必须树立对渎职犯罪依法从严惩处的观念,与渎职犯罪坚决斗争,只有这样方能真正体现适用刑法人人平等的原则。因此,加强同国家工作人员渎职犯罪的斗争,本身也是为了树立国家法律的形象和权威,使适用刑法人人平等原则得以切实地贯彻落实。

总之,适用刑法人人平等原则不仅在立法上要作出明确规定,更重要的是在司法上严格执行。与罪责法定原则相比,适用刑法人人平等原则的实现会更为艰难,需要改革司法体制,保证执法人员具有的较高素质;需要改革刑事审判方式,保证审判程序有利于查清案件事实;需要改变司法观念,保证用平等的司法主张指导刑法适用;需要全社会各个方面的支持与配合,以保证刑事案件能够顺利、及时地移送司法机关;需要杜绝地方保护主义,保证刑法能够适用于任何地方的任何人;需要党政领导率先增强法治观念,保证司法机关能够平等地执行刑法;最终更需要所有公民树立平等观念,保证平等适用刑法有牢固的思想基础与社会环境。

第四章

刑法体系

何谓刑法体系？我国刑法学界有五种观点：(1) 刑法体系是由刑法典、单行刑事法律、附属刑法三大部分组成的体系，是一个以刑法典为核心的庞大的体系。① (2) 刑法体系是由《中华人民共和国刑法》和单行刑事法律、其他刑事规范组成的。② (3) 刑法体系是指刑法的各种渊源及其相互关系。③ (4) 刑法的体系是指刑法的组成和结构。④ (5) 刑法的体系是指各种刑法规范按照一定的规律、顺序、联系，有机地排列组成统一的整体。⑤

从理论上讲，刑法体系指的是组成刑法的各种要素及其形成的结构，由这些要素相互联系、相互制约而构成的一个有机整体；不同国家的刑法在体系上均有所不同。我国刑法的体系经历了一个从粗疏到严密的历史演变过程。在我国先秦时期，刑法内容庞杂，除了继承对原始社会某些习惯的认可外，还包括君王和诸侯制定的刑、法、誓、诰、命，甚至礼仪典章等。到了春秋时期，李悝的《法经》改"以刑统罪"为"以罪统刑"，使刑法罪名不再受制于五刑，形成以罪名为纲领的刑法体系，为刑法总则的出现创造了条件。⑥ 中国古代刑事立法的典范是《唐律》，其不仅规定了各种刑法原则，而且规定了对各种犯罪认定和科刑的标准，虽然《唐律》有诸法一体的特征，但就各种违法行为的后果都引起刑事责任而言，其更接近于一部刑法典。⑦ 在世界刑法史上，现代意义上的刑法典，首推1810年《法国刑法典》，该刑法典彻底废除了诸法合一的立法模式，奠定了刑事立法的独立地位。在体例上，《法国刑法典》首创了总则与分则分立的立法模式，为以后的刑法立法树立了典范。1871

---

① 何秉松主编：《刑法教科书》，中国法制出版社1997年版，第105页。
② 金凯、章道全主编：《中华人民共和国刑法简明教程》，山东人民出版社1987年版，第16—17页。
③ 张明楷：《刑法学》（上），法律出版社1997年版，第29页。
④ 李晓明主编：《中国刑法基本原理》（第3版），法律出版社2010年版，第149页。
⑤ 陈兴良：《本体刑法学》，商务印书馆2001年版，第9页。
⑥ "以刑统罪"是指将罪名归属于刑种之下，如《周礼·秋官·司刑》注："夏刑大辟二百，膑辟三百，宫辟五百，劓墨各千。"这是指在"大辟"这种刑种下有二百个罪名，以下类同。"夏刑三千"是指将三千个罪名系于五个刑种之下。"以罪统刑"是指以罪名为刑法之纲，使刑种归于一定罪名。如李悝在《法经》中以具法的形式，将刑名与应加减的事项予以规定。鲁嵩岳：《慎刑宪点评》，法律出版社1998年版，第88—89页。
⑦ 张晋藩主编：《中国刑法史稿》，中国政法大学出版社1991年版，第222页；梁治平：《法意与人情》，海天出版社1992年版，第99页。转引自李晓明、李洪欣、陈姗姗：《中国刑法基本原理》（第4版），法律出版社2013年版，第147页。

年《德国刑法典》在继承《法国刑法典》的基础上,使体例进一步完备,成为世界各国刑法典的蓝本。① 了解刑法体系,对于全面掌握刑法理论和正确适用刑法意义重大。

第一节 刑法的形式体系

刑法的形式体系也称为外部结构体系,是指刑法渊源的外在表现形式。在名称上,例如,我国历史上第一部官员治罪条例《伊训》,第一部礼刑合一的综合性法典《周礼》,第一部实体法和程序法合编的刑法典《吕刑》,封建社会的第一部刑法《法经》。② 此外,唐朝的刑法有称为律、令、格、敕、例等。如今,广义刑法体系的渊源虽然是刑法典、单行刑事法律和附属刑法,但其组成形式又有所不同,一般可分为混合式、编纂式和典籍式。

一、混合式

混合式是指刑事实体规范与其他性质的法律规范或法律内容同时存在于一部法律典册中。③ 例如,我国历史上第一部礼刑合一的综合法典《周礼》。从内容上看,《周礼》是一部带有根本性、综合性的法典,其中刑法规定的内容也非常丰富。而我国历史上第一部实体法和程序法合编的刑法典《吕刑》,是周穆王的司寇吕侯(又名甫侯)奉周穆王之命制定的。《吕刑》不但规定了刑法的指导思想、定罪量刑的制度和原则,而且还规定了诉讼的制度和程序,同时还规定了对司法人员的要求。④ 我国封建社会的刑律基本上是"以刑为主,诸法合体",是综合性的法典,内容涉及社会生活的各个方面,包括刑法、民事和诉讼程序等的规定。现代刑法一般不将实体法和程序法内容规定在同一法典中,通常是分别予以规定。但是,我国的法律经常是在刑法之中偶尔规定程序问题,在刑事诉讼法中也偶尔规定实体问题。尤其在附属刑法中,刑法条款通常都是与其他法律条款融为一体,这是刑法混合方式的突出特点。

二、编纂式

编纂式是指刑法规范由阐述性的条文编辑而成。自秦以降,虽然在内容上仍然是刑民不分,但在体例上出现了新的编纂形式,如开始出现对刑法规范进行阐述性的条文以及援引成案作为新案判处的根据。早期有《法律问答》《注律表》和《唐律疏议》。通过比较三者,《法律问答》偏重于罪名的解释,《注律表》偏重于名词概念的定义,而《唐律疏议》则最为全面详尽,主要包括对条文进行理论阐述、对条文进行法理解释及举例明律,设为问答。

---

① 李晓明主编:《中国刑法基本原理》(第3版),法律出版社2010年版,第150页。
② 高绍先:《中国刑法史精要》,法律出版社2001年版,第33、35、39、45页。
③ 李晓明、李洪欣、陈姗姗:《中国刑法基本原理》(第4版),法律出版社2013年版,第148页。
④ 高绍先:《中国刑法史精要》,法律出版社2001年版,第35—45页。

《唐律疏议》的这些阐述、解释、和问答都是有权解释,具有法律效力。① 国外刑法,如《美国法典》第 18 编就是一部专门的"刑法编",每年修订完善,年初出版发行,供学习、研究和律师、司法人员使用。② 从这一角度讲,我国刑法典也应对历史上或者他国的刑法编纂方式予以借鉴,以保证刑法的及时修订和整理。

三、典籍式

典籍式是指刑法规范由专门规定刑事实体法律的刑法典册组成。这是目前最为典型的刑法体系的表现形式,现代多国的刑法规范大多由刑法典、单行刑事法律组成。在美国,虽然是典型的判例法国家,但在 20 世纪 60 年代主动将各州的判例刑法典籍化。在欧洲国家,更是自一开始制定刑法就已经把刑法法典化。在英国,虽然从来没有制定过刑法典,但判例法体系日益被逐渐瓦解,自 20 世纪中叶一直在不断地制定单行刑法的制定法文本。所以,现行的各国刑法典、单行刑事法律都是专门规定刑事实体法律的典册。我国 1979 年刑法典虽然也是法典的文本,但那部刑法典制定得十分粗疏,当时制定的指导思想就是制定一本粗线条的、纲领性的刑法文本。粗疏程度体现在刑法典中有关侵占罪和绑架罪都没有规定,刑法的基本原则也没有规定。所以,在理论和实务界,不敢或不太习惯称其为刑法典,而叫其"79 刑法"。到了 1997 年,当修订后的刑法典通过时,人们不约而同地称其为"刑法典"了,因为此时刑法典的条文已经从 200 多条增加至 400 多条,罪名也从 200 多个增加至 450 多个。所以,此时的《中华人民共和国刑法》已经成为名副其实的"刑法典"了。

第二节 刑法典的体系

刑法典体系,也称为刑法的结构体系或内部结构体系,是指刑法典内部的整个排列顺序和构造。现代刑法典的内部结构,尤其是欧洲国家或受欧洲国家影响的刑法典,大都由总则和分则组成。当然,在奴隶制社会和封建制社会的刑法体系结构中,只有分则而没有总则;刑法分则是进入资本主义社会以后,一些资产阶级刑法学家将刑法分则条文中的共性或共同点从分则条文中提炼出来,放在刑法条文的最前面,从而形成了现代刑法的总则。如上所述,最早创立刑法总则的是 1810 年《法国刑法典》。

一、刑法典的结构

刑法典的结构即指刑法典的内部构造或篇章。现代刑法典大都由总则和分则两部分构成,如《德国刑法典》《法国刑法典》《日本刑法典》等。其中,刑法总则一般规定刑法的任

---

① 李晓明主编:《中国刑法基本原理》(第 3 版),法律出版社 2010 年版,第 153 页。
② 李晓明:《从中美 IPWTO 第一诉谈我国刑法轻罪体系的建构》,载《中国法学》2007 年第 6 期。

务和目的、刑法的基本原则、刑法的具体制度、刑罚体系及其相关基本概念的阐述和解释，而刑法分则通篇规定的是具体犯罪的罪名和法定刑。但是，也有国家的刑法典没有将刑法分为总则和分则，而是直接将刑法分为若干章，如《加拿大刑法典》将刑法条文分为28章。我国1979年刑法典也基本是将条文划分为两大部分，即总则和分则，但1997年修订后的刑法典增加了一个附则，附则规定了刑法的施行时间和对刑法典修订前施行的单行刑法效力的规定。

刑法典的总则和分则是一般与特殊的关系，或者称抽象与具体的关系。总则指导分则，分则是总则某些原理原则的具体体现，二者相辅相成，缺一不可。没有总则，分则的内容，尤其是一些共性内容，没有统一的规定和标准；没有分则，总则的一些规定与内容就没有任何用武之地了。也就是说，只有把总则和分则紧密地结合起来，才能正确地认定犯罪、确定其刑事责任，以及选择适用的刑罚、其他承担刑事责任的形式与方法。

二、刑法典的编、章、节

刑法典的编、章、节是指刑法的总体构造与排列。一般而言，刑法典都会将总则、分则分为若干编，编下面设若干章，章下面设若干节，节或章之下则是具体的条、款、项等内容。如《意大利刑法典》将总则作为一编，设8章；分则设为两编，第一编为重罪分则，设13章；第二编为违警罪分则，设3章。又如《日本刑法典》第一编为总则，设16章；第二编为分则，设41章。《瑞士联邦刑法典》没有将按编来划分，直接分总则、分则和本法的施行与适用，总则下面分两部分，第一部分为重罪与轻罪，下设5章，第二部分为越轨；分则下面设19章；本法的施行与适用下设11章。我国刑法典第一编为总则，下设5章，分别为刑法的任务、基本原则和适用范围、犯罪、刑罚、刑罚的具体运用及其他规定。第二编为分则，下设10章，分别为危害国家安全罪、危害公共安全罪、破坏社会主义市场经济秩序罪、侵犯公民人身权利、民主权利罪、侵犯财产罪、妨害社会管理秩序罪、危害国防利益罪、贪污贿赂罪、军人违反职责罪。附则下面没有设章，为第452条。在第一编、第二编之下又分设章、节，在章或节之下具体规定条、款、项等。

我国刑法典第一编总则规定的是犯罪、刑事责任和刑罚的一般原理、原则的规范体系，是认定犯罪和适用刑罚必须遵守的共同规则；总则具体包括五章：第一章为刑法的任务、基本原则和适用范围，第二章为犯罪，第三章为刑罚，第四章为刑罚的具体运用，第五章为其他规定。其中，第二章犯罪部分具体包括四节，即第一节犯罪和刑事责任，第二节犯罪的预备、未遂和中止，第三节共同犯罪和第四节单位犯罪。第三章刑罚部分具体包括八节，即第一节刑罚的种类，第二节管制，第三节拘役，第四节有期徒刑、无期徒刑，第五节死刑，第六节罚金，第七节剥夺政治权利和第八节没收财产。第四章刑罚的具体运用具体包括八节，即第一节量刑，第二节累犯，第三节自首和立功，第四节数罪并罚，第五节缓刑，第六节减刑，第七节假释和第八节时效。第一编总则部分总共有101个条文。

我国刑法典第二编分则规定的是具体犯罪及其法定刑的规范体系，主要解决具体犯罪的定罪量刑。分则具体包括十章,即第一章危害国家安全罪,第二章危害公共安全罪,第三章破坏社会主义市场经济秩序罪,第四章侵犯公民人身权利、民主权利罪,第五章侵犯财产罪,第六章妨害社会管理秩序罪,第七章危害国防利益罪,第八章贪污贿赂罪,第九章渎职罪和第十章军人违反职责罪。其中,第三章破坏社会主义市场经济秩序罪包括八节,即第一节生产、销售伪劣商品罪,第二节走私罪,第三节妨害对公司、企业的管理秩序罪,第四节破坏金融管理秩序罪,第五节金融诈骗罪,第六节危害税收征管罪,第七节侵犯知识产权罪和第八节扰乱市场秩序罪。第六章妨害社会管理秩序罪具体包括九节,即第一节扰乱公共秩序罪,第二节妨害司法罪,第三节妨害国(边)境管理罪,第四节妨害文物管理罪,第五节危害公共卫生罪,第六节破坏环境资源保护罪,第七节走私、贩卖、运输、制造毒品罪,第八节组织、强迫、引诱、容留、介绍卖淫罪和第九节制作、贩卖、传播淫秽物品罪。刑法典第二编"分则"总共有 350 个条文,涉及 468 个罪名。

我国刑法典附则部分仅一个条文,即刑法典第 452 条,该条规定:"本法自 1997 年 10 月 1 日起施行。列于本法附件一的全国人民代表大会常务委员会制定的条例、补充规定和决定,已纳入本法或者已不适用,自本法施行之日起,予以废止。列于本法附件二的全国人民代表大会常务委员会制定的补充规定和决定予以保留,其中,有关行政处罚和行政措施的规定继续有效;有关刑事责任的规定已纳入本法,自本法施行之日起,适用本法规定。"①

三、刑法典的条、款、项

刑法典的条款项是指刑法具体条文的构造、排列与犯罪和刑事责任的具体规范或描述。刑法典条文一般设在节的下面,但有的也直接设在章的下面;具体如何设置,一般视章的内容而定。章的内容多则分节,节下设条,章的内容少则直接在章下设条。刑法典的条是表达刑法规范最基本的单位与要素,是刑法规范的基本构成元素。设置在章、节下面的条文内容全部用统一的顺序进行编号,统一整齐,便于引用和查阅。条文下设款,如何设款视条下所要表达的内容而定:如果所要表达的内容简单,则只需设一款;如果所要表达的内容丰富,或有层次,则可设若干款。例如,我国刑法典第 26 条规定:"组织领导犯罪集团进行犯罪活动的或者在共同犯罪中起主要作用的,是主犯。三人以上为共同犯罪实施犯罪而组成的较为固定的犯罪组织,是犯罪集团。对组织、领导犯罪集团的首要分子,按犯罪集团所犯的全部罪行处罚。对于第三款规定以外的主犯,应当按照其所参与的或组织、指挥的全部犯罪处罚。"该条共有 4 段,分为四款,款一般不进行编号。项为款下所设单位,主要是表达多项同类的事项。例如,我国刑法典第 75 条规定:"被宣告缓刑的犯罪分子,应当遵守下列规定:(一)遵守法律、行政法规,服从监督;(二)按照考察机关的规定报告自己的活动情况;(三)遵守考察机关关于会客的规定;(四)离开所居住的市、县或

---

① 李晓明主编:《中国刑法总论》,清华大学出版社 2013 年版,第 148 页。

者迁居,应当报经考察机关批准。"该条中(一)(二)(三)(四)均为项。

我国刑法典总共有 452 个条文,全部用统一的顺序号码进行编号,在每一个条文下均设有款,有的条文在款之下还设有项,方便查阅和引用。在刑法典的全部条文中,有的条文属于内容较少且单一的类型,即只有一段文字。

第三节 刑法的本质体系

刑法的本质体系是指犯罪和刑事责任及其相互关系的具体内容和排列。由此可见,刑法本质体系的研究是为了与刑法的形式体系相区别,而专门揭示刑法或刑法典内部理论主线或体系主线的内在逻辑关系及其本质或规律的系统理论分类。这里存在着两个问题:一是犯罪和刑事责任各自的体系;二是犯罪与刑事责任相互之间关系的体系。由于对于犯罪和刑事责任体系会在刑法分则体系、刑事责任(体系)分类(主要是刑罚体系的分类)等体系中进行各自的论述,因此本节只论述犯罪、刑事责任和刑罚及其相互关系的体系。

关于犯罪、刑事责任与刑罚相互之间关系的体系,具有代表性的观点有四种:

一是"罪责刑说"。该说是我国目前刑法学界的主流学说。该说认为,"罪—责—刑"的逻辑结构,乃是整个刑法内容的缩影。[1] 刑事责任是介于犯罪和刑罚之间的桥梁和纽带。这个逻辑结构既注重刑罚与犯罪行为的适应,又注重刑罚与犯罪人个人情况(主观恶性与人身危险性)的相适应。[2]

二是"责罪刑说"。该说认为,刑事责任是刑法中一个带有根本性的概念,刑事责任在先而犯罪在后,没有刑事责任也就不存在犯罪。同时,刑事责任又是刑罚的前提,没有刑事责任也就不应当受到刑罚处罚。故刑法学体系应当按照"责—罪—刑"的逻辑关系来建构。[3]

三是"罪刑说",也称为罪刑关系说,或称罪刑关系的二元论原理[4]。该说认为,犯罪与刑罚不是相互分离而是相互联系而存在的,犯罪是一种禁止的行为模式,而刑罚是一种否定的法律后果。二者的关系可以从两个方面来理解:(1)犯罪与刑罚具有因果关系,前者是因而后者是果,且这种因果关系直接体现了刑法的报应性;(2)犯罪与刑罚具有功利关系,前者通过后者而产生一定的功利效果,且这种功利关系直接体现了刑法的预防性。这种因果关系和功利关系具有同一性,具体体现在作为因果关系根据的报应观念,集中代表着社会的公正要求。[5]

---

[1] 高铭暄、马克昌主编:《刑法学》(上编),中国法制出版社 1999 年版,第 383—384 页。
[2] 赵秉志主编:《新刑法教程》,中国人民大学出版社 1997 年版,第 59 页。
[3] 杨敦先主编:《刑法运用问题探讨》,法律出版社 1992 年版,第 26—28 页。
[4] 陈兴良:《刑法哲学》,中国政法大学出版社 2000 年版,第 601 页。
[5] 陈兴良:《本体刑法学》,商务印书馆 2001 年版,第 4—5 页。

四是"罪责说"。该说认为,犯罪是刑事责任的前提,刑事责任是犯罪的法律后果。①刑事责任不属于犯罪论的内容,而是与犯罪论相并列的内容,刑罚、非刑罚制裁措施和单纯宣告有罪等都是刑事责任的表现形式,故属于刑事责任论的内容。② 而且,有学者认为:"由'刑事责任'取代'刑罚论',不仅摆正了刑事责任与刑罚的关系,而且可以使原刑罚论中的某些范畴在刑法学体系中找到其应有的归宿和位置。"③

本书比较赞同"罪责说",将刑事责任与犯罪并列的体系关系是最为科学的。这是因为:(1)我国刑法总则第二章第一节规定的即是"犯罪和刑事责任",虽然第三章和第四章规定的是刑罚的内容,但依据刑法典设定的科学体系来分析,后述章节通常是以尊重前面章节为前提的。因此,刑罚内容的规定完全可以视为是对刑事责任内容的具体细化或承继。换言之,刑罚应该是刑事责任实现的方式之一,但刑事责任的实现并不仅限于刑罚,还包括有罪宣告、非刑罚处罚、政府收容教养和赔偿经济损失等。虽然"罪责刑说"认为刑事责任是一种法律责任,刑罚是一种强制方法,刑事责任是以犯罪人承受刑法规定的惩罚或单纯的否定性法律评价为内容,刑罚则是以剥夺犯罪人一定的法益为内容等理由来界定刑事责任与刑罚的关系④,但本书认为这种区分造成了刑事责任内容的空洞化,而实质上刑事责任本身亦具有实体的惩罚意义。⑤ 尤其是具体规定了承担刑事责任的系统方式,这就是刑罚、有罪宣告、非刑罚处罚、政府收容教养和赔偿经济损失等。(2)从司法实践的过程来看,发生了犯罪行为,从而产生追究刑事责任的必要性是合乎事实逻辑顺序的。至于具体的刑事责任内容,是给予刑罚处罚,还是非刑罚处罚,或是有罪宣告、政府收容教养和赔偿经济损失等则需视具体事实而定。另外,从世界范围的刑法体系来看,许多国家的刑法典采取的都是双轨的制裁体系,除了刑罚之外,另以保安处分制度为辅助,来完成刑法所追求的报应与预防的双重功能。从这个意义上看,"罪刑说"的界定难免过于狭隘,因为犯罪之后的法律后果并不必然是刑罚处罚,完全有其他的可能性法律后果。所以,本书认为"罪责说"是更为全面妥适的学说,这对于我国刑法的本质、立法意图及内在规律都具有十分重要的理论与实践意义。从犯罪和刑事责任的内在关系来说,只要犯了罪就应当承担应有的刑事责任,或者称追究刑事责任或实现刑事责任。但有些人犯了罪,就并不一定非要受到刑罚处罚,如不满14周岁的未成年人故意杀人,由于未达到追究刑事责任的年龄,不能用刑罚方式处罚他,但可以让其承担另外一种刑事责任,即强制政府收容等。

---

① 张明楷:《刑事责任论》,中国政法大学出版社1992年版,第149页。
② 张明楷:《刑法学》(上),法律出版社1997年版,第369页。
③ 李晓明主编:《刑法学》(上),法律出版社2001年版,第447页。
④ 高铭暄、马克昌主编:《刑法学》,北京大学出版社、高等教育出版社2010年版,第222页。
⑤ 张明楷:《刑法学》(第4版),法律出版社2012年版,第386页。

第五章

刑法解释

　　法律解释应该能够为公正裁决提出建议或者说明理由,而解释学、辩证法和修辞学密切关联,试图将它们分开的古典做法会把人引入歧途。① 刑法的解释同样"事关重大",刑法学的主要任务是解释和适用刑法,刑法解释学可以说是全部刑法教义学的核心,或者说,刑法学就是刑法解释学。② "刑法之解释不啻予刑法以生命,无解释则刑法等于死文,毫不发生作用。"③本书将刑法解释作为独立的一章进行全面介绍和论述,目的在于彰显刑法解释问题的重要性、理论性和争论性,也是本书对刑法解释客观现实的一种回应和解读。

第一节　刑法解释的基本范畴

　　刑法解释在理论界和实务界争论不断,不仅兼具热点、重点和难点问题,而且论辩一直围绕刑法解释的概念、观念、立场、主体、方法、分类等问题进行,因此有必要对其基本范畴进行梳理。

一、刑法解释的含义和特征

　　对于刑法解释的含义,不同学者给出了不同的答案。比较常见的有五种观点:(1)刑法解释是指"对刑法规范含义的阐明"④。(2)刑法解释是"国家机关、组织或个人,根据相关法律规定、法学理论或自己的理解,对刑法规范的含义等所作的说明"⑤。(3)刑法解释是指"对刑法规定意义的说明"⑥。(4)刑法解释是指"对刑法条文含义的阐释"⑦。(5)刑

---

① 〔德〕卢曼:《社会的法律》,郑伊倩译,人民出版社2009年版,第191页。
② 刘艳红:《刑法解释原则的确立、展开与适用》,载《国家检察官学院学报》2015年第3期。
③ 蔡墩铭:《刑法总论》(第3版),台湾三民书局1977年版,第23页。
④ 高铭暄、马克昌:《刑法学》,北京大学出版社2000年版。
⑤ 赵秉志、陈志军:《论越权刑法解释》,载《法学家》2004年第2期。
⑥ 张明楷:《刑法学》(上),法律出版社1997年版,第31页。
⑦ 蒋熙辉:《刑法解释限度论》,载《法学研究》2005年第4期。

法解释是指"人们为了保证刑法规范的正确适用而理解、选择、决定刑法规范含义的过程"[①]。上述五种观点都是围绕对"刑法规范"或"刑法规定"作出说明或阐释而展开的。第一种观点没有明确刑法解释的主体,也没有阐明刑法解释目的,甚至缩小了刑法解释的对象和范围。实事求是地讲,刑法解释的对象不仅涵盖刑法的规范性内容,同时也涵盖刑法的非规范性内容,后者也存在适用困难和需要解释的情形。如我国刑法典第90条至第101条系刑法总则的其他有关规定,就属于非规范性内容,2000年全国人大常委会就对"国家工作人员"的范围作了有关立法解释。第二种观点也没有明确刑法解释的真正目的,甚至将刑法的非规范性内容直接排除在了刑法解释的对象与范围之外。第三种观点也没有阐明刑法解释的主体和目的。第四种观点其至认为刑法条文是刑法条文解释的对象,实际上刑法条文和刑法规定是不一样,两者是形式和内容的关系,刑法条文只不过是一个载体而已。第五种观点同样也缩小了刑法解释的对象与范围。本书认为,刑法解释是指为了正确理解或者运用刑法,国家机关、有关组织或者个人对刑法规定的阐释和说明。

刑法解释具有如下三个特征:

(1)刑法解释主体的广泛性。这既包括有权解释主体,即全国人民代表大会常务委员会、最高人民法院、最高人民检察院,也包括无权解释主体,如地方各级人民法院、人民检察院、其他国家机关、有关组织、专家学者,甚至包括犯罪嫌疑人、被告人、辩护人、被害人、诉讼代理人等。由此可见,我国刑法解释的主体非常广泛,包括了一切国家机关、有关组织、单位和个人。

(2)刑法解释的目的是为了正确地理解或者运用刑法。全国人民代表大会常务委员会作出的刑法解释即立法解释,是从立法者的角度对刑法文本所做出的说明,理解当然对刑事司法和审判具有拘束力。最高人民法院和最高人民检察院作出的司法解释是针对刑法个案或者刑法具体适用所作出的阐释或理解,也是为了帮助司法机关或民众准确理解和适用刑法,以保证刑法的正确贯彻执行与实施。无权解释主体对刑法所作出的理解和阐述,目的也是为了准确认识和理解刑法,判断自己或者他人的行为究竟符合刑法的哪一条,以及适用是否正确或妥当。

(3)刑法解释的对象是刑法规定。刑法规定不仅包含了规范性内容,还包含了非规范性内容,而刑法规定不仅包括刑法典的规定(如2013年最高人民法院和最高人民检察院发布的《关于办理利用信息网络实施诽谤等刑事案件适用法律若干问题的解释》,就是对刑法典相关内容的解释),还包括单行刑法(如1998年全国人大常务委员会颁布的《关于惩治骗购外汇、逃汇和非法买卖外汇犯罪的决定》等)、附属刑法及国际条约中的相关刑法规定。

---

① 林山田:《刑法通论》(上册),北京大学出版社2012年版,第82页。

此外,刑法解释还具有解释形式多样性的特点。① 一方面,既可以由全国人民代表大会常务委员会、最高人民法院或者最高人民检察院就刑法的某些条文内容进行解释所形成的解释性文件,如全国人大常委会 2000 年《关于〈中华人民共和国刑法〉第九十三条第二款的解释》,另一方面,也可以由其他国家机关、相关组织或个人撰写的宣传材料、教科书、案例分析、学术专著及论文等。当然,这些不同形式的刑法解释的效力和地位是不同的。

二、刑法解释的目标

刑法解释的目标就是作出刑法解释时所持有的基本思想,在刑法立法原意和客观意思之间孰轻孰重作出的权衡和选择。对于刑法解释的目标,学界有不同的观点,主要有主观说、客观说、折衷说等。主观说认为,刑法解释应当探求刑法立法原意,超出立法原意的解释属于违法解释。客观说认为,刑法解释应当顺应时势,适应社会的变化发展作出相应的解释。折衷说都是主张以一种解释为主而兼顾另一种解释的学说,只不过侧重点不同。

(一) 主观说

主观说风靡于 19 世纪资本主义形成和发展时期,目的在于为资本主义生产方式扫清封建国家法律随意性、任意性的障碍。主观说的特点在于强调明确性和稳定性,恪守立法原意和罪刑法定,重视刑法的安全价值和保障人权功能。总体而言,主观说和严格解释具有较大的关联和相通之处,但是有时也可能根据立法原意作出扩大解释。主观说的理论基础是"三权分立"学说,正如"上帝的归上帝,凯撒的归凯撒"一样,三权分立学说中包含了"立法的归立法,司法的归司法"的思想,立法权专属于立法机关,司法只能严格按照法律进行,不得僭越和变通。主观说不仅在欧洲而且在我国均具有一定的市场,为一部分学者所主张,代表性的学者有李国如、董邦俊等。② 在有关有权解释中,主观说也有迹可循。如 2004 年全国人民代表大会常务委员会《关于〈中华人民共和国刑法〉有关信用卡规定的解释》,将所有银行卡都解释为信用卡,原因在于 1997 年修订刑法典时,我国银行发行的全是借记卡而无国际通行意义上的信用卡。换言之,立法机关当时的立法意图是明确的,只要是针对银行和金融机构发行的电子支付卡都应当解释为信用卡。实际上,对于信用卡,有权机关就是作了扩大解释。

(二) 客观说

在 19 世纪末,客观说在世界范围内取得优势地位并保持至今。客观说认为,立法原意是虚无缥缈的东西,很多时候根本就不存在,或者非常难以探寻;法律一经制定,就分离为一种客观存在,具有独立的意义。该学说强调刑法解释不能墨守成规,而必须与时俱进,并主张刑法的客观意思表示,重视刑法的正义价值和保护社会功能。客观说的理论基

---

① 李晓明主编:《中国刑法基本原理》(第 3 版),法律出版社 2010 年版,第 654 页。
② 董邦俊:《刑法解释基本立场之检视》,载《现代法学》2015 年第 1 期。

础是伽达默尔的哲学诠释学,根据诠释学,只要有理解,理解就会不同,解释法律更重要的是对文本含义的重构。① 该学说在我国支持者众多,代表性的学者有赵秉志、周光权等。

(三)折衷说

折衷说主张同时使用主观解释和客观解释,反对单纯采用主观主义,或者单纯采用客观主义,而主张将主观和客观一并考察,实际上是主观说和客观说的一种博弈、协调和综合,强调刑罚秩序价值和正义价值的并重。然而,在折衷说内部,也不是没有分歧和争论的,主要有如下两种主张:

(1)以主观解释为主、客观解释为辅的折衷说。我国台湾地区著名刑法学者林山田主张以主观解释为主、客观解释为辅的论断。他认为:"刑法之解释宜采主观与客观之综合理论,即原则上采主观理论,对于刑法条款之解释仍应忠实地停留在立法者立法时之标准原意,惟如有足够之理由证实立法当时之价值判断,显因时过境迁而与现阶段之公平、正义、社会情状与时代精神不相符合时,则应例外地采客观理论。"而且,他还主张:"采主观与客观之综合理论,则时间之因素在刑法之解释上亦扮演一重要角色,对于新近公布施行之刑法条款,则以主观理论为主,就法律条文之实体内容,以事解释。反之,对于公布施行已久之刑法条款,则因法律诞生至法律适用,已经过一段长时间,故应着重客观意思,以为解释。"② 概括而言,林山田主张对新近制定的刑法规定采用主观解释,对施行已久的规定采用客观解释。另外,李希慧也主张以主观解释为主、客观解释为辅的折衷说,认为一般需要揭示刑法立法原意,只有在"在绝对必要的情况下",才转而适用客观解释。③ 遗憾的是,对于何为"绝对必要的情况",却没有明确说明。

(2)以客观解释为主、主观解释为辅的折衷说。"刑法解释的目标应是存在于刑法规范中的客观意思,而不是立法者制定刑法规范时的主观意思或立法原意……不过,在根据文字的客观含义只能得出荒谬的结论时,则应根据相关资料探求立法原意,使解释结论明确、正当、符合刑法目的。总之,刑法解释应以客观解释为基础,只有当客观解释的结论荒谬时,才应采取主观解释。"④ 这是以客观解释为主、主观解释为辅的折衷说的代表性论述。该说认为,刑法解释原则上应采用客观解释,但如果根据客观解释得出的结论明显属于荒谬时,则应当采用主观解释。该说主要是基于修正主观说的缺点而作出的选择,因为主观说仅仅考察立法原意,但是在绝大多数情况下,立法原意的存在与否和具体内容是令人备感困惑的事情,尤其在我国,立法历史数据的欠缺、不完备以及档案查找的困难,使得人们很难依据某一项或者某几项历史资料确定我们的相关解释结论。⑤ 同时该说还认为,客观说也不是完美无缺的,有时得出的结论甚至是荒唐可笑的,这就需要主观说来进

---

① 魏东:《刑法观与解释论立场》,中国民主法制出版社 2011 年版,第 77 页。
② 林山田:《刑法通论》,台湾兴来印刷有限公司 1986 年版,第 35 页。
③ 李希慧:《刑法解释论》,中国人民公安大学出版社 1995 年版,第 82 页。
④ 张明楷:《刑法学》(第 2 版),法律出版社 2003 年版,第 41、42 页。
⑤ 林维:《刑法司法解释的真实逻辑》,载《南京师范大学学报》2013 年第 1 期。

行调整和修正。

（四）本书主张：以主观解释为主、客观解释为辅的阶段说

本书主张现阶段采取以主观解释为主、客观解释为辅的折衷说，将来采取以客观解释为主、主观解释为辅的折衷说。因为在现阶段，我国处于法治建设关键时期，需要营造严格依法治国的氛围，坚守罪刑法定原则，关注人权保障的落实，所以，刑法的主观解释应当成为重点和主导。对于立法原意的探寻有时确实是存在难度，但绝对不是"乌托邦"，是完全能够可以通过不断的努力获取和知晓的。在刑法的创制和发展过程中，我国产生了大量丰富的立法文献和资料，该类原始资料和文献普通人确实不易获得，但是相关出版物还是比较多的，只要能够用心搜集到，同时借助文义解释的方法以一般人的一般理解所得出的解释结论通常也就是立法原意。而客观解释作为辅助和补充，适用的前提必须是非常紧迫的需要，如男性卖淫日益猖獗，给社会带来很大的震荡和危害，"卖淫"一词不能再局限于组织女性卖淫的传统认识，组织男性进行卖淫的行为也应当成立组织卖淫罪。

然而，当法治发展到比较健全和完善的阶段，适宜采用客观解释为主、主观解释为辅的折衷说，因为那时人们往往具有较高的素质和辩证的法治思维，会强调正义、开放、多元，不需要再拘泥于主观解释，可以与时俱进地对立法原意进行大胆的突破。但是之所以还需要主观解释作为补充，也是为了弥补客观解释的不足，因为客观解释并不总是能够得出合理的结论。例如，我国刑法典第258条规定了重婚罪，根据客观说，结婚应该仅指登记结婚，如果行为人只是与他人以夫妻名义非法同居，则不能构成重婚罪。不过，这显然不利于保护我国一夫一妻的婚姻制度，而且事实上，在具备健全、规范的婚姻登记系统的前提下，重复登记结婚是不可能完成的。所以，对重婚罪的理解适应采用主观解释，与他人以夫妻名义非法同居同样可能涉嫌重婚罪。又如我国刑法典第196条规定的信用卡犯罪，根据客观说，信用卡的理解应当是银行发行的借记卡以外的具有透支功能的支付工具，这显然是不合适的，大大缩小了刑法规制的范围，借记卡将会受到"不公平对待"，也违背了可以寻觅到的立法原意，故不适宜采纳主观说。

三、刑法解释的原则

刑法解释原则是指是指贯穿于刑法解释过程中，指导全部刑法解释活动，解释刑法时所必须遵循的基本准则。对于刑法解释原则的具体内容，学界有不同的观点：第一种观点是刑法解释原则包含政策指导原则、合理性原则、整体性原则和明确具体原则。[①] 第二种观点是刑法解释原则包含合法性原则、合理性原则和合目的性原则。[②] 第三种观点是把刑法解释的原则确立为关于刑法解释的目标上的原则和关于解释方法上的原则，前者包括合法性原则、立法原意与社会现实相统一原则、刑法解释与刑法理论相结合原则；后者

---

① 李希慧：《刑法解释论》，中国人民公安大学出版社1995年版，第82—95页。
② 齐文远、周详：《论刑法解释的基本原则》，载《中国法学》2004年第2期。

包括明确具体性原则、方法上的合法性原则、整体性原则。① 第四种观点是刑法解释原则包含文义性原则、目的性原则、社会性原则、谦抑性原则。②

上述观点都在试图对刑法解释原则作出全面、科学、准确、系统的阐述,但是,本书认为这些观点都存在一些不足之处。具体而言,对于第一种观点,政策具有重要性的同时还具有随意性和变化性,这实际上是对法律安定性的否定和排斥,刑法解释原则作为指导和制约刑法解释活动的基本准则,以政策指导作为基本原则不合适。另外,整体性原则实际上就是系统解释方法,将方法作为原则具有有意拔高的意味,这也是第一种观点问题之所在。第二种观点中的合目的性原则应该指的是立法原意,这和刑法解释的目标混淆在了一起。第三种观点错混淆了刑法基本原则和刑法解释目标、刑法解释方法之间的区分和界限,而且将刑法解释原则进行了人为的分割,刑法解释原则本来应当是高度概括、统领全局的。第四种观点将文义性原则引入刑法解释基本原则混淆了刑法解释原则和刑法解释方法,将目的性原则引入刑法解释基本原则混淆了刑法解释基本原则和刑法解释目标。

本书认为,刑法解释的原则主要有合法性原则、合理性原则和利益衡量原则。

（一）合法性原则

合法性原则是指刑法的解释必须和宪法、法律相符合,这实际上是对刑法解释的形式规制,关注的是刑法解释形式合法性的问题。

首先,刑法解释的主体必须合法。虽然任何国家机关、其他组织或者个人都可以根据自己的理解对刑法做出自己的解释,但是有权解释只能归为全国人大常委会、最高人民法院和最高人民检察院,全国人大常委会作出的刑法解释是立法解释,最高人民法院和最高人民检察院单独或者联合发布的刑法解释是司法解释,只有立法解释和司法解释具有法律拘束力,其他任何组织、个人对刑法的解释没有法律效力。

其次,刑法解释的内容必须合法。刑法的解释不能脱离法律文本,不能违反《宪法》以及刑法典的具体规定,否则就是对罪刑法定原则的践踏。然而,诸多刑法有权解释具有内容违法的嫌疑,特别是司法解释常常行"造法"之实,俨然成为刑法的"副法"体系,实际上属于内容违法的刑法解释。例如,2000年12月最高人民法院发布的《关于审理黑社会性质组织犯罪的案件具体应用法律若干问题的解释》第4条规定,国家机关工作人员组织、领导、参加黑社会性质组织的,从重处罚。这显然是在刑法之外规定了新的加重刑罚规定。又如,2013年9月最高人民法院、最高人民检察院《关于办理利用信息网络实施诽谤等刑事案件适用法律若干问题的解释》规定"同一诽谤信息实际被点击、浏览次数达到五千次以上,或者被转发次数达到五百次以上的",属于"利用信息网络诽谤他人""情节严重"的行为,有学者认为"点击、浏览5000次"或"转发500次"入刑的规定不符合我国《宪法》对公民言论自由权利的规定,违反了法律保留和合法性原则,应该被认定为不合法而

---

① 向朝阳、洛桑:《论刑法解释的原则》,载赵秉志、张军主编:《2003年中国刑法学年会文集》,中国人民公安大学出版社2003年版。

② 陈兴良:《刑事司法研究》,方正出版社1996年版,第345—363页。

无效。① 再如,《宪法》中明确规定了国家机关的形式,但是 2000 年全国人民代表大会常务委员会的立法解释将"协助政府从事行政管理事务的村民自治组织成员"解释为刑法典第 93 条规定的"其他依照法律从事公务的人员",同样存在疑问。

最后,刑法解释的程序必须合法。全国人民代表大会常务委员会在进行刑法立法解释的时候必须符合《立法法》有关程序规定;最高人民法院进行司法解释时也必须遵守相关程序性规定,具体依据是 2007 年 3 月最高人民法院发布的《关于司法解释工作的若干规定》。

(二) 合理性原则

合理性原则是指对刑法的解释必须符合刑法公理、尊重常规、常理、常情和常识。刑法解释的合理性原则是对刑法解释的实质规制,这里的合法性关注的是刑法解释的实质合法性问题。合法性原则是保守的、封闭的、稳定的,而合理性原则是开放的、多元的、灵活的,合理性原则必须受到合法性原则的限制和拷问。② 2000 年最高人民法院发布的有关交通肇事罪认定的司法解释突破了共同犯罪必须是"两人以上共同故意犯罪"的规定,将两人以上共同过失犯交通肇事罪解释为共同犯罪,这在一定程度上就是根据合理性原则做出的司法解释,引发诸多批判的同时也获得了为数不少的赞许。还有的司法解释规定:已婚妇女确实因为家乡遭受重大自然灾害无法生活而流落他乡与他人公开以夫妻名义生活的案件,可以不作为重婚罪处理。这个解释可以说是情、理、法的有机结合,也就是常说的刑法必须具备同情心、怜悯心,同时也是合理性原则有效使用的典范。不过,常规、常理、常情和常识甚至包括公理也不是一成不变的,相应地,合理性原则的运用也应当与时俱进。例如,对"信用卡""婚内强奸"以及"组织卖淫"等刑法专业术语的解释和适用,必须结合具体的社会现实变化做出。

(三) 利益衡量原则③

利益衡量原则是指在刑法解释过程中,有可能得出两个完全相反结论时,在人权保障和法益保护两者之间进行权衡和选择。矛盾和冲突时时存在,处处存在,我们必须对矛盾和对立进行整合,其整合的基本原则就是结合当时的经济条件、文化观念、社会发展水平、政治需要、面临的犯罪形式和样态以及大众、立法者所持的犯罪观和对犯罪的反应等历史环境来思考这个问题。④ 人权保障和刑法的谦抑性相关联,基于刑法谦抑性和人权保障的考虑,常常做出有利于被告人的解释,尽量不动用刑事制裁手段,尽可能使用民事或者行政手段予以解决。法益保护和刑法的妥适性相关联,基于法益保护和刑法妥适性的考虑,往往会对刑法规定做出一定的扩张解释。但是,扩张解释是有风险的,在坚持法益保护的同时,人权保障有可能会付出一定的代价,而且,类推解释和扩大解释的界限并不那

---

① 刘艳红:《刑法解释原则的确立、展开与适用》,载《国家检察官学院学报》2015 年第 3 期。
② 齐文远、周详:《论刑法解释的基本原则》,载《中国法学》2004 年第 2 期。
③ 李晓明、李洪欣、陈姗姗:《中国刑法基本原理》(第 4 版),法律出版社 2013 年版,第 164、165 页。
④ 齐文远、周详:《论刑法解释的基本原则》,载《中国法学》2004 年第 2 期。

么清晰可辨,有时就有可能陷入类推解释。

四、刑法解释的方法

通说认为,刑法解释方法分为两类:一是文义解释,二是论理解释。同时,通说还认为,论理解释又可以分为当然解释、扩大解释和缩小解释。① 遗憾的是,人们耳熟能详的历史解释、体系解释和目的解释在该分类中找不到它们的"踪影",丧失了其应有的地位,更不用说有学者主张的刑法合宪性解释。② 张明楷教授另辟蹊径,认为可以将刑法解释方法分为刑法解释技巧和刑法解释理由,并认为在对某一特定法条进行解释时,刑法解释技巧不可能是多种多样的,只能是一个,而刑法解释理由却可以是一个或者多个。③

（一）刑法解释技巧

1. 平义解释

平义解释是指按照刑法典条文最平白的字义进行解释的刑法解释技巧。平义解释和其他解释方法相比是最简单的,但往往也是不可靠的,容易得出不合情理的结论性解释。

2. 扩大解释

扩大解释又称为扩张解释,是指是指同时结合立法原意和社会现实需要,将刑法用语的字面含义作更广范围理解,作进一步引申,从而探寻出真实含义的刑法解释技巧。区分类推解释和扩张解释是刑法学无法回避的永恒课题。有学者认为,刑法扩张解释和刑法类推解释的区别在于前者能够限定刑法条文解释的范围,后者无法纳入刑法条文解释的范围。④ 还有学者认为,在外国刑法规范供给不足的前提下,适宜立足于刑罚积极主义立场,根据社会一般人是否会对某种解释结论产生"明显突兀感"来区分类推适用和扩大解释。⑤ 有外国学者认为,类推解释,是从国家社会的立场出发,先将绝不能被允许的行为挑选出来,然后寻找类似的法条的思考方法;相反地,扩张解释是从法条的论理解释出发,考虑该行为是不是属于该法条所规定的内容,并从此出发,考虑社会生活上的各种行为的思考方法。⑥ 这些观点都作出了一些努力和贡献,都有一定的新意和创新,但是在我国实践中是否具有科学性、操作性和可行性,尚需时间的检验。

3. 缩小解释

缩小解释又称为限制解释,是指对刑法用语做小于字面解释的刑法解释技巧。与扩大解释不同,扩大解释往往意味着扩大处罚范围,缩小解释则意味着缩小追究刑事责任的范围。

---

① 高铭暄、马克昌:《刑法学》,北京大学出版社 2000 年版,第 24 页。
② 时延安:《刑法规范的合宪性解释》,载《国家检察官学院学报》2015 年第 1 期。
③ 张明楷:《刑法分则的解释原理》(第 2 版),中国人民大学出版社 2012 年版,第 43 页。
④ 冯军:《扩张解释和类推解释的界限》,载梁根林、[德]埃里克·希尔根多夫主编:《中的刑法学者的对话罪刑法定与刑法解释》,北京大学出版社 2013 年版,第 156 页。
⑤ 付立庆:《刑罚积极主义立场下的刑法适用解释》,载《中国法学》2013 年第 4 期。
⑥ [日]曾根威彦:《刑法学基础》,黎宏译,法律出版社 2005 年版,第 14 页。

4. 反对解释

反对解释是指根据刑法条文的字面含义，推断出其反面所蕴含意思的刑法解释技巧。如刑法典第270条规定侵占罪"告诉才处理"，那可以得出反面的推理，即不告诉刑法不处理。

5. 补正解释

补正解释是指刑法条文发生错误时，联系刑法全文，阐述刑法条文正确意思的刑法解释技巧。如刑法典第191条规定，犯洗钱罪的，应当没收犯罪所得及其产生的收益。这里规定的"没收"并不准确，因为对于贪污罪和金融诈骗罪的犯罪所得，应当返还被害人，而非统统上交国库。刑法典第64条就有没收或者返还的相关规定，所以这里的"没收"应当解释为没收或者返还被害人。[①] 这种理解才是正确的、科学的。

6. 当然解释

当然解释是指当刑法条文并没有明示一种情况时，根据逻辑推理，将某事项当然地包含在该刑法条文适用范围内的刑法解释技巧。当然解释的经典概括和表述是"举重以明轻"和"举轻以明重"。"举重以明轻"的功能在于出罪，"举轻以明重"的功能在于入罪。例如，非法制造大炮的行为，根据"举轻以明重"的原理应当构成刑法典第125条非法制造枪支罪。

（二）刑法解释理由

1. 文理解释

文理解释又称为字面解释，是指按刑法的字面意义或词语、语句含义来解释和说明刑法规定的刑法解释理由。由于刑法用语可能具有多个意思或者表达的意思比较模糊，所以文理解释往往说服力不强。

2. 体系解释

体系解释又称为系统解释、整体解释，是指将刑法置于整个刑法系统，联系其他相关法条阐明刑法条文含义的刑法解释理由。体系解释在所有刑法解释理由中显得格外重要和"耀眼"。

3. 历史解释

历史解释又称为背景解释，是指根据某一刑法制定和修改时的历史背景、资料、渊源以及过去同类条文的发展情况阐明刑法条文含义的刑法解释理由。由于历史材料有时难以寻觅和搜集，这给历史解释增添了障碍和困难。

4. 比较解释

比较解释是指将刑法的相关规定或者外国的立法和判例作为参考，借以阐明刑法规定含义的刑法解释理由。该方法具有一定的说服力，因为我国刑法必须借鉴和吸收外国刑法的优秀成果，刑法解释亦不例外。

[①] 张明楷：《刑法学》（第4版），法律出版社2011年版，第46页。

5. 目的解释

目的解释是指根据刑法立法原意，阐明刑法规定含义的刑法解释理由。有学者将该解释方法提升到一定高度，建议尝试构建以目的论解释为核心，以文义解释、体系解释以及目的论解释为主干的刑法解释方法体系。① 在进行刑法目的解释时，不仅要考虑刑法的整体目的，也要考虑刑法条文的具体目的。

五、刑法解释的分类

所谓分类，是指许多相同或者相似事物的集合或者综合，即通过比较对象之间的相似性，并根据其相互之间存在的共同点或相似特征，将他们归属于一个确定集合的工作过程。② 根据不同的标准，可以对刑法解释做不同的分类。

如上所述，按照刑法解释的方法可以将刑法解释分为文理解释和论理解释两种，而且通说认为论理解释包括当然解释、扩大解释和缩小解释。在这种分类方法下，也有学者对论理解释所包含的内容提出了不同观点。例如，有观点认为论理解释仅仅包含扩大解释和缩小解释两种，将当然解释予以排除。③ 还有观点认为，论理解释又可分为限制解释、扩张解释、穷尽解释、反正解释、补正解释、体系解释、背景解释、比较解释和目的解释等九种。④ 鉴于本书在刑法解释方法中不赞同通说的观点，同时结合该标准进行分类的模糊性、争论性和不确定性，故不主张和提倡该分类方法。

本书认为，根据刑法解释的效力不同，可将刑法解释分为有效解释和无效解释。有效解释也称有权解释，是指由特定的国家机关依照宪法和法律赋予的职权，对刑法规定的含义及具体应用中遇到的问题所做出的具有法律效力的解释与说明。根据我国《宪法》和全国人大常委会《关于加强法律解释工作的决议》的规定，有权解释刑法的国家机关包括全国人民代表大会常务委员会、最高人民法院和最高人民检察院。无效解释也称无权解释，是指未经授权的国家机关、其他组织或者个人对刑法规定所作的阐释和说明。全国人民代表大会常务委员会对刑法的解释通常称作立法解释，最高人民法院和最高人民检察院对刑法的解释通常称作司法解释。而且，根据解释主体的不同，无效解释还可以分为学理解释和任意解释。任意解释又可划分为诉讼参与人解释和非诉讼参与人解释。其中，诉讼参与人解释又可进一步划分为当事人解释、辩护人解释和其他诉讼参与人解释。⑤ 从实用性出发，本书主要介绍刑法立法解释和刑法司法解释，对于学理解释和任意解释不做详细阐述。

一般认为，刑法学理解释是指刑法学者从学理上对刑法含义所做的阐释或说明，其基

---

① 李凯：《刑法解释方法的体系建构——以目的论解释之限定为视角》，载《中国刑事法杂志》2014年第11期。
② 李晓明：《中国犯罪学论纲》，中国审计出版社1996年版，第200页。
③ 刘艳红：《刑法学总论》（第2版），北京大学出版社2006年版，第12页。
④ 李希慧：《刑法解释论》，中国人民公安大学出版社1995年版，第110—113页。
⑤ 李晓明主编：《中国刑法基本原理》（第3版），法律出版社2010年版，第662页。

本特征包括:(1)解释主体的特定性。与任意解释的主体具有广泛性相比,刑法学理解释的主体具有特定性,一般是刑法专家、刑法学者等。(2)解释形式的多样性。刑法学理解释的成果可表现为刑法教科书、学术专著、学术论文、案例分析研究、专题报告等多种形式。(3)解释结论的无效性。任何刑法学理解释都不具有法律拘束力,不能作为处理刑事案件的法律依据。[①] 但需要说明的是,刑法学理解释的无效性并不意味着其无用性,相反,刑法学理解释对刑法理论及司法活动均会产生重要影响。尤其当立法解释和司法解释都未曾对刑法的某一个具体问题进行解释时,司法实践中对学理解释,尤其是权威学理解释还是非常重视的,也有极大可能被司法部门参考、采纳。具体而言,学理解释的意义有两点:一是刑法学理解释对刑法理论的学习与研究具有重要意义。"刑法学包含刑法解释学与刑法哲学,二者密切联系,不可偏废,可以说,没有刑法解释学就没有发达的刑法学。"[②]"刑法是'体',而刑法解释论(或称解释学)是'用',有'体'而无'用',则'体'为僵尸,无法体现其作用,刑法之所以成为学及能发挥应用的作用,都须通过刑法解释论来实现。"[③]对刑法的解释在很大程度上又依赖于学理解释。二是刑法学理解释对刑事司法实践也有重要意义。刑法学理解释与刑法司法解释、刑法立法解释甚至刑法立法之间有着密切的联系,刑法学理解释往往是制定刑法司法解释、刑法立法解释甚至刑法立法的理论来源。[④] 学理解释的内容一旦被刑法立法解释、刑法司法解释所采纳,就具有法律效力,从这个意义上说,刑法学理解释对刑事司法实践活动具有间接作用。

刑法任意解释是无效解释的另一种类型。通常是指普通公民依据自己的理解和感悟,从各自利益和角度出发,对刑法做出的认识、评价和解释。[⑤] 与有效解释和刑法学理解释相比,刑法任意解释具有以下特征:(1)解释结论的无效性。作为无效解释,刑法任意解释与刑法学理解释一样,不具有法律约束力,也不能作为处理刑事案件的法律依据。(2)解释活动的倾向性。[⑥] 由此可见,刑法任意解释主要是刑事司法过程中的当事人特别是辩护人对法律的理解,更多考虑的是根据自身的利益和现实的需要对刑法规定进行选择、解释和适用的过程,具有极强的倾向性。当然,与刑法学理解释一样,刑法任意解释虽然不具有法律约束力,但对于提高公民的法律素质,加快我国法治建设的步伐具有重要的意义。具体表现在:一是可以扩大公民知法、懂法的群体,使更多人对刑法的规定有更深入的理解;二是当事人在了解法律对其合法权益的保障的同时,也可以监督司法机关滥用权力的违法行为。

---

① 李晓明主编:《中国刑法基本原理》(第2版),法律出版社2007年版,第673页。
② 张明楷:《刑法学》(上),法律出版社1997年版,第2—4页。
③ 甘雨沛、何鹏:《外国刑法学》(上册),北京大学出版社1984年版,第9页。
④ 例如最高人民法院、最高人民检察院有关取消奸淫幼女罪罪名的司法解释,实际上就是在吸纳相关学理解释的基础上做出的。
⑤ 陈春龙:《中国司法解释的地位与功能》,载《中国法学》2003年第1期。
⑥ 李晓明主编:《中国刑法基本原理》(第2版),法律出版社2007年版,第675页。

第二节 刑法立法解释

我国学者张明楷教授旗帜鲜明地指出,不主张、不赞同立法机关对自己制定的刑法进行解释。① 但是,作为一种客观存在和一种非常重要的有权解释形式,刑法立法解释理论基础和内在机理是什么?有什么价值和意义?何去何从?这一系列问题引导我们去深入探索其中的各项奥秘,本书择要介绍和讨论。

一、刑法立法解释的含义和特征

对于刑法立法解释概念的界定,观点纷呈,有的观点认为,刑法立法解释是指立法机关即全国人大常委会就刑法规范本身需要明确的界限,或者为解决最高人民法院和最高人民检察院所作的刑事司法解释的原则性分歧而对刑法条文含义所作的解释。② 有的观点认为,刑法立法解释是指国家立法机关对刑法含义所作的解释。③ 还有的观点认为,刑法立法解释是指由立法机关所作的解释,通常包括三种情况:一是在刑法或相关法律中所作的解释性规定;二是在"法律的起草说明"中所作的解释;三是在刑法施行过程中,立法机关对发生歧义的规定所作的解释。④ 本书认为,上述第一种观点认为全国人民代表大会也是刑法解释主体是不恰当的,因为我国《宪法》第67条明确规定,全国人大常委会专门行使解释法律的权力。第二种观点同样错误地扩大了刑法解释主体范围,因为全国人大和省、自治区或直辖市的人民代表大会都没有解释刑法的权力和依据。第三种观点是我国台湾学者的论述,将刑法或相关法律中所作的解释性规定和"法律的起草说明"看作是刑法立法解释是不妥的,刑法的解释对象应该是刑法规定,刑法的解释性条文从属性上讲是刑法本身的规定;制定刑法草案说明的主体通常是全国人民代表大会下属的一个部门,而不能简单地说是全国人民代表大会,虽然对刑法的起草说明或修订说明有助于更好地理解刑法,但是因为主体不适格,所以不能成为刑法立法解释。⑤ 综上所述,本书认为,刑法立法解释是指全国人大常委会对刑法规定的阐明和说明。根据该定义,刑法立法解释具有以下特征:

(1)刑法立法解释主体的专属性。刑法立法解释主体,即确定刑法立法解释"由谁解释"的问题。根据我国《宪法》第67条的规定,只有全国人大常委会才有权进行立法解释。另外,我国《立法法》第45条也有相关规定,"法律解释权属于全国人民代表大会常务委员会"。基于此,其他任何机关、团体或者个人都不可能成为刑法立法解释主体,都没有行使

---

① 张明楷:《刑法分则的解释原理》(第2版),中国人民大学出版社2012年版,第1页。
② 李文燕、黄华平、杨忠民:《中国刑法学》,中国人民公安大学出版社1998年版,第7—11页。
③ 陈兴良:《本体刑法学》,商务印书馆2001年版,第27页;李春雷、王玲、杨关善:《刑法学》,中国民主法制出版社2004年版,第10—15页。
④ 林纪东:《法学通论》,台湾远东图书公司1954年版,第89页。
⑤ 刘丁炳:《刑法立法解释问题探析》,载《国家检察官学院学报》2008年第2期。

刑法立法解释的权力。

（2）刑法立法解释对象的特定性。刑法立法解释对象，即确定刑法立法解释"解释什么"的问题。本书认为，刑法解释对象是刑法规定，既包括刑法典，也包括单行刑法、附属刑法。对刑法解释对象的概括也有其他观点和表述，如刑法条文、刑法规范和刑事刑法。刑法条文和刑法规定之间是形式和内容的关系，而且，刑法立法解释往往解释一个刑法条文里的字、词或者几个刑法条文内容之间的内在逻辑关系，所以，刑法条文作为刑法立法解释对象的表述不准确。刑法立法解释不仅针对刑法规范性内容，也包括非规范性内容。刑事法律包括刑法和刑事诉讼法两个方面，将刑事法律作为刑法立法解释对象显然也是错误的。

（3）刑法立法解释过程的程序性。刑法立法解释过程，即确定刑法立法解释"怎样解释"的问题。一个理想的刑法立法解释出台，不仅体现在解释结果的公正上，也应该体现在解释程序的公正上。要想实现刑法立法解释制定程序的公正性，必须遵守程序参与和程序公开两项原则。① 根据我国《立法法》的规定，可以概括出刑法立法解释应当经过以下过程和阶段：提出刑法解释要求（《立法法》第 46 条）、研究拟定刑法立法解释草案（《立法法》第 47 条）、审议刑法立法解释草案并提出法律解释草案表决稿（《立法法》第 48 条）、通过和公布刑法立法解释表决稿（《立法法》第 49 条）。

（4）刑法立法解释效力的普遍性。刑法立法解释效力，即确定刑法立法解释"效力如何"的问题。刑法立法解释具有普遍的法律效力，即刑法立法解释具有普遍适用性。全国人大常委会做出的刑法立法解释和最高人民法院、最高人民检察院作出的刑法司法解释共同组成有权刑法解释。值得一提的是，如果刑法司法解释与刑法立法解释相抵触，则刑法司法解释视为无效；如果刑法司法解释与刑法立法解释就同一刑法规定同时进行解释，无论解释结论如何，均应以刑法立法解释的结论为准。

二、刑法立法解释的形式

本书认为，刑法立法解释的形式只有一种，那就是全国人大常委会对刑法规定所作的专门解释性文件，而刑法中的"解释性规定""刑法起草说明""刑法修订说明""补充规定"等都不是刑法立法解释的形式。其中，前三者必须排除出去，因为刑法立法解释必须解释刑法的规定，而且刑法立法解释的主体只能是全国人大常委会，而不能是它的一个部门。至于"补充规定"，本书认为也不属于刑法立法解释，原因在于《宪法》第 67 条的规定将补充规定和解释法律并列排列，同属于全国人大常委会的职权，这就意味着补充规定并不属于法律解释，实质上，刑法补充规定就是刑法立法。全国人大常委会对刑法规定所作的专门解释性文件又可以细分为两种形式，即主动解释和被动解释。主动解释是全国人大常委会对需要进一步明确的刑法条文内容主动做出的解释，被动解释是最高人民法院和最

---

① 刘艳红：《刑法立法解释若干问题新析》，载《华东政法学院学报》2007 年第 1 期。

高人民检察院发生重大分歧时,全国人大常委会根据它们的呈报所作出的解释。

全国人大常委会对刑法规定所作的专门解释性文件,根据我们的统计,1979 年到 1997 年,数量为 0;1997 年到现在,刑法立法解释只有 13 件,以时间为序,具体如下:

（1）2000 年 4 月通过的《关于〈中华人民共和国刑法〉第九十三条第二款的解释》;

（2）2001 年 8 月通过的《关于〈中华人民共和国刑法〉第二百二十八条、第三百四十二条、第四百一十条的解释》;

（3）2002 年 4 月通过的《关于〈中华人民共和国刑法〉第二百九十四条第一款的解释》;

（4）2002 年 4 月通过的《关于〈中华人民共和国刑法〉第三百八十四条第一款的解释》;

（5）2002 年 8 月通过的《关于〈中华人民共和国刑法〉第三百一十三条的解释》;

（6）2002 年 12 月通过的《关于〈中华人民共和国刑法〉第九章渎职罪主体适用问题的解释》;

（7）2004 年 12 月通过的《关于〈中华人民共和国刑法〉有关信用卡规定的解释》;

（8）2005 年 12 月通过的《关于〈中华人民共和国刑法〉有关出口退税、抵扣税款的其他发票规定的解释》;

（9）2005 年 12 月通过的《关于〈中华人民共和国刑法〉有关文物的规定适用于具有科学价值的古脊椎动物化石、古人类化石的解释》;

（10）2014 年 4 月通过的《关于〈中华人民共和国刑法〉第三十条的解释》;

（11）2014 年 4 月通过的《关于〈中华人民共和国刑法〉第一百五十八条、第一百五十九条的解释》;

（12）2014 年 4 月通过的《关于〈中华人民共和国刑法〉第三百四十一条、第三百一十二条的解释》;

（13）2014 年 4 月通过的《关于〈中华人民共和国刑法〉第二百六十六条的解释》。

三、刑法立法解释的效力

刑法立法解释的效力包括效力等级和效力范围两个方面。在效力等级上,我国《立法法》第 50 条规定"全国人民代表大会常务委员会的法律解释同法律具有同等效力等级",可见刑法立法解释和刑法的效力是等同的。不过,有学者提出的质疑也不无道理,认为根据《宪法》第 62 条第 11 项的规定,全国人民代表大会有权改变或撤销全国人民代表大会常务委员会不适当的决定,这表明了全国人民代表大会的地位高于全国人民代表大会常务委员会,那么,仅由几百人行使权力通过的立法解释与将近 3000 人行使集中权力通过的基本法律的效力相当,这是否有违法理与情理值得进一步研究。[①]

---

① 李晓明主编:《中国刑法基本原理》(第 3 版),法律出版社 2010 年版,第 668 页。

在效力范围上,刑法立法解释又可以分为空间效力和时间效力。刑法立法解释的空间效力与刑法完全相同,至于刑法立法解释的时间效力,生效时间以发布或者规定的日期为准,但能否及于刑法立法解释之前的行为,本书认为,刑法立法解释对于刑法具有从属性、附属性、解释说明性,效力应当及于刑法规定施行期间,同时,刑法立法解释同样必须遵照执行从旧兼从轻的溯及力原则。

四、刑法立法解释的兴起

刑法立法解释近年来受到越来越多的批判,甚至有学者认为刑法立法解释危机重重,合法性和合理性遭受双重挑战,所以主张废除刑法立法解释。主要基于三点原因:一是刑法立法解释侵犯了立法权,刑法立法解释由立法者作出,程序与立法程序基本无异,立法解释实质上就是立法;二是刑法立法解释侵犯了司法权,刑法立法一旦完成,即进入司法程序,立法机关无权再予以干涉,违背法治国家理念[①];三是放眼世界,无论在大陆法系还是普通法系,没有一个国家有刑法立法解释这个"怪胎",无法与世界接轨。因此,废除刑法立法解释的呼声此起彼伏,越来越高。

对于上述观点,本书不敢苟同,同样基于三点原因:一是刑法立法解释没有侵犯立法权,因为根据《宪法》第 67 条的规定,全国人大常委会不仅有制定法律的权力,也有解释法律的权力,这说明全国人大常委会制定法律和解释法律不能等同视之。同时,解释法律的程序与立法程序相比简单得多,说两者制定程序相同过于武断。二是刑法立法解释没有侵犯司法权,我国法官的素质水平仍有待提高等国情决定了我国法官不能被赋予过大的自由裁量权,不能像英美系国家法官那样进行"法官释法"甚至"法官造法";否则,"同罪不同判"或者"同罪不同罚"的现象将会如洪水猛兽般肆意横流,也将会损害刑法的安定性、稳定性和公正性。三是我国最高人民法院和最高人民检察院在司法解释上经常发生冲突,必要时全国人大常委会需要制定立法解释来统一或者平息两机关司法解释的不同争论与主张。

事实上,刑法立法解释作为一种完善法律的重要手段和一种有效促进法律适用的重要技术,在司法实践中发挥了无可替代的重要作用。人民法院在遇到疑难案件时,往往也更多地是希望借助于明确的刑法立法解释或司法解释来解决疑难问题。[②] 无论是从法律传统的历史因素,还是从权力结构的现实因素来看,刑法立法解释均具有存在的合理性、合法性,完全适应我国国情,能够弥补刑法漏洞和发展完善刑法,同时也是罪刑法定、罪刑相适应以及平等适用刑法的当然之需。只不过,充分发挥刑法立法解释权的效用、形成完备的监督机制并与刑法立法、刑法司法解释协作配合任重而道远。本书认为,宁可制定更多的立法解释,而不需要更多的司法解释,包括罪名等解释都应该由立法机关来确定。因

---

① 刘晓莉、贾国发:《论刑法立法解释之废止》,载《理论界》2004 年第 4 期。
② 朱晓明:《刑法解释的立场和方法》,2014 年西南政法大学硕士学位论文。

为一方面,立法机关更清楚刑法的基本目的和宗旨,作出的立法解释会更加准确;另一方面,立法解释更加中立,不会带有司法机关的功利立场与追求。此外,根据我国《宪法》的相关规定,最高人民法院和最高人民检察院均是我国最高司法机关,由于这两个司法机关的立场不相同,所以对法律的解释也往往不同。例如,针对办案录像是否必须出示的问题,最高人民法院的司法解释认为,一旦辩护方认为存在刑讯逼供,办案录像就应出示,但最高人民检察院就坚持可以不出示,显然两者对法律的适用存在不同的理解。

第三节　刑法司法解释

由于刑法条文具有概括性、抽象性和原则性,所以,在运用刑法解决具体案件时会导致对刑法规定的文义产生多义甚至歧义的理解。抽象的语言与具体的现实案件事实总是存在一定的差距,难免产生不同理解,加之适用刑法的主体本身也会对刑法条文的文字语言含义有不同的理解,这些都需要司法机关借助一定的解释规则去实现法律共同体对刑法的共同认知。

"刑法比其他法的领域更需要法的安定性。"[①]"所以在不能频繁的修改法律的情况下,刑法一方面要保持自身的稳定性,不能朝令夕改,另一方面又要适应司法实践的发展,最经济、最有效、最直接的办法就是由法律授权主体进行司法解释。"[②]为此,1981年全国人大常委会通过了《关于加强法律解释工作的决议》,该《决议》第2条规定:"凡属于法院审判工作中具体应用法律、法令的问题,由最高人民法院进行解释。凡属于检察院检察工作中具体应用法律、法令的问题,由最高人民检察院进行解释。"按照我国刑事司法解释体制,只有最高人民法院和最高人民检察院享有刑事司法解释的权力,同时,最高人民法院和最高人民检察院在对刑法有关条文进行解释时还可以授权各个省级高级人民法院和省级人民检察院结合本地区的实际情况对某些特殊问题予以细化。例如,最高人民法院在《关于审理盗窃案件具体应用法律若干问题的解释》中授权各省、自治区、直辖市高级人民法院,在该解释规定数额幅度范围内确定本地区适用盗窃罪"数额较大""数额巨大""数额特别巨大"的标准。再如,最高人民检察院在1999年《关于人民检察院直接受理立案侦查案件标准的规定(试行)》中授权各省级人民检察院在该司法解释规定的数额范围内确定本地区挪用公款罪立案侦查的数额标准。

一、刑法司法解释的含义和特征

对于刑法司法解释的界定,学界基本形成共识,这是难能可贵的。一般而言,刑法司法解释是指最高人民法院、最高人民检察院在具体应用刑法的过程中依法对刑法的规定

[①] 〔德〕拉德布鲁赫:《法律智慧警句集》,舒国滢译,中国法制出版社2001年版,第38页。
[②] 蔡墩铭:《刑法总论》(第3版),台湾三民书局1977年版,第23页。

所作的解释和说明。与刑法立法解释相比较,两者在性质、主体、程序和效力等方面有着鲜明的区别。

1. 刑法司法解释主体的法定性

1981年,全国人大常委会《关于加强法律解释工作的决议》修改了1954年全国人大常委会《关于解释法律问题的决议》中司法解释仅由最高人民法院做出的规定,刑法司法解释的主体由最高人民法院一元主体转为最高人民法院和最高人民检察院二元主体。1996年,最高人民检察院印发的《司法解释工作暂行规定》规定"对检察工作中具体应用法律的问题,由最高人民检察院解释,具有法律效力"。1997年,最高人民法院颁布的《关于司法解释工作的若干规定》也规定:"人民法院在审判工作中具体应用法律的问题,由最高人民法院做出司法解释。"全国人大常委会颁布的《人民法院组织法》和《人民检察院组织法》也有类似的规定。由此可见,法律仅仅授权最高人民法院和最高人民检察院有权对现行刑法规定进行有效解释,其他任何机关、团体和个人都无司法解释权。然而,现实中非司法机关参与制定刑法司法解释性文件较为普遍,如2000年《最高人民法院、最高人民检察院、公安部、民政部、司法部、中华全国妇女联合会关于打击拐卖妇女儿童犯罪有关问题的通知》,无权主体参与刑法司法解释制定严重损害了刑法司法解释的权威性、司法独立性和公信力。法官在我国不能够成为刑法司法解释的主体,因为无依无据,贝卡利亚也说过,"刑事法官根本没有解释刑法的权力,因为他们不是立法者"。[1] 另外,最高人民法院和最高人民检察院的法律政策研究部门也不是刑法司法解释制定主体,都无权制定刑法司法解释。

2. 刑法司法解释形式的特定性

2007年,最高人民法院《关于司法解释工作的规定》第6条规定司法解释的形式采取"解释""批复""规定"和"决定"四种形式;2006年,最高人民检察院《司法解释工作规定》第17条规定司法解释分为"解释""批复""规定""规则"和"意见"五种形式。由此可见,最高人民法院的解释形式和最高人民检察院的解释形式存在差异,形式不统一,呈现出多样性的特点,有待规范化和统一化。在实际的刑法司法解释过程中,最高人民法院和最高人民检察院发布的刑法司法解释形式并不仅仅局限于以上几种,其形式可谓"丰富多彩",除了以上的几种形式以外,还包括"解答""通知""通告""答复""案例""标准"和"会议纪要"等形式,据相关统计应该超过20种。例如,2013年《全国部分法院审理毒品犯罪案件工作座谈会纪要》("大连会议纪要")、2015年最高人民法院《全国法院毒品犯罪审判工作座谈会纪要》("武汉会议纪要")等形式的"准司法解释"亟待明确定位。另外,刑法司法解释的格式也要规范,其格式由首部(名称、编号)、正文和尾部(制作机关、日期、院印)组成,具体内容不再赘述。

---

[1] 〔意〕贝卡利亚:《论犯罪与刑罚》,黄风译,北京大学出版社2008年版,第12页。

3. 刑法司法解释程序的被动性

"从性质来说,司法权自身不是主动的。要想使它行动,就得推动它。向它告发一个犯罪案件,它就惩罚犯罪的人;请它纠正一个非法行为,它就加以纠正;让它审查一项法案,它就予以解释。但是,它不能自己去追捕罪犯、调查非法行为和纠察事实。"[①]刑法司法解释的的性质是刑法的适用,属于司法活动范畴,同样也具有司法的被动性。也就是说,如果没有案件适用刑法的客观需要,原则上也不会有刑法司法解释的动力。省、自治区、直辖市高级人民法院或人民检察院在审判或检察工作中针对具体案件的适用刑法问题出现理解的歧义和困惑,常常会请示最高人民法院或者最高人民检察院制定司法解释,而最高人民法院和最高人民检察院为迎合这种迫切需要与请求会作出相应的刑法司法解释。同时,最高司法机关有时也会根据有关机关、部门或个人的建议制定和颁布刑法司法解释,前提是具有突出影响、典型且必须明确的必要。

4. 刑法司法解释对象的具体性

全国人大常委会1981年颁布的《关于加强法律解释工作的决议》第2条规定"凡属于法院审判工作中具体应用法律、法令的问题,由最高人民法院进行解释。凡属于检察院检察工作中具体应用法律、法令的问题,由最高人民检察院进行解释"。由此可见,刑法司法解释主要是对法院审判工作或检察院检察工作中的刑法具体应用问题进行解释和说明,具有解释性和应用性的特点。相应地,刑法立法解释主要是针对刑法文本整体或者部分内容以及适用条件等进行的解释和规定,当然有时也会针对重大的刑法具体应用问题进行解释和说明,具有抽象性和高度概括性。换言之,那些在刑事审判和检察工作中不予运用的刑法规定不会成为刑法司法解释的对象。

5. 刑法司法解释效力的有权性

刑法司法解释尽管效力等级上低于刑法立法解释,但是仍然属于有权解释,刑法司法解释和刑法司法解释一起构成了我国刑法的有效解释体系。目前,我国刑法的有效解释体系呈现"三多三少"的特点。具体而言,"三多"就是刑法司法解释量多,关注刑法司法解释的多,刑法司法解释性质争议多;"三少"就是刑法立法解释数少,关注刑法立法解释的少,赞同刑法立法解释的少。我国刑法司法解释用"异常活跃"来形容绝不为过,1979—1997年间,我国最高司法机关颁布的司法解释多达220多件;而1997年至今,最高司法机关颁布的刑法司法解释也多达300余件。

二、刑法司法解释的分类

刑法司法解释按照不同标准可以作出不同的分类。依据制定的主体不同,可以分为最高人民法院颁布的刑法司法解释、最高人民检察院颁布的司法解释以及最高人民法院和最高人民检察院联合颁发的刑法司法解释。依据解释的内容不同,可以分为定罪司法

---

① 〔法〕托克维尔:《论美国的民主》(上卷),董果良译,商务印书馆1988年版,第110—111页。

解释和量刑司法解释。依据效力的范围不同,可以分为规范性刑法司法解释和个案性刑法司法解释。依据内容在刑法结构中的分布不同,可以分为总则刑法司法解释和分则刑法司法解释。本书重点介绍在司法实践中按功能的不同对刑法司法解释所进行的划分。

1. 提示性刑法司法解释

提示性刑法司法解释是对刑法具体条文的重复说明,仅仅提示司法人员在办理案件时要格外注意,避免不必要的错误。刑法司法解释对刑法典的注意规定,是指在刑法典已作规定的前提下,提示司法人员注意,以免司法人员忽略的规定。[①] 如2003年最高人民法院《关于行为人不明知是不满14周岁的幼女,双方自愿发生性关系是否构成强奸罪问题的批复》中前半段规定:"行为人明知是不满14周岁的幼女而与其发生性关系,不论幼女是否自愿,均应依照刑法典第236条第2款的规定,以强奸罪定罪处罚"。又如2000年最高人民法院《关于审理伪造货币等案件具体应用法律若干问题的解释》第1条第3款规定:"行为人制造货币版样或者与他人事前通谋,为他人伪造货币提供版样的,依照刑法典第170条的规定定罪处罚"。这是对刑法典第25条关于共同犯罪成立的重复强调。再如1998年最高人民法院《关于审理盗窃案件具体应用法律若干问题的解释》第7条规定:"审理共同盗窃犯罪案件,应当根据案件的具体情形对各被告人分别作出处理:(1)对犯罪集团的首要分子,应当按照集团盗窃的总数额处罚。(2)对共同犯罪中的其他主犯,应当按照其所参与的或者组织、指挥的共同盗窃的数额处罚。(3)对共同犯罪中的从犯,应当按照其所参与的共同盗窃的数额确定量刑幅度,并依照刑法典第27条第2款的规定,从轻、减轻处罚或者免除处罚。"

2. 详解性刑法司法解释

语言本身就具有多义与歧义,而且还会因为主体、时间、地点、阶段和环境不同而不停地发生变化,因此刑法的语言也并不能完全精确地表达出法律自身的含义,尤其面对非典型性案件事实更是如此。刑法司法解释就是为了克服这一刑法立法时的先天不足,而进一步补充和说明:(1)数字精确化。刑法典的分则条文有很多处都规定了"数额较大""数额巨大"和"数额特别巨大",刑法司法解释就是进一步明确相应的具体数额。(2)情节明确化。刑法司法解释对于刑法典中"情节恶劣""情节严重"和"情节特别严重"等裁量性事实进一步予以明确。(3)对穷尽列举事项概括说明的部分进行解释。刑法典分则条文经常使用"其他"作为兜底条款,既是为以后的司法解释留下完善的空间,也为司法官设定了法定的自由裁量空间。如刑法典第225条非法经营罪穷尽列举了三种行为后又规定了"其他严重扰乱市场秩序的非法经营行为";而《关于审理扰乱电信市场管理秩序案件具体应用法律若干问题的解释》《关于情节严重的传销或者变相传销行为如何定性问题的批复》等刑法司法解释,将"从事非法传销或者变相传销活动,扰乱市场秩序,情节严重""违反国家规定,采取租用国际专线、私设转接设备或者其他方法,擅自经营国际电信业务或

---

① 张明楷:《刑法分则的解释原理》,中国人民大学出版社2004年版,第247页。

者涉港澳台电信业务进行营利活动,扰乱电信市场管理秩序,情节严重"等数种行为列入"其他严重扰乱市场秩序的非法经营行为"的兜底条款中。

3. 拟制性刑法司法解释

拟制性刑法司法解释又称为填补法律空白性刑法司法解释,是结合立法理念精神和客观社会的发展需要,拟制司法解释的内容已经超越了刑法条文的自身含义,借以克服刑法条文与社会发展相比滞后的属性,维护刑法的稳定性。[①] 如2003年最高人民法院《关于行为人不明知是不满14周岁的幼女,双方自愿发生性关系是否构成强奸罪问题的批复》后半段规定:"行为人确实不知对方是不满14周岁的幼女,双方自愿发生性关系,未造成严重后果,情节显著轻微的,不认为是犯罪"。再如2000年最高人民法院《关于审理黑社会性质组织犯罪的案件具体应用法律若干问题的解释》第4条规定:"国家机关工作人员组织、领导、参加黑社会性质组织的,从重处罚。"拟制性刑法司法解释大量存在,而且具有约束司法实践的效用,但是由于其存在"造法"和侵蚀立法的内在属性,有可能违背罪刑法定原则,所以广受抨击和诟病。

三、刑法司法解释的效力

刑法司法解释需要坚守罪刑法定基本原则的底线和红线,若客观行为的性质不属于刑法分则条款已规定的任何类型化的罪行,或者是其社会危害程度低于任何类型化的罪行所要求的下限,因而不构成犯罪,那么刑法司法解释不得擅自改变行为性质而认定为犯罪。否则,应当认定为无效,这就意味着刑法司法解释效力绝对低于刑法,不得与刑法相抵触。如2013年6月最高人民法院和最高人民检察院联合发布的《关于办理环境污染刑事案件适用法律若干问题的解释》将刑法典第338条中的"严重污染环境"解释为包括造成严重污染环境之危险的各种情形。从刑法解释的基本原理来看,这一解释显然意味着文义解释的崩溃,从形式上看,这一解释虽然遵循了目的解释,但实质上是对目的解释的滥用,并且映射出将刑法与刑事政策之基本功能等同看待的思维方式,这一解释结论虽然对有效惩罚各种环境污染犯罪具有重要意义,但司法解释突破了文义解释这一刑法解释的基本界限,对刑事法治的破坏作用是巨大的,因而应当由刑事立法来代替。[②]

详言之,《立法法》第50条规定,全国人民代表大会常务委员会的法律解释与法律具有同等效力,所以,刑法司法解释效力必然低于刑法立法解释。例如,1998年最高人民法院《关于审理挪用公款案件具体应用法律若干问题的解释》第1条规定,"挪用公款归个人使用"包括挪用者本人使用或者供他人使用,挪用公款给私有公司、私有企业使用的,属于挪用公款归个人使用。而2002年全国人大常委《关于〈中华人民共和国刑法〉第384条第1款的解释》规定,将下列情形作为挪用公款"归个人使用":(1)将公款供本人、亲友或

---

① 郝方昉:《刑法司法解释的类型化及其意义》,载《甘肃政法学院学报》2012年第3期。
② 苏永生:《刑法解释的限度到底是什么——由一个司法解释引发的思考》,载《河南大学学报》2014年第1期。

其他自然人使用的;(2)以个人名义将公款供其他单位使用的;(3)个人决定以单位名义将公款供其他单位使用谋取个人利益的。由此可见,相关的立法解释与司法解释并不一致,从效力上来说,应优先适用立法解释的规定。

值得一提的是,最高人民法院刑法司法解释与最高人民检察院刑法司法解释效力的问题,即刑法审判解释和刑法检察解释发生冲突时该如何处理和协调的问题。最高人民法院与最高人民检察院之间缺乏沟通,常导致解释内容不一致,出现"打架"现象。因为最高人民法院和最高人民检察院是两个相互并列的刑法司法解释主体,所以,它们各自独立制定的刑法司法解释的效力只能及于自身所管辖的司法活动的范围。例如,曾经出现过最高人民法院和最高人民检察院解释的罪名数量分别为 413 个和 414 个,同时有 5 个罪名不一致的情况。又如对刑法典第 408 条环境监管失职罪的追诉标准不统一的情形。[①]如果要使相关刑法司法解释对审判机关和检察机关都具有拘束和制约,那就必须由最高人民法院与最高人民检察院联合作出相关的刑法司法解释。

第四节 刑法学理解释

刑法的学理解释也称专家解释或学者解释,虽然不具备法律效力,但对司法实践具有重要影响,因此有必要进行专门研究。

一、刑法学理解释的含义和特征

根据传统观点,刑法学理解释就是由宣传部门、社会组织、教学科研单位或者专家、学者从学理上对刑法含义所作的阐释或说明。[②] 本书认为,刑法学理解释是指刑法学者从学理上对刑法含义所做的阐释或说明。根据这一定义,刑法学理解释在主体、形式、目的和结论方面都具有一些特殊性:

(1)刑法学理解释主体具有特殊性。刑法学理解释的主体一般是刑法专家、刑法学者等,他们自身并不是刑事法律关系的主体,不承担刑事法律关系主体的角色,通常也不直接参加刑事诉讼活动。

(2)刑法学理解释形式具有特殊性。刑法学理解释不可能像立法解释或者司法解释那样获得一种特定的、严格的形式,实际上是一种法学研究活动,成果表现形式多种多样,灵活多变,通常有刑法教材、专著论文、案例分析、专题报告等多种形式。

(3)刑法学理解释目的具有特殊性。刑法立法解释和刑法司法解释是以刑法适用为目的,刑事诉讼参与人解释是以说明自己行为性质为目的,社会一般民众解释是以正确行使自己权利为目的。而刑法学理解释不以刑法的直接实现为目的,仅仅以揭示刑法规定

[①] 张开骏:《刑法司法解释的现状检讨与未来展望》,载《刑事法评论》2011 年第 2 期,北京大学出版社 2011 年版。

[②] 高铭暄、马克昌:《刑法学》(第 5 版),北京大学出版社、高等教育出版社 2011 年版,第 22 页。

的正确含义为目的。

（4）刑法学理解释结论具有特殊性。一方面，任何刑法学理解释的结论都具有无效性，不能作为处理刑事案件的法律依据，但是，另一方面，刑法学理解释的结论具有一定程度的有用性，对刑法理论及司法实践活动均有重要影响。

二、刑法学理解释的意义

有效解释包括刑法立法解释和刑法司法解释，均具有法律的拘束力，刑法学理解释属于无效解释，没有法律的约束力。所以，传统观点往往只关注这一点，将刑法学理解释地位定位在"无权解释说"上。本书认为用"无权解释说"概括刑法学理解释是片面的，因为学理解释具有强烈的学术研究色彩，具有独立的优秀品质，能够指导有权解释和任意解释，能够为有权解释和任意解释提供认识资源并赋予它们生命力。所以，刑法学理解释同样非常重要，不容忽视。

刑法学理解释对刑法解释理论具有重要意义。刑法学理解释在刑法解释理论体系中处于基础性地位，"基础不牢，地动山摇"，刑法学理解释不是可有可无，不能被边缘化。刑法学理解释属于整个刑法解释系统的知识资源，刑法的解释在很大程度上依赖于刑法学理解释，刑法学理解释为刑法解释包括刑法立法解释和刑法司法解释提供源源不断的智力支持。

刑法学理解释对刑法司法实践也有重要意义。刑法学理解释与刑法司法解释、刑法立法解释甚至刑法立法密切相关，详言之，刑法学理解释往往是制定刑法司法解释、刑法立法解释甚至刑法立法的理论来源。例如，学界对"国家工作人员"和"挪用公款归个人使用"的有关激烈争论就促使全国人大常委会出台了相关的立法解释。刑法学理解释的内容一旦被刑法立法解释、刑法司法解释所采纳，就具有了法律效力。所以，刑法学理解释在一定程度上对刑法司法实践具有间接作用。

三、刑法学理解释的分类

根据不同的标准，可以将刑法学理解释进行不同的划分，主要有以下分类方法：

（1）根据学者对刑法规定所做的学理解释被认同的程度不同，可以分为主流解释和非主流解释。主流解释，是指从学理上对刑法规定所做的解释得到了多数学者的赞同和肯定。非主流解释，是指从学理上对刑法规定所做的解释没有得到广泛的支持和认同。

（2）根据学者的学术地位和影响力不同，可以分为权威性解释和非权威性解释。权威性解释，是指在刑法领域具有重要学术地位的知名学者、专家从学理上对刑法规定所做的解释。非权威性解释，是指普通的、一般的研究人员从学理上对刑法规定所做的解释。[①] 当然，权威解释也好，上述的主流解释也罢，都是历史概念，权威解释和非权威解释

---

① 李晓明主编：《中国刑法基本原理》（第3版），法律出版社2010年版，第673、674页。

之间,主流解释和非主流解释之间,在一定条件下可以发生转化。

(3) 根据学理解释所运用的方法依据不同,可以分为法理解释和非法学解释。法理解释是根据刑法基本法理对刑法规定所作的理解和阐释,主要包括限制解释、扩张解释、当然解释、合宪解释、体系解释、法意解释、目的解释、反对解释和比较解释。非法学解释则是从非刑法基本理论的角度进行,主要有文理解释、经济学解释、伦理学解释、社会学解释和统计学解释等。[1]

四、刑法学理解释的立场:实质解释与形式解释

立场是指认识和处理问题时所处的地位和所持的态度。有关刑法解释立场的争论起源于日本,在日本刑法学界,刑法解释立场就存在形式解释和实质解释的不同主张和代表人物。受日本刑法学界影响,我国刑法解释立场方面的争论也日趋白热化,形式解释论与实质解释论之争的深入与激烈程度,早已超越了其发源地国日本,并在某些问题上形成了本土化的创新性思考。[2] 我国主张刑法形式解释立场的代表人物有陈兴良、邓子滨等[3],而主张刑法实质解释立场的代表人物有张明楷、刘艳红等[4]。目前,刑法实质解释论在我国属于"多数派",刑法形式解释论则属于"少数派"。同时需要指出的是,主观说并不总是和形式解释论相对应,客观说也不总是和实质解释论相对应,换言之,主观说也可能会作出实质解释,客观说也可能作出形式解释。

1. 刑法实质解释论的立场

刑法实质解释论者认为,刑法的理解和适用应当从处罚的必要性出发,并以侵犯的法益为指导,据此作出实质的判断。由此可见,实质解释论主要是针对犯罪构成要件的解释而言的,其基本内容(或要求)包括:(1) 对构成要件的解释必须以法条的保护法益为指导,而不能仅停留在法条的字面含义上。换言之,针对一个犯罪的成立要件,解释上首先必须明确设置该罪要保护的法益,然后在刑法用语可能具有的含义范围内确定成立要件的具体内容。(2) 犯罪的实体是违法与责任。所以,对违法要件的解释,必须使行为的违法性达到值得科处刑罚的程度;对责任要件的解释,必须使行为的有责性达到值得科处刑罚的程度。换言之,必须将字面上符合成立要件、实质上不具有可罚性的行为排除于成立要件之外。(3) 当某种行为并不处于刑法用语的核心含义之内,但具有处罚的必要性和合理性时,在符合罪刑法定的前提下,可以作出不利于被告人的扩大解释,从而实现处罚的妥当性。[5] 最典型的例子就是张明楷教授对抢劫罪法定刑加重情形中"冒充军警抢劫"

---

[1] 赵秉志、黄晓亮:《刑法学理解释的基本问题》,载《2003 年中国刑法学年会文集》,第 289 页。
[2] 刘艳红:《形式与实质刑法解释论的来源、功能与意义》,载《法律科学》2015 年第 5 期。
[3] 陈兴良:《形式解释论的再宣示》,载《中国法学》2010 年第 4 期;邓子滨:《中国实质刑法观批判》,法律出版社 2009 年版,第 187 页。
[4] 张明楷:《实质解释论的再提倡》,载《中国法学》2010 年第 4 期;刘艳红:《走向实质解释的刑法学——刑法方法论的发端、发展与发达》,载《中国法学》2006 年第 5 期。
[5] 张明楷:《实质解释论的再提倡》,载《中国法学》2010 年第 4 期。

的解释。他认为,真军警表明自己身份抢劫比假冒军警对被害人和社会的危害更大,影响更恶劣;既然假冒军警都应当加重处罚,真军警实施抢劫基于罪刑相适应原则就更应当加重处罚。基于此,他将"冒充"拆开理解,认为"冒"应当解释为"假冒",而"充"应当理解为"充当",真军警实施抢劫就是指"充当"行为。张教授还认为刑法典第247条"暴力取证罪"的处罚对象包括证人和被害人,第329条抢夺国有档案罪应扩大解释包括抢劫国有档案的行为。张教授的解释观点就是实质解释立场的鲜明体现。不过,也有学者认为,形式解释论和实质解释论是在阶层式犯罪论体系的语境下展开的,而且特别与阶层犯罪论体系内部结构的分歧有关,实质解释论必须要坚持构成要件的定型性,并在坚持违法与有责相区分的基础上构建实质犯罪论体系。①

2. 刑法形式解释论的立场

刑法形式解释论者认为,为了追求罪刑法定的形式理性,主张忠诚于罪状的核心意义,即便牺牲处罚的必要性,也要保护国民基本预测的可能性而进行行动的自由,以此作为刑法解释的方法论。持这种观点的学者认为,"刑法不可能对所有犯罪作出毫无遗漏的规定"根本就不是罪刑法定原则形式方面的缺陷。如果说这是一种缺陷的话,应该是成文法的缺陷或者局限。罪刑法定原则是在成文法这一局限的基础上,不得已而作出的一种价值选择;即使牺牲实质合理性也要坚守形式合理性,对于无明文规定的行为,无论具有何种社会危害性都要将其排除在犯罪的法定范围之外。可以说,基于罪刑法定主义的理念,刑法没有规定本身就是一种规定,即不认为是犯罪的规定。陈兴良教授认为,形式解释论在作了形式解释以后还要进行实质解释,这是一种双重限制,其解释结论就是限制解释。② 根据形式解释论的立场去理解"冒充军警抢劫","冒充"只能解释为"假冒",因为这才是一般人通常的理解,这也是形式解释要求的具体体现。再如故意毁坏财物罪中的"毁坏",存在"物理毁损说""有形侵害说"和"效用侵害说"等多种观点。根据形式解释论,应当选择"物理毁损说",但是如果按照实质解释论,则应当选择"效用侵害说",两者范围孰大孰小不辩自明。由此可见,形式解释论是从一般人通常的判断能力出发,依据刑法条文字面意义来理解和适用刑法的,特别是以一般人通常的形式判断能力来理解刑法规定的行为类型和犯罪构成,并以此为核心作出刑法规范的形式判断。按照陈兴良教授的理解,在进行形式解释之后的实质解释是为了对形式解释在实质上予以确认,使形式解释符合罪刑法定原则的同时也不违背刑法的目的,即"惩罚犯罪,保护人民"。

需要说明的是,罪刑法定原则是必须遵循的"铁律",无论是刑法形式解释论还是刑法实质解释论,都不敢逾越和违反罪刑法定原则,都必须在罪刑法定前提和框架范围内解释刑法。罪刑法定原则具体包括明确性原则、内容适当原则、禁止有罪类推原则、不溯及既往原则、禁止绝对不定期刑原则、排除习惯法原则等原则。明确性原则和内容适当原则属

---

① 刘艳红:《形式与实质解释论的来源、功能与意义》,载《西北政法大学学报》2015年第5期。
② 陈兴良:《形式解释论的再宣誓》,载《中国法学》2010年第4期。

于罪刑法定原则的实质侧面,禁止有罪类推原则、不溯及既往原则、禁止绝对不定期刑原则和排除习惯法原则组成罪刑法定原则的形式侧面。显然,刑法形式解释论强调罪刑法定原则的形式侧面,却容易忽视实质侧面,而刑法实质解释论强调罪刑法定原则的实质侧面,而容易忽视形式侧面。

五、刑法学理解释的再创:分层解释和阶段推进

刑法形式解释和刑法实质解释各有优缺,刑法形式解释能够固守犯罪构成,但是比较封闭和僵化,刑法实质解释重视法益和处罚必要性,但是往往扩大处罚范围,又片面强调处罚必要性和侵犯人权嫌疑,容易陷入类推的境地。所以,刑法解释的最佳方法就是对两种观点进行一定的扬弃,互相取长补短,当然不是简单的折衷和并合,而是区分层次和阶段。

本书认为,一方面,在对犯罪成立要件进行解释时坚持形式解释,并对行为的性质作出类型化判断,而不进行处罚必要性分析。而在对行为性质进行类型化判断之后(即定罪之后),尤其是在刑罚裁量过程再进行实质性的解释和判断,这是必然要求和现实所需。换言之,实质解释和判断时则可以,但也应当考虑定罪和处罚的层次区分及其必要性。另一方面,刑法解释都是要契合社会需求与法治环境的,因此不能简单地主张形式解释或实质解释,而要根据社会的发展阶段与需求来适时、有效地选择刑法解释的方式。例如,在刑事法治建设初期,为了配合建设真正的刑事法治环境和坚定地贯彻执行罪责法定原则,就必须选择刑法的形式解释方式,而不能够为了所谓的打击犯罪或追求刑法的立法目的一味地进行实质解释。当然,当国家刑事法治的司法环境与氛围已经形成,尤其是国家的刑法制度以及立法技术已经较为完备,此时为了追求刑法的执行效果或防止有人利用刑法的形式解释漏洞而逃避法律制裁,此时可以更多地选择刑法的实质解释方法。如此,可能更为切合社会发展与现实环境的实际需求,而不是在此问题上一味地争论。如果企图在形式解释与实质解释之间非作出一个唯一选择,或是争得你死我活,甚至指望"毕其功于一役"则属于不合实际的偏执追求,实不可取。[①] 有论者提出,根据中国社会的具体情况,刑法解释需要以形式解释为一般原则,以实质解释为重要补充,最终实现实质解释与形式解释相统一的径路。[②] 该观点也具有一定的借鉴意义,但不具有操作性,甚至有过于折衷或和稀泥的嫌疑。

因此,本书认为,将刑法解释的方法分阶段推进,更加符合刑法的发展阶段与规律,同时又符合我国的现实状况。在我国树立刑事法治环境阶段,为了建设刑事法治环境和落实罪刑法定原则,应坚持刑法的形式解释论。首先,这个阶段的公民对"法"的理解不透彻,如果按照实质解释论的观点,难免有"强人所难"之嫌,因为这个阶段的公民对刑法的

---

① 张军:《刑法解释的立场:一元双层形式解释论刍议》,载《时代法学》2014年第4期。
② 赵星、周婷:《刑法的实质解释与形式解释》,载《河北学刊》2010年第5期。

理解仅限于字面意思,若要求其对刑法进行实质上的探求确实不可取。其次,在我国法治环境尚未完全建成的阶段,正如有些学者所担心的那样,如果一种强势的文化被有意识地强调而过度发展、膨胀,但又缺乏制衡的文化趋势,从长远来看对学科的发展乃至于对社会的发展都不是好事。[①] 在这个阶段更需要培养公民树立"理性"的思考方式,同时引导公民对法律条文进行形式上的理解;坚持刑法的形式解释论有利于保障公民的自由,也有利于法治建设步伐的快速推进。

当然,在刑事法治环境已经完善的阶段,包括刑法典及其立法技术也较为完备,可以适用刑法的实质解释方法。公民已经对法律条文有一定的理解并且树立了理性的思考方式之后,适用刑法的实质解释方法,从立法目的和实质上来解释刑法,有利于对法益的保护以及对罪刑法定原则的贯彻落实。有学者就认为:"正确贯彻罪刑法定原则应当是,依据刑法契约精神,在不突破底限的前提下,入罪坚持合法,出罪(含从轻发落)注重合理。"[②]这是从立法规定的实体内容上去评价一个行为是否构成犯罪,以及假如构成犯罪究竟应该如何处罚更为合理等,而不是从立法目的猜想或推测或扩张对刑法的解释,即便使用实质解释论解释刑法时也应注意入罪、出罪的界限。

---

① 周详:《刑法形式解释论与实质解释论之争》,载《法学研究》2010年第5期。
② 储槐植:《刑法契约化》,载《中外法学》2009年第6期。

第六章

刑法效力

刑法效力，又称为刑法适用的范围和实际约束力，大致包含两个方面：一是指刑法的规范效力，也即刑法的实际约束力；二是指刑法的管辖效力和实际约束力，包括在什么地方、对什么人、在什么时间内或在什么条件下具有管辖效力或约束力。具体而言，就是指刑法管辖范围的空间效力、时间效力，以及刑法总则的效力、追诉效力和告诉才管辖的效力等。

第一节 刑法的规范效力

刑法规范是法律规范的一种，它是规定犯罪及其刑事责任的规范。刑法规范与一般的法律规范一样，也有着自身的结构组成，这就是假定、处理和制裁。刑法规范中的假定是指适用刑法规范的必要条件，也就是说，任何一个刑法规范都是在一定条件出现的情况下才能适用，而适用这一规范的条件就称为假定。如我国刑法典第 302 条规定："盗窃、侮辱尸体的，处 3 年以下有期徒刑、拘役或者管制。"在该刑法规范中，"盗窃、侮辱尸体的"就是刑法规范中的假定。刑法规范中的处理是指刑法规范中对行为规范本身的基本要求，也就是说，它规定了人们可以做什么（即授权性规范）、必须做什么（即义务性规范）、禁止做什么（即禁止性规范）。处理是刑法规范的中心部分，是刑法规范的主要内容。如刑法典第 19 条规定："又聋又哑的人或者盲人犯罪，可以从轻、减轻或者免除处罚。"这是一种授权性规范。又如刑法典第 14 条第 2 款规定："故意犯罪，应当负刑事责任。"就是一种义务性规范。再如刑法典第 102 条规定："勾结外国，危害中华人民共和国的主权、领土完整和安全的，处无期徒刑或者 10 年以上有期徒刑。"这是一种禁止性规范。刑法规范中的制裁是指对违反刑法规范将导致的法律后果的规定，也即判处刑罚，如刑法典第 302 条规定的"处 3 年以下有期徒刑、拘役或者管制"就是刑法规范中的制裁。

至于刑法规范与刑法条文的关系，二者既有联系又有区别。二者的联系表现在：刑法规范体现在刑法条文之中，是刑法条文的内容，而刑法条文则是刑法规范的文字表述，是刑法规范的表现形式。这是从整体上来讲的，实际上只有在极少数情况下，一个刑法条文全部包括法律规范的三个组成部分,而在绝大多数情况下,一个刑法条文并不完全罗列刑法规范的三个组成部分。换言之,某个刑法规范可以由数个刑法条文来表现,甚至规定在数个刑法文件中。如我国刑法典中关于认定和制裁侵犯财产罪的法律规范,其假定部分中关于刑事责任年龄的问题是在总则条文中予以规定的,而其处理和制裁部分,即侵犯财产罪的各种具体情况及相应刑罚是在分则条文中予以规定的。二者的区别表现在:刑法规范和刑法条文不同,刑法条文是形式,刑法规范是内容,并非所有的刑法条文均是刑法规范。

所谓刑法的规范效力,是指刑法规范对其所指向的单位或个人的强制力和约束力。刑法规范之所以能够禁止人们实施某种行为、命令人们实施某种行为、允许人们实施某种行为,正在于它是一种有效力的规范,即它具有强制力或约束力。如果刑法规范是无效的,其设定的授权、义务和禁止的内容就毫无意义,人们也就绝不会遵循。不过,刑法的效力与刑法的实效又是两个不同的概念。刑法效力是刑法应当或想要具有的效能或约束力,而刑法实效是具体某一部刑法在社会上或实际生活中所具有的实际效能或实际约束力。任何国家的刑法,就其立法的初衷而言,必然是想达到刑法效力和刑法实效的高度统一,以使该部刑法在社会上或人们的生活中充分发挥其规范行为、稳定秩序的最终效用。而要达到二者的高度统一并充分发挥其效用,一要靠立法的严密性和公正性,二要靠良好的司法环境,包括人们对该刑法规范的认同与支持,以及司法公正等。其实,刑法的约束力不是目的而是手段。换言之,立法者制定刑法,司法者执行刑法,不是对人们产生一种单纯的约束,而是为了保护公民的合法权益。保护公民的合法权益的途径有两种:一种途径是通过惩罚犯罪者来保护,另一种途径是通过规范人们的行为来保护。由此可见,要真正实现刑法的效用或最终目的,必须通过惩罚和规制两种方式。

既然刑法约束力是刑法效力的核心,而且刑法的约束力是通过具体的刑法规范来实现的,那么,本书有必要进一步明确刑法规范的具体分类和内容,具体分类如下:

1. 按照刑法规范处理的内容性质不同,可以划分为授权性规范、义务性规范和禁止性规范。

这种分类需要注意以下问题:(1) 有些刑法规范,既是一种授权性规范又是一种义务性规范,尤其是对于国家机关或司法人员的授权性规范,既是可以实施的行为又是应当实施的行为,只能行使不能放弃,否则就是失职。(2) 有些刑法规范,既是一种义务性规范又是一种禁止性规范,如刑法典第14条第2款规定的"故意犯罪,应当负刑事责任"。(3) 有些刑法规范,既是针对一般人而言的又是针对司法工作人员而言的。如我国刑法典第277条第1款规定:"以暴力、威胁方法阻碍国家机关工作人员执行职务的,处3年以下有期徒刑、拘役、管制或者罚金。"该条的立法目的是不仅禁止任何人实施阻碍国家机关工作人员执行职务的行为(禁止性规范),实质上还要求司法工作人员对阻碍国家机关工作人员执行职务的行为依法定罪量刑(义务性规范),并授权司法工作人员可以在一定幅度内量刑(授权性规范,当然在哪种幅度内量刑也都是有一定法律根据和事实根据的)。

2. 按照刑法规范本身的确定性不同,可以划分为确定性规范和非确定性规范。

确定性规范是指明确地规定了某一行为规则的内容而不必援引其他规范来说明的刑法规范,非确定性规范是指没有明确规定某一行为规则的内容而是指出由某一专门机关或法律予以规定的刑法规范。如刑法典第142条第2款规定:"本条所称劣药,是指依照《中华人民共和国药品管理法》的规定属于劣药的药品。"显然,这条规定就属于非确定性规范。非确定性规范就需要依据其他法律、法规来认定。

3. 按照刑法规范的强制性程度不同,可以划分为强制性规范和任意性规范。

强制性规范是指对于权利、义务的规定十分明确,不允许人们以任何方式变更或违反的刑法规范。上述禁止性规范和义务性规范均属强制性规范,而且刑法规范大多数都是强制性规范。例比如,我国刑法典第100条规定:"依法受过刑事处罚的人,在入伍、就业的时候,应当如实向有关单位报告自己曾受过刑事处罚,不得隐瞒。犯罪的时候不满18周岁被判处5年有期徒刑以下的人,免除前款规定的义务。"这就是一条强制性规范,当然也是必须履行的义务。任意性规范是指允许人们在法定范围内自行确定其权利和义务的刑法规范。在刑法规范中,任意性规范主要是指授权性规范,且刑法中的任意性规范极其有限。

然而,无论刑法规范的内容如何,其约束力必然最终体现在刑法的权威性、强制性和规范性上。刑法的权威性是指刑法具有使人遵守的威望,这主要是由刑法具有国家意志性所决定的,它是由国家最高权威部门制定和认可的社会规范,并以国家的名义颁布、施行,对每一个公民都具有极高的普遍约束力。刑法的强制性是指刑法具有国家强制力作后盾来保证实施。刑法的规范性是指刑法向人们提供了行为模式及遵循这些模式的法律后果,这是由刑法的功能和效用所决定的。

第二节 刑法的空间效力

刑法的空间效力是一个国家的主权所在,其核心是解决一个国家在一定空间范围内的刑事管辖权问题,包括其主权所享有的、在其主权范围内发生的对犯罪进行起诉、审判和处罚的权力。由此可见,刑法的空间效力与一个国家的主权和国际法密切相关。

一、刑法空间效力的一般理论

刑法空间效力是指刑法在什么地方、对什么人具有法律效力。刑法空间效力是刑法效力范围最主要的组成部分之一。每个主权国家除受到国际法和国际条约的限制外,均有权采取其认为最好的、最合适的空间管辖原则来行使自己的刑事管辖权。当然,随着跨国交流和不同国家公民交往的日益频繁,在考虑刑法对人和对地效力的时候,也会考虑国家利益其至国际公共利益。也就是说,作为国际法的主体,国家在国际公约的范围内必然要承担相应的国际义务,以便与国内刑法的空间管辖权相配合,协调好国内的主权与管辖关系。

刑法空间效力是针对"人"和"地"的管辖。虽然对"人"和对"地"的管辖经常需要将"人"和"地"结合起来,但对"人"和对"地"的管辖是刑法空间效力两项最主要的内容,由此产生了刑事管辖权方面两个最主要的原则,即属地原则和属人原则。前者以地域为标准,凡是在本国领域内犯罪的都适用本国刑法;后者以国籍为标准,凡是具有本国国籍的公民,无论在何地犯罪,都适用本国刑法。属地原则直接维护了国家的主权,但遇到在本国领域外对本国或本国公民犯罪就无法适用本国刑法;属人原则直接行使对本国公民的管辖,但遇到外国人在本国领域内犯罪就无法适用本国刑法。因此,两个原则虽然都有明显的缺陷,但可以互补。随着各国间交流的日益扩大,国际合作与协助日益增多,国家主权意识不断增强,为了弥补上述两个原则的缺陷,两个新的刑事管辖权原则应运而生,这就是保护原则和普遍管辖原则。前者以保护本国利益为标准,凡是侵犯本国利益的犯罪,都适用本国刑法;后者以保护国际社会的共同利益为标准,凡是侵犯本国认同的国际社会共同利益的犯罪均可适用本国刑法。此外,20世纪六七十年代又出现了"永久居所或营业地原则"作补充。

(一)属地原则

该原则又称为领土原则或地域管辖,即以地域为标准确定刑法的生效范围,凡是发生在一定地域内的犯罪,无论是本国人犯罪还是外国人犯罪,也不论侵犯何种利益,都适用本国刑法。① 它是刑事管辖权最早的基本原则之一,英美法系早期多采用此原则。该原则以一国领域为标准,凡在本国领域内犯罪的,不论犯罪者是本国人还是外国人,侵害的是本国利益还是外国利益,受害人是本国人还是外国人,都一律适用本国的刑法;反之,则不能适用本国刑法。各国对本国刑法生效的地域管辖,一般以国家主权所能管辖的地域范围为限,超出本国主权的地域范围不能适用本国刑法。属地原则是最基本也是最有效的管辖原则,因为一国主权是国家独立存在的最基本权利,享受管辖本国主权范围内的事务,是一国独立存在的根本。同时,一国在自己主权范围内管辖犯罪最便捷、最有效,其他国家是不能在本国主权范围内管辖犯罪的。

(二)属人原则

该原则也称为国籍原则,是以犯罪人的国籍为准则,凡是具有本国国籍的人,不论是在国内或国外犯罪,侵犯哪个国家或哪国公民的利益,都适用本国刑法。凡非本国公民,不论其在国内或国外犯罪,侵犯的是哪一个国家或公民的利益,都不适用本国刑法。属人原则是根据国籍来确定犯罪主体,即作为本国刑法效力所及的刑罚对象。② 属人原则也

---

① 李晓明主编:《中国刑法总论》,清华大学出版社2013年版,第156页。
② 由于理解上的不同,该原则存在着较大争议。有学者认为,属人管辖应当包括对犯罪人国籍的管辖和被害人国籍的管辖两种情况。参见林欣:《国际法中的刑事管辖权与中华人民共和国刑法》,载《中国社会科学》1982年第6期。也有学者认为,属人管辖仅仅是指犯罪人国籍管辖,而不包括被害人国籍管辖,后者应当成为一个独立的刑事管辖原则。参见赵维田:《论三个反劫机公约》,群众出版社1985年版,第38页。还有学者认为,对犯罪人管辖称为积极的属人主义,对被害人管辖称为消极的属人主义。参见甘雨沛、何鹏:《外国刑法学》(上册),北京大学出版社1984年版,第244页。

是刑事管辖权最早的基本原则之一,这一原则起源于日耳曼法,早期大陆法系国家多采用此原则。现在世界上几乎所有国家都采用这一原则。属人原则确认刑法对本国公民的效力,但如果单独采用这一原则,当本国公民的权益遭受到不具有本国国籍的外国人侵害时,本国刑法就无能为力,起不到保护作用。这一原则实际上否认了本国刑法对在本国领域内犯罪的外国人的效力,显然与国家主权原则相悖,同样存在着明显的缺陷。

至于"本国人"的范围,各国法律大都有明确的规定。对于具有双重国籍的人,两国各自依据属人原则适用本国的刑法。如果犯罪时是外国人,在诉讼时其国籍变为本国人,则应按诉讼时犯罪人的国籍,依属人原则,适用本国的刑法;如果犯罪时是本国人,诉讼时是外国人,同样应根据属人原则,适用诉讼时犯罪人国籍的本国刑法。但是,希腊刑法典是以犯罪时为标准,根据属人原则,应当适用犯罪时犯罪人国籍的本国(希腊)刑法。按属人管辖,在本国内犯罪的公民适用本国刑法,当无问题。但是,本国人在国外犯罪,管辖的范围有所不同,一种是对所有的本国公民在外国的犯罪都实行管辖,如德国刑法典。奥地利刑法典和丹麦刑法典基本上属于这种管辖形式,我国刑法也基本上属于这种管辖形式。其他国家限于重罪和轻罪有规定,重罪无限地适用本国法,轻罪限于一定条件或限于特定的犯罪适用本国刑法。

关于外国刑罚轻重的不同规定,各国由于政治、经济、文化、风俗习惯等的不同,刑法的规定必不相同。本国公民在外国犯罪,如果本国刑法认为是犯罪,而犯罪地的法律不认为是犯罪,本国自当适用犯罪地的法律。但是当本国刑法和犯罪地的法律都认为是犯罪,在本国适用属人原则处理时,又当如何处理?首先,为避免犯罪人受到双重处罚,一般是采取国际上"相互性原则",就是说犯罪者的本国适用国内刑法是在"代理别国(犯罪地的外国)的刑事司法"名义下,取得属人管辖的根据。[①] 其次,为了解决刑罚轻重的不同,各国又有着各种不同的更为详细的规定。例如,如果犯罪地国规定的刑罚比本国的刑法轻或宽大,这时应怎样适用国内法?虽然大多数国家对此没有明文规定,但一般都要考虑到轻法的规定,也有的国家刑法明确规定适用轻法。如瑞士刑法典第6条第1款规定:"瑞士人在外国实施之重罪或轻罪,根据瑞士法律允许引渡的,如果该行为在犯罪地也被认为是犯罪,适用本法,但以行为人在瑞士或因该行为被引渡给联邦者为限。如果犯罪地法律对行为人的处罚较轻的,适用犯罪地的法律。"

虽然各国采用属人原则的依据有所不同,但一般都以本国人须与本国结成忠诚关系作为属人原则的依据。这一关系从国家的角度意味着不向外国引渡犯罪的本国人,这样也势必与属地原则相冲突。如德国、奥地利等国的刑法典都以属人原则为基本原则,由此被批评为"对他国主权来说,采取这种措施,是国际法所不允许的"[②]。然而,这种批评并不一定正确,如果本国采用属人原则,外国也采用属人原则,是对等关系,发生冲突时,可

---

① 采用属人管辖的国家与兼采属人管辖和属地管辖的国家,都有否定"相互性原则"的倾向。
② 甘雨沛、何鹏:《外国刑法学》(上册),北京大学出版社1984年版,第244页。

依国际习惯法或国际司法互助协定解决。其中,对于具有双重国籍的人,也存在属人原则管辖的冲突问题。

（三）保护原则

该原则也称为安全管辖和自己管辖原则,是指无论犯罪行为发生在何处,无论犯罪人是何国籍,凡侵犯本国国家或公民利益的犯罪均适用本国刑法。① 保护原则填补了属地原则和属人原则的漏洞,其实质意义在于彻底保护外国人在外国实施犯罪所侵害的本国利益。保护原则起源于中世纪伦巴底法典(Lombardy Law)。自14世纪以来,该原则曾遭到严厉批判。有些学者为了本国的安全,认为在国外的犯罪,也应作为国内的犯罪来考虑。据此理由,称其为"准属地主义",所称保护主义又应理解为本国的正当防卫。

关于保护原则处罚的对象,作为保护主义的处罚对象的犯罪分为侵犯国家利益的犯罪和侵犯国民利益的犯罪。侵犯国家利益的犯罪是关于保卫国家安全、信用方面的犯罪,大多数国家把内乱、背叛以及伪造法定通用货币、国债证券等作为保护原则处罚的对象。如《意大利刑法典》第7条规定:"公民或者外国人在外国实施下列犯罪之一的,依照意大利法律处罚:(1)国事罪;(2)伪造国家印章,使用伪造的国家印章;(3)伪造在国家领域合法流通的货币、印花或者意大利公共信用票据罪;(4)为国家服务的公务员滥用职权或者违反其职责义务而实施的犯罪;(5)根据法律的特别规定或者国际条约可以适用意大利刑法的其他任何犯罪。"此外,《德国刑法典》《希腊刑法典》《瑞士刑法典》《日本刑法典》《法国刑事诉讼法典》等都有类似的规定。但是,也有的国家没有在刑法典中规定有关保护国家主义方面的犯罪。侵犯国民利益的犯罪是关于保护国民利益方面的犯罪。大多数国家对犯罪的种类不加考虑,只是考虑犯罪地国家的法律是否也认为是犯罪。如《瑞士刑法》典第5条(**在外国实施的针对瑞士国民的重罪或轻罪**)规定:"(1)在外国实施针对瑞士国民的重罪或轻罪,如该行为在犯罪地也被认为是犯罪的,适用瑞士法律,但以行为人在瑞士且未被引渡给外国,或者行为人被引渡给瑞士联邦者为限。犯罪地法律对行为人的处罚较轻的,适用犯罪地之法律。(2)如果行为人在外国所受之处罚已经执行完毕、被赦免或时效期限已经经过的,其同一之重罪或轻罪不再处罚。(3)如行为人在外国未执行刑罚或只执行刑罚之一部分的,则在瑞士执行刑罚或余刑。"此外,《德国刑法典》《意大利刑法典》《希腊刑法典》等都具有上述同一种形式的类似规定。但是也有的国家例外,如《日本刑法典》将上述两方面的犯罪统一规定在刑法典的第2条,法国、荷兰、奥地利等国的刑法典与日本的立法例相同。

（四）普遍原则

该原则也称为世界性原则,是指无论犯罪发生在何处,犯罪人与被害人具有何种国籍,也无论被害利益归属如何,只要实施犯罪,世界上任何国家均有权行使刑事管辖权。

---

① 根据保护的出发点不同,又可具体分为国家保护说、国民保护说和综合说。国家保护说认为,保护管辖原则仅是指保护国家利益;国民保护说认为,保护管辖原则仅是指保护国民利益,同上述消极的属人原则相同;综合说认为,保护管辖原则既保护国家利益又保护国民利益。

普遍原则是基于人类社会在世界范围内同犯罪现象做斗争的需要而提出来的。这一原则是以保护国际社会共同的利益为标准,是人类社会共同打击犯罪而协同合作的典范。关于普遍原则对象的范围,由于人类社会共同利益的日益增多,侵犯人类社会共同利益的犯罪也在日益增多,究竟包括哪些利益,虽然各国的理解有所不同,但一般将以下几类犯罪视为侵犯人类社会共同利益的犯罪:(1)有关在航空器内的犯罪和针对航空器的犯罪;(2)有关贩卖麻醉药品和精神药品的犯罪;(3)有关种族隔离、种族灭绝和贩卖人口的犯罪;(4)有关恐怖活动的犯罪;(5)有关海盗的犯罪;(6)有关侵犯外交代表的犯罪;(7)有关伪造货币的犯罪;(8)有关破坏环境资源保护的犯罪;等等。

随着人类社会通信技术和交通水平的高速发展,人类社会在发展规律和安全两大问题上显示出越来越多的共同利益。随着刑法管辖原则的不断发展,理论上又出现了永久居所或营业地原则,具体是指如果犯罪人或受害人在某国有永久居所或营业处所,那么,该国即可行使刑事管辖权。依据确立管辖权的依据,该原则又可具体划分为犯罪人主义、被害人主义和犯罪人兼被害人主义。此外,还出现了折衷原则。折衷原则又可称为混合原则或结合原则。一般折衷原则是以属地原则为主,以属人原则、保护原则、普遍原则为补充。折衷原则兼采各种原则的优点,堵塞各种原则的漏洞或解决矛盾。任何一个国家单纯采用某一原则,无法避免矛盾和解决问题,因此,世界各国虽不明言采取折衷原则,但实际上,却又不可避免地要采用各种形式的折衷原则。

二、我国刑法空间效力的规定

我国刑法在空间效力上采取折衷原则,即以属地原则为主,以属人原则、保护原则、普遍原则为补充的原则。

(一)我国刑法的属地原则

我国刑法典第6条规定:"凡在中华人民共和国领域内犯罪的,除法律有特别规定的以外,都适用本法。凡在中华人民共和国船舶或者航空器内犯罪的,也适用本法。犯罪的行为和结果有一项发生在中华人民共和国领域内的,就认为是在中华人民共和国领域内犯罪。"这是我国刑法空间效力中属地原则的体现。依据该规定,无论犯罪人是我国公民还是外国人,无论侵害的是我国利益还是外国利益,只要是在我国领域内的犯罪都适用本法。

这里的"领域"是一个立体概念,是我国行使主权的空间,具体包括领陆、领水和领空及底土构成。空间效力上的领域范围,仅限于本国主权范围的领域。领域要根据国内法和国际法上的概念来确定,当然也有少数国家例外,如意大利、葡萄牙等国。

1. 领陆

领陆是指一个国家国境线以内的陆地领土,它是领域的主要和基本部分。我国于1992年2月25日颁布的《领海及毗连区法》第2条第2款规定:"中华人民共和国的陆地领土包括中华人民共和国大陆及其沿海岛屿、台湾地区及其包括钓鱼岛在内的附属各岛、澎湖列岛、东沙群岛、西沙群岛、中沙群岛、南沙群岛以及其他一切属于中华人民共和国的岛屿。"这就是我国的领陆范围。

2. 领水

领水是指在陆地疆域内或与陆地疆域相邻接的一切水域。具体又分为内水和领海：（1）内水是指我国陆地疆域内的水域，包括内湖、内河、内海及界水的一部分。所谓界水，是指分属于沿岸国家的内水。按照国际惯例，界水划分的基本原则是，对不可航行的河流以河道中心线为界；对可航行的河流以河流的主航道中心线为界。（2）领海是指与一国海岸或内水相连的一定范围的海域。根据1958年9月4日我国政府关于领海的声明和我国《领海及毗连区法》第3条的规定，我国的领海是12海里，测定领海范围的起点是直基线法，即我国大陆及其领海岛屿的领海以连接大陆岸上和沿海岸外缘岛上各基点之间的各直线为基线，从基线向外延伸12海里的水域是中国的领海。

3. 领空

领海一般是指领陆、领水的上层空气空间，但在领空范围上，也有领空无限说的观点，而且这一观点得到1919年《巴黎条约》和1944年《芝加哥条约》的承认。1919年在巴黎签订的《航空管理公约》第1条规定："每一个国家对其领土（陆地、水域）上的空间具有完全的排他的主权。"因此，随着航天技术的快速发展，制定太空法已成为国际立法的一个重要课题，而现代国际社会将领空划分为空气空间和外层空间两部分，各国普遍承认国家对其领土之上的空气空间拥有主权，而对外层空间没有主权。因此，实际上领空是指领陆、领水之上的空气空间。即便如此，领空的刑法效力也会受到国际条约的制约，非常复杂。

4. 关于在船舶、航空器、领使馆内的犯罪

我国刑法典第6条第2款规定，凡在我国船舶、航空器内的犯罪，都适用我国刑法。根据1961年《维也纳外交关系公约》的规定，各国驻外大使馆、领事馆不受驻在国的司法管辖，而受本国的司法管辖。所以，在我国驻外使领馆内的犯罪应适用我国刑法。至于在船舶和航空器的犯罪，挂有本国国旗的船舶、航空器，是属地主义的一种主要特征。因此，这种属地主义也称为"国旗主义"，即国际法所说的双重领土。基于这一论点，挂有本国国旗的航行中的船舶、航空器，视为本国领土，在其中实施犯罪的，根据属地原则，适用本国刑法。这一主张一般为各国所承认，并在刑法典中得以规定。但是，有反对意见认为，应把挂有本国国旗的船舶、航空器称为"浮动领土"，因为它不是"实质领土"，而是"想象领土"，把它确定为犯罪地，成为刑法效力所及的范围，是不正确的。国际上绝大部分国家都承认"浮动领土"或"想象领土"，认定其主张是正确的。这里所称"想象领土"是相对于"实质领土"而言，它将一国驻外国使领馆、一国军队驻外国军事区或占领地以及挂有一国国旗的船舶、航空器均视为本国领土。

5. 关于犯罪地

我国刑法采用的是综合说，即犯罪的行为和结果有一项发生在我国领域内的，就认为是在我国领域内犯罪，适用我国的刑法。犯罪地说又划分为行为地说、结果地说和混合说

三种情况。所谓行为地说,是指对那些始于本国领土而终于别国领土的犯罪拥有刑事管辖权的主张,对于不作为犯罪,根据义务发生地作为行为地。因此,行为地说也称为"主观领土管辖原则"或"主体的领土管辖"。所谓结果地说,是指对那些发生在别国领土而完成或实现于本国领土的犯罪,或对本国造成有害后果的犯罪拥有刑事管辖权的主张,因此也称为"客观领土管辖原则"或"客体的领土管辖"。所谓混合说,是指无论行为地还是结果地,只要有一项在本国领土内发生就拥有对该犯罪的刑事管辖权的主张,因此也称为"折衷主义"或"行为与结果择一说"。行为地说不考虑行为的结果发生地,结果地说不考虑犯罪的实施和未遂,二者都具有一定的片面性。针对这一情况,就有了另一种主张,即在一定的国土范围内,哪怕犯罪行为实施了一小部分,就可确定为犯罪地。一般把这种观点称为"偏在说"。① 有的刑法学者认为"偏在说"不妥当,并提出两点批判意见:一是扩大主权、刑罚权倾向的典型,二是拟制的犯罪地。因而,"偏在说"在法学界未获得充分认可,但至今并未提出足以克服此缺点的论点来,因而当前许多所谓的文明国家把这一"偏在说"的主张用明文规定下来。② 有些国家的刑法典中虽没有规定,但实际上也都一一承认了。另外,共同犯罪的犯罪地确定是一个十分困难的问题。当前有两种确定共同犯罪的犯罪地的观点:一是根据共同犯罪独立说来确定共同犯罪的犯罪地,二是根据共同犯罪从属说来确定共同犯罪的犯罪地。前者是最狭义的解释论,认为只有共同犯罪的共同行为地,才是共同犯罪的犯罪地。后者为广义的解释论,认为正犯的行为地就是共同犯罪的犯罪地。从目前世界各国刑法典规定的情况来看,采用第二种观点的国家占绝大多数。如德国、日本和法国的刑法典均采用这一观点。

6."法律有特别规定的"的情况

(1)我国刑法典第11条规定:"享有外交特权和豁免权的外国人的刑事责任,通过外交途径解决。"所谓外交特权和豁免权,是根据国际公约,国与国之间在相互平等的基础上,为保证驻在本国的大使馆、公使馆和其他外交机构及其工作人员正常执行职务而给予的一种特殊权利和优遇。这与殖民主义的"治外法权"完全是两个概念。《维也纳外交关系公约》是有关外交特权和豁免权的基本法律文件。我国于1975年正式加入该公约,并于1986年9月5日制定通过了《中华人民共和国外交特权和豁免权条例》。该《条例》涉及内容广泛,与刑事有关的主要规定是:使馆馆舍不受侵犯;使馆的档案和文件不受侵犯;使馆通讯不受侵犯;外交代表的人身不受侵犯,不受逮捕或拘留,与外交代表共同生活的配偶及未成年子女,如果不是中国公民,享有与外交代表相同的那些特权与豁免权;使馆行政技术人员和与其共同生活的配偶及未成年子女,如果不是中国公民且不是在中国永久居留的,来我国访问的外国国家元首、政府首脑、外交部长及其他具有同等身份的官员也享有外交特权和豁免权。此外,依照外交程序出席国际会议的会议代表、各国政府或联

---

① 甘雨沛、何鹏:《外国刑法学》(上册),北京大学出版社1984年版,第242页。
② 如《德国刑法典》第3条第3款、《意大利刑法典》第6条第2款、《瑞士联邦刑法典》第7条及《法国刑事诉讼法》第693条等都明确规定了"偏在说"。

合国的特派员也享有外交特权和豁免权。应该强调的是,享有外交特权和豁免权的有关人员不能随意违法犯罪,如果出现违法犯罪情况,我国绝不能也不可能听之任之,应通过外交途径予以解决。通常是要求派遣国召回,或宣布为"不受欢迎的人""不可接纳的人"直至武装保护出境。

(2)我国刑法典第90条规定:"民族自治地方不能全部适用本法规定的,可以由自治区或者省级人民代表大会根据当地民族的政治、经济、文化的特点和本法规定的基本原则,制定变通或者补充的规定,报请全国人民代表大会常务委员会批准施行。"我国是一个多民族的国家,由于历史等诸多原因,其政治、经济发展不平衡,尤其在文化传统、风俗习惯方面存在不小差异。为照顾各少数民族的特殊情况,刑事立法中也采取了变通措施。这主要表现在侵犯公民人身权利、民主权利领域的犯罪。需要注意的是,刑法的效力在某些少数民族中部分地受到限制,同外交特权和豁免权不同。它不是完全不适用,仅仅是某些犯罪不适用;不适用的部分要根据法律要求,通过法律程序制定出替代的地方性法规。

(3)我国刑法典颁布、实施后,国家立法机关制定了特别刑法,其中包括单行刑事法律和非刑事法律中的有关刑事法律规范的条款。我国1979年刑法典颁布后出现了较多的特别刑法。我国现行刑法典吸收了其中大部分特别刑法;在现行刑法典生效后,1979年刑法典颁布后出现的那些特别刑法,即失去法律效力。

(4)《中华人民共和国香港特别行政区基本法》第2条规定:"全国人民代表大会授权香港特别行政区依照本法的规定实行高度自治,享有行政管理权、立法权、独立的司法权和终审权。"由此可见,我国对香港恢复行使主权,除外交、国防事务统一管理外,其他均按"一国两制""港人治港""高度自治"的政策处理。这也属于刑法属地管辖的特别规定。澳门特别行政区同样享有与香港相同的特殊的刑事管辖权。但是,当我国宣布处于战争状态或特别行政区内发生自身不能控制而又危及国家统一与安全的动乱时,可决定特别行政区进入紧急状态,这时《中华人民共和国刑法》在上述区域内就可以适用了。

(二)我国刑法的属人原则

根据刑法典第6条的规定,除在上述属地管辖中谈及的例外,无论中国人还是外国人,只要在我国领域内犯罪,都适用我国刑法。对于我国公民而言,无须过多解释均能理解;对外国人而言,这是国际公认的国家主权原则的具体体现。

我国刑法典第7条规定:"中华人民共和国公民在中华人民共和国领域外犯本法规定之罪的,适用本法,但是按本法规定的最高刑为3年以下的有期徒刑的,可以不予追究。"因此,我国公民在国外犯罪的,原则上都适用我国刑法。我国公民不仅有义务遵守我国刑法,也有权利受到我国刑法的保护,同时,还要照顾到所在国的主权,尊重所在国的刑事法律。所以,我国刑法规定了所犯之罪的最高法定刑不超过3年的,可以不予追究。"可以不予追究"是以适用为前提,但"可以不予追究"并非是绝对不能追究。第7条第2款规定:"中华人民共和国国家工作人员和军人在中华人民共和国领域外犯本法规定之罪的,适用本法。"本款规定说明了对在国外犯罪的国家工作人员和现役军人要比一般公民严厉,因为身为国家工作人员或军人理应有较高的政治素质,这类人员在国外实施任何种类的犯罪,都会大大损害国家的声誉,所以都应当受我国刑事法律的惩罚。

关于单位(法人)犯罪的效力,根据我国刑法的立法精神,我国刑法总则关于刑法空间效力的规定同样适用于单位犯罪。由于单位犯罪的特殊性,我国刑法对单位犯罪的效力范围也有一些特别规定值得注意。(1)关于单位的国籍。对单位要区分中国单位或外国单位,凡是在我国批准、登记设立的单位,即属中国单位;凡不在我国批准、登记设立的单位,即属外国单位。刑法对中国单位的效力与对中国公民的效力完全相同。(2)在单位犯罪中,往往存在着两个犯罪主体,即单位和作为单位构成要素的自然人。而刑法对两种主体的效力有时会有所不同,如单位是中国单位,但自然人是外国人的情况,刑法对这两类犯罪主体的效力就要分别加以确定,根据不同情况分别适用刑法总则有关空间效力的有关规定。

关于外国法院判决的效力,我国刑法典第10条规定:"凡在中华人民共和国领域外犯罪,依照本法应当负刑事责任的,虽然经过外国审判,仍然可以依照本法追究,但在外国已经受过刑罚处罚的,可以免除或者减轻处罚。"该规定充分说明我国绝对独立行使审判权和主权原则的神圣不可侵犯性,外国的审判对我国行使审判权无任何约束力,但是,我国刑事立法也充分考虑到国际刑事合作的重要性及不使犯罪人由于双重刑罚遭受不应有的惩罚。所以,在外国已受过刑罚处罚的,可免除或减轻处罚。这是我国刑事法律原则性和灵活性的具体体现。对于该问题,多数国家主张是承认这一判决的事实,而不承认其效力。如果承认其效力,就不能对该犯罪人适用国内法再进行审判;否则,违反一事不再理的原则。本国对该犯罪人,根据属人原则或保护原则,仍应进行审判。如果在外国已执行其全部或一部分刑罚的,可免除其全部或一部分刑罚。本国适用国内刑法审判有可能发现外国判决不合罪刑法定原则或有量刑畸重的现象,本国法院可重新判决,以有利于被告。

另外,我国刑法典第11条规定:"享有外交特权和豁免权的外国人的刑事责任,通过外交途径解决。"这一规定也是基于"外交对等"的原则和国际法的有关规定所做出的妥善处理方式。

(三) 我国刑法的保护原则

我国刑法典第8条规定:"外国人在中华人民共和国领域外对中华人民共和国国家和公民犯罪,而按本法规定的最低刑为3年以上有期徒刑的,可以适用本法,但是按照犯罪地的法律不受处罚的除外。"根据该条规定,当外国人在我国领域外侵犯了我国及其公民的合法权益时,我国有刑事管辖权,即适用我国刑事法律予以惩罚。但是,我国从多方面对行使保护管辖权作出以下限制:(1)刑罚必须是我国刑法规定最低刑为3年以上有期徒刑;(2)按照犯罪地的法律,该犯罪行为也构成犯罪并应受惩罚。

(四) 我国刑法的普遍原则

我国刑法典第9条规定:"对于中华人民共和国缔结或者参加的国际条约所规定的罪行,中华人民共和国在所承担条约义务的范围内行使刑事管辖权的,适用本法。"根据该条规定,凡我国缔结或者参加的国际条约所规定的罪行,即采用普遍管辖原则,行使刑事管辖权。目前,我国缔结和参加的国际条约主要包括《关于制止非法劫持航空器的公约》《关于制止危害民用航空安全的非法行为的公约》《关于在航空器内的犯罪和其他某些行为的公约》《关于防止和惩处侵害应受国际保护人员包括外交代表的罪行的公约》《联合国禁止非法贩运麻醉药品和精神药品公约》等。

我国1979年刑法典没有规定普遍管辖,后来根据国际犯罪的态势以及打击国际严重犯罪的需要,全国人大常委会于1987年颁布了《中华人民共和国对于其缔结或者参加的国际条约所规定的罪行行使刑事管辖权的决定》,从此确定了刑事普遍管辖权的原则。1990年12月28日,全国人大常委会在《关于禁毒的决定》第13条中详细规定,外国人在中华人民共和国领域外走私、贩毒、运输、制造毒品进入我国领域的,我国司法机关有管辖权。现行刑法典将上述规定纳入刑事管辖权原则,这无疑有助于维护国际社会秩序、加强国家间共同打击危害人类的犯罪行为的合作。

第三节　刑法的时间效力

刑法的时间效力,是指刑法的管辖期间,主要涉及到刑法的生效、效力终止的时间,以及刑法对它生效前的行为是否有溯及力的问题。

一、我国刑法生效和诉讼时效

刑法的生效是刑法开始生效时间的简称,是指刑法开始具体执行的时间;刑法的效力终止时间是指刑法停止执行的具体时间。

（一）我国刑法的生效时间

刑法的生效时间是指刑法从什么时间开始发生法律效力。我国刑法生效的时间有两种情况:一是刑事法律一经公布即开始生效。如新中国成立初期颁布的《中华人民共和国惩治反革命条例》《中华人民共和国惩治贪污条例》,20世纪80年代颁布的《关于严惩严重破坏经济的罪犯的决定》,20世纪90年代颁布的《关于惩治破坏金融秩序犯罪的决定》,1997年刑法典颁布后的四个刑法修正案等都是从公布之日起生效。二是公布之后经过一段时间再施行生效,世界上多数国家采用这种方法。我国1979刑法典和1997年刑法典均采用这种方法。

（二）我国刑法的效力终止时间

刑法的效力终止时间是指刑事法律在什么时候失去效力的时间。目前,世界各国刑事法律失效的方式有多种,如立法机关宣布废除某种法律、新法公布实施而同一性质的旧法自然失效、在颁布某一法律时就明文规定其有效期限等。我国刑法的失效基本有四种形式:(1)立法机关明确宣布某种法律失效。例如,第六届全国人大第二十三次会议曾宣布1978年底以前颁布的111件法律失效,其中就有单行刑事条例《惩治反革命条例》和

《惩治贪污条例》等。(2) 新法实施后取代了同类内容的旧法。如 1983 年严厉打击严重刑事犯罪以来，先后颁布了多种决定、规定或补充规定，有些是对刑法典的修改，当旧法的某些条款与新法规定相抵触时，旧法规定就自然失去效力。(3) 原来的刑事法律在某一特殊历史条件下制定的，当这种特殊条件不复存在时，这类规定的法律效力也就终止。如新中国成立初期制定的《土地改革法》即属于这种情况。(4) 刑事法律与《宪法》规定相抵触。我国《宪法》第 5 条规定："一切法律、行政法规和地方性法规都不得同宪法相抵触。"如果刑法典的规定与《宪法》相抵触，就会因违宪而失效。但在实践中，我国尚未出现此类情况，如果以后对《宪法》进行修改，修改后的规定与刑事法律的规定相冲突，那么，相冲突的刑事法律规定自然失效。

二、我国刑法的溯及力

刑法的溯及力，也称刑法溯及既往的效力，是指刑法生效以后，对其生效以前发生的未经判决或者判决尚未确定效力的犯罪行为是否适用的问题。如果适用，则有溯及力；如果不适用，则没有溯及力。有关溯及力问题，世界各国的刑法规定不尽相同，在刑法理论界也存在不同意见，概括起来有下列四种：

(1) 从旧原则。即对新法生效以前的行为，一律适用行为时的法律；新法只能适用于生效后的行为，新法对其生效前的行为一律没有溯及力。该原则对犯罪行为人比较合理，但如果某行为依据旧法已经构成犯罪，而新法不认为犯罪，若按从旧原则再依法判处，显然有悖于刑罚之目的。由此可见，此原则也存在不足之处。

(2) 从新原则。即对新法生效前未经判决或者判决尚未发生法律效力的行为，一律适用新法，新法对生效前的行为有溯及力。该原则强调新法的使用，在特定社会治安环境下，有利于遏制犯罪。但是，依新法可以认定为犯罪而行为时的旧法则不认为是犯罪的，如果按新法定罪判刑，也有失公平，显属不妥。

(3) 从旧兼从轻原则。即对新法生效前的行为，原则上适用行为时的法律，新法原则上没有溯及力。但是，如果新法不认为是犯罪或者处罚较轻时，则按新法处理，新法就具有溯及力。该原则弥补了绝对从旧原则之不足，既能满足变化了的社会情况，又符合罪行法定的原则，目前绝大多数国家采用此原则。

(4) 从新兼从轻原则。即对新法生效前未经判决或判决未发生法律效力的行为，原则上适用新法，新法原则上具有溯及力。但是，旧法不认为是犯罪或者处刑较轻时，则按旧法处理。该原则避免了绝对从新原则的缺陷，较绝对从新原则优越，然而容易造成事后处罚的现象。

我国刑法典第 12 条规定："中华人民共和国成立以后本法施行以前的行为，如果当时的法律不认为是犯罪的，适用当时的法律；如果当时的法律认为是犯罪的，依照本法总则第四章第八节的规定应当追诉的，按照当时的法律追究刑事责任，但是如果本法不认为是犯罪或是处罚较轻的，适用本法。"1997 年刑法典有关溯及力的规定与 1979 年刑法典相比,只将"如果当时的法律、法令、政策认为是犯罪的",改为"如果当时的法律认为是犯罪的",仅去掉其中的"法令、政策"。这一修改实质上没变,只是更进一步体现了依法办事。根据该条规定,我国刑法溯及力采用的是从旧兼从轻原则。

从旧兼从轻原则,是从1979年刑法典颁布后就确定下来的刑法溯及力原则。但是,由于对刑事犯罪斗争的需要,在1982年全国人大常委会《关于严惩严重破坏经济的罪犯的决定》和1983年《关于严惩严重危害社会治安的罪犯的决定》就另有规定。《关于严惩严重破坏经济的罪犯的决定》第2条规定:"本决定自1982年4月1日起施行。凡在本决定施行以前犯罪的,而在1982年5月1日以前投案自首,或者已被逮捕而如实地坦白承认全部罪行,并如实地检举其他犯罪人员的犯罪事实的,一律按本决定施行以前的有关法律规定处理。凡在1982年5月1日以前的所犯罪行继续隐瞒拒不投案自首,或者拒不坦白承认本人的全部罪行,亦不检举其他犯罪人员的犯罪事实的,作为继续犯,一律按本决定处理。"该规定采用的是附条件的从旧原则,如果具备在限定的期间内实施规定中要求的行为,可按旧法处理;否则,则适用新法。《关于严惩严重危害社会治安的罪犯的决定》第3条规定:"本决定公布后审判上述犯罪案件适用本决定。"该规定采用的是从新原则。上述两个决定有关溯及力的规定,在打击严重经济犯罪和严重危害社会治安的犯罪斗争中,发挥了应有的作用。1997年刑法典中附件一对上述两决定予以废止,即按照修订后的刑法典执行,自此刑法的时间效力完全采用从旧兼从轻原则。

三、刑法时间效力的法律适用

刑法的时间效力问题,归根结底是解决新、旧刑法如何选择适用的问题。这个问题的核心是对犯罪人有利还是不利。从旧兼从轻原则的价值取向是有利于犯罪人,这与罪刑法定原则的保障人权精神是一致的。但是,新、旧刑法的选择适用所涉及的不只是1997年刑法典第12条明文规定的有罪无罪和处罚轻重的问题,而且还包括其他一些有关的问题。为此,最高人民法院于1997年9月25日颁布《关于适用刑法时间效力规定若干问题的解释》,与1997年修订的刑法典同步施行,也即自1997年10月1日起施行。

根据刑法典第12条和《关于适用刑法时间效力规定若干问题的解释》的规定,在刑法时间效力上应注意以下问题:

(1) 对于行为人在1997年9月30日以前实施的犯罪行为,在人民检察院、公安机关、国家安全机关立案侦查或者在人民法院受理案件以后,行为人逃避侦查或者审判,超过追诉期限或者被害人在追诉期限内提出控告,人民法院、人民检察院、公安机关应当立案而不予立案超过追诉期限的,适用1979年刑法典第77条的规定。

(2) 对于酌定减轻处罚、累犯的认定、自首的认定、立功的认定、缓刑的撤销、假释的适用与撤销等问题,应坚持从旧兼从轻的原则进行处理。

(3) 对于根据旧法需要类推处理而没有处理的,不管现行刑法是否规定为犯罪,都不得以类推方式定罪量刑。

(4) 对于法律规定中间有变化的溯及力问题，要具体情况具体分析。例如，国有公司、企业、事业单位工作人员玩忽职守的犯罪行为，1979年刑法典规定为犯罪行为，1997年刑法典没有规定为犯罪行为，1999年12月25日《刑法修正案》又规定为犯罪行为。对于这种情况，应以行为时的法律规定是否是犯罪行为，确定刑法溯及力。如果行为是发生在1997年10月1日以后，1999年12月25日以前，现在处理，应当适用当时法律规定，不构成犯罪。如果行为发生在1997年10月1日以前，1980年1月1日以后，现在处理，构成犯罪。

(5) 如果当时的法律不认为是犯罪，现行刑法认为是犯罪，而行为连续或继续到1997年10月1日以后，对1997年10月1日以后的行为适用现行刑法追究刑事责任。如果对该行为当时的法律和现行刑法都认为是犯罪，则适用现行刑法，但是现行刑法比当时刑法所规定的构成要件和情节较为严格，或者法定刑较重的，在提起公诉时应当提出酌情从轻处理意见。

(6) 刑法典第12条规定的"处刑较轻"是指刑法对某种犯罪规定的刑罚即法定刑比1997年修订前刑法轻。法定刑较轻是指法定最高刑较轻；如果法定最高刑相同，则指法定最低刑较轻。如果刑法规定的某一犯罪只有一个法定刑幅度，法定最高刑或者最低刑是指该法定刑幅度的最高刑或者最低刑；如果刑法规定的某一犯罪有两个以上的法定刑幅度，法定最高刑或者最低刑是指具体犯罪行为应当适用的法定刑幅度的最高刑或者最低刑。如果1997年修订前后的刑法典对犯罪的规定没有变化，只是罪名发生变化，原则上适用哪个法律规定，就适用这个法律规定的罪名；如果犯罪行为处在连续或持续状态，一直到1997年刑法典生效以后，则应按行为终了时刑法典规定的罪名定罪，而不能分别定两种罪名。

此外，针对刑法典第12条的理解和适用，最高人民检察院在《关于检察工作中具体适用修订刑法第12条若干问题的通知》中也作出了具体的解释：

(1) 如果当时的法律（包括1979年刑法典、《惩治军人违反职责罪暂行条例》、全国人大常委会关于刑事法律的决定、补充规定以及民事、经济、行政法律中"依照""比照"刑法有关条款追究刑事责任的法律条文）、司法解释认为是犯罪的，1997年修订的刑法典不认为是犯罪的，依法不再追究刑事责任。已经立案、侦查的，撤销案件；审查起诉的，作出不起诉决定；已经起诉的，建议人民法院退回案件，予以撤销；已经抗诉的，撤回抗诉。

(2) 如果当时的法律认为是犯罪的，1997年修订的刑法典也认为是犯罪的，按从旧兼从轻的原则依法追究刑事责任：(1) 罪名、构成要件、情节以及法定刑没有变化的，适用当时的法律追究刑事责任；(2) 罪名、构成要件、情节以及法定刑已经变化的，根据从轻的原则，确定适用当时的法律或者修订刑法追究刑事责任。

(3) 如果当时的法律不认为是犯罪，修订刑法认为是犯罪的，适用当时的法律；但行为连续或继续到1997年10月1日以后的，对10月1日以后构成犯罪的行为适用修订后的1997年刑法典追究刑事责任。

第四节　刑法的其他效力

刑法的其他效力是指除空间效力和时间效力外的其他刑法效力,包括刑法总则的效力、刑法的追诉时效和告诉才处理的案件的效力。

一、刑法总则的效力

我国刑法典第 101 条规定:"本法总则适用于其他有刑罚规定的法律,但是其他法律有特别规定的除外。"也就是说,除刑法典外,如果还有其他法律或在其他法律中规定有刑罚等承担刑事责任的法律规范,那么刑法总则规定的一切规则、原则和规定均适用于该项法律。根据我国刑事立法的实践,目前这种情形主要包括两种:(1) 刑法总则效力涉及的单行刑法问题。1979 年刑法典颁布后,全国人大常委会先后颁布了《关于处理逃跑或重新犯罪的劳改犯和劳教人员的决定》等 24 个单行刑法,这些单行刑法都是对 1979 年刑法典的重要补充。根据 1979 年刑法典第 101 条的规定,刑法总则的效力适用于这些单行刑法。1997 年刑法典颁布后,全国人大常委会又通过了一个单行刑法和九个刑法修正案,一个单行刑法指的是《关于惩治骗购外汇、逃汇和非法买卖外汇犯罪的决定》,当然,九个刑法修正案严格来讲也是单行刑法,只不过形式不同。(2) 刑法总则效力涉及的附属刑法问题。1979 年刑法典颁布后,我国在民法、经济法、行政法等非刑事法律中颁布的附属刑法多达 130 多个,但内容主要是"构成犯罪的,追究刑事责任"等表述,只是起着一定的威慑作用,几乎没有规定具体的罪名和法定刑,并无实质性的刑法意义。例外的情况是 1990 年 9 月 7 日第七届全国人大第十五次会议通过的《铁路法》中规定了"携带危险物品进站上车罪",不仅规定了罪名,还规定了独立的法定刑,这是唯一一个"附属刑法"中罪名和法定刑较完备的附属刑法条文。不过,该条款早被取消。目前在我国民法、经济法、行政法等法律、法规中仍有大量附属刑法存在,刑法总则对这些附属刑法是具有法律效力的,只不过在没有罪名与法定刑等情况下,也就没有实际意义。

二、刑法的追诉时效

所谓追诉时效,也称为起诉时效、求刑权时效,是指刑法所规定的追诉的时间效力。[①] 刑法典第 87 条规定:"犯罪经过下列期限不再追诉:(1) 法定最高刑为不满 5 年有期徒刑的,经过 5 年;(2) 法定最高刑为 5 年以上不满 10 年有期徒刑的,经过 10 年;(3) 法定最高刑为 10 年以上有期徒刑的,经过 15 年;(4) 法定最高刑为无期徒刑、死刑的,经过 20 年。如果 20 年以后认为必须追诉的,须报请最高人民检察院核准。"这就是我国刑法典关于追诉时效的规定。也就是说,在法定时效之内司法机关有权追诉;超过法定时效,追诉

[①] 陈兴良:《本体刑法学》,商务印书馆 2001 年版,第 877 页。

权就失去效力。

关于追诉时效的计算,我国刑法典第 89 条第 1 款规定:"追诉期限从犯罪之日起计算;犯罪行为有连续或者继续状态的,从犯罪行为终了之日起计算。"具体的计算方法有两种:(1) 从实施犯罪之日起计算追诉时效的起始时间。这种方法针对的是犯罪行为没有持续或连续性的情况。但在"隔时犯"①的情况下,是犯罪行为实施时还是结果发生时作为追诉时效的起算时间就发生了争议。我国通常采用犯罪行为时作为追诉时效的起始时间,但对于结果犯而言,应当以结果出现即犯罪成立时作为追诉时效的起始时间。实际上对于行为犯而言,犯罪行为发生时就是结果时,道理是一样的。(2) 从犯罪行为终了之日起计算追诉时效的起始时间。这种方法是针对有持续或连续性犯罪行为的情况。一方面,从主观恶性上来讲,犯罪行为在持续或连续进行,追诉时效的计算必然从其犯罪结束或终了时开始计算其起始时间;另一方面,从时效中断理论上来讲,第二次作案后是对上一次作案时效的中断。

此外,追诉时效的中止、中断、延长和截止也是需要关注的问题。

所谓追诉时效的中止,是指追诉时效在进行期间因发生法律规定的特定事由或基于法律的特定保护使追诉时效不能开始或中止计算,当事由或法律特定保护消除后继续计算追诉时效的制度。我国刑法典对此没有规定,从国外的立法例来看这些事由或法律规定主要包括自然灾害、战争、疾病、外交特权和豁免权的特殊保护、特殊群体的特殊保护(如妇女、儿童、种族等)、域外服刑、证据或案件事实以其他案件为前提等。

所谓追诉时效的中断,是指在追诉时效进行期间因发生法律规定的事由或已经经过的追诉时效期间归于失败,从而引起追诉时效重新计算的制度。在司法实践中,导致追诉时效中断的主要因素是被追诉者重新犯罪。我国刑法典第 89 条第 2 款规定:"在追诉期限以内又犯罪的,前罪追诉的期限从犯后罪之日起计算。"换言之,只要在追诉期限内又犯罪的,前罪诉讼时效中断,从而追诉时效从犯后罪之日起开始计算。然而,后来又实施的犯罪指的是同一种罪,还是无论是否为同一种罪均将中断诉讼时效?是否要求达到一定刑罚?这些问题我国刑法典并没有明确规定。根据我国《刑事诉讼法》第 15 条的规定,犯罪已过追诉时效期限的,不追究刑事责任;已经追究的,应当撤销案件,或者不起诉,或者终止审理,或者宣告无罪。《最高人民法院关于执行〈中华人民共和国刑事诉讼法〉若干问题的解释》第 117 条规定,对于符合上述情形的,应当裁定终止审理或者决定不予受理。这些规定足以说明,中断追诉时效的犯罪就可以继续追究刑事责任,没有中断追诉时效的就不能再追究。

所谓追诉时效的延长,是指在追诉时效进行期间,因发生法律规定的事由而导致追诉时效的延长,从而允许超过追诉时效期间进行追诉的制度。如我国刑法典第 88 条规定:

---

① "隔时犯"在刑法理论上有行为主义、结果主义和折衷主义三种观点,我国一般采行为主义观点,即犯罪行为时为诉讼时效的起始时间。参见陈兴良:《刑法哲学》,中国政法大学出版社 2000 年版,第 332 页。

"在人民检察院、公安机关、国家安全机关立案侦查或者在人民法院受理案件以后,逃避侦查或者审判的,不受追诉期限的限制。被害人在追诉期限内提出控告,人民法院、人民检察院、公安机关应当立案而不予立案的,不受追诉期限的限制。"延长追诉时效的条件有两个:(1)立案或受理案件后"逃避侦查或者审判"。但这不能理解成侦查阶段"立案"后或人民法院受理案件后就必然延长追诉时效,否则那就不需要设定"逃避侦查或者审判"的前提条件。(2)"被害人在追诉期限内提出控告"。也就是说,在追诉时效内被害人提出控告的,人民法院、人民检察院、公安机关应当立案而不予立案的,为了从根本上解决社会矛盾,可以不受限制而延长追诉期限。

所谓追诉时效的截止,是指最终追诉时效的结束,即追诉时效的截止日。在司法实践中,追诉时效的截止日究竟是是立案时还是宣判时?这存在不小的争论,而导致这一争论的原因是我国刑法典对追诉时效的截止没有予以明确规定。从我国刑法典第87、88、89条的规定看,没有涉及追诉时效的截止。因此,本书认为,必须以立法或司法解释形式明确规定追诉时效的截止。除刑法典第87条外,我国《刑事诉讼法》第15条也没有明确追诉时效的截止日以立案为限。所以,根据相关法律的规定,就应当宽泛地理解诉讼时效的截止日为审判时。

由此可见,追诉时效的中止、中断、延长和截止都将直接影响司法机关继续追诉犯罪。

三、"告诉才处理"案件的效力

"告诉才处理"的案件是我国《刑事诉讼法》第204条规定的自诉案件的一种类型,此外还包括被害人有证据证明的轻微刑事案件,以及被害人有证据证明对被告人侵犯自己人身、财产权利的行为应当依法追究刑事责任,而公安机关或者人民检察院不予追究被告人刑事责任的案件。所谓告诉才处理的案件必须是刑法分则中法律明确规定告诉才处理的案件。根据刑法典第246、257、260、270条的规定,涉及侮辱罪、诽谤罪、暴力干涉婚姻自由罪、虐待罪、侵占罪五个罪名。其中,侮辱、诽谤行为严重危害社会利益和国家利益的不属于"告诉才处理"的案件,暴力干涉婚姻行为致人死亡和虐待行为致人死亡等也不属于"告诉才处理"的案件。从广义上讲,没有被提起公诉的轻微刑事案件等,也应当属于"告诉才处理"的案件,因为这些案件不经"告诉程序"人民法院不会受理。因此,研究"告诉才处理"的案件应当把这些案件纳入研究视野。

所谓"告诉才处理"案件的效力,是指对于刑法典规定的"告诉才处理"的案件和《刑事诉讼法》规定的自诉才受理的案件,通过"告诉程序"才会发生的追诉效力。除我国刑法典第146、257、260、270条规定的"告诉才处理"犯罪外,我国《刑事诉讼法》第204条规定:"自诉案件包括下列案件:(1)告诉才处理的案件;(2)被害人有证据证明的轻微刑事案件;(3)被害人有证据证明对被告人侵犯自己人身、财产权利的行为应当依法追究刑事责任,而公安机关或者人民检察院不予追究被告人刑事责任的案件。"因此,这些案件只有法律规定的主体到人民法院自行起诉,才能发生追诉效力。

关于告诉主体问题，所谓告诉主体，是指有权向人民法院直接诉讼并提出控告的人。刑法典第98条规定："本法所称告诉才处理，是指被害人告诉才处理。如果被害人因受强制、威吓无法告诉的，人民检察院和被害人的近亲属也可以告诉。"我国《刑事诉讼法》第122条规定："对于自诉案件，被害人有权向人民法院直接起诉。被害人死亡或者丧失行为能力的，被害人的法定代理人①、近亲属②有权向人民法院起诉。人民法院应当依法受理。"由此可见，告诉主体可分为两种：一种是一般告诉主体，即被害人；另一种是特殊主体，即如果被害人因受强制、威吓无法告诉的，人民检察院或者被害人的近亲属、法定代理人等也可以代替其告诉。另外，根据相关司法解释的规定，限制行为能力人以及由于年老、患病、盲、聋、哑等原因不能亲自告诉的，其法定代理人、近亲属和律师等也可代为告诉；代为告诉人应当提供与被害人关系的证明，以及被害人不能亲自起诉的原因的证明。

四、行刑时效

所谓行刑时效，是指刑事法律规定的对被判刑的人执行刑罚有效期限的制度。通常情况下，犯罪人被科处刑罚后，行刑机关都会在行刑时效期内对犯罪人执行所判处的刑罚。但由于存在一些特殊情况，行刑机关在行刑时效期间内未能对所判刑罚实施执行，即超过了行刑时效的期间，便不能再对犯罪人执行所判处的刑罚。行刑时效完成，是刑罚执行权消灭的一项重要事由。然而，我国刑法没有规定此项制度，通常情况下行刑时效的期间可以适当长于追诉时效的期间，根据世界各国的立法例，一般行刑时效的最长期限可确定为30年。

---

① 法定代理人是指被代理人的父母、监护人和负有保护责任的机关、团体的代表。
② 近亲属是指夫、妻、父、母、子、女、同胞兄弟姐妹。

第二编　犯罪成立及其认定

第七章　犯罪概述

第八章　犯罪成立

第九章　犯罪客观要件

第十章　犯罪主观要件

第十一章　犯罪量度要件

第十二章　犯罪形态（I）：未完成形态

第十三章　犯罪形态（II）：共同犯罪

第十四章　犯罪形态（III）：单位犯罪

第十五章　犯罪形态（IV）：一罪与数罪

第七章

犯 罪 概 述

犯罪是刑法的一个重要基本范畴,也可以说是刑法学大厦的理论基石。如何界定和认定犯罪,不仅是个刑法理论问题,更是刑事立法与司法实践问题。本章主要讨论犯罪的概念、本质和分类,以及犯罪认定的基本条件等。

第一节 犯罪的概念

就社会学而言,犯罪是一种特殊社会现象,原因极其复杂。刑法规定犯罪,因此犯罪也就成为一种法律现象。所以,不仅在不同语境和学科里对犯罪有着不同的表述,甚至每一个国家或地区的刑法对犯罪的规定也不尽相同。本书讨论的是刑法意义上的犯罪概念,而非犯罪学或社会学意义上的犯罪概念,特别是我国刑法典第13条规定的犯罪的概念与特征。

一、犯罪的一般定义

关于犯罪的一般定义,各国具有代表性的观点有以下三种:

(1) 形式定义说。形式定义说是指仅从犯罪的法律特征上给犯罪下定义,不太涉及犯罪的本质特征分析。西方国家的刑法多为形式定义说。如1810年《法国刑法典》第1条规定:"法律以违警刑所处罚之犯罪,称违警罪。法律以惩治刑所处罚之犯罪,称轻罪。法律以身体刑或名誉刑所处罚之犯罪,称重罪。"[①]这是人类立法史上首次在法典中规定犯罪的一般概念。

(2) 实质定义说。实质定义说是指从犯罪的本质特征上给犯罪下定义,而不更多顾及犯罪的法律特征。如1922年《苏俄刑法典》第6条规定:"威胁苏维埃制度的基础及工农政权向共产主义制度过渡时期所建立的法律秩序的一切危害社会的作为或不作为,都认为是犯罪。"这是社会主义国家的第一部刑法典,该法典不仅规定了犯罪的实质定义,而

---

① 法国的民法典享誉世界,其实法国的刑法典也很有特色。1810年法国刑法典开创了世界刑法史上在法典中规定犯罪概念的先河,此后许多国家纷纷效仿。

且规定了类推原则。

（3）形式与实质定义统一说。形式与实质定义统一说是指从犯罪的本质和法律特征两个方面对犯罪进行界定。如我国1979年刑法典第10条规定："一切危害国家主权和领土完整，危害无产阶级专政制度，破坏社会主义革命和社会主义建设、破坏社会秩序，侵犯全民所有的财产或者劳动群众集体所有的财产，侵犯公民私人所有的合法财产，侵犯公民的人身权利、民主权利和其他权利，以及其他危害社会的行为，依照法律应当受到刑罚处罚的，都是犯罪；但是情节显著轻微危害不大的，不认为是犯罪。"我国现行刑法典第13条也规定："一切危害国家主权、领土完整和安全，分裂国家、颠覆人民民主专政的政权和推翻社会主义制度，破坏社会秩序和经济秩序，侵犯国有财产或者劳动群众集体所有的财产，侵犯公民私人所有的财产，侵犯公民的人身权利、民主权利和其他权利，以及其他危害社会的行为，依照法律应当受刑罚处罚的，都是犯罪，但是情节显著轻微危害不大的，不认为是犯罪。"

我国刑法中有关犯罪的定义同苏联刑法有着千丝万缕的联系，甚至更多地受到苏联刑事立法的影响。在苏联，直到1958年后刑法典的犯罪定义才增加了"刑事违法性"的形式要件特征。我国1979年刑法典也主要是承袭了苏联刑法"社会危害性"的实质要件特征说。这些均可从我国1979年刑法典第10条所规定的内容，以及第79条所规定的"类推原则"略见一斑。

从犯罪论的基本立场来看，其可分为客观主义的犯罪论和主观主义的犯罪论。前者被称为旧派，总是坚持"罪刑法定"，故被称为"行为刑法"，主要代表人物包括贝卡利亚、费尔巴哈等（前期旧派）和宾丁、贝林格、毕克麦耶、麦耶尔等（后期旧派）。后者被称为新派，总是缓和"罪刑法定"，故被称为"行为人刑法"，主要包括龙勃罗梭、菲利、李斯特和牧野英一等。

另外，从犯罪定义的技术层面来看，界定与认定犯罪实际涉及许多方面的情况，如界定与认定上的联系与区别（即立法与司法概念上的联系与区分），实然犯罪与应然犯罪之间的置换问题（即有些行为应当是犯罪而刑法没有规定，但有些行为刑法规定为犯罪而事实上并没有被认定为犯罪）等。故有学者从理论与技术层面将犯罪定义归纳为五种：一是依据犯罪的法律后果给犯罪下定义，即犯罪是依法应当受刑法处罚的行为；二是按照犯罪的成立条件给犯罪下定义，即将犯罪的各个成立条件结合为犯罪定义（如德日等大陆法系国家主张，犯罪是符合构成要件、违法且有责性的行为）；三是结合犯罪引起的诉讼程序给犯罪下定义，即犯罪是能够引起刑事诉讼程序的行为（如英美法系国家主张，犯罪是一种可以提起刑事诉讼程序并导致刑罚的违法行为）；四是根据犯罪的反社会性给犯罪下定义，即犯罪是反社会或危害社会的行为；五是结合犯罪的本质和法律特征给犯罪下定义，即犯罪是具有形式与实质违法性的行为。[①] 第一、二、三种定义强调的是犯罪的形式与法

[①] 张明楷：《刑法学》（第2版），法律出版社2003年版，第92页。

律属性,第四种定义强调的是犯罪的本质与社会属性,而第五种定义是二者的结合。本书认为,给犯罪下定义,主要取决于立法与司法者的价值选择,或立法与司法上的应用价值。就立法而言,犯罪的本质与社会属性在起着决定性的作用,因为反社会性是确立犯罪的核心和基础;就司法而言,显然犯罪的形式与法律属性在起着决定性的作用,尤其是在"罪刑法定原则"下,只有那些违反了刑法或应受到刑罚处罚的行为才能被认为是犯罪;就刑法学而言,犯罪的社会属性与法律属性均起着决定性的作用,这是因为刑法学研究的"犯罪"涵盖了立法和司法的因素,缺少任何一个方面的犯罪都是不能成立的。然而,刑法典的"犯罪"定义在价值取向上是更加倾向于立法的犯罪定义,还是更加倾向于司法的犯罪定义,或者两者兼而有之? 对此各国刑法典有着不同的立法例:一是刑法典根本不规定犯罪的一般定义,如日本明治时期的刑法典,这一立法例表面上没有规定犯罪定义,而实际上依托的是刑法分则对个罪内容的具体规定,在很大程度上更加倾向于司法的犯罪定义;二是刑法典从形式上直接规定了犯罪的一般定义,如 1810 年《法国刑法典》,这一立法例也是倾向于司法的犯罪定义;三是刑法典从实质内容上规定了犯罪的一般定义,如 1922 年《苏俄刑法典》,这一立法例倾向于立法的犯罪定义,尤其在类推制度下,它可以惩治一切危害社会和国家意志的行为;四是刑法典从形式和实质内容两个方面规定了犯罪的一般定义,如我国 1979 年刑法典和 1997 年刑法典,这一立法例表面上是一种折衷的方案,但由于与之配合的具体制度和主张的刑法基本原则不同,故其表现出的具体价值倾向也不完全一样。一般认为,刑法典的价值取向主要在于司法操作,因此刑法典的形式定义更具有科学性、价值性和实用性。故本书认为,刑法典中规定的"犯罪"定义,即在犯罪成立和认定中所讲的"犯罪",尤其是在罪刑法定原则下,应当是指一切违反刑法或应受刑罚处罚并有具体罪名、罪状规定的行为。

二、犯罪的基本特征

关于犯罪的特征,我国最具代表性的观点主要有两种,即三特征说和二特征说。

三特征说认为,犯罪的基本特征是社会危害性、刑事违法性和应受刑罚处罚性。这种观点不仅是我国刑法学最早著作的开篇,甚至在相当长的一段时间是我国刑法学的通说。[①] 这是在我国 1979 年刑法典的背景下,刑法理论研究初期形成的传统观点。而借助我国 1997 年刑法典及发展后的现代刑法理论来衡量,三特征说存在以下问题值得研究:(1) 不利于区分刑法意义上的犯罪与其他违法行为、不道德行为的界限。因为除了犯罪行为具有社会危害性外,其他违法行为,甚至不道德行为也同样具有社会危害性。尽管后来有人在社会危害性前加上"严重"二字,以便同一般违法行为相区分,但究竟社会危害"严重"到何种程度才算犯罪,还是没有一个具体规定或操作标准。(2) 不利于刑事司法的具体操作。三特征说从根本上混淆了应从立法和司法两个视角来寻找犯罪特征的基本

---

① 高铭暄主编:《刑法学》,法律出版社 1982 年版,第 66—69 页。

方法与逻辑思路,因为从立法的角度看,立法机关必然考虑的是犯罪的社会危害性或法益侵害性;而从司法的角度看,尤其是在"罪刑法定原则"下,司法机关必然选择刑事违法性,这样就形成了社会危害性与刑事违法性的对立性。(3)不利于刑事立法犯罪标准的确定。刑法学研究中既存在立法的犯罪概念,也存在司法的犯罪概念。立法机关在规定某种行为是犯罪时,尚不存在刑事违法的问题,故立法上的犯罪特征不能依据"刑事违法性",而"社会危害性"又是一个弹性很大的概念与范畴,如何确定这一犯罪标准与尺度,就成为刑事司法操作上的一个难点。尤其是在罪刑法定原则下,司法机关在认定某种行为是犯罪时,只能依据刑事违法性。(4)应受刑罚处罚性作为犯罪的一个独立特征也值得研究。一方面,应受刑罚处罚性与刑事违法性是一个问题的两个方面,因为应受刑罚处罚的行为必然是刑事违法行为,而刑事违法行为也必然是应受刑罚处罚的行为,故不需要进行重复性的表述。另一方面,就立法而言,应受刑罚惩罚性是立法机关权衡某种行为应否作为犯罪处理的衡定标准,只有当立法者认为某一危害社会的行为需要动用刑罚予以规制时,才可能将其规定为犯罪,故应受刑罚处罚性是限制社会危害性程度的一个概念,将其作为犯罪的独立特征不利于完整地理解犯罪概念。因此,学界曾经将犯罪的特征缩减为两个,即社会危害性和刑事违法性;同时,在社会危害性前增加"一定"或"严重"二字,以示同一般社会危害性的区别。

二特征说认为,犯罪必须是对社会有危害性的行为,犯罪也必须是依照法律规定应当受到刑罚处罚的行为或违反刑事法律的行为。其中,代表性的观点主要包括:(1)犯罪的社会属性是社会危害性,犯罪的法律属性是依法应受刑罚处罚性。① (2)犯罪的本质特征是行为的严重社会危害性,法律特征是行为的刑事违法性。② (3)犯罪的本质特征是应受刑罚处罚程度的社会危险性,法律特征是刑事违法性。③ 第一种观点仍未能完全摆脱三特征说的一些理论缺陷;第二、三种观点争论的焦点在于,是用"严重"二字限定社会危害性,还是用"应受刑罚惩罚程度"限定社会危害性? 相较而言,"严重"的程度如何并没有一个具体的衡定标准和尺度,故实际上不具有操作性;而"应受刑罚惩罚程度"相对具有衡定性,尽管最终将这一衡定性的标准推给了"刑罚惩罚",但毕竟具有一个有实际操作标准或考量依据,不再像"严重"二字那么抽象或难以操作。根据第二种观点,立法者虽然可以依据社会危害性是否"严重"来作为界定犯罪的标准,但实际上还是要考虑其他因素的,如立法成本、法治环境和经济发展水平等。根据第三种观点,可以考虑用"是否需要刑罚惩罚"来最终判断,尽管这种判断也许仍然存在社会价值判断上的"妥当与否"问题,但法律作为一种管理社会的手段也必须做到"当断必断"。

综上所述,考虑到我国刑法典的具体规定,本书基本认同二特征说的观点,尤其是二特征说中的第三种观点,似乎更具合理性。但是,刑法典应更多地考虑自身的实用性和操

---

① 何秉松主编:《刑法教科书》(上),中国法制出版社2000年版,第146—147页。
② 马克昌主编:《犯罪通论》,武汉大学出版社1999年版,第18页。
③ 张明楷:《刑法学》(第2版),法律出版社2003年版,第94页。

作性,尤其在罪刑法定原则下,"刑事违法性"理应作为刑法认定犯罪的唯一标准与特征。考虑到在界定犯罪定义时,引入了"法益侵害"的基本概念与范畴,在犯罪两特征的具体表述上不宜再使用"社会危害性"。但鉴于我国刑法典第13条"但书"的相关规定,在刑法学意义上和在刑事司法操作上将犯罪的特征表述为两个也未尝不可,但必须明确,"刑事违法性"或"应受刑罚处罚性"是主要特征,而社会危害性(最好使用"法益侵害性")只是刑法实际操作时的辅助特征,只是在解决我国刑法所规定的犯罪的"定量"因素时才予以考虑。换言之,在罪刑法定原则下,决定犯罪的最根本特征仍是刑事违法性。因此,本书认为,刑法学意义上犯罪的基本特征包括法益侵害性和刑事违法性(或称为应受刑罚处罚性)。

(一)犯罪的本质特征——法益侵害性

长期以来,我国刑法学界一直将"社会危害性"作为犯罪的本质特征,也称为犯罪的社会属性,并认为社会危害性是犯罪最本质的和首要的特征,因为它最具决定意义,犯罪的其他特征都是社会危害性的派生或者延伸。也有学者将犯罪的本质特征表述为"应受刑罚处罚程度的社会危害性",并认为社会危害性是指行为对法益的侵害,即刑法典第13条所列举的对国家法益、公共法益、集体法益以及公民法益的侵害。[①] 本书认为,社会危害性不是一个规范的法律用语,实际上它是一个社会学或犯罪学的范畴,尤其是它表现出的抽象性和不确定性等特点,不太适合犯罪标准化的衡定与操作,且往往受到价值观念、心理感受、信息接受、主观选择等多种因素的影响。如此弹性甚大的一个概念,又如何能在刑事立法,尤其是刑事司法中进行操作?因此,既然社会危害性指的就是行为对法益的害,那么也就不应当再表述为"应受刑罚处罚程度的社会危害性",而应直接表述为"法益侵害性",其特点表现在以下方面:

(1)法益侵害性实际上是侵害刑法法益与侵害普通法法益的有机统一。一般而言,法益是指"由法所保护的,客观上可能受到侵害或者威胁的人的生活利益"[②]。由此可见,法益并不只是由刑法所保护的,而是由所有法律保护的,而刑法保护的法益只是刑法法益,但这里的法益实际上是刑法法益与普通法法益的统一。就刑法法益同其他普通法法益的关系而言,有两种情况值得注意:一是侵犯其他法律的法益,进而由于达到严重程度而侵犯了刑法法益;二是直接侵犯刑法法益。前一种情况侵犯了普通法和刑法双重法益,后一种情况只是侵犯了刑法法益,但两种情况都统一于侵犯了刑法法益。

(2)法益侵害性是实际侵害性与危险性的统一。为了确保社会秩序的安宁及公民人身与财产的安全,刑法法益的侵害性既包括对刑法法益的实际侵害,也包括对刑法法益所造成的威胁侵害或具有侵害的危险性。前者显然是指行为人的行为已经造成了刑法法益的现实损害,而后者是指行为人的行为具有侵害刑法法益的危险性。刑法只是将那些故意针对重大法益所实施的足以造成侵害危险的行为规定为犯罪,使实际的侵害性与遭受

---

① 张明楷:《刑法学》(第2版),法律出版社2003年版,第96页。
② 张明楷:《法益初论》,中国政法大学出版社2000年版,第167页。

侵害的威胁或危险统一于刑法法益侵害性之中。

（3）法益侵害性实际上是客观行为侵害与主观恶性侵害的统一。一般而言，犯罪的法益侵害性是客观存在的，但从其形成结构上来看，应当是主观与客观相统一的。也就是说，只有行为人在主观罪过心理支配下实施的侵害刑法法益的行为才真正具有刑法法益的侵害性，即在刑法法益侵害性上，客观行为与主观恶性保持高度统一。

（二）犯罪的形式特征——刑事违法性或应受刑罚处罚性

长期以来，我国刑法学界一直将"刑事违法性"作为犯罪的形式特征，也称为犯罪的法律属性，并认为刑事违法性是指行为人的行为违反了刑法规范，并为刑法规范所禁止的行为。如果说法益侵害性（过去称社会危害性）是犯罪的本质特征，那么刑事违法性就是犯罪的形式特征；如果说法益侵害性（或社会危害性）是犯罪的社会属性，那么刑事违法性就是犯罪的法律属性。也有学者认为，刑法犯罪行为的禁止是通过罪刑规范体现出来的，或者说是通过对某种行为规定法定刑来禁止该行为的。因此，刑事违法性事实上是指行为符合罪刑规范所指明的假定条件。详言之，行为的刑事违法性与行为符合刑法规定的犯罪构成具有统一性。① 由此可见，违反刑法并不只是违反刑法分则，凡是违反广义刑法的禁止性规范的行为，均应认为具有刑事违法性，如包括违反刑法典、单行刑法及附属刑法等。另外，刑事违法性一般表现为两种情况：一种是直接违反刑法规范，另一种是在违反其他法律规范达到情节严重的情况下又违反了刑法规范。在后一种情况下，违法行为具有双重性，因此，行为人在承担刑事责任的同时，还需承担其他法律责任。

尽管已将刑事违法性解释为违反刑法，但认真分析，似乎这种对形式上的刑事违法性的循环解释并没有明确表明行为违反的根据。故本书认为，要真正理解刑事违法性的确切含义，以下三个问题需要讨论：

1. 刑事违法性的核心实质——法益侵害性

既然刑法规范以法的形式否定或禁止了某些行为，那么也就必然出现"究竟出于何种目的对其禁止"，以及"什么样的行为是具体的禁止对象"等问题。也就是说，对刑事违法性的实质理解是从刑法的目的论开始的。有学者认为，德国刑法学家李斯特对法益概念的研究，导致了实质的违法性论。他确立了刑事违法的两个命题——形式违法和实质违法，前者是违反国家法秩序的行为，后者是侵害法益、反社会的行为。李斯特的观点至今仍然受到广泛赞同，因为刑法的目的性不仅制约着刑法规范的确立，而且展示着刑法规范的实质，这一实质就是国家、国民及社会利益的保护。如有学者指出："刑法是为了更好地保护最大多数国民的利益而统制社会整体的手段。既然如此，国民的利益受到侵害就是违法性的原点。因此，首先将违法行为定义为'导致法益的侵害或者危险（一定程度以上的可能性）的行为'（法益侵害说）。法益是应当由刑法来保护的利益。"② 概言之，刑法的

---

① 张明楷：《刑法学》（第2版），法律出版社2003年版，第99页。
② 〔日〕前田雅英：《刑法总论讲义》（第3版），东京大学出版会1998年版，第53页以下。

任务与目的是保护需要和值得由刑法来保护的社会生活利益,即刑法法益。对此有学者总结指出:立法者之所以以刑法禁止某种行为,是因为它侵害或者威胁了法益,所以侵害法益是违法性的实质。然而,形式的刑事违法性与实质的刑事违法性不是相对立的概念,而是相对应的概念,二者分别从形式的、外表的与实质的、内容的角度来探求违法性的核心实质,将二者结合起来就能够完整地说明刑事违法性的实质。[①] 如果引入实质刑事违法性的概念,那么形式上的刑事违法性与实质上的刑事违法性的关系便是刑事违法性和法益侵害性的关系。这也就从根本上解释清楚刑法之所以禁止某种行为,是因为立法机关认为该行为具有刑法法益侵害性。因此,刑法法益侵害性是刑事违法性的基础,而刑事违法性是刑法法益侵害性的法律表现;从刑法学意义上讲,二者互为一体、相互依存,又相互作用、相互制约。由于刑事违法性意味着行为人的行为具有刑法法益侵害性,故意味着行为人应当受到刑法的惩处与追究。正如有学者指出:"明确了违法性的实质或实质违法是社会危害性(法益侵犯性),以及刑法范围内的形式违法性与实质违法性的统一性,就能够以实质违法性为指导解释刑法所规定的犯罪构成要件,使符合构成要件的行为具有实质违法性,定罪时不必在形式违法性之外寻找社会危害性;于是,符合犯罪构成的行为就既具形式违法性,又有实质违法性。"[②]

2. 刑事违法性的内部结构——主客观相统一

这里的主客观是指国外刑法理论中在刑事责任违法性上主观违法性论与客观违法性论的纷争。主观违法性论认为,只有理解法规范并能按照法规范作出意思决定的人所实施的行为才可能谈得上有无违法性问题,即违法性的有无直接取决于有无辨控能力的行为人。客观违法性论认为,不管行为人的年龄大小和主观能力如何,也不管行为人主观上有无罪过和期待可能性,只要客观上触犯刑律就具有违法性,即违法性的有无完全取决于用法律对行为人作出的客观评价。按照客观违法性的观点,严重的精神病患者等无责任能力人的侵害行为也具有违法性,对其也可以进行正当防卫;按照主观违法性的观点,对于精神病患者等无责任能力人的行为,就不能认定为违法性行为。一般而言,大陆法系国家大都采取客观违法性说,这可能与其犯罪论体系有关,因为构成要件是犯罪的轮廓,违法性是客观危(侵)害,有责性是主观罪过,为了将违法性与有责性相区别,违法性必须是客观的。而我国的犯罪论体系决定了刑事违法性是主客观相统一的内部结构,即只有达到法定责任年龄、具有刑事责任能力,并在罪过心理支配下实施的法益侵害行为才具有刑事违法性。正如有学者指出的,刑法所禁止的行为都是主客观相统一的行为,将主客观不统一的行为认定为具有刑事违法性的行为,在现行犯罪论体系中会引起一些混乱。[③]

3. 刑事违法性的内在根据——行为无价值论

在理解刑事违法性的含义时,有一个不容回避的问题,这就是认定行为侵害法益性的

[①] 张明楷:《刑法学》(第2版),法律出版社2003年版,第100页。
[②] 同上。
[③] 同上书,第102页。

根据何在？对此在国外刑法理论中存在结果无价值论与行为无价值论之争。① 行为无价值论认为，违法性的根据在于行为本身的样态（反伦理性）以及实施行为时的心情，即行为本身恶是违法性的根据；结果无价值论认为，违法性的根据在于行为对法益的侵害或者威胁的结果，即"结果恶"才是违法性的根据。② 结果无价值论的理论基础是客观违法性论。行为无价值论的倡导者德国刑法学者威尔采尔认为："违法性是对与一定的行为人有关的行为的否定，违法就是与行为人有关的'人的'行为的违法。"③在我国，也有学者主张结果无价值论的观点，但必须看到，在结果无价值论和行为无价值论背后隐含着不同的传统刑法理念与刑法价值观念。这从二者的尖锐对立表现可略见一斑：一是在违法性的本质上，前者认为刑法的目的是保护法益，故违法本身就是对法益的侵害；而后者认为刑法的目的是保护社会伦理秩序，故违法就是对社会伦理秩序的违反。二是在处罚依据上，前者认为是法益侵害，而后者认为是反伦理及义务违反。三是在是否承认主观违法要素上，前者一般不承认主观违法要素；而后者普遍承认主观违法要素。四是在判断行为是否违法标准上，前者主张以结果为中心判断行为是否违法；而后者主张以行为为中心判断行为是否违法。五是在违法时间判断的基点上，前者主张进行事后判断；而后者主张以行为时为基点进行判断。④ 尽管许多人同意结果无价值论的理论主张，但在我国传统刑法理论中，诸如定罪标准主观化、犯罪客体理论及社会危害性理论等均是实现结果无价值论理论模式的不利因素，加之我国传统的犯罪观念及理论体系与犯罪构成理论等，都可能是建立结果无价值论体系的较大障碍。充分认识到这一点，对于进一步研究、适用以及发展结果无价值论均是十分必要的。此外，从刑法的发展进程及其阶段性的规律来看，行为无价值论更加符合追究"行为"而非"行为人"刑事责任的立法技术及其发展阶段。例如，对于中国教科书中一个经典案例的分析，无论如何也不能把"误把白糖作砒霜"认定为"无罪"；相反，认为其成立犯罪未遂，从而从轻或者减轻处罚，更具有刑法的公正性与合理性。

因此，本书认为，行为无价值论更加符合我国现在的刑法发展阶段，也更加契合"罪刑法定"的现代刑事法治氛围以及我国刑法典本身的立法技术水平。而且，法益侵害性和刑事违法性实际上是一个问题的两个方面，前者的意义就在于其表述的是犯罪的实质内容，而后者的意义就在于其提供了认定犯罪的法律标准。换言之，前者揭露的是犯罪的内在本质与性质规定，而后者确立的是犯罪的具体规格与衡量尺度。在罪刑法定原则下，强调犯罪的刑事违法性特征，是司法机关认定犯罪的唯一的法律标准。而绝不能再像"类推"制度下的司法犯罪认定那样，主要依据社会危害性来进行，更不能动之于情，在刑事违法性之外寻找或附加其他标准。

---

① 也有学者认为，译为行为反价值与结果反价值比较合适。
② 张明楷：《刑法学》（第2版），法律出版社2003年版，第103页。
③ 〔日〕大塚仁：《刑法概说》（总论），有斐阁1997年版，第347页。
④ 〔日〕前田雅英：《现代社会与实质的犯罪论》，东京大学出版会1992年版，第76页以下。

三、我国刑法规定的犯罪

如上所述,从不同角度对刑法中的犯罪定义可作出不同的分类。例如,根据采用的刑法制度不同,可以分为类推制度下的犯罪定义和罪刑法定制度下的犯罪定义;根据使用的具体用途不同,可以分为立法上的犯罪定义和司法上的犯罪定义;根据具体内容的不同,可以分为刑法学的犯罪定义和刑法典的犯罪定义等。

1. 类推制度与罪刑法定制度下的犯罪定义

1979年刑法典第10条在规定了"社会危害性"与"刑事违法性"兼有的犯罪定义的同时,又在第79条规定了"类推",这两个条文的内容是相辅相成、缺一不可的。因为当时如果没有第79条规定的"类推",就不可能有第10条含有"社会危害性"犯罪定义的科学规定;相反,如果没有含有"社会危害性"犯罪定义的规定,也就不可能具体落实"类推"下的刑法制度设计。因此,刑法学界当时评价"这个定义是对我国社会上形形色色犯罪所作的科学概括"[1],"这是一个完整、精辟的犯罪定义,它从实质上回答了为什么某些行为被规定为犯罪","指出犯罪是危害社会的,是依照法律应当受到刑罚惩罚的行为,从而划清了犯罪和非犯罪的原则界限,充分体现了这一定义的完整性和科学性"[2]。本书不仅赞同当时学术界对1979年刑法典犯罪定义的这些评价,同时还认为,在1979年刑法典中回答"为什么某些行为被规定为犯罪"具有极其的重要性和必要性,因为"如果不那样表述,将无法与其规定的类推原则相适应"[3]。而1997年刑法典是在第3条明确规定了罪刑法定原则的情况下,又在第13条规定了与1979年刑法典没有实质区别的含有"社会危害性"的犯罪定义。不过,1997年刑法典明确取消了1979年刑法典"类推"的规定,这就引起人们的高度警觉。也就是说,刑法基本原则已经彻底改变,但又规定了相同的犯罪定义,是否合乎建立犯罪定义的逻辑标准?有的学者认为:"我国1979年刑法典第10条规定犯罪概念的同时,也承认了罪刑法定原则。因为第10条中'依照法律应当受刑罚处罚'已蕴含了罪刑法定原则的基本思想。"[4]但是,本书认为,蕴含了罪刑法定原则的思想与明确规定了罪刑法定原则毕竟是两回事,不然的话1979年刑法典就不会在第79条规定"类推"了。更何况,在1997年我国修订刑法典时,因为"类推"与"罪刑法定"两个原则的取舍与确立产生了很大的争论,从严格意义上讲,"罪刑法定"与"类推"是格格不入的,两者只能择其一,不可能出现所谓的"罪刑法定原则下的类推"制度。也就是说,由于"类推"原则的规定,一旦出现社会危害性与刑事违法性的尖锐对立与冲突,国家便会主动放弃与罪刑法定原则相对应的刑事违法性的犯罪特征,而完全依据社会危害性来对行为人定罪量刑,在执行1979年刑法典的司法实践中也的确就是这么做的。也许有人会认为,在1979年刑法

---

[1] 高铭暄主编:《刑法学》,法律出版社1984年版,第66页。
[2] 杨春洗等:《刑法总论》,北京大学出版社1981年版,第88页。
[3] 李晓明:《罪刑法定原则的确立与刑法观念的变革》,载《苏州大学学报》(社会科学版)2001年第1期。
[4] 李立众、柯赛龙:《为现行犯罪概念辩护》,载《法律科学》1999年第2期。

典执行期间,"从 1980 年刑法典实施至今,十多年来全国使用类推定罪量刑的案件只有 70 多件,在类型上也不过就十来种,而且主要案件在破坏婚姻家庭罪上。"①但是,问题的根本不在于办案的数量,而是一个任意扩大司法权的严重性质问题,正如有的学者继续指出:"假若不存在上述几个人为的因素,假若司法机关重视对类推的适用,那么可以肯定地说,从 1980 年至今,司法实践中类推定罪的案件决不会只有 70 多件,恐怕 7000 件还不止,类推定罪的种类也决不只限于十来种,至少也会有几十种。"②由此可见,"类推"下的社会危害性必然会给人们带来更多的忧虑和恐惧。当然,随着法治现代化和现代司法文明的发展,类推已逐渐被世界绝大多数国家所放弃。然而,与之相对应的"社会危害性"却仍然遗留在我国刑法典中,这不能不说是立法上原有"类推"痕迹的后遗症,有学者就批评:"在观念上难以扭转对'类推原则'的依恋,甚至包括我们的上级司法机关及其有关的司法解释也常常留有'类推'的痕迹。"③在 1997 年刑法典规定了罪刑法定原则的情况下,很明显刑事违法性由原来的劣势地位上升为绝对优势的地位。从根本上说,这是由于刑法典第 3 条"罪刑法定原则"的确立,使得社会危害性失去了其原先曾经有过的绝对优势。不过,也有学者认为,"社会危害性的功能是双向的","对社会危害性大的行为固可入罪,对社会危害性小的行为亦可出罪"④。也就是说,现行刑法典第 13 条所规定的犯罪定义中的社会危害性特征实际上是在发挥"出罪"的功能,而不再是 1979 年刑法典的"入罪"功能。但是,刑法典第 13 条"社会危害性"和"但书"的规定,并未实际发挥"出罪"的功能,相反对刑事司法实际工作没能起到明确界定和固化定罪标准的作用,甚至给学界及司法机关增增添了疑虑和顾忌。问题的关键在于,"社会危害性"与"但书"同"罪刑法定"也是根本矛盾和对立的,如果以"但书"作为刑法分则某具体罪名的定罪标准的限制条件,是"罪刑法定"绝对不能允许的。

2. 刑事立法与刑事司法下的犯罪定义

在罪刑法定原则下,学界普遍对"社会危害性"提出了质疑,更有学者本着辨明是非、解决问题的宗旨,广泛深入地寻找争执根源,甚至积极研究和探讨解决问题的方案。我国学者王世洲教授早在 1998 年就提出了建立犯罪定义的"双重结构"理论,并认为"新的具有双重结构的中国刑法理论的犯罪概念应当由'立法概念'与'司法概念'组成",且进一步指出"立法上的犯罪概念,是指具有严重的社会危害性、应当适用刑罚予以处罚的行为"⑤。这一主张得到了学界比较一致的赞同,不失为解决罪刑法定原则下关于犯罪界定较为妥当的方案之一。其实,划分犯罪的立法定义和司法定义并不是现代刑法才遇到的新问题,早在 18 世纪末和 19 世纪初的刑事古典学派那里,就有了这种思想和理论。英国

---

① 侯国云:《市场经济下罪刑法定与刑事类推的价值取向》,载《刑法问题与争鸣》,方正出版社 2001 年版,第 46 页。
② 同上。
③ 李晓明:《罪刑法定原则的确立与刑法观念的变革》,载《苏州大学学报》(社会科学版)2001 年第 1 期。
④ 储槐植、张永红:《善待社会危害性观念》,载《法学研究》2002 年第 3 期。
⑤ 王世洲:《中国刑法理论中犯罪概念的双重结构和功能》,载《法学研究》1998 年第 5 期。

著名学者边沁在论及犯罪定义时就明确指出:"根据讨论的题目不同,这个词的意义也有所区别。如果这个概念指的是已经建立的法律制度,那么不论基于何种理由,犯罪都是被立法者所禁止的行为。如果这个概念指的是为创建一部尽可能好的法典而进行的理论研究,根据功利主义的原则,犯罪是指一切基于可以产生或者可能产生某种罪恶的理由而人们认为应当禁止的行为。"[1]由此可见,边沁在这里构建的是两个层次或意义上的犯罪定义:第一个层次是规范意义上的犯罪定义,即司法定义;第二个层次是实质意义上的犯罪定义,即立法定义。前者研究的是一种实然犯罪,即罪刑法定原则下的刑事违法性问题;后者研究的是一种应然犯罪,即法律应当根据什么标准来规定犯罪。这样的划分不仅可以科学地解决由于罪刑法定原则的介入而带来的诸多矛盾,而且完全符合法学方法论的科学规则;不仅可以清楚地划分应然和实然,而且还能够起到规范研究者的作用。另外,从刑事立法与司法的现实状况来分析,刑事立法的关键应当是把握犯罪认定的规格与标准问题,此时的刑事违法性特征对其无意义,因为法还没有制定,谈不上违反。对于刑事司法来讲,在罪刑法定原则下,根本不需要把握所谓的社会危害性,关键是运用法律确定的标准,严格执法与司法。换言之,凡是符合刑法规定的犯罪认定标准,即成立犯罪。由此可见,在罪刑法定原则下只有划分立法犯罪概念与司法犯罪概念,才能最终处理好立法与司法上的规定与操作问题。

3. 刑法与刑法学下的犯罪定义

之所以产生社会危害性与刑事违法性的对立与纷争,关键是罪刑法定原则的加入与出现。除了罪刑法定原则外,还有一个不可忽视的因素就是受制于刑法的法律部门及其操作。在刑法学中研究犯罪定义,基于立法需要的原因,有可能就不再受到罪刑法定与司法的限制。也就是说,刑法理论或刑法学中的犯罪定义,应当是既包括立法情况也包括司法情况的。刑事立法中的犯罪定义要以法益侵害或社会危害性为基本特征,刑事司法中的犯罪定义要以刑事违法性或应受刑罚处罚性为基本特征,两者的结合就是刑法学上的犯罪定义。就连主张社会危害性与罪刑法定原则不冲突的学者,也赞同"在立法意义上,社会危害性与罪刑法定原则并不矛盾"[2]。本书认为,刑法学中社会危害性与罪刑法定原则及其延伸出的刑事违法性也是互不矛盾的。此外,在犯罪定义和犯罪构成理论中,究竟是使用"社会危害性"还是使用"法益侵害"? 赞同使用"社会危害性"的学者,主张"我国刑法中的犯罪概念是科学的,社会危害性理论是经得起推敲的"[3];赞同使用"法益侵害"的学者,主张"将刑法法益纳入犯罪概念,以法益侵害作为犯罪的本质特征,由此取代社会危害性概念"[4]。虽然两种主张在阐述各自观点时都引用了马克斯·韦伯的"合理性"理论,但却得出了截然不同的两种结论,主要原因在于不是在同一个平台或价值取向上来讨论

---

[1] [英]边沁:《立法理论——刑法典原理》,孙力等译,中国人民公安大学出版社1993年版,第1页。
[2] 李立众、柯赛龙:《为现行犯罪概念辩护》,载《法律科学》1998年第3期。
[3] 刘艳红:《社会危害性理论之辨正》,载《中国法学》2002年第2期。
[4] 陈兴良:《社会危害性理论》,载《法学研究》2001年第1期。

问题。

综上所述,研究任何问题,包括本文讨论的社会危害性与刑事违法性,必须在同一个平台、同一个基点上来进行,否则将失去讨论与研究的一般性条件、前提或基础标准,如此不仅无可避免地产生不必要的争议,而且不可能得出客观精准的观点。本书认为,我国刑法典第13条究竟是规定一个立法的犯罪定义还是一个司法的犯罪定义?这需要刑法典予以明确。虽然立法的犯罪定义对今后刑法典的修改与完善具有指导意义,但更大的意义在于司法操作。因此,可以在刑法学中分别讨论犯罪的立法定义与司法定义,以便发挥两者不同的功能与作用。犯罪的立法定义是指严重侵犯法益而应当承担刑事责任的行为;犯罪的司法定义是指违反刑法规范而应当承担刑事责任的行为。

第二节 犯罪的本质

关于犯罪的本质,国外刑法理论存在着不同学说,主要包括权利侵害说、法益侵害说、规范违反说、义务违反说及折衷说等观点。权利侵害说以启蒙主义人权思想为背景,在18世纪末19世纪上半叶占统治地位;该学说认为,犯罪是侵害他人权利的行为。到了19世纪下半叶,有学者发现,用权利侵害说的观点并不能完全解释刑法规定的一切犯罪,故被法益侵害说取代。法益侵害说认为,犯罪是对法所保护的生活利益的侵害或引起的危险(或形成的威胁)。此时学界对此也有不同的认识,如规范违反说认为,犯罪的本质是对刑法背后的社会伦理规范、伦理秩序的违反。进入20世纪后,又出现了义务违反说。该学说认为,犯罪的本质与其说是对法益的侵害,不如说是对义务的违反。但第二次世界大战后,由于该种学说存在理论根基上的缺陷而被淘汰。在这之后又出现折衷说,当然只是少数人的主张。该学说认为,犯罪的本质首先是对法益的侵害或威胁,其次是对义务的违反。本书赞成法益侵害说,因为法益侵害说的主张与本书阐述的犯罪本质特征一致,也准确反映了法律的本质属性。

一、法益及其功能

尽管多数学者将法益简略地解释为法所保护的利益,但在具体定义的阐述和实质内涵的界定上仍存有争议,主要包括宾丁的状态说、李斯特的利益说、霍尼希的目的说和威尔采尔的现象说,以及在第二次世界大战前后出现的精神说、物质说、国家主义说等。本书还提出一个权益说,即法所保护的国家和公民的应有权利和利益(包括直接权益和间接权益)。这些学说争论的焦点主要集中在以下方面:法益是前定法的概念还是后定法的概念?法益只是刑法保护的对象还是所有法保护的对象?法益概念究竟包括哪些内容?法益是精神的还是物质的?法益的内容是状态还是利益?法益主体是只包括个人还是也包括社会与国家?法益与秩序究竟是什么关系?如何才能更充分地发挥法益概念的机能?

针对以上分歧与问题,有学者研究并确立了界定法益概念应当遵循的一些原则,主要包括：(1) 法益必须与利益相关联，因为利益是能够满足人们需要的东西，当某种状态所反映的是人们所需要的一种秩序时其便是利益。(2) 法益必须与法相关联，因为某种利益尽管能够满足主体的需要，但当它并不受法保护时，无论如何也不能称之为法益。(3) 法益作为犯罪所侵害或者威胁的利益必须具有可侵害性，而这种侵害或侵害的危险都必然是一种事实的或因果的现象，故此价值观本身不是法益。(4) 法益必须与人相关联，因为刑法目的是为了保护人的利益，故只有人的利益才能称之为法益。(5) 法益必须与宪法相关联，因为刑法将哪些利益予以保护必须符合宪法原则，在此原则规制下，将法益界定为：根据宪法的基本原则，由法保护的、客观上可能受到侵害或者威胁的人的生活利益。[1] 对此本书基本持赞同态度，但也有不同认识：一方面，本书认为不应再有"根据宪法的基本原则"之表述，因为对于一个国家的法律而言，不符合宪法的法律是无效的法律，这不仅是一个符合宪法基本原则的问题，而且也是一个必须符合所有宪法的规则与规定问题；而且，定义中的"法"本身就是指有效的一切法律，包括宪法和其他一切法律，只不过行为人的行为侵害不同的法律，或者根据法律的性质不同，各个法律部门所保护的法益也不同，如民法法益、刑法法益、行政法益、宪法法益等。另一方面，法益不仅只指利益，也指权益，包括直接权益和间接权益，如大自然赋予的权益，包括保护环境、保护动物等。故本书认为，所谓法益，即法所保护的利益或权益，具体是指法律所保护的而可能为违法犯罪行为人的行为所侵害或威胁的国家或人之利益与权益（包括直接权益和间接权益）。

由此可见，法益是法和国家及公民利益与权益的一种结合体，这种结合主要体现在三个方面：(1) 法益是一种受法保护的利益，这里的法包括宪法等所有法律，因为不符合宪法的法律是一种无效的法律，这种法律是无法保护人的生活利益的，不符合宪法原则与精神的利益实质上不是法益。(2) 法益是一种可能受到侵害或者威胁与危险的利益，这种利益之所以要通过法律予以保护，就是因为它有可能遭受到侵害或者有侵害的威胁与危险，不可能遭受侵害或侵害的威胁与危险的利益（如价值观）不是法益。(3) 法益是一种受法保护的国家和公民的利益与权益，法的目的就在于规制秩序，这种秩序规制与国家及公民的利益和权益息息相关，包括自然界赋予国家和公民的一些权益（即间接权益）。就法益的内涵而言，这是一个中性词；就受侵害的角度而言，法益被称为被害法益，即为侵害或侵害威胁与危险的法益或客体；就受保护的角度而言，法益被称为保护法益，即为法律所保护的利益或权益。

因此，法益实际上就是我国刑法理论上所讲的被侵犯的客体。如我国刑法通说认为，被刑法所保护的而为犯罪行为所侵害的社会主义社会关系（即国家或公民的利益与权益）。诚然，刑法所保护的利益与权益有的也可以用社会关系来概括，但一方面，"社会关系"不是一个专门的法律用语，在更大程度上是一种社会学和政治学的范畴；另一方面，有时使用"社会关系"也不免有些牵强，如刑法所保护的生态环境与自然环境，用"法益"来概

---

[1] 张明楷：《刑法学》（第2版），法律出版社2003年版，第109页。

括比用"社会关系"更为适合。从现实情况看,我国刑法典第2条和第13条及其他条文的规定,均体现着保护法益的内容与规定;相反,没有一个章节将社会关系作为定罪条件,而是将权利、秩序、利益作为犯罪客体,这实际上是用法益来对它们进行概括。由此可见,刑法理论中的犯罪客体正是刑法法益,二者是相通的,也是可以置换的。但是,有两点必须说明:(1)犯罪客体是我国传统刑法理论中"四大构成要件"之一,而如今,刑法法益与犯罪成立毫不相干。在国外也是如此,不管是在费尔巴哈的权利侵害说占通说地位的时代,还是法益侵害说占支配地位的时代,大陆法系国家的刑法理论从来没有将权利或法益视为构成要件要素,只是认为行为客体(即犯罪对象)是构成要件的要素。日本学者木村龟二也指出,即使刑法条文规定了某种犯罪侵害的法益内容,法益也不是构成要件要素。换言之,法益问题一直是在犯罪本质或犯罪概念的层次上讨论的,而不是在构成要件的层次上研究的。[①](2)刑法法益(犯罪客体)与行为客体(犯罪对象)不同,二者不能等同置换。刑法法益与我国传统刑法理论中作为犯罪构成要件的犯罪客体又不完全相同。本书认为,刑法法益也如犯罪客体根本不属于犯罪构成要件,从此种意义上讲,我国传统刑法理论中作为"构成要件"的犯罪客体实际上也没有任何操作性,根本无法作为犯罪成立的硬性标准与条件,故刑法法益或犯罪客体应是在犯罪本质或犯罪概念层次上讨论,而行为客体与我国传统刑法理论中的犯罪对象几乎完全相同,二者可以等同或置换,这在中外刑法理论上几乎没有什么争论。

法益的功能主要表现在以下几个方面:

第一,对刑事立法的指导功能。有的学者也称之为法益的刑事政策机能[②],具体而言,是指法益在指导刑事立法方面的具体作用。刑事立法能够在法益的指导与作用下,能够进一步充实、细化和加强刑事立法的目的,换言之,可以使刑事立法的这种目的更加准确、科学和合理。

第二,对违法性的评价功能。具体而言,是指法益揭示违法性实质所起的作用。换言之,法益侵害是阐释违法性的核心依据与标准。一方面,法益的内涵,尤其是法益侵害的内容从根本上揭示了违法性的实质,另一方面,被侵害的法益和受到保护的法益,双方之间的平衡机制是排除犯罪事由的根本依据。

第三,对犯罪性质的认定功能。具体而言,是指根据行为所侵害的具体法益内容来判定或认定犯罪的性质。当生命权利、健康权利、名誉权利、财产权利等被刑法规范所确认,就为相关的犯罪的认定确立了一个标准,故刑法法益本身就具有认定犯罪性质的基本功能。另外,就法律概念而言,法益并非只是通过感官可以察觉或掌握的事物,而是应该包

---

① 张明楷:《法益初论》,中国政法大学出版社2000年版,第157页。
② 同上书,第196页。

括社会共同生活中之一种"想像之价值"。① 犯罪性质的认定与确定,就为刑法分则根据法益进行犯罪分类奠定了良好的基础。

第四,对刑法的解释功能。具体而言,是指法益具有对刑法相关问题作出解释的作用。这主要表现在以下方面:一是法益具有对犯罪本质和犯罪概念作出解释或阐释的功能。二是法益具有作为犯罪成立要件解释目标的功能。三是法益具有对具体罪名的解释功能。

第五,对诉讼权的确认功能。具体而言,是指法益具有对诉讼权利预以确认的作用。基于社会效果和刑事政策目的性的考虑,对所有犯罪行为毫无例外地一律处予刑罚,并非明智之举或最佳方案。因为在众多犯罪行为中,有些犯罪如虐待罪和暴力干涉婚姻自由罪,均属"告诉才处理"的犯罪,必须先确定具有告诉权的被害人才能进行刑事追诉。

二、社会危害与法益侵害

对于犯罪本质的科学探讨,始于意大利刑法学家贝卡利亚,在他之前,犯罪本质可以说是一个含混不清的问题。他在《论犯罪与刑罚》一书中指出:"犯罪使社会遭受到的危害是衡量犯罪的真正标准。"② 贝卡利亚所讲的社会指的是奠基于社会契约之上的公民社会,这种"社会危害"的表述,使得人们对于犯罪本质的认识达到了相当的思想深度。然而,尽管"社会危害"的表述对于揭示犯罪的本质十分准确,但其认识的特征并不具有实证性,只能是一种社会学的定性分析。所以,当德国刑法学家费尔巴哈在着手构建自己的实证型刑法学体系时,便感觉到使用"社会危害"一词的局限,故将"社会危害"这一社会学的语言转换为"权利侵害"这种法学的语言,最终形成了著名的"权利侵害说"。在费尔巴哈看来,犯罪的本质基于对权利的侵害,刑法的任务乃是对权利进行保护,并相应保障公民的自由。然而,"权利侵害说"的致命缺陷在于,它只能包括侵犯个人利益的犯罪,而将侵犯国家利益及社会利益的犯罪解释为权利侵害,无疑是十分牵强的。而且,对于不作为犯罪,"权利侵害说"更加缺乏解释力度,因为不作为犯罪主要是一个义务违反问题。这些均为其被法益侵害说所取代埋下了伏笔。③ 1834 年,德国刑法学者毕伦巴姆在其发表的《犯罪概念中法益保护的必要性》一文中引入了类似"法益"的概念④,而且强调犯罪的本质在于对刑法所保护的一定利益的侵犯。在毕伦巴姆看来,法益不仅揭示了权利的实体内容,

---

① 该"想像之价值"是指,就某行为破坏之法益而言,除直接看到的直接物质利益外,尚存在一些超物质法益或非物质法益,此即"想像之价值"。如市场经济犯罪,除个人、国家、社会在物质上的直接损失外,还破坏了经济社会赖以生存的"诚实信用原则""扰乱经济秩序""危及整个经济结构"等,"想像之价值"主要是指后者。详见林山田:《刑法特论》,台湾三民书局 2000 年版,第 6—7 页。
② 〔意〕贝卡利亚:《论犯罪与刑罚》,黄风译,中国大百科全书出版社 1993 年版,第 67 页。
③ 陈兴良:《本体刑法学》,商务印书馆 2001 年版,第 151 页。
④ 毕伦巴姆在本文中没有直接使用"法益"的表述,而使用了"在法上(rechtlich)归属于我们的财(Gut)""应当由法规(Gesetze)加以保护的财"等表述。这样的表述可简称为"法的财",其与法益的含义基本相同。详见〔日〕内藤谦:《刑法中的法益概念的历史的展开》(一),载《东京都立大学法学会杂志》1996 年第 6 卷第 2 号,第 246 页以下。转引自张明楷:《法益初论》,中国政法大学出版社 2000 年版,第 19 页。

能够涵盖权利,而且法益的范围大于权利。可以说任何犯罪都侵犯了法益,但不能说任何犯罪都侵犯了权利。由此可见,在法益侵害说中,"利益"是一个中心词,甚至由此推动"利益法学"学派的形成,代表人物是德国著名法学家耶林,其核心观点是,不是权利决定利益,而是利益决定权利。① 权利与利益的关系是,权利是利益的形式,利益是权利的内容,利益这个概念具有更大的理论涵括力。所以,本书认为,法益应包括利益和权益。从权利侵害说到法益侵害说的转变具有理论上的客观必然性,实事求是地讲,法益侵害理论对犯罪本质的认识较权利侵害理论更进一步。

法益侵害理论一经提出便得到刑法学界的普遍赞同,后来的学者在毕伦巴姆法益概念的基础上进一步发展了法益学说。德国刑法学者宾丁主张必须在规范的视野中揭示与把握法益;法益是刑法规范的客体,行为人以侵害法益为中介达到了违反规范的结果,犯罪在实质上侵害了法益,在形式上违反了规范。尽管如此,这对于规范本身的权威并未削弱,因为规范先于法益存在,受制于立法者主观意志的决定。由此可见,宾丁是以立法者的角度全面展开对法益概念评价的,使法益概念在规范中取得实体性的存在。因此,宾丁的规范理论也是为了解释犯罪本质,这在某种意义上丰富和发展了毕伦巴姆的"法的财"理论;但在解释违法性问题上,宾丁的学说逐渐形成了与实质违法性学说相抗衡的形式违法性学说。宾丁的法益理论虽然具备进步性,但也有其缺陷和不足。首先,宾丁对构成法益之财没有提出具体的限定标准,并认为先有刑法规范,再为刑法规范所保护的法益,这样的法益充其量只能称为"法条益,而没有自身的独立性"。其次,宾丁主张的犯罪是"规范的违反",亦是行为人对立法所体现的统治意志的"不服从",而"法益"只是规范客体的观点,实际上推导出法益附属于"规范"、"规范"决定于立法者的"主观意志"这样一个片面主观主义的法益理论。与宾丁的观点不同,德国刑法学家李斯特强调犯罪是一种行为,将侵害行为与行为人的责任性格结合起来进行考察,由此展开对犯罪本质的研究。他更加明确地将法益界定为法律所保护的利益,至此一种以利益为基本线索来解释犯罪本质的法益侵害说正式确立,并成为刑法理论中的一种通说。在宾丁的法益学说中,"刑法法益"与"法条益"是不分的,而"刑法法益"(刑法保护的客体)与"行为客体"也是合二为一的,一切出发点与落脚点都在于立法者制定的规范。而李斯特将违法性分为形式的违法性和实质的违法性两类,并明确地将刑法法益(刑法保护的客体)与行为客体区分开来,后者是指犯罪行为具体指向的人或物,前者是违法性的实质内容。但在李斯特的学说中,犯罪客体究竟是刑法法益的同义语,还是刑法法益和行为客体的上位概念,尚有不明确之处。②

虽然法益侵害是大陆法系关于犯本质刑法理论的通说,但苏联刑法理论却完全拒绝

---

① 李东海:《刑法原理入门——犯罪论基础》,法律出版社1998年版,第13页。
② 丁后盾:《刑法法益原理》,方正出版社2000年版,第24页。

这种学说,确立了一种解释犯罪本质的自己的学说,即社会危害性说。[①]该学说是以阶级性为基础的。[②]社会危害性说特别强调了社会危害性对刑事违法性的决定作用,甚至在我国的刑法理论中还曾被表述为"首要特征"和"本质特征"。[③]有学者指出:"当社会危害性被视为犯罪本质时,其极端的逻辑结论就是对犯罪的刑事违法性的否定,甚至是对刑法的否定。"[④]虽然后来在苏联和中国确立了犯罪的形式特征与实质特征相统一的观点,但将社会危害性作为犯罪本质特征的通说理论至今没有多大程度的改变。这样也许会出现两难选择:其一,具备社会危害性,但刑法没有将其规定为犯罪,能否认定其为犯罪?若予以认定,刑法规定就不再起作用,"是对刑法的否定";若不予认定,社会危害性在犯罪认定中实际上没有发挥应有的作用,因此也不会"是首要和本质的特征"。其二,有些学者认为某行为不具备社会危害性,但刑法将其规定为犯罪,能否认定其为犯罪?若不予认定,则再次否认了刑法规定;若予以认定,社会危害性在犯罪认定中也无法发挥应有的作用。不过,在"类推"或"罪刑法定"下,情况又就大不相同。本书认为,在我国1979年刑法典规定"类推"制度的条件下,社会危害性具有"首要"和"本质"特征是勉强说得过去的,因为当时的司法操作可以在一定程度与条件下突破刑法规定;而在1997年刑法典规定了罪刑法定原则的条件下,社会危害性就失去了其原有的功用,而法益侵害性具有了更大的优越性。[⑤]

综上所述,本书认为,犯罪本质虽然与危害社会有关,但不能与之相等同或对等,因为其他的一些违法行为甚至违背道德的行为也具有社会危害性。而且,社会危害不是一个规范的法律用语,它其实是一个社会学或犯罪学的概念,其本身也不具有法律上的操作性。犯罪的本质应该是一个比社会危害性更为明确和具体的法律概念,即"法益侵害"或称"刑法法益侵害"。

三、刑法的法益及其确认

刑法理论发展史上本无"刑法法益"的概念和范畴,在我国较早使用"刑法法益"这个概念的学者是杨春洗教授。他不仅以此为论文题目,而且对刑法法益进行了含义上的界定,即刑法法益是受刑法规范保护的利益。[⑥]此后丁后盾博士在其专著《刑法法益原理》一书中更大规模和范围地使用和阐释了"刑法法益"。有学者指出,为了同民法、行政法等所

---

① 该学说与贝卡利亚主张的"对社会的危害"的性质完全不同,甚至对贝卡利亚的理论进行了尖锐的批判。他指出:资产阶级学者把犯罪看作是对整个社会有危害的行为,他们把统治阶级狭隘的、利己主义的利益冒充为全社会、全民的利益,从而帮助资产阶级掩盖了犯罪的阶级性。参见〔苏联〕H.A.别利亚耶夫等主编:《苏维埃刑法总论》,马改秀译,群众出版社1987年版,第60页。
② 这从1922年《苏俄刑法典》第6条所规定的犯罪概念的具体内容即可看出。
③ 苏惠渔主编:《刑法学》(修订本),中国政法大学出版社1999年版,第75页。
④ 陈兴良:《本体刑法学》,商务印书馆2001年版,第155页。
⑤ 陈兴良教授将其优越性总结为三个方面:规范性、实体性和专属性。陈兴良:《本体刑法学》,商务印书馆2001年版,第161页。
⑥ 杨春洗、苗生明:《论刑法法益》,载《北京大学学报》(哲学社会科学版)1996年第6期。

保护的法益相区别，专门使用刑法法益的概念，其类似于西方刑法理论中的"法益"概念。①本书认为，任何法秩序的建立标准均在于法益保护，如此也就出现了民法、刑法、行政法等不同意义上的法益，只是这几者之间均是并列关系。其他部门法对法益的保护和刑法对法益的保护显然是不同的。如果从内容上尚不能完全区别，那么可以结合保护法益的方式来进行甄别。

此外，理论上还涉及刑法法益与宪法法益的关系。所谓宪法法益，就是一国宪法规范所保护的利益。②在意大利刑法学界就有一种观点，将犯罪理解为侵害具有宪法意义的法益，其中涉及意大利《宪法》第 13 条第 1 款、第 25 条第 2 款、第 27 条第 3 款等内容。③在我国，也早就有学者将法益同宪法相联系，并指出："法益必须与宪法相关联。刑法将什么作为利益予以保护，必须符合宪法的原则；宪法要求刑法保护的法益，应当成为刑法上的法益。"④本书认为，将刑法法益的范围仅仅理解为宪法法益是偏颇的，首先，不存在宪法的国家也就无所谓宪法法益问题；其次，在有宪法的国家，由于宪法是根本大法，其规定的内容大都是国家的根本制度、公民的基本权利等重大问题，直接要求刑法保护的内容并不多见。当然在有宪法的国家，宪法法益与刑法法益也存在一定的联系。如有学者指出，刑法法益不能与宪法法益冲突，尤其在一些设立宪法法院的国家，一方面，刑法规范的合法性可提交给宪法法院裁决，另一方面，刑事判决的有效性必要时也可上诉至宪法法院。

至于刑法法益与法条的关系，在大陆法系刑法理论中始终存在争议。实质违法性的观点认为，犯罪不仅是对法条（即法条益）的违反，而且侵犯了法条所保护的利益或权益（刑法法益）；形式违法性的观点认为，犯罪仅仅是违反了法条（法条益）的规定；折衷说⑤则认为，虽然两种观点在实践中差异甚大，但二者在特定的理想状态下也是不矛盾的，集中表现在，立法者通过法律规范准确表达所要保护的利益内容，而刑法法益的内容又应尽最大可能地与"法条益"吻合或一致，即在"罪刑法定原则下达到实质违法性与形式违法性的同一。⑥本书认为，尽管折衷说目前仍是一种理想状态，但这种努力不是不可能的。一般认为，刑法法益是法条的精神实质，而法条是刑法法益的物质载体，如果将刑法法益比喻为"意"，那么法条自然是"言"，刑事立法当然也就是要追求这种"言达其意"，而不是"言不达意"。

刑法法益的确定，是指刑法条文规定的具体罪刑规范所保护的刑法法益内容的确定。正如有学者主张的，必须有清楚的法益保护概念，才有可能建立一个良好的刑法分则体

---

① 丁后盾：《刑法法益原理》，方正出版社 2000 年版，第 43 页。
② 同上书，第 45 页。
③ 〔意〕杜里奥·帕多瓦尼：《意大利刑法学原理》，陈忠林译，法律出版社 1998 年版，第 81—83 页。
④ 张明楷：《刑法学》（第 2 版），法律出版社 2003 年版，第 109 页。
⑤ 折衷说既坚持实质违法性的观点，又坚持形式违法性的观点，且认为二者能够并存与同一。事实上，这种同一在任何国家的刑事立法中都无法做到。
⑥ 丁后盾：《刑法法益原理》，方正出版社 2000 年版，第 52 页。

系。① 实际上，需要确定的刑法法益内容主要规定在刑法分则。确定刑法法益必须以刑法法益的具体规定为依据，其基本方式有两种②：一是根据具体犯罪所归属的类罪的刑法法益内容来确定。具体犯罪总是隶属于某一类罪，而刑法对类罪的刑法法益内容都作了较明确的规定，因此，通过对类罪刑法法益内容的辨别与分析，再结合具体罪名的行为特征等刑法规范的规定，便可明确该罪所侵犯的刑法法益的具体内容。如1997年刑法典第253条第1款规定的"私自开拆、隐匿、毁弃邮件、电报罪"属刑法分则第四章"侵犯公民人身权利、民主权利罪"这一类罪，而在1979年刑法典中类似的犯罪则规定在"渎职罪"中。在1979年刑法典中，该罪所侵犯的刑法法益是国家的职务法益，而在1997年刑法典中，该罪所侵犯的刑法法益是公民的通信权利法益。二是根据刑法对具体犯罪规定的刑法法益内容来确定。刑法分则条文对每一个犯罪都有具体的罪刑规定，包括具体行为特征、犯罪方式和手段及犯罪对象、主观故意或过失等，因此，要善于从这些具体规定中确定该罪的具体刑法法益内容。具体包括：(1) 通过刑法的明文规定来确定。有的条文明确规定了所要保护的具体法益内容，故应根据这些规定来确定该罪的刑法法益内容。如刑法典第252条规定："隐匿、毁弃或者非法开拆他人信件，侵犯公民通信自由权利，情节严重的，处1年以下有期徒刑或者拘役。"该条明文规定了保护的刑法法益为"公民的通信自由权利"，只能根据其明文规定来确定该罪的刑法法益。(2) 通过刑法条文规定的行为特征来确定。如刑法典第226条规定："以暴力、威胁手段强买强卖商品、强迫他人提供服务或者强迫他人接受服务，情节严重的，处3年以下有期徒刑或者拘役，并处或者单处罚金。"从这些行为特征看，刑法规定的本罪所保护的法益是平等竞争、自由交易的市场秩序。(3) 通过刑法条文规定的结果特征来确定。如刑法典第309条规定："聚众哄闹、冲击法庭，或者殴打司法工作人员，严重扰乱法庭秩序的，处3年以下有期徒刑、拘役、管制或者罚金。""严重扰乱法庭秩序"是构成要件结果，说明刑法规定本罪是为了维护法庭秩序。(4) 通过刑法条文规定的行为对象特征来确定。如刑法典第254条规定："国家机关工作人员滥用职权、假公济私，对控告人、申诉人、批评人、举报人实行报复陷害的，处2年以下有期徒刑或者拘役；情节严重的，处2年以上7年以下有期徒刑。"由于报复陷害的对象仅限于控告人、申诉人、批评人与举报人，说明本罪侵犯的法益是民主权利法益，如控告权、申诉权、批评建议权与举报权等。(5) 通过刑法条文规定的犯罪所违反的法规内容来确定。如刑法典第322条规定："违反国(边)境管理法规，偷越国(边)境，情节严重的，处1年以下有期徒刑、拘役或者管制，并处罚金。"国(边)境管理法规是为了保护国家对国(边)境的正常管理而制定的，因此刑法规定本罪是为了保护国家对出入国(边)境的正常管理活动。(6) 通过刑法条文规定的犯罪孳生物、供犯罪使用之物的性质来确定。如刑法典第263条第1款和第264条第1款规定的"淫秽物品"，其危害就在于破坏国家对文化市

---

① 丁后盾：《刑法法益原理》，方正出版社2000年版，第16页。
② 该方式主要参考张明楷教授的主张。张明楷：《刑法学》(第2版)，法律出版社2003年版，第113—114页。

场和性道德风尚的管理秩序,这就是刑法法益内容。

此外,在确定具体犯罪所侵犯的刑法法益时,还必须善于使用各种解释办法,认真分析条文之间的相互关系,注重刑法的协调性,以便准确确定每一个具体罪的刑法法益内容。

第三节 犯罪的分类

犯罪分类是一个非常复杂的问题,依据不同的标准可作出不同的分类。如上所述,犯罪的本质是侵犯刑法法益,故不管分类标准同刑法法益有无直接关系,任何分类及罪名都不应当否认犯罪侵犯刑法法益的性质。本书将分别讨论犯罪的理论分类和法定分类。

一、犯罪的理论分类

所谓犯罪的理论分类,是指依据刑法的相关理论对犯罪作出的分类。由于具体理论分类依据的标准不同,故犯罪类别也就不同。

1. 依据刑法与社会伦理的关系的不同,可以分为自然犯和法定犯

这种分类最早可追溯到古罗马法,其将古希腊伦理学中"恶性理论"适用于对犯罪的理解,确立自体恶(mala in se)与禁止恶(mala prohibita)两种不同的犯罪类型。到了近代,加罗法洛在其自然犯罪的概念中明确地包含"自体恶"的内容,并在此基础上形成自然犯与法定犯的分类。前者也称为刑事犯,具体是指既侵害或威胁刑法法益又明显违反伦理道德的传统型犯罪,即来自于道义指责的犯罪,如盗窃罪、抢劫罪、杀人罪、伤害罪等;后者也称为行政犯,是指只侵害或威胁法益但没有明显违反传统伦理道德的现代型犯罪,即来自于法律规定的犯罪,如非法经营罪、逃避商检罪、妨害清算罪、非法经营同类营业罪等。随着社会状况的发展变化和公民伦理价值观的变迁,会出现自然犯罪非犯罪化或法定犯自然化的相互转化现象。例如,赌博罪、贩卖或传播淫秽物品罪等没有被害人的传统自然犯罪,随着社会风俗和伦理价值观的变化,其适用范围可能缩小。又如,操作证券交易价格的犯罪等法定犯罪,随着证券业的发展和伦理价值观的变化,其行为性质逐渐可能转化为自然犯。

2. 依据法定刑的轻重不同,可以分为重罪与轻罪

这是一种最典型的分类法,不仅盛行于大陆法系国家,而且也为英美法系国家所认同。两大法系对重罪与轻罪的理解不尽相同,对此英国学者作过一些比较分析。1810年《法国刑法典》中重罪与轻罪的分类是以审判罪犯的法院之显要级别为根据的;而英美法系中重罪与轻罪的分类则不然,具有非常久远的历史原因,甚至可追溯到远古时代,当时最先发现某些特殊的犯罪发案率高、性质严重,以致使用普通诉讼方式不足以保障社会安全,故国王通过专门负责指控的陪审团,定期公开调查是否发生这类恶劣的犯罪,于是这

些罪被逐渐冠以重罪之名称,而其他不太严重、不大常见的犯罪则为轻罪。[①] 虽然我国刑法典没有将犯罪分为重罪与轻罪,但理论上仍然可以对犯罪作出这种分类。根据我国刑法典第 67 条的规定,对犯罪后的自首,其中"犯罪较轻"的可以免除处罚,这也暗示可以从理论上将犯罪分为重罪与轻罪。本书认为,区分重罪与轻罪的标准应当以法定刑的轻重为基准,而不应以现实犯罪的危害性大小为基准。因此,从我国刑法典的相关规定(如刑法典第 7 条和第 72 条)出发,可考虑将最低刑为 5 年以上有期徒刑的犯罪称为重罪,其他犯罪为轻罪。

3. 依据犯罪成立是否需要发生结果为标准,可以分为行为犯与结果犯

行为犯是指没有发生结果也成立犯罪的情形,如故意杀人、抢劫等;结果犯是指有发生结果才成立犯罪的情景,如过失致人死亡罪、滥用职权罪等。显然,行为犯有犯罪既遂、犯罪未遂、犯罪中止与犯罪预备之分,而结果犯不存在这种区分。然而,根据法益侵害原理,行为犯虽然不以发生侵害结果为必要,但也必须威胁了法益,使法益处于遭受侵害的危险状态。

此外,犯罪的理论分类还有隔隙犯与非隔隙犯、、国际犯罪和国内犯罪、实质犯与形式犯等分类。

二、犯罪的法定分类

所谓犯罪的法定分类,是指依据刑法相关规定所作的分类。同样,由于具体法定分类依据的标准不同,故犯罪类别也就不同。我国刑法典根据犯罪侵犯法益的性质不同,将其具体划分为 10 大类犯罪。此外,根据刑法的相关规定,还可以将犯罪进行如下分类:

1. 依据犯罪侵犯的法益类别不同,可以分为国事罪与普通罪

在我国,国事罪是指一切危害国家主权、领土完整和安全,分裂国家、颠覆人民民主专政政权和推翻社会主义制度的犯罪;普通罪是指除国事罪以外的普通刑事犯罪,如危害公共安全罪、破坏社会主义市场经济罪、侵犯财产罪等。

2. 依据是否以被害人的告诉为处理条件,可以分为亲告罪与非亲告罪

亲告罪是指刑法明文规定需要被害人告诉才处理的犯罪,如我国刑法典第 246 条规定的侮辱罪、诽谤罪等;非亲告罪是指刑法规定亲告罪以外的犯罪,这些犯罪在刑事诉讼程序上不需被害人的告诉就能处理。

3. 依据侵害法益的程度不同,可以分为基本犯、加重犯与减轻犯

基本犯是指刑法分则规定的不具有加重或减轻情节的犯罪,如我国刑法典第 234 条第 1 款的规定就属于基本犯;加重犯是指刑法分则规定的在基本犯的基础上具有加重情节并加重刑罚的犯罪,如我国刑法典第 234 条第 2 款的规定就属于加重犯;减轻犯是指刑法分则规定的在基本犯的基础上具有减轻情节并减轻刑罚的犯罪,如我国刑法典第 232

---

① 〔英〕J. W. 塞西尔·特纳:《肯尼刑法原理》,王国庆、李启家译,华夏出版社 1989 年版,第 134—135 页。

条后半段的规定就属于减轻犯。

4. 依据实施犯罪的次数和其他条件的不同,可以分为初犯和累犯

初犯是指行为人第一次实施犯罪,在一定条件下对初犯可从轻处罚;累犯是指过去曾因犯罪受过一定的刑罚处罚,但在刑罚执行完毕或赦免后又在法定期限内实施犯罪的。根据我国刑法典的相关规定,累犯又分为普通累犯(即普通刑事犯罪累犯)和特别累犯(即危害国家安全犯罪累犯)。

此外,犯罪的法定分类还有身份犯和非身份犯、故意犯和过失犯等分类。

第四节 犯罪的标准

虽然"犯罪的标准"这一概念在刑法理论中很少提及,但类似的刑法理论研究并不少见,如"决定罪数的标准"等。其中,有代表性的观点有意思标准说、行为标准说、法益标准说、构成要件标准说和折衷标准说等。①但是,这些标准大都是以研究罪数为根本目的的,即数罪标准;而本书提及的"犯罪标准"只是研究具备认定一个犯罪的单个标准,即单罪标准。然而,数罪是以一罪为基础的,因此,研究数罪标准必须首先研究一罪标准。各个罪数标准说首先回答的也正是依据何种标准来认定一个犯罪。换言之,犯罪标准指的是犯罪成立与侵害刑法法益的实体标准,或称其为犯罪阈值(即界限值)。根据我国的刑法理论及立法现状,本书认为确定这一犯罪实体标准的方法步骤主要包括:以犯罪成立条件为基本标准;以刑法规范规定为基本修正;以立法与司法解释为重要补充。

一、以犯罪成立要件为基本标准

如上所述,研究罪数标准的学说是众多的。意思标准说主张,以行为人的犯罪的意思为标准区别一罪与数罪,认定一个行为是否为犯罪要以行为人的主观犯意为标准。该说具有偏颇性,因为决定犯罪的条件不只是主观方面。行为标准说主张,以实现犯罪意思的行为之数为标准区别一罪与数罪,认定一个行为是否为犯罪要以实现犯罪意思的行为个数为标准。但是,该说无法解释产生复数法益侵害的个数与构成一罪的关系,以及犯罪主体与责任问题。法益标准说主张,以行为所侵害的法益之数为标准区别一罪与数罪,行为侵犯几个法益就成立几个罪。但是,该说无法解释侵害的法益相同但方法不同,最后定罪不同的现象。折衷标准说主张,以不同的犯罪情况采取不同的标准区别一罪与数罪。但是,该说一方面解决不了理论上的定罪标准统一问题,另一方面会影响司法操作及其公正性。"比较起来,构成要件标准说还是可取的。"②这不仅是国内外的刑法理论通说,而且也符合我国犯罪构成理论的基本框架及立法与司法实际,本书予以认同。鉴于国内外在

---

① 马克昌:《比较刑法原理——外国刑法学总论》,武汉大学出版社2001年版,第751页。
② 同上书,第756页。

犯罪构成理论上存在较大差异,为避免不必要的争论与麻烦,也使理论表述及论证上更加科学、合理,本书将其表述为"犯罪成立要件标准"。一般认为,所谓犯罪成立要件是,指某一行为成立刑法上所规定的犯罪时所必须具备的要素,即犯罪成立要素。[①]

二、以刑法规范的规定为修正标准

虽然从理论上确立了犯罪成立要件的基本标准,但实际中的刑事立法与司法操作是极其复杂的,甚至有些刑法规范直接打乱了上述确立的犯罪标准。如刑法典第239条规定的"绑架罪",本来具有独立的犯罪成立条件,与故意杀人罪的犯罪成立条件完全不同。但该条规定,绑架并杀害被害人的,按绑架罪处死刑。这显然就将两个相互独立的绑架罪与故意杀人罪的犯罪成立条件及两个犯罪标准合并成了一个罪及一个犯罪标准。再如刑法典第269条规定:"犯盗窃、诈骗、抢夺罪,为窝藏赃物、抗拒抓捕或者毁灭罪证而当场使用暴力或者以暴力相威胁,依照本法第263条的规定定罪处罚。"从犯罪特征看,该条似乎符合妨害公务罪,但刑法规定以"抢劫罪"论处。这些规定均在极大程度上体现了强制性的国家意志,故在寻找或确立这些罪的犯罪标准时,除考虑犯罪成立要件的基本标准外,也要充分考虑刑法的这些特别规定。在司法实践中,必须以刑法规范的这些特别规定为基本修正标准,只要是在这些刑法规范中的特别规定,就应当一律执行和遵守。

另外,本书之所以强调以刑法规范的规定为修正标准,还有一个不可忽视的极其重要方面,这就是刑法规范对一些具体犯罪定罪标准的一些明确规定。如刑法典第140条对生产、销售伪劣产品罪规定的"销售金额5万元"的定罪标准,第348条对非法持有毒品罪规定的"鸦片200克以上"的定罪标准等。也就是说,虽然行为人的行为及其他犯罪成立条件符合犯罪成立条件的基本标准,但也必须受到刑法规范中有关这些犯罪定罪标准的特别修正,即达到此标准的数额才可定罪,否则不予定罪。

三、以立法与司法解释为补充标准

在上述"基本标准"和"修正标准"的统领下,作为这些标准的重要补充——立法解释与司法解释也是一项不可忽视的重要内容。也就是说,作为犯罪成立条件的基本标准和修正标准,大都是一些原则性的、粗线条的规定,对于绝大多数罪名来讲,就其法律的操作性,还是需要大量的立法解释、司法解释予以补充和配合。由于我国各地区具体情况存在差异,所以,在具体执行刑法的定罪标准方面必然也存在较大差异。因此,各省、市、自治区也会根据国家法律及最高立法机关和最高司法机关的授权,详细制定本辖区内某些犯罪的具体标准。如针对盗窃罪的入罪数额,最高人民法院、最高人民检察院发布的《关于办理盗窃刑事案件适用法律若干问题的解释》(2013年4月4日起施行)中规定的盗窃案件立案标准是1000—3000元,各省、市、自治区也要根据自己的情况来制定本辖区内的具

---

① 〔日〕大谷实:《刑法总论》,黎宏译,法律出版社2003年版,第66页。

体犯罪标准,如江苏省的立案标准是 2000 元。

综上所述,我国刑法的定罪标准反映在定性和定量两个方面。一方面,排除了情节显著轻微的数额、情节等构成犯罪的情况,另一方面,也加大了认定罪与非罪的难度,以及违法与犯罪有效衔接的难度。

第八章

犯 罪 成 立

我国 1979 年刑法典颁布后,由于受苏联刑法理论的影响,我国的刑法建构了"犯罪构成"的犯罪论体系。我国刑法典于 1997 年经过系统修订后,许多中青年学者对传统的犯罪构成理论提出了质疑,主要原因是批评其没能将排除犯罪性行为一并纳入到犯罪论的评价体系之中,于是学界提出了"犯罪成立"的称谓与概念。诚然,犯罪构成或犯罪成立理论在刑法学体系中占有重要地位,是刑法理论的基础和核心。包括犯罪的概念、犯罪的认定、正当防卫、紧急避险、一罪与数罪、刑事责任的根据等均与犯罪成立理论相关。需要说明的是,由于国内外对该部分理论表述上存在不同,特别是"犯罪构成"用语上还比较混乱,造成了许多称谓与定义上的不同理解。本书主张使用"犯罪成立"的表述,但在介绍国内外相关理论原貌时,又不得不使用原来"犯罪构成"的表述。

第一节 犯罪论体系的梳理

犯罪论体系有广、狭两义。广义的犯罪论体系是指除了犯罪构成要件或犯罪成立要件外,还包括犯罪形态、未遂、共同犯罪和罪数等。狭义的犯罪论体系只指犯罪构成要件或犯罪成立要件的整体。犯罪论体系在整个刑法学理论中占有基础和核心地位,但由于其发展、演变及形成过程的复杂性,以及国内外学者对犯罪构成和犯罪成立等概念存在不同理解,以致刑法学界一直以来在该问题上争论不断。因此,本书在系统研究、分析之前对其进行认真梳理。

一、犯罪构成的由来

有学者认为,"犯罪构成"一词最早来源于意大利文"constare de delicto"(犯罪的确证),后几经演变成"corpus delicti"(犯罪事实)。1676 年,德国刑法学家克莱茵将其译成德语"Tatbestand"(犯罪构成),当时只是诉讼上的概念。直到 19 世纪初,德国著名刑法学者 A. 费尔巴哈才明确地将犯罪构成作为刑法上的概念使用。① 这是一种版本。而另一种版本认为,"犯罪构成"这一概念乃沿袭苏联刑法学者的著述。苏联刑法学者特拉伊宁认为:"A. 费尔巴哈给犯罪构成下了如下的定义:'犯罪构成乃是违法的(从法律上看来)行为中所包含的各个行为的或事实的诸要件的总和……'可见,A. 费尔巴哈在这里十分肯定地列入犯罪构成的只是表明行为的特征。"②特拉伊宁将德语"Tatbestand"翻译成俄文,相当于汉语中的"犯罪构成"之意。③ 然而,对于德语"Tatbestand",日本学者却将之翻译成汉语的"构成要件"之意,并非指犯罪构成。④ 实质上,德语中的"Tatbestand"一词,本具有构成要件与构成事实(构成要件事实)双重含义,正因如此,贝林格才使用"degrifflicher Tatbestand"一词表述构成要件,其实质乃为犯罪成立的一个基本要件。⑤ 日本学者在引进这一概念时注意到这一情形,只是难以找到更合适的词代替。于是,"Tatbestand"意指"构成要件"便习以为然。"我们来观察一下犯罪类型就可以发现,它的多种多样的要素都由一个指导形态(Leitbild)给统一起来了。'指导形态'这个词,用德语说是'Tatbestand',翻译成'构成要件'还不能认为是十分恰切的译语,可是因为已经被广泛地使用,所以只好按这个译语来了。"⑥可见,特拉伊宁所谓的"犯罪构成",无论是从内涵还是外延上,已经脱离了德语"Tatbestand"之范畴,其含义等同于犯罪成立。由此,"犯罪构成"成为具有苏联特色的概念。

  遗憾的是,由于文字翻译上的问题,在没有完全弄清犯罪构成与构成要件各自真实含义的情况下,我国刑法学界将两者混淆使用。"在中国刑法理论界介绍德、日刑法学的犯罪论的有关论述(包括译著)中,由于'犯罪构成'一词存在使用混乱的情形,因而直接影响到我们从比较意义上和从世界各国刑法理论之整体意义上对犯罪构成理论范畴的理解。如有的学者将实际上译成'构成要件'或'构成要件事实'更为妥当的'Tatbestand'一词,有意或无意地译成'犯罪构成',他们要么误认德文中'Tatbestand'即是'犯罪构成'之意……"⑦有学者则一针见血地指出:"我国学者在介绍德日的犯罪论体系时,将日语的'构成要件'四个汉字照搬过来。按照汉语的含义,构成要件是指构成犯罪的必要条件,因此,成立犯罪所必须的因素都应包括在构成要件概念中。但事实上并非如此。由于构成要件是犯罪类型、犯罪类型的轮廓或犯罪类型的指导形象,因此,'只有某犯罪中所固有的、类型的可罚的要素,才是构成要件要素'。那些表明行为类型的特征才归入'Tatbestand'。另一方面,根据通说,犯罪的成立,除了构成要件该当性之外,还需要违法性与有

---

① 樊凤林、曹子丹主编:《犯罪构成论》,法律出版社 1987 年版,第 370 页。这种措辞为传统观点所肯定,但近些年来已有学者注意到该措辞的不当,本书会在后面介绍。
② 〔苏联〕A. H. 特拉伊宁:《犯罪构成的一般学说》,薛秉忠等译,中国人民大学出版社 1958 年版,第 15 页。
③ 马克昌:《比较刑法原理——外国刑法学总论》,武汉大学出版社 2002 年版,第 110 页。
④ 〔日〕小野清一郎:《犯罪构成要件理论》,王泰译,中国人民公安大学出版社 2004 年版,第 3—4 页。
⑤ 在德国和日本,多数学者认为犯罪成立需要具备三个要件:构成要件该当性、违法性和有责性。显然,构成要件是犯罪成立的要件之一,不能等同于犯罪成立。
⑥ 〔日〕泷川幸辰:《犯罪论序说》,王泰译,法律出版社 2005 年版,第 4—5 页。
⑦ 肖中华:《犯罪构成及其关系论》,中国人民大学出版社 2000 年版,第 2 页。

责性。因此,将德日的构成要件与我国的犯罪构成相等同,以我国的犯罪构成具有主客观统一性、德日的构成要件仅具有客观性为由,批判进而排斥德日的构成要件理论的做法,并不可取。"①这种分析无疑是正确的。对于一个如此重要的理论问题,轻易地从他国刑法理论中原封不动地照搬过来,赋予自己的含义,的确有失学术严谨。然而,特拉伊宁之所以不直接引进"构成要件"这一约定俗成的概念,而创设"犯罪构成"这一特定概念,有其特定的社会政治原因。他创立犯罪构成理论之时,正值社会主义国家与资本主义国家处于尖锐对峙时期,一切资本主义的政治、法律理论都是剥削的、腐朽的东西,照搬过来弄不好会成为政治问题。而且,刚刚站稳脚跟的社会主义阵营也迫切需要属于自己的政治法律理论。于是,有关"Tatbestand"理论就被"改造"成"犯罪构成"理论。苏联的"犯罪构成"理论,无论是在用语上还是从内涵上,都具有鲜明的社会主义特色。从这一角度来看,"犯罪构成"作为犯罪成立之代称,为特拉伊宁大力提倡之结果。正如其本人所言:"在资本主义国家刑法学中,关于犯罪构成的一般学说一直无人问津。……英国和美国的刑法教程,对构成的问题也同样没有叙述。……革命前的俄国著作,对犯罪构成问题也很少注意。在俄国革命前的刑法著作中,没有关于犯罪构成的专门书籍和专题研究。"②

需要说明的是,关于德文中"Tatbestand"一词,有学者认为乃大陆法系国家犯罪论使用的核心词汇,是大陆法系认定犯罪成立之基础(客观)要件,这或许是以偏概全。例如,在法国和意大利刑法理论中,犯罪成立之基础(客观)要件分别是典型事实和事实要件,而不是构成要件该当性。"在所有著名的刑法典中,事实上只有《德国刑法典》含有关于犯罪构成概念的规范。20世纪通过的刑法典——1992年《法国刑法典》、1995年《西班牙刑法典》、1975年《奥地利刑法典》、1937年《瑞士刑法典》都没有使用'犯罪构成'这个术语。"③因此,确切地说,"构成要件该当性"是以德、日为代表的部分大陆法系国家通常使用的概念,而将之统称为大陆法系犯罪论使用的术语并不准确。

总之,以德、日为代表的部分大陆法系国家使用"Tatbestand"一词,意指"构成要件",并非"犯罪构成"。以法、意为代表的部分大陆法系国家则根本没有引进"Tatbestand"一词,也没有所谓的"构成要件"之说,他们对应使用的是事实要件或者典型事实。"犯罪构成"一词的广泛使用,是在从苏联移植进入我国。至于英美法系国家,因为不成文法之特征,自然无"构成要件"之类的专业术语。我国学者一般将英文"the material elements of a crime""the premises of a crime""constitution of a crime"或"ingredients of a crime"等译为"犯罪构成"或者"犯罪构成要件",这只是一种立足于我国刑法学语境的翻译。

二、德国和日本的犯罪成立理论

在大陆法系国家犯罪论体系的建设中,李斯特、贝林格、麦耶尔、麦兹格、威尔采尔等

---

① 张明楷:《犯罪构成理论的课题》,载《环球法律评论》2003年秋季号。
② 〔苏联〕A. H. 特拉伊宁:《犯罪构成的一般学说》,王作富等译,中国人民大学出版社1958年版,第4—5页。
③ 〔俄〕H. Ф. 库兹涅佐娃、И. M. 佳日科娃主编:《俄罗斯刑法教程(总论)》(上卷·犯罪论),黄道秀译,中国法制出版社2002年版,第172页。

人都是做出过巨大贡献的,最终基本上形成了"构成要件的该当性——违法性——责任"的犯罪论体系,但也存在争议。20世纪20年代,日本学者纷纷学习、移植和引进德国的犯罪论体系,并进行了潜心研究。如日本刑法学者小野清一郎就是继承和发展了贝林格和麦耶尔的犯罪论体系,进而对日本的犯罪论体系研究做出了杰出贡献。如今,日本学者普遍赞成"构成要件的该当性——违法性——有责性"的犯罪论体系。

以德日为代表的犯罪成立理论体系,由构成要件该当性、违法性和有责性构成,是大陆法系理论中犯罪构成的通说。由于这三个要件之间具有递进式的逻辑结构,因而有学者称之为递进式的犯罪构成体系。[1]

1. 构成要件该当性

构成要件该当性是指行为符合刑法分则所规定的某个具体特征。在构成要件该当性中,又包括以下内容:(1) 构成要件的行为。具体而言,其一是行为,即在人的意识支配下的人类活动;其二是行为的主体,也称客观的行为者要素;其三是行为的客体,即行为直接指向或侵害的东西,是具体的人和物;其四是行为情况,即行为发生时的时空条件。在德日犯罪构成要件的客观要素中,并不包括刑事法规保护的客体,即刑法法益。但法益虽未被直接规定为构成要件要素,但在解释构成要件上,却有着极其重要的作用。[2] (2) 因果关系。这指行为与结果之间是否存在刑法上的重要因果问题。(3) 构成要件的故意。这指在认识到符合构成要件的外在客观事实之后并企图实现的意思。一般认为,构成要件的故意不包括违法性意识,因而与作为责任要素的故意在内容上存在差别。(4) 构成要件的过失。这指不认识也不容忍构成要件的结果,即由于违反注意义务而引起结果的发生。在德日现行刑法理论中,法定构成要件中规定了类型化的责任要素已经是不可否认的事实,如在过失性犯罪中,过失就是法定的构成要件内容。[3]

2. 违法性

违法性是指具有违反刑法的行为性质。关于违法性要素的问题,德日刑法存在一个从只承认客观违法要素到同时也承认主观要素的转变过程。现在一般都承认违法性要素包括两方面的内容,即客观违法要素和主观违法要素。主观违法要素是确定违法性的重要根据;行为具备构成要件该当性还不属于犯罪,是否构成犯罪,还须考察行为是否具有违法性。构成要件是违法行为的类型,如果行为符合构成要件,一般可以推定该行为属于违法。但是,如果行为具有刑法上所规定或者法秩序所认可的违法性阻却事由,则该行为就不属于犯罪。这种违法性阻却事由包括正当防卫、紧急避险等法定的违法性阻却事由和自救行为、义务冲突等超法规的违法性阻却事由。[4] 对正当防卫、紧急避险究竟是进行

---

[1] 陈兴良:《本体刑法学》,商务印书馆2001年版,第198—199页。
[2] 〔日〕大塚仁:《犯罪论的基本问题》,冯军译,中国政法大学出版社1993年版,第47—49页。
[3] 李洁:《三大法系犯罪论构成体系性特征比较研究》,载陈兴良主编:《刑事法评论》(1998年第2卷),中国政法大学出版社1998年版。
[4] 陈兴良:《犯罪构成的体系性思考》,载《法制与社会发展》2000年第2期。

合法与违法的性质判断,还是进行违法程度上的判断? 传统刑法理论包括德日刑法理论并没有很好地论证,导致至今仍无法解释"防卫过当"究竟是合法行为还是违法行为,甚至无法找到追究"防卫过当"刑事责任的理论根据。

3. 有责性

有责性是指能对行为人的犯罪行为进行谴责。某一行为构成犯罪,除行为该当构成要件并违法之外,行为人亦必须负有责任。刑事责任能力与责任故意或过失一般没有什么争议,但关于合法行为的期待可能性目前尚有争议。[①] 在有责性中,包括以下要素:(1)刑事责任能力,即成为谴责可能性前提的资格。(2)故意责任。作为责任要素的故意是指在认识构成要件事实的基础上,具有违法性意识以及产生这种意识的可能性。(3)过失责任。作为责任要素的过失是指违反主观注意义务而具有谴责可能性。(4)期待可能性。这是指在行为当时的具体情况下,期待行为人做出合法行为的可能性。尽管对于期待可能性在责任中的地位存在不同见解,但期待可能性作为责任要件是大陆法系刑法理论的共识。

三、英美法系国家的犯罪成立理论

英美法系是在英国普通法的基础上逐步形成的,重视判例法和实用性的研究,并不像大陆法系国家那样注重理论和思辨研究。英美法系主要以英国、美国为代表,澳大利亚、新西兰、印度等国也属这一范围。英美刑法的实践性极强的,犯罪成立被分为实体意义上的犯罪要件和诉讼意义上的犯罪要件。实体意义上的犯罪要件是指犯罪行为和犯罪意图,这种意义包含在犯罪定义之中。犯罪定义之外的责任要件是诉讼意义上的犯罪要件,通过合法抗辩事由体现出来。[②]

(一) 实体要件

1. 犯罪行为

犯罪行为(actus reus)是英美法系犯罪成立的客观要件。犯罪行为有广义与狭义之分。广义上的犯罪行为,指犯罪心理以外的一切犯罪要件,也就是犯罪构成的客观要件,包括犯罪行为、犯罪结果和犯罪情节等。狭义上的犯罪行为是指有意识的行为,它由行为和意识构成。犯罪行为是法律予以禁止并力求防止的有害行为[③],它是成立犯罪的首要因素。

---

① 张寿利:《犯罪构成理论体系与法规竞合》,载《中国刑事法杂志》2000年第3期。
② 由于这种构成要件具有双层次的逻辑结构,因而有学者称之为双层次的犯罪构成体系。陈兴良:《本体刑法学》,商务印书馆2001年版,第204页。
③ 英国学者指出,"actus"一词意味着一种"行为",人类行动的有形结果。当刑事政策把某种行为视为十分有害时,就对之加以禁止并通过对违反它的人施以刑罚的方式来防止它的出现。长期以来,法学家们惯用"actus reus"一词来描述这类法律禁止的行为。因此,"actus reus"可以定义为"法律力求防止的、本身包含着危害结果的人类行为"。〔英〕J. W. 塞西尔·特纳:《肯尼刑法原理》,王国庆、李启家译,华夏出版社1989年版,第18页。

2. 犯罪意图

犯罪意图（mens rea），又称为犯罪心理（guilty mind），是英美法系成立犯罪的主观要件。"没有犯罪意图的行为，不能构成犯罪"是英美刑法的一条原则，它充分体现了犯罪意图在构成犯罪中的重要意义。在美国刑法中，犯罪意图分为以下四种：（1）蓄意（mention）。这是指行为人行动时自觉目的就是引起法律规定为犯罪的结果，或者自觉目的就是实施法律规定为犯罪的行为。（2）明知（knowingly）。这是指行为人行动时明知道他的行为就是法律规定为犯罪的行为或者明知道存在着法律规定为犯罪的情节。（3）轻率（recklessly）。这是指行为人轻率地对待法律规定为犯罪的结果或情节，当行动时他认识到并有意漠视可能发生此种结果或者存在此种情节的实质性的无可辩解的危险。（4）疏忽（negligence）。这是指行为人疏忽地对待法律规定为犯罪的结果或情节，当行为时他没有察觉到可能发生此种结果或者存在此种情节的实质性的无可辩解的危险。从犯罪意图的内容来看，主要是行为人对于其犯罪行为的一种心理状态[①]，它是成立犯罪的基本因素。

（二）诉讼要件

诉讼要件，也称为合法抗辩（legal defense），又称为免责理由。它具有诉讼法的特点，在长期司法实践中，通过对刑事诉讼中的辩护理由加以理性总结形成的，并从诉讼原则上升为实际上的总则性规范。具体内容包括：未成年、错误、精神病、醉态、胁迫、圈套、安乐死、正当防卫、紧急避险等。[②]

四、苏联和中国的犯罪构成理论

苏联的犯罪构成理论是在批判、吸收德国犯罪构成理论的基础上，经过进一步发展而形成的。这种理论既保持了19世纪关于犯罪构成要件是成立犯罪的主客观要素总和的观点，又加进了社会危害性的内容，认为犯罪构成是苏维埃刑法规定的说明社会危害性特征的诸要件的总和。在犯罪构成的要件上，由犯罪的客体、犯罪的客观方面、犯罪的主体、犯罪的主观方面构成。[③] 四要件说是苏联和我国刑法理论中犯罪构成的通说。我国刑法中的犯罪构成体系与苏联的犯罪构成体系具有明显的承继关系。由于这四个要件之间具有耦合式的逻辑结构，故有学者称之为耦合式的犯罪构成体系。[④]

[①] 英国学者指出：犯罪意图是指在被指控的犯罪的定义中有明示或默示规定所要求的那种心理状态。它在不同的犯罪中是不同的，一般情况有故意、放任和明知故犯。在我们考察典型的心理状态的过程中，有必要提到过失，尽管几乎不能把过失说成是一种心理状态。〔英〕鲁珀特·克罗斯、菲利普·A.琼斯：《英国刑法导论》，赵秉志等译，中国人民大学出版社1991年版，第40页。

[②] 陈兴良：《犯罪构成的体系性思考》，载《法制与社会发展》2000年第2期。

[③] 除上述四个要件以外，我国学者还认为存在犯罪构成的综合要件。当刑法典规定情节严重、情节恶劣的情形才构成犯罪时，要通过综合分析案件的全部情况来确定，因此称为犯罪构成的综合要件。张明楷：《犯罪论原理》，武汉大学出版社1991年版，第147页。

[④] 陈兴良：《本体刑法学》，商务印书馆2001年版，第200页。

1. 犯罪客体

犯罪客体是指犯罪主体的犯罪活动所侵害的为刑法所保护的社会主义社会关系。"没有客体就无所谓主体,也就没有犯罪构成。它揭示了犯罪所侵害的利益,从而也就揭示了犯罪构成的阶级本质和社会政治意义。由于立法者是把保卫社会利益免遭犯罪侵害作为制订刑法的立足点的,因此,犯罪客体往往是刑事立法对犯罪进行分类和构架刑法分则体系的基础。"[①]刑法总则条文在规定犯罪的概念时概括列举了刑法所保护的社会关系的各个方面,分则条文则规定了各个具体犯罪所侵犯的社会关系的某一方面。由于犯罪的社会危害性集中表现在犯罪对社会关系造成或可能造成的侵害上,因此犯罪客体是任何犯罪成立都不可缺少的要件,只不过不同的犯罪所侵犯的具体客体有所不同而已。由于犯罪对社会关系的侵犯通常通过对一定的物或人即犯罪对象的侵犯体现出来,因此犯罪对象也是许多犯罪成立的必备条件。当然,犯罪分子的行为作用于犯罪对象只是一种表面现象,其背后体现的仍是具体的社会关系。所以,犯罪客体在苏联、中国的犯罪构成理论中具有重要作用,它不仅起着解释论的意义,更起着解释和确定社会危害性的作用。

2. 犯罪客观方面

犯罪客观方面是指犯罪活动的客观外在表现,包括危害行为、危害结果以及危害行为与危害结果之间的因果关系等。它是连结犯罪主体和犯罪客体的中介。因此,犯罪客观方面是表明犯罪活动在客观上的外在表现的要件。犯罪客观方面包括:(1)危害行为。只有通过危害行为,社会关系才会受到侵犯。犯罪本身就是具有严重社会危害性的行为,犯罪构成的其他要件其实都是说明行为的社会危害性及其严重程度的事实特征,因此,危害行为是犯罪构成的核心要件。(2)危害结果。危害结果通常是指危害行为对社会造成或可能造成的危害,如果行为不可能给社会造成危害就不属于犯罪行为。危害行为和危害结果是任何犯罪成立必须具备的犯罪客观方面要件。(3)因果关系。因果关系是指危害行为与危害结果之间的因果关系。(4)时间、地点、方法。有些行为必须在特定的时间、地点实施或采取特定的方法、手段实施才能构成犯罪,因此,特定的时间、地点、方法也就成为犯罪构成客观方面的选择要件。这些选择要件对某些犯罪的成立也具有决定性的意义。[②]

3. 犯罪主体

犯罪主体是指实施了犯罪行为,依法对自己的行为负刑事责任的人,包括自然人和法人。其中,自然人主体的适格性要从刑事责任年龄、刑事责任能力的角度去把握,这实际上在主体部分已解决了行为人的部分责任问题。除自然人外,单位也可以构成一些犯罪的主体。根据刑法规定,未达到法定刑事责任年龄或不能辨认、不能控制自己行为的自然人不具备犯罪主体资格,达到相对负刑事责任年龄的自然人只能成为刑法所列举的某些

---

① 何秉松:《刑法教科书》,中国法制出版社1997年版,第247页。
② 陈兴良:《犯罪构成的体系性思考》,载《法制与社会发展》2000年第2期。

特别严重犯罪的主体。达到刑事责任年龄、具备刑事责任能力的自然人称为一般主体。此外,有些犯罪还需要行为人具有特定的身份或职务才能构成,这类犯罪的主体称为特殊主体。

4. 犯罪主观方面

犯罪主观方面是指行为人进行犯罪活动时的思想意识活动,它是连结犯罪主体与犯罪客体的精神媒介,包括犯罪意识、犯罪目的、犯罪动机、犯罪故意或过失等诸多心理因素,其中,犯罪的故意或过失是最主要的因素。它实际上涵盖了德日犯罪构成体系中构成要件的主观性要素和责任的部分内容,突出地强调了犯罪主体的人身危险性。根据刑法规定,主观上既无故意又无过失,即使行为在客观上造成了损害结果,行为人也不负刑事责任。因此,罪过是一切犯罪成立所必备的主观方面要件。此外,刑法规定某些犯罪必须具备一定的目的才能构成,因此,犯罪目的是部分犯罪主观方面不可缺少的内容。

按照我国刑法理论的通说,犯罪构成作为认定各种具体犯罪的标准,是决定某种行为是否犯罪所必须具备的一系列主客观要件的总和。长期以来,该理论一直占据着我国刑法理论的通说地位,是我国刑法学理论的基石,历来为学术界及司法部门所关注。但近些年来,我国传统的犯罪构成理论越来越多地受到挑战除观点上的不同外,也许是由于长期以来传统的犯罪构成理论体系在发展过程中逐渐暴露出自身存在的一些理论缺陷所导致的。例如,未完成形态的犯罪是不是"缺少要件"的犯罪?又如正当防卫、紧急避险等排除危险性事由,在我国刑法中已由大陆法系犯罪论中违法性判断的内容演变为一个实质上阻却构成要件的东西,然而它又被置于犯罪论的评价体系之外,这在逻辑上是否存在矛盾?这些问题都值得进行深入讨论和分析。

第二节 犯罪成立理论的分析

通过梳理可以看出,上述三种犯罪成立或犯罪构成理论各具特色,其区别也较为明显。

一、犯罪客体与刑法法益

客体与主体是一对相对应的范畴,主体是人(包括单位),客体是行为对象。① 然而,这样的理解与表述又不是十分精准,具体语境中的主体可能指个人或社会群体或人类整体,客体可以指相对应的目的与目标或是行为对象。关于我国传统犯罪构成理论的犯罪客体和犯罪主体,前者是我国刑法所保护的而为犯罪行为所侵害的社会主义社会关系,后者是指具有刑事责任能力、实施了危害社会的行为并依法应负刑事责任的人。

我国刑法理论中的犯罪客体表述是从苏联刑法理论中移植过来的,几十年来几乎没

---

① 此问题有争议,包括有的俄罗斯刑法学者也认为犯罪客体是犯罪的行为对象。

什么发展。我国和苏联都把社会主义社会关系作为犯罪行为侵犯的客体,明显具有政治上的意义,是刑法阶级性的表现。从20世纪80年代中期开始,我国一些学者就开始发表文章对"犯罪客体"理论提出质疑。① 主要的观点如"社会关系说""社会利益说""犯罪对象说""权益说""社会关系修正说""刑事被害人说"等。

由于对犯罪客体的理解不同,故影响到对其具体地位和所应放置的研究领域的确定。主要分歧在于,是在犯罪构成之内研究"犯罪客体",还是在犯罪构成之外研究"犯罪客体"? 我国从苏联移植过来的犯罪构成理论中的犯罪客体名不副实,将其表述为"刑法所保护的而为犯罪行为所侵害的社会主义社会关系",其内容是整个刑法的保护客体,地位高于"犯罪构成"本身,其实质内容与刑法法益相等同或相近似,是犯罪论乃至整个刑法学的根基。此外,大陆法系还有"行为客体"与"保护客体"的范畴区分,前者的实质内容相当于我国刑法理论中"犯罪对象"和"行为对象",后者的实质内容相当于我国刑法所保护的刑法法益。本书认为,犯罪客体不属于犯罪构成理论研究领域内的内容,应放在犯罪概念中来研究,且在表述上用"刑法法益"更为合适,以此来复原犯罪客体研究内容的应有定位,也与犯罪概念中的犯罪本质研究相一致。

二、犯罪构成与刑法法益

德国刑法学家费尔巴哈认为:"犯罪构成乃是违法的(从法律上看)行为中所包含的各个行为或事实的诸要件的总和。"②通常情况下,犯罪构成中的构成又被称为构成要件,"构成要件"一词虽然最早来自刑法学,但如今已成为法学理论中的通用概念。③ 在大陆法系刑法理论中,犯罪构成与构成要件虽然经常混用,但并非如同通常所理解的那样,是指犯罪成立的条件。构成要件是指某种行为具备犯罪构成事实,仅是犯罪成立要件之一——构成要件的该当性。构成要件的该当性,是指应受处罚的行为与法律规范中对某个具体犯罪所描述的全部特征完全吻合。④ 也就是说,某种行为符合构成要件只是犯罪成立的首要或基本条件,并不是唯一条件。而且,要成立犯罪还必须具有违法性和有责性。大陆法系刑法理论中相当于犯罪成立要件的犯罪构成一般被称为犯罪要件,更为经常使用的还有犯罪论体系。而犯罪论体系是指犯罪成立要件整体,包括构成要件该当性、违法性和有责性。事实上,在英美法系刑法理论中,并不存在"构成要件"这一概念。犯罪构成在英美刑法中不是一个严格的专业术语。⑤

苏联刑法学家A.H.特拉伊宁在《犯罪构成的一般学说》一书中根据主客观相统一的

---

① 如张文:《犯罪构成初探》(《北京大学学报》1984年第5期);何秉松:《论犯罪客体》(《北京大学学报》1987年第3期)、《关于犯罪客体的再认识》(《政法论坛》1988年第3期);薛瑞麟:《关于我国犯罪客体的几个问题》(《法学研究》1988年第4期)等。
② 〔苏联〕A.H.特拉伊宁:《犯罪构成的一般学说》,王作富等译,中国人民大学出版社1958年版,第16页。
③ 〔日〕小野清一郎:《犯罪构成要件理论》,王泰译,中国人民公安大学出版社1991年版,第6页。
④ 李海东:《刑法原理入门——犯罪论基础》,法律出版社1998年版,第41页。
⑤ 陈兴良:《本体刑法学》,商务印书馆2001年版,第181页。

观点,将犯罪构成整合为主观要件与客观要件的统一,是刑事责任的唯一根据。他指出:"犯罪构成乃是苏维埃法律中认为决定具体的、危害社会主义国家的作为(或不作为)犯罪的一种客观要件和主观要件(要素)的总和。"①他将犯罪构成的因素分为四类:(1)表明犯罪客体的构成因素;(2)表明犯罪客观方面的构成因素;(3)表明犯罪主体的构成因素;(4)表明犯罪主观方面的构成因素。在我国刑法理论中,一直坚持犯罪构成四要件说的理论就是源自于此。然而,即使是按照特拉伊宁的观点,犯罪构成的因素和犯罪构成的要件也不是同一个范畴。特拉伊宁曾这样表述:客体、客观方面、主体、主观方面绝不是犯罪构成的因素,其实构成并没有这些因素,因此他们不能"组成"构成;事实上可以而且应当在犯罪中划分客体、客观方面,主体、主观方面,不过这是在犯罪中而不是在构成中划分,犯罪构成的使用是揭示犯罪的具体内容,因此,在构成中可以而且应当划分的是表明犯罪的客体及客观方面,犯罪的主体及主观方面的因素。②他在这里区分了犯罪构成和构成要件,但遗憾的是,在表示犯罪构成因素的时候,如犯罪构成与犯罪客体的构成因素,仍把部分和整体等同起来,使先前的立论没有贯彻下去,这也是被学术界同仁所忽视的一个问题。③另外,特拉伊宁还对构成要件进行了限制,认为"刑法典中的罪状可以说是每个构成的住所,构成永远是具体的,永远是现实的"。④之后苏联有一些学者将刑法总则规定的要件与刑法分则规定的要件统一纳入到犯罪构成要件之中去⑤。由于苏联和我国犯罪构成理论的通说是以特拉伊宁所谓的"经典"理论为基石的,加之特拉伊宁本人在这个问题上理解混乱,后来注释刑法学的盲目套用,尤其是将四方面因素简称为四要件,故造成了该理论上的含混不清。实际上,在大陆法系刑法理论中,构成要件该当性本身无非是"中性"的被评价对象,决定了犯罪构成学说的形式主义色彩。而苏联刑法理论明确揭示了犯罪构成的社会政治内容,无论在内容上,还是在性质上,都使犯罪构成理论发生了一次根本性的变革,使形式主义的概念转化为实质意义的概念。⑥苏联和我国现在所理解的犯罪构成,从本质上来看或许是犯罪成立条件意义上的犯罪构成,这与德日刑法中的"该当性"不是一个层次。明确了这一点,或许才不会发生理论和实践上的混乱。

三、犯罪构成要件与犯罪构成要件要素

学界有时把犯罪构成要件与犯罪构成要件的各组成"要素"等同起来,例如,将"犯罪主体"视为"犯罪共同要件",在认为"犯罪主体"是犯罪构成的"必备要件"或"不可缺少的

---

① 〔苏联〕A. H. 特拉伊宁:《犯罪构成的一般学说》,王作富等译,中国人民大学出版社1958年版,第48—49页。
② 同上书,第99—100页。
③ 本书赞同孙燕山的观点,即在苏联的犯罪构成研究中,构成要件有一个变化的过程,从具体的刑法分则规定到包括刑法总则的规定,将犯罪构成的四个方面的因素简称为四个方面的要件,这一说法广泛地流传下来,直至今天。孙燕山:《犯罪构成问题再探讨》,载《法律科学》1997年第6期。
④ 〔苏联〕A. H. 特拉伊宁:《犯罪构成的一般学说》,王作富等译,中国人民大学出版社1958年版,第218页。
⑤ 〔苏联〕H. A. 别利亚耶夫等主编:《苏维埃刑法总论》,马改秀等译,群众出版社1987年版,第83—85页。
⑥ 姜伟:《犯罪构成比较研究》,载《法学研究》1989年第3期。

要件"的同时,又认为"我国刑法中的犯罪主体"之下还有"共同要件"或"必要(备)要(条)件",如自然人,刑事责任能力(或刑事责任年龄和刑事责任能力);"犯罪主观方面"这一"共同要件"之下还有"罪过"这一必备(要)的"主观方面要件"和犯罪目的这一选择性"要件"或"某些犯罪主观方面不可缺少的内容"①;"犯罪客观方面"的要件之下,也分为危害行为的必备(要)"要件"以及危害结果、犯罪的特定时间、地点、方法(手段)等选择"要件"两大类。② 之所以会产生这种逻辑性和本体性理论认识上的矛盾,原因之一就是对犯罪构成要件与犯罪构成要件要素不作区分。因为组成犯罪构成有机整体的最基本要素——犯罪构成要件要素,以及同这些因素的结合体已经混淆在一起,犯罪构成体系内部的、部分与整体的关系已经发生混乱。我国刑法学界在构成要件与构成要件内部构成要素上的混淆,也正是在犯罪完成形态与未完成形态的区分标准及未完成形态犯罪负刑事责任的根据问题上出现困惑的原因。

犯罪构成要件要素是组成犯罪构成这一主客观要件有机整体的最基本的因素,犯罪构成要件则是以行为的三个方面为依据由这些元素集合而成的,居于构成要件要素上一层次的单元或集合体。行为的三个方面、犯罪构成要件与犯罪构成要素三者的关系是:"方面"是"要件"的存在空间,"要素"是"要件"的组合元素,"要件"及其"要素"作为犯罪构成理论之对象范畴构成"方面"的基本内容。③ 因此,区分犯罪构成要件与犯罪构成要件的各组成"要素"是十分必要的。包括在司法实践中,作为犯罪成立所必需的条件,就要从主体、主观、客观、客体这样四个方面去寻找。也就是说,任何犯罪的构成要件都寓居于这四个方面。但是,包含构成要件在内的这四个方面,其内容并不都具有犯罪构成要件之性质,除犯罪构成要件之外,还有不影响定罪而仅仅影响刑事责任大小的事实特征,甚至还包括对定罪量刑毫无影响的事实特征。正是因为这一点,我国刑法学大多数论著在关于"犯罪主体""犯罪主观方面""犯罪客观方面"和"犯罪客体"的专门论述中,既要对这四个方面中的犯罪构成要件内容做论述,又要对要件以外的内容做论述;最终,在体系上无法回避"方面"要大于"要件"的事实。④ 如果继续忽视或者无视"犯罪构成要件"与犯罪构成要件所寓居的"方面"的区别,必将对犯罪构成理论的研究带来不利或混乱性的影响。

四、犯罪构成与犯罪概念

犯罪构成与犯罪概念是两个不同的概念。有学者认为:"犯罪构成就是指构成犯罪必

---

① 祝铭山主编:《中国刑法教程》,中国政法大学出版社1998年版,第45页。
② 高铭暄主编:《中国刑法学》,中国人民大学出版社1989年版,第95、112、115—116、123页;赵秉志主编:《新刑法教程》,中国人民大学出版社1997年版,第100、101、123、154页。
③ 肖中华:《犯罪构成要件及相关范畴辨析》,载《法学研究》2001年第2期。
④ 有的教材在"犯罪总论"中一改传统教材"犯罪主体""犯罪主观方面""犯罪客体"和"犯罪客观方面"之称谓,而使用"犯罪主体要件""犯罪客观要件""犯罪主观要件"和"犯罪客体要件"的称谓,主要是已经认识到其中的不同而做的修正。赵秉志主编:《新刑法教程》,中国人民大学出版社1997年版,第88页以下。

须具备的规格和标准的全部。"①有学者认为:"犯罪构成是指我国刑法所规定的由相互联系、相互作用的诸要件组成的具有特定的犯罪性质和社会危害性的有机整体。"②通说认为:"犯罪构成,就是依照我国刑法的规定,决定某一具体行为的社会危害性及其程度而为该行为构成犯罪所必需的一切客观和主观要件的有机统一。"③有学者虽然在表述上与通说有差异,但实质上并无区别。例如,"犯罪构成是刑法规定的,反映行为的法益侵犯性与非难可能性,而为该行为成立犯罪所必须具备的客观构成要件和主观构成要件的有机整体"④。

通说认为,犯罪构成的含义包括:(1)犯罪构成是个有机统一的整体;(2)犯罪构成是客观要件与主观要件的有机统一;(3)决定某一具体行为的社会危害性及其程度而为该行为构成犯罪所必需的一切客观和主观要件的有机统一;(4)构成犯罪所必需的客观要件和主观要件必须是我国刑法所规定的。由于犯罪是刑法所规定的,因而犯罪的客观要件和主观要件也必须是刑法所规定的。立法者总是根据一定的客观事实以及国家和社会惩罚犯罪等需要,设置一定的客观因素和主观因素作为犯罪成立必须具备的要件。不管何种客观要件和主观要件,只有经过刑法的规定才能称为构成犯罪所必需的要件,其分类包括:(1)完成的犯罪构成和未完成的犯罪构成;(2)标准的犯罪构成和派生的犯罪构成;(3)简单的犯罪构成和复杂的犯罪构成;(4)叙述的犯罪构成和空白的犯罪构成等。

而犯罪概念主要从宏观、抽象的角度揭示了一切犯罪所具有的本质特征,所解决的主要是罪与非罪的问题,即什么是犯罪、犯罪有哪些基本特征。根据犯罪的基本特征,进一步区分犯罪和违法行为。然而,对于区分不同性质的犯罪而言,犯罪概念就无能为力了。如对于抢劫罪和盗窃罪,就不能根据犯罪概念来区分,因为这两种犯罪都符合犯罪的基本特征。在司法实践中,又必须要区分抢劫罪和盗窃罪,以便给予不同的处罚。此时,就需要借助犯罪构成加以识别。犯罪构成所要解决的是犯罪如何成立、需要具备哪些成立条件,它虽然能够从宏观上揭示所有犯罪必须具备的共同构成要件,但更主要的是从微观上揭示某种犯罪成立需要具备的具体构成要件。从司法实践来看,犯罪构成在某种程度上属于犯罪概念的具体化。因此,研究犯罪构成的意义主要包括:(1)为追究犯罪人的刑事责任提供根据;(2)为区分罪与非罪以及划分此罪与彼罪的界限提供具体的标准。

五、犯罪构成与犯罪形态

在我国的犯罪构成理论中,有基本的犯罪构成与修正的犯罪构成,普通的犯罪构成与派生的犯罪构成,简单的犯罪构成与复杂的犯罪构成,叙述的犯罪构成与空白的犯罪构

---

① 王世洲:《现代刑法学》(总论),北京大学出版社2011年版,第87页。
② 何秉松主编:《刑法教科书》(上),中国法制出版社2000年版,第196页。
③ 高铭暄、马克昌主编:《刑法学》,北京大学出版社、高等教育出版社2011年版,第49页;赵秉志主编:《当代刑法学》,中国政法大学出版社2009年版,第96页;黎宏:《刑法学》,法律出版社2012年版,第53页;王作富主编:《刑法学》,中国人民大学出版社2004年版,第36页;贾宇主编:《刑法学》,中国政法大学出版社2011年版,第47页。
④ 张明楷:《刑法学》(第3版),法律出版社2007年版,第100页。

成,封闭的犯罪构成与开放的犯罪构成等分类。其中,修正的犯罪构成一直为我国刑法理论界所推崇,因为没有它,无法解释有些犯罪形态(如犯罪未遂)的成立与认定。

依据刑法理论通说,由于刑法分则条文都是以单个人犯罪既遂为标准规定某一具体犯罪之犯罪构成的,因此既遂状态之犯罪构成即属于基本的犯罪构成,而预备犯、未遂犯和中止犯等未完成形态之犯罪构成,以及组织犯、教唆犯和帮助犯等共同形态之犯罪构成则属于修正的犯罪构成。例如,犯罪既遂是行为人的行为具备了分则具体犯罪构成的全部要件,而犯罪未遂是行为人着手实行犯罪后,由于外来的违背其意志的因素而使犯罪未能具备分则具体犯罪构成全部要件的情况。以此为前提,如果进一步从犯罪未遂构成的角度来研究未遂形态区别于既遂形态的特征,的确可以发现既遂形态的构成是基本的构成,而未遂形态的构成是经刑法总则修正的具有一定特殊性的构成。因此,通说以犯罪既遂的构成要件作为犯罪的基本构成要件的基础,以犯罪未遂的构成要件为补充,界定既遂和未遂的标准具有一定的合理性和可操作性。

然而,一个犯罪应当是只有一个犯罪构成,又怎么能由于犯罪形态的不同而导致同一犯罪具有不同的犯罪构成?例如,故意杀人罪中一般并不以将人杀死作为犯罪的必备构成要件,只要实施了杀人行为即可认定故意杀人罪成立。换言之,故意杀人未遂与故意杀人既遂的构成要件应当是同一的。既然犯罪既遂的构成要件与犯罪未遂的构成要件具有同一性,因此,就不能根据犯罪构成来区别犯罪的既遂与未遂,或者根据犯罪形态来反推基本的犯罪构成和修正的犯罪构成,实质上二者完全没有任何关系。具体而言,犯罪构成或犯罪成立应当以刑法总则与分则规定的具体定罪标准来确定,而犯罪形态应当以刑法总则与分则对具体犯罪形态所要求的行为要素和结果要素为标准来确定,从而达到科学区分犯罪构成或犯罪成立与犯罪形态,以及犯罪形态相互之间的具体要求与标准。

六、犯罪构成与犯罪成立

刑法通说认为,犯罪构成是刑法规定的决定某一具体行为的社会危害性及其程度而为该行为构成犯罪所必须具备的一切客观要件和主观要件的有机统一的整体。[1] 而犯罪成立则是在考察某一具体犯罪行为在客观方面和主观方面是否具备成立某种犯罪诸要件的情况下,再进行是否承担刑事责任的总体评价。我国传统刑法理论中是没有犯罪成立概念的,如同大陆法系国家并没有"犯罪构成"的概念一样。然而,在犯罪论体系中,犯罪构成理论就应当是指犯罪成立,只不过其内容应当包括排除犯罪性行为的整体评价。基于此有学者呼吁:"随着大陆法系刑法教科书越来越多地引入我国,大陆法系的犯罪论体系这一概念在我国也逐渐地流行起来。在我看来,采用犯罪构成理论的概念表述大陆法系构成要件该当性、违法性、有责性这样一种犯罪成立条件,是存在一定矛盾的,会混淆犯罪构成与构成要件之间的关系。在这种情况下,应当采用犯罪论体系的概念或者径直称

---

[1] 高铭暄主编:《刑法学》,法律出版社1982年版,第97页。

为犯罪成立条件。"[①]因此,一些学者停止了"犯罪构成"的使用,于是犯罪构成理论也为犯罪成立理论代替。[②] 本书认为,这种做法是可行的,主要理由是:(1)"犯罪构成"在翻译和语源上就是一种误读或误解,尤其与"构成要件该当性"极易混淆,造成不必要的学习和研究障碍,故以"犯罪成立"代之,简洁明了,不至于误读和曲解。(2)我国传统的犯罪构成理论没有将正当防卫、紧急避险等正当性事由一并纳入犯罪论的评价体系之中,如此便无法达到全面、彻底或整体地评价犯罪的最终目的,与所谓真正的"犯罪成立"的评价功效相距甚远。(3)"犯罪成立"的用语不仅在大陆法系,而且在英美法系均属无争议的概念与范畴表述,而且在我国学界或教科书中已有不少学者正在使用"犯罪成立"的概念与范畴。所以,直接使用"犯罪成立"不仅可以摆脱与其他概念的混淆,而且这一用法有助于保证学习与研究思维上的畅通。

第三节 犯罪成立要件的重构

目前,我国的犯罪论体系面临着三种抉择:第一种是完全按照大陆法系的做法,将犯罪构成的主客观要件整合为犯罪成立的要件之一——构成要件该当性,另外增加违法性和有责性要件,将犯罪主体、正当防卫和紧急避险等纳入其中,最终组成"三阶层"的犯罪成立理论。第二种是学习英美法系,综合考虑我国目前刑事诉讼法的规定,与刑事诉讼制度相配套,创立一种英美法系与我国具体情况相结合的别具特色的犯罪成立理论新体系。第三种是面对我国法律文化与教育背景的现实,改造苏联和我国现在的"四大构成要件"理论体系,将"犯罪构成"等同或直接更名为"犯罪成立",并在此基础上基本保留犯罪客观方面的要件(去掉数额和情节),称其为犯罪客观要件;适当扩充犯罪主观方面的要件(将犯罪主体纳入其中),称其为犯罪主观要件;并设置一个"罪量"要件(将正当防卫、紧急避险及犯罪数额和情节等纳入其中),称其为犯罪量度要件。第一种和第二种方案基本上是"拿来主义",将现在我国犯罪构成要件"对号入座",进行填充或补充。但无论是大陆法系或是英美法系,并不一定完全适合我国的法律文化传统教育背景与国情。第三种方案虽是一种折衷选择,但最为实用和可行,特别是其充分考虑了我国的法律文化与教育背景,是在原"四大构成要件"基础上改造而成的,应当说是我国犯罪成立理论的最佳选择。

面临以上三种抉择,无论英美法系的方案还是大陆法系的方案,甚至实用主义的折衷方案,均需要解决三个方面的问题:(1)有关犯罪论体系的称谓与界定;(2)有关犯罪与犯罪成立的关系;(3)具体的犯罪成立要件及其与刑法典的匹配。

[①] 陈兴良主编:《犯罪论体系研究》,清华大学出版社2005年版,第6—7页。
[②] 李立众:《犯罪成立理论研究——一个域外方向的尝试》,法律出版社2006年版;王志远:《犯罪成立理论原理——前叙性研究》,方正出版社2005年版。

第八章 犯罪成立

一、犯罪成立要件的界定

犯罪成立要件是指刑法规定的成立犯罪所必须具备的主客观条件的综合。由于犯罪成立是由刑法规定的,因而犯罪成立的要件也必然是由刑法明确规定的。从这一角度来看,犯罪成立要件具有规范特征,不可以随意设定。

由于不同的国家在设置犯罪时有不同要求,而且受各自的文化传统、价值观念等影响,因而刑法所规定的犯罪成立要件的种类或者称谓可能有所不同。有的国家刑法典规定的犯罪成立,在理论上解读为三要件,如德国、日本、意大利、法国等;有的国家刑法典规定的犯罪成立,在理论上解读为四要件,如中国等。即便是在三要件的国家,犯罪成立要件的名称也并非完全一致的。例如,日本学界通说认为,犯罪成立要件包括构成要件该当性、违法性和有责性,意大利学者帕多瓦尼将犯罪成立要件划分为典型事实、客观违法性和罪过[1],法国学者斯特法尼将犯罪成立要件划分为事实要件、心理要件和责任要件。[2]同时,由于学者们对刑法规定的犯罪成立要件理解不同,即使在一国内部,如何理解刑法规定的犯罪成立要件也存在差异。例如,日本就存在两要件体系、三要件体系、四要件体系等不同主张。两要件体系将犯罪成立要件区分为犯罪的客观要素和主观要素。在三要件体系中,小野清一郎主张犯罪成立要件包括构成要件符合性、违法性及责任三个要素,野村稔认为犯罪成立要件包括行为、不法和责任三个要件。四要件体系包括几种不同主张:铃木茂嗣将犯罪成立要件区分行为、违法性、责任和构成要件四个要素,泷川幸辰将犯罪成立要件划分为行为、构成要件、违法和责任。[3]

二、犯罪成立要件的分类

犯罪成立要件存在层次之别。有学者提出,根据我国刑法"主客观要件相统一"的原则,理论上将犯罪成立要件划分为三大层次:第一层次是客观要件和主观要件,客观要件和主观要件分别划分为若干要件为第二层次,第二层次的要件又可以包含若干要素,为第三层次的犯罪成立要件。[4] 毫无疑问,第一层次和第二层次的犯罪成立要件,是任何犯罪都必须具备的,称之为犯罪成立的一般要件;第三层次的犯罪成立要件在不同犯罪中有所不同,称之为犯罪成立的具体要件。

(一)犯罪成立的共同要件

1. 关于犯罪成立共同要件的理论学说

通说认为:"根据我国刑法,任何一种犯罪的成立都必须具备四个方面的构成要件,即

---

[1] 〔意〕杜里奥·帕多瓦尼:《意大利刑法学原理》,陈忠林译,中国人民大学出版社 2004 年版,第 97 页以下。
[2] 〔法〕卡斯东·斯特法尼:《法国刑法总则精义》,罗结珍译,中国政法大学出版社 1998 年版,第 214 页以下。
[3] 彭文华:《犯罪构成范畴论》,中国人民公安大学出版社 2009 年版,第 193—194。
[4] 马克昌主编:《犯罪通论》,武汉大学出版社 1999 年版,第 88 页。

犯罪客体、犯罪客观方面、犯罪主体、犯罪主观方面的构成要件。"[1]通说将犯罪成立要件划分为客观要件与主观要件,并无不可,但仅仅根据客观要件和主观要件,能否承担评价一切行为的罪与非罪的重任?答案是否定的。通说面临的最大挑战主要有两个:(1)难以将正当防卫等纳入犯罪论评价体系。根据通说,正当防卫是指外表上似乎符合某种犯罪成立,实质上不仅不具有社会危害性,而且对国家和人民有益的行为,它们都不是犯罪行为。[2] 但是,通说一方面认为正当防卫"符合某种犯罪构成(成立)",另一方面又指出正当防卫"不是犯罪行为",显然自相矛盾。有学者认为,正当防卫等属于主观要素。"回到我国刑法对正当防卫、紧急避险的法律内容来看,已经明确规定了行为人主观上必须是为了保卫国家、社会公共利益、本人或者他人的合法权益,这种目的的正当性显然排除了行为人主观上具有故意或者过失的罪过内容。"[3]这种观点具有片面性,如果认为目的正当就否定成立犯罪的话,就无法解释防卫过当为什么构成犯罪。事实上,正当防卫既包含行为等客观因素,也包含心理态度等主观因素,难以纳入犯罪成立的四个要件中的任何一个。(2)难以将社会危害程度纳入犯罪成立之内评价。因为社会危害程度是融客观因素和主观因素于一体的要素,归入任何一个客观要件或主观要件中都有所不妥。很多学者将犯罪情节纳入犯罪客观要件中论述,这也是不妥的。犯罪情节虽然包括犯罪后果危害严重、社会影响恶劣等客观因素,却也包含主观恶性非常大、犯罪动机十分卑劣等主观因素,并非属于纯粹的客观因素。尤其是在我国,犯罪情节及其危害程度等因素是需要进行单独评价的。

由于通说存在明显不足,许多学者主张直接引进德日阶层犯罪论体系,来替代我国犯罪论体系。其中,既有主张三阶层犯罪论体系的学者,也有主张两阶层犯罪论体系的学者。但是,阶层犯罪论体系不仅不适合我国的法律文化与教育背景,而且最大的不足在于其也无法解释我国刑法典第13条"但书"的犯罪"定量"规定,即行为"情节显著轻微、危害不大的"为什么不认为是犯罪?实践证明,德日刑法犯罪论体系在解释该问题上也存在自身无法克服的矛盾。日本有学者认为,违法性具有可罚与不可罚之分,可罚的违法性理论可以解释"情节显著轻微、危害不大的"行为为什么不构成犯罪,但这种观点与主张违背违法性判断的本质。日本犯罪论中的构成要件,作为观念的、形式的犯罪类型,具有形式违法性特征,是具有违法推定机能的前提。[4] 这意味着在日本,只要是刑法规定的行为,不管社会危害大小都是犯罪行为,都违反法规范,都具有违法性。既然如此,以可罚的违法性否定对"情节显著轻微、危害不大的"行为的处罚,难以自圆其说。德日刑法犯罪论体系存在的问题,同时也遭到了同样主张三要件阶层犯罪论体系的学者的批评。有学者认为:

---

[1] 高铭暄、马克昌主编:《刑法学》,北京大学出版社、高等教育出版社2011年版,第50页。
[2] 高铭暄主编:《中国刑法学》,中国人民大学出版社1989年版,第145页。
[3] 杨兴培:《犯罪构成原论》,中国检察出版社2004年版,第309页。
[4] 所谓形式违法性,是指行为违反国家法规、违反法制的要求或禁止规定。彭文华:《德、日犯罪构成论体系与我国刑法规范的内在冲突》,载《法学》2010年第5期。

"构成要件符合性、违法性、责任体系在一定程度上存在逻辑矛盾。根据该体系,构成要件是违法类型,符合构成要件原则上就具有违法性;但在例外情况下,符合构成要件的行为,如果存在违法性阻却事由,就不具有违法性。而例外情况的存在,反过来在一定程度上否定了构成要件是违法性的类型,因为符合构成要件的行为也可能没有违法性,符合构成要件的行为就不是违法性的存在根据!"① 由此可见,简单地移植德日刑法犯罪论体系未必适合我国国情。

本书认为,两要件阶层体系也存在不足。两要件体系通常将正当防卫等纳入客观要件中评价②,也是存在问题的。事实上,该体系并非我国学者的新创,其在意大利被称为"新的二要件论"。"在这种理论看来,客观违法性不是一个独立的犯罪成立的条件,因为它在实践中只是一个纯粹的否定性因素,即行为不具备正当化的理由,如果一味地强调其正当性,也难以从根本上解释'防卫过当'构成犯罪或承担刑事责任的情况。从实质意义上说,广义的典型事实应该是犯罪成立的肯定因素(即不可或缺的因素)与否定因素(即必须排除的因素)的'总和';不论是缺乏肯定条件(如对盗窃行为而言,行为人所窃取的不是'他人的'财产),或是存在否定条件(如窃取财产的行为是为了执行合法的命令),行为都不符合刑法规定的典型事实。"③ 意大利学者帕多瓦尼也认为,"新的二要件论"将性质不同的要素混同在一起,"这种理论从根本上扭曲了具有不同性质的事实,将实质意义不同的现象搅在一起:缺乏典型事实肯定因素的那些非典型事实,根本就不可能具有危害;而包含正当化理由的事实,则永远包含损害某种利益的内容。后者之所以合法,只是因为从特定的角度看具有值得肯定的价值。把这二者混为一谈,无异于将打死一只苍蝇(缺乏肯定因素的非典型事实)与正当防卫中的杀人行为(因包含否定因素而按上述理论不再是典型事实)相提并论"④。帕多瓦尼的见解可谓是击中要害。诚然,正当防卫等正当化事由从构成上来看,与行为等纯粹的客观因素有明显不同。以正当防卫为例,防卫目的就是典型的主观因素,至于对不法侵害人的防卫行为,也是在一定的主观心理态度支配下实施的,这一点不容置疑。如果否定正当防卫中的主观要素,那么正当防卫与不可抗力和意外事件就没有实质区别了,这是不符合事实的。正是因为正当化事由是融客观因素与主观因素于一体的混合体,将之纳入客观要件中评价,确实存在扭曲客观要件的本质之嫌。

既然我国刑法的通说、德日刑法犯罪论体系及两要件体系等均存在不足,于是就有可能提出其他解决方案。如有学者认为,犯罪构成要件包括犯罪客观要件、犯罪主观要件和犯罪阻却事由。⑤ 通过设立独立的犯罪阻却事由要件或者罪责要件将排除犯罪性行为纳入犯罪论评价体系之内。然而,由于阻却犯罪事由包括违法阻却事由与责任阻却事由,反

---

① 周光权:《刑法总论》,中国人民大学出版社 2007 年版,第 105—106 页。
② 张明楷:《刑法学》(第 3 版),法律出版社 2007 年版;黎宏:《刑法总论问题思考》,中国人民大学出版社 2007 年版。
③ 〔意〕杜里奥·帕多瓦尼:《意大利刑法学原理》,陈忠林译,中国人民大学出版社 2004 年版,第 95 页。
④ 同上。
⑤ 周光权:《刑法总论》,中国人民大学出版社 2007 年版,第 109 页以下。

而使得犯罪成立要件之间的关系复杂化。例如,责任阻却事由包括责任能力、违法性认识以及期待可能性等,这些因素与犯罪主观要件之间究竟存在何种不同,能否将它们完全分裂开,论者并没有说明理由。这表明,将犯罪成立要件简单地划分为犯罪客观要件、犯罪主观要件和犯罪阻却事由或许也存在问题。故本书坚持罪行、罪过和罪责要件的犯罪成立理论体系,并在此基础上进一步改造、完善。

2. 本书主张的犯罪成立共同要件

长期以来,对于我国犯罪成立理论的构建,笔者始终认为应坚持"公开讨论、兼收并蓄、立足本国、循序渐进"的方针,本书此前也曾结合英美法系和大陆法系的犯罪成立理论提出过对我国"犯罪构成"理论的初步改造和"犯罪成立"理论的基本设计,如图 8-1。

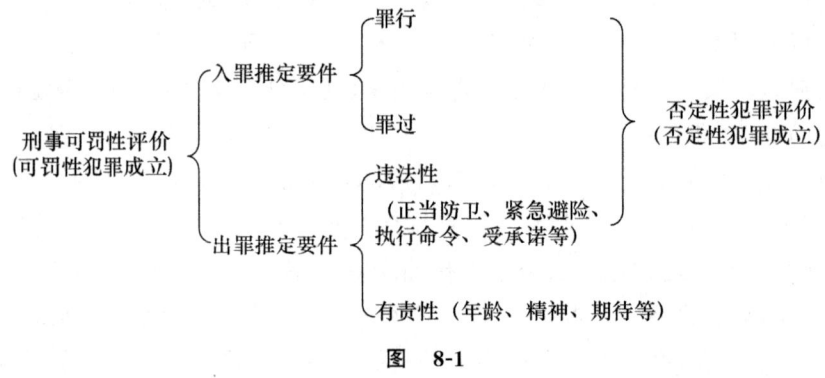

图 8-1

其实,图 8-1 中的"入罪推定要件"与"出罪推定要件"是英美法系"实体要件"和"诉讼要件"的翻版,其中"入罪推定要件"中的"罪行"与"罪过"就是英美法系"实体要件"中的"犯行"和"犯意","出罪推定要件"中的"违法性"与"有责性"就是英美法系"诉讼要件"中的"抗辩事由",也是本书主张的"罪责"要件。另外,图 8-1 中的"刑事可罚性评价"(可罚性犯罪成立)与"否定性犯罪评价"(否定性犯罪成立)比较科学地解释了我国刑法典第 13 条的"但书"规定,以及刑法典第 17 条第 4 款未达到刑事责任年龄的人故意杀人"不构成犯罪"的不公平性"假说",并为该款所规定的"责令管教"或者"政府收容"的落实找到了理论依据,即其只是没达到"可罚性评价的犯罪",但已经达到"否定性评价的犯罪",最终没有能力或国家不让其承担刑事责任,但坚持否定其行为的正当性。在此基础上,本书进一步设计出"犯罪客观要件、犯罪主观要件和犯罪量度要件"的"犯罪成立"模式。

犯罪成立包括以行为为核心的客观要件和以主观心理为内容的主观要件,是获得学者们的共识的。事实上,任何国家的犯罪成立要件,都不可能离开客观要件与主观要件。问题在于,像正当防卫等正当化事由,不能单纯地纳入犯罪客观要件或者主观要件之列,只能纳入到量度要件之中。这是因为,正当防卫等在本质上是两种利益的衡量,所得出的结论是具有犯罪形式特征的行为之实质法益侵害性没有达到犯罪程度,因而排除其犯罪性。换言之,正当化事由之所以不认为是犯罪,源于其法益侵害性没有达到犯罪程度。作为评价其性质的核心要素——法益侵害性,本来就蕴含了主客观要素在内。我国学界通说认为,行为的严重社会危害性是犯罪的本质特征,是主客观要素的统一。造成客观损害的人的行为是受人的主观因素即意识和意志支配的,是行为人主观恶性的表现。社会危害性不可能离开人的主观因素,而必然是主观因素与客观因素的统一。社会危害性的有无以及程度,不只是由行为在客观上所造成的损害来评价的,还包括行为人主观方面的要件在内。① "社会危害性及其程度,不只是由行为客观上所造成的损害来说明,还包括行为人的主体要件和主观要件。"② 如果认为社会危害性不包含主观因素,是与我国刑法规定相矛盾的。由此可见,正当防卫等也是由于社会危害程度小而不构成犯罪。

综上所述,由于正当化事由以及犯罪情节是包含客观因素与主观因素的综合性要素,既不能纳入犯罪客观要件,也不能纳入犯罪主观要件,这就是学界对其定位存在争议的根本原因。当然,也有学者认为,正当化事由应当在犯罪评价之前先行加以实质评价,以此将之排除在犯罪评价之外。"从理论上讲,在说行为符合具体犯罪的构成的时候,实际上也意味着该行为不可能是正当防卫、紧急避险等正当事由,换言之,在得出这种结论之前,已经进行了该行为不是正当防卫、紧急避险等正当行为的判断,否则就不可能做出这样的结论来。因为犯罪构成符合性的判断是唯一的、终局性的判断。"③ 但这种观点将造成犯罪评价不通过犯罪构成完成,背离犯罪构成原理。故其对正当化事由另行评价的主张,也揭示了通说存在的不足。同时,这也表明,如果不对正当化事由作侵害程度或罪量上的评价,还会导致另一个悖论,即防卫过当似乎也无法进行犯罪成立要件的逐一评价,这不符合对任何一个被追究刑事责任行为的评价规则。

因此,既然犯罪客观要件和主观要件不能容纳正当化事由,那么只能通过设置融合客观因素和主观因素于一体的综合性要件作为犯罪成立要件,才能从根本上解决问题。事实上,也有学者提出过类似概念,称之为"罪量要件"。该学者认为:"罪量是在具备犯罪构成本体要件的前提下,表明行为对法益侵害程度的数量。"④ 只是,此处的"罪量"称谓并没有解释犯罪成立综合要件的本质特征,因为罪量易使人理解成主客观要素的简单相加或堆积,故并不妥切。融合主客观要素为一体,实质上并非主客观因素单纯量的积累或总和,将融合主客观要素为一体的综合性评价要件谓之"量度要件"相对而言更加科学、准确和合理。

所以,本书认为,犯罪成立的要件包括:犯罪客观要件、犯罪主观要件和犯罪量度要件。犯罪客观要件是指刑法规定的以行为性质及其相关要素组成的揭示成立犯罪客观特征的要件;犯罪主观要件是指刑法规定的以故意、过失、犯罪主体及其他揭示成立犯罪主观特征的要件;犯罪量度要件是指刑法及其相关法律规定的揭示成立犯罪整体社会危害性程度的要件。犯罪客观要件和犯罪主观要件是从事实角度评价犯罪,而犯罪量度要件

---

① 高铭暄、马克昌主编:《刑法学》(上编),中国法制出版社1999年版,第72—73页。
② 马克昌主编:《犯罪通论》,武汉大学出版社1999年版,第19页。
③ 黎宏:《刑法总论问题思考》,中国人民大学出版社2007年版,第43页。
④ 陈兴良:《规范刑法学》(上),中国人民大学出版社2008年版,第191页。

是从价值角度评价犯罪,最终形成总体的犯罪评价标准体系。

(二)犯罪成立的具体要件

犯罪成立的具体要件是指某种犯罪成立必须具备的特殊或个别要件。与犯罪成立的一般要件一样,每一种犯罪的具体要件也有三个。

1. 犯罪客观要件

犯罪客观要件也称为"罪行"要件,即与犯罪行为有关的要件,主要包括侵害行为、侵害结果、因果关系、行为对象、行为身份以及行为的时间、地点、方式等要素。其中,侵害行为是一切犯罪成立的必备要件,即任何犯罪的成立都必须有刑法规定的具体侵害行为;犯罪的具体侵害结果、犯罪的具体侵害对象及其时间、地点和方法等都是某些犯罪成立的要件;具体侵害行为与侵害结果之间的因果关系,是罪行要件需要重点研究和解决的一个关键问题,但严格地讲,它不属于犯罪行为的主要内容,但其与侵害行为具有极大的关联性。另外,与传统理论的犯罪客观方面要件不同,"行为人身份"要素也被纳入犯罪客观要件之中。简单地说,这是由于"身份"是实施犯罪行为时所利用的一个要素,而不是传统观点所认为的是纯正的主体责任要素。

2. 犯罪主观要件

犯罪主观要件也称为"罪责"要件,即与犯罪责任有关的要件,主要包括责任主体、故意、过失、目的、动机等要素。其中,犯罪故意和犯罪过失在刑法理论上称为罪过。罪过是一切犯罪成立的必备要件,而犯罪的目的只是某些犯罪成立的必备要件;犯罪的动机不是犯罪成立的必备要件,但它是量刑时需要考虑的一个重要因素。另外,需要特别说明的是,责任主体放在犯罪主观要件中,是对传统刑法理论中犯罪构成理论的突破,因为主体更大程度上决定责任,是纯正的责任要素。

3. 犯罪量度要件

犯罪量度要件也称为"罪量"要件,即与犯罪的量度或法益侵害性程度有关的要素,主要包括犯罪的数量、情节、法益侵害性程度,以及正当防卫、紧急避险的程度等。

在上述具体要件的要素中,有些是任何犯罪成立都必须具备的要件,如侵害行为、罪过、犯罪情节等;有些只是某些犯罪成立必须具备的要件,如时间、地点、方式、犯罪目的等。只有那些犯罪成立必须具备的要件,才能称为犯罪成立的具体要件。由于不同犯罪的成立条件并不相同,因而不同的犯罪具体成立要件并不相同。因此,犯罪成立的具体要件不但对区分罪与非罪具有重要意义,甚至对于区分此罪与彼罪也具有决定作用。刑法分则中犯罪的具体特征,主要是围绕着犯罪成立的具体要件展开的。

三、犯罪概念与犯罪成立的关系

犯罪概念与犯罪成立,是两个既密切联系又明显区别的不同范畴。犯罪概念,主要回答什么是犯罪的问题,它将犯罪这一社会现象的本质特征予以概括的抽象表述,与其他一切非犯罪的社会现象,特别是不道德行为、违纪行为和其他违法行为等社会现象的界限予

第八章 犯罪成立

以区别,这些区别界限均是概括的、不具体的。而犯罪成立则是在犯罪概念的基础上,考察某一具体危害行为,在客观方面和主观方面是否具备了某种具体犯罪的成立要件。所以,犯罪成立是回答应该具备哪些要件才能成立犯罪的问题。

犯罪概念与犯罪成立的关系是抽象与具体的关系,犯罪概念是从宏观上来认识、确定某一社会现象所具有的犯罪本质特征,而犯罪成立则是从微观上来确定某一具体的侵害行为是否具备了认定某种犯罪的要件,如果具备了这些要件,就成立犯罪,犯罪成立是具体衡量某一具体犯罪的规格和尺度。

在上述犯罪成立要件的分析中,本书的主张也只是一家之言。目前,在"犯罪构成"仍然占有优势地位的情况下,提出"犯罪成立",或许很难让绝大多数人接受。但是,作为一种认识过程或研究过程,犯罪等同于犯罪成立的关系定位是有其合理性的。

第九章

犯罪客观要件

犯罪客观要件是犯罪成立的主要内容,是全部犯罪活动的基础。因此,研究犯罪的客观要件,是正确理解和掌握成立犯罪的关键。

第一节 犯罪客观要件概述

犯罪客观要件作为犯罪成立的主要内容,要对其有深入、全面的了解,首先应对其概念、特征有一个基本的认识;其次,要把握该要件的具体内容和其对定罪量刑的意义。

一、犯罪客观要件的定义和特征

犯罪客观要件,是指刑法所规定的、说明犯罪行为特性,而为成立犯罪所必须具备的诸事实特征。① 犯罪客观要件具有如下特征:

1. 犯罪客观要件是刑法加以规定的,具有法定性

犯罪成立是由刑法规定的,而犯罪客观要件作为犯罪成立要件之一,当然应具有这一特征。在我国刑法分则条文中,有的犯罪明确具体地规定了犯罪的客观要件,如刑法典第305条规定:"在刑事诉讼中,证人、鉴定人、记录人、翻译人对与案件有重要关系的情节,故意作虚假证明、鉴定、记录、翻译,陷害他人或者隐匿罪证的,处……",有的犯罪则没有具体描述其客观要件,如刑法典第232条规定:"故意杀人的,处……"。刑法规定各种要素成为犯罪客观要件是有选择的或有目的性的,并非可以随意设置。有时,刑法规定的客观要件并非完全体现在罪状中,但可以通过刑法有关规定推测出来。例如,故意杀人罪的客观要件是"杀人",就包含"非法"杀人在内,因为合法地剥夺他人生命本身就是刑法允许的。由于犯罪客观要件是由刑法规定的,这就要求必须严格依法确定其具体内容。由刑法规定的某一犯罪必须具备的客观事实,便是该犯罪成立所不可缺少的客观要件。

---

① 高铭暄主编:《刑法专论》,高等教育出版社2002年版,第151页。

2. 犯罪客观要件以客观事实特征为内容，具有直观性

由于犯罪客观要件是犯罪活动的客观外在表现，常常表现为人的侵害行为，以及由此造成的侵害结果。侵害行为通常为人体的外部举动，侵害结果是侵害行为对侵害对象造成的实际损害，如故意杀人罪在客观上要求行为人有杀人的行为，既遂形态表现为被害人死亡结果的发生等。行为人的这些外在的举动或动作，以及实际的侵害结果都能够被人们直接感知。相反，那些属于人的主观心理活动的内容，如动机、目的等，是内在的东西，其本身看不见、摸不着，只能通过分析外在的行为加以认识。不管行为人的内在心理如何，一旦通过行为表现出来，就会对现实世界发生实质影响，从而形成犯罪的客观要件。犯罪客观要件肯定是在一定的心理态度支配下形成的，是主观心理的一种外化。纯粹的客观外在事实，如自然灾害等，或不是在人之主观心理态度支配下实现的客观外在事实，如无意识的行为等，不能成为成立犯罪的客观要件。

3. 犯罪客观要件表现了行为的意识和意志，具有意志性

犯罪是表现行为人的意识和意志的危害社会的行为。任何犯罪，在客观上无不表现出行为人对自己行为所作出的选择，也正是在行为人主观意念的支配下，其实施了危害社会的行为。如果某一行为没有表现行为人的意识和意志，即使这样的行为造成了一定的损害结果，也不是刑法意义上的侵害行为，不能成为犯罪的客观要件。因此，犯罪客观要件表现了行为人的意识和意志，具有意志性这一特征。

4. 犯罪客观要件必须是侵害法益的，具有法益侵害性

犯罪的客观外在事实很多，只有成立犯罪所必需的侵害法益的事实才能成为犯罪客观要件，因此，其与法益和法益侵害具有关联性。例如，行为人犯罪时的气候，也是犯罪时的客观因素之一。但是，气候并不是成立犯罪所必需的侵害法益的客观因素，因而其不能成为犯罪客观要件。既然犯罪客观要件是成立犯罪所必须的对法益具有侵害性的行为，故犯罪客观要件通常是具有法益侵害性的事实要素。例如，时间、地点通常不能成为犯罪客观要件，如果时间、地点对行为造成法益侵害性具有促进作用，并为成立犯罪不可缺少的因素时，其就能够成为犯罪客观要件。如刑法典第340条规定的"非法捕捞水产品罪"，假如在"在禁渔区、禁渔期或者使用禁用的工具、方法捕捞水产品，情节严重的"，就侵犯了国家保护水产资源的法益，因此就可能成立犯罪。

二、犯罪客观要件的主要内容

犯罪客观要件包括侵害行为、侵害对象、侵害结果，以及侵害行为的时间、地点、方法（手段）等。其中，侵害行为是一切犯罪都必须具备的要件，也是犯罪客观要件中唯一的为一切犯罪所必须具备的要件；侵害结果是大多数犯罪成立必须具备的要件，但这里的侵害结果是指侵害行为所导致的犯罪行为及法律事实结果，而非一部分结果犯（如盗窃犯）所要求的一定数额的结果，以及情节和社会危害程度等侵害结果，这些结果将在犯罪量度要件中介绍；特定的时间、地点、方法（手段）以及对象，则是某些犯罪成立而必须具备的要

件。传统的刑法理论通常将侵害行为称为必要要件,侵害结果、特定的时间、地点、方法(手段)以及对象则称为犯罪的选择要件。

在犯罪客观要件的要素中,有的是成立任何犯罪都必须具备的客观要件,如侵害行为等,此为必要要件;有的是成立某些犯罪而不是任何犯罪必须具备的客观要件,如犯罪时的身份、犯罪的时间、地点、方式等,此为选择要件。

另外,侵害行为与侵害结果之间的因果关系,是研究犯罪客观要件中的一个重要问题,但刑法因果关系只是侵害行为与侵害结果之间的联系,并不是犯罪客观要件。

三、犯罪客观要件的重要意义

1. 有助于区分罪与非罪的界限

如果不具备犯罪客观要件,就失去了成立犯罪和承担刑事责任的客观基础。对于一切犯罪来说,侵害行为的有无,是区分罪与非罪的重要标志;对于某些犯罪来说,侵害结果、特定的行为时间、地点和方法(手段)的有无,也是区分罪与非罪的重要标志。例如,没有非法剥夺他人生命的行为,就不构成刑法典第232条规定的故意杀人罪;公司、企业清算隐匿财产等行为,如果没有发生"严重损害债权人或者其他人利益"的侵害结果,就不构成刑法典第162条规定的妨害清算罪;猥亵妇女如果未使用暴力、胁迫等方法,也不构成刑法典第237条规定的强制猥亵妇女罪;捕捞水产品的行为若不是在禁渔区、禁渔期或使用禁用的工具、方法,就不构成刑法典第340条规定的非法捕捞水产品罪。

2. 有助于区分此罪与彼罪以及犯罪完成与未完成形态的界限

我国刑法中的许多犯罪在主体要件上是相同的,在主观方面也是相同或基本相同的,法律之所以规定为不同的犯罪,主要是因为犯罪客观要件不同。例如,侵犯财产罪中以非法占有为目的的盗窃罪、诈骗罪、抢夺罪、聚众哄抢罪、敲诈勒索罪之间的区别,就是如此。所以,明确不同犯罪构成所要求的不同的客观要件,常常是正确区分不同犯罪的重要方法。在有完成形态与未完成形态之分的犯罪中,区分的标准在于犯罪客观要件。例如,受贿罪的既遂与未遂,其区分标准就在于行为人是否收受了他人的财物;故意杀人罪的既遂与未遂,其区分标准就在于是否发生了被害人死亡的侵害结果。

3. 有助于正确分析和认定犯罪主观要件

犯罪主观要件支配犯罪客观要件,犯罪客观要件是犯罪主观要件的外部表现,犯罪意图只有通过犯罪行为才能实现。因此,考察犯罪的客观要件,可以为正确判定犯罪主观要件中的罪过、动机、目的等内容,提供可靠的客观基础。

4. 有助于正确量刑

就不同的犯罪而言,规定轻重不同的刑罚,主要是由于其客观要件不同,进而影响到犯罪的社会危害性程度。就同一性质的犯罪而言,从立法上看,刑法对不少犯罪往往将是否具备某种侵害结果作为加重处罚的根据。例如,刑法典第234条规定的故意伤害罪,就对侵害结果是重伤、致人死亡的情况规定了较一般伤害结果更重的刑罚。

第二节 法益侵害行为

所谓法益侵害行为,是指侵害刑法所规定或保护的法律规范与秩序的行为,主要包括行为实施的特征与性质、具体行为方式以及行为实施的具体时间、地点和方法等。研究侵害行为必须结合犯罪所侵害的法益来进行。

一、侵害行为的定义和特征

刑法中的行为,既可以是包含犯罪预备行为在内的犯罪行为,也可以是对社会造成直接损害或者威胁的实行行为。由于预备行为等不能准确揭示犯罪客观特征,而实行行为通常决定犯罪性质,因而侵害行为仅指实行行为。一般而言,"刑法中的危害行为,指由行为人的心理态度支配的危害社会的身体动静"[①]。侵害行为具有以下特征:

1. 侵害行为的有体性

侵害行为的有体性是指侵害行为外在表现的人体动或静的体位特征。身体的"动"是指身体的举动、动作,既包括人的四肢运动躯体运动等大动作,也包括手指活动、眼色示意等小动作。身体的"静"则是相对"动"而言的一种反映人体特征的表现。在刑法上,身体的动或静均能成为侵害行为的一种具体表现。

虽然身体动和静均可成为侵害行为的特征,但与身体动和静无关的内心活动,如思想等则不能成为侵害行为的具体特征。因为单纯的思想如果不通过行为表现出来,是不会对客观世界造成任何影响的,因而不可能成立犯罪。需要注意的是,言语能否成为侵害行为?言语也是身体的动或静,但这并非意味着言语一定属于危害行为。如果言语只是行为人思想的单纯流露,就不能成为危害行为,如说梦话、自言自语等;如果言语不只是行为人思想的单纯流露,而是能够对客观世界造成特定的影响,如侮辱、诽谤等,则属于具体侵害行为。

2. 侵害行为的有害性

犯罪是具有法益侵害性的行为,这就决定了侵害行为也必然是侵害社会的行为,这是侵害行为的有害性。侵害行为必须是侵害社会的身体动静,侵害社会是国家和社会对侵害行为的一种评价,也是侵害行为之所以遭到刑法禁止的根本原因。因此,什么样的行为具有社会侵害性,主要取决于国家和社会的判断。如果某一行为对国家和社会不会造成任何损害,就不可能成为刑法上的侵害行为。例如,打扫别人门前的垃圾、在户外晒太阳等,通常就不会对国家和社会造成侵害,不是侵害行为。

3. 侵害行为的有意性

侵害行为的有意性是指侵害行为是在人的心理态度支配下的侵害社会的身体动静。

[①] 传统刑法理论中通常使用"危害行为"。马克昌主编:《刑法学》,高等教育出版社2003年版,第61页。

人的主观心理态度即人的意识或者意志,只有在人的意识或者意志支配下实施的行为,才能成为侵害行为。因此,以下行为不属于侵害行为:(1)单纯的反射运动。这是人的身体受到外界因素的刺激所作出的本能的反应。这种行为与人的心理态度没有必然联系,不能成为侵害行为。例如,因公交车急刹车而将前面的人碰伤,不属于伤害行为。(2)人在睡梦中的举动。人睡着以后的举动,是一种下意识的行为,并非在人的心理态度支配下,不属于侵害行为。例如,梦游中将他人打伤,不属于有意识的侵害行为。(3)人在精神错乱状态下的举动。人在精神错乱状态下没有意识和意志,因而不可能构成刑法上的有意侵害行为。例如,精神病人剥夺他人生命,也不构成刑法上需要追究刑事责任的故意杀人行为。(4)人在不可抗力作用下的举动。人在遭受不可抗拒的力量下的身体动静,并非出于行为人的真实意思,不是侵害行为。例如,在海浪的冲击下将旁边的人撞成重伤,不属于侵害行为。(5)人在身体受到强制情况下的举动。人在身体受到强制时,不属于在人的心理态度支配下的身体动静,不属于侵害行为。例如,受他人强制而投放炸药的行为不属于刑法上的爆炸行为。需要注意的是,这里必须是身体受到强制,仅仅是精神受到强制但实施了侵害社会的身体动静,是否属于侵害行为不能一概而论,如果符合紧急避险条件的成立紧急避险,不符合紧急避险条件的就可能属于侵害社会的行为。

二、侵害行为的表现形式

刑法中的侵害行为根据不同的标准可以做出不同种类的划分。根据行为是否是利用职务实施,可以分为职务行为和非职务行为;根据行为的主观罪过不同,可以分为故意行为和过失行为;根据是否属于刑法分则具体犯罪的成立要件的行为,可以分为实行行为和非实行行为;根据侵害行为的性质不同,可以分为侵犯财产的行为、侵犯人身权益的行为和渎职行为;等等。这些分类,因其划分标准的不同,可以在其他内容或刑法分则中论述。

除上述分类外,根据行为人对待行为的态度不同,可以分为作为、不作为和持有。该项分类与侵害行为本身的特征直接相关,甚至关系到侵害行为的表现形式,故有必要进行重点研究。

1. 作为

作为,是指刑法禁止实施的行为人却以积极的身体动静实施的危害行为,即"不能为而为之"。"作为"的成立条件包括:(1)刑法规范明确禁止某行为。如果没有刑法规范的禁止,就不存在刑法上的作为。例如,刑法规定了抢劫罪,表明刑法禁止实施抢劫行为。如果行为人违反刑法禁止抢劫的规定,实施了抢劫行为,就属于"作为"。(2)"作为"成立的实施条件是行为人不顾刑法的禁止性规定,以积极的身体动静实施被刑法禁止的行为。"作为"是许多犯罪的表现形式,刑法中的大多数犯罪都可以通过作为方式实施,如强奸罪、贪污罪、诈骗罪、盗窃罪、抢夺罪等。

"作为"的表现形式可以多种多样,既可以利用自己的身体条件实施,如用拳头打伤他人,也可以借助身体条件之外的其他条件实施,如利用动物伤害他人、利用自然灾害毁坏财物、利用物质性工具抢劫、利用没有达到刑事责任年龄的未成年人盗窃等。从"作为"的性质上看,既可以是利用暴力作为,也可以是利用威胁作为,还可以采取暴力、威胁之外的其他方式作为。

2. 不作为

不作为,是指行为人负有实施某种行为的特定法律义务,能够履行该特定法律义务而拒不履行的行为,即"当为而不为之"。不作为的成立条件包括:(1)法律规定行为人具有特定义务。法律规定行为人具有特定义务,意味着行为人应当按照法律规定履行该特定义务。例如,对共同生活的家庭成员负有的扶养义务,负有解救被拐卖、绑架的妇女、儿童的义务等。如果没有法律规定的特定义务,就不构成刑法上的不作为犯罪。例如,他人遭遇抢劫而行为人见危不救,如果行为人不负有解救义务,则不能成立不作为犯罪。(2)行为人具有履行义务的能力。在不作为犯中,虽然法律规定了特定义务,如果行为人不具有履行这种义务的能力,则不能成立不作为犯罪。例如,行为人虽然对共同生活的家庭成员负有扶养义务,但他自身难保甚至根本没有扶养能力,就不能构成遗弃罪。(3)行为人拒不履行义务。行为人有能力履行特定法律义务,而通过身体的动静拒不履行的,才能成立刑法上的不作为。例如,行为人对共同生活的家庭成员负有扶养义务,且有扶养能力,却拒不扶养,就可以构成不作为的遗弃罪。

不作为与作为不同,不作为的成立需要具有特定的法律义务作为来源,主要包括:(1)法律明文规定的义务。这既包括刑法,也包括刑法之外的、国家制定或认可并由强制力保证实施的其他法律,如宪法、民法、行政法以及法规、条例、规章等。例如,《婚姻法》第20条规定的"夫妻有互相扶养的义务",便是刑法外的法律义务。(2)职务或业务上要求的义务。在我国,职务或业务要求的义务非常广泛,凡是合法的职务或者业务都可能需要承担一定的义务。例如,仓储保管员负有保护所保管的财产安全的义务,值班的治安警察有维护社会治安的义务,值班医生有抢救危重病人的义务等。一般而言,职务或者业务上的义务是由于法律规定而产生的义务,而且是因为从事法律规定的某种职务或者业务产生的义务。因此,正在从事特定的职务或者业务往往是产生义务的根据。尽管行为人具有某种职务或者业务身份,但如果不是在从事特定的职务或者业务期间,而是在日常生活中,那么就不能产生职务或者业务上的义务。例如,医生在下班之后,就通常不具有救助危重病人的义务。这一点与法律明文规定的义务有所不同,因为后者已经由法律规定而产生特定义务,与从事何种职业或者业务无关。例如,只要形成夫妻关系,就会产生夫妻间的扶养义务,与夫妻双方从事何种职业或者业务无关。(3)法律行为引起的义务。这种义务是由于参与特定的法律关系,需要实施特定的法律行为而产生的义务。一般情况下,行为人如果不参与特定的法律关系,就不需要实施相应的法律行为,也就无相应的义务可言。若行为人实施了一定的法律行为,产生了某种特定的积极义务,若不履行该义务,以致使刑法所保护的法益受到侵害或威胁,就可以成立不作为犯罪。例如,保安员与单位签订劳动合同,成为一名安保人员,就负有保护单位的财产安全、单位治安的义务;如果保安员上班期间不在岗或者不负责,遇到单位财产被盗而不采取救护措施,造成单位财产损失,就应当承担相应的责任。(4)先行行为引起的义务。这种义务是指由于行为人的先前行为导致合法利益处于危险状态,行为人负有采取有效措施排除危险或者避免侵害结果发生的义务;如果行为人不履行排除危险或者避免侵害结果发生的义务,就可能构成不作为犯罪。例如,行为人交通肇事撞伤被害人后,负有救护伤者的义务;如果行为人置被害人的伤亡于不顾,从而造成被害人重伤或者死亡的,就可能构成不作为的故意伤害罪或者故意杀人罪。理论上通常认为,先行行为可以是违法行为也可以是犯罪行为,可以是作为也可以是不作为。

不作为与作为是侵害行为的两种不同表现形式,不存在危害性孰大孰小的问题,也与行为人主观上是故意还是过失无关。另外,不作为还有纯正不作为犯与不纯正不作为犯之区分。纯正不作为犯又称为真正不作为犯,是指刑法规定的只能由不作为方式构成的犯罪,如遗弃罪、拒传军令罪、拒不救援友邻部队罪等;不纯正不作为犯又称为不真正不作为犯,是指刑法规定的,既可以由作为构成也可以由不作为构成的犯罪。以故意杀人罪为例,行为人采取暴力的作为方式,非法剥夺他人生命,构成以作为方式实施的故意杀人罪;如果行为人负有挽救他人生命的义务,并且有能力履行义务而不履行,导致他人死亡的,构成以不作为方式实施的故意杀人罪。

3. 持有

在我国刑法分则中,以持有作为侵害行为的犯罪包括非法持有枪支、弹药罪,持有假币罪,持有伪造的发票罪,非法持有国家绝密、机密文件、资料、物品罪,非法持有毒品罪,持有毒品原植物种子、幼苗罪6个罪名。关于"持有"是状态还是行为?理论界也存在争议。多数学者认为持有是一种行为,但也有学者认为,持有是状态不是行为,传统刑法中的侵害行为的概念不能解释持有,说到底持有仅仅只是一种现象上的归属状态或关系,而不是任何意义上的行为。[①] 还有学者认为,持有是人与特别物品之间的一种存在关系的状态,同时也是行为,因为持有状态的存在反映了人对物的控制,这种控制本身就是人的主体性的表现。[②] 本书认为,持有既不是占有,亦非所有,而是一种事实上的支配、控制状态。《法学词典》解释为,持有是对某特定物事实上的支配,持有与占有虽无根本区别,但也有不同。[③] 既然刑法规定了持有犯罪,就等于肯定持有是一种危害行为。

对于持有是作为还是不作为,学界存在争议,主要有作为说、不作为说、择一行为说和独立行为说。在大陆法系国家,持有并非作为与不作为之外的第三种行为方式;在英美法系国家,持有往往被当作作为与不作为之外的第三种行为方式。在我国,关于持有属于何种行为表现形式,尚未达成共识。

[①] 冯亚东:《试论刑法中的持有型犯罪》,载《中国刑事法杂志》2000年第1期。
[②] 张智辉:《刑事责任通论》,警官教育出版社1995年版。
[③] 《法学词典》(增订版),上海辞书出版社1984年版,第666页。

三、侵害行为的时间、地点和方法

犯罪的时间、地点是犯罪的存在形式,不存在没有时间、地点的犯罪;犯罪方法是危害行为的具体表现,行为人总是通过一定的方法实现犯罪。从这个意义上讲,任何犯罪都离不开时间、地点、方法。但是,本书研究的不是一般意义上的时间、地点和方法,而是对定罪量刑有影响的时间、地点和方法。

(一)时间、地点和方法对定罪的影响

任何犯罪行为总是在一定的时间、地点以一定的方法实施的,它们是犯罪客观要件中的选择要件。对多数犯罪来说,它们不是犯罪成立的必备要件,因而不影响犯罪的成立。例如,故意杀人行为不论发生在何时何地,使用什么样的方法,都不会影响故意杀人罪的成立,但有可能会影响量刑。例如,在公共场所强奸妇女,量刑就会比在私密场合强奸妇女更重;采取暴力方法抢劫较之采取威胁方法抢劫,在量刑上也更重。但是,当刑法把实施侵害行为的时间、地点和方法规定在分则某一条文中时,它们便成为成立某种犯罪的必要要件。刑法典第340条规定的非法捕捞水产品罪就是一个典型的例子,该条规定:"违反保护水产资源法规,在禁渔区、禁渔期或者使用禁用的工具、方法捕捞水产品……"这里的"禁渔区""禁渔期""禁用的工具、方法"是认定非法捕捞水产品罪予以考虑的必要要件,在认定时必须作出符合性判断。又如战时自伤罪中的"战时",非法狩猎罪中的"禁猎区、禁猎期、禁用的方法"等,都属于犯罪成立的必要要件,直接影响定罪。由此可见,实施侵害行为的时间、地点和方法,在犯罪成立中的地位和作用是不容忽视的。

(二)时间、地点和方法对量刑的影响

当实施侵害行为的时间、地点和方法,没有被刑法规定为某种犯罪的成立要件的时候,它们对于正确认识行为人的主观心理状态和犯罪的社会危害程度,从而正确地适用刑罚,都具有重要的意义。在量刑时,这些因素被作为从重或从轻处罚的酌定情节。以抢夺罪为例,虽然时间、地点、方法不是影响该罪成立的因素,但是,在发生自然灾害、社会治安状况下降时期实施抢夺的,与平时相比,前者的社会危害性显然重于后者。此外,在刑法分则条文中还将某种方法作为某种犯罪加重处罚的法定情节加以规定。如刑法典第263条抢劫罪规定:以暴力、胁迫或者其他方法抢劫公私财物的,处3年以上10年以下有期徒刑,并处罚金;入户抢劫、在公共交通工具上抢劫、抢劫银行或者其他金融机构、冒充军警人员抢劫、持枪抢劫的,处10年以上有期徒刑、无期徒刑或者死刑,并处罚金或者没收财产。行为人抢劫的方法、地点是加重刑罚的法定条件。

四、"违反国家规定"之含义

"违反国家规定"是我国刑法中的一个特别用语,正确理解其对于准确认定犯罪行为非常重要。刑法典第96条规定:"本法所称违反国家规定,是指违反全国人民代表大会及其常务委员会制定的法律和决定,国务院制定的行政法规、规定的行政措施、发布的决定

和命令。"由此可见,所谓"国家规定"是指国家层面的法律规定、行政法规、行政规定、决定、命令和行政措施,有两点需要说明:(1)根据刑法典第96条的规定,全国人大常委会制定的法律和决定属于国家规定;(2)省、部级规范性文件经全国人大及其常委会和国务院的批准或转发等均属于国家规定。此外的任何文件均不属于国家规定。

据不完全统计,我国刑法典中有近20个条文30多个罪名都规定了"违反国家规定",这占到了我国刑法条文和罪名的5%左右,具体的条文和罪名如第137条工程重大安全事故罪,第163条非国家工作人员受贿罪,第184条(非国有银行)非国家工作人员受贿罪和(国有银行)受贿罪,第190条逃汇罪,第222条虚假广告罪,第225条非法经营罪,第285条非法侵入计算机信息系统罪和非法获取计算机信息系统数据、非法控制计算机信息系统罪及提供侵入、非法控制计算机信息系统程序、工具罪,第286条破坏计算机信息系统罪,第288条扰乱无线电通讯管理秩序罪,第339条非法处置进口的固体废物罪、擅自进口固体废物罪、第350条走私制毒物品罪、非法买卖制毒物品罪、第355条非法提供麻醉药品、精神药品罪,第385条受贿罪,第388条污染环境罪,第389条行贿罪,第391条对单位行贿罪,第393条单位行贿罪,第396条私分国有资产罪、私分罚没财物罪,第405条徇私舞弊发售发票、抵扣税款、出口退税罪和违法提供出口退税凭证罪等。

值得一提的是,在上述罪名中如何界定或认定"违反国家规定",是一个不小的难题。因为在这些罪名涉及的法律、法规中,有的根本找不出相应的法律、法规或"国家规定",所以导致对这些罪名中的"违反国家规定"条款难以认定。所以,针对刑法上述罪名涉及的"违反国家规定"的内容,国家有关行政机关或部门有必要制定或完善相关法律、法规,从而有利于司法实践中的犯罪认定。

五、刑法中典型的非侵害行为

依法实施的行为就是两种权益的权衡,即法律赋予的权益与对他人损害的权益,由于法律明确其合法性,因而不能认定为犯罪,主要包括依法的职务行为、正当业务行为、被害人承诺、推定承诺、自救行为、自损行为以及符合社会常规的行为等。正当业务行为通常都是一种职业或职务行为,只是基于某种职业或职务的正当要求而不能认定为犯罪。如对他人的小腿进行截肢,无疑会损害他人身体利益,但是基于治疗需要,这种利益的损害是必须的,因而无需医生承担刑事责任。

1. 依法的职务行为

依法的职务行为,是指依照国家法律、法规、规章以及其他规范赋予的职责实施的享有权利或者履行义务的行为。例如,我国《刑事诉讼法》第75条规定:"被监视居住的犯罪嫌疑人、被告人违反前款规定,情节严重的,可以予以逮捕;需要予以逮捕的,可以对犯罪嫌疑人、被告人先行拘留。"该条规定的司法机关拥有对犯罪嫌疑人、被告人的逮捕与拘留权利,就是依法实施的职务行为。依法实施的职务行为必须符合相关法律规定,包括实体内容与程序规则上的规定;如果违反相关法律规定则,不属于依法实施的职务行为,不具有合法性。

2. 正当业务行为

正当业务行为,是指基于社会生活中的正当业务而实施的行为。正当业务行为既可以是法律、法规、法令直接规定的,如律师的某些辩护行为、特定的医疗行为等,也可以是法律、法规、法令没有直接规定,但在社会生活中被认为是正当的业务上的行为,如拳击比赛、足球比赛中的伤害行为等。需要注意的是,正当业务行为必须符合法律、法规、法令的相关规定或者正当业务的规则和要求,否则就有可能无法免除刑事责任。例如,拳击比赛中对准对方的裆部猛踢而伤害对方,就属于违背拳击规则的行为,将构成故意伤害罪。

3. 被害人承诺的行为

被害人承诺的行为,是指被损害利益的主体对他人损害自己的合法权益表示认同的行为。根据罗马法中的格言"得到承诺的行为不违法",得到被害人承诺而损害其合法权益的,不能成立犯罪。被害人承诺的行为成立的关键,在于被害人对损害的权益拥有合法权益,而且只限于被害人本人拥有该项权利。至于被害人的近亲属拥有或者被害人与他人共同拥有的合法权益,均不能成立被害人承诺。同时,所损害的合法权益必须在被害人承诺的权限范围内。不过,被害人承诺损害的利益主要是指财产利益,也包括身体利益。如被毒蛇咬伤手臂的人让他人将自己的手臂砍断,以保全性命,就不能成立犯罪。至于生命权能否承诺损害,涉及安乐死问题。所谓安乐死,是指病人身患绝症濒临死亡且异常痛苦,为了减轻其痛苦,在得到病人的真诚请求或委托后,采用合适手段使其提前死亡的行为。在国外,荷兰等少数国家明确规定安乐死合法,但我国目前并没有认可安乐死的合法性,而认为是一种犯罪行为。① 因此,在我国放弃生命权的承诺是不被刑法所允许的。

4. 推定承诺的行为

推定承诺的行为,亦称推定同意的行为,是指为了救助被害人的利益、避免不必要的损失,在被害人没有事实承诺的情形下,推定被害人如果知道会损害他的合法权益也会表示承诺,并基于此推定而实施的损害被害人合法利益的行为。推定承诺的行为是排除成立犯罪的。类似的行为在民法上被称为无因管理。推定承诺的行为成立的前提条件,是为了救助被害人的利益、避免不必要的损失;同时,被害人的利益遭受损失必须具有现实性与紧迫性,并且所保护的利益与损害的利益相比,具有价值上的优越性,不能舍大取小。此外,对被害人承诺的推定以及损害被害人合法权益的行为必须符合社会上的一般观念。

5. 自救行为

自救行为,是指自身的合法权受到侵害的人,依靠自己的个人能力救助自己权益的行为,其成立的前提条件是自己的合法权利遭受损害。另外,救助自己的合法权益仅限于损

---

① 2001年10月8日,上海市闵行区法院以故意杀人罪对该市首起"安乐死"的实施人梁万山判处有期徒刑5年。92岁的梁母因脑溢血深度昏迷瘫痪,形同植物人。67岁的儿子梁万山不忍其母受痛苦,为救母病钱耗尽。一向孝顺的他终于用触电的方式结束母命,后投案自首。此案的审判结果表明我国司法界视主动安乐死为故意杀人罪。黎宏:《刑法学》,法律出版社2012年版,第157页。

害的权益范畴,不能肆意扩张,否则可能构成犯罪。在司法实践中,常见的自救行为如将自己被盗窃、被抢劫的财物夺取回来,将非法拘押自己的房屋毁损而逃离出来,等等。

6. 符合社会常规的其他排除犯罪性行为

符合社会常规的其他排除犯罪性行为,是指基于保护某种利益而实施的不违背社会常规,为社会伦理或社会通念能够容忍的行为。这种排除犯罪成立的行为应具备以下五种条件:一是行为的动机或目的正当;二是行为的手段或方法相当;三是保护利益与侵害利益之间的法益均衡;四是具有急迫性;五是在行为之外没有其他手段或方法的补充性。①

第三节 侵害行为对象

研究侵害行为对象时,一定要注意其与我国传统刑法学中"犯罪客体"的区别。

一、侵害行为对象的定义和特征

侵害行为对象是指刑法规定的侵害行为直接作用或指向的具体人和物,其主要特征包括:(1)侵害行为对象是具体的人和物。作为行为对象的人包括自然人和法人;作为行为对象的物,既可以是有形物也可以是无形物,既可以是动产也可以是不动产。例如,煤气、电等无形物可以成为行为对象。另外,行为对象必须是具体的人和物,而不是不可预判或者不可控制的事物。例如,阳光就不能成为侵害行为对象。(2)侵害行为对象是刑法规定的具体的人和物。例如,刑法典第357条规定,毒品犯罪中的毒品,是指鸦片、海洛因、甲基苯丙胺(冰毒)、吗啡、大麻、可卡因以及国家管制的其他能够使人形成瘾癖的麻醉药品和精神药品。因此,敌敌畏等毒药虽然也是有毒物品,却不是毒品犯罪的行为对象。(3)侵害行为对象是侵害行为直接作用的人和物。例如,行为人将甲杀死,间接地引起甲的母亲心脏病突发而身亡,甲的母亲就不属于行为人的杀人行为的对象。

二、研究侵害行为对象的意义

侵害行为对象在刑法上具有一定的意义,能够影响定罪和量刑。特定的行为对象,在部分犯罪中属于客观要件之一,行为只有作用于特定的对象,才能构成犯罪;否则,不能构成犯罪。例如,强制猥亵、侮辱妇女罪的行为对象是年满14周岁的妇女,这意味着强制猥亵、侮辱只有针对年满14周岁的妇女,才能构成该罪。如果行为是针对不满14周岁的幼女或者是男性,不可能构成该罪。不过,在许多犯罪中,并不要求具备特定的对象才能构成犯罪。例如,故意毁坏财物罪的对象是财物,没有对财物加以特定限制。但是,毁坏财物的类型不同,会影响量刑。例如,在毁坏的财物的量等同的情形下,故意杀死牲畜与故

---

① 〔韩〕金日秀、徐辅鹤:《韩国刑法总论》,郑军男译,武汉大学出版社2008年版,第333页。

意毁坏已经屠宰的牲畜的肉制品相比,前者的处罚理应更重些。另外,行为对象还有助于界定此罪与彼罪。例如,通过判断盗窃的对象是枪支、弹药还是其他财物,有助于区分普通盗窃罪与盗窃枪支、弹药罪。

三、犯罪客体与犯罪对象的区别

一般认为,犯罪客体与犯罪对象的区别在于:(1)犯罪客体是指刑法所保护的而为犯罪行为所侵害的社会主义社会关系,一般决定着犯罪的性质;而犯罪对象是指刑法规定的侵害行为直接作用的具体的人和物,不属于社会主义社会关系,但犯罪对象往往是区分罪名的一个重要依据或因素。(2)在传统刑法理论看来,犯罪客体是犯罪构成的必要要件,没有犯罪客体就没有犯罪的存在;而犯罪对象不是每个犯罪所必须具备的要件,实践中不少犯罪就没有犯罪对象。[①](3)任何犯罪都必然侵犯一定的社会关系,即犯罪客体受到一定的危害;而犯罪对象则不一定受到侵害。由于本书对"犯罪客体"持否定态度,所以,在犯罪论体系讨论中,是否评价犯罪客体并不影响定罪,而有些犯罪必须评价犯罪对象。

四、"公共财产"的范围

从理论上讲,公共财产是指一定范围社会成员共同所有的财产。在西方国家一般称"公产",具体可分为国家所有的财产和地方所有的财产。我国的公共财产主要是指全民所有的国家财产和劳动群众集体所有的集体财产,包括国家投资经营的各种企业和公共事业的全部财产等。我国刑法典第91条规定:"本法所称公共财产是指下列财产:(1)国有财产;(2)劳动群众集体所有的财产;(3)用于扶贫和其他公益事业的社会捐助或者专项基金的财产。在国家机关、国有公司、企业、集体企业和人民团体管理、使用或者运输中的私人财产,以公共财产论。"其中,"以公共财产论"的"私人财产"属于扩张解释。

五、"公民私人所有财产"的范围

我国《宪法》第13条第1款规定:"国家保护公民的合法收入、储蓄、房屋和其他合法财产的所有权。"《民法通则》第75条规定:"公民的个人财产,包括公民的合法收入、房屋、储蓄、生活用品、文物、图书资料、林木、牲畜和法律允许公民所有的生产资料以及其他合法财产。公民的合法财产受法律保护,禁止任何组织或者个人侵占、哄抢、破坏或者非法查封、扣押、冻结、没收。"刑法典第92条规定:"本法所称公民私人所有的财产,是指下列财产:公民的合法收入、储蓄、房屋和其他生活资料;依法归个人、家庭所有的生产资料;个体户和私营企业的合法财产;依法归个人所有的股份、股票、债券和其他财产。"诚然,公民私人的合法财产是公民从事正常社会活动和日常生活以及生存的保证,与每一个公民的

---

① 持此种观点的学者举例说,偷越国(边)境罪就没有犯罪对象。高铭暄主编:《刑法学》,法律出版社1982年版,第1015页。本书不太赞同此种说法,因为偷越国(边)境罪应该是有犯罪对象的,这就是国(边)境线或者反映国(边)境线的界桩。

切身利益攸关。我国刑法明文规定要加强对这些财产的保护，也就充分体现了刑法保护公民合法私有财产的迫切性。为了保护上述公共财产和公民私人所有的合法财产，我国刑法专门规定了侵犯经济和侵犯公私财产的犯罪。这些规定主要分布于刑法典第三章"破坏社会主义市场经济秩序罪"、第五章"侵犯财产罪"和第八章"贪污贿赂罪"中。

第四节 侵害结果

一般情况下，侵害行为作为一种客观外在的表现形式，都会对刑法所保护的具体的人或物造成侵害结果。然而，在本书主张的犯罪客观要件、犯罪主观要件和犯罪量度要件中，侵害结果应当是一种行为性质的结果，而非"犯罪量度要件"中犯罪数额、犯罪情节、侵害程度等方面的结果。在不涉及犯罪数额、犯罪情节、侵害程度等方面的情况下，犯罪既遂就产生或决定于犯罪客观要件；如果涉及犯罪数额、犯罪情节、侵害程度等方面的情况，犯罪既遂就产生或决定于犯罪量度要件。

一、研究侵害结果的意义

研究侵害结果主要解决的问题是：侵害结果在犯罪客观要件或犯罪主观要件中是共同要件，还是非共同要件？如果是非共同要件，那么侵害结果是哪些犯罪成立客观要件的因素？

关于侵害结果在犯罪客观要件或犯罪主观要件中是共同要件还是非共同要件的问题，在我国刑法理论界有两种截然对立的观点。一种观点认为，侵害结果是一切犯罪成立所必须具备的条件，另一种观点则认为，并非所有的犯罪都以侵害结果为成立要件，而只有部分犯罪的成立以侵害结果为要件。第一种观点实际上同时否定了侵害结果有成立结果与非成立结果之分。[①] 但是，本书认为，不管是行为结果还是数额、情节，均需要对侵害结果进行评价。

刑法意义上的侵害结果具有广、狭两义的。广义上，一切犯罪，无论是故意犯罪还是过失犯罪，行为犯还是结果犯，既遂犯还是预备犯、未遂犯、中止犯，都存在侵害结果，因为任何犯罪行为都能够给社会带来一定的损害，只是侵害程度不同。而狭义上，只有刑法规定的以某种特定的侵害结果为成立要件的犯罪（即结果犯），这些犯罪的完成形态才存在侵害结果，即成立结果。本书认为，对于犯罪成立而言，应当立足于狭义的角度去理解侵害结果。因为研究犯罪成立涉及侵害结果是否为某一犯罪的成立要件，最终目的是为了满足司法实践中定罪的实际需要，但这一主张并不排斥在量刑时对侵害结果进行另一个层次的研究。

总而言之，侵害结果是犯罪成立的共同要件，它是一切犯罪的成立要件。

[①] 高铭暄主编：《刑法学专论》，高等教育出版社2002年版，第174页。

二、大陆法系刑法中的侵害结果

德国刑法学界对侵害结果存在广义说和狭义说。广义说以麦兹格(Mezger)为代表，认为行为必有其影响力，有形或无形的对外界发生作用，因此，主张行为应包含结果观念。根据广义说，各种犯罪都有一个结果，在单纯的活动中，结果存在于行为人的行为本身，这种行为就表现为行为构成的满足。结果无价值中的"结果"，就是广义的结果。"根据今天的观点，行为构成的满足毫无例外地应当以一种行为的无价值以及一种结果的无价值为条件。虽然，根据在具体案件中要求的形式，行为无价值的形式能够分别分成故意和过失的，有行为倾向的和有行为性质的，并且，结果无价值也会分别形成既遂的和未遂的，损害的和危险的……在所谓的单纯的活动犯罪以及侵害住宅安宁罪中，本身就存在着一种外在的结果……"①狭义说以贝林格为代表，主张在刑法上建立一个广概的"行为"概念，以作为分析各种犯罪因素的出发点，"结果"并不包含于行为概念以内。② 根据狭义说，结果不能存在于行为人的行为本身，单纯的活动不产生结果。"结果必须由身体运动促成；身体运动与结果之间必须存在原因与结果的关系(因果关系)。"③狭义说认为，结果总是存在于结果犯中，是研究因果关系的一个核心要素。"在描述行为与结果之间的联系时，法律明显地以此为出发点，即这种联系存在于因果关系之中(请参见第 222 条)。这种做法是出于以下考虑：刑法用危害法益之人必须负刑事责任的方式来维护法益。"④日本学者一般认为："既然刑法以保护法益为目的，'结果'便属于构成要件中不可或缺的要素。结果是指法益的侵害及其威胁。"⑤在日本刑法理论中，结果无价值中的"结果"，只能是针对法益的侵害或者危险，形式犯被认为不存在危害结果。⑥

大陆法系国家研究侵害结果的主要立足点有两个：一是站在客观归责论的立场，认为结果是对法益的侵害或者威胁，以限制危害结果的范围，这是德、日刑法学中狭义说成为多数说的主要原因。"但衡以刑法观念，行为之结果，不能无一定范围，以资限制。盖刑法之目的，在保护各种重要法益，以维社会秩序，惟有对于所保护之法益直接发生危险或损害之影响者，始有成立犯罪而加以制裁之必要。"⑦二是将侵害结果当作因果关系的一个要素加以论述，以确定侵害结果的地位和功能。所谓因果关系，是指某种先行事实与后行事实之间的原因、结果关系。⑧ 刑法上的因果关系则指行为与结果之间存在的必然关系，以行为与结果之关系为问题，故在发生结果具有重要意义之犯罪类型，如结果犯、过失犯、

---

① 〔德〕克劳斯·罗克辛：《德国刑法学总论》(第 1 卷)，王世洲译，法律出版社 2005 年版，第 210—211 页。
② 韩忠谟：《刑法原理》，中国政法大学出版社 2002 年版，第 72 页。
③ 〔德〕弗兰茨·冯·李斯特：《德国刑法教科书》，徐久生译，法律出版社 2000 年版，第 184 页。
④ 〔德〕汉斯·海因里希·耶赛克、托马斯·魏根特：《德国刑法教科书》(总论)，徐久生译，中国法制出版社 2001 年版，第 337 页。
⑤ 〔日〕西田典之：《日本刑法总论》，刘明祥、王昭武译，中国人民大学出版社 2007 年版，第 62 页。
⑥ 〔日〕曾根威彦：《刑法学基础》，黎宏译，法律出版社 2005 年版，第 91—92 页。
⑦ 韩忠谟：《刑法原理》，中国政法大学出版社 2002 年版，第 72 页。
⑧ 〔日〕野村稔：《刑法总论》，全理其、何力译，法律出版社 2001 年版，第 125 页。

结果加重犯等,因果关系特别形成问题。①

大陆法系国家有关侵害结果的理论,与其刑法规定基本吻合。《德国刑法典》对侵害结果(不包括加重结果)的规定,主要体现在犯罪未遂概念中。《德国刑法典》第 22 条规定:"行为人已直接实施犯罪,而未发生行为人所预期的结果的,是未遂犯。"这一规定可适用于所有故意犯罪,考虑到过失犯罪本属结果犯,危害结果当存在于一切犯罪中,是为广义说之依据。不过,《德国刑法典》还规定,重罪未遂一律处罚,轻罪未遂的处罚以法律明文规定为限;重罪乃指诸如抢劫、强奸、谋杀等极少数犯罪,处罚轻罪未遂的情形又极罕见,从而大大缩小了未遂犯的处罚范围。相应地,具有处罚意义的危害结果的外延也大为缩小,是为狭义说的法律依据。由于《德国刑法典》规定的危害结果不是罪过认定依据,故将之认定为对法益的侵害或威胁,与刑法规定本身并不存在冲突。在日本刑法中,所有的故意犯、过失犯以及既遂犯、未遂犯均在刑法分则中明确,无争辩余地,而且犯罪的故意与过失以及犯罪未遂、既遂的认定均与侵害结果无关。这样以来,侵害结果作为结果犯的构成要件要素理所当然。

三、我国刑法中的侵害结果

(一)我国刑法学界有关侵害结果的理论争议

对于侵害结果的含义,我国刑法学界争议很大,代表性的观点包括:(1) 实际损害说。该说认为:"危害结果是指行为人对刑法所保护的社会关系造成的实际损害。"② (2) 实际损失和现实危险说。如有学者认为:"所谓危害结果,是指危害行为对刑法所保护的社会关系所造成的实际损害和现实危险。"③ (3) 客体损害说。该说认为:"刑法意义上的危害结果,是特指危害行为给客体即社会主义社会关系造成的损害。"④ (4) 危害或可能危害说。该说认为:"危害结果即危害行为对社会造成或可能造成的危害。如果行为不可能给社会造成危害的,不属于犯罪行为。危害行为和危害结果是任何犯罪成立必须具备的犯罪客观方面要件。"⑤ (5) 最后状态说。该说从哲学角度处罚,认为"结果"是指某一原因引起的现象,它是在一定行为阶段事物发展所达到的最后状态。在预备、未遂和中止阶段,事物发展所要达到的最后状态为"犯罪预备""犯罪未遂""犯罪中止"状态的,也是"结果"。⑥ (6) 广义与狭义区别说。该说认为,刑法意义上的结果有广、狭两义。前者是指侵害行为所引起的一切对社会的损害事实,包括危害行为的直接结果和间接结果;后者是指作为犯罪构成要件的结果,通常也就是对直接客体所造成的损害事实。⑦

---

① 〔日〕川端博:《刑法总论二十五讲》,余振华译,中国政法大学出版社 2003 年版,第 34 页。
② 李健:《犯罪构成中的危害结果新探》,载《现代法学》1995 年第 2 期。
③ 马克昌主编:《犯罪通论》,武汉大学出版社 1999 年版,第 191 页。
④ 高铭暄主编:《中国刑法学》,中国人民大学出版社 1989 年版,第 100 页。
⑤ 陈兴良:《刑法适用总论》(上卷)(第 2 版),中国人民大学出版社 2006 年版,第 119 页。
⑥ 谢望原:《犯罪结果浅论》,载《法学杂志》1990 年第 6 期。
⑦ 高铭暄、马克昌主编:《刑法学》,北京大学出版社、高等教育出版社 2007 年版,第 82 页。

以上学说各有侧重:(1)实际损害说将侵害结果理解为实际、客观的具体损害事实,无法解释放火罪、破坏交通工具罪等危险犯中的危险结果,有失全面。(2)实际损失和现实危险说注意到实际损害说的缺陷,将危险状态纳入危害结果,值得肯定。不过,某些犯罪如侮辱罪、诽谤罪等,既不会产生实际损害结果,也不会造成导致实际损害发生的现实危险,但我国刑法又明文规定根据行为人对侵害结果的心理态度认定罪过,也就表明所有犯罪均有侵害结果,实际损失和现实危险说显然没有注意到这一点。(3)客体损害说注意到了实际损失和现实危险说的不足,却引起了新的问题。一是自相矛盾。持该说的某些学者认为,侵害结果虽然在犯罪构成中占有重要的地位,但并非犯罪构成要件。① 侵害结果包括构成要件的结果和非构成要件的结果。② 然而,既然侵害结果是对作为犯罪构成要件的犯罪客体的侵害,那么将其排除出犯罪构成要件是缺乏说服力的。二是混淆侵害结果与犯罪客体的界限。"如果我们将被犯罪行为所侵害的社会关系称为犯罪客体,同时又将犯罪行为对社会关系的损害看作是犯罪结果,那么,对具体犯罪来说,侵害社会关系与社会关系损害的意义是相同的。这样,无疑是在犯罪结果与犯罪客体之间划上了等号。"③ 此外,该说笼统地认为侵害结果是对客体损害,容易走向间接结果说,值得商榷。(4)危害或可能危害说则在客体侵害说的基础上,将对社会"可能造成的危害"也纳入危害结果,这明显矫枉过正。在哲学上,结果本来就是客观存在的现实,"可能造成的危害"是并不存在的虚拟的、观念上的概念,不具有现实性,与结果的本质特征相矛盾。"把看不见、摸不着的可能损害认为是危害结果,势必得出结论:危害结果不是实际存在的客观事实。"④ 因此,"可能造成的危害"不应纳入危害结果。"刑法上所讲的行为的危害结果,也是指对客体已造成的损害,而不是指可能造成的但尚未实际造成的损害。"⑤ (5)最后状态说将侵害结果理解为一种最后状态,忽视了侵害行为征表犯罪过程中产生的侵害结果。例如,用暴力将被害妇女打伤后实施强奸行为,根据该说则侵害结果只能是被害妇女性权利被侵犯,伤害结果因不是最后状态,不能成为强奸罪的侵害结果,这种结论无法让人接受。另外,将"犯罪预备""犯罪未遂""犯罪中止"等犯罪停止状态认定为"结果",将导致行为与结果混同,并不可取。(6)广、狭两义说实质上是德日刑法理论中广义说与狭义说的翻版,并不适用于我国。而且,该说将间接结果纳入广义的危害结果之中,存在明显缺陷。因为以任何形式的条件为原因的间接结果,在因果关系链条中已经脱离了因果关系的束缚。如果将间接结果纳入危害结果之中,会导致危害结果的外延无限扩张,使许多不当罚的行为受到刑罚制裁,有违刑法的谦抑性。

总之,在刑法理论中,危害结果是十分难以把握的概念。在形式上,侵害结果有物质

---

① 高铭暄主编:《刑法学》(修订本),法律出版社 1984 年版,第 122—123 页。
② 赵秉志主编:《刑法学通论》,高等教育出版社 1993 年版,第 157 页。
③ 叶俊南:《犯罪结果概念研究》,载《中国法学》1996 年第 6 期。
④ 喻伟主编:《中国刑法学新教程》,武汉大学出版社 1988 年版,第 91 页。
⑤ 何秉松主编:《刑法教科书》(上),中国法制出版社 2000 年版,第 354 页。

性与非物质性、直接与间接、现实与可能之分;在实质上,侵害结果要解决罪过的认定、犯罪的故意犯罪的完成形态与未完成形态的区分以及犯罪客体与犯罪对象比较等若干关系定罪和量刑的问题。

(二) 我国刑法典中侵害结果的概念

我国刑法总则规定的结果形态主要包括:犯罪结果,如刑法典第 6 条第 3 款、第 24 条第 1 款的规定;侵害社会的结果,如刑法典第 14 条、第 15 条的规定;损害结果,如刑法典第 16 条的规定;侵害结果,如刑法典第 18 条的规定;损害,如刑法典第 21 条第 1 款、第 24 条第 2 款的规定。那么,如何判断这些损害与后果是否属于刑法上的危害结果? 本书认为,界定刑法中的侵害结果,既要考虑侵害结果作为结果所应具有的自然属性,也要考虑侵害结果作为刑法概念的法律属性,还要考虑刑法对侵害结果的特殊规定和要求,只有这样才能得出科学、合理的结论。

1. 侵害结果具有哲学上结果的基本特征

侵害结果的因果性表明,结果与原因并非同一现象;否则,就会模糊原因与结果的界限,致使概念混淆。因此,大陆法系刑法理论中的广义说将行为本身等同于侵害结果的观点,并不可取。此外,辩证唯物主义认为,原因和结果是相对的,在一种关系中是原因,在另一种关系中可能是结果。因此,对于原因与结果之间的关系,必须将之从客观事物中抽离出来,在具体事物中予以考察。"为了了解单个现象,我们就必须把他们从普通的联系中抽出来,孤立地考查他们,而且在这里不断更替的运动就显现出来,一个为原因,另一个为结果。"①侵害结果的相对性表明,间接结果不应归入危害结果之列。侵害结果还具有客观性,一经发生就成为一种客观存在,不以人的意志为转移,故"可能的结果"不属于侵害结果。

2. 侵害结果必须具有刑法意义和价值

由于刑法是以侵害行为作为核心要件进行规范的,由侵害行为引起的侵害结果必然具有刑法意义和价值。有学者认为:"危害结果是不包括主观评价因素在内的客观结果,……"②该观点值得商榷。按照通说,侵害行为"是指在人的意识或者意志支配下实施的危害社会的身体动静"③,既然作为原因的侵害行为包含主观评价因素,结果必然体现行为人的主观态度。不包含主观评价因素的结果,如由不可抗力或者意外事件造成的后果,即使对社会有害,也不属于刑法中的侵害结果。因此,我国刑法典第 16 条规定的"损害结果"和第 18 条规定的"危害结果"就不属于刑法上的侵害结果,因为两者均不包含主观评价因素,不具有刑法意义和价值。另外,刑法的主要内容是犯罪与刑罚,故具有刑法意义和价值的侵害结果必须对定罪和量刑具有影响。这表明,尽管侵害行为引起的结果可能多种多样,只有那些具有刑法意义和价值、能够对定罪量刑产生直接影响的结果,才

---

① 《马克思恩格斯全集》(第 20 卷),人民出版社 1971 年版,第 575 页。
② 高铭暄主编:《刑法学专论》,高等教育出版社 2002 年版,第 173 页。
③ 高铭暄、马克昌主编:《刑法学》,北京大学出版社、高等教育出版社 2007 年版,第 72 页。

可能成为刑法上的危害结果。① 所以,刑法典第 20 条第 1 款、第 21 条第 1 款规定的"损害"也不能成为刑法上的侵害结果。至于刑法典第 14、15 条规定的"危害社会的结果",第 20 条第 2 款、第 21 条第 2 款、第 24 条第 2 款规定的"损害"以及第 24 条第 1 款规定的"犯罪结果"等,均具有刑法意义和价值,属于侵害结果。

3. 侵害结果必须是刑法规定的

根据我国刑法典第 14 条、第 15 条规定,侵害结果是罪过认定要素。由于罪过是所有犯罪的构成要件,侵害结果作为罪过认定要素,存在于一切犯罪中。因此,侵害结果不限于实际损害与现实危险。有学者认为:"现实损害是已经发生的物质损害或确实存在的危险状态,这是危害结果与危害行为相互区别的标志。"② 换言之,"实际损害"属于物质性结果,与"实际损害"相对应的"现实危险"属于物质性危险状态。这也就是排除了侵害结果作为罪过认定要素的特征,违背了刑法规定。实质上,这两种危害结果并不能涵盖我国刑法规定的侵害结果的全部,我国刑法规定的许多犯罪的侵害结果并非限于物质性结果和物质性危险状态两种形式。例如,在侮辱罪、诽谤罪等犯罪中,侵害结果是人格、名誉的毁坏,属于非物质性侵害结果;在聚众淫乱罪、侮辱尸体罪、介绍卖淫罪等犯罪中,侵害结果应该是社会伦理道德被破坏或者社会风尚被妨碍的危险状态,属于非物质性危险状态。因此,刑法中的侵害结果既包括物质性结果和物质性危险状态,也包括非物质性结果和非物质性危险状态。

4. 正确理解犯罪未完成形态中的侵害结果

在犯罪的未完成形态中,侵害结果造成的具体侵害事实属于侵害结果并无异议。但是,没有造成任何具体侵害事实的未完成犯罪形态,是否存在侵害结果问题?从实际情况来看,未遂犯等犯罪未完成形态也会产生危险状态,但这只是一种足以造成既遂的损害和危险发生的危险状态,与既遂的危险状态存在明显不同。同样,在犯罪预备中,也能产生危险状态,即足以促使实行行为实施的危险状态。在没有发生具体损害事实时,侵害行为本身就蕴含着犯罪未完成形态中的危险状态。不具有任何危险的行为,如迷信犯中的迷信行为,是不可能成为刑法中的危害行为的。如果将犯罪未完成形态中的危险状态认定为侵害结果,会混淆侵害行为与侵害结果的界限。因此,没有造成任何具体侵害事实的犯罪未完成形态,不存在侵害结果。

综上所述,刑法中的侵害结果是指刑法规定的由侵害行为直接造成的、对定罪量刑具有价值和意义的损害和危险状态,它具有现实性、直接性,存在于所有犯罪中。在犯罪未完成形态中,侵害结果仅指具体损害事实。在刑法中,侵害结果发生与否,是一切犯罪的成立要件。从这个角度来讲,危害结果属于犯罪成立的共同要件,只不过是第二层次的评价要件。

---

① 〔意〕杜里奥·帕多瓦尼:《意大利刑法学原理》,陈忠林译,法律出版社 2004 年版,第 114 页。
② 马克昌主编:《犯罪通论》,武汉大学出版社 1999 年版,第 192 页。

然而,刑法意义上的侵害结果也可有广义与狭义之分。① 所谓广义的侵害结果,是指由行为人的侵害行为所引起的一切对社会的损害事实,它包括侵害行为的直接结果和间接结果,属于犯罪成立要件的结果和不属于犯罪成立要件的结果。例如,甲诈骗了乙的大量钱财,乙因而愤然自杀身亡。这里甲的诈骗行为所引起的侵害结果即广义的侵害结果,包括了财物损失和被害人自杀这两个结果,这两种侵害结果都与侵害行为的侵害程度有关,因而在处理案件时都应加以考虑。所谓狭义的侵害结果,是反映作为犯罪成立要件的结果,通常也就是对直接法益所造成的损害事实,也是定罪的主要根据之一。例如,在上例中,甲诈骗了乙的钱财,并造成了乙自杀,认定甲的行为是诈骗罪的既遂,只能以所发生的狭义侵害结果即财物损失为根据,而被害人的自杀后果只是在量刑时考虑的情节。因此,研究刑法上的侵害结果首先要把作为犯罪成立要件的狭义侵害结果,同广义的侵害结果区别开来,也要区别犯罪客观要件中的侵害结果与犯罪量度要件中的犯罪数额、犯罪情节及其侵害程度,以便在定罪量刑中具体运用。

四、作为罪过认定根据的侵害结果

赋予侵害结果以罪过认定要素之身份,是我国刑法不同于德、日刑法的显著特点。由于罪过存在于所有犯罪之中,意味着德、日刑法理论中所谓的形式犯,在我国刑法中亦有侵害结果。本书认为,我国刑法典第14、15条规定的作为罪过认定要素的侵害结果(以下简称"罪过认定结果"),除了具备一般侵害结果的共同特征外,还具有三个显著特征。

1. 终局性

罪过认定结果只能是侵害行为在征表犯罪过程中内在地、合乎规律地引起的最后状态,是一种既遂结果,是侵害行为在正常情况下必然导致的后果,即使在过失犯中同样如此。如妨碍自由行为致伤他人,则对伤害结果的非价,已非剥夺他人行动自由罪所能涵盖,不能成为妨碍自由行为的必然结果。② 如果不是侵害行为必然引起的最终结果,而是一种过剩或者不充分结果,则不能成为认定罪过的依据。例如,故意伤害行为造成他人死亡的结果属于过剩(加重)结果,不能成为认定故意伤害罪的罪过依据;故意杀人行为造成他人伤害结果,属于杀人行为不充分(减轻)的结果,不能成为认定故意杀人罪的罪过依据。又如在丢失枪支不报罪中,刑法设置的"严重后果",并非丢失枪支不及时报告行为必然引起的终局结果。枪支丢失后是否及时报告,与是否最终被当作犯罪工具使用或因此造成的严重后果之间,没有任何必然联系。故这种"严重后果"不应为丢失枪支不报罪主观罪过认定的依据。事实上,枪支丢失后不及时报告,产生的对社会潜在、抽象的威胁状态,才是该罪的基本结果,这也是我国刑法典设置枪支、弹药犯罪的主要依据及立法目的所在。因此,该罪的侵害结果为枪支为他人非法持有的抽象危险,主观上只能是故意。

---

① 赵秉志主编:《刑法原理与实务》,高等教育出版社2002年版,第127页。
② 柯耀程:《变动中的刑法思想》,中国政法大学出版社2003年版,第393—394页。

2. 广泛性

由于罪过是一切犯罪的成立要件,故罪过认定结果存在于所有犯罪中。值得一提的是,一切犯罪具有认定罪过的侵害结果,与该侵害结果是所有犯罪成立要件属于两回事。例如,在出现不充分结果的情况下,缺少罪过认定结果,仍然成立犯罪未遂。由此可见,罪过认定结果并非所有犯罪成立必要要件。

3. 多样性

罪过认定结果的多样性主要体现于非物质性侵害结果和非物质性危险状态之中。从刑法分则的规定来看,非物质性侵害结果和非物质性危险状态常见表现形态包括:(1)人格、名誉受损。这主要存在于损害商业信誉、商品声誉罪、侮辱罪、诽谤罪等犯罪中。(2)智力成果被侵犯。这主要存在于侵犯知识产权犯罪中。(3)社会风尚被妨碍的危险状态。这主要存在于组织卖淫罪等犯罪中。(4)社会道义、伦理被破坏的危险状态。这主要存在于侮辱尸体罪、聚众淫乱罪等犯罪中。(5)国家职务的廉洁性被侵犯。这主要存在于贿赂犯罪中。(6)不法行为状态。这主要存在于持有型犯罪中。需要指出的是,将不法行为状态作为犯罪结果,是刑法惩罚某些犯罪的目的。"行为本身甚至可被视为'结果'的一种方式,因为它是行为人一种冲动的效果。"①这种观点虽然绝对,却表明了行为状态成为侵害结果的可能。非法持有、私藏状态就是典型的例子。持有与作为和不作为不同,其犯罪性在于主体对非法财物(如毒品、凶器、不义之财、色情物品、犯罪工具等)的支配状态。②

五、侵害结果与侵害行为的同一性

刑法学界在解释复合罪过时,通常割裂了行为与结果的内在联系。以交通肇事罪为例,有学者认为:"违反交通管理法规则是明知故犯,这种'明知',虽然从日常生活的意义上讲是'故意'的,但与犯罪故意中的明知,不是同一层次的概念。"③还有学者认为:"行为人也可能有意识地违反交通运输管理法规,这在日常生活中可以说是'故意'的,但不成立刑法上的故意。在这种情况下,行为人往往是轻信能够避免结果发生,因而仍然是过失。"④本书认为,上述观点过于绝对,忽视了侵害行为与侵害结果的同一性。

原因、结果具有同一性,因与果只是某一原始实质自身辨证发展过程中的不同表现形式而已。⑤ 侵害行为与侵害结果之间的同一性可分为两种不同情形:一是相对同一性。侵害行为虽然蕴含着危害结果发生的必然性,但需要其他条件配合才能成就。二是绝对同一性。侵害行为当然导致了侵害结果发生,无需其他条件。在前一种情形下,因为介入

---

① 〔德〕汉斯·海因里希·耶赛克、托马斯·魏根特:《德国刑法教科书》(总论),徐久生译,中国法制出版社 2001 年版,第 319 页。
② 储槐植:《美国刑法》,北京大学出版社 1996 年版,第 54—55 页。
③ 陈兴良、周光权:《刑法学的现代展开》,中国人民大学出版社 2006 年版,第 459 页。
④ 张明楷:《刑法学》,法律出版社 2003 年版,第 567 页。
⑤ 〔德〕黑格尔:《小逻辑》,贺麟译,商务印书馆 1980 年版,第 316 页。

其他条件,导致行为人对侵害行为与侵害结果的心理态度可能并不同步,这是复合罪过的成立根据①;在后一种情形下,割裂行为人对侵害行为与侵害结果的心理态度的同一性并不合理。例如,行为人对准被害人头部开枪,结果必然是他人死亡,故行为人只能出于杀人故意,不可能是伤害故意。侵害结果的绝对同一性表明,所谓复合罪过形式不易走向极端。当行为人对侵害行为是故意时,如果侵害结果本身无条件包含于侵害行为的发展进程中,则行为人对侵害结果的心理态度就不可能只是过失。在交通肇事罪中,行为人在闹市故意超速开车或闯红灯致他人伤亡,难以说明行为人对该结果的发生仅仅出于过失。因为这种危险行为本身就包含着造成他人伤亡的必然性,行为人对该结果虽说不是出于直接故意,但完全有可能出于间接故意。因此,德、日刑法学理论对不同情形的交通肇事行为予以分别定罪。如《德国刑法典》第316条规定:"1.饮用酒或其他麻醉品,不能安全驾驶交通工具(第315条至第315条d),如其行为未依第315条a或第315条c处罚的,处1年以下自由刑或罚金。2.过失犯本罪的,亦依第1款处罚。"《日本刑法典》则规定汽车驾驶员因过失而造成交通危险,如过失在铁道路口造成汽车熄火,构成过失交通危险罪。② 德、日刑法学针对不同的交通肇事行为予以不同处罚的规定,值得借鉴。尤其在行为犯中,更要认真区别行为与结果的关系。

第五节　刑法上的因果关系

从哲学上讲,因果关系是事物之间的一种引起与被引起的关系,是判断事物之间有无客观联系的基本根据。世界上绝大多数社会现象与自然现象都有因果关系,刑法学理论研究中也不例外,故本书系统讨论刑法上的因果关系。

一、刑法上的因果关系的定义及特征

刑法上的因果关系,是指侵害行为与侵害结果之间引起与被引起的关系。由于刑法上的因果关系是哲学上的因果关系的一种形态,因而具有哲学上的因果关系的一般特征。具体而言,刑法上的因果关系具有以下特征:

1. 客观性

侵害行为与侵危害结果之间引起与被引起的关系,是不以人的意志为转移的客观存在,具有现实性与具体性。因此,在刑事案件中,如果需要查明侵害行为与侵害结果之间的因果关系,就要求司法工作人员从客观实际出发,加以具体的判断和认定。

2. 相对性

在哲学上,一事物虽然是另一事物产生的原因,却有可能是其他事物造成的结果。因

---

① 一般认为,包含复合罪过的犯罪有交通肇事罪、出具证明文件重大失实罪、传染病菌种、毒种扩散罪、医疗事故罪、玩忽职守罪等。
② 〔日〕西田典之:《日本刑法总论》,刘明祥、王昭武译,中国人民大学出版社2007年版,第248页。

此，理解因果关系必须将具有引起与被引起关系的两个事物从千千万万的事物中剥离出来，才能相对判断出其中的因果关系。所以，因果关系具有相对性。刑法因果关系亦是如此，要认定侵害行为与侵害结果之间的因果关系，就必须将其从众多的侵害行为与侵害结果中分离出来，进行相对性的研究。

3. 时间序列性

按照发生的先后顺序，必然是先有原因，后有结果，这是因果关系的时间顺序性。这表明，在刑法的因果关系中，必然是先有侵害行为，后有侵害结果，作为原因的侵害行为总是发生在作为结果的侵害结果之前。如果某一侵害结果发生在侵害行为之前，则可以肯定它们之间不存在因果关系。

4. 复杂性

因果关系的复杂性具体表现为"一果多因"和"一因多果"。在刑法中，"一果多因"是指多种侵害行为造成一个侵害结果的情形；"一因多果"是指一个侵害行为造成多个侵害结果的情形。

5. 条件性

一种现象引起另一种现象，通常需要具备一定的条件。在刑法上，某一侵害行为造成特定的侵害结果，往往也需要具备一定的条件。例如，被害人甲患有血友病，乙在同甲的打斗中用刀将甲的手臂划伤，导致甲出血不止最终死亡。一般情况下，用刀划伤人并不足以造成一个人死亡，甲患有血友病是其死亡的条件。因此，乙的行为与甲的死亡之间，是以甲患有血友病为条件的。

二、必然因果关系与偶然因果关系

1. 必然因果关系

在刑法中，必然因果关系是指侵害行为与侵害结果之间存在着内在的、必然的、合乎规律的引起与被引起的关系。例如，行为人用刀猛刺他人胸部，致使他人心脏破裂并死亡，则行为用刀伤害的行为与他人死亡之间的因果关系，就属于必然因果关系。需要注意的是，必然因果关系的发生也是需要具备一定条件的，只不过这种条件是通常的、普遍的条件，在一般人看来，实施这样的侵害行为会造成这种侵害结果。如果被害人由于体质强壮或者抵抗力强，即使被刺破心脏依然被抢救过来，则属于例外情形。

2. 偶然因果关系

在因果关系的发展过程中，偶然又有其他原因加入其中，由后来介入的这一原因合乎规律地引起了这种侵害后果。在这种情况下，侵害行为与侵害结果之间的因果关系就是偶然因果关系。例如，行为人甲挥刀砍杀乙，乙在奔跑过程中被丙骑摩托车撞死，甲的行为与乙死亡之间的因果关系，就是偶然因果关系。丙的行为与乙的死亡之间的因果关系，就属于必然因果关系。在存在偶然因果关系的场合，先前的侵害行为与侵害结果之间的因果关系，因所介入的因素而中断。例如，甲用刀猛刺乙的胸部，致乙重伤昏迷，恰逢丙经过,将重伤昏迷的乙杀死。有观点认为,甲的行为与乙死亡之间的因果关系中断,因此甲不能对乙的死亡承担刑事责任;但也有观点认为,二人共同承担刑事责任。

研究必然因果关系的意义在于,通过行为人实施的侵害行为及其所造成的侵害结果,能够合理地推断行为人的主观心理态度,从而为定罪提供依据。偶然因果关系通常对量刑产生影响,有时也会影响定罪。

三、不作为犯罪中的因果关系

理论上,由于不作为往往表现为没有行动、举止,因而有学者认为不作为的侵害行为与侵害结果之间并不存在因果关系,只是拟制的法律关系。这种观点值得商榷,因为它否认了不作为犯罪因果关系的客观性。其实,不作为侵害行为与侵害结果之间的因果关系是客观存在的,而不是法律强加的。[①] 不作为作为侵害行为的一种,与作为在因果关系上具有同等意义和作用。对于作为而言,由于刑法禁止实施一定的行动、举止,因而只有在行为人实施一定的行动、举止时,才能成为侵害行为。因此,作为的意义不在于有无行动、举止,而在于刑法禁止实施某种行动、举止而行为人刻意实施某种行动、举止。不作为亦是如此,其存在的前提是刑法要求行为人实施一定的行动、举止,只有在行为人不实施该行动、举止时,其行为才是侵害行为。从这一点来看,不作为与作为没有任何本质区别。因此,不作为侵害行为与侵害结果之间,也是存在因果关系的。

---

① 高铭暄、马克昌主编:《刑法学》,北京大学出版社、高等教育出版社2011年版,第80页。

第十章

犯罪主观要件

犯罪主观要件也称为"罪责"要件,它是包括主观罪过、犯罪主体、犯罪动机和犯罪目的的综合要件。本书与传统刑法理论不同的是,将刑事责任主体(简称责任主体或犯罪主体)归并到犯罪主观要件之中,具体包括犯罪主体及其年龄和能力,以及犯罪的故意、过失、目的、动机等主观要素。另外,犯罪主观要件主要反映行为人的自身情况及其主观心理活动,直接决定着犯罪成立因素中的主体要件的符合情况及其主观恶性的有无或大小。因此,犯罪主观要件是认定犯罪成立极其重要的必备要件。

第一节 犯罪主观要件概述

要深入、全面地了解犯罪主观要件,首先应对其概念、特征有一个基本的认识;在此基础上,进一步把握该要件的具体内容以及犯罪成立和量刑的意义。

一、犯罪主观要件的定义和特征

犯罪主观要件是指刑法规定的揭示犯罪主体情况和主观心理状态及其特征,而为成立犯罪必须具备的诸项主观状态与事实,其特征如下:

(1)犯罪主观要件是揭示犯罪主体及主观内在意识特征的各种事实因素。组成犯罪的因素除了侵害行为这种外在的事实外,反映行为人的主体及主观心理态度的内在要素也是不可或缺的。虽然犯罪主观要件属于主体及其主观心理状态要件,但也是一种事实,同样具有不以人的意志为转移的客观性。主观状态与事实不像侵害行为事实那样具有更多的外在特征,而是存在于人的主体本身或内在心理,因而有时容易被歪曲或产生歧义。例如,行为人意图强奸妇女,强奸的故意就可能被行为人歪曲为通奸的故意。在犯罪主体上,行为人是否为国家工作人员也会产生争议。因此,认定主观特征往往需要借助客观事实。

(2)犯罪主观要件是成立犯罪必须具备的揭示犯罪主体状况和主观心理特征的各种事实因素。犯罪的客观外在事实很多,只有成立犯罪所必须的行为事实才能作为犯罪客观要件。同样,犯罪人的情绪也是主观因素,但不是成立犯罪所需的主观因素,故不能成为犯罪主观要件内容。

(3)犯罪主观要件必须是由刑法规定的(不管是明确性规定还是暗示性规定)。成立犯罪的主观事实很多,但必须是刑法规定的。有时,刑法会明确将主观要件规定在罪状中。如我国刑法典第275条规定,故意毁坏公私财物,数额较大或者有其他严重情节的,构成故意毁坏财物罪。但是,在很多情况下,刑法并不会在罪状中明确规定主观要件。因为一般情况下,通过客观行为就能够判断行为人的主观心理态度。又如,刑法典第236条强奸罪、第263条抢劫罪,就没有规定"故意",但实施强奸、抢劫行为不可能是过失,只能是故意,因而没有必要在条文中予以明确。

不少学者认为,犯罪主观要件属于责任要件。"主观构成要件也可谓责任构成要件,是表明行为人具备有责性的要件。有责性也称为责任,是指就符合构成要件的违法行为对行为人的非难。"[1]本书认为,有责性(责任要件)属于德、日等大陆法系国家刑法理论中的特定概念,属于犯罪成立要件之一,而我国刑法不宜使用责任概念之说。因为在我国刑法中,刑事责任与犯罪成立具有同等意义。如刑法典第20、21条就明确规定正当防卫、紧急避险不负刑事责任,即不成立犯罪。既然有无刑事责任与是否成立犯罪具有同等意义,那么将犯罪主观要件认为是责任要件,就等于将刑事责任降格为犯罪成立的一个要件,并不可取。不过,"罪责"要件与责任要件是有区别的,"罪责"要件表明行为人对其行为是有责任的。

二、犯罪主观要件的基本内容

犯罪主观要件在内容上体现着行为主体及其主观心理态度的各种因素,如刑事责任能力、故意、过失、犯罪目的和动机、违法性认识、认识错误等。对此刑法学界并无异议。但是,对于犯罪主体究竟属于犯罪客观要件的内容还是犯罪主观要件的内容,刑法学界存在不同看法。一种观点主张,犯罪行为主体属于犯罪客观方面的内容。如有学者认为:"行为主体不仅影响刑事责任,其也有影响行为的社会危害性即违法性的一面。如背叛国家罪,只有中国公民才能实施,才能侵害公民对国家的忠诚;贪污罪,只有国家工作人员实施,才能对国家工作人员职务行为的公正性产生实质性侵害;同样,刑法规定的单位犯罪,非单位组织就不能构成,因此,行为主体的相关情况,也应当在犯罪构成的客观要件中加以探讨。"[2]另一种观点主张,犯罪行为主体属于犯罪主观方面的内容。如有学者认为:"根据客观的违法性论,只要自然人的行为符合客观构成要件,即使其没有达到法定年龄、不具有责任能力,也不影响对其行为的违法性的评价。所以,法定年龄、责任能力不是客观构成要件要素,而是主观的构成要件要素。"[3]

---

[1] 张明楷:《刑法学》(第3版),法律出版社2007年版,第204页。
[2] 黎宏:《刑法学》,法律出版社2012年版,第109页。
[3] 张明楷:《刑法学》(第3版),法律出版社2007年版,第127页。

第十章 犯罪主观要件

上述客观违法性论认为,行为主体属于犯罪客观要件内容的主张显然存在问题。客观违法性论在日本刑法理论中是通说,但在德国刑法理论中,主观违法性论却是通说。"作为个人的行为不法组成部分而得到承认的还有主观不法特征。其任务在于进一步表明行为人的针对法益侵害的行为意志,并因此给予犯罪构成要件中包含的外在的不法描述以内在的非价强调。"[①]"主观的阻却违法要素,与不法的主观要素同时逐步得到了肯定。所以,目前只偶尔还有争议的是,在故意行为的前提下,一个符合构成要件的行为能否(彻底)阻却违法,要取决于是否认识到了排除不法内容的事实,或许还要求行为人有某种特定的意志。"[②]"从今天居于统治地位并且也是本书所代表的不法理论的立场出发,一种举止行为,只有在行为无价值和结果无价值同样都被取消时,才能是合法的;但是,在这里至少还保留着全部范围内的行为无价值。"[③]同时,德国的审判实践也是承认违法阻却事由中存在主观因素。"依照主观正当化元素说的观点,谁是基于一个许可条款想的是依法行为的,谁才是合法地行为。'保卫意志'在主观方面属于紧急防卫,'救援意志'在主观方面属于正当化的紧急状态,'认识到是在放弃法益'的行为在主观方面属于正当化的同意,'教育意志'在主观方面属于责打权,等等。"[④]客观违法性论确实有助于解决某些正当化事由,但是在其他情形下却无能为力。"从不能犯未遂处于刑罚之下起,在这种解决方法要将行为人的作为完全正当化的范围内,这种方法就不再站得住脚了。很明显,行为人表达了一种犯罪故意,并且——根据其想象——将其移植在实施性行为之中。这种行为是已经既遂还是仅仅未遂,是有争论的。但是,在任何情况下,合法的都不能是这样一种举止行为,其在行为人想象的基础之上是一种对犯罪的实现。"[⑤]由此可见,客观违法性论的观点并非完全站得住脚。

至于将身份作为犯罪主体要件的因素,并主张主体是犯罪客观要件,也是值得商榷的。如前所述,身份只是主体的一种出身、地位、职务或者资格,是附随于主体的,不能"反客为主"决定主体的归属。而且,身份严格地说属于行为身份,只有在行为时才具有意义,即使具有特定身份,如果行为人在行为时没有利用这种身份,并不会对犯罪产生根本影响。另外,如果因为身份而将主体归入犯罪客观要件,那么,就无法解释年龄、责任能力等与主体关系更为密切的因素,以及犯罪主观要件内容的完整性和科学合理性。

值得一提的是,"行为主体"的称谓并不科学,因为"行为主体"之说揭示的是,主体是行为的主体,是行为的构成要素之一。在刑法中,行为与行为人向来就是"你中有我、我中有你"的关系,行为是行为人的行为,没有行为人则行为无从谈起;同样,行为人也是行为

---

① 〔德〕汉斯·海因里希·耶赛克、托马斯·魏根特:《德国刑法教科书》(总论),徐久生译,中国法制出版社 2001 年版,第 297 页。
② 〔德〕冈特·施特拉腾韦特、洛塔尔·库伦:《刑法总论 I——犯罪论》,杨萌译,法律出版社 2006 年版,第 194 页。
③ 〔德〕克劳斯·罗克辛:《德国刑法学总论》(第 1 卷),王世洲译,法律出版社 2005 年版,第 415 页。
④ 〔德〕约翰内斯·韦塞尔斯:《德国刑法总论》,李昌珂译,法律出版社 2008 年版,第 157 页。
⑤ 〔德〕克劳斯·罗克辛:《德国刑法学总论》(第 1 卷),王世洲译,法律出版社 2005 年版,第 415 页。

之人,无行为则无行为人。行为与行为人的这种关系,是犯罪论体系在构建过程中总是围绕着行为或者行为人展开争论的根本原因。因此,本书更倾向于使用"责任主体"或"犯罪主体"的称谓。

总之,将主体作为犯罪主观要件的内容,不仅因为其作为犯罪客观要件的内容不合适,还因为主体本身与刑事责任能力、年龄等因素是密不可分、互为一体的。主体本身的实际状况能够影响刑事责任能力、年龄及涉罪种类等因素,没有主体,刑事责任能力、年龄等都无从谈起;刑事责任能力、年龄等对主体也具有决定意义,没有刑事责任能力、没有达到刑事责任年龄就不会有犯罪主体。因此,应将犯罪主体与刑事责任能力及年龄、犯罪的故意和过失、认识错误、意外事件等因素一起作为犯罪主观要件的重要内容,以发现它们之间的相互联系。成立犯罪主观要件的要素,有些是成立任何犯罪都必须具备的,如刑事责任能力、故意或者过失等,但有些则是成立某些犯罪才必须具备的,如犯罪目的等。

第二节 犯 罪 主 体

犯罪主体也称为刑事责任主体,简称责任主体,这是将犯罪主体归并到犯罪主观要件之后所得出的结论。就犯罪成立而言,无论是侵害行为还是侵害结果,都必须有一个刑事责任的承担者,这就是本书要研究的犯罪主观要件中的责任主体或称犯罪主体。

一、犯罪主体的定义和特征

当今世界各国刑法都没有关于犯罪主体的法定定义,只有对犯罪主体的具体内容及刑事责任年龄、刑事责任能力等问题的相关规定。因此,本书所指的犯罪主体的定义,是刑法理论对刑事立法上有关犯罪主体具体规定概括和抽象而形成的。

我国刑法理论界对犯罪主体也没有一个统一的表述。针对犯罪主体的代表性的观点主要有以下七种:

(1)"犯罪主体是指刑法上有犯罪资格者。"[1]

(2)"犯罪主体是指达到刑事责任年龄、具有刑事责任能力、实施了危害社会行为的自然人。"[2]

(3)"犯罪主体是指达到刑事责任年龄、具备刑事责任能力、实施了犯罪行为的自然人。"[3]

(4)"犯罪主体是指实施了危害社会的行为,依据刑事法律应负刑事责任的人。"[4]

---

[1] 高仰止:《刑法总则之理论与实用》,台湾五南图书出版公司1983年版,第167页。
[2] 马克昌主编:《刑法学全书》,上海科学技术文献出版社1993年版,第80页。
[3] 张尚鷟:《中华人民共和国刑法概念》(总则部分),法律出版社1983年版,第102页。
[4] 马克昌主编《刑法学全书》,上海科学技术文献出版社1993年版,第80页。

(5)"犯罪主体是指实施犯罪行为,依法对自己罪行负刑事责任的人。"①

(6)"犯罪主体是指实施严重危害社会行为,具有刑事责任能力的人。"②

(7)"犯罪主体是指具备刑事责任能力,实施严重危害社会行为并且依法应负刑事责任的自然人。"③

第一种观点未能包含实施犯罪行为或者实施侵害行为的内容,按照这一定义,所有身体、精神发育正常的人都是犯罪主体,这显然是一个错误的结论;第二、三、七种观点,虽然指明了犯罪主体中的侵害行为,但将犯罪主体仅仅限定为自然人,显然与现代世界各国刑法中规定的法人犯罪(我国刑法典规定为单位犯罪)的现实不相吻合;第四、五、六种观点,要么没有将犯罪主体与一般违法主体区别开来,要么没有对负刑事责任的人应当具备什么条件予以说明。因此,综合分析这些定义,均难以全面反映犯罪主体这一客观事物的一般本质特征。结合我国刑法典的规定,本书认为,犯罪主体是指具有承担刑事责任的能力,实施了刑法禁止的犯罪行为,并依法应当承担刑事责任的自然人或单位。

根据犯罪主体的上述定义,可以归纳出犯罪主体的三个基本特征:

(1)犯罪主体既可以是自然人也可以是单位。作为犯罪主体的自然人,是指有生命的人类个体,其生命始于出生、终于死亡;作为犯罪主体的单位,是指法律上人格化的组织,包括依法成立的具有民事权利能力和民事行为能力并享有独立民事权利和承担民事义务的法人,也包括不具有法人资格但依法成立的企业、事业单位和机关、团体。因此,动物或者其他物体及死亡的人不能成为自然人犯罪的主体;不能体现单位意志、假借单位名义犯罪的人及非法成立的组织,也不能成为单位犯罪的主体。

(2)犯罪主体是具备刑事责任能力的自然人或者单位。刑事责任能力是人的意识和意志能力的表现,是行为人对自己危害行为的辨认和控制能力。刑事责任能力是犯罪主体最基本的特征,是成立犯罪主体的关键;不具有刑事责任能力,就不能成为犯罪主体。自然人的刑事责任能力要受到年龄、精神状况等因素的制约。单位犯罪主体的刑事责任能力,是通过单位意志来体现的,而单位意志从本质上说是通过单位内个人的意志表现出来的;只不过这种通过单位内个人的意志表现出来的意志,并不代表个人,而是超越个人意志的独立的单位集体意志。

(3)犯罪主体是实施了犯罪行为的自然人或者单位。犯罪主体与犯罪行为有着必然的联系,具备刑事责任能力的自然人或者单位,在没有实施犯罪行为之前,并不能称之为犯罪主体;只有当这些自然人或者单位实施了刑法所规定的犯罪行为之时,才能够成为犯罪主体。是否实施了刑法所规定的犯罪行为,是普通的自然人、单位与犯罪主体的自然人、单位的重要区别。因此,实施犯罪行为也就成为认定犯罪主体的一个重要条件与特征。

---

① 何秉松主编:《刑法教科书》,中国法制出版社1997年版,第210页。
② 马克昌主编:《犯罪通论》,武汉大学出版社1999年版,第239页。
③ 高铭暄主编:《刑法学》,中央广播电视大学出版社1994年版,第142页。

二、研究犯罪主体的意义

犯罪主体是犯罪成立的必备要件之一，正是由于犯罪主体在犯罪成立中的重要地位，决定了犯罪主体在定罪量刑中的重要意义。

1. 犯罪主体的有无或不同是区分罪与非罪的重要标准

犯罪是由犯罪主体实施的行为，而任何犯罪主体都必须符合一定的法定条件。一个人的行为即使在客观上具有危害社会的性质并在刑法上认定是犯罪行为，但如果该行为人不符合刑法规定的犯罪主体条件，其行为就不应认定为是犯罪。如果行为人实施行为时不满14周岁，他就不是犯罪主体。因此，即使一个不满14周岁的人实施了刑法所禁止的行为，其行为也不成立犯罪。此外，无刑事责任能力的精神病人实施的刑法所禁止的行为，由于不符合刑法所规定的犯罪主体条件，其行为同样不成立犯罪。

2. 犯罪主体的不同是区别此罪与彼罪的重要界限

在刑法规定的诸多犯罪中，有些犯罪在犯罪成立的其他要件上都相同或相似，但却不是同一罪名，作出此罪与彼罪区分的关键就是犯罪主体。例如，我国刑法典第306条、第307条分别规定了辩护人、诉讼代理人毁灭证据、伪造证据、妨害作证罪和帮助毁灭、伪造证据罪。这两个犯罪无论是在犯罪的客观方面还是主观心理方面都是相同的，但刑法对前罪的主体有特别的限制，即行为人是辩护人、诉讼代理人，而对后罪的主体未作特别限制，只要行为人具备刑事责任能力即可。

3. 犯罪主体的不同对刑事责任的轻重具有重要影响

我国刑法确立了罪责刑相适应的原则，根据这一原则，犯罪主体的不同，其人身危险性的大小也不同。因此，刑罚的轻重也有所区别。例如，我国刑法典对已满14周岁未满18周岁的未成人犯、限制刑事责任能力的精神病人、又聋又哑的人、盲人犯罪全都规定了从宽处理；但是对于累犯、共同犯罪中的主犯等，刑法规定要从严处罚。这说明犯罪主体的不同，体现了不同的社会危害性和人身危险性，因此，必然影响到刑罚的轻重。

三、犯罪主体的基本类型

从理论上讲，犯罪主体从不同角度可以作出不同的分类。

（一）自然人主体与单位主体

根据我国刑法典的规定，犯罪主体的基本类型包括自然人犯罪主体和单位犯罪主体。

1. 自然人犯罪主体

所谓自然人犯罪主体，是指犯罪主体为自然人的情形。自然人成立犯罪，需要具备一定的条件，如具有刑事责任能力、达到刑事责任年龄、主观上具有罪过等。自然人主体是包括单位犯罪在内的任何犯罪均不可或缺的要素，否则就无犯罪可言。因此，人之外的其他动物不能成为犯罪主体。

2. 单位犯罪主体

我国刑法典第 30 条规定："公司、企业、事业单位、机关、团体实施的危害社会的行为，法律规定为单位犯罪的，应当负刑事责任。"根据这一规定，单位犯罪主体是指犯罪主体是公司、企业、事业单位、机关、团体的情形。

单位犯罪主体的实质条件是，必须具有独立对外承担义务和享有权利的能力。承担单位犯罪刑事责任必须注意三个方面的问题：

（1）单位犯罪主体是指公司、企业、事业单位、机关和团体。其中，"机关"是指国家机关，包括国家权力机关、行政机关、司法机关和军事机关；"公司、企业、事业单位"既包括国有、集体所有的公司、企业及事业单位，也包括依法设立的非国有公司、企业，如合资经营、合作经营企业以及私营公司、企业等；团体是指社会团体，即经过有关业务主管部门批准成立的社会组织。如果单位不是合法设立，或者虽然是合法设立，但却以实施犯罪为主要活动的，不是单位犯罪主体。因此，下列情形不属于单位主体：个人为进行违法犯罪活动而设立的公司、企业、事业单位实施犯罪的，不以单位犯罪论处，不属于单位主体；公司、企业、事业单位设立后，以实施犯罪为主要活动的，不以单位犯罪论处，不属于单位主体。与自然人犯罪不同，单位犯罪是单位自身犯罪，而不是单位的自然人成员犯罪的组合。但是，至少在形式上，单位内部的部分成员集体决定实施犯罪，是可能构成单位犯罪的。这样，就会出现认定上的难题，即如何区分单位主体与单位内部的自然人共同实施的、不属于单位主体的自然人主体。对此，学界通常认为，构成单位犯罪的主体还需要具备以下两个条件：

一是单位犯罪要求必须是为单位牟取利益。为单位牟取利益实施犯罪，是单位犯罪与单位成员实施的共同犯罪的主要区别之一。所谓"为单位牟取利益"，是指以为单位获取利益为目的，而不是为了少数个人获取利益。为单位牟取利益后，个人再以其他名义将其中的利益私分，不影响为单位牟取利益的实质。

二是单位犯罪需要经过单位决策机构按照决策程序决定，并通过单位成员实施。成立单位犯罪，必须是在单位的意识和意志支配下实施的。由于单位的活动必须通过内部成员的行为体现出来，因此单位的意识和意志实质上是以单位成员的意识和意志体现出来的。只有单位决策机构成员的意识和意志，才能代表单位成为单位的整体意识和意志。另外，单位决策机构成员按照单位决策程序作出决策，也是单位意识和意志的体现；否则，即使形成了单位的意识和意志，也难以体现出来。单位整体意志形成后，需要通过单位成员实施才能具备单位犯罪行为；具体实施单位犯罪行为的人，既可以是单位决策机构成员，也可以是单位其他成员。如果不经过单位决策机构按照决策程序决定，而是冒用、盗用单位名义，即使是单位成员的行为也不构成单位犯罪。需要注意的是，单位犯罪是否要"以单位名义"实施在理论上存在争议。

本书认为，单位犯罪的本质是经过单位决策机构按照决策程序决定，为单位谋取利益的行为，是否以单位名义实施并非必备条件。虽然单位犯罪通常是以单位名义实施的，但是,如果盗用、冒用单位名义实施犯罪,违法所得由实施犯罪的个人私分的,或者单位内部成员未经单位决策机构批准、同意或者认可而实施犯罪的,或者单位内部成员实施与其职务活动无关的犯罪行为的,都不属于单位犯罪,应当依照刑法有关自然人犯罪的规定定罪处罚。①

(2) 单位犯罪主体必须是由刑法规定的。根据我国刑法典的相关规定,自然人可以构成任何一种犯罪,但单位成立犯罪必须由刑法明文规定。这样一来,刑法分则在规定具体犯罪时,如果可以由单位构成的,则会在相关条文中明确规定;如果没有明确规定,则表明单位不能构成该罪。

(3) 单位犯罪主体承担刑事责任的原则。与自然人犯罪不同,单位犯罪除了必须由作为自然人的单位直接责任人员实施外,还存在单位这一特殊主体。在处罚单位犯罪时,单位直接责任人员与单位的刑事责任承担,就会出现不同的处罚模式。从世界上其他国家对单位犯罪的处罚来看,通常包括单罚制和双罚制。前者是指对单位犯罪只处罚单位直接责任人员或者单位一方,后者是指对单位直接责任人员与单位均处罚。

根据我国刑法典第 31 条的规定:"单位犯罪的,对单位判处罚金,并对其直接负责的主管人员和其他直接责任人员判处刑罚。本法分则和其他法律另有规定的,依照规定。"我国刑法典对单位犯罪的处罚以双罚制为主、单罚制为辅。例如,刑法典第 160 条规定:"在招股说明书、认股书、公司、企业债券募集办法中隐瞒重要事实或者编造重大虚假内容,发行股票或者公司、企业债券,数额巨大、后果严重或者有其他严重情节的,处 5 年以下有期徒刑或者拘役,并处或者单处非法募集资金金额 1% 以上 5% 以下罚金。单位犯前款罪的,对单位判处罚金,并对其直接负责的主管人员和其他直接责任人员,处 5 年以下有期徒刑或者拘役。"我国刑法典对欺诈发行股票、债券罪采取的就是双罚制。又如刑法典第 161 条规定:"依法负有信息披露义务的公司、企业向股东和社会公众提供虚假的或者隐瞒重要事实的财务会计报告,或者对依法应当披露的其他重要信息不按照规定披露,严重损害股东或者其他人利益,或者有其他严重情节的,对其直接负责的主管人员和其他直接责任人员,处 3 年以下有期徒刑或者拘役,并处或者单处 2 万元以上 20 万元以下罚金。"我国刑法典对违规披露、不披露重要信息罪采取的就是单罚制。

(二) 自然主体与法定主体

根据犯罪主体形成条件与来源的不同,可以将犯罪主体划分为自然身份主体与法定身份主体。

1. 自然身份主体

自然身份主体是指人因自然或者本能的因素所形成的特定身份。自然身份由于天然形成,因而通常不能改变,往往一经确定终生拥有,或随着时间变迁而自然形成。例如,男性与女性主体、成年人与未成年人主体、基于血缘关系而产生的直系亲属身份等,就属于

---

① 张明楷:《刑法学》(第 3 版),法律出版社 2007 年版,第 131—132 页。

自然身份主体。

2. 法定身份主体

法定身份主体是指基于法律规定所形成的特殊主体身份。与自然身份主体不同,法定身份由于是法律赋予的,因而在法律变更时会丧失这种特殊主体身份,从而也会导致行为人实施行为时不可能借助该特殊主体身份。例如,国家工作人员、司法人员、消防人员以及依法形成的继父母子女等拟制的血缘关系等,都属于法定身份。因此,法定身份主体是由法律拟制的,通常也是暂时的。

（三）定罪主体与量刑主体

根据犯罪主体用途与作用的不同,可以将犯罪主体划分为定罪主体与量刑主体。

1. 定罪主体

定罪主体是指刑法规定的决定行为是否构成犯罪的主体身份。具备这样的主体身份条件,是构成犯罪的前提条件。例如,如果不是国家工作人员,就不具有成立受贿罪的前提条件,也就不可能成立受贿罪。另外,学界通常也将身份因素纳入犯罪主体要件的内容中,即将之作为主观要件的内容。[①] 因此,特殊身份即特殊主体。

2. 量刑主体

量刑主体是指影响刑事责任轻重的主体身份,是指刑法规定的不影响定罪但影响量刑的身份。例如,国家机关工作人员是刑法典第 239 条规定的非法拘禁罪的量刑主体。根据刑法典第 239 条的规定,国家机关工作人员利用职权非法拘禁他人的,从重处罚。由于量刑身份影响刑事责任的大小,在刑法上常常是从重、加重、从轻、减轻甚至免除处罚的根据。

四、特殊主体与定罪量刑

具有特殊身份往往会受到刑法的特别处遇。在我国刑法中,基于预防、惩罚犯罪或者挽救、保护犯罪人的需要,往往会对一些具有特殊身份的主体加以特别处遇。例如,对于未成年人犯罪,我国刑法典就规定了不少特殊的处遇形式:一是从宽处罚。刑法典第 17 条第 3 款规定,已满 14 周岁不满 18 周岁的人犯罪,应当从轻或者减轻处罚。二是从宽适用缓刑。刑法典第 72 条规定,不满 18 周岁的人,应当宣告缓刑。三是不适用死刑。刑法典第 49 条规定,犯罪时不满 18 周岁的人不适用死刑。四是不成立累犯。刑法典第 65 条规定,不满 18 周岁的人犯罪的,不成立累犯。五是免除一定的前科报告义务。刑法典第 100 条规定,依法受过刑事处罚的人,在入伍、就业的时候,应当如实向有关单位报告自己曾受过刑事处罚,不得隐瞒。但是,犯罪时不满 18 周岁被判处 5 年有期徒刑以下刑罚的人,免除前科报告义务。对于怀孕或处于哺乳期的妇女犯罪,我国刑法典第 49 条明确规定"审判的时候怀孕的妇女,不适用死刑"。我国《刑事诉讼法》第 65 条规定"怀孕或者正

---

① 高铭暄主编:《新编中国刑法学》(上),中国人民大学出版社 1998 年版,第 158 页。

在哺乳自己婴儿的妇女"可以取保候审。对于老年人犯罪,刑法典第 17 条之一明确规定:"已满 75 周岁的人故意犯罪的,可以从轻或者减轻处罚;过失犯罪的,应当从轻或者减轻处罚。"刑法典第 49 条也明确规定:"审判的时候已满 75 周岁的人,不适用死刑,但以特别残忍手段致人死亡的除外。"这些规定都是刑法典对特殊年龄与身份之人犯罪予以区别对待的规定。

五、"国家工作人员"身份的界定

我国 1979 年刑法典第 83 条规定:"本法所说的国家工作人员,是指一切国家机关、企业、事业单位和其他依照法律从事公务的人员。"这是刑法对"国家工作人员"范围的最早界定。有学者称其既有职能犯又有身份犯,是"身份论"与"职能论"的结合。其中,有两点需要明确:一是"国家工作人员"不再由单纯的身份来决定,而是包含了"从事公务"的因素;二是此时的"国家工作人员"尚未区分"国家机关工作人员"和"准国家工作人员"或"以国家工作人员论"的概念。①

1997 年刑法典第 93 条第 1 款明确规定:"本法所称国家工作人员,是指国家机关中从事公务的人员。国有公司、企业、事业单位、人民团体中从事公务的人员和国家机关、国有公司、企业、事业单位委派到非国有公司、企业、事业单位、社会团体从事公务的人员,以及其他依照法律从事公务的人员,以国家工作人员论。"根据刑法典第 93 条第 1 款的规定,本书认为,对"国家工作人员"的认定应当是"在国家机关工作的身份"与"从事公务活动"的高度结合与统一。我国刑法典第 93 条第 2 款进一步规定:"国有公司、企业、事业单位、人民团体中从事公务的人员和国家机关、国有公司、企业、事业单位委派到非国有公司、企业、事业单位、社会团体、从事公务的人员,以及其他依照法律从事公务的人员,以国家工作人员论。"由此可见,我国刑法典规定的"国家工作人员",不仅包括"国家机关中从事公务的人员"的"国家工作人员",而且还包括"以国家工作人员论"的"准国家工作人员"。这样在法理上就形成了相互关联的三个概念:国家工作人员、国家机关工作人员和准国家工作人员,而且三者的基本逻辑关系是,国家工作人员是上位概念,而国家机关工作人员和准国家工作人员是下位概念。根据刑法典第 93 条第 2 款的规定,"准国家工作人员"包括:国有公司、企业、事业单位、人民团体中从事公务的人员;国家机关、国有公司、企业、事业单位委派到非国有公司、企业、事业单位、社会团体从事公务的人员;其他依照法律从事公务的人员。由此可见,界定"准国家工作人员"的关键是准确理解其包含的有关概念。例如,公司与企业应当是包含与被包含的关系,即公司是企业的一种,完全可以包含在企业之中。然而,立法者却在刑法典第 93 条第 2 款中将其人为地并列,这也许是为了突出公司在其中的地位。

---

① 李晓明:《我国刑法中"国家工作人员"的再研究》,载高铭暄、马克昌主编:《刑法热点疑难问题探讨》,中国人民公安大学出版社 2001 年版,第 823 页。

至于"委派"和"其他依照法律从事公务的人员"的认定问题,也需要认真分析。

(1)"委派"是指委任和派遣,即自上而下派人去担任一定职务或管理工作。根据我国刑法典第 93 条第 2 款的规定,只要是受国家机关、国有公司、企业、事业单位委派到非国有公司、企业、事业单位、社会团体从事公务的人员,均属于准国家工作人员,其行为要按国家工作人员论。这里需要指出的是,委派应包括两种情况:一是被委派的人员原来就是国家机关、国有公司、企业、事业单位中从事公务的人员,如果被委派当然应视为"准国家工作人员";二是被委派的人员原来虽然是国家机关、国有公司、企业、事业单位的成员,但不是从事公务的人员,如果被委派到非国有公司、企业、事业单位、社会团体从事公务,也应视为"准国家工作人员"。这样便充分体现了"国家工作人员"的职能性本质特征。而"委派"人员是否包括从社会上聘请或招聘来的人员,学界有两种绝然不同的观点。有学者主张应当包括,认为"只要是受到国家机关、国有公司、企业、事业单位、人民团体的委派,到非国有公司、企业、事业单位、社会团体中从事公务的人员,就属于准国家工作人员,无论被委派的人是否具有干部身份,也不论其是委派的原有职工,还是为了委派而从社会上临时招聘的人员"①。也有学者主张不应当包括,认为"'委派'中委派者与被委派者之间应当具有行政隶属关系,否则不为委派。我国刑法典没有使用'聘请'一词,因此,国家机关、国有公司、企业、事业单位不能在本单位之外聘请人员到非国有公司、企业、事业单位、社会团体中从事公务,也不能在非国有公司、企业、事业单位、社会团体中聘请人员从事公务"②。本书基本倾向于第二种观点。

(2)"其他依照法律从事公务的人员"是指除上述国家工作人员或准国家工作人员以外的,依照法律规定被选举、任命从事某项公共事务工作的人员。在 1997 年对刑法典进行修订后,学界及司法界遇到的与此有关的第一个问题,就是村民委员会等村基层组织人员能否视为准国家工作人员的问题。最高人民法院审判委员会于 1999 年 6 月 18 日下发了《关于村民小组组长利用职务便利非法占有公共财物行为如何定性问题的批复》,认为:"对村民小组组长利用职务上的便利,将村民小组集体财产非法占为己有,数额较大的行为,应当依照刑法第 271 条第 1 款的规定,以职务侵占罪定罪处罚。"之后全国人大常委会于 2000 年 4 月 29 日通过了《关于〈中华人民共和国刑法〉第 93 条第 2 款的解释》,认为:"村民委员会等村基层组织人员协助人民政府从事下列行政管理工作时,属于刑法典第 93 条第 2 款规定的'其他依照法律从事公务的人员':(1)救灾、抢险、防汛、优抚、移民、救济款物的管理和发放;(2)社会捐助公益事业款物的管理和发放;(3)土地的经营、管理和宅基地的管理;(4)土地征用补偿费用的管理和发放;(5)代收、代缴税款;(6)有关计划生育、户籍、征兵工作;(7)协助人民政府从事的其他行政管理工作。村民委员会等村基层组织人员在从事前款规定的公务时,利用职务上的便利,非法占有公共财物,构成犯罪

---

① 赵秉志主编:《疑难问题司法对策》,吉林人民出版社 1999 年版,第 342 页。
② 李忠诚:《国家工作人员》,载《法制日报》1997 年 4 月 18 日。

的适用刑法第383条贪污罪、第384条挪用公款罪、第385条和第386条受贿罪的规定。"

此外,如何确定"其他依照法律从事公务的人员"?"国家工作人员"最基本的特征是在国家机关工作的身份性,最本质的特征是从事公务活动,也是认定"国家工作人员"或"准国家工作人员"的核心标准。刑法典第93条第2款"其他依照法律从事公务的人员"的规定,突出强调了"国家工作人员"的本质特征。本书认为,在认定"其他依照法律从事公务的人员"时,无论行为人具有何种身份,只要其符合"依法从事公务"这一点,就应当认定为"准国家工作人员",刑法典第93条第2款规定的"其他依照法律从事公务的人员"包括:(1)中国人民政治协商会议各级机关中从事公务的人员。虽然中国人民政治协商会议不属于国家机关,但其历史上曾起过国家权力机关的重要作用。正如我国《宪法》序言明确指出:"中国人民政治协商会议是有广泛代表性的统一战线组织,过去发挥了重要的历史作用,今后在国家政治生活中、社会生活和对外友好活动中,在进行社会主义现代化建设、维护国家的统一和团结的斗争中,将进一步发挥它的重要作用。"中国人民政治协商会议具有自己的章程和全国委员会专门委员会通则,不仅具有宪法依据,而且有国家划拨全额经费支持。故在中国人民政治协商会议各级机关中从事公务的人员应当视为准国家工作人员。(2)各级人民代表大会代表。对于那些没有国家工作人员身份的各级人民代表大会代表,如农民代表、自由职业者(如会计师、律师、公证等)代表等,由于其在人大代表任期内都要履行自己"人大代表"的职务,即在从事公务活动,故应认定为准国家工作人员。(3)与国家行政机关、司法机关签订用人合同的临时执法与司法人员。例如,公安、税务、卫生等行政机关的临时执法人员,人民法院的陪审员等临时司法人员。由于其活动都是依法进行的,是被国家行政机关和司法机关正式聘任或签订用人合同,理所当然地应视为国家工作人员与司法工作人员。(4)"受委托管理、经营国有财产"的人员。根据最高人民检察院《关于人民检察院直接受理立案侦查案件立案标准的规定(试行)》第1条第5款的规定:"受委托管理、经营国有财产是指因承包、租赁、聘用等而管理、经营国有财产。"此问题与前述聘请非国有公司、企业、事业单位、社会团体中的人员,委派到非国有公司、企业、事业单位、社会团体中从事公务问题不同,此处受委托或聘用后是管理、经营的国有财产,符合国家工作人员"从事公务活动"的本质性特征。最高人民检察院《关于人民检察院直接受理立案侦查案件立案标准的规定(试行)》第1条第4款规定:"受国家机关、国有公司、企业、事业单位、人民团体委托管理、经营国有财产的人员,利用职务上的便利,侵吞、窃取、骗取或者以其他手段非法占有国有财物的,以贪污罪追究其刑事责任。"其实该问题早在1985年7月8日最高人民法院、最高人民检察院《关于当前办理经济犯罪案件中具体应用法律问题的解答(试行)》中已有规定,"受委托管理、经营国有财产"的人员应视为准国家工作人员。

六、"司法人员"身份的界定

我国刑法典第94条的规定:"本法所称司法工作人员,是指有侦查、检察、审判、监管职责的工作人员。"然而,在上述侦查、检察、审判、监管职责机关从事其他行政或辅助性工作的人员是否属于司法机关工作人员？这是目前存在的一个较大的难题。

第三节　刑事责任能力

犯罪主体,尤其是自然人犯罪主体必须具备刑事责任能力,而这种能力又以一定的年龄为前提,这就是刑事责任年龄。然而,达到刑事责任年龄并非必然具备刑事责任能力,如患有精神病、有生理缺陷等,使达到刑事责任年龄的人丧失了责任能力。

一、刑事责任能力的定义和特征

刑事责任能力是指行为人达到刑事责任年龄,并具有成立犯罪和承担刑事责任所必需的辨认和控制自己行为的能力。由此可见,刑事责任能力需要具有以下特征：

（1）具有刑事责任能力的人必须达到刑事责任年龄。也就是说,行为人必须符合刑法典第17条的规定。但是,人的生长与成长是个复杂的过程,用年龄作为考察是否具有辨认、控制能力的绝对标准,未必就一定科学。

（2）刑事责任能力的内容包括辨认能力和控制能力。人的能力多种多样,如思维能力、行动能力等,能够成为刑事责任能力的只能是辨认能力和控制能力。

（3）刑事责任能力是对自己实施的行为的辨认能力和控制能力。对别人行为的辨认能力和控制能力,与对自己的行为的辨认能力和控制能力是不同的。对别人的行为,行为人可能由于根本不清楚行为状况而无法辨认,对自己的行为就不存在这种情况。至于对别人行为的控制能力,则必然受到别人态度的影响,对自己的行为控制则完全取决于自己的态度。刑事责任能力只能是行为人对自己实施的行为的辨认能力和控制能力。

（4）行为人成立犯罪和承担刑事责任所必需的辨认和控制自己行为的能力。刑事责任能力只有在犯罪和承担刑事责任时才具有意义,与民事违法和民事责任、行政违法和行政责任没有任何关系。例如,年满11周岁的人的辨认能力和控制能力,可能在民法上有一定意义,但对于犯罪和承担刑事责任而言不具有任何意义,故不具有刑事责任能力。

二、刑事责任能力的基本内容

如上所述,刑事责任能力包括辨认能力和控制能力。辨认能力是指行为人对自己的行为在刑法上的意义、性质、后果等的辨别、认识能力。如果行为人能够辨别、认识自己的行为在刑法上的意义、性质、后果,就具有辨认能力;否则,则不具有辨认能力。控制能力是指行为人对自己行为的掌控、支配和决定的能力。如果行为人能够掌控、支配和决定自己的行为,就具有控制能力;否则,则不具有控制能力。

辨认能力是从意识角度来考察的,控制能力则是从意志角度来考察的。毫无疑问,行为人在实施犯罪时,首先要对自己的行为在刑法上的意义能够辨别和认识,否则就谈不上控制自己的行为。因此,辨认能力是刑事责任能力的基础,不具备辨认能力就不可能存在刑事责任能力。在具有辨认能力的基础上,实施犯罪还有赖于行为人意志决定。如果行为人决定不实施犯罪,即使有辨认能力也无法实施犯罪。因此,控制能力是刑事责任能力的重要内容。如果不具有辨认能力,控制能力将无从谈起。但是,有辨认能力而没有控制能力的情形是客观存在的。行为人必须同时具备辨认能力和控制能力,才能被认为具有刑事责任能力。行为人虽然有辨认能力,但不具备控制能力,也属于无刑事责任能力。因此,刑事责任能力要求辨认能力和控制能力同时具备,缺一不可;否则,将不成立犯罪。

三、刑事责任能力的等级划分

对刑事责任能力程度的分类主要存在三分法与四分法。三分法认为,刑事责任能力分为完全刑事责任能力、完全无刑事责任能力和减轻刑事责任能力三类;而四分法则是三分法基础上再加上相对无刑事责任能力。目前,我国刑法学界通说主张四分法。

1. 完全刑事责任能力

完全刑事责任能力是指行为人对自己的行为在刑法上的意义、性质、后果等具有完全的辨别、认识能力以及完全的掌控、支配和决定能力。完全刑事责任能力表明行为人的辨认能力和控制能力达到完整、全面的程度,因而需要对犯罪承担完整的刑事责任。根据刑法规定,完全刑事责任能力需要满足两个条件:一是年满18周岁;二是精神状态、智力发育正常且生理功能健全。

2. 完全无刑事责任能力

完全无刑事责任能力是指行为人没有辨认能力和控制能力。完全无刑事责任能力无需对刑法规定的任何犯罪承担刑事责任。完全无刑事责任能力包括两种不同情形:一是没有辨认能力;二是有辨认能力但没有控制能力。根据我国刑法典的相关规定,完全无刑事责任能力的情形包括:一是未满14周岁;二是虽然年满14周岁,但因为精神状态或者智力发育不正常丧失辨认能力和控制能力。

3. 相对无刑事责任能力

相对无刑事责任能力是指行为人对刑法所规定的某些犯罪具有辨认能力和控制能力。相对无刑事责任能力人需要对刑法规定的某些犯罪承担刑事责任,至于哪些犯罪需要由其承担刑事责任,取决于立法者的意愿,因而在某种程度上是拟制的。不过,立法者设定这些犯罪并非随意的,而是根据国家和社会惩罚、预防犯罪的需要确定的。根据我国刑法典的相关规定,相对无刑事责任能力人是年满14周岁、未满16周岁的人。

4. 减轻刑事责任能力

减轻刑事责任能力也称为限定刑事责任能力、部分刑事责任能力,即行为人具有辨认能力和控制能力,但在一定程度上有所减弱,因而无需对犯罪承担全部刑事责任的情形,其主要特征是"有"但"在一定程度上有所减弱"。所谓"有",是相对于无刑事责任能力来说的;所谓"在一定程度上有所减弱",是相对于完全刑事责任能力来说的。因此,减轻刑事责任能力是介于完全刑事责任能力与完全无刑事责任能力之间的形态。减轻刑事责任能力与相对无刑事责任能力的区别在于：前者具有辨认能力和控制能力，但辨认能力和控制能力程度有所减弱，并不存在对某些犯罪有刑事责任能力而对另一些犯罪无刑事责任能力的情况，其特征是"有"但"减弱"。后者对某些犯罪有刑事责任能力而对另一些犯罪无刑事责任能力，其特征是"有"或者"无"。根据我国刑法典的相关规定，减轻刑事责任能力人包括：一是已满14周岁未满18周岁的人和已满75周岁的人；二是又聋又哑的人；三是盲人；四是尚未完全丧失辨认和控制自己行为能力的精神病人。

四、影响刑事责任能力的因素

影响刑事责任能力的因素主要包括年龄、精神状态、生理功能和醉酒状态。由于智力发育程度与年龄、精神状态等相关，无须特别介绍。

（一）刑事责任年龄

刑事责任年龄，是指刑法规定的行为人应当承担刑事责任而必须达到的年龄。人对事物的辨别、认识能力以及决定自己行为的能力，与年龄是密切相关的。年龄越小，大脑发育程度越低，对知识的掌握、社会的了解就越浅，辨认能力和控制能力便越差。如果对婴幼儿要求其承担刑事责任，显然没有实质意义，也不符合我国刑法的目的和任务的要求。随着年龄的增长，人的智力发育程度越来越高，对社会的认识也就越来越清楚，辨认能力和控制能力也会越来越强。人只有达到一定年龄，才会有足够辨认和控制自己行为的能力，此时要求行为人承担刑事责任，才能达到惩罚、教育和预防的目的。

1. 刑事责任年龄的种类

刑事责任年龄的划分，亦有三分法与四分法之别。本书赞成四分法，即应当将刑事责任年龄划分为完全刑事责任年龄、完全无刑事责任年龄、相对无刑事责任年龄和减轻刑事责任年龄四种。

（1）完全刑事责任年龄，即行为人对任何犯罪都必须承担刑事责任的年龄。我国刑法典第17条第1款规定：已满16周岁的人犯罪，应当负刑事责任。根据该规定，年满16周岁是完全刑事责任年龄，应当对任何犯罪承担刑事责任。

（2）完全无刑事责任年龄，即行为人对任何犯罪都无须承担刑事责任的年龄。根据我国刑法典第17条的规定，不满14周岁的人犯罪，对任何犯罪均不负刑事责任。这意味着，我国刑法设定不满14周岁的人对所有犯罪不具有辨认能力和控制能力。需要注意的是，刑法的规定只是一种拟制，并非表明凡是未满14周岁的人，辨认能力和控制能力就一定比已满14周岁的人要差。在司法实践中，由于个人成长的差异，个别未满14周岁的人对很多事物的辨认能力和控制能力，比某些已满14周岁的人还要强。如果刑法要考虑这样特殊的、个别的差异，将无法对刑事责任年龄作出统一规定，这也不符合罪刑法定的要求。因此，一国的刑法总会根据本国预防和惩罚犯罪的需要，设定未满一定年龄的人对任何犯罪不承担刑事责任。而且，由于各国预防和惩罚犯罪的需要并非一致，因而对完全无刑事责任年龄的规定也有所不同。另外,未满14周岁的人不承担刑事责任,并不等于不承担其他责任。我国刑法典第17条第4款规定:"因不满16周岁不予刑事处罚的,责令他的家长或者监护人加以管教;在必要的时候,也可以由政府收容教养。"

（3）相对刑事责任年龄,即行为人对某些犯罪承担刑事责任的年龄。我国刑法典第17条第2款规定:已满14周岁不满16周岁的人,犯故意杀人、故意伤害致人重伤或者死亡、强奸、抢劫、贩卖毒品、放火、爆炸、投放危险物质罪的,应当负刑事责任。司法实践中,对这8种行为对应的相关犯罪,认为其犯罪主体必须是相对刑事责任年龄人,并无争议。问题在于,如果在实施其他犯罪时,包含这8种犯罪行为,如何确定其犯罪主体的范围？例如,绑架杀人的,构成绑架罪,但绑架罪的刑事责任年龄是年满16周岁,这是否意味着已满14周岁不满16周岁的人绑架杀人不负刑事责任？对此,全国人大常委会法制工作委员会在《对最高人民检察院关于已满14周岁不满16周岁的人承担刑事责任的范围问题的答复意见》中明确指出:刑法典第17条第2款规定的8种犯罪,是指具体犯罪行为而不是具体罪名。对司法实践中出现的已满14周岁不满16周岁的人绑架人质后杀害被绑架人、拐卖妇女、儿童而故意造成被拐卖妇女、儿童重伤或死亡的行为,依据刑法是应当追究行为人的刑事责任的。由此可见,已满14周岁不满16周岁的人绑架杀人的,虽然不构成绑架罪,却构成故意杀人罪。

（4）减轻刑事责任年龄,行为人虽然需要承担刑事责任,但需要减轻的年龄。根据我国刑法典第17条第3款规定:已满14周岁不满18周岁的人犯罪,应当从轻或者减轻处罚。第17条之一规定:已满75周岁的人故意犯罪的,可以从轻或者减轻处罚;过失犯罪的,应当从轻或者减轻处罚。因此,减轻刑事责任年龄的主体包括已满14周岁不满18周岁的人和已满75周岁的人。减轻刑事责任年龄人依然需要对一切犯罪承担刑事责任,只是适当减轻刑事责任。

2. 与刑事责任年龄有关的问题

（1）刑事责任年龄的计算。刑法中对年龄规定是以"已满""不满"等表示的,其中"已满"包括本数,"不满"不包括本数。例如,已满14周岁包括14周岁,不满14周岁则不包括14周岁。另外,"已满"不是由生日当天起算,而应当从生日的第二天开始起算。例如,行为人于2000年1月1日出生,那么,已满14周岁是指从2014年1月2日开始起算,具体是指2014年1月2日零时零分零秒开始起算;如果还是在2014年1月1日,即使差1秒也不能算已满14周岁。

（2）跨刑事责任年龄如何认定犯罪。对于跨刑事责任年龄实施刑法规定的行为,是否成立犯罪要以行为时的刑事责任年龄为准,认定该年龄实施的行为是否成立犯罪。例如,甲在13周岁实施杀人行为,15周岁实施了抢劫和盗窃行为,16周岁实施了诈骗和敲诈勒索行为。由于13周岁属于完全无刑事责任年龄,故不构成故意杀人罪;15周岁符合抢劫罪的刑事责任年龄要求,但不符合盗窃罪的刑事责任年龄要求,因而构成抢劫罪而不构成盗窃罪;16周岁属于完全刑事责任年龄,因而构成诈骗罪和敲诈勒索罪。因此,甲跨越数个刑事责任年龄点实施上述行为,应当构成抢劫罪、诈骗罪和敲诈勒索罪。

(二) 精神状态

人对事物的辨别、认识能力以及决定自己行为的能力,与精神状态也是密切相关的。如果存在精神障碍,辨认与控制能力必然受到影响。

1. 精神障碍的分类

一般而言,按照精神障碍程度的轻重,可以将精神状态划分为完全精神障碍、完全无精神障碍和限制精神障碍。

(1) 完全精神障碍,即完全不具有辨认能力和控制能力的精神状态。我国刑法典第18条第1款规定:精神病人在不能辨认或者不能控制自己行为的时候造成危害结果,不负刑事责任。完全精神障碍包括两种情形:一是精神病人的精神状态;二是间歇性精神病人在发病期间的精神状态。完全精神障碍人虽然不需要承担刑事责任,但还是需要承担其他责任的。刑法典第18条第1款规定:应当责令他的家属或者监护人严加看管和医疗;在必要的时候,由政府强制医疗。

(2) 完全无精神障碍,即具有完全的辨认能力和控制能力的精神状态。具有完全的辨认能力和控制能力的人需要对自己的行为承担完全的刑事责任。完全无精神障碍包括两种情形:一是健全的精神状态;二是间歇性精神病人在正常期间的精神状态。刑法典第18条第2款规定:间歇性的精神病人在精神正常的时候犯罪,应当负刑事责任。

(3) 限制精神障碍,即具有辨认能力和控制能力但有所减弱的精神状态。刑法典第18条第3款规定:尚未完全丧失辨认或者控制自己行为能力的精神病人犯罪的,应当负刑事责任,但是可以从轻或者减轻处罚。限制精神障碍是介于完全精神障碍和完全无精神障碍之间的一种精神状态,因而对具有这种状态的人既不需要其承担完全刑事责任,也不是完全不承担刑事责任,而是可以从轻或者减轻处罚。

2. 精神障碍的认定标准

刑法典第18条第1款规定,是否具有精神障碍需要经法定程序鉴定确认。精神障碍鉴定标准有二项:一是医学标准,即通过医学手段鉴定行为人是否具有刑法上的辨认能力和控制能力。由于医学标准鉴定的是刑法上的辨认能力和控制能力,这就需要将刑法上的精神障碍与日常生活中的某些精神障碍(非精神病性),如人格障碍、性变态、洁癖等,加以严格区分。辨别的关键在于行为人有无刑法上的辨认能力和控制能力。一般而言,行为人具有人格障碍、性变态、洁癖等疾病,虽然存在某些方面的心理缺陷,但对自己实施的犯罪行为,还是具有刑法上的辨认能力和控制能力的。二是心理学标准,亦称法学标准,是指从心理学、法学的角度来判断,行为人实施刑法上的行为是否为其精神病理机制的作用直接引起的,而且这种病理作用使其行为时丧失辨认或控制自己的能力。

(三) 生理功能

人的辨认能力和控制能力,与生理功能是否完全也有直接关系,因为生理功能不健全,必将降低或者影响人对事物的辨别、认识能力和决策能力。例如,从小完全失明的人,对事物的辨别和控制能力往往较正常人要弱。因此,我国刑法对生理功能丧失的人的刑事责任,也进行了针对性规定。刑法典第 19 条规定:又聋又哑的人或者盲人犯罪,可以从轻、减轻或者免除处罚。需要注意的是,这里的"又聋又哑的人"是指既聋又哑的人,而不是只聋不哑或者哑而不聋;这里的"盲人"是指双目失明的人。

(四) 醉酒

众所周知,醉酒会导致人的辨认能力和控制能力的适度减弱,故醉酒应当承担何种刑事责任也是需要刑法明确的。醉酒分为生理性醉酒与病理性醉酒。一般认为,对于病理性醉酒,如果行为人不知道自己有病理醉酒的情况,偶尔饮酒导致辨认能力、控制能力丧失,这种情况与精神病人的精神状态无异,因而不负刑事责任。但是,如果行为人明知自己有病理醉酒的情况,却故意饮酒导致辨认能力、控制能力丧失,实施犯罪行为,则应当负刑事责任。

所谓生理性醉酒,是指日常生活中一般意义上的醉酒,属于急性酒精中毒,多发生于大量过量饮酒后,因不胜酒力而导致辨认能力或者控制能力受到影响的情况。如果醉酒不存在辨认能力或者控制能力受到影响的情况,那么醉酒的人实施犯罪,应当承担刑事责任。我国刑法关于醉酒的规定,主要是针对生理性醉酒而言。对于生理性醉酒,我国刑法典第 18 条第 4 款规定:"醉酒的人犯罪,应当负刑事责任。"对于醉酒,即使行为人的辨认能力或者控制能力受到影响,仍应承担刑事责任的理由。国外的刑法理论是用原因自由行为理论予以解释。"原因上的自由行为,是指行为时虽没有责任能力,但使之陷入这种无责任能力状况的原因行为是自由的,是在完全责任能力状态下之所为。因此,行为人仍应负刑事责任。在醉酒的情况下,行为人由于酒精中毒而使其责任能力有所减弱甚至完全丧失,但醉酒状态是在行为人意志自由的情况一下导致的,具有原因行为的自由性。在这种情况下,刑法规定醉酒的人仍应负刑事责任,我认为是具有正当根据的。"[①]

第四节 犯罪的故意和过失

具备刑事责任能力,就具备了犯罪主观要件的必备要素之一。在此基础上,还必须具备罪过,才能成立犯罪。不过,具备刑事责任能力无疑是具备罪过的前提和基础,没有刑事责任能力,罪过将无从谈起。因此,罪过与刑事责任能力是密切联系、相辅相成的。罪过包括故意和过失,以及与故意和过失直接相关的目的、动机等因素。其中,故意或者过失是任何犯罪成立都必须具备的要件,而犯罪目的或动机则是某些犯罪成立需要具备的要件。

一、犯罪故意

对于犯罪故意的内涵,中外刑法理论存在多种学说,其中,最主要的三种传统学说为:

---

① 陈兴良:《规范刑法学》(上册),中国人民大学出版社 2008 年版,第 182 页。

(1) 认识说,即只要行为人对行为及其结果等犯罪客观事实存在认识,就是故意。根据该说,行为人如何决意以及对危害结果持何种态度,不影响成立故意。由于认识说不考虑意志因素,使得犯罪故意的范畴非常宽泛,甚至会混淆故意与过于自信的过失的界限。例如,行为人车技娴熟,但为了完成单位任务,不顾雨天路滑出车,导致翻车事故。由于行为人认识到雨天路滑可能会出现事故,因而成立故意。这显然是不妥的,毕竟行为人是不希望出现事故的。(2) 希望说,即行为人对行为及其结果等犯罪客观事实存在认识,并且对行为引起的危害结果持希望态度,才能成立故意。该说有过于限缩故意的范畴之嫌,因为行为人在认识到客观事实后,即使不是希望危害结果发生,但有时也不是不希望,而是容忍危害结果发生,这样不能成立故意是缺乏说服力的。(3) 容忍说。该说属于认识说与希望说的折衷观点,认为行为人在认识到客观事实后,希望危害结果发生固然成立故意,但如果容忍危害结果发生,也应该成立故意。一般认为,容忍说是通说。我国刑法典第14条规定:"明知自己的行为会发生危害社会的结果,并且希望或者放任这种结果发生,因而成立犯罪的,是故意犯罪。故意犯罪,应当负刑事责任。"由此可见,我国刑法主要打击的就是故意犯罪。

根据意志内容的不同,可以将犯罪故意分为直接故意和间接故意,这是故意的法定分类。理论上,故意还存在其他类型。例如,日本学者大谷实将故意划分为确定故意和不确定故意、事前故意和事后故意、侵害故意和危险故意以及韦伯的概括故意。以确定故意和不确定故意为例,大谷实认为,所谓确定故意,是指对意图发生的犯罪事实,或意图实现的犯罪事实有明确认识的情形;所谓不确定故意,是指对所意图实现的犯罪事实没有确定认识的情况。[①] 不确定故意,也可以进一步划分为未必的故意、择一的故意和概括故意。[②]

另外,犯罪故意在内容上包含认识因素与意志因素。犯罪故意的认识因素是指明知自己的行为会发生危害社会的结果。其中,需要注意两个问题:(1) "明知"的含义。所谓"明知",是指"知道"或者"应当知道"。"知道"是明确、清晰地知晓;"应当知道"是指虽然不是明确、清晰地知晓,但是根据相关事实综合判断有充分理由推断知晓。(2) 明知的内容。明知通常是指对危害行为、危害结果以及行为对象等客观事实的知晓。一方面,行为人对自己行为的性质、意义是知晓的,另一方面,行为人对与行为相关的客观事实情况也应当是知晓的。根据我国刑法典的相关规定,对危害结果的认识是认定故意的核心内容。至于行为人本身的情况,如刑事责任年龄、精神状态等,一般不需要行为人对此有认识。因为刑法对刑事责任年龄、精神状态等作出规定,是为认定刑事责任确定法定依据,表明只要行为人具有刑事责任能力,就应当承担刑事责任,并非要求行为人必须对此有认识。因此,行为人本身的情况不属于故意认识的内容。犯罪故意的意志因素是希望或者放任危害结果发生。所谓希望危害结果发生,是指行为人主动、积极地追求危害结果发生,危

[①] 〔日〕大谷实:《刑法讲义总论》,黎宏译,中国人民大学出版社2008年版,第156—157页。
[②] 〔日〕大塚仁:《刑法概说》(总论),冯军译,中国人民大学出版社2003年版,第184页。

害结果如果没有发生则是违背其意愿的。希望危害结果发生意味着行为人会通过各种手段极力促使危害结果发生,甚至会为危害结果的发生提前做好充分准备。所谓放任危害结果发生,是指行为人既不是主动、积极地追求危害结果发生,也不是主动、积极地避免危害结果发生,而是对危害结果的发生采取听之任之、无所谓的态度;危害结果无论是否发生,均不违反其意愿。

(一) 直接故意

直接故意是指行为人明知自己的行为会发生危害社会的结果,希望这种结果发生的心理态度。直接故意的内容具体表现在:一是明知自己的行为必然会发生危害社会的结果。所谓"必然会",是指明确、肯定地知道自己的行为能够导致危害结果发生。例如,用匕首猛刺他人的心脏部位,就明知必然会造成他人死亡的结果。二是明知自己的行为可能会发生危害社会的结果。所谓"可能会",是指知道自己的行为具有导致危害结果发生的可能性。例如,行为人在300米外射击他人,尽管他不能保证必然会射中对方,但他至少知道具有射死对方的可能性。需要注意的是,在直接故意中,虽然行为人对危害行为、危害结果以及行为对象等均有认识,但最终决定直接故意成立的是对危害结果的希望态度;对行为的希望态度,一般不影响直接故意的成立。不过,通过对危害行为的认识,有时可以推断出对危害结果的态度。如前所述,如果危害行为与危害结果具有一致性,那么对危害行为的希望态度就等同于对危害结果的希望态度,此时对行为的希望态度可以决定直接故意成立。例如,如果行为人对用枪射击他人大脑的行为持希望态度,就等同于行为人对他人死亡的结果持希望态度,因为两者并无本质区别。

(二) 间接故意

由于间接故意的意志因素是放任,既不是希望也不是不希望危害结果发生,因而在认识因素上包含明知自己的行为可能会发生危害社会的结果,是毋庸置疑的。值得探讨的是,明知自己的行为必然会发生危害社会的结果,是否能够成立间接故意?对此,理论上有肯定说与否定说。肯定说认为,明知自己的行为必然会发生危害社会的结果,也能成立间接故意;否定说则与肯定说相反。目前,刑法学界的通行观点赞成否定说,因为行为人如果明知自己的行为必然会发生危害社会的结果,那么对危害结果的发生就不可能持放任态度,只能是希望态度。所以,间接故意是指明知自己的行为可能会发生危害社会的结果,并且放任这种结果发生的心理态度。间接故意的具体表现在:一是为追求某种犯罪目的而放任另一种危害结果的发生,对该危害结果的发生所持的心理态度就是放任。如甲意图杀死乙而放火烧乙的房屋,放任在乙家的丙被烧死,对丙的死亡就是持放任态度。二是为追求某种非犯罪目的而放任另一种危害结果发生,对该危害结果的发生所持的心理态度是放任。例如,甲乱棍追打咬伤自己的乙家的狗,放任护狗的乙被打伤,对乙的受伤结果就是持放任态度。三是在突发性事件中,针对某一对象的侵害就属于放任态度,此时行为人对造成的危害结果就是持放任态度。例如,甲和乙在殴打过程中,甲掏出匕首突然向乙刺去,那么甲对造成乙受伤的结果便是持放任态度。甲如果将乙刺成重伤,则对重伤结果持放任态度；如果将乙刺死，则对死亡结果持放任态度。

直接故意与间接故意的相同点在于：在认识因素上，都存在认识到自己的行为可能会发生危害结果；在意志因素上，都不是不希望危害结果发生。两者的区别在于：(1) 在认识因素上，直接故意包含认识到自己的行为必然会发生危害结果，而间接故意则不存在这种认识。因此，在直接故意中，危害结果的发生既具有必然性，也具有可能性；而在间接故意中，危害结果的发生只能具有可能性。(2) 在意志因素上，直接故意是希望危害结果发生，间接故意是放任危害结果发生。换言之，虽然两者都不是不希望危害结果发生，但直接故意却是希望危害结果发生，而间接故意则对危害结果的发生无所谓。这种区别表明，直接故意的主观恶性比间接故意更大，社会危害性也更严重。(3) 危害结果的发生与否对故意犯罪的成立影响不同。对直接故意来说，由于是积极地追求危害结果发生，使得行为人的行为具有积极的侵犯性、危害性；这样一来，在发生危害结果的情形下成立故意犯罪自不待言；如果没有发生危害结果，则是违背行为人意愿的，是由于意外原因或者其他因素造成的。因此，尽管危害结果没有发生，根据主客观相统一的原则仍然可以根据需要对行为人定罪，故直接故意犯罪的成立不需要危害结果发生。对间接故意而言，由于危害结果的发生与否都不违背行为人的意愿，这使得行为本身不像直接故意中的行为那样具有积极的侵犯性、危害性；如果没有造成危害结果，行为本身难以称得上是危害行为。因此，间接故意犯罪的成立，必须要求发生危害结果。

二、犯罪过失

我国刑法典第 15 条规定："应当预见自己的行为可能发生危害社会的结果，因为疏忽大意而没有预见，或者已经预见而轻信能够避免，以致发生这种结果的，是过失犯罪。过失犯罪，法律有规定的才负刑事责任。"所谓犯罪过失，是指行为人应当预见自己的行为可能发生危害社会的结果，因疏忽大意没有预见，或者已经预见自己的行为可能发生危害社会的结果，却轻信能够避免，以致发生危害结果的心理态度。

犯罪过失与犯罪故意作为揭示人的主观心理态度的两种基本形式，在认识因素与意志因素上存在明显不同：(1) 从认识因素上看，犯罪故意揭示的是行为人明知自己的行为必然或者可能会发生危害社会的结果的心理态度，强调的是对危害结果的明知。犯罪过失揭示的是行为人没有预见到自己的行为可能会发生危害社会的结果，却是应当预见的，或者已经预见到自己的行为会发生危害社会的结果的心理态度，强调的是行为人对危害结果的应当预见义务或者预见义务。对危害结果的明知与对危害结果的预见，是处于不同层次的。(2) 从意志因素上看，犯罪故意的内容是希望或者放任危害结果发生的心理态度，强调的是对危害结果发生的希望或者放任态度，而不是不希望。犯罪过失则对危害结果的发生既不是希望也不是放任，而是不希望。这表明，犯罪故意对危害结果的发生是积极追求的，至少是不反对的，危害结果的发生不违背行为人的意愿。而犯罪过失对危害结果的发生却是反对的，危害结果的发生违背行为人的意愿。

由此可见,故意的主观恶性比过失更大。一方面,在认识因素上,在明知的心理态度支配下犯罪比在预见或者应当预见的心理态度下犯罪的心理危险更大,毕竟前者是明知故犯而后者不是。另一方面,在意志因素上,故意并非不希望危害结果发生,而过失则是不希望危害结果发生,前者的决意危险也比后者更大。因此,犯罪故意的危害性要大于犯罪过失,这也是刑法对故意犯罪的处罚要比对过失犯罪重的原因所在。

我国刑法典第15条第2款规定:"过失犯罪,法律有规定的才负刑事责任。"这一规定的立法目的在于明确过失犯的处罚范围。在我国刑法分则中,不少条文规定了过失犯罪,如刑法典第115条第2款就有"过失犯前款罪的"规定,从而明确了失火罪、过失决水罪、过失爆炸罪、过失投放危险物质罪和过失以危险方法危害公共安全罪五种过失犯罪。遗憾的是,刑法分则并没有明确全部过失犯罪的范畴,造成人们对其中的部分犯罪是过失犯罪还是故意犯罪存在争议。例如,对于我国刑法典第129条规定的丢失枪支不报罪主观上是故意还是过失,存在争议。正是由于刑法并没有明确规定,使得认定过失犯时,"人们对相同的用语可能得出不同的结论,分则条文的用语并非十分规范(如刑法典第138条、第304条),仅从文理上不能得出合理的结论,需要更为实质的理由"[①]。

犯罪过失分为疏忽大意的过失和过于自信的过失两种类型。此外,理论上通常将过失分为普通过失与业务过失。所谓普通过失,是指在日常生活或者社会生活中,违反一般的注意义务而造成危害结果的心理态度;所谓业务过失,是指具有特殊业务职能或技巧的人违反业务上的注意义务而造成危害结果的心理态度。毫无疑问,由于业务过失的主体是具有特殊业务职能或技巧的人,其所担当的注意义务自然比普通人要更为谨慎,故在没有预见的情形下其社会危害性较之普通过失应当更重,因而处罚时亦应更重。

(一)疏忽大意的过失

1. 疏忽大意的过失的概念和特征

疏忽大意的过失,是指应当预见自己的行为可能发生危害社会的结果,因为疏忽大意而没有预见,以致发生这种结果的心理态度。疏忽大意的过失的成立条件包括:

(1)应当预见自己的行为可能发生危害社会的结果。"应当预见"表明,行为人对自己的行为可能发生危害社会的结果具有预见义务,这种义务主要来源于法律规定、职务和业务的要求以及知识、技能、生活常识和经验等。例如,甲知道乙患有血友病,在与乙的打闹中甲将乙的手臂划伤,导致乙流血不止,最终抢救无效而死亡。那么,甲主观上对乙的死亡存在疏忽大意的过失。

对于应当预见的判断标准,国外刑法理论上存在三种不同的学说:一是客观标准说,即以行为时社会上一般人的预见能力为标准判断,一般人能预见则行为人亦能预见;否则,视为不能预见。二是主观标准说,即以行为时具体条件下行为人的预见能力为标准,如果行为人能预见,则视为应当预见;否则,视为不能预见。三是折衷说,即以行为时具体

[①] 张明楷:《刑法学》(第3版),法律出版社2007年版,第234页。

条件下行为人的预见能力为基础,并结合社会上一般人的预见能力进行综合判断。只有行为时具体条件下行为人能预见,而且社会上一般人也能预见,则视为应当预见;如果行为时具体条件下行为人能预见,而社会上一般人不能预见,则采取客观标准说;如果行为时具体条件下行为人不能预见,而社会上一般人能预见,则采取主观标准说。折衷说的支持者为多数。本书认为,能否应当预见,既要考虑一般人的预见能力,也要考虑行为人的预见能力,必须结合两者加以综合考量。一般而言,如果行为人具有特定的技能技巧,或者与被侵犯的对象具有特殊的关系,其预见能力与普通人是不同的。例如,对于先天性心脏病患者,患者的亲戚、朋友以及专业医生等对患者疾病的了解程度更高,因而他们的预见能力较之普通人要更强。如果与先天性心脏病人相互嬉闹致其发病死亡,那么对于患者的亲戚、朋友以及专业医生而言,可以认定他们应当预见。倘若是一般人,那么能否预见就不能一概而论,甚至无法预见也是可能的。这些因素在判断疏忽大意的过失时,是必须予以考虑的。

(2) 疏忽大意而没有预见自己的行为可能发生危害社会的结果。尽管行为人具有预见义务,但事实上并没有预见自己的行为可能发生危害社会的结果。所谓"没有预见",是指行为人对自己的行为可能造成的危害结果根本没有预知,这是成立犯疏忽大意的过失的核心要件。如果行为人预见到自己的行为可能发生危害社会的结果,就不可能成立疏忽大意的过失,极有可能成立犯罪故意。

2. 疏忽大意的过失与意外事件的异同

我国刑法典第 16 条规定:行为在客观上虽然造成了损害结果,但是不是出于故意或者过失,而是由于不能预见的原因所引起的,是意外事件。疏忽大意的过失与意外事件的相同之处在于:都没有预见到自己的行为可能会发生危害社会的结果,客观上都造成了危害社会的结果。两者的区别在于:对自己的行为可能发生的危害结果是否具有预见的义务。对自己的行为可能发生的危害结果具有预见的义务,是疏忽大意的过失;对自己的行为可能发生的危害结果不具有预见的义务,是意外事件。前者是应当预见而没有预见,后者是不能预见而没有预见。由于意外事件不属于故意与过失,因而不能成立犯罪。

(二) 过于自信的过失

1. 过于自信的过失的概念和特征

过于自信的过失,是指已经预见自己的行为可能发生危害社会的结果而轻信能够避免,以致发生这种结果的心理态度。过于自信的过失的成立条件包括:

(1) 已经预见自己的行为可能发生危害社会的结果。所谓"已经预见",是指行为人对自己的行为可能发生危害社会的结果有预知。这一点显然与疏忽大意的过失完全不同。因此,如果行为人没有预见自己的行为可能发生危害社会的结果,则可能成立疏忽大意的过失或者意外事件。

(2) 轻信能够避免发生危害社会的结果。所谓"轻信能够避免",是指行为人轻率地相信能够避免发生危害社会的结果。"轻率"是因为危害结果最终发生了,因而行为人的轻信是不可靠的。但是,过于自信的过失中的"轻信",并非纯粹的主观上感觉或者盲目自信,而是以特定的因素为判断标准的;否则,就称不上"过于自信"。一般而言,行为人总是根据自己的知识、经验、技能、技巧、见识等特定事实,相信能够避免危害社会的结果发生。例如,行为人是具有丰富驾驶经验的"老司机",有一次,在接到单位紧急任务开车出差时,尽管行为人前一天就感觉到车辆的刹车系统可能存在故障,但还是怀着侥幸心理出车,终因刹车失灵造成重大交通事故。在本案中,行为人主观上就具有过于自信的过失。如果行为人没有任何赖以令人相信的因素,则不能谓之过于自信的过失。例如,行为人对准别人的脑袋开枪,并相信被害人不会死亡,但最终导致被害人死亡,行为人主观上就不成立过于自信的过失。又如,如果行为人相信一些不着边际、不能成立的因素,如迷信等,主观上也不能成立过于自信的过失。

2. 过于自信的过失与不可抗力的异同

我国刑法典第16条规定:行为在客观上虽然造成了损害结果,但是不是出于故意或者过失,而是由于不能抗拒的原因所引起的,是不可抗力。过于自信的过失与不可抗力的相同之处在于:都预见到自己的行为可能会发生危害社会的结果,客观上都造成了危害社会的结果。两者的区别在于:过于自信的过失是在可以避免危害结果发生的情形下,轻信可以避免而没有采取有效的避免措施,从而导致危害结果发生。至于不可抗力,行为人对危害结果的发生则不存在避免的可能性,也无法采取有效的避免措施。由于不可抗力不属于故意与过失,因而不能成立犯罪。

3. 过于自信的过失与间接故意的异同

过于自信的过失与间接故意的相同之处在于:都预见到危害结果发生的可能性,都不是希望危害结果的发生,都不要求发生危害结果。两者的区别在于:就认识因素来说,过于自信的过失只是预见到危害结果可能发生,主观认识比较模糊、不确定;而间接故意则是明知危害结果可能发生,主观认识比较清晰、确定。就意志因素而言,过于自信的过失根本不希望危害结果发生,故危害结果违背其本意;而间接故意对危害结果的发生既不是不希望也不是希望,而是听之任之,危害结果发生不违背其意愿。另外,过于自信的过失轻信危害结果不发生是有特定的事实依据的,而不是盲目地相信;而间接故意对危害结果的发生没有任何事实依据,也无需事实依据。

三、犯罪目的与犯罪动机

所谓犯罪目的,是指行为人通过实施危害行为希望达到某种危害结果的心理态度。犯罪目的是犯罪的方向和指引,起着为犯罪定向的功能;犯罪行为则受犯罪目的的制约与支配,为实现犯罪目的服务。因此,犯罪行为与犯罪目的是手段与目的的关系。由于犯罪目的是希望实现某种危害结果的心理态度,因而凡是不希望危害结果发生的心理态度是不可能存在犯罪目的的。这就不难理解间接故意和犯罪过失均不存在犯罪目的,因为两者的心理态度均为不希望危害结果发生。只有在直接故意中才存在犯罪目的。一般而言,所有的直接故意犯罪均存在相应的犯罪目的。例如,故意伤害罪具有损害他人健康权的目的,贩卖毒品罪具有贩卖毒品的目的。由于每种具体的直接故意犯罪均具有各自的犯罪目的,并且这种犯罪目的可以通过犯罪行为清晰地表现出来,因而研究这种犯罪目的并无实质意义。不过,刑法会对特定的直接故意犯罪明确规定某种犯罪目的,这种犯罪目的与单纯决定行为方向的犯罪目的有所不同。例如,我国刑法典第152条对走私淫秽物品罪明确规定了"以牟利或者传播为目的"。严格地说,以牟利或者传播为目的与走私淫秽物品的目的是不相同的,但因为刑法将之规定为走私淫秽物品罪,因而认为以牟利或者传播为目的是该罪的一种特定的犯罪目的。

所谓犯罪动机,是指刺激和推动犯罪人通过实施犯罪行为达到一定的犯罪目的的内心动因。例如,行为人贪图享受,但苦于没钱,又没有一技之长,于是想到通过犯罪劫取钱财,最终实施了抢劫行为。其中,贪图享受就是犯罪动机,在贪图享受的刺激和推动下,行为人产生了抢劫目的。由于犯罪动机是犯罪目的的刺激和推动因素,是行为人实施犯罪目的的原动力,因而不具有犯罪目的的犯罪通常也不具有犯罪动机,故间接故意和犯罪过失均不存在犯罪动机。犯罪动机一般不属于犯罪成立要件,但是不同的犯罪动机揭示了行为人具有不同的主观心理态度和主观恶性,因而能够影响量刑。

犯罪动机与犯罪目的的不同点主要表现在:(1)两者形成的先后顺序不同。犯罪动机总是产生在前,犯罪目的则产生在后,犯罪动机是产生犯罪目的的源泉。(2)两者距离侵害行为的实施距离不同。犯罪动机是表明行为人犯罪的内心起因,能够进一步推动犯罪目的的产生,距离侵害行为较远。犯罪目的则是希望实施犯罪行为达到某种危害结果的主观心理,距离侵害行为较近。因此,犯罪目的直接促进实施侵害行为,而犯罪动机只是对行为人选择某种侵害行为起着推动作用。(3)两者在犯罪中的表现形式不同。一种犯罪具有的犯罪目的是相同的,不同犯罪的犯罪目的往往不同。而一种犯罪具有的犯罪动机却可以不相同,不同犯罪的犯罪动机却可以相同。例如,抢劫罪的犯罪目的总是相同的,但是动机可能不同:可以出于贪图享受的动机,也可以出于"劫富济贫"的动机,还可以出于报复的动机,等等。而走私淫秽物品罪与抢劫罪虽然目的不同,但是动机却可以相同,如均出于贪图享受的动机。(4)两者在定罪量刑中的地位不同。犯罪目的虽然一般影响量刑,但在有的犯罪中可以成为犯罪成立要件,犯罪动机任何时候都只是影响量刑。

第五节 认识错误

一、认识错误的概念

法律上的错误,与人的认识有关,乃行为人主观想象与客观情形发生全部或者部分不一致的情况。在刑法上,一般认为错误是与故意有关的概念,从故意的概念中产生出行为人错误的刑法意义。① 由于认识错误是与故意紧密联系在一起的,是否存在认识错误就必然会对犯罪故意的成立产生直接影响。"在出现错误的场合,行为人主观上认识的事实是否能满足故意的要件,就成为错误论的研究课题。正是在这种意义上,一些学者认为,'错误论是反面的故意论',是对故意论加以延长或者展开的理论。错误论在犯罪论中的体系,自然也就与故意论联系在一起了。"②因为认识错误阻却故意成立,那么犯罪的主观心理就有可能表现为过失甚至是无罪过,此时错误便决定此罪与彼罪、罪与非罪的界限。由此可见,错误是刑法理论中的一个十分重要的概念,也是刑法规范需要重视的主观要素。

大陆法系国家的刑法理论向来注重对认识错误及相关问题的探讨,并且在刑法规范对认识错误的定性与处罚加以明确规定。其中,以德国刑法对认识错误的规定最具代表性。《德国刑法典》自1952年以来,经历过几次重要的修订与完善,对认识错误及处罚的明确规定就是其中的重要成果之一。就刑法上的错误而言,作为人的主观心理上的不正确认识,既有偶然性又有必然性,在现实生活中并非鲜见,因而在刑法上明确认识错误的定性和处罚,具有重要的实践意义。正如德国学者所言:"如果立法者由于对犯罪构成要件的不正确的理解,逃避作出自己的决定,将什么是应当处罚的,什么是不应当处罚的规定交给法官斟酌,可罚性和现有法律基础的保障,并不能从事实上提供法安全性(Rechts-sicherheit),这样一种不确定的、只有通过司法予以限制的刑法规定在过去是严重的违法行为……现在,法律对此内容的规定与法律规定的确定性要相适应……两条关于认识错误的规定具有巨大的实践意义。"③

在我国,由于刑法没有规定认识错误,导致对相关案例的处理往往以法官的个人理解为依据。由于缺乏法律依据,使得法官在判案时不但容易产生纠结心理,而且可能因法官理解上的差异而造成对相同性质的错误在定性和处罚上不一致,从而导致司法的不协调、不统一,影响刑事司法的权威。一般而言,理论上将认识错误分为法律认识错误和事实认识错误。

二、事实认识错误

事实认识错误是指行为人对自己行为的事实情况发生了错误认识。可见,事实认识错误主要指行为人认识的事实与实际上发生的事实之间的认识偏差。事实认识错误通常包括以下几种类型:

1. 行为性质的认识错误

行为性质的认识错误是指行为人对自己的行为性质产生不正确认识。例如,行为人对不法侵害人实施正当防卫,将其打成重伤,并认为自己的行为属于故意伤害行为,但实

---

① 〔德〕弗兰茨·冯·李斯特:《刑法教科书》,徐久生译,法律出版社2000年版,第295页。
② 刘明祥:《错误论》,中国法律出版社、日本国成文堂1996年版,第5页。
③ 〔德〕耶赛克:《为德国刑法典序》,载《德国刑法典》,徐久生译,中国法制出版社2000年版,第11—13页。

质上属于刑法上的正当防卫。对于行为性质的认识错误,应当按照行为的事实性质定罪处罚。

2. 行为对象的认识错误

行为对象的认识错误是指行为人对行为对象产生不正确认识。具体包括以下几种情况:(1) 行为对象不存在,行为人却误以为存在。例如,行为人黑暗中对准被害人的床上猛砍,实质上被害人不在家。(2) 误将犯罪对象当作非犯罪对象。例如,行为人试图将邻居家的狗砍死,某天晚上来到邻居家门前时发现有黑影,于是举刀猛砍,却发现被砍死的是邻居家的小孩。这种情形不能认定存在杀人的故意,可能成立过失犯罪或者意外事件:如果行为人根本不可能认识到小孩有可能睡在门前的话,则成立意外事件;如果行为人应当预见小孩有可能睡在门前,却因疏忽大意没有预见并将其砍死,则成立过失致人死亡罪。(3) 同为犯罪对象的认识错误。这具体包括两种情形:一是同性质的犯罪对象认识错误。如将甲当成乙杀害,对此理论上一般认为不影响杀人故意的成立。二是将此犯罪对象误认为彼犯罪对象。如欲杀死他人名贵的狗却误将人杀死,或者欲杀人而误杀他人名贵的狗。对此理论上存在不同观点。本书认为,欲杀死他人名贵的狗而没有得逞,应以故意毁坏财物罪的未遂犯论处,误杀他人的狗则不能成立犯罪,因为刑法没有规定过失毁坏财物罪,而误杀人的行为,根据其是否具有预见义务,可成立过失致人死亡罪或者意外事件。因此,对于欲杀他人名贵的狗却误将人杀死的情况,分别以故意毁坏财物罪的未遂犯与过失致人死亡罪并罚,或者以故意毁坏财物罪的未遂犯论处。欲杀人而未得逞的情况,应以故意杀人罪的未遂犯论处。

3. 犯罪工具的认识错误

犯罪工具的认识错误是指行为人对使用的犯罪工具发生错误认识。例如,行为人误把白糖当作砒霜试图杀害他人。对此,应当按照故意杀人罪的未遂犯论处。司法实践中还存在一种迷信犯,即将迷信手段作为犯罪工具的情形。例如,甲和乙有仇,便在家制作乙的稻草人,每天都要扎几针并念咒语,希望以此致乙于死地。迷信犯与犯罪工具的认识错误的本质区别在于:迷信犯在行为人看来是犯罪手段,在一般人看来不可能产生任何危害,不管何种迷信手段都是如此;工具错误在行为人看来是犯罪手段,在一般人看来却具有产生危害的现实可能性,因为一旦行为人没有发生错误就可能会危害社会。由于迷信犯不可能产生任何社会危害,因而不是犯罪。

4. 因果关系的认识错误

因果关系的认识错误是指行为人对自己的危害行为与危害结果之间是否存在因果关系以及存在何种因果关系发生错误认识。由于因果关系的认识错误主要是对危害行为与危害结果之间关系的认识错误,因而在危害结果没有发生而误认为是危害行为造成时,按照犯罪未遂论处。例如,行为人误认为自己将他人杀死,实质上他人死亡是另一因素造成的,对行为人只能以故意杀人罪的未遂犯论处。如果行为人认为危害结果是自己的此行为造成的,实质上是彼行为造成的,通常不影响成立犯罪既遂。例如,行为人误认为自己已经砍死被害人,为了毁灭罪证而将被害人扔下山谷,实质上被害人的死亡是扔下山谷造成的,行为人仍构成故意杀人罪的既遂犯。

三、法律认识错误

法律认识错误,是指行为人对自己的行为在法律上的意义、性质、后果,即是否成立犯罪、成立何种犯罪以及应当受到何种处罚的错误认识。法律认识错误一般包括三种情形:

1. 事实上不是犯罪却认为是犯罪的情形

这种情形亦称为假想犯罪,即行为人的行为不成立犯罪,但是行为人却认为成立犯罪,行为人的认识与刑法的规定就存在偏差。例如,甲男和乙女通奸,甲认为构成强奸罪,实质上刑法并没有将通奸规定为强奸罪。对于这种错误,在认定上以刑法规定为根据;因为刑法没有规定为犯罪,所以即使行为人认为自己的行为成立犯罪,也不能以犯罪论处。

2. 事实上是犯罪却认为不是犯罪的情形

这种情形亦称为假想不犯罪,即根行为人的行为成立犯罪,但是行为人却认为不成立犯罪,行为人的认识与刑法规定存在偏差的情形。例如,甲男强制猥亵乙女,甲认为只要没有强奸就不是犯罪,实质上强制猥亵妇女是强制猥亵妇女罪。对于这种错误,在认定上以刑法规定为根据,因为刑法将强制猥亵妇女规定为犯罪,所以即使行为人认为自己的行为不成立犯罪,也成立犯罪。

3. 对行为处罚的认识错误

对行为处罚的认识错误是指行为人对自己的行为在刑法上构成何种罪名、应受何种惩罚以及处罚轻重发生错误认识,包括罪名认识错误和处罚认识错误。前者是指对自己的行为在刑法上构成何种犯罪的错误认识,如将抢夺罪误认为是抢劫罪,对罪名的认识错误最终将影响处罚;后者是指对自己的行为在刑法上受到何种处罚的错误认识,如对过失致人死亡误认为应当判处死刑,实质上刑法并没有对过失致人死亡罪规定死刑。对行为处罚的认识错误,应当按刑法规定追究刑事责任。

第六节　意 外 事 件

我国刑法典第 16 条规定:"行为在客观上造成了损害结果,但是不是出于故意或者过失,而是由于不能抗拒或者不能预见的原因所引起的,不是犯罪。"这种情况就是刑法中的意外事件。意外事件之所以不被认为是犯罪,是由我国刑法主客观相统一的定罪原则决定的。

一、意外事件的概念

我国刑法典第 16 条规定,行为人不是出于故意或者过失,而是由于不能抗拒或者不能预见的原因所引起的行为客观上造成了损害结果,不是犯罪。这种情况就是刑法中的意外事件。在这种情况下,虽然行为在客观上造成了损害结果,但行为人主观上无罪过,既不存在犯罪的故意,也不存在犯罪的过失,因而缺乏成立犯罪和负刑事责任的主观根据;否则,就是"客观归罪"。

所谓不能抗拒,是指行为人虽然认识到将会发生损害结果,并且有义务避免损害结果的发生,但由于主客观条件的限制,行为人无力排除或者防止损害结果的发生。例如,行为人赶马车时,马意外受惊后往人行道奔跑。行为人虽然认识到如控制不住受惊的马将会造成他人死伤的结果,但行为人没有能力控制马的奔跑,结果造成他人死伤,这就属于不可抗拒。

所谓不能预见,是指行为人对其行为损害结果不仅未预见,而且根据其实际认识能力和当时的具体条件,行为人也根本不可能预见。

二、意外事件与疏忽大意过失

由于"不能预见的原因"所致的意外事件与疏忽大意的过失有相似之处,行为人都没有预见对自己行为的有害结果。但是,两者有着本质的区别:根据行为人的实际认识能力和当时的情况,意外事件是行为人对损害结果的发生不可能预见、不应当预见而没有预见;疏忽大意的过失则是行为人对行为发生危害结果的可能性能够预见、应当预见,只是由于其疏忽大意的心理而导致了未能实际预见。因此,根据行为人的实际能力和当时的情况,结合法律要求认真考察其有没有预见的原因,对于区分意外事件与疏忽大意的过失犯罪至关重要,这是罪与非罪的原则区分。例如,某汽车司机在雨夜行车,从一塑料布上驶过,压死了塑料布下的一个精神病人。司机以为塑料布下是附近农民的稻谷,在当时的情况下他不可能预见到有人在雨夜躲在公路上的塑料布下,这就属于意外事件。

第七节 违法性认识

对于违法性认识,我国不少学者将之放在故意的认识内容中论述,这样做未尝不可。但是,本书考虑到该问题在我国教科书中一直没有得到重视,所以,相关理论问题有必要进行介绍。

违法性认识问题解决的是在故意的认识内容中,是否包括行为的违法性。如果不包括行为的违法性,就意味着不管对行为的违法性存在认识与否,都将成立故意;如果包括,则表明行为人没有认识到行为违法就不成立故意。在刑法理论上,对违法性认识问题存在一个发展演变的过程。

一、"不知法不赦"原则遭遇的挑战

关于违法性认识,涉及一项古老的法律原则:"不知法不赦"原则。这一起源于诺曼底时代的绝对原则,一直以来为各国普遍遵循;其基本含义是,违法性认识不能作为免责理

由。近些年来,随着社会的进步和科技的发展,"不知法不赦"原则遇到了挑战。其背景在于,在现代社会中,随着经济的发展,经济法规越来越多,且越来越复杂,而很多经济领域中的犯罪又恰恰是以违反某项经济法规为前提的,有些情况下,行为人又确实很难了解法律的变化,笼统地套用"不知法不赦"的古老法则有失公正。有人便针对"不知法不赦"原则提出了针锋相对的论断,认为故意应当以违法性认识为必要。但是,这样做的结果是为行为人以不知法为由逃避法律追究大开方便之门。于是,大多数人采取了折衷的态度,即主张对情有可原的的违法性认识错误免除行为人的刑事责任。① 折衷的观点在德国、奥地利、美国等国家刑法典中得到体现,而日本等少数国家刑法典虽然坚持"不知法不赦"原则,但在审判实践中却早已动摇。

二、国外有关违法性认识的理论学说

长期以来,国外理论界对违法性认识是否阻却犯罪故意也存在争论,主要有违法性意识不必要说、违法性意识必要说和违法性意识可能性必要说三种学说。其中,违法性意识不必要说秉承"不知法不赦"原则,但过于绝对而支持者很少;违法性意识必要说将违法性意识作为故意之必然要素,却走向另一极端,批评者甚多。违法性意识可能性必要说包括限制故意说和责任说。责任说是指违法性意识及其可能性是别的责任要素,独立于事实的(犯罪构成要件)的故意,因此欠缺该要素时阻却了责任。② 这一学说在大陆法系国家得到大多数人的认同。例如,《德国刑法典》第17条规定:"行为人行为时没有认识其违法性,如果错认识不可避免,则对其行为不负责任。如果错误认识可以避免,则依第49条第1款减轻处罚。"③概括地说,当前,在国外刑事立法与审判实践中,对于法律错误是否阻却故意,绝对的肯定或者否定的观点已经很少见,而学者们几乎一致认同"不知法不赦"原则已经过时。而责任说受到两大法系许多国家的认同,并成为理论上的通说。

尽管责任说相对而言更为科学、合理,但对于其中的"可能性"的理解,却颇难界定。如果无法明确"可能性"的含义,就会同违法性意识必要说一样,为行为人以不知法律为理由逃避罪责提供借口,造成刑法实施上的障碍。对于"可能性"的含义,主要包括相当理由说、过失说及避免可能性说等学说。所谓的"相当理由说",日本学者大谷实认为,在故意犯罪中,为了有违法性的意识的可能性,需要具备以下条件:(1)基于犯罪事实的认识,行为人被给予检讨自己的行为在法律上是否有允许的机会;(2)由于这个机会使自己产生实施适法行为的动机,即形成反对动机是可能的。④ 而以过失作为标准的学说,显然将可能性等同于过失犯罪中的注意义务的可能性,其说服力令人怀疑。避免可能性说与《德国刑法典》的规定大致相同,类似的还有《澳门刑法典》中的谴责可能性规定。

---

① 赵国强:《论澳门刑法中的事实错误与不法性错误规定》,载《行政》1998年第2期。
② 〔日〕野村稔:《刑法总论》,全理其、何力译,法律出版社2001年版,第308—313页。
③ 《德国刑法典》,徐久生译,中国法制出版社2000年版,第48页。
④ 马克昌:《比较刑法原理——外国刑法学总论》,武汉大学出版社2002年版,第490—491页。

需要指出的是,对"避免可能性"是难以客观量化的,必须依赖于对主客观的综合权衡。"在司法实践中,辨别不法性错误之产生究竟是'不可谴责'还是'可谴责',主要依赖于法官在综合分析案件各种情况的基础上进行理性的判断,尤其是要注意分析社会上一般人看法及行为人自身的认识能力。"① 例如,有的行为人认为"大义灭亲"是为民除害,但是,一般人更应该知道故意杀人是违法的,故行为人的行为违法是显然的。对于避免可能性,《奥地利刑法典》第 9 条的规定十分典型,该条规定:其一,对于行为人及一般人而言,如果很容易认识行为是不法的,则其法律上的认识错误就是应受指责的;其二,对于行为人及一般人而言,如果不是很容易认识行为是不法的,虽然行为人虽不了解有关法律规定,但根据其职业、工作或其他情况,行为人有义务认识该规定的,那么其法律上的认识错误也是应受指责。② 而在首先出现"不知法不赦"原则例外情形的美国,对于违法性错误阻却故意的情形,则严格限制在基于相当理由完全不知法律存在的场合以及信赖有关权威机关的意见的场合。③

三、我国刑法对违法性认识的基本立场

我国刑法对认识错误没有任何规定,更谈不上对法律错误的规范。这就直接导致在司法实践中,违法性认识从来都不是司法人员关心的内容,法官根本不会理会行为人对行为的法律性质的认识。传统的刑法理论对法律错误的研究也很有限。对于违法性认识在犯罪成立体系上的地位,学者们通常将其认定为犯罪主观方面的内容。对于如何理解违法性认识,特别是违法性错误是否阻却故意,我国学术界存在着不同意见,主要观点与国外的学说基本相同。

与对事实认识的一般辨认能力不同的是,违法性认识容易给行为人逃避法律追究提供借口,故必须加以严格限制,这也是绝大多数国家通行的做法。参照美、德、奥等大多数国家的经验,将违法性认识阻却犯罪的情形,限定在错误不可避免时,是比较可取的。这就意味着违法性认识不像一般人的认识能力那样,存在着减轻的情形,凡是绝对不能认识到行为的违法性的,即只要不是违法性认识错误不可避免的,都被认为是具有违法性的辨认能力,应当承担刑事责任。对于"不可避免"的含义,应当从两个方面进行严格约束:一是不可避免的客观性。客观的不可避免受两个因素的限制,即一般人的认识水平和行为人自身的职业、经验、阅历等。通常情况下,如果对于某一行为,一般人对其法律性质能够认识,则行为人的认识也就可以避免错误的产生。在某些知识性、专业性比较强的场合,除一般人的认识能力外,还要考察其经验、学识、专业、阅历等因素,才能判断是否可以避免错误的产生。一般而言,人们的经验、阅历越丰富,学识越广博,在某种程度上对错误的可避免性就越强;反之,就越弱。二是不可避免的主观性。行为人的认识错误,不是因为

---

① 赵国强:《论澳门刑法中的事实错误与不法性错误规定》,载《行政》1998 年第 2 期。
② 《奥地利联邦共和国刑法典》(2002 年修订),徐久生译,方正出版社 2004 年版,第 4—5 页。
③ 张明楷:《刑法格言的展开》,法律出版社 1999 年版,第 211 页。

可以认识而不认识或者应当认识而由于疏忽大意没有认识,而是根据客观情况和自身的认知水平,根本就不会认识到行为的违法性。这是不可避免的认识错误与过失的主要区别。例如,林业部门发文,认定以前不属于保护动物的某种动物为国家一级保护动物,而远在边陲的某猎户第二天就射杀了一只此类动物。根据该地区的实际情况,由于交通闭塞、信息不通畅等原因,该猎户不可能立即获知此文件信息,通常都要一个星期左右的时间才能获悉最新文件。因此,该猎户是不可能认识到其行为是捕杀珍贵野生动物并具有违法性的,故其认识错误应当阻却犯罪故意,不能以犯罪论处。但是,如果一周之内因该猎户本人不主动或疏忽大意,没有及时了解相关文件,则对捕杀珍贵野生动物的违法行为之性质的认识错误就是可以避免的,故这种错误认识就不能阻却其犯罪故意,应当追究刑事责任。

第十一章

犯罪量度要件

犯罪量度要件也叫"罪量"要件,是从犯罪数额、情节严重程度和法益侵害程度大小等方面来认定犯罪的一项重要条件。与传统刑法理论不同,本书把排除犯罪性行为等事由归并到了犯罪量度要件之中,这是对传统刑法学正当化事由正当性的颠覆。具体内容包括正当防卫、紧急避险、情节与结果构罪标准的最低限度等。根据我国刑法典的规定,犯罪量度要件是犯罪成立的关键性内容,解决的是某些犯罪入罪的"定量"化的标准问题,因此有必要进行认真研究。

第一节 犯罪量度要件概述

要深入、全面地了解犯罪量度要件,首先应对其概念、特征有一个基本的认识;在此基础上,进一步把握该要件的具体内容及其对认定犯罪成立和量刑的意义。

一、犯罪量度要件的定义和特征

所谓犯罪量度要件,是指体现国家和社会对犯罪评价的特定需要、揭示行为的整体社会危害程度的价值判断因素。犯罪量度要件具有如下特征:

1. 揭示的是行为对整体法益侵害程度的价值判断

犯罪之所以要受到严厉处罚,关键在于其具有严重的法益侵害性。如果行为的法益侵害性没有达到一定程度,是不能评价为犯罪的。即使德、日等大陆法系国家刑法根据行为性质入罪,而不考虑行为的法益侵害程度,但在司法实践中从来都不处罚刑法规定的、危害轻微的行为。因此,体现行为的法益侵害程度是犯罪量度要件的核心内容,也是犯罪价值判断的灵魂。

犯罪客观要件与犯罪主观要件有机结合在一起,也能体现行为的整体法益侵害程度。但是,这与犯罪量度要件存在明显区别:(1)犯罪量度要件本身属于综合的、一体化的价值判断,由于犯罪客观要件或者犯罪主观要件只是单独的客观事实或者主观事实,因而不能通过犯罪量度要件进行评价。这样,凡是那些融主客观因素于一体、需要通过价值判断进行评价的因素,就不能通过犯罪客观要件或者犯罪主观要件加以评价,但是可以通过犯罪量度要件加以评价。(2)犯罪客观要件与犯罪主观要件属于事实因素,两者结合在一起虽然也能体现价值判断,但也仅限于主客观事实的价值判断,这只是价值判断的内容之一。事实上,对犯罪的价值判断除了主观事实与客观事实之外,其他因素也是有影响的。例如,足球运动因身体对抗有时会致人重伤甚至死亡,这当中存在客观因素和主观因素。但是,足球运动会产生的意外伤害结果,是发展该类运动过程中不可避免的,如果不允许身体对抗,那么足球运动就会名存实亡。因此,为了发展足球运动,偶尔的伤亡代价是可以接受的。综合进行价值判断,就会得出结论:足球运动偶尔致人重伤或者死亡(即使主观上存在过失)应当允许,不能认定为犯罪。其中,发展足球运动就属于主观事实与客观事实之外的价值评价因素。可见,犯罪量度要件弥补了犯罪客观要件与犯罪主观要件在价值判断上的不足。

2. 体现的是国家和社会对犯罪评价的特定需要

根据一定的客观事实和主观事实将某种行为规定为犯罪,也是体现国家和社会对犯罪评价的需要。但是,犯罪量度要件与此不同。刑法之所以将某种行为规定为犯罪,是立足于该行为具有的主客观事实本身,犯罪量度要件则主要是针对两种不同的行为事实或者面对两种不同的选择时,从国家和社会的特定需要出发加以特别的价值判断,而不是对单一的行为事实进行评价。例如,奉命执行枪决人犯的职务行为,就面对两个行为事实:一是枪毙人犯;二是职务命令。综合这两种不同的事实因素并进行价值判断,就会得出结论:执行命令是合法的,故意杀人(枪毙人犯)是允许的。这与根据主客观事实对一个杀人行为进行评价显然不同。如果换个角度就更容易理解:同样是面对死刑犯,普通人单纯将其杀害(不存在正当防卫等特定事由),就需要承担故意杀人罪的刑事责任。因为普通人单纯将其杀害只存在单纯的故意杀人事实,只能根据故意杀人的主客观事实进行评判,构成故意杀人罪。正是由于犯罪量度要件是在面对两种不同的行为事实或者两种不同的选择时的一种价值判断,这与单纯根据主客观事实进行的价值判断是不同的,故犯罪量度要件是体现国家或者社会特定需要的价值判断。

需要注意的是,犯罪量度要件与违法阻却事由或者违法性要件是不同的。在我国,有学者在犯罪客观要件和犯罪主观要件之外,专门设立犯罪阻却事由作为犯罪成立要件评价要素,旨在评价行为的违法性。"犯罪不仅应当是在罪过支配下的行为,而且应当是实质上为法律所不允许的行为,即必须是违法的行为。所谓违法性,就是指行为被法律所不允许。违法性是犯罪成立的重要条件。"[①]本书认为,单纯的违法性或者违反法规范并不能完全概括犯罪的价值判断。在司法实践中,很多现象法律并没有特别规定,因而不存在违反法规范的问题,如果运用违法性将无法评价该类现象。例如,将被毒蛇咬伤右腿而致昏迷的人的右腿砍掉,是否成立犯罪,法律就不可能对此有规定,运用违法性也就无法评

---

① 周光权:《刑法总论》,中国人民大学出版社2007年版,第195页。

价。对这种行为运用价值判断就能够合理解决,因为砍掉右腿是为了保全被害人的性命,故可以推定被害人是允许的。这样的行为并不违背人情常理,是为国家和社会所允许的。基于此,韩国刑法典第 20 条规定:"依法令或者因业务的行为,以及其他不违背社会常规的行为,不予处罚。"根据社会常规判断行为性质的类似现象,在现实生活中很多。严格地讲,这类现象难以为法律面面俱到的规定,因而不可能完全通过违法性评价,只能通过价值判断解决。

二、具备犯罪量度要件的根据

(一) 哲理根据

犯罪客观要件和犯罪主观要件分别从客观事实和主观事实的角度来判断犯罪,属于事实判断的范畴;而犯罪量度要件则是从价值评价角度来判断犯罪,属于价值评价范畴。

在大陆法系国家犯罪论体系的发展、演变过程中,最初是根据事实与价值的二元论来构建犯罪构成论体系的,其特点是要么以行为及其相关事实为中心构建犯罪论体系,价值判断处于辅助地位,要么以价值判断为中心构建犯罪论体系,事实判断处于辅助地位。例如,古典犯罪论体系属于事实论体系,该体系以自然主义哲学为基础,强调行为的纯粹因果性,认为行为是相对于外部世界的任意举止。[1] 古典犯罪论体系认为,包含行为的构成要件只能是"客观的"和"无价值的",不包含主观心理要素,从而将事实判断与价值评价完全割裂开来。雅各布斯的规范论体系就属于价值论体系。他认为,从法益保护的立场来理解犯罪成立不妥,违背在制度中应当负担的义务才是处罚根据。因为人人都是社会的一员,为了使社会不是仅仅存在于观念中,而是真实地存在的,就必须适用它的规范。[2] 出于维护社会规范的需要,应当承认规范的有效性,因为无效的规范是不利于维护社会秩序的。不难看出,雅各布斯的规范论体系是将规范评价置于核心地位的,故谓之价值论体系。

事实与价值的二元论体系,无论是古典犯罪论体系还是规范论体系,都是存在缺陷的。德国学者指出:古典犯罪概念是从法律实证主义的法学思考方式出发的。自然主义理解的行为、客观的叙述性理解的构成要件、客观规范限制的违法性界限和主观的叙述性理解的罪责之间应当加以区分,在追求法的安全与公正以及在对法官的约束中实现法治国家思想。对此,人们基于被严格限制于制定法及其解释的见解,试图解决所有具有"概念—体系"论点的法律问题,而哲学评价、心理学认识和社会学事实应当被排除在法解释论之外,这就产生了人的行为特征的一个极端形式的画面。[3] 在古典犯罪论体系中,构成要件与不法相互独立且不存在必然联系,故事实判断与价值评价只具有自然意义而非社

---

[1] 〔德〕弗兰茨·冯·李斯特:《德国刑法教科书》,徐久生译,法律出版社 2000 年版,第 176 页。
[2] 〔德〕雅科布斯:《刑法保护什么:法益还是规范适用》,载《比较法研究》2004 年第 1 期。
[3] 〔德〕汉斯·海因里希·耶赛克、托马斯·魏根特:《德国刑法教科书》(总论),徐久生译,中国法制出版社 2001 年版,第 251—252 页。

会意义上的因果关系,这使得以构成要件事实为中心的犯罪评价体系确立了一个十分宽泛的犯罪观念形象。例如,甲与乙争吵导致乙失控,一怒之下将丙打成重伤。由于乙重伤丙是与甲争吵引起的,故甲应对丙的伤害负责。另外,由于构成要件是抽象的一般观念形象,是规范违反行为的类型化①,那么,不包括价值评价的构成要件是无法解释不法与有责的价值问题的,这有可能导致客观归责。

然而,价值论体系也并非完美无缺。有学者指出,唯价值论"将不能避免下述结论:在很多案件中,法官的价值判断会取代立法者的价值判断,对之亦无从依客观标准作事后审查。对法学而言,其意味着在许多案件中,法学只能在有限的范围内以'科学的方法'作事后审查,一旦法官必须作价值判断时,法学不能提供许多助力"②。价值论体系的缺陷还在于:一方面,如果考虑行为事实,那么认为犯罪成立是一种价值评价的论断就是矛盾的;另一方面,如果不考虑行为事实,那么主体的认识便成为判断犯罪成立的唯一依据。由于不同主体的知识、经验、道德观念等存在不同,对相同的犯罪事实必然形成不同的评价结果,这自然会导致犯罪评价的随意性,容易滋生威权主义刑法观。

由此可见,割裂事实与价值的二元论体系由于无法诠释构成要件该当性与违法性之间的联系,已经证明自身存在难以克服的弊端。对此,事实论者与价值论者本应以此为鉴检讨事实论体系或价值论体系之不足。然而,他们并没有正视该问题,而是在过去半个世纪与科学哲学的历史一道,在很大程度上是试图逃避这个问题的历史。③ 事实与价值的二元论在西方哲学史上曾盛行一时,但近年来在哲学、法学领域的崩溃,已是不争的事实。在西方,自从奎因在 1951 年批判分析与综合的二分法,并论证了科学陈述不可能整齐划一地分离成"惯例"和"事实"以来,人们广泛地承认事实与价值二元论已经崩溃了。④ 在我国,人们对二元论也基本上持否定态度。如有学者在评价罗素与瓦托夫斯基的事实与价值二元论时就曾指出:"这两位以逻辑和语言分析的严谨性见长的学者却犯了一个逻辑上和科学上十分不'严谨'的毛病:他们在说出了评价的语言'表达感情'或'传达情感状态'之后,立即断言这些是同任何客观事实毫不相干的。这里就暗含着一个前提:'凡是感情或表达感情的,就不传达任何客观事实的信息'。在我看来,恰恰是这个前提本身,是需要从头论证,而不是可以直观武断的。"⑤随着事实与价值二元论的崩溃,取而代之的是事实与价值一元论。

与二元论不同的是,一元论否认事实与价值相互独立,认为两者不存在谁是基础、谁不是基础的问题,亦非简单地承认对方存在,而是互为前提、辩证统一的。从事实与价值发生的先后顺序看,事实发生在前,是价值的前提和基础,脱离客观事实,人们不可能进行

---

① 马克昌:《比较刑法原理——外国刑法学总论》,武汉大学出版社 2002 年版,第 110 页。
② 〔美〕希拉里·普特南:《事实与价值二分法的崩溃》,应奇译,东方出版社 2006 年版,第 2 页。
③ 同上书,第 182 页。
④ 同上书,第 9 页。
⑤ 李德顺:《价值论》,中国人民大学出版社 2007 年版,第 235 页。

价值评价;从人的需要角度出发,价值是事实的基础和前提,没有人的主观认识、评价需要,事实有时难以成为人们的关注目标。"所谓价值不能从存在引申出来,只能从价值引申出来,是目的层面的方法论,而存在决定价值是手段层面的方法论;这两种方法论观点各有其正确性,并不互相对立,而是在不同层面同时存在,也就是互为辩证地存在。"①根据事实与价值一元论,犯罪构成的事实判断与价值评价应当是辩证统一的有机整体。

在我国,由犯罪客体、犯罪客观方面、犯罪主体和犯罪主观方面组成的传统犯罪构成四要件体系,能够充分考虑事实判断,并通过事实判断进行一定的价值评价,但由于缺乏能够进行充分体现主体评价的价值判断要素,使其存在一定的不足,即无法合理解释正当防卫、紧急避险等正当化事由为何不构成犯罪。虽然,综合四个要件能够予以价值判断,但其评价的前提是需要将行为事实分别分解成客观事实或者主观事实,然后再综合予以价值判断。然而,正当防卫等正当化事由本身是融合主客观要素于一体的,无法分解成客观要素与主观要素,这就导致无法将正当化事由纳入犯罪构成的评价体系之内进行恰当的评价。增设犯罪量度要件作为犯罪构成要件,正是为了弥补犯罪评价中价值判断的不足。这样犯罪客观要件、犯罪主观要件分别作为客观事实判断与主观事实判断,完成犯罪的事实判断功能,而犯罪量度要件则承担对犯罪的价值判断功能,从而使犯罪构成真正成为事实判断与价值判断的有机统一。

(二)法律根据

我国刑法典第13条的规定,充分体现了犯罪是事实判断与价值评价的有机统一。其中,对各种危害社会的行为的描述,就属于事实描述。这种描述与刑法分则规定的具体行为结合起来,使得作为犯罪的行为类型具有相对性与明确性。"依照法律应当受刑罚处罚的",则属于价值评价,是对前述行为加以整体分析后得出的评价后果,故才有"都是犯罪"的结论。至于"但书"的规定,则是在对行为事实加以分析后,得出与"都是犯罪"截然相反的结论——不认为是犯罪,所揭示的亦为社会危害性的价值属性。有学者认为:"情节侧重说明行为人的主观恶性(当然也在一定程度上说明了行为的客观危害性),而危害侧重说明行为的客观后果,二者相结合就构成了社会危害性的全部内涵。因此,在适用刑法典第13条'但书'规定时,必须同时具备情节显著轻微和危害不大这两个条件,仅有情节显著轻微或者危害不大是不能适用但书的。"②这种理解并不客观,"但书"体现的是主体对行为事实分析后的价值评价,即情节显著轻微危害不大的行为,不构成犯罪;一定的行为事实只是客观现象,无法说明自身在刑法上的意义,只有经过主体的认识和价值分析,才能得出罪与非罪的结论。在我国刑法中,情节向来就不限于主观恶性、行为的时间、地点以及方式等客观因素,这也是情节的当然内容。所谓"情节显著轻微与危害不大",显然是建立在对"但书"规定的行为事实基础上的价值判断。"情节显著轻微"是对行为诸事实因

---

① 许玉秀:《当代刑法思潮》,中国民主法制出版社2005年版,第151页。
② 储槐植、张永红:《善待社会危害性观念——从我国刑法第13条但书说起》,载《法学研究》2002年第3期。

素加以判断后的情状性评价,而"危害不大"则是一种结论性评价,两者只是表述不同而已,不存在实质差异。如果说刑法规定的行为类型是犯罪的事实判断,是成立犯罪的必要条件的话,那么揭示行为的社会危害程度的价值判断,则是成立犯罪的充分条件。只有具备刑法规定的必要条件和充分条件的行为,才能构成犯罪,这便是我国刑法中规定的犯罪的本质特征。毫无疑问,我国刑法对犯罪的规定是非常合理的,与大陆法系国家刑法根据行为性质入罪存在根本不同。

三、犯罪量度要件的本质

犯罪量度要件作为一种价值判断,并非是对单一行为事实的评价,而是在两种权益发生冲突时的权衡与取舍,是一种综合比较、整体衡量的价值评价;其最终的根据,是具有一定的社会危害程度,并以此评价特定行为是否构成犯罪。如果综合比较、整体衡量的结果是行为达到一定的社会危害程度,是可以构成犯罪的,如防卫过当、避险过当就是如此;如果综合比较、整体衡量的结果没有达到一定的社会危害程度,就不能构成犯罪。但是,不能构成犯罪,并非意味着就是合法的。在没有达到犯罪程度的社会危害性的情形下,还是可能具有轻微的社会危害性,从而成立民事违法行为等。有学者认为,紧急避险"从整体上说,它是有益社会的行为,不仅不应承担刑事责任,而且应当受到国家法律的保护、鼓励和支持"[1]。这种观点显然是不可取的,虽然避险行为具有一定的社会危害性,但只要没有达到犯罪程度,也可以成立刑法上的紧急避险,但紧急避险对社会是有一定危害的,谈不上是"有益社会的行为",更不能说要"受到国家法律的保护、鼓励和支持",而是刑法所允许的。因此,紧急避险等充其量只能是刑法授权的行为,而不是合法的行为或者是国家法律保护、鼓励和支持的行为。刑法上的紧急避险,如果具有社会危害性,在民法上可能就不会被允许。事实上,不仅是紧急避险,凡是需要进行特别的价值判断的行为,如正当防卫、法令行为、业务行为等,本质上都是刑法授权的行为,而不是合法行为或者说是国家法律保护、鼓励和支持的行为。

明确了犯罪量度要件的本质,有助于理解我国学界对相关术语称谓上的科学性与合理性。对于正当防卫、紧急避险等正当化事由,学界在称呼上很不统一。有的学者谓之正当行为[2],有学者谓之排除社会危害性事由[3],有学者谓之排除犯罪性事由[4]。如果考虑刑法上的正当防卫、紧急避险等还包含一般违法行为,就会发现"正当行为""排除社会危害性事由"的称谓,是不恰当的。因为既然包含具有称为社会危害性的一般违法行为在内,当然不能再称为"正当行为"或者"排除社会危害性事由"。可见,谓之"排除犯罪性事由"更为科学、合理。

---

[1] 高铭暄、马克昌主编:《刑法学》,北京大学出版社、高等教育出版社2011年版,第136页。
[2] 同上书,第126页。
[3] 黎宏:《刑法学》,法律出版社2012年版,第125页。
[4] 赵秉志主编:《新刑法教程》,中国人民大学出版社1997年版,第247页。

四、犯罪量度要件的评价

犯罪量度要件是与事实判断相对应的价值判断,在形式上融合客观因素与主观要素于一体,是主客观一体化的价值评价,体现国家和社会惩罚和预防犯罪的特殊需要。在内涵上,犯罪量度要件表现为对法益侵害程度的评判。因此,犯罪量度要件不属于纯粹客观因素或者主观因素,因而不能归入犯罪客观要件或者犯罪主观要件。由于属于价值判断,因而犯罪量度要件并不局限于刑法规范的特别规定。凡是融合某一行为的主客观事实为一体的特定事由,尽管刑法没有规定,也可以运用犯罪量度要件加以评价。犯罪量度要件的这一特点,使得其在内容上具有开放性。根据犯罪量度要件的上述特征,同时结合国内外的法律规定、理论观点与司法实践的经验,其评价内容主要包括犯罪数额、犯罪情节、侵害程度、正当防卫、紧急避险等。特别需要说明的是,正当防卫、紧急避险在德、日刑法中通常以"正当行为"或"合法性行为"来判断,在中国刑法中属于"排除犯罪性行为"。然而,本书认为,无论是"正当行为"或"合法性行为"还是"排除犯罪性行为"等,都无法诠释或周延性地说明这些行为的防卫程度、避险程度和不能绝对排除其犯罪性(防卫过当或避险过当)的问题。因此,国外及我国传统刑法理论对这些内容的归位或体系性设计中,多少还是存在一些问题的,是不能够科学诠释或周延性地说明其合理性的。本书之所以将其置于"犯罪量度要件"中来考量,正是考虑到其需要从量度或程度上来分析说明其归类的或刑法体系设计的合理性。

第二节 犯 罪 数 额

数额是犯罪最重要的量度因素之一。在我国刑法中,以一定的数额标准作为犯罪成立要件的,被称为数额犯。尤其是在财产犯罪和经济犯罪中,数额通常情况下表现为一定财产的价值,因而具有可计量性。如我国刑法典第264条规定:"盗窃公私财物,数额较大或者多次盗窃的,处3年以下有期徒刑、拘役或者管制,并处或者单处罚金。"第266条也规定:"诈骗公私财物,数额较大的,处3年以下有期徒刑、拘役或者管制,并处或者单处罚金。"盗窃罪中的"数额较大",经历了40元、80元、500元、500—2000元、1000—3000元等定罪的数额标准。也就是说,在其他条件都具备或完全相同的情况下,如果达不到当时规定的上述"犯罪数额",就不构成犯罪。甚至随着时间的变迁,定罪的标准也会发生如此大的变化。所以说,"犯罪数额"这一量度要件对于定罪量刑具有十分重要的意义。

然而,刑法对于数额的规定是不同的。从我国刑法分则的规定来看,"犯罪数额"具有多种类型:刑法典第140条经营(销售)数额、第153条走私数额、第175条违法所得数额、第176条非法吸收公众存款数额、第190条逃汇数额、第201条逃税数额、第205条虚开数额、第211条持有数额、第264条盗窃数额、第266条诈骗数额、第267条抢夺数额、第268条哄抢数额、第270、271条侵占数额、第272条挪用数额、第274条敲诈数额、第275条毁坏数额、第276条拒不支付数额、第382条贪污数额、第385条受贿数额、第389条行贿数额、第397条损失数额等。据不完全统计,我国刑法典中的"数额犯"涉及46个条文和50多个罪名。此外,我国刑法典还在一些罪名中规定了一些"特定数额"。例如,刑法典第158条规定的"虚报数额",第159条规定的"虚假出资数额"和"抽逃出资数额",第160条规定的"欺诈数额",第348条规定的"非法持有毒品数额"等。通常情况下在"数额罪名"或"数额犯"中,大都有数额较大、数额巨大和数额特别巨大之分,以适用不同的定罪和量刑。尤其是在财产犯罪和经济犯罪中,犯罪所得数额和犯罪经营数额等反映了犯罪行为法益侵害的程度,刑法典以"犯罪数额"的大小作为区分罪与非罪或罪重罪轻的直接标准。

我国犯罪成立的标准是否要量化?刑法学界对此存有极大争论。有学者认为:"社会危害性是质的规定性,社会危害程度是在质的基础上的量的积累,如果在社会危害性这一质的范围内,以社会危害性的一定量作为质变的关节点即度,实际上是在量的积累过程中,人为地切断了量的积累过程,在不具备质变条件的情况下强行飞跃。""社会危害性是犯罪的本质之一,与民事违法等一般违法行为的区别不在于社会危害性程度的不同,后者只具有个体危害性,并不具有危害性,更不存在其社会危害性达到一定程度构成犯罪的问题。"[①]也有学者不同意此种观点,并认为:"犯罪与一般违法行为的共性在于都具有社会危害性;两者的个性在于,社会危害性量的差别。犯罪本质特征的社会危害性是质和量的统一,犯罪概念中的定量因素即社会危害性的程度,是区分罪与非罪的重要标志。"[②]其实,"犯罪数额"的根源性因素是刑法典第13条中的"但书"规定,这才是犯罪概念量化的初始因素,由此也导致刑法分则的许多罪名也是定性与定量的统一。本书认为,定性和定量的运用各有利弊,这与我国的法律文化、犯罪文化以及现行的刑事法律制度有关。只定性不定量,肯定能够使得刑法更具威慑力,使得法网更加严密,对于规制整个社会秩序和打击犯罪或树立社会规则有利,但存在的问题是:(1)不适合我国"重罪"文化的价值理念。在我国,犯罪是社会生活中的重大事情,一般认为,犯罪人肯定就是"坏人"。因此,如果肆意定罪,不仅犯罪人无法接受,整个社会也无法接受。(2)我国的刑事法律制度包括司法环境也不完善,公安司法机关的职能业务繁重,如果取消刑法规定的定量要求,肯定会加重公安司法机关的业务量。(3)至今我国尚未进行"刑事登记"立法,即没能科学设置出罪机制。一个人如果犯罪,哪怕被确定犯有一个很轻的罪名,那也很有可能影响犯罪人回归社会,特别是解决自己的工作和生活问题。不过,将定性与定量结合起来定罪,也存在一些问题:(1)容易形成悖论并让人费解。假如一个罪名入罪的量化标准是2000元(如江苏省的盗窃罪标准),那么,行为人盗窃1999元的行为是否意味着就比盗窃2000元的行为法益侵害性小?如一个人为了帮母亲看病,盗窃了2000元,而另一个人为追求奢

---

① 李居全:《犯罪概念论》,中国社会科学出版社2000年版,第146—172页。
② 尹东华、刘晓山:《犯罪数额的理论基础——犯罪概念的定量因素》,载《天津市政法管理干部学院学报》2008年第4期。

佚而盗窃1999元,两个案件该怎么处理?前者就一定比后者的法益侵害性大吗?(2)容易形成机械性执法,不利于在社会上树立良性的司法导向,甚至有失社会公平。(3)容易给执法和司法不公或司法腐败创造机会,形成部分犯罪人规避和逃避法律追究的社会现实。本书认为,尽可能地减少用定量措施认定犯罪,逐渐过渡到用司法手段来决定一个案件或行为是否构成犯罪,这样不至于扩大定性与定量并行形成的机械司法局面,由此也可进一步增强刑法的威慑力。

第三节　犯罪情节

在谈到犯罪情节时,理论上通常将之作为犯罪客观要件的内容。例如,有的教材在论述非法制造、销售非法制造的注册商标标识罪时,认为"本罪的客观方面表现为违反国家商标管理法规,伪造、擅自制造注册商标标识或者销售伪造、擅自制造的注册商标标识,情节严重的行为"[1]。然而,犯罪情节既包含主观事实,又包含客观事实,在理论上已形成共识,将之作为犯罪客观要件的内容是不确切的。本书认为,尽管犯罪情节包含具体的主客观事实,但我国刑法分则规定的犯罪情节,属于特定的价值评价要素,在内容上融主客观事实于一体,通常需要进行一体化的价值评价。将犯罪情节作为犯罪量度要件的内容,既有法律根据又有事实需要,还能够避免将之客观化,因而具有其内在的合理性。

第四节　侵害程度

我国刑法学界讨论社会危害性的文章很多,但专门讨论社会危害程度的文章却很少,因为长期以来社会危害性作为我国传统刑法犯罪定义的三大特征之一,一直是人们在讨论犯罪概念时争论的一个焦点,主要形成肯定说和否定说两种观点。肯定说认为:"社会危害性的功能是双向的","对社会危害性大的行为固可入罪,对社会危害性小的行为亦可出罪。"[2]否定说提出了建立犯罪定义的"双重结构"理论,认为"新的具有双重结构的中国刑法理论的犯罪概念应当由'立法概念'与'司法概念'组成",且进一步指出"立法上的犯罪概念,是指具有严重的社会危害性、应当适用刑罚予以处罚的行为"[3]。有学者还认为:"社会危害性是一个抽象的、模糊的、不确定的定义,任何人在理解它的时候都可以有自己的不同标准。这主要是由于,形成具有'社会危害性'的认识,除客观标准外,还往往受到价值观念、心理感受、信息接受、主观选择等各种因素的影响。"[4]

其实,犯罪的社会危害性指的是犯罪对社会关系或法益实际造成的损害或可能造成

---

[1] 高铭暄、马克昌主编:《刑法学》,北京大学出版社、高等教育出版社2011年版,第442页。
[2] 同上。
[3] 王世洲:《中国刑法理论中犯罪概念的双重结构和功能》,载《法学研究》1998年第5期。
[4] 李晓明、陆岸:《社会危害性与刑事违法性辨析》,载《法律科学》2005年第6期。

的损害,犯罪所具有的社会危害性是犯罪的本质属性或本质特征。对此,有学者分析了犯罪的司法概念和立法概念,并认为:"一个是规范意义上的犯罪定义,即我们所讲的司法定义;一个是实质意义上的犯罪定义,即我们所讲的立法定义。前者研究的是一种实然犯罪,即罪刑法定原则下的刑事违法性问题;后者研究的是一种应然犯罪,即法律应当根据什么标准来规定犯罪。"那么,在司法上的犯罪定义是否也有社会危害性或法益侵害性的大小或程度的评价?回答是肯定的。正如有的学者指出:"肯定社会危害性在犯罪概念中的地位,并不意味着可以忽视其内涵的多变性。科学地量化社会危害性,为罪刑法定的正当化所必需。"①也有学者认为:"社会危害性不仅是犯罪行为的基本特征,而且也是其他违法行为的重要特征和实际内容,他们之间,只是社会危害程度不同而已。社会危害性用他的质(社会危害性)与非社会危害行为(不抵触法律的行为)相区别,用它的量(社会危害程度)把各种社会危害行为区别开来。社会危害性是社会危害行为的一种属性,从极小到极大,它本身没有质的区别,只有量的区别。"②"在一般意义上说,所有违法行为都具有社会危害性。除犯罪行为以外,民事违法行为、行政违法行为也都具有社会危害性。但这种社会危害性程度上具有一定的差别。因此,社会危害性不是刑法所特有的范畴。为了将犯罪的社会危害性和其他违法行为的社会危害性区别开来,必须从质和量的统一上来阐述犯罪的社会危害性。"③也就是说,社会危害性并非完全与"罪刑法定原则"相冲突,一方面作为立法犯罪概念中的"社会危害性"是一种价值恒定或立法决策的选择,另一方面作为司法犯罪概念中的"社会危害性"是一种程度判断或"当罚性"的衡量。"社会危害性"这一个质的因素与"当罚性"这一个量的因素完全可以是一种辩证的统一。更何况,反映社会危害性的"当罚性"也与"刑事违法性"不无关系。一般认为,"当罚性"与"刑事违法性"是一个问题的两个方面,因为"当罚性"的行为必然是刑事违法行为,而刑事违法行为也必然是"当罚性"行为。只不过,立法阶段"当罚性"反映的社会危害性与司法阶段"当罚性"反映的社会危害性不是同一个概念,二者不是同一个层级。因此,"当罚性"在司法阶段实质上是限制社会危害性程度的一个概念,故从某种意义上讲,"当罚性"也是对"刑事违法性"的一种反映,更是对社会危害性进行一种程度上认定或判定,但绝不是或不同于立法意义上"当罚性"的概念。有学者认为:"所谓当罚性,无非讲的是行为社会危害性的程度,是一个量的因素。这一术语既是在犯罪学意义上使用,也是在刑法学意义上使用。"④犯罪与一般违法行为相比较而言,前者的社会危害性程度已远远超出民商法、经济法、行政法制裁措施的范围,"严重的社会危害性"反映的正是司法意义上的"当罚性"和"刑事违法性",即此时的社会危害性程度应当与刑法典中规定的"当罚性"和"刑事违法性"的程度相

---

① 曾粤兴:《社会危害性的量化问题初探》,载《现代刑事法治问题探索》(第 1 卷),法律出版社 2004 年版,第 591 页。
② 高铭暄:《新中国刑法学研究综述(1949—1985)》,河南人民出版社 1986 年版,第 98 页。
③ 陈兴良:《刑法适用总论》(上卷),法律出版社 1999 年版,第 83 页。
④ 曾粤兴:《社会危害性的量化问题初探》,载《现代刑事法治问题探索》(第 1 卷),法律出版社 2004 年版,第 593 页。

契合或相一致。

综上所述,立法意义上的"社会危害性"只是实质价值判断,司法意义上的"社会危害性"才是量化标准或程度上的判断。而且,在刑事司法活动中关于社会危害性的评价标准更是一种具体的和可操作的标准。"所谓量化,即数量化,是指采用可以计算、测量的标准判断社会危害性大小的过程。"[1]这一概念基本上决定了社会危害性的量化不可能是精细、准确的,而只可能是相对明确的。尤其是对于刑法意义上的行为而言,如何判断社会危害性的有无及其程度,不仅关乎"当罚性"或"刑事违法性",甚至关乎"自然犯罪"和"法定犯罪",具体情况极其复杂。所谓自然犯罪,是指以违背人类本来具有的爱他感情中最本质的怜悯之情(如剥夺他人生命)和正直之情(或诚实之情)的行为;所谓法定犯罪,是指并非违反怜悯和正直这两种道德情感,而是由法律规定的犯罪。前者是那些没有哪个文明社会会拒绝将它们列为犯罪并加以惩处的行为;后者是那些因时、因地、因国而由法律任意列为犯罪并加以惩处的行为。[2] 自然犯罪又包括两类犯罪:一类是触犯正直之心的犯罪,如暴力侵犯他人财产的犯罪、非暴力的诈骗罪、侵犯他人财产权或公民权的犯罪;另一类是触犯人类怜悯之心的犯罪,如侵害他人生命或伤害他人身体的犯罪、直接损害道德的犯罪、违背道德而损害人的自由或身体的犯罪等。而法定犯罪是由特定法律的规定时被认为犯罪的危害社会行为。[3] 这两类犯罪在大多数国家的刑法典中均占有很高的比例,而且是属于相对稳定的犯罪类型,与一个国家的伦理道德、社会与文化背景密切相关。法定犯罪只需根据法律规定的条件来判定是否构成犯罪,如非法经营、污染环境等。而且,这类犯罪属于不稳定或急剧增加的犯罪类型,尤其是近现代以来,随着社会经济的发展,国家使用行政权力干预经济的力度越来越大,为此国家制定的管理社会与经济的行政法律法规也就越来越多。也就是说,法定犯罪是在违反国家行政性法律、法规的基础上来确立的,相对而言,行政性法律、法规制定越多,违反行政法律、法规的行为也就相对越多,随之导致法定犯罪的数量也会相应地增加。面对急剧增加的行政违法与行政犯罪,国家为进一步加强社会行政秩序管理,便会出台更多的行政性法律、法规和行政刑法规范,最终也就必然会进一步推动更多国家行政性法律、法规的确立。

在一定的社会、历史条件下,某些法定犯也会逐渐演变为自然犯。一般而言,对自然犯的法益侵害性可以进行经验分析或者解释,因为它容易被感知,而法定犯的社会危害性不容易被感知,很难进行经验分析或解释。[4] 因此,立法者对于法定犯往往规定了"数额""情节""侵害程度"等标准。当然,立法者对于自然犯也有类似规定,但从成立犯罪的性质来分析,自然犯存在于举动犯、行为犯中多,而法定犯几乎都是结果犯。也就是说,研究法

---

[1] 曾粤兴:《社会危害性的量化问题初探》,载《现代刑事法治问题探索》(第1卷),法律出版社2004年版,第594页。
[2] 〔意〕拉斐尔·加罗法洛:《犯罪学》,耿伟、王新译,中国大百科全书出版社1996年版,第5页。
[3] 李晓明:《行政刑法学导论》,法律出版社2003年版,第20页。
[4] 曾粤兴:《社会危害性的量化问题初探》,载《现代刑事法治问题探索》(第1卷),法律出版社2004年版,第594页。

益危害程度,重点要关注法定犯,通常都具有"数额较大""数额巨大"和"数额特别巨大"等标准。

需要说明的是,上述讨论是基于传统刑法理论进行的,既然作为犯罪特征的"社会危害性"都已经被大部分学者所否定,故在研究犯罪量度要件时,也应将其表述为"法益侵害性"。同时,将"危害程度"表述为"侵害程度"。

第五节 正当防卫

根据我国刑法典第 20 条的规定,为了保护合法权益免受正在进行的不法侵害,可以采取相应措施制止不法侵害行为,但不能"明显超过必要限度"。由此可见,正当防卫制度是符合犯罪量度要件的定义及其要求的,因此,应作为犯罪量度要件进行考量。但正当防卫究竟是违法程度由于没有达到"明显超过必要限度"而不追究刑事责任,还是其本身就是一种合法行为或正当行为,而根本不构成犯罪?长期以来,我国传统立法理论一直认为其是一种正当行为或合法行为,包括德、日犯罪论对其进行的也是"合法性"评价。然而,本书认为,正当行为也是具有法益侵害性的行为,尤其是其救济自己不被侵害的权利的依据也属于一种"私权救济",且伤害了对方,造成了不应有的损害,如果认为其完全正当或者合法是否也有些牵强。另外,按照其正当性和合法性的逻辑推论,很难解释从"正当防卫"到"防卫过当"的转变,不合乎正常的逻辑思维,因为二者是一个罪与非罪的性质完全不同的概念。因此,本书认为,正当防卫本身就不是完全的正当行为,甚至本质上也是不合法的行为,只是因为警察不能立即到场制止犯罪,为此,刑法典特别规定只要正当防卫行为没有"明显超过必要限度",就是合法的,就应当免除刑事责任追究,即不以犯罪论处。因此,这种防卫行为也可以被称为合法授权的防卫。

一、正当防卫的定义和成立条件

我国刑法典第 20 条第 1 款规定:"为了使国家、公共利益、本人或者他人的人身、财产和其他权利免受正在进行的不法侵害,而采取的制止不法侵害的行为,对不法侵害人造成损害的,属于正当防卫,不负刑事责任。"第 3 款规定:"对正在进行行凶、杀人、抢劫、强奸、绑架以及其他严重危及人身安全的暴力犯罪,采取防卫行为,造成不法侵害人伤亡的,不属于防卫过当,不负刑事责任。"因此,正当防卫包括一般正当防卫和特殊正当防卫。

(一)一般正当防卫的概念和成立条件

一般正当防卫,是指为了使国家、公共利益、本人或者他人的人身、财产和其他权利免受正在进行的不法侵害,而采取的制止不法侵害的行为,对不法侵害人造成损害且没有明显超过必要限度、造成重大损害的行为。一般正当防卫的成立需要具备以下条件:

1. 起因条件:必须存在不法侵害行为

存在不法侵害,表明对合法行为不能进行正当防卫,故对依法执行职务的行为,如司法人员依法逮捕、拘留人犯、执法人员的治安处罚行为,不能进行正当防卫。理解起因条件需要注意以下问题:(1)不法侵害的范围。不法侵害不但包括犯罪行为,还包括一般违法行为。不过,由于这里强调的是"侵害",说明不法行为要求具有侵害性,即具有暴力性、破坏性、毁灭性等体现侵犯、损害特点的不法行为,如抢劫、强奸、绑架等正在侵害人身的行为,这才能成为正当防卫的起因。如果是不具有侵害性的不法行为,不能成为正当防卫的理由。例如,对重婚行为就不能进行正当防卫。(2)必须是人的不法侵害。在刑法上,不是人的不法侵害,因为不能体现人的主观心理态度,通常不能称为不法侵害。因此,对以下行为不能实施正当防卫:一是动物侵袭。如果是动物自身发起的侵袭行为,可以先进行紧急避险,实在无法避险时,才可以进行正当防卫;如果是他人唆使动物侵袭,此时动物是犯罪工具,属于行为人的行为的延伸,可以适用正当防卫。二是精神病人的侵害。对精神病人的侵害可以进行紧急避险。[①](3)不法侵害具有客观现实性。这是指不法侵害是真实存在而不是行为人主观想象或者猜测、推断的,否则属于假想防卫。假想防卫是指并不存在不法侵害,行为人却误以为存在不法侵害而造成他人损害的行为。如甲将向自己疾奔而来的乙打成重伤,原因是甲认为乙想实施抢劫,事实上乙是由于有急事匆匆赶路。甲的行为属于假想防卫,对于假想防卫可以根据事实认识错误来定性,一般构成过失犯罪或者意外事件。

2. 时间条件:必须是正在进行的不法侵害

(1)"正在进行"的含义。"正在进行",是指不法侵害行为已经开始实施但尚未结束的进行状态。其中,"已经开始实施",即开始实施某种侵害的实行行为,在理解时还是要分情况认定。例如,暴力抢劫的,已经开始使用暴力就视为抢劫开始。不过,考虑到正当防卫的现实性与可能性,对于某些特定的行为,如果等到行为人开始实施实行行为就来不及或者难以正当防卫的,可以允许适当提前进行正当防卫。例如,对于他人的枪击行为,如果等到举枪的话,可能就来不及正当防卫,此时可以允许在侵害人拔枪或者将手伸进口袋掏枪时,进行正当防卫。又如,持刀抢劫的,只要行为人近距离有持刀的行为,就可以实施正当防卫。如果等到行为人举刀砍杀再进行防卫可能就来不及,所以可以适当提前。如果行为人持刀尚在远处,由于距离太远,不管行为人如何挥刀都属于侵害行为尚未开始。为了防止滥用正当防卫,面对这种情形时通常要求侵害行为具有一定程度的现实威胁,而不是肆意提前。所以,不管是持刀还是持枪,有效的威胁是不法侵害开始的的主要标志。"尚未结束",即不法侵害行为仍在继续中,并未停止。如果不法侵害停止,则不能进行正当防卫,因为不法侵害一旦停止,就不再具有现实威胁,再进行正当防卫已无必要。

[①] 有学者认为,对动物、精神病人等的侵害如果不能进行紧急避险,又不能进行正当防卫,显然不公平。本书认为,当出现这种情况且又迫不得已时,可以对动物和精神病人加以反击,但这不属于正当防卫的讨论内容,而属于社会常理的讨论内容,即此时的反击只要符合社会常理便可以进行。理由是:由于动物、精神病人等属于无意识的个体,如果以正当防卫进行反击,将不利于保护动物和精神病人的利益,毕竟正当防卫允许对侵害者损害的程度比较大。如果按照社会常理允许反击,就可以适当要求反击者把握一定的尺度,不至于过度损害动物和精神病人。

而且,对于已经发生的侵害行为,事后的防卫行为并不能产生实际效用,通过其他方式解决已经发生的问题更为有效;否则,就会陷入私人报复恶性循环的境地,这并非正当防卫的立法目的。

(2)防卫不适时。防卫不适时是指不法侵害尚未开始或者已经结束进行的防卫。具体包括两种情形:一是事前防卫,即不法侵害行为尚未开始便进行防卫。例如,当行为人看到不法侵害人拿着长棍赶来,尚在200米开外就用弹弓还击,将不法侵害人的右眼打瞎。由于不法侵害尚未开始,不能成立正当防卫。二是事后防卫,即在不法侵害已经结束的情况下进行防卫。例如,甲入室强奸乙,被乙的大哥、二哥发现痛打一阵。后来乙的三哥回家,闻讯大怒,将躺在地上的甲又打成重伤。乙的大哥、二哥的行为是在不法侵害时实施的,属于正当防卫,而乙的三哥的行为是在不法侵害结束后实施的,不属于正当防卫。

防卫不适时既可以构成故意犯罪,也可以构成过失犯罪,还可以是意外事件,要区分不同情况分别论处。

3. 对象条件:必须针对不法侵害人实施

正当防卫是为了保护合法利益而制止不法侵害的行为,从我国刑法典的规定来看,是基于防卫人能够对不法侵害人进行有效反击的情况下,才赋予防卫人正当防卫的权利。既然防卫人能够对不法侵害人进行有效反击,那么要求针对不法侵害人进行防卫也就成为必然。因为在通过对不法侵害人进行防卫就能够保护合法权益的情形下,不应当允许对不法侵害人以外的其他人的合法权益造成损害,于情于法都是理所当然的。

我国刑法典规定的"对不法侵害人造成损害",在指明损害对象的情形下,并没有明确何种损害,这意味着只要是不法侵害人的损害均可。在司法实践中,关系到不法侵害人的损害无非包括两种:一是人身损害,即对不法侵害人的生命、健康、人格、名誉等造成损害。例如,为制止不法侵害,将不法侵害人举刀的手打断,或者将其腿打伤等。二是财产损害,即对不法侵害人的财产权已造成损害。例如,为制止不法侵害,将不法侵害人的汽车毁坏等。

如果针对不法侵害人以外的第三人实施防卫,不管该第三人与不法侵害人是何种关系,均不能成立正当防卫。例如,甲伤害乙,乙回击甲,还在打斗中顺势将甲的小孩打成重伤。这种通过伤害甲的小孩也许能够制止甲的侵害行为,但不能成立正当防卫。如果乙造成甲伤害,当然成立正当防卫;如果乙不能有效反击甲的伤害,即使通过损害甲的小孩的权益可以避免甲的侵害,如果符合紧急避险条件的,应当成立紧急避险,而不是正当防卫。至于损害其他第三者合法权益的,应当根据犯罪事实分情况予以论处。

4. 目的条件:为了使国家、公共利益、本人或者他人的人身、财产和其他权利免受正在进行的不法侵害

防卫目的又称防卫意图,揭示了正当防卫人的主观心理态度,即必须是为了合法权益免受正在进行的不法侵害。理解防卫目的需要注意以下问题:

(1)防卫目的的内容。防卫目的具体包括认识因素和意志因素,是两者的有机统一。

正当防卫的认识因素,是指防卫人必须对不法侵害以及自己的防卫行为的性质、意义和后果,具有具体认识。防卫人应当认识到不法侵害是损害国家、公共利益、本人或者他人的人身、财产和其他权利的行为,认识到这种行为带来的法律后果;同时,行为人还应当认识到自己的行为是为了制止不法侵害行为,甚至会造成不法侵害人遭受损害,从而保护合法权益免受不法侵害。正当防卫的意志因素,是指防卫人决定实施制止不法侵害的防卫行为。需要注意的是,为保护非法利益能否进行正当防卫？一般而言,为保护非法利益是不能进行正当防卫的。有些利益,虽然表面上看来属于非法利益,但实际上属于国家或者公共利益,保护这样的利益还是能够成立正当防卫的。例如,对于冒充警察抢劫赌资的行为,行为人将抢劫者打成重伤的行为是否成立正当防卫就要具体问题具体分析。关键在于行为人是否为了国家利益进行正当防卫。赌资在形式上属于不法利益,实质上是应当被没收上缴国库的财产,其在本质上属于国家财产。但是,毕竟赌资存在形式上的非法性质。因此,为了保护赌资而对抢劫者加以侵害,是否成立正当防卫要看防卫人出于何种目的。如果防卫人认识到赌资是非法的,抱着"黑吃黑"的目的将抢劫者打伤,并将赌资据为己有,显然不是为了保护国家利益,因而不能成立正当防卫;如果防卫人认识到赌资是非法的,是应当收归国有的财产,为了保护国家财产、避免赌资被他人抢走,将抢劫者打伤和将赌资上交国家,则是为了保护国家利益,应当成立正当防卫。由于正当防卫是为了保护国家、公共利益、本人或者他人的人身、财产和其他权利,在事先知道不法侵害人试图侵害合法利益的情况下,防卫人为了达到上述目的可以进行事先准备。但是,行为人需要对准备行为及其造成的结果承担责任。如果准备行为在生活常识允许的范围内,且造成的后果一般不会超过正当防卫的限度,是符合正当防卫条件的。例如,为了防止他人入室从事违法犯罪活动,在自家房屋的院墙上布满玻璃刺或者铁刺,这是允许的。如果准备行为超出生活常识允许的范围,且容易造成严重后果,则属于违法犯罪行为。例如,为了防止自家瓜地里的瓜被盗,私设电网并将他人电死,就不属于正当防卫的范畴。

(2) 不具备防卫目的的情形。如果不是为了国家、公共利益、本人或者他人的人身、财产和其他利益免受不法侵害,表明不具备防卫目的,不能成立正当防卫。一般而言,以下情形被认为不具备防卫目的：一是防卫挑拨。所谓防卫挑拨,是指行为人以侵害对方为目的,刻意引起、诱导对方对自己进行不法侵害,然后以正当防卫的名义侵犯对方,达到侵害对方的目的。防卫挑拨不但具有犯罪故意,还实施了犯罪行为,因而成立故意犯罪。防卫挑拨之所以构成故意犯罪,关键在于不具备正当防卫的意图,而是出于侵害意图,尽管在形式上符合正当防卫的条件,并不能掩盖其故意犯罪的本质。二是非法斗殴。所谓非法斗殴,是指双方相互出于侵害对方的非法意图,而发生的互斗互殴的侵害行为。非法斗殴一般是以攻击对方人身为目标的行为,但也不能排除针对财产的相互斗殴。例如,甲乙喜欢攀比,一日约定好相互衣着名牌服饰撕斗,结果在打斗过程中甲和乙身上的贵重衣饰尽毁,但双方身体没有受到特别伤害。由此可见,非法斗殴是以损害对方权益为目的的,而不是为了保护合法利益免受不法侵害,故不属于防卫目的,不能成立正当防卫。不过,在相互斗殴中如果情势发生变化,那么是否成立正当防卫就要具体情况具体分析。如果约定互殴的一方放弃侵害要求停止斗殴,并且表示认输而不再进行斗殴,另一方还是不依不饶地继续侵害,则停止方可以进行正当防卫;如果相互斗殴的双方只是由于中途休息而暂时停止斗殴,一方在休息期间趁另一方不注意实施侵害,不能否定双方非法斗殴的本质,依然不能成立正当防卫。三是偶然防卫。所谓偶然防卫,是指出于故意损害他人合法权益的目的实施侵害行为,恰好制止了他人的不法侵害行为的情形。例如,甲和乙有仇,一日甲持刀进入乙家,刚进家门举刀便砍向乙,将乙的右臂砍断,恰好当时乙持菜刀砍其妻,因而救助了乙妻。甲的行为就是偶然防卫。对于偶然防卫,有的学者认为不能成立正当防卫。"这类行为明显缺乏防卫意图的正当性,不能成立正当防卫。"该观点的言外之意是,偶然防卫可以构成犯罪。有的学者则认为偶然防卫不成立犯罪。"本书坚持结果无价值论,主张偶然防卫行为不成立犯罪。因为虽然行为人主观上具有犯罪故意,但其客观行为没有侵犯刑法所保护的法益,相反刑法还允许以造成损害的方式保护另一法益。"[1]本书赞成第一种观点,如果完全根据结果无价值主张偶然防卫不成立犯罪,是存在问题的。在不符合防卫目的的情形下,将偶然防卫排除在犯罪之外,有放纵不法侵害之嫌。一方面,必须肯定偶然防卫是一种非法侵害行为,只是由于偶然因素保护了合法权益;如果没有偶然因素,这种非法侵害是存在法益侵害危险的。另一方面,即使保护了合法权益,但由于是非法侵害行为,行为人对他人权益侵害的程度并不容易把握;如果排除偶然防卫入罪,会加大合法权益遭受侵害的风险,有所不妥。

5. 限度条件:没有明显超过必要限度而造成重大损害

关于正当防卫的限度,理论上主要存在三种不同观点[2]:一是基本适应说。该说认为,防卫行为和侵害行为必须基本相适应,但如何理解"基本相适应"? 这要根据侵害行为的性质和强度以及防卫利益的性质等来决定。二是客观需要说。该说认为防卫行为是制止不法侵害所需要的,或者是必需的,或者是与有效制止不法侵害需要的行为基本相当。三是基本适应与客观需要统一说。该说认为,正当防卫行为是否超过必要限度,关键在于是否为有效制止不法侵害行为所必需,必要限度也就是必需限度。但是,如何认定"必需限度",必须对侵害行为的强度、所保卫权益的性质以及防卫行为的强度进行综合的分析后,才能最终得出准确的判断。

无论是基本适应说还是客观必需说,强调的是防卫行为制止不法侵害的有效性。如果能够有效制止不法侵害而又不损害不必要的利益,当然是最好的,但问题在于:在制止不法侵害的过程中,受各种因素影响,防卫人通常不可能把握得准确、恰当。而且,就正当防卫而言,其对不法侵害人的损害,与相同性质的犯罪相比,其社会危害程度要明显轻些。正当防卫出于"善"的防卫目的,针对的是不法侵害人的损害,客观上保护了特定的合法利

---

[1] 张明楷:《刑法学》(第3版),法律出版社2007年版,第181页。
[2] 高铭暄主编:《新中国刑法学研究论述(1949—1985)》,河南人民出版社1986年版,第392—394页。

益。而普通犯罪即不存在"善"的防卫目的,也非针对不法侵害人的损害,客观上也没有保护特定的合法利益。在这种情形下,如果防卫行为过当并构成犯罪,其入罪标准理应比一般犯罪要高才是恰当的。因此,无论是基本适应说、客观需要说还是基本适应与客观需要统一说,还是有些相对保守的。

我国刑法典第 20 条第 2 款规定,正当防卫明显超过必要限度造成重大损害的,应当负刑事责任。这意味着成立正当防卫,必须没有明显超过必要限度且没有造成重大损害。基于上述分析,可知刑法对正当防卫限度的规定是非常恰当的。只有明显超过必要限度且造成重大损害的行为才是防卫过当,由此合理地揭示防卫过当为什么构成犯罪。其中,"明显超过必要限度"是指正当防卫对不法侵害人的损害,明确、显然地超过法律所允许的必要的限度;"造成重大损害"是指正当防卫对不法侵害人的损害与不法侵害所要造成的损害相比,造成了重大损害。需要注意的是,不应当单纯就正当防卫对不法侵害人的损害来评价何为"重大损害",而是必须将正当防卫对不法侵害人的损害与不法侵害所要造成的损害进行价值比较,综合评价是否损害重大。由此可知,"明显超过必要限度"与"造成重大损害"的标准是相辅相成、协调统一的。"明显超过必要限度"是形式上的表现,"造成重大损害"是相比较的结果,没有前者就没有后者,有前者就相应地产生后者;反之,"造成重大损害"也意味着正当防卫"明显超过必要限度"。在具体判断时,需要根据防卫行为的性质、手段、强度、危害后果以及防卫时的具体条件,并结合不法侵害的性质、手段、强度、可能造成的危害以及不法侵害时的具体条件,进行综合比较、衡量,最终确定防卫行为是否明显超过必要限度,并造成了重大损害。

然而,正当防卫在刑法上是基于法律允许或授权才合法的,但这并非意味着防卫行为都是合法的,明显超过了必要限度、造成重大损害的防卫行为,就失去了合法性。首先,对正当防卫的判断虽然是综合的价值评价,但价值评价依赖于行为事实本身,抛开主观因素及其他限制因素,正当防卫所造成损害的行为与违法行为在构造上并无本质不同。换言之,因为已经满足形式违法,那么正当防卫的合法性根源存在瑕疵。其次,刑法学界所公认的正当防卫的五个成立条件,既表明了正当防卫成立的限制多而严谨,也说明正当防卫的正当性存在于一定的范围之内,并且从限度条件来看,正当防卫稍有不慎就很可能演变成犯罪,这也说明正当防卫的合法性存在许多不安因素。最后,正当防卫虽然没有明显超过必要限度造成重大损害,却有可能超过与不法侵害相当的限度而具有一定的法益侵害性,属于民事违法行为。《民法通则》第 128 条规定:"正当防卫超过必要的限度,造成不应有的损害的,应当承担适当的民事责任。"该条规定的防卫限度明显比刑法规定的要轻些。因此,只要没有超过刑法规定的限度,尽管超过民法规定的限度,在刑法上仍然属于正当防卫。

(二)特殊的正当防卫的定义和成立条件

特殊的正当防卫,是指根据刑法规定对特定的行为采取的防卫行为。根据我国刑法典第 20 条第 3 款的规定,对正在进行行凶、杀人、抢劫、强奸、绑架以及其他严重威胁人身安全的暴力犯罪，采取防卫行为，造成不法侵害人伤亡的，不属防卫过当，不负刑事责任。与一般的正当防卫相比，特殊的正当防卫在成立条件上有共同之处，表现为时间条件、对象条件、目的条件相同。但是，特殊的正当防卫与一般的正当防卫还是存在较大差别，刑法学界也有学者称之为"特别防卫权"。

1. 起因条件：必须有行凶、杀人、抢劫、强奸、绑架以及其他严重威胁人身安全的暴力犯罪正在发生

特殊的正当防卫的起因条件具体包含两层含义：(1)必须是正在进行的行凶、杀人、抢劫、强奸、绑架以及其他严重威胁人身安全的犯罪。其中，杀人、抢劫、强奸、绑架四种危害人身安全的犯罪比较好理解，因为刑法分则中规定了具体的犯罪行为。只要不法侵害行为中包含这四种行为的，也可以认定符合特殊的正当防卫的起因条件。例如，在拐卖妇女的过程中强奸被拐卖的妇女、在强迫卖淫的过程中强奸妇女的，均不成立强奸罪，只成立拐卖妇女罪、强迫卖淫罪。但是，由于其中存在强奸行为，所以可对不法侵害人实施特殊的正当防卫。至于"其他严重威胁人身安全的犯罪"，显然不是一般的威胁人身安全的犯罪，而是指与杀人、抢劫、强奸、绑架四种侵害人身安全的犯罪具有相当侵害程度的犯罪，如暴力劫持航空器、武装暴乱等。这里的"行凶"严格来讲并非规范用语，而是一种社会化用语，具有抽象性、模糊性特点，并不容易理解。不过，联系刑法典后面的限定性犯罪，如杀人、抢劫、强奸、绑架等严重威胁人身安全的犯罪，就能够推知"行凶"也必须是与这些犯罪具有类似性质以及程度的犯罪，主要是指严重危及人身安全的故意伤害犯罪。"对'行凶'必须做体系性解释，即这里的'行凶'仅是指'打人'，即法律意义上的'故意伤害'，但不要求一定是用凶器进行伤害。"(2)必须是暴力犯罪。所谓暴力，是指针对人的身体实施强力打击的手段，可以借助工具也可以利用身体进行，常见的暴力包括枪击、棍打、刀砍、斧劈等。严重危及人身安全的行为并非就是暴力犯罪，许多严重危及人身安全的犯罪往往是通过非暴力手段实施的。例如，遗弃也会严重危及人身安全，却通常不是通过暴力实施的。即便是杀人、抢劫、强奸、绑架四种常见的、往往严重危及人身安全的犯罪，也不一定是通过暴力实施。例如，故意杀人罪就可以通过不作为的非暴力手段实施，强奸也可以是通过冒充被害妇女的丈夫等欺骗手段实施。只有严重危及人身安全并且通过暴力实施的杀人、抢劫、强奸、绑架等犯罪，才能使用特殊防卫权。

2. 限度条件：没有任何限度

所谓没有任何限度，即造成侵害人死亡也不负刑事责任。对不法侵害人的损害，最大程度不过是剥夺其生命权。这表明，特殊的正当防卫即使剥夺不法侵害人的生命，也属于正当防卫，不负刑事责任，因而又称为无限防卫权。不过，对于造成财产权的损害，我国刑法典没有规定。在司法实践中，防卫时对不法侵害人的财产造成损害，也是客观存在的。至于财产权的限度，根据刑法的立法目的，应当也不受限制，即不管造成不法侵害人的财产损害达到何种程度，均应属于正当防卫，不以犯罪论处。

二、防卫过当及其刑事责任

根据我国刑法典第 20 条第 2 款的规定,防卫过当是指正当防卫明显超过必要限度造成重大损害,应当负刑事责任的行为。防卫过当在性质上属于犯罪,而不是正当行为。成立防卫过当,是以符合正当防卫的条件为前提的。如果不符合正当防卫的条件,就不可能成立防卫过当,这是防卫过当构成犯罪与普通犯罪的根本区别。

关于防卫过当的罪过形式,刑法学界存在不同观点,如故意与过失说、纯粹过失说、疏忽大意的过失说等。一般认为,防卫过当本身是出于防卫目的,因而不可能存在其他目的,否则就因不能成立正当防卫而无法成立防卫过当。既然没有明确的犯罪目的,那么就不可能成立直接故意犯罪。至于成立间接故意犯罪、疏忽大意的过失犯罪、过于自信的过失犯罪等,还是有可能的。

由于防卫过当本身不是罪名,且刑法分则亦对防卫过当并无特别规定,故对防卫过当的定罪,应当按照行为本身符合刑法分则规定的罪名具体认定。在处罚时,根据刑法典第 20 条第 3 款的规定,应当减轻或免除处罚。

第六节 紧 急 避 险

紧急避险的本质在于,当两个合法权益相冲突又只能保全其中之一的紧急状态下,法律允许为了保全较大的权益而牺牲较小的权益,但不能超过必要限度,超过不应有的损害。虽然造成了一定的权益损害,但从总体上说,它是有益于整体法秩序的行为,因此不应承担刑事责任。与正当防卫相同,紧急避险也不是必然就是合法行为,因其造成他人、社会、国家的实际损害,这种行为应当是不正常的,甚至是违法的。但是只要没有"超过必要限度造成不应有的损害",就可以不以犯罪论处。

一、紧急避险的定义和成立条件

根据我国刑法典第 21 条第 1 款的规定,所谓紧急避险,是指为了使国家利益、公共利益、本人或者他人的人身、财产和其他利益免受正在发生的危险,不得已采取的损害其他合法权益的行为。其成立条件如下:

1. 起因条件:必须有危险发生

(1)危险的本质

紧急避险中的"危险",是指能够对合法权益造成现实危害的紧迫事实状态。对于避险人而言,"危险"本质上是一种不可抗拒的力量,乃至于无法对危险本身作出针对性的对策。正是由于不可抗拒,才迫使避险人采取损害其他合法权益的途径来避免危险的损害。例如,同样是人的犯罪行为,如果行为人能够制服犯罪人而不必损害其他合法权益,就成立正当防卫;否则,才能采取紧急避险措施。因此,并非任何事由都可以成为危险的,只有对于避险人来说属于不可抗拒的事由,才能称为危险。

（2）危险的来源

在司法实践中,常见的危险主要包括:一是自然灾害,如火灾、水灾、山体坍塌、雪崩海啸、闪电雷雨等。二是动物侵袭,如猛兽袭击、家畜侵害等。三是人的违法犯罪行为,如抢劫、强奸等暴力伤害等。四是人的生理、病理导致的危险,如精神病人的侵害等。

（3）假想避险

危险的发生是不以人的意志为转移的客观事实,是现实存在而非想象、猜测的。如果不存在现实危险,行为人误认为危险出现,乃至造成他人合法权益损害的,便是假想避险。假想避险不是紧急避险,如果具有严重的法益侵害性,根据避险人是否应当预见可以按照过失犯罪或者意外事件论处。

2. 时间条件:危险正在发生

所谓"危险正在发生",是指已经发生的危险正在损害合法利益且尚未结束。如果危险尚未出现或已经结束,就不能实施紧急避险;否则,将成立避险不适时。避险不适时包括事前避险和事后避险。前者是指危险尚未出现便实施紧急避险,此时危险还处于潜伏状态,公民仍有条件采取其他防范措施,因而法律不允许在这种情况下实施紧急避险;后者是指危险已经结束才实施紧急避险,此时避险已经失去时间条件,损害已经造成,实行紧急避险已无保全合法权益的意义。由于避险不适时而造成的严重损害,可分情况处理:如果行为人主观上具有放任态度,成立间接故意犯罪;在符合过失犯罪的条件下,也可成立过失犯罪。

3. 对象条件:一般损害第三者的合法权益

紧急避险一般损害第三者的合法权益,是与危险的本质密切相关的。也就是说,避险人只能通过损害危险来源之外的其他合法权益,才能避免危险造成损害。这意味着,紧急避险是将本来造成一方的损害转嫁给另一方。如果损害避险人自己的利益,性质上不属于紧急避险。因为避险人损害自己的利益,是自己完全有权处理的利益,是一种放弃自己利益的行为,与损害第三方的合法权益存在实质的区别。通常,损害自己的利益无需承担任何责任。损害第三者合法权益只是一般情形,特殊情况下,避险人也可以损害施加危险方的利益。例如,"如果为了避险不得已破门闯入持枪歹徒的住宅,不使歹徒进入的,视为紧急避险较为合理"[①]。

4. 目的条件:为了使国家利益、公共利益、本人或者他人的人身、财产和其他利益免受正在发生的危险

紧急避险的目的条件即避险意图,包括避险认识和避险意志。避险认识是指对正在发生的危险的性质、意义和后果等存在认识,认识到危险会造成何种性质、意义和后果的损害,同时还认识到自己的行为是对第三者的合法权益造成损害。避险意志是指在认识

[①] 张明楷:《刑法学》(第3版),法律出版社2007年版,第191页。

到自己的避险行为是防止危险的侵害的情况下,决意实施损害第三者合法权益的行为。目的条件是紧急避险区别于犯罪的重要特征之一。在紧急避险时,避险人是具有损害第三者合法权益的故意的。在这种故意支配下损害他人合法权益,对于一般犯罪是需要承担刑事责任的,而紧急避险之所以不承担刑事责任,主要原因之一是为了使国家利益、公共利益、本人或者他人的人身、财产和其他利益免受正在发生的危险。从这一点来看,紧急避险的具有双重目的,即损害合法权益的目的与避险目的。

5. 限度条件:没有超过必要限度造成不应有的损害

(1) 关于紧急避险限度的理论争议

我国刑法典第 21 条第 2 款规定,紧急避险超过必要限度造成不应有的损害的,应当负刑事责任。换言之,成立紧急避险,必须是没有超过必要限度造成不应有的损害。学界对此主要有两种不同观点:一是小于说。该说认为,紧急避险的必要限度是紧急避险造成的损害小于所避免的损害。[①] 因为在客观后果上,紧急避险虽然损害了一定的合法利益,但保护了更大的合法利益,客观上对社会有益;在主观上,紧急避险造成较小的合法利益的损害乃迫不得已,目的是为了保护更大的合法利益。因此,紧急避险在主客观上对社会有益,为我国法律所认可和提倡。[②] 另外,我国刑法规定的紧急避险是以社会主义集体主义精神为指导思想,要求一个人在面临危险时,牺牲局部、较小的利益以保护整体、较大的利益,使合法权益免受损害或减少损害。我国刑法绝不允许牺牲他人生命来保全自己的生命,不允许为保全局部、较小的利益而去牺牲整体、较大的利益。[③] 二是不超过且必要说。该说认为:"紧急避险的必要限度,是指在所造成的损害不超过所避免的损害的前提下,足以排除危险所必要的限度。"[④] 不超过且必要说与小于说的不同之处在于:其一,不超过且必要说认为,紧急避险"在不得已的情况下损害同等法益的,也不一定超过了必要限度"[⑤],主要理论依据为零损害理论和期待可能性理论。根据零损害理论,在需要保护的两种利益完全等同且必然牺牲其中一种利益时,牺牲何种利益无实质区别,不能要求避险人对任何一种利益优先保护。因为从法益衡量的角度来看,保护法益和牺牲法益等价,就意味着二者之间的冲突结果为"0"。既然是"0",就意味着没有出现必须作为刑法处罚对象的法益受到严重侵害的负面结果。[⑥] 根据期待可能性理论,在保护的法益与牺牲的法益价值相同的情况下,应当考察是否存在期待可能性。[⑦] 其二,不超过且必要说认为,即使所造成的损害不超过所避免的损害,但损害不必要,超出足以排除危险的限度,则成立避险过当。"当紧急避险只需要损失微小的合法权益就可以避免危险时,如果损失了较

[①] 高铭暄、马克昌主编:《刑法学》,北京大学出版社、高等教育出版社 2007 年版,第 151 页。
[②] 高铭暄、马克昌主编:《刑法学》(上编),中国法制出版社 1999 年版,第 245 页。
[③] 马克昌主编:《犯罪通论》,武汉大学出版社 1999 年版,第 801 页。
[④] 张明楷:《刑法学》(第 2 版),法律出版社 2003 年版,第 274 页。
[⑤] 张明楷:《法益初论》,中国政法大学出版社 2003 年版,第 411 页。
[⑥] 黎宏:《犯罪总论问题思考》,中国人民大学出版社 2007 年版,第 356 页。
[⑦] 陈兴良:《本体刑法学》,商务印书馆 2005 年版,第 463 页。

大的合法权益,尽管损失的合法权益仍然小于保护的合法权益,避险行为也超过了必要限度,构成避险过当。"① 因为紧急避险是两种合法利益之间的冲突与权衡,应当用尽可能小的损害去保全较大的合法利益,紧急避险行为所引起的损害小于所避免的损害的,不一定都属于必要限度之内。②

上述两种观点中,小于说作为"刑法理论界与司法实践对紧急避险的必要限度的认识极为一致"③的学说,是通说。本书认为,小于说并没有揭示"超过必要限度造成不应有的损害"的真实含义,自身存在许多缺陷与不足。

首先,小于说的立论依据不充分,且与民法、刑法等相关规定不协调。小于说认为,紧急避险的本质是为了保全较大的权益而牺牲较小的权益,故其限度取决于紧急避险造成的损害与所避免的损害之比较,但这种理解不确切。刑法规定紧急避险制度,本质上是为了防止合法利益免受危险损害、避免造成不应有的损害,这与"保全较大的权益而牺牲较小的权益"并不具有等同关系。另外,小于说认为,我国刑法认可并提倡紧急避险,是因为其在主客观上保护了更大的合法利益,对社会有益,但这种理由也比较勉强。紧急避险与避险过当是非此即彼的关系,解决的是罪与非罪的问题。小于说虽然认识到刑法鼓励、支持、保护整体上有益于社会的紧急避险行为,却没有明确整体上对社会没有益也没有害或者有害于社会的避险行为是否应该承担刑事责任,而这些行为之性质在判断紧急避险的限度时是必须要解决的。小于说还认为,我国刑法不允许为保全局部的、较小的利益去牺牲整体的、较大的利益,也值得商榷。根据我国《民法通则》第 129 条的规定,"因紧急避险采取措施不当或者超过必要的限度,造成不应有的损害的,紧急避险人应当承担适当的民事责任"。该规定表明,民法上的避险过当需要承担民事责任。民法上的避险过当包含为保全局部的、较小的利益去牺牲整体的、较大的利益的行为,但在性质上与刑法上的避险过当具有本质不同:前者是民事违法行为,后者是犯罪。在刑法上,行为只要不构成犯罪,都是允许的。为保全局部的、较小的利益去牺牲整体的、较大的利益只要不构成犯罪,即使是民事违法行为也是刑法所允许的。事实上,在阐释法律时,恰恰应当摆脱逻辑的机械规则之束缚,去探求立法者于制定法律时衡量各种利益所谓之取舍。④ 小于说对紧急避险限度的理解恰恰是机械的,没有顾及刑法的相关规定,这样必然会造成规范之间的矛盾与冲突。假如小于说的上述理由成立,则其所蕴含的逻辑是,避险过当因为从整体上并非有益于社会统治秩序,所以行为人才需要承担刑事责任。然而,根据我国刑法典第 13 条"但书"的规定,某一行为即使对社会造成损害,只要情节显著轻微危害不大,就不能以犯罪论。这意味着,紧急避险即使造成的损害等于或大于所避免的损害,只要情节显著轻微危害不大,是不能以犯罪论处的。由此可见,小于说与刑法规定的犯罪概念不协调。

---

① 王作富主编:《刑法学》,中国人民大学出版社 2004 年版,第 111 页。
② 张明楷:《犯罪论原理》,武汉大学出版社 1991 年版,第 343 页。
③ 马克昌主编:《犯罪通论》,武汉大学出版社 1999 年版,第 801 页。
④ 杨仁寿:《法学方法论》,中国政法大学出版社 1999 年版,第 234 页。

其次，小于说在本质上属于客观判断，无法解决某些具体问题。小于说所指的损害，注重的是法益的性质，是一种确定损害大小轻重的客观标准。① 在日本等大陆法系国家，评价紧急避险造成的损害与避免的损害之大小，主要依据法益权衡原则。"法益衡量依据着客观的标准，即所考虑的两个法益同是属于一个人而行为人又是通常人时，哪一个法益更重要按照经验法则来决定，行为人的特殊兴趣、倾向等都不是决定问题的标准。"②法益权衡原则根据客观损害结果进行比较，可操作性强，判断时相对比较容易。但是，该原则也遭到许多质疑。"法益权衡说是从'所有的法益都可以计量价值'的前提出发的，为了大利益而牺牲小利益时，还把保留相差的利益看作是文化秩序的要求，这完全是商人的观点，代表着资本主义社会的思想倾向，所以这种立场是私法部门发展起来的原因。"③刑法保护的法益具有多样性和复杂性，倘若仅仅根据客观标准，有时很难权衡。例如，因为自己的小孩突发疾病，不马上送往医院便有性命之忧，行为人因而无证驾驶、超速驾驶或者酒后驾驶，将小孩送到了医院。行为人所实施的行为是为了救助自己的小孩的生命而违反《道路交通法》等相关交通法规，侵害的法益属于社会公共安全这种抽象的法益，需要比较的法益为可能会引发交通事故并由此侵害多数人的生命、身体、财产的权利与行为人小孩的生命权。对此，往往难以比较二者之间的优劣。④ 总而言之，立足于客观判断的小于说存在形式化、量化等缺陷，只能解决部分避险行为的限度问题。

不超过且必要说作为近年来的有影响力的学说，弥补了小于说的某些不足，得到部分学者的支持。但是，其缺陷主要表现在：其一，与小于说一样，不超过且必要说的立论依据因脱离刑法规定而缺乏法律依据。其二，不超过且必要说在理论上也缺乏说服力。零损害理论由于没有充分考虑各种影响价值评价的因素，不能体现对避险行为性质的全部评价。"受到保护的利益和受到侵害的利益相等时，韩国以往的通说是认定相当性的。但是均衡性原理意味着优越利益的原则，在相同利益之间是不承认这种关系的，因此在这种情况，应当视为不阻却违法性。在均衡性的判断中，以往的法益均衡理论应被包含性的利益均衡的原则所替代，故不仅是关系法益，危险的程度和保护的价值也要综合来判断。"⑤至于期待可能性理论，本指从人格体的角度分析具有不可期待，体现一种客观、普遍的人格特征。"在此不谈及那些零散的、私人的、秘传的、虚假的和类似的定义，则这种期待作为一般的看法表现出来，并且在下述意义上是一种客观的数值：它不依赖于被作为人格体来定义的人的承认，也就是说，即使这个人不把自己理解为主体，也会发生这种期待。"⑥在损害同等法益时，是否具有不可期待性，在不同的情况下是肯定不同的，并不具有客观性与普遍性。"如果受到危险威胁的是本人或与本人有特殊关系的人（如儿子、亲朋好友），

---

① 王瑾：《中华刑法论》，姚建龙校，方正出版社 2005 年版，第 232—233 页。
② 〔日〕泷川幸辰：《犯罪论序说》，王泰译，法律出版社 2005 年版，第 105 页。
③ 同上书，第 102 页。
④ 〔日〕西田典之：《日本刑法总论》，刘明祥、王昭武译，中国人民大学出版社 2007 年版，第 113 页。
⑤ 〔韩〕李在祥：《韩国刑法总论》，〔韩〕韩相敦译，中国人民大学出版社 2005 年版，第 217 页。
⑥ 〔德〕京特·雅科布斯：《规范·人格体·社会——法哲学前思》，冯军译，法律出版出版社 2001 年版，第 80 页。

行为人往往不可能具有正常的动机形成过程;但如果涉及一个不熟悉的外人,就很难用期待可能性理论来解释。"[①]其三,不超过且必要说也肯定紧急避险造成的损害大于所避免的损害属于超过紧急避险限度,故不可避免地存在小于说所具有的某些缺陷。其四,该说还认为只要造成了不适当损害,不管其程度如何,都可成立避险过当。然而,这与我国刑法典第13条的规定也存在冲突。

(2) "超过必要限度造成不应有的损害"的真实含义

从我国刑法典的相关规定来看,"超过必要限度造成不应有的损害"应当分两部分进行理解:其一,"超过必要限度"。如何理解"超过必要限度"? 一般而言,应当指避险行为超过必要限度。紧急避险的目的是通过避免危险发生而保护合法利益,评价其超过必要限度的立足点,只能是为了避免危险发生而对第三者的合法利益造成的损害上。由于"超过必要限度"后还有"不应有的损害"之规定,故"超过必要限度"只能指为了避免危险发生的而实施的行为限度。例如,制止动物侵袭的危险,本来行为人只需将动物打伤就行,却将之打死,造成动物死亡的行为就属于超过必要限度。因此,"超过必要限度"是相对于避险行为而言的,是对避险行为的要求。其二,"不应有的损害"。与"超过必要限度"相对应,"不应有的损害"是针对行为后果而言的,即对其他合法利益造成不必要、不恰当的损害。"不应有的损害"与"超过必要限度"既密切相关又有所不同:后者是前者的前提和基础,是前者发生的原因,避险行为没有"超过必要限度",就不存在"造成不应有的损害"。但是,"不应有的损害"毕竟是一种行为后果,与避险行为存在性质上的不同,避险行为超过必要限度后造成何种不应有的损害,存在巨大的差异。例如,满载20000吨货物的货船在海上航行突遇狂风暴雨,有倾覆危险,只要将其中的5000吨货物卸下便足以防止危险发生,卸载的超过部分当属于"不应有的损害",这种损害既可以是1吨货物,也可以是15000吨货物,相去甚远。由于避险过当成立犯罪,而犯罪成立是由行为事实和刑法规范共同决定的,因此,"造成不应有的损害"应当立足于事实与法律加以综合判断。立足于客观事实,"不应有的损害"应当包含两层含义:一是造成其他合法利益的损害与危险将要造成的损害相比,超过了一定程度,乃至于"不应有"。这是小于说所主张的。例如,载满货物的大型货船在海上航行突遇狂风暴雨,如果不舍弃货物将会发生船毁人亡的后果,此时,为了保证船只和人员安全,即使舍弃全部货物,也没有造成"不应有的损害"。二是造成的其他合法利益的损害"不应有",即对其他合法利益的损害可以更小,却造成较大损害,那么,较大的损害显然属于"不应有"。这是不超过且必要说所主张的。例如,在上述案例中,如果舍弃部分货物就足以避免灾害发生,那么舍弃全部货物显然造成了"不应有的损害"。这两种"不应有的损害"区别在于:前者立足于两种损害的对比,并不考虑所造成的损害是否合适;后者侧重于"造成的其他合法利益的损害"本身,并不涉及两种损害的对比。立足于刑法规范,"不应有的损害"是决定避险行为成立犯罪的损害。因此,即便所

[①] 〔意〕杜里奥·帕多瓦尼:《意大利刑法学原理》,陈忠林译,中国人民大学出版社2004年版,第157页。

造成的损害大于危险将要造成的损害或者造成了不必要的损害,只要法益侵害没有达到一定程度,避险行为也不构成犯罪,这是"不应有的损害"的法律含义。例如,在上述案例中,假如只要抛弃价值 5 万元的货物就能避免船毁人亡,如果行为人抛弃了价值 5.1 万元的货物,由于超出必须抛弃的货物部分价值不大(只有 1000 元),因而可以不认定为避险过当。不难看出,小于说与不超过且必要说的共同缺陷,均在于判断紧急避险的限度时没有充分考虑到我国刑法设定的入罪条件,即具有一定的社会危害程度。

综上所述,成立紧急避险首先必须遵循适当性原则。适当性原则又可称为最轻微侵害手段或尽可能微小限制的原则,意指为保护某种较为优越的法价值须侵及一种法益时,不得逾达此目的所必要的程度。① 根据该原则,在紧急避险的场合,如果能将损害控制在最小限度,那么基于功利主义的立场,行为人即使不能将利益最大化,至少应当将损失最小化;否则,就可能成为国家发动刑罚权的理由。"生活中充满了两难选择,不论做什么,总会产生某种不希望的结果。如果我们不能将利益最大化,那么功利主义的原则告诉我们必须将损失最小化。"②适当性原则作为紧急避险合法化的根据,是判断紧急避险是否超过限度的首要标准。适当性原则只是揭示紧急避险造成损害的不适当,至于避险行为人是否因不适当损害构成犯罪,则取决于一国刑法如何定义犯罪,这是判断紧急避险是否超过限度的规范标准。紧急避险行为只有不具备"犯罪的社会危害性",才能在刑法上排除犯罪性。即使在保护的法益价值小于牺牲的法益价值的场合,并不总是符合刑法典第 21 条第 2 款规定的避险过当的条件——超过必要限度且造成不应有损害。③

立足于我国刑法规定,紧急避险合法化的根据包括:一是事实标准,即避险所造成的损害必须适当;二是规范标准,即避险所造成的不适当损害没有达到一定的社会危害程度。相应地,紧急避险限度判断的标准,在于避险行为造成的损害是否适当,且不适当的损害是否达到一定的社会危害程度。如果避险行为造成的损害适当,或者虽然不适当但社会危害程度不严重,则成立紧急避险;如果避险行为造成的损害不适当且社会危害程度严重,则成立避险过当。

6. 限制条件:迫不得已

所谓"迫不得已",是指除了损害第三者合法权益之外,没有其他方法可以有效避免危险的损害。如前所述,紧急避险是对合法权益的损害,为了保护他人的合法权益以及保证紧急避险权不被滥用,规定"迫不得已"作为紧急避险的条件,是很有必要的;否则,既不利于保护他人的合法权益,也会纵容权利滥用。"迫不得已"意味着只要有其他办法可以避免危险,就不能损害他人合法权益;否则,就不能成立紧急避险,甚至构成犯罪。

7. 禁止条件:不适用职务上、业务上负有特定责任之人

我国刑法典第 21 条第 3 款规定,紧急避险不适用于职务上、业务上负有特定责任的

---

① 〔德〕卡尔·拉伦茨:《法学方法论》,陈爱娥译,商务印书馆 2003 年版,第 285 页。
② 〔美〕哈伯特 L. 帕克:《刑事制裁的限制》,梁根林等译,法律出版社 2008 年版,第 114 页。
③ 黎宏:《紧急避险法律性质研究》,载《清华法学》2007 年第 1 期。

人。职务上、业务上负有特定责任,表明行为人有义务防止危险发生,而不是通过损害他人的合法权益避免危险发生。问题在于,不能通过损害第三者的合法权益避免危险,行为人又不能有效防止危险造成损害,那么如何防止危险造成损害?这就需要联系职务或者业务赋予的义务展开讨论。例如,银行安保人员在遇到歹徒抢劫银行时,只能竭尽全力与歹徒抗争以避免银行受到损失,即使付出生命代价也应在所不惜;反之,如果为了保护自己的生命健康而任由歹徒抢劫银行钱款,则可能构成犯罪。在这种情形下,职务、业务上的义务要求行为人只能舍己忘身,而不能紧急避险。

二、正当防卫与紧急避险的区别

1. 起因不同

紧急避险的危险来源除了人的不法侵害外,还包括自然灾害、动物侵袭以及人的生理、病理行为等;正当防卫的侵害来源只限于人的不法侵害行为。

2. 损害对象不同

紧急避险一般是损害第三者的合法权益,即使在特殊情形下可以损害危险来源人的利益,也只是其他利益而非人身利益;正当防卫则只能损害不法侵害者的利益,包括人身利益和财产利益。

3. 限制条件不同

紧急避险只能在迫不得已的情况下才能实施,这意味着没有任何其他有效手段排除危险即将造成的损害,故紧急避险是没有选择地损害其他合法权益;正当防卫则无迫不得已的限制,即使行为人有条件采取其他方法避免不法侵害,也可以对正在进行的不法侵害实施正当防卫,故正当防卫是在有选择权的情形下选择损害不法侵害人的利益。

4. 限度条件不同

紧急避险的限度是没有超过必要限度造成不应有的损害,即损害要适当,不能达到一定的法益侵害程度;正当防卫的必要限度,是没有明显超过必要限度且没有造成重大损害,判断时应当综合防卫行为与不法侵害行为的性质、强度以及其他条件等加以整体评价。

5. 禁止条件不同

紧急避险不适用于职务上、业务上负有特定责任的人;正当防卫则无此限制,即使是职务上、业务上负有特定责任的人也可以进行正当防卫。

三、紧急避险过当及其刑事责任

我国刑法典第21条第2款规定,避险行为超过必要限度造成不应有的损害的,应当承担刑事责任,但是应当减轻或者免除处罚。避险过当的成立,除限度条件外,还必须符合紧急避险的其他条件。至于避险过当构成犯罪的,主观上可以是间接故意、疏忽大意的过失或者过于自信的过失。

第十二章

犯罪形态(Ⅰ)：未完成形态

犯罪形态在我国的刑法理论中是一个颇具争议的概念，其概念的形成甚至经历了一个漫长的历史发展过程。在1949年以后的社会主义刑法理论建设中，尤其是在20世纪50年代，虽然我国刑法理论中研究共同犯罪和罪数问题，但并未上升到犯罪形态的概念来认识，而是对二者进行各自独立的单独研究。

在1979年我国刑法典公布后，许多论著也没有使用"犯罪形态"的概念，只是表述为"犯罪的预备、未遂和中止"①或"故意犯罪的阶段"②。到了1985年，随着我国刑法学界对刑法理论研究的不断深入，将"故意犯罪的阶段"之提法逐步改称为"故意犯罪过程中的犯罪形态"③。另外，我国早期的刑法理论一直把"罪数"问题放在数罪并罚理论中进行研究。④ 后来学者们将"罪数"和"共同犯罪"也逐步纳入到"犯罪形态"的概念之中。⑤ 进入20世纪90年代，我国学者进一步推进了"犯罪形态"理论的研究，形成了"犯罪形态"的一般概念，这一理论成果以姜伟博士的《犯罪形态通论》一书为标志。他认为："犯罪形态是现实存在的犯罪现象在法律上的反映……从某种意义上讲，犯罪形态就是犯罪的同义语……"但是，"犯罪形态也不能与犯罪概念混为一谈。犯罪概念将一切犯罪作为整体，将揭示其共有特征，界定罪与非罪的基本标志。而犯罪形态是形形色色的犯罪现象，强调某一类犯罪的具体特征，说明某种犯罪的侵害法益的性质及程度，主要厘定此罪与彼罪、轻罪与重罪、一罪与数罪、单人犯罪与共同犯罪的界限"⑥。也有学者以犯罪构成为中心来认识犯罪形态，"认为犯罪形态是与定罪量刑有关的犯罪构成特定特征的类型化，它既不是刑法分则规定的个罪，也不是类罪；而是根据一定的标准对具有特定共性的犯罪进行相应分类形成的形态"⑦。进入21世纪，又有学者指出："单位犯罪，在刑法理论上一般称为

---

① 杨春洗等：《刑法总论》，北京大学出版社1981年版，第179—192页。
② 高铭暄主编：《刑法学》，法律出版社1982年版，第172页。
③ 马克昌：《刑法理论探索》，法律出版社1995年版，第82页。
④ 高铭暄主编：《刑法学》，法律出版社1982年版，第276—282页。
⑤ 高铭暄主编：《刑法学研究综述(1949—1985)》，河南人民出版社1986年版，第374页。
⑥ 姜伟：《犯罪形态通论》，法律出版社1994年版，第1—3页。
⑦ 吴振兴、邓斌、范德繁：《犯罪形态研究纲要》，载《社会与法制发展》2002年第4期。

法人犯罪,是一种为单位利益或者以单位名义而实施的特殊犯罪形态,具有不同于个人犯罪的特征。"① 也有学者在论著中将"单位犯罪"直接列入"犯罪形态"的章节②,使得刑法理论中的犯罪形态的内容与范围进一步扩大。

本书认为,犯罪形态是指犯罪所表现出的各种样态,而且从不同角度可以做出不同的分类。由此可见,犯罪形态本身就是一个十分宽泛的概念,如图 12-1,根据不同的标准划分的犯罪形态的意义也不同。

犯罪形态
- 罪性形态:罪名形态
- 罪状形态:完成形态(既遂形态)与**未完成形态**(未遂形态)
- **罪数形态**:一罪与数罪形态及交叉形态
- 罪体形态:自然人与法人(**单位犯罪**);独犯与共犯(**共同犯罪**)
- 罪行形态:单一行为与交叉行为(交叉犯)

图 12-1

图 12-1 中的"罪性形态"是根据犯罪性质所划分的"罪名形态",在我国刑法典中具体是指刑法分则中规定的 468 个罪名,以及十大类罪名和第三、六章分别规定的八节、九节的类罪名,刑法分则就是对这些犯罪形态进行的研究。"罪状形态"是根据故意犯罪行为的完成状态所划分出的完成形态(既遂形态)与未完成形态(未遂形态)。其中,完成形态(既遂形态)是刑法分则中规定的每一个罪名最典型的状态,;而**未完成形态**(未遂形态)及其各个不同的发展阶段却是犯罪形态所要研究的核心内容。"罪数形态"是根据犯罪行为的数量及其行为所触及的罪名数量对犯罪形态进行的分类。"罪体形态"是根据犯罪主体的不同对犯罪形态进行的分类,现代刑法在自然人犯罪的基础上开始研究法人犯罪,在我国刑法典中被称为"单位犯罪"。另外,就参与犯罪主体的数量而言,刑法理论称之为独犯与共同犯罪。"罪行形态"是根据犯罪行为的状态而对犯罪形态所进行的分类,一般的犯罪均是由单一行为构成,故构成单一罪名,但有时候犯罪行为非常复杂,也可能由多个不同性质的行为构成,故会形成交叉的犯罪行为性质,在日本刑法中称之为"交叉犯"。但由于我国刑法典没有规定类似于"交叉犯"的罪名,如抢劫杀人罪等,故本书对该类犯罪形态暂不设专章研究。

---

① 陈兴良主编:《刑法学》,复旦大学出版社 2003 年版,第 222 页。
② 李晓明主编:《刑法学》(上),法律出版社 2001 年版,第 483—450 页。

第十二章 犯罪形态（Ⅰ）：未完成形态

第一节 未完成犯罪形态概述

犯罪的完成形态是刑法规定的犯罪成立的基本形态，而犯罪的未完成形态是犯罪成立的特殊形态，即犯罪的未完成形态都是在向完成形态发展的过程中，由于某种原因而停止下来所表现出的形态。根据犯罪停止的动因或停止时与犯罪完成的距离等，未完成犯罪形态可具体分为预备形态、未遂形态和中止形态。由此可见，未完成犯罪形态是指由于主客观因素致使刑法所保护的法益在被侵害过程中停止了下来或者犯罪结果未能发生，以致最终行为人未能实现其初始目的的犯罪形态。当然，未完成犯罪形态在一定程度上反映了立法者对秩序的价值取向，如我国刑法典规定追究预备犯的刑事责任，同时，也受犯罪既遂形态类型的影响与制约，如行为犯或结果犯。从法理上讲，任何犯罪成立无论是故意犯罪还是过失犯罪，其发展过程都可能出现不同的犯罪形态，然而，我国刑法却是以"严重危害结果"作为过失犯罪成立的最基础性条件，故过失犯罪被排除在未完成犯罪形态之外。所以，我国刑法中未完成犯罪形态是特指故意犯罪的未完成形态。

一般认为，故意犯罪形态可以分为完成形态与未完成形态，具体包括犯罪预备、犯罪未遂、犯罪中止和犯罪既遂，其中，前三种是犯罪的未完成形态，最后一种是犯罪的完成形态。未完成犯罪形态是一个点，而不是一段时间，一个行为只有一个点，一个行为只有一个形态，不能把主体的完整行为人为地进行分割。有学者认为，与其称为完成形态与未完成形态，不如直接称为既遂形态与未既遂形态。[①] 因为"行为之全体，只算一个行为。所谓自开始至终了，不过形容行为之过程；过程如何，并不影响行为本身之价值。故严格言之，行为之价值，于着手（开始）时即已确定，并无所谓行为完成未完成之问题"[②]。但是，本书认为，虽然犯罪形态的行为状态是否应以事实效果为准予以认定仍有值得商榷的余地，但完成形态与未完成形态已经获得学界共识，故本书仍采用这种划分。然而，在研究与此相关的犯罪成立要件时，尤其是修正的犯罪构成要件时，需要具体分析。

一、未完成犯罪形态的界定

众所周知，在英美刑法中未完成犯罪（inchoate crime）是来源于普通法的一个传统概念，它除了包括犯罪的未遂与中止以外，还包括犯罪的教唆和共谋。[③] 而在大陆法系国家，鲜有在犯罪未遂、犯罪中止等概念上另设一上位概念的情况，其一般只规定未遂犯，未完成罪一般也在未遂犯的名目之下进行讨论。[④] 苏联刑法将未完成罪的处罚范围扩充到

---

① 张明楷：《刑法学》（第 3 版），法律出版社 2007 年版，第 278 页。
② 郑健才：《刑法总则》，台湾三民书局 1982 年版，第 133 页。
③ 陈兴良：《本体刑法学》，商务印书馆 2001 年版，第 472 页。
④ 在大陆法系国家中，未遂犯有狭义和广义之分，狭义的未遂犯仅指障碍未遂，而广义的未遂犯包括中止未遂和障碍未遂。

犯罪预备,将犯罪预备、犯罪未遂称为故意犯罪发展的一定阶段,而将犯罪中止认为是在犯罪预备阶段或犯罪未遂阶段均可能出现的特殊犯罪情况,从而将犯罪预备、犯罪未遂和犯罪中止概括为犯罪过程中的未完成阶段。[①] 由于历史的原因,我国秉承了苏联的刑法理论体系,将犯罪预备、犯罪未遂和犯罪中止概括为故意犯罪的阶段,并一度成为刑法理论中的通说。如有学者认为:"故意犯罪的阶段是故意犯罪在活动过程中可能停顿的阶段。这就是犯罪的预备、未遂和既遂,以及与此直接相关的犯罪中止。"[②]更有学者进一步揭示了故意犯罪阶段的特点:"是前后不具有连续性,其前一阶段不能转入后一阶段,即已构成犯罪预备,不可能转为犯罪未遂;已构成犯罪未遂,不可能再转为犯罪既遂。"[③]就此问题我国刑法学界也出现过不同的观点。如有学者认为,故意犯罪的发展阶段是表明故意犯罪发展程度的不同过程,其发展一般要经过犯意形成、犯罪预备、犯罪实行、犯罪结果发生这四个阶段,犯罪未遂和犯罪中止都不是犯罪阶段,犯罪未遂是处于实行阶段的一种被迫中断状态,犯罪中止是基于犯罪人自愿的一种中断状态。[④] 随着理论研究的进一步深入,越来越多的学者认识到,犯罪阶段与犯罪形态虽有联系但更有区别,将犯罪预备、犯罪未遂和犯罪中止的性质界定为故意犯罪过程中的阶段确有不妥之处。如有学者认为,犯罪预备、犯罪未遂和犯罪中止,只是表明犯罪行为不同危害程度的停顿、静止的状态,将这些故意犯罪过程中出现的、具有不同侵害程度且已经停顿的行为状态概括为故意犯罪的发展阶段或故意犯罪阶段都是不适当的,因而这种理论也是难以成立的。[⑤] 在否定犯罪阶段说的基础上,我国刑法学界提出了故意犯罪过程中的犯罪形态说,从而将犯罪预备、犯罪未遂和犯罪中止界定为故意犯罪过程中的未完成形态。由于犯罪阶段和犯罪形态都存在于一定的犯罪过程中,本书根据刑法原理在讨论犯罪过程、犯罪阶段、犯罪形态及其相互关系的基础上,阐明未完成犯罪的概念、性质和基本界定。

犯罪过程是指犯罪发生、发展直至完成所经过的阶段的总和。犯罪过程无论在空间还是时间上都表现了犯罪变化、发展的连续性。犯罪过程有广义和狭义之分。狭义上的犯罪过程,是指犯罪行为的实施过程;犯罪行为是一条主线,犯罪过程就是犯罪行为从开始到中止的整个过程。广义上的犯罪过程还可以向前和向后适当延伸:向前延伸,是犯意产生的问题,向后延伸,是结果发生的问题。[⑥] 犯罪过程又可以划分为若干个阶段,这些阶段具有前后连接并发展变化的特征,即具有时间性和空间性。关于犯罪阶段的划分,由

[①] 〔苏联〕契希克瓦节主编:《苏维埃刑法总则》,中央人民政府法制委员会编译室译,中国人民大学出版社 1954 年版,第 8 页。
[②] 高铭暄主编:《刑法学》,法律出版社 1982 年版,第 172 页。
[③] 马克昌:《关于故意犯罪阶段的几个问题》,载《法学学刊》1985 年第 1 期。
[④] 周珏:《犯罪未遂问题》,载《政法研究》1957 年第 2 期。
[⑤] 徐逸仁:《对故意犯罪阶段再认识》,载《法学研究》1984 年第 5 期。
[⑥] 陈兴良:《本体刑法学》,商务印书馆 2001 年版,第 467 页。

第十二章 犯罪形态（Ⅰ）：未完成形态

于划分方法和着眼点不同，学界存在着不同的主张。概括起来，主要有二阶段说[①]、三阶段说[②]、四阶段说[③]、五阶段说[④]、六阶段说[⑤]。在这些学说中，犯罪预备和犯罪实行被各种学说所公认，纳入犯罪阶段已无异议。犯意作为犯罪的阶段之一，本书认为没有必要，因为有些犯罪是临时起意的，甚至不存在犯意的产生。犯罪的成立必须以实施某种行为为前提，刑法只能处罚侵害法益的行为，思想犯罪早已被世界各国刑法所抛弃。研究犯罪阶段的根本目的是为了确定行为人的刑事责任，而犯意的表示根本没有纳入刑法所调整的范围，所以将其作为刑法的犯罪阶段实在多余。而预谋实际上是在共同犯罪中为了实施犯罪而勾结共同犯罪人、交流犯罪思想的行为，已然超越了犯意的范围，应当归结到犯罪预备阶段，更何况预谋杀人和临时起意杀人显然是不同的。至于着手和结果发生，本书认为，着手是实行行为的起点，结果发生是犯罪实行的终点，两者都是实行行为阶段中的一个点，不具有连续性的属性，应当将其包括在实行行为当中。有的学者提出的实行后阶段和预备后阶段，本书认为也值得商榷。这是因为，尾随行为、守候行为本应视为着手前的预备行为，而犯罪行为实施后结果发生前这一阶段更应视为实行行为的延续，属于实行阶段，没有必要再将其划分为一个独立的阶段。因此，犯罪过程应当划分为犯罪预备和犯罪实行两个阶段。本书认为，我国刑法中的未完成犯罪是指在犯罪发展过程中，因为各种主客观因素影响而形成的未完成犯罪形态，其包括犯罪预备、犯罪未遂、犯罪中止三种犯罪形态。

未完成犯罪形态在刑法中具有举足轻重的地位，研究未完成犯罪形态不仅可以促进刑法理论的发展，而且对刑事立法和司法具有重要的指导意义。首先，未完成犯罪形态是刑法理论体系中不可或缺的重要内容，它与犯罪成立理论、罪责相适应原则等有着内在的联系，因而研究未完成犯罪形态不但有助于未完成犯罪形态理论的提高，同时对于整个刑法体系的科学建构也具有重要价值。其次，未完成犯罪形态研究可以促进刑法立法的完善。刑法中有许多关于未完成犯罪形态的规定，如何从立法上进一步完善这些规定，这需要未完成犯罪形态研究提供科学的理论依据。再次，未完成犯罪形态研究有助于刑事司法中定罪量刑准确性的落实。从定罪的角度出发，未完成犯罪形态往往涉及罪与非罪、此

---

① 两阶段说认为，犯罪过程经过两个发展阶段：一是犯罪预备阶段，其时空范围从行为人开始实施犯罪预备行为之时为起点，至行为人完成犯罪预备行为而尚未着手实施犯罪实行行为之时为终点；二是犯罪的实行阶段，其时空范围从行为人着手犯罪实行行为之时为起点，至行为人完成犯罪即达到犯罪既遂为终点。高明暄主编：《刑法专论》，高等教育出版社2002年版，第287页。

② 三阶段说认为，犯罪过程经过三个阶段，即犯罪预备阶段、犯罪实行阶段和实行后阶段。马克昌：《犯罪通论》，武汉大学出版社1999年版，第410页。

③ 四阶段说认为，在某些情况下，由于预备行为已经结束，但尚未进入犯罪的实行阶段，如预备后的尾随行为，所以犯罪过程除了犯罪预备阶段、犯罪实行阶段和实行后阶段，还应该加上预备后阶段。陈兴良：《本体刑法学》，商务印书馆2001年版，第471页。

④ 五阶段说认为，犯罪过程经过决议（包括阴谋）、预备、着手、实行、犯罪结果的发生五个阶段。郗朝俊：《刑法原理》，商务印书馆1930年版，第228页。

⑤ 六阶段说认为，犯罪过程经过决意、阴谋、预备、着手进行、完成行为、发生结果六个阶段。熊选国：《刑法中行为论》，人民法院出版社1992年版，第237页。

罪与彼罪的区分,如故意杀人未遂与故意伤害的区分;从量刑的角度出发,不同的未完成犯罪形态承担的刑事责任也不同。一般而言,犯罪预备所承担的刑事责任要比犯罪未遂所承担的要轻,犯罪未遂所承担的刑事责任要比犯罪既遂所承担的要轻,犯罪中止所承担的刑事责任又要比犯罪预备、犯罪未遂所承担的都要轻。因此,要准确地定罪、量刑,就必须认真深入地研究未完成犯罪形态的理论和实践问题。

二、未完成犯罪形态的范围

刑法理论通说认为,并非所有的犯罪都存在未完成形态,未完成形态只存在于直接故意犯罪当中,过失和间接故意犯罪中不存在未完成形态。然而,也有学者提出了不同的观点。因此,本书从过失犯罪、间接故意犯罪和直接故意犯罪三个方面来讨论未完成犯罪形态的范围。

(一)过失犯罪与未完成犯罪形态

如上所述,一般都认为过失犯罪中不存在未完成形态。这是因为,过失犯罪行为人在主观心理上要么是疏忽大意,要么是过于自信;不存在行为人主动追求或希望的心理,所以在过失犯罪过程中不可能出现预备、未遂和中止形态。过失犯罪行为人在客观上虽然造成了损害,但我国刑法典又规定只有发生严重侵害结果的过失行为才成立犯罪,否则不成立犯罪。所以,也不可能出现犯罪预备、未遂和中止形态。

然而,有些罪名是行为犯还是结果犯可谓两字之差。如"交通肇事罪",刑法典第133条规定:"违反交通运输管理法规,因而发生重大事故,致人重伤、死亡或者使公私财产遭受重大损失的,处……"刑法条文既没有规定"违反交通运输管理法规"是过失行为,也没有规定是故意行为,但司法实践和刑法论著均将"交通肇事罪"的主观心理状态确定为"过失"。这完全是从一般交通肇事行为人对结果的心态推导出来的。一般而言,司机是绝对不愿意发生交通事故的,但却依然故意违反交通规则,尤其针对违反交通管理规则的行为内容来说其又是故意行为。所以,认为一切过失犯罪都不具有阶段性,也是值得重新思考的。而且,从刑法典第133条的文字表述看,并没有完全排除"交通肇事罪"主观上是故意的可能性,因此,也就更值得深入研究。

(二)间接故意犯罪与未完成犯罪形态

我国刑法理论通说认为,间接故意犯罪中也不存在未完成形态。如有学者指出,间接故意犯罪由主客观特征所决定,不可能存在未完成犯罪形态。[1] 从犯罪的主观要件来分析,间接故意持一种放任的心理态度,不存在对完成犯罪的追求;犯罪的预备形态和未遂形态原本都存在事实和完成犯罪的意志和追求的心理,犯罪中止则是行为人自动放弃原先完成犯罪的意图,所以间接故意犯罪主观上的放任心理不符合未完成犯罪形态的主观特征,因而长期以来间接故意犯罪被认为不可能存在未完成形态。

---

[1] 高明铭喧主编:《新编中国刑法学》,中国人民大学出版社1999年版,第201—202页。

然而,近些年来也有学者提出了不同的观点,认为间接故意犯罪中也可能存在未完成形态。如在有些犯罪中,行为人主观上是对某一侵害结果的间接故意和对另一侵害结果的间接故意并存,可能由于主观或者客观的原因犯罪未完成,最后任何一个结果都没有发生,此种情况下出现的犯罪未遂和犯罪中止也不能把间接故意完全排除在主观心理态度之外。例如,甲以杀害其妻的直接故意在妻子吃的饭菜中下毒,适逢其妻之女友乙来与妻共进午餐。甲以间接故意的心理态度让乙一起进餐,结果乙与甲妻一起中毒,后经别人送医院抢救才挽救了她们的生命。甲构成了故意杀人罪未遂(对其妻是直接故意未遂,对乙是间接故意未遂)。① 也有学者认为此案例并不是该理论的有力明证,因为甲明知乙吃了有毒的饭菜后会发生死亡的结果,并且放任这种结果的发生,其认识因素是必然会发生死亡的结果而不是可能会发生死亡的结果,所以甲主观上不是间接故意,而是直接故意,因而在此案例中不存在间接故意犯罪的未完成形态。② 还有学者举出更典型的例子来试图说明间接故意犯罪中是不存在未完成犯罪形态的。如甲欲射杀乙,而乙正与丙距离甚近,甲明知可能会射中丙,但还是开了枪,结果射中丙并造成丙重伤。在本案例中,甲对丙是否构成间接故意杀人未遂? 这需要对甲的主观心理状态进行分析。甲在明知可能会射中丙的情况下开枪,并且放任危害结果的发生,因而可以认定甲为间接故意,但此间接故意的认识因素不仅包括明知自己的行为可能会造成丙的死亡,同时还应当包括明知自己的行为可能会造成对丙的伤害,所以客观上出现的死亡和伤害的结果都是符合其放任的心理。在定罪的过程中无法直接判断甲的心理状态是放任杀人或放任伤害,只能根据实际的结局来定罪。因此,该学者认为,甲对丙应当构成间接故意伤害既遂,而不是间接故意杀人未遂。③ 这种分析表面上似乎有些道理,但实际上由结果来决定人的主观罪过的做法也是有缺陷的。

诚然,间接故意的认识因素是明知自己的行为可能发生侵害法益的结果,其具有多样性和不固定性,在定罪过程中无法直接对行为人的认识因素内容进行认定,只能根据客观上出现的此种状况和彼种结局来推断其认识因素。但是,如"交通肇事罪"中针对行为结果是过失而针对行为内容是故意的复杂情况,以及根据结局得出间接故意既遂的做法,无论如何也不可能完全令人信服。

(三) 直接故意和未完成犯罪形态

直接故意犯罪中存在未完成形态在刑法理论界已成定论,但这并非意味着所有的直接故意犯罪中都存在未完成形态。根据犯罪既遂的行为要素和结果要素的要求程度④,

---

① 何秉松主编:《刑法教科书》(上),中国法制出版社2000年版,第417页。
② 李晓明主编:《中国刑法基本原理》(第2版),法律出版社2007年版,第338页。
③ 同上。
④ 也有学者根据犯罪成立对行为要素与结果要素的要求程度对犯罪进行分类。陈兴良:《本体刑法学》,商务印书馆2001年版,第477—478页。由此可见,不同的标准必然会造成分类的不同,如故意杀人罪采取构成标准是行为犯,采取既遂标准则是结果犯,两者相混淆会产生概念上的混乱。为了方便讨论未完成形态的犯罪,本书采取既遂标准。

直接故意犯罪可分为举动犯、行为犯、危险犯、结果犯等。

1. 举动犯

举动犯是指只要行为人着手实施刑法分则规定的行为就构成犯罪既遂的犯罪。举动犯一般包括以下两种情况：(1) 法律将预备性质的行为提升为实行行为的犯罪，如刑法典第120条组织、领导、参加恐怖活动组织罪和第294条组织、领导、参加黑社会性质组织罪等。(2) 教唆、煽动性质的犯罪，如刑法典第249条煽动民族仇恨、民族歧视罪和第295条传授犯罪方法罪等。① 有学者认为，由于举动犯只要着手实施犯罪就构成既遂，因而在举动犯的情况下不存在犯罪的未完成形态。② 也有学者认为，举动犯存在预备和中止两种未完成形态，举动犯的中止只限于预备阶段的中止。③ 本书认为，后一种观点更为合理。如在煽动民族仇恨、民族歧视罪中，行为人为了实施犯罪而准备煽动的文字材料、工具等，应当视为着手之前的预备行为，在此阶段中主动放弃犯罪是预备阶段的犯罪中止。

2. 行为犯

行为犯是指行为人实施刑法分则规定的行为，并达到一定程度才构成犯罪既遂的犯罪。这类犯罪的既遂不要求发生物质性的、有形的实际后果，也不是行为人一着手实施犯罪即构成既遂，它要求行为必须达到法律规定的程度，如诬告陷害罪、刑讯逼供罪、强奸罪、脱逃罪等。因此，刑法学界一般认为，行为犯存在未完成形态，而且相对比较复杂，如上述的交通肇事罪。

3. 危险犯

危险犯是指行为人实施的危害行为造成一定的危险状态为既遂的标准。刑法理论通说将危险犯分为具体危险犯和抽象危险犯，具体危险犯中的危险是一种现实的危险，该种危险的判断需要根据案情进行司法认定，如破坏交通工具罪；抽象危险犯中的危险是一种推定的危险，行为人只要实行法定的行为，便视为造成一定的危险。④ 有学者认为，我国刑法只存在具体危险犯，不存在抽象危险犯，因为刑法中设置危险犯，不仅仅只需实施自然意义上的实行行为，而且要求该实行行为导致特定物质性实害结果可能发生的危险状态的出现，才给予既遂的否定性评价。而且，抽象危险犯容易混淆其与举动犯的界限，是不足取的。⑤ 本书认为，抽象危险犯的提法不适当地扩大了危险犯的范围，并且与我国刑法中的危险犯的概念相矛盾，所以，我国的危险犯不应当包括抽象危险犯。危险犯以一定的危险状态为既遂的标准，而该种危险状态并不是犯罪的实行行为一着手就会发生，在危

---

① 高铭暄主编：《新编中国刑法学》（上），中国人民大学出版社1999年版，第208—209页。
② 陈兴良：《本体刑法学》，商务印书馆2001年版，第479页。
③ 姜伟：《犯罪形态通论》，法律出版社1994年版，第135页；赵秉志主编：《犯罪总论问题探索》，法律出版社2003年版，第420页。
④ 李海东：《刑法原理入门——犯罪论基础》，法律出版社1998年版，第133—134页；马克昌：《犯罪通论》，武汉大学出版社1999年版，第501页；陈兴良：《本体刑法学》，商务印书馆2001年版，第473页。
⑤ 刘树德：《行为犯研究》，中国政法大学出版社2000年版，第96页；姜伟：《犯罪形态通论》，法律出版社1994年版，第118页。

险状态发生之前,行为人的行为受到主观和客观的影响,应当存在犯罪预备、犯罪未遂与犯罪中止三种未完成形态。

4. 结果犯

结果犯是指行为人不仅要实施法定的犯罪行为,而且必须发生法定的犯罪结果,才构成既遂的犯罪。结果加重犯中的结果是物质性的,可以具体测量确定的,有形的损害结果。① 故本书认为,结果犯中也存在犯罪预备、犯罪未遂与犯罪中止三种未完成形态,而且分析起来更为复杂。如抢劫致人重伤或者死亡的情形,只有造成他人的重伤或死亡结果才能构成该结果加重犯。这种结果加重犯的构成特征,是在具备了基本的犯罪成立要件的基础上,又出现了基本构成条款所不能包括而为加重刑罚条款所特别规定的严重结果或者严重情节,此种加重结果或者情节的有无,决定了加重构成是否成立,故在这种情况下不存在犯罪的未完成形态,即其只有犯罪是否成立之分,而无犯罪的完成与未完成形态之别。但加重结果没有既遂、未遂之分,并不意味着基本构成部分没有既遂或未遂,可以有基本犯罪形态未遂,但发生加重结果的情形。如我国刑法典第236条强奸罪第3款第5项致使被害人重伤、死亡或者造成其他严重后果的情况,如行为人实施暴力掐昏被害人后,发现被害人是男性而放弃实施进一步的奸淫行为,离开现场时将厚重棉被铺于被害人全身,结果被害人窒息死亡。在该案中,强奸罪的基本犯罪形态为未遂,但仍然发生了加重结果,成立结果加重犯。② 由此可见,结果犯在未完成犯罪形态问题上也是极其复杂的,均需要刑法理论进一步深入研究。

三、未完成犯罪形态的成立

我国刑法理论通说认为,未完成犯罪形态的犯罪成立是对完成罪成立要件的修正,即"修正的犯罪构成说"。众多学者对此提出了质疑,并阐发了诸多不同的见解。

在未完成犯罪形态中,行为人尚未完成犯罪,甚至尚未着手进行犯罪,那么,行为人是否应当承担刑事责任?其刑事责任的根据又该如何确定?为了解决这些问题,马克昌教授于1984年率先将"修正的犯罪构成理论"引入到我国的刑法理论中。③ 其后经过一些学者的极力推介,该理论逐步成为我国的刑法理论通说。④ 其主要观点如下:(1)刑法分则所规定的犯罪以既遂犯为模式,正是在这一前提下,将刑法分则所规定的犯罪成立要件确认为既遂的要件,才有进一步讨论未完成犯罪的犯罪成立问题之余地。(2)修正的犯罪成立是要件完整的犯罪成立。因为犯罪成立只能是一个主客观诸要件有机统一和紧密结合的整体,无论是基本的犯罪成立还是修正的犯罪成立,都只能作为一个诸要件完备的统

---

① 赵秉志主编:《犯罪总论问题探索》,法律出版社2003年版,第419页。
② 李晓明、李洪欣、陈姗姗:《中国刑法基本原理》(第4版),法律出版社2013年版,第417页。
③ 马克昌:《犯罪构成的分类》,载《法学》1984年第10期。
④ 赵秉志、吴振兴主编:《刑法学通论》,高等教育出版社1993年版,第185—186页;陈兴良:《本体刑法学》,商务印书馆2001年版,第476—477页;王勇:《定罪导论》,中国人民大学出版社1990年版,第93—107页。

一体而存在,缺少任何要件,犯罪成立都是不存在的。(3) 基本的犯罪成立与修正的犯罪成立在具体要件的内容上有所不同。修正的犯罪成立既然是在刑法分则关于基本的犯罪成立基础上,结合刑法总则的相关规定加以修正和变更而确定下来的,那么它自然不可能也不需要具备基本的犯罪成立的全部要件。(4) 区别犯罪完成形态与未完成形态的标志是犯罪实行行为是否具备了犯罪成立的全部要件。如果完全具备则是犯罪完成形态,没有完全具备则是犯罪未完成形态。虽然犯罪未完成形态不具备完成形态犯罪成立的全部要件,但准确地讲,各种未完成形态都具备了法律规定与要求的各自犯罪成立的全部要件。①

随着理论研究的进一步深入,越来越多的学者对"修正的犯罪构成理论"提出了质疑。有学者认为,一个犯罪只能有一个犯罪成立;作为区分罪与非罪的标准,犯罪成立是不会具有双重性的。② 这种犯罪成立是由刑法总则与分则统一规定的,并不是分则规定了犯罪既遂的成立,总则规定预备、未遂与中止的成立;一个犯罪不可能有几个犯罪成立,将一个犯罪的成立要件分为犯罪预备的成立要件、犯罪未遂的成立要件、犯罪既遂的成立要件、犯罪中止的成立要件的做法,混淆了犯罪构成与犯罪形态的关系。③ 更有学者认为,犯罪成立与犯罪既遂是两个没有直接联系的概念。犯罪成立立足于犯罪的要件成立,而犯罪既遂立足于犯罪的完成与犯罪目的的实现。当行为具备了犯罪成立,也就具备了负刑事责任的依据。至于属于何种犯罪状态,不是犯罪成立本身或者说定罪所解决的问题,而是量刑所解决的问题。④ 详言之,犯罪成立与犯罪形态是性质不同的两回事:犯罪成立是行为成为犯罪所需要的法定事实条件,不涉及行为成立犯罪之后呈现何种状态的问题;而犯罪形态是指行为成立犯罪之后的状况与样态。犯罪成立理论和犯罪形态理论前后相继、紧密相连,犯罪成立理论在先,形态理论在后,只有行为成为犯罪,才有犯罪形态可言。犯罪成立理论和犯罪形态理论各自有其适用范围,超出其范围就失去作用;研究犯罪成立理论是为了定罪,研究犯罪形态理论是为了量刑。⑤ 那么,两者之间的区别是什么?学者们提出了不同的见解。一种观点认为,未完成罪与既遂罪的区别,在于符合犯罪成立的事实的区别。⑥ 第二种观点认为,预备、未遂和既遂状态,表明行为处于不同的进程之中,使得彼此相同的犯罪成立在具体内容上有所不同。犯罪预备、未遂和既遂一样,都是具备犯罪成立全部要件的,只是犯罪成立要件的具体内容不同而已;而犯罪成立要件的不同内容,也正是划分犯罪预备、未遂和既遂的根据。⑦ 第三种观点则认为,未完成罪与既遂罪

---

① 王志祥、曾粤兴:《修正的犯罪构成理论之辩正》,载《法商研究》2003年第1期。
② 肖中华:《犯罪构成及其关系论》,中国人民大学出版社2000年版,第271页。
③ 张明楷:《刑法学》(上),法律出版社1997年版,第248页。
④ 李晓明主编:《刑法学》(上),法律出版社2001年版,第293页。
⑤ 胡家贵、陈瑞兰:《关于犯罪形态的几个问题》,载《政法论坛》1997年第6期。
⑥ 张明楷:《刑法学》(上),法律出版社1997年版,第248页。
⑦ 曾宪信等:《犯罪构成论》,武汉大学出版社1988年版,第149页。

的犯罪成立要件均相同,区别仅在于犯罪成立要件的要素结构有所不同。[①]

本书认为,"修正的犯罪构成理论"确有值得商榷之处,其采取的犯罪成立双重标准存在逻辑上的漏洞。具体而言,一个行为,根据基本的犯罪成立要件,可以判断其是否成立犯罪,从而得出成立犯罪和不成立犯罪的两种情况,这是第一个层面上的判断。如果该行为在第一个层面上不成立犯罪,根据"修正的犯罪构成理论",再判断其是否成立犯罪,从而也可以得出成立犯罪和不成立犯罪两种情况,这是第二个层面上的判断。在第一个层面上该行为如果成立犯罪,则成立既遂罪;在第二个层面上该行为如果成立犯罪,则成立未完成罪。从表面上看,按照"修正的犯罪构成理论"的定罪过程具有合理性和可操作性,但深入分析就会发现其中不可调和的矛盾。

第一,"修正的犯罪构成理论"中的两个犯罪成立标准处于定罪过程中的不同层面,用不同层面上的标准来界定罪与非罪的标准本身就存在着逻辑上的混乱。在第一层面上,根据基本的犯罪成立已然形成行为人的行为不成立犯罪的判断,怎么还能用"修正的犯罪构成理论"得出该行为在第二个层面上成立犯罪?这是不符合逻辑的。

第二,如果基于刑法机能的扩张事由,在定罪过程的第二个层面上,"修正的犯罪构成"对基本的"犯罪成立要件"进行修正,从而扩大了犯罪的范围,那么,其犯罪成立要件的要求明显低于基本的犯罪成立,从犯罪成立标准的外延来看,修正的犯罪成立明显要更大,如果按低标准来判断一个行为已经成立犯罪了,那么按高标准来判断该行为必然成立犯罪,但未完成犯罪按照基本的犯罪成立标准来判断,是不成立犯罪的。这又是"修正的犯罪构成理论"逻辑上的一个漏洞。其实,造成"修正的犯罪构成理论"中逻辑混乱的根本原因在于,该理论在定罪过程的第一个层面上,将犯罪既遂等同于犯罪成立。这种错误的等同不可避免地带来犯罪范围的缩小,为了解决这一矛盾又提出了"修正的犯罪构成要件",从而导致了犯罪成立要件的混乱。

本书认为,判断罪与非罪的标准具有唯一性,一个犯罪只有也只能有一个犯罪成立,既遂罪和未完成罪的犯罪成立具有同一性,不可能由于犯罪形态的不同而出现不同的犯罪成立。在定罪的标准上,应当采取低标准的犯罪成立。[②] 在定罪过程中的第一个层面上就解决罪与非罪的标准,在解决了罪与非罪的标准后,才涉及犯罪形态的划分。未完成犯罪与完成犯罪的区别,与犯罪成立没有关系,而在于两者对行为要素和结果要素的要求不同。

第二节 犯 罪 预 备

犯罪预备是直接故意犯罪过程中的一种典型未完成犯罪形态,我国刑法总则中规定了犯罪预备处罚的一般原则,本书重点阐述犯罪预备的定义、特征、分类及其刑事责任。

[①] 肖中华:《犯罪构成及其关系论》,中国人民大学出版社2000年版,第256页。
[②] 从实然性角度出发,我国刑法以处罚犯罪预备为原则,犯罪成立应以犯罪预备行为为标准;从应然性角度出发,我国刑法应建立处罚犯罪预备为例外的立法模式,犯罪成立方面应以犯罪着手为标准。

一、犯罪预备的定义和特征

（一）犯罪预备的定义

我国刑法典第 22 条第 1 款规定："为了犯罪，准备工具、制造条件的，是犯罪预备。"该条规定从主观和客观两方面揭示了犯罪预备行为的特征，但必须指出的是，该条款并非是对犯罪预备概念的界定，而是对犯罪预备行为的表述。本书认为，犯罪预备是在犯罪过程中，行为人为实施犯罪而进行了准备工具、创造条件的行为，由于行为人意志以外的原因而未能着手实行犯罪的状态。

由于世界各国刑事立法精神的不同，各国刑法对犯罪预备的规定也各不相同。多数国家的刑事立法，都以不处罚犯罪预备为基本原则，以处罚犯罪预备为例外。这种立法体例一般在刑法分则中具体规定各种应受刑事处罚的预备行为，如果刑法分则中没有明文规定，则不能追究该种行为犯罪预备的刑事责任。如在《日本刑法典》中，只有内乱、外患、私战、放火、伪造货币、杀人、绑架与抢劫八种犯罪的犯罪预备行为，才具有刑事可罚性。苏联则将犯罪预备的范围扩充到所有犯罪的预备行为，在刑法总则中规定了处罚犯罪预备的一般原则。如 1919 年《苏俄刑法指导原则》第 19 条规定："预备实施犯罪的人所实施的寻求、购置为实施犯罪所用的工具和手段或者这种工具和手段适合于犯罪目的的犯罪，认为是预备罪"；1978 年《苏俄刑法典》第 15 条规定："为实施犯罪而寻求和准备手段或工具，或者故意创造其他便利条件的，都认为是预备犯罪。"

我国刑法秉承了苏联的刑法立法体例，在总则中规定了处罚犯罪预备的一般原则。但近些年来，不少学者对此立法体例提出了质疑。有学者认为："将所有的犯罪预备行为宣告为刑事可罚，不仅违反刑罚的经济性原则于实践中无法实行，而且也是没有理论根据的。因为，预备行为对于法益损害的危险本质上是抽象的、间接的，只有在具备特殊原因的情况下，才可以把它宣告为刑事可罚。这种'撒大网式'的规范方式，不仅是一种立法与理论上的懒惰，而且，它明显具有国家刑罚权滥用的危险。国家在犯罪面前更无需如此如临大敌。"[①]更有学者认为：在司法实践中，犯罪预备行为多为情节轻微，即使已形成了犯罪预备状态即具备了应受刑罚惩罚性，也多为犯罪既遂或犯罪未遂吸收，而极少单独对犯罪预备定罪科刑。这就使犯罪预备的具体适用成为可有可无，反而削弱了对犯罪预备进行总则性规定的立法意义。因此，对犯罪预备的规定除了在具体用语上进行改进以外，以采取概括规定与特殊规定相结合的立法方式为宜。这样不仅可以避免预备犯的概念在法理上的无限扩大，而且可以消除司法实践中对预备犯的不必要处罚，将预备犯的处罚真正落到实处。[②] 也有学者认为，我国刑法对预备犯虽然规定了一般性的处罚原则，但根据刑法总则中关于犯罪概念的但书，已经将情节轻微危害性不大的预备行为排除出犯罪的视

---

① 李海东：《刑法原理入门——犯罪论基础》，法律出版社 1998 年版，第 139 页。
② 赵秉志主编：《海峡两岸刑法总论比较研究》（下），中国人民大学出版社 1999 年版，第 32 页。

野。① 本书认为,虽然在司法实践中一般也只对那些性质严重的犯罪的预备行为追究刑事责任,但在总则中规定处罚犯罪预备的一般原则,还是有无限扩大犯罪预备概念之虞。虽然刑法总则中的犯罪概念起到了缩小犯罪预备概念的作用,但"情节轻微危害不大"也是一个概括性的规定,其标准也是极其模糊的。在当今司法环境下,这种概括性的规定极易造成司法擅断,故该种立法体例不可取。不过,如果采取仅仅在刑法分则中规定犯罪预备的立法体例,也容易造成刑法理论和司法实践对犯罪预备概念认定的混乱和争议,不利于对犯罪预备的定罪、量刑。由此可见,对犯罪预备采取总则概括规定加分则具体规定的立法体例是一种更为适合和科学的方案。②

(二) 犯罪预备的特征

犯罪预备具有以下三个特征:

1. 客观上实施了为犯罪做准备的行为

犯罪预备行为是指为着手实行犯罪而创造便利条件的行为。由犯罪预备的概念可知,犯罪预备行为只是为着手实行犯罪而创造便利条件,它处于犯罪过程中的预备阶段,所以犯罪预备行为不可能造成实行行为所要造成的危害结果。但是,这种犯罪预备行为一旦继续发展,就会形成实行行为,从而导致对法益的现实损害,因此,犯罪预备行为已然造成了刑法法益面临遭受侵害的严重威胁,如劫机、绑架等严重犯罪更是如此,这正是犯罪预备承担刑事责任的客观基础。

需要注意的是,由于犯罪预备行为与犯意表示有相同之处,因而往往容易将犯罪预备行为与犯意表示混为一谈。犯意表示是指行为人通过一定的口头、书面或其他形式将自己的犯罪意图表露于外部的一种活动。犯罪预备行为与犯意表示行为具有原则上的区别。(1) 两者的性质不同。犯罪预备行为对刑法法益具有严重威胁,根据我国刑法规定,原则上作为一种犯罪行为来处理;而犯意表示仅仅是犯罪意图的流露,对现实法益不存在任何威胁和危害,只是一种错误,而并非犯罪行为。(2) 两者的方式不同。犯罪预备行为已然从思想转化为行动,并且为着手犯罪准备工具、创造条件;犯意表示仅仅表露了犯罪的意图,尚属思想范畴。(3) 两者的形式不同。犯罪预备行为已经为着手犯罪而准备工具、创造条件;犯意表示仅仅以口头、书面或其他方式流露犯罪意图。

由此可见,着手实行犯罪则是犯罪预备阶段和犯罪实行阶段区分的主要标志。

2. 主观上为了实施犯罪进行了心理准备

为了实行犯罪是犯罪预备的目的,犯罪预备行为的发动、进行与完成,都是受此种目的的支配,故犯罪预备主观上体现为直接故意,行为人在实施犯罪预备时已然认识到自己的行为是为犯罪实行行为作准备。因此,犯罪预备无论对实施犯罪的作用大小,其为了完成犯罪的目的是相同的,充分体现了犯罪预备的主观恶性,这也正是犯罪预备承担刑事责

---

① 陈兴良:《刑法适用总论》(上),法律出版社1999年版,第410页。
② 李晓明主编:《中国刑法基本原理》(第3版),法律出版社2010年版,第345页。

任的主观基础。如果行为人在不知情的情况下,客观上为犯罪准备工具、制造条件,则该行为人的行为不应当视为犯罪预备行为。

刑法中规定的"为了犯罪",应作狭义的理解。"为了犯罪"的字面意思包括为了犯罪预备和为了实行犯罪,但是,"为了犯罪"是指为了实行犯罪而不包括为了犯罪预备。例如,为了实行杀人行为而购买毒药的行为是预备行为,但为了购买毒药而打工挣钱的行为,不是犯罪预备行为。①

3. 未能着手实行犯罪是由于行为人意志以外的原因

预备行为在着手实行犯罪之前已经停止,是由于行为人意志以外的原因,并非出于行为人的本来意志。"行为人意志以外的原因"不仅是犯罪预备阶段中犯罪预备和犯罪中止区别的标志,也是犯罪实行阶段犯罪未遂与犯罪中止的关键所在。也就是说,行为人本欲继续实施预备行为,进而着手实行犯罪,但由于违背行为人意志的原因,客观上不可能继续实施预备行为,或者客观上不可能着手实行犯罪,或者认识到自己客观上已经不可能继续实施预备行为与着手实行犯罪。② 意志以外的原因包括如因作案条件不成熟而未继续着手实行犯罪,由于被害人闻讯逃避、不在现场或防范措施严密而难以着手实行犯罪,由于司法机关及时行动或被群众抓获而未能着手实行犯罪等。③

总而言之,同时具备上述三个特征,才能被认定为犯罪预备。

二、犯罪预备的类型

根据我国刑法典第 22 条的规定,犯罪预备有以下两种类型:

1. 准备工具的预备

为着手实行犯罪准备工具是一种常见的预备行为,这里的犯罪工具是指实行犯罪所使用的一切物品。犯罪工具一般包括:(1) 用以杀伤被害人或者排除被害人反抗的器械物品;(2) 用以破坏、分离犯罪对象物品或者破坏、排除犯罪障碍物的器械物品;(3) 专用为达到或逃离犯罪现场或进行犯罪活动的交通工具;(4) 用以排除障碍、接近犯罪对象的物品;(5) 用以掩护犯罪实施或者湮灭罪证的物品。④ 现代化的犯罪不只是局限于这些工具,如网络、计算机等也都可能被用于作案的工具及其准备。

2. 制造条件的预备

制造条件是指除准备工具以外的一切为着手实行犯罪而制造条件的行为。制造条件一般包括:(1) 拟订犯罪计划;(2) 事先进行调查;(3) 排除实施犯罪的障碍;(4) 追踪或守候;(5) 勾引其他犯罪人;(6) 练习犯罪技能。同理,现代化的犯罪不只是局限于这些犯罪条件的创造与准备,如利用网络和视频监控系统进行犯罪条件的创造与准备等。

---

① 张明楷:《刑法学》(上),法律出版社 1997 年版,第 249 页。
② 张明楷:《刑法学》(第 4 版),法律出版社 2011 年版,第 312 页。
③ 李晓明、李洪欣、陈姗姗:《中国刑法基本原理》(第 4 版),法律出版社 2013 年版,第 423 页。
④ 赵秉志主编:《犯罪总论问题探索》,法律出版社 2003 年版,第 423 页。

另外，犯罪预备和犯意表示不同。犯意表示指具有犯罪意图的人通过一定方式将自己的犯罪意图单纯流露出来的外部活动，即行为人在实施犯罪活动以前，通过口头或书面的方式，把自己的犯罪意图表达出来。犯意具有三个特征：(1) 行为人表示的是真实的犯罪意思。(2) 行为人将犯罪意思通过一定的行为方式表达出来，如果一人将自己犯罪意思藏而不露，如写在日记中，即使偶然发现了犯罪意思也不是犯意表示。(3) 只是单纯的犯罪意思的流露，对社会没有实际的危害性。犯意表示不构成犯罪，行为人也不需承担刑事责任。但是，由于犯罪预备行为与犯意表示有相同之处，如二者都发生在行为人着手之前，都反映了行为人的犯罪意图，都还没造成实际的危害结果，因而往往容易将犯罪预备行为与犯意表示混为一谈。① 犯罪预备与犯意表示的区别表现在：(1) 两者的性质不同。犯罪预备行为对刑法法益具有严重威胁，根据我国刑法典的规定，原则上作为一种犯罪行为来处理；而犯意表示仅仅是犯罪意图的流露，对现实法益不存在任何威胁和危害，只是一种错误，而并非犯罪行为。(2) 两者的方式不同。犯罪预备行为已然从思想转化为行动，并且为着手犯罪准备工具、创造条件，对社会存在实际的威胁；而犯意表示仅仅表露了犯罪的意图，尚属思想范畴，不可能对社会造成实际的危害，对未来的犯罪不起实际作用。(3) 两者的形式不同。犯罪预备行为已经为着手犯罪而准备工具、创造条件，大多表现为身体的动作，很少单纯用言辞的方式进行。② 一般认为，犯意表示通常用言辞方式表示，或者以口头、书面或其他方式流露犯罪意图。虽然犯意表示是犯罪预备的思想基础，但我国不存在语言犯罪和思想犯罪，因此，犯意表示一般不构成犯罪，如甲说"我想杀了你"，这本身不成立犯罪，除非情节严重，可能涉及侮辱、诽谤等言语内容方面的犯罪。而犯罪预备行为表现为为犯罪做准备，因为其具有一定的社会危险性或法益侵害性，故需要追究刑事责任。

三、犯罪预备的处罚

通常情况下，在大陆法系中以处罚犯罪既遂形态为普遍形式，对未遂形态的处罚却是例外，而对预备形态的处罚更是例外中的例外。虽然在欧洲国家，对预备形态的处罚是极少的，但并不意味着所有的预备形态都不处罚，因此，对于某些具有严重危害的犯罪类型也从预备形态开始打击，而这种打击常常是将该预备形态从既遂形态中独立出来，冠以独立罪名的形式加以惩罚，以与一般不予处罚的预备形态相区别，此种类型的预备形态又被称为实质的犯罪预备。③

关于犯罪预备的处罚，各国的处罚原则不尽相同，概括起来，主要包括三种：(1) 同等原则，即犯罪预备与犯罪既遂承担同等的刑事责任。这是历史上在刑事立法不发达时期的一种预备犯处罚原则，现在已被许多国家所扬弃。(2) 必减原则，即对犯罪预备必须按

---

① 李晓明、李洪欣、陈姗姗：《中国刑法基本原理》(第 4 版)，法律出版社 2013 年版，第 424 页。
② 同上。
③ 同上书，第 423 页。

照同一犯罪既遂从轻、减轻或免除处罚,如日本、泰国等国刑法典中规定对犯罪预备从轻、减轻处罚。(3)得减原则,即对犯罪预备可以按照犯罪既遂从轻、减轻、或免除处罚。

我国刑法典22条第2款规定:"对于预备犯,可以比照既遂犯从轻、减轻或免除处罚。"由此可见,我国对犯罪预备采取的是得减原则。至于在司法实践中确定预备犯的刑事责任,还是应当根据案件的具体情况综合考虑,如预备行为的性质、程度、法益侵害性等,以决定对预备犯是等同既遂犯处理还是比照既遂犯从轻、减轻、免除处罚。至于具体罪名中对预备犯刑事责任的追究非常少,根据我国的刑事司法实践,通常追究预备犯的刑事责任主要体现在劫机、爆炸、越狱、贩毒、有组织犯罪等犯罪类型上。

然而,有的学者主张对预备犯追究刑事责任或者有些严重犯罪加重处罚。如有学者认为,如果只是量刑规则性质的加重犯,就只能适用基本犯的法定刑,并同时适用刑法典第22条的规定。例如,为了抢劫数额巨大的财物,而实施了预备行为,但未能着手实行,只能适用普通抢劫罪的法定刑。但如果是为了实现加重的犯罪成立,则应适用加重的法定刑,如为了入户抢劫而实施了预备行为,但未能着手实行的,则应适用加重的法定刑。[①]该种观点虽然有一定的道理,但本书认为,对于预备犯的处罚还是应当慎之又慎,因为预备犯在认定上具有极大的难处,而且一般犯罪类型的预备犯毕竟没有造成实际损害,尤其是有一定原因和社会矛盾的刑事犯罪,过早地介入预备犯容易导致社会矛盾的加剧,甚至出现司法不公。故本书主张,即便是对于上述加重犯的预备行为也应按照基本犯的法定刑加以认定。

第三节　犯罪未遂

犯罪未遂是未完成犯罪形态之一,是一种特殊形态,其侵害程度最接近于犯罪既遂,因此,现代各国刑法都对其作出了规定。纵观世界各国关于犯罪未遂的立法体系,主要分为以下两种:(1)狭义的犯罪未遂概念,由1810年的《法国刑法典》首创。狭义的犯罪未遂是指行为人已经着手实施犯罪,但由于行为人意志以外的原因,未达到犯罪既遂的完成犯罪形态。如1994年《法国刑法典》规定:"仅仅由于罪犯意思以外的情事而中止或未能得逞,即构成未遂。"(2)广义的犯罪未遂概念,由1871年《德国刑法典》首创。广义的犯罪未遂是指行为人已经着手实施犯罪但未达到犯罪既遂,其中包括障碍未遂和中止未遂两种情况。[②]如《日本刑法典》规定:"手与犯罪之实行而不遂者减轻其刑,但因己意予中止时减轻或免除其刑。"行为人在着手实行犯罪后,只要没有达到既遂状态,都是未遂,而不论出于何种原因。我国刑法典采用狭义的犯罪未遂概念。

---

① 张明楷:《刑法学》(第4版),法律出版社2011年版,第314页。
② 李晓明主编:《中国刑法基本原理》(第3版),法律出版社2010年版,第350页。

第十二章 犯罪形态（Ⅰ）：未完成形态

一、犯罪未遂的定义及特征

众所周知，犯罪未遂理论最早是由意大利刑法学家贝卡利亚所提出，其在《论犯罪与刑罚》一书中指出："法律不惩罚意图。根据这一点还不能得出这样的结论：以某种行为——它暴露出将行为进行到底的意图——着手进行犯罪，还不应当受到刑罚，即或这种刑罚是比已遂罪的处罚较轻的。预防这种未遂的行为的重要性证明，对犯罪未遂给以处罚是正确的。既然在未遂和已遂之间可能相隔一定的时间，对已遂行为判处较重刑罚，能使已着手犯罪的人悔悟。"①在这种客观主义犯罪未遂理论的影响下，1810年的《法国刑法典》第一次确认了犯罪未遂的概念和处罚的原则。此后，犯罪未遂理论逐渐被各国的刑事立法所确认，形成了现代的犯罪未遂制度。进入资本主义垄断时期，犯罪问题日益严重，为了扩大刑罚的机能，刑事社会学派提出了主观主义犯罪未遂理论。主观主义犯罪未遂理论抛开了犯罪未遂的客观属性，而从行为人的主观恶性来界定犯罪未遂的概念，认为只要行为人的行为表现出犯罪的主观恶性即构成犯罪未遂。主观主义犯罪未遂理论只从行为人主观恶性的角度出发，而不考虑行为在客观上对法益的实际危险，显然片面地扩大了犯罪未遂的概念，受到了许多学者的批判，于是折衷主义犯罪未遂理论应运而生。折衷主义犯罪未遂理论从主客观相统一的基础上提出了犯罪未遂的概念，认为犯罪未遂已着手实施犯罪，既存在对现实法益侵害的危险，又存在着外化为行为的主观恶性。本书认为，仅仅从主观或客观方面考虑犯罪未遂的概念都具有片面性，只有从主客观相统一的角度出发来论证犯罪未遂的概念，才具有全面性和科学性。②

我国刑法典第23条第1款规定："已经着手实行犯罪，由于犯罪分子意志以外的原因而未得逞的，是犯罪未遂。"我国采取的是狭义的犯罪未遂概念，是指行为人已经着手实行犯罪，由于行为人意志以外的原因而未得逞的一种未完成犯罪。犯罪未遂具有以下特征：

1. 犯罪分子已经着手实行犯罪

刑法中的"着手"一词也是意大利刑法学家贝卡利亚在《论犯罪与刑罚》中最早将它与犯罪未遂紧密联系起来。之后，1810年的《法国刑法典》首次在立法上将"着手"作为犯罪未遂发生的前提，从此将"着手"从一般意义上的行为特征上升为具有特定法律含义的法律概念。此后，大陆法系各国在制定刑法典时都采用了"着手"的概念，并将其作为犯罪未遂的主要特征之一。

所谓着手，是动手、开始做某事的意思。着手实行犯罪，是指行为人已开始实行刑法分则所规定的某种犯罪行为。如我国刑法典第263条规定"以暴力、胁迫或其他方法抢劫公私财物的……"，当行为人开始实施上述暴力、胁迫劫取公私财物之行为时，就认为是"已着手实行"抢劫犯罪。它是实行行为的起点，是区分预备行为与实行行为的显著标志。

---

① 〔意〕贝卡利亚：《论犯罪与刑罚》，黄风译，中国法制出版社2009年版，第84页。
② 李晓明主编：《中国刑法基本原理》（第3版），法律出版社2010年版，第350页。

另外，着手标志着预备阶段已经结束，但并不等同于预备行为的终点，有时预备行为可能已经结束，但是仍然没有开始实施实行行为。

关于着手的具体认定，刑法理论中存在不同学说，主要包括：（1）主观说。该学说认为，犯罪是行为人危险性的表现，行为人的主观恶性和危险性是刑事责任的基础，行为本身只具有表现行为人危险性的意义，因此，不能仅从客观方面来考察实行行为，而应从行为人的主观方面考察实行行为。因此，行为人的犯罪意志表现出来就是犯罪实行的着手。主观说又可以分为极端的主观说和变通的主观说。[①]（2）客观说。客观说坚持客观主义立场，认为认定着手应当根据行为人所实施的行为。客观说可以分为形式的客观说和实质的客观说。形式的客观说认为，只要行为人实施了一部分符合犯罪构成要件的行为，就应当认定为着手；实质的客观说主张从客观危险的角度来认定着手，认为行为人开始实施具有实现犯罪结果的现实危险性的行为就是犯罪的着手。[②]（3）折衷说。该学说认为，认定着手应当将主观犯意和客观行为两方面结合起来，认为当行为和犯意相互印证时即为犯罪的着手。主观说将客观行为仅仅看作证实主观犯意的手段，将行为人的危险性的有无作为认定犯罪着手的标准，容易导致主观归罪，不当地扩大了犯罪实行行为的范围，严重混淆了犯罪预备与犯罪未遂的界限。另外，从逻辑角度来看，主观说在认定行为人危险性时要根据行为人实施的行为去认定犯意是否成立，这本身就与主观主义的观点不协调。形式客观说认为实施刑法分则规定的某一犯罪成立要件的行为就是着手，但关键在于如何理解符合刑法分则规定的犯罪成立要件的行为？形式客观说没能作出解释，这就直接导致该学说在认定着手上具有模糊性和不确定性；实质客观说虽然从客观危险的角度出发来界定着手，但脱离了行为人的心理状况，往往会导致客观归罪，将着手时期过于提前。如在放火烧毁财物诈骗保险金的案例中，如果仅从客观危险的角度出发来界定着手，很容易得出放火时就是诈骗的着手的结论，这就是实质客观说脱离主观意志的认识而带来的错误。折衷说主张从主观和客观相统一的立场出发来认定着手，在方法上具有科学性，是刑法理论的一大突破，但折衷说只是主观说和客观说的简单混同，而不是两者的有机结合，因而不可避免地存在主观说和客观说的弊端，也不能科学地解决着手的标准。

本书认为，故意犯罪本身就是主观意志支配下的一种恶性行为，是一种主观意志和客观行为的统一，而着手是主观上的犯罪意图转化为犯罪行为的开始，所以，认定着手必须从主观和客观两方面入手，只有将主观意志和客观行为有机地结合起来，才能科学地界定

[①] 极端的主观说认为，凡是行为人根据其犯罪意图或者犯罪计划，认为自己的行为是犯罪实行行为的开始时，即使在他人看来不是实行行为的起点，也应当认为是犯罪的着手。变通的主观说认为，只有从行为人的行为本身能够识别其犯罪意图时，才能认定是犯罪的着手。陈兴良：《本体刑法学》，商务印书馆2001年版，第495页；马克昌：《犯罪通论》，武汉大学出版社1999年版，第440页。

[②] 有学者将实质的客观说分为实质的行为说和实质的结果说。实质的行为说认为，开始事实具有实现犯罪的现实危险性的行为时就是实行的着手；实质的结果说认为，发生了作为未遂犯的结果的危险性时，才是犯罪的着手。在该理论的划分中，实质的行为说考虑的是行为本身的危险，实质的结果说考虑的是结果的危险性，然而，在通常的情况下，要想区分行为的危险性和结果的危险性几乎不可能，所以这两者的划分没有普遍的实践意义。参见张明楷：《未遂犯论》，中国法律出版社、日本国成文堂1997年版，第60—73页。

着手的标准。主观上,犯罪人形成了明确的犯意,并且行为人的明确犯意已经直接支配客观实行行为且通过后者开始充分表现出来。客观上,通说认为,行为人已开始直接实行具体犯罪构成客观方面的行为,这种行为已不再属于为犯罪的实行创造便利条件的预备犯罪的性质,而是实行犯罪的性质。[①] 通说观点是建立在犯罪预备与犯罪未遂的犯罪成立要件不同的基础上的,但如前所述,一个犯罪只有一个犯罪成立要件,不可能由于犯罪形态的不同而出现多个不同的犯罪成立要件,既然犯罪预备与犯罪未遂具有相同的犯罪成立要件,不能用符合构成成立要件的行为来认定着手。在客观上认定着手只能根据行为是否具有发生行为人所追求的侵害结果的危险性来认定。犯罪预备行为是为犯罪着手作准备,不可能导致危险结果的发生,而犯罪着手行为则直接导致犯罪结果的发生。至于何种行为可能导致犯罪结果的发生,则应根据案件的实际情况综合考虑。具体方法包括:(1)根据实行犯罪行为的不同类型分析犯罪实行的着手。在刑法理论上,刑法分则所规定的故意犯罪的实行行为可以分为单一的、选择的、并列的和双重的实行行为。其中,单一的实行行为,只要行为人的行为完全符合刑法条文所规定的内容,便可认定着手,如杀人犯已经举刀对准了被害人,就表明杀人行为已经开始。选择的实行行为,如刑法典第359条第1款规定的引诱、容留、介绍他人卖淫罪,只要开始实施其中一个行为,就可认定着手已经开始。并列的实行行为,如刑法典第279条规定的冒充国家机关工作人员招摇撞骗罪,必须同时具备开始实施冒充行为和招摇撞骗行为,才能认定着手实行犯罪。双重的实行行为,如刑法典第263条规定的抢劫罪,必须是使用暴力、胁迫或其他方法与强行夺取公私财物共同组成实行行为,才能视为着手。(2)间接实行犯着手的认定。间接实行犯是指行为人利用无责任能力或无犯罪意图人之手实现自己的犯罪意图的犯罪,如刑法典第29条的教唆犯。一般认为,间接实行犯从实施利用行为开始即实行行为的着手。(3)隔地犯的犯罪着手的认定。隔地犯是指行为人实施的犯罪构成要件的行为与该行为引起的结果,有时间和目的的分离,如邮寄炸弹杀人的行为。一般认为,对此应以行为地行为为标准来认定犯罪的着手。

总之,当某种行为客观上已经达到开始直接实施犯罪的程度时,就可以认定为着手,但还必须综合具体犯罪成立要件的特点进行分析。

2. 犯罪未得逞

所谓犯罪未得逞,是指犯罪行为尚未符合刑法分则所规定的某种犯罪的完成形态,即没有达到既遂。如甲在乙的杯子中投下毒药(已着手实行杀人),而乙喝下有毒的茶水后并未中毒死亡(犯罪未得逞)。我国刑法典中规定的犯罪未得逞,是犯罪未遂与犯罪既遂的区分标志。犯罪未得逞有三种表现形式:一是法定的犯罪结果没有发生。如故意杀人罪,刑法分则规定以死亡发生作为既遂的标志,行为人实施了杀人行为却未造成死亡结果的情况,就是犯罪未得逞。二是确定的犯罪行为没有完成。如强奸罪是以暴力、胁迫等手

[①] 高铭暄主编:《新编中国刑法学》(上),中国人民大学出版社1999年版,第215页。

段强行和妇女发生性行为,如果已经对妇女实施暴力和胁迫,但未能进一步违背妇女意志完成性交行为,就是犯罪未得逞。三是法定的危险状态没有具备。如破坏交通工具罪,如果行为人刚动手开始破坏,就被当场抓获,尚未造成足以使交通工具发生倾覆、毁坏危险的情况,就可认定为犯罪未得逞。

关于"犯罪未得逞"如何界定,刑法学界存在不同主张:(1)犯罪目的说。该学说认为,应当以犯罪目的是否达到作为犯罪既遂与犯罪未遂的区分标准,犯罪目的达到的是犯罪既遂,犯罪目的未达到的是犯罪的未遂。这里的犯罪目的应当理解为行为人希望通过实施犯罪行为,达到某种侵害结果的心理态度。(2)犯罪结果说。该学说认为,应当以犯罪结果是否发生作为犯罪既遂与犯罪未遂的区分标准,发生了犯罪结果就是犯罪既遂,没有发生犯罪结果就是犯罪未遂。值得注意的是,这里的犯罪结果是法律所规定的结果,而不是行为人的目的结果,否则,犯罪结果说实际上等同于犯罪目的说。(3)犯罪构成要件说。该说认为,犯罪既遂就是行为具备了刑法分则具体犯罪构成的全部要件,因而若行为人着手实行犯罪后,违背其意志而使犯罪未能具备刑法分则具体犯罪构成全部要件的,即为犯罪未遂。① 针对上述观点,本书认为,犯罪目的是一个主观意识的范畴,不同的人实施同一个行为可能有不同的犯罪目的的,如果以犯罪目的作为未遂的标准,可能就会导致主观归罪,从而出现与立法相矛盾的情况。例如,在对象认识错误中,行为人误将甲当成乙杀死。如果按照犯罪目的说来判断,则行为人的行为构成犯罪未遂,而事实上,行为人的行为构成故意杀人既遂。犯罪结果说认为,犯罪未遂是没有发生犯罪结果,但我国刑法中规定的犯罪有些不以发生结果为既遂的条件,如诬告陷害罪,只要行为达到一定的程度即构成既遂。由此可见,犯罪结果说也不能科学、准确地界定未遂的标准。犯罪构成要件说是我国刑法学界的通说,但该学说也值得商榷。犯罪构成要件说以犯罪既遂的构成要件为基本的犯罪构成的基础,以犯罪未遂的构成要件为补充,相较之下,犯罪构成要件作为界定犯罪既遂和犯罪未遂的标准,似乎具有合理性和可操作性,但深入分析,就会发现其中的问题。如前所述,一个犯罪只有一个犯罪构成,不可能由于犯罪形态的不同,导致同一犯罪有不同的犯罪构成,如故意杀人罪的未遂与既遂的构成要件应当是同一的。既然犯罪既遂的构成要件与犯罪未遂的构成要件具有同一性,就不可能根据犯罪构成来区别犯罪既遂与犯罪未遂。

然而,犯罪未得逞并不是说没有发生任何侵害结果,只是指未发生刑法分则规定的某种犯罪完成形态的侵害结果。例如,行为人到银行盗窃,未能打开保险柜,或者打开的保险柜是空的,但确实对公共财产造成了损害,属于盗窃未遂。又如,犯罪未得逞也不同于没有达到犯罪目的和没有发生犯罪结果,因为犯罪目的未达到也可构成犯罪既遂。针对有些犯罪既遂的成立,我国刑法并没有要求有实际危害结果的发生,如行为犯、危险犯等。故本书认为,在刑法分则以犯罪既遂模式设计的前提下,应当以刑法分则中规定的具体犯

---

① 赵秉志主编:《犯罪总论问题探索》,法律出版社2003年版,第439页。

罪既遂对犯罪行为的行为要素和结果要素的要求为标准,准确界定"犯罪未得逞",从而达到科学区分犯罪未遂与犯罪既遂的标准。如果采取此标准来区分犯罪未遂与犯罪既遂,首先要解决的是刑法分则是否以既遂为设计模式的理论前提。持否定论者认为,间接故意犯罪和过失犯罪中不存在未完成形态,而犯罪的完成形态与未完成形态是相对应的概念,刑法分则中具体规定了过失犯罪和间接故意犯罪,不是针对犯罪既遂,而是犯罪成立。如果说刑法分则条文以既遂为模式,其法定刑自然就只能是既遂犯的法定刑,而没有规定犯罪预备、未遂、中止的法定刑,这样对它们的量刑就失去了依据。① 本书认为,过失犯罪和间接故意犯罪中虽然不存在未完成形态,但其只有犯罪成立一种状态,为了理论上研究的需要,完全可以将过失犯罪和间接故意犯罪中的犯罪成立视为犯罪既遂。从刑法分则条文规定模式的理论可能性、刑法分则条文规定模式以及刑法分则规定既遂模式的可行性等三个方面来看,刑法分则中直接故意犯罪以既遂为模式这一命题也具有合理性。② 至于否定论者所提出的,如果刑法分则以既遂为模式将会导致未完成形态的量刑失去依据,这种担心是多余的。因为刑法分则虽然没有规定未完成形态的量刑依据,但刑法总则对各种未完成形态的处罚作出了补充规定,弥补了刑法分则的不足。在确定了刑法分则以犯罪既遂为模式后,由于犯罪既遂和犯罪未遂对行为要素和结果要素的要求程度不同,就可以根据其具体规定来区分犯罪既遂和犯罪未遂。符合刑法分则规定的行为要素和结果要素的要求就是犯罪既遂,不符合就是犯罪未遂。

3. 犯罪未得逞是由于犯罪分子意志以外的原因

所谓犯罪分子意志以外的原因,是指违背犯罪分子本意的原因或犯罪分子自身无法控制的原因。也即犯罪未得逞,不是出于犯罪分子的自身意愿,而是出于其意志以外的原因造成。因此,"犯罪分子意志以外的原因未得逞"这一特征,就成为犯罪未遂区别犯罪中止的主要标志。要准确界定"行为人意志以外的原因",必须先正确理解"意志"和"原因"的含义。首先,根据《辞海》的解释,意志是指决定达到某种目的而产生的心理状态,往往由语言和行动表现出来,是人的意识能动作用的表现。③ 意志可以分为完成犯罪的意志和不完成犯罪的意志两类。显然,"意志以外的原因"不应当包括以上两类。其次,"意志以外的原因"中的"原因"应当是阻碍犯罪意志的原因,并且该"原因"能起到足以阻止犯罪意志的作用。只有是阻碍犯罪意志的原因,才能对犯罪意志产生障碍、削弱的作用,从而使犯罪意志支配下的犯罪行为停止在犯罪预备阶段;也只有阻碍犯罪意志的原因达到阻碍犯罪意志的程度,才能阻止犯罪行为的进一步发展。

在司法实践中,具有不同程度的阻碍犯罪意志作用而有可能被认定为"意志以外的原因"的因素大致可以分为三类:一是犯罪人本人以外的原因,包括被害人、第三人、自然力、

---

① 高铭暄主编:《刑法学原理》(第2卷),中国人民大学出版社1993年版,第270—274页;张明楷:《犯罪论原理》,武汉大学出版社1991年版,第466—468页;曾宪信等:《犯罪构成论》,武汉大学出版社1988年版,第145页。
② 李洁:《犯罪既遂形态研究》,吉林大学出版社1999年版,第62—72页。
③ 徐逸仁:《故意犯罪阶段形态论》,复旦大学出版社1992年版,第42—43页。

物质障碍、环境时机等方面对完成犯罪具有不利影响的因素。二是行为人自身方面对完成犯罪有不利影响的因素,如其能力、力量、身体状况、常识、技巧等的缺乏或不佳情况。三是行为人主观上对犯罪对象情况、犯罪工具性能以及犯罪结果是否已发生或必然发生等的错误认识。① 那么,如何确定"犯罪分子意志以外的原因"? 刑法理论界普遍认为,应当从质和量两个方面进行分析,从质上讲,只有那些违背犯罪分子本意的原因才能成为犯罪分子意志以外的原因,从量上讲,那些违背犯罪分子本意的原因必须达到足以阻碍犯罪分子继续实施犯罪的程度。司法实践中造成犯罪未遂的原因是多种多样的,根据以上质和量的分析大致包括:(1)犯罪分子自身的条件或能力的限制,包括犯罪分子自身能力的欠缺,如盗窃过程中行为人突然休克,或者想尽办法却打不开保险柜等。(2)犯罪分子主观认识的错误或错觉,如将白糖误以为毒药来杀人等。(3)犯罪分子以外的客观障碍,如被害人的躲避反抗、第三人的出现阻止、执法部门的干预、不利的环境以及自然界力量的破坏等。

由此可见,"意志以外的原因"是形形色色、多种多样的,其对犯罪意图的阻止也是一个心理活动过程,所以,在认定"意志以外的原因"达到阻碍犯罪意志的程度上具有复杂性。相同的影响因素对不同的人可能会产生不同的影响。有的人会因此被迫放弃犯罪而形成犯罪预备和犯罪未遂;有的人则不会因此而受到影响,在此情况下行为人停止犯罪则成立犯罪中止。那么,在司法实践中,应如何准确界定犯罪预备、犯罪未遂与犯罪中止? 本书认为,应当从影响因素和行为人的主观感受两方面出发,准确界定犯罪预备和犯罪未遂的"被迫性"与犯罪中止的"主动性"。当不利因素从客观上考察足以阻止犯罪意志的,一般情况下,不管行为人认为是否达到阻止犯罪意志的程度,原则上就推定行为人未能完成犯罪是由于"意志以外的原因",除非有证据证明行为人是在不知道客观上犯罪目的已无法实现的情况下主动放弃犯罪。当不利因素从客观上考察不足以阻止犯罪意志,但行为人主观上认为已达到足以阻止其犯罪意志的情况下,原则上也认为行为人未能着手犯罪或未能完成犯罪是由于"意志以外的原因"。如强奸犯因迷信同月经在身的妇女发生性关系会危及健康而放弃犯罪的,通说一般认为是犯罪未遂而不是犯罪中止。

总之,犯罪未得逞是否出于犯罪分子的意志,这是犯罪未遂与犯罪中止的根本区别。实践中,有时准确区分两者是非常困难的,特别是当外界的环境正好与犯罪分子的心理一起作用时,就更难以区别。如行为人由于被害人的要求、哭泣而生怜悯之心,由于第三人的劝告斥责而停止,由于听到室外有脚步声而自动放弃犯罪等。在遇到这类情况时,可以以德国刑法学者提出的"欲达目的而不能"是犯罪未遂,"能达目的而不欲"是犯罪中止为参考,再根据行为人的主观心理活动和具体案情进行具体分析。

二、犯罪未遂的类型

由于主客观情况的复杂性,犯罪未遂的情况也多种多样,因此,根据一定的标准对犯

---

① 高铭暄主编:《新编中国刑法学》(上),中国人民大学出版社1999年版,第218页。

罪未遂进行种类划分,有助于进一步认识犯罪未遂的性质,了解犯罪未遂状态的多样性。根据标准的不同可以将犯罪未遂分为不同的类型,科学的分类方法对刑法理论和司法实践都有重大的价值。大陆法系刑法理论一般从不同的角度将犯罪未遂分为:实行终了的未遂与未实行终了的未遂、能犯未遂与不能犯未遂、障碍未遂与中止未遂;由于我国刑法区分犯罪中止与犯罪未遂,所以,我国刑法理论一般采取前两种分类。[①] 本书认为,除了第一种分类标准外,能犯未遂与不能犯未遂、障碍未遂与中止未遂的分类标准极易造成概念混淆,因此,不作为本书重点研究内容。

(一)实行终了的犯罪未遂与未实行终了的犯罪未遂

刑法理论中一般认为,根据犯罪行为是否实行终了,可以将犯罪未遂分为实行终了的犯罪未遂和未实行终了的犯罪未遂。但何谓"实行终了"?理论界存在不同的主张:(1)主观说。主观说又可以分为绝对的主观说和修正的主观说。绝对的主观说认为,应当完全以行为人的主观认识为标准区分是否实行终了;修正的主观说认为,行为人的主观认识应当受到法定犯罪构成要件的限制。(2)客观说。客观说又可以分为客观认识说和法律规定说。客观认识说认为,应当以一般人对犯罪行为发展程度的客观认识为标准以确定是否实行终了;法律规定说认为,应当以犯罪人已经实施刑法分则所规定的某种犯罪在客观方面的全部行为为标准确定是否实行终了。(3)折衷说。折衷说认为,应当从主观和客观两个方面来认定实行终了。[②]

本书认为,应当以修正的主观说作为确定实行终了的区分标准,其他的几种学说都存在着不同的弊端。绝对的主观说脱离了客观的法律评价,仅仅以行为人的主观认识作为区分实行终了的标准,会导致标准的不确定性,因为不同的人对实行终了的主观认识是不一致的。客观认识说的界定标准也具有不确定性,如果以法律的规定来作为一般人的认识,客观认识说与法律规定说也就没有什么区别了。法律规定说表面上为界定实行终了提供了一个确定的标准,但刑法分则中规定的实行行为只有定性的规定而没有定量的规定,只根据刑法分则的规定根本无法界定实行终了。例如,行为人在实行杀人的过程中,第一刀由于被害人的挣扎而没有刺中要害,就被其他人制止,该行为是否实行终了?根据刑法分则的规定,无法进行判断,只能根据行为人的主观意志判断行为人没有将他认为要实现犯罪意图所必要的全部行为实行终了。折衷说以主观与客观相一致为前提,如果两者发生冲突,折衷说则陷入了"两难"的境地。只有考虑行为人的主观认识,才能提供行为量的标准,但这种认识必须受到法律规定的限制。例如,行为人盗窃后放火毁灭现场,放火毁灭现场应当不包括在行为人盗窃的主观认识中。

在确定了实行终了的标准后,就可以据此对实行终了的未遂和未实行终了的未遂的

---

① 高铭暄、马克昌主编:《刑法学》,北京大学出版社、高等教育出版社2011年版,第168页;李晓明主编:《中国刑法基本原理》(第3版),法律出版社2010年版,第357页。

② 马克昌:《犯罪通论》,武汉大学出版社1999年版,第451—453页;陈兴良:《本体刑法学》,商务印书馆2001年版,第504页;徐逸仁:《故意犯罪阶段形态论》,复旦大学出版社1992年版,第128页。

概念进行准确的界定。本书认为,实行终了的未遂是行为人已经将他认为要实现犯罪意图所必要的全部行为实行完毕,但由于意志以外的原因而未得逞的情况;未实行终了的未遂是由于意志以外的原因,行为人尚未将他认为要实现犯罪意图所必要的全部行为实行完毕,因而未能达到既遂状态的情况。实行终了的未遂与未实行终了的未遂相比,前者犯罪意图的实现程度要高,客观上离犯罪既遂较近;后者犯罪意图的实现程度要低,客观上离犯罪既遂也较远。因此,实行终了的未遂的社会危害性要严重得多,在司法实践中处罚犯罪未遂时,要予以区别。

(二)普通未遂、中止未遂与不能未遂

普通未遂又称为障碍未遂或失败未遂,是指行为人已经着手实行犯罪,并且该实行行为实际上有可能达到既遂状态,但由于行为人意志以外的原因而使犯罪未得逞。中止未遂是指行为人因己意中止实行行为或防止结果发生而成立的未遂形态。不能未遂又称不能犯,是实行行为本质上无法达到既遂阶段的犯罪类型,换言之,是指行为人已经着手实行犯罪,但由于其行为的性质,致使其行为不可能达到既遂状态或不可能发生犯罪结果。例如,行为人想用石头击落民航客机,请人喝凉茶欲使之流产等。这种完全无知的行为不会动摇大众的法信赖感,也不会破坏法秩序,因此,刑法不应处罚因思想不能未遂的状况。① 我国传统刑法理论将不能未遂分为工具不能犯的未遂与对象不能犯的未遂。工具不能犯未遂是指由于行为人认识错误使用了按其客观性质不能实现行为人犯罪意图,不能构成既遂的工具,以致形成犯罪未遂的情况。例如,误将白糖作为毒药去杀人,误用空枪、坏枪、臭弹去射杀人等。对象不能犯的未遂是指由于行为人的错误认识,使得犯罪行为所指向的犯罪对象在行为时不在犯罪行为的有效作用范围内,或者具有某种属性使得犯罪不能既遂,只能未遂。例如,误认尸体为活人而开枪射杀、砍杀,误认空包内有钱财而扒窃,误认为被害人在卧室而隔窗枪击等。② 不过,本书认为,以上举例其实皆为障碍未遂,都具有可罚性。

另外,还需要注意不能未遂与迷信犯的区别。迷信犯是行为人基于迷信的思想,希望通过超自然的手段来实现犯罪。例如,念咒施巫术杀人等,只能说是行为人的一种幻想,迷信犯因欠缺构成要件的故意而根本不成立未遂犯,也不成立犯罪。不能未遂虽然也存在重大无知,但此种重大无知与迷信犯所欲操纵的人力无法支配的因果历程仍有差异,其法敌对意思从主观说的立场仍有惩罚的必要,只是刑法对不能未遂不处罚而已。这涉及刑法立场和具体罪名的规定,通常刑法分则会明确规定具体的犯罪成立要件。

三、未遂犯的刑事责任

如上所述,大陆法系刑法以处罚既遂犯为常态,未遂犯为例外。处罚犯罪既遂状态在

---

① 李晓明、李洪欣、陈姗姗:《中国刑法基本原理》(第4版),法律出版社2013年版,第438页。
② 高铭暄、马克昌主编:《刑法学》,北京大学出版社、高等教育出版社2011年版,第168页。李晓明主编:《中国刑法基本原理》(第3版),法律出版社2010年版,第359页。

刑法理论及实务中一般不具有争议性,但处罚未遂犯在理论上争议其大,其处罚根据的观点主要包括:(1)客观未遂理论。该理论认为,未遂犯处罚的根据在于行为侵害法益的危险性,也就是行为实现不法构成要件结果之高度概然性。因为故意在各个行为阶段中皆为相同并无差异,既遂犯、未遂犯及预备犯仅能就行为的客观面才能加以区别,所以未遂犯的行为由于引起结果不法的高概率而应受到刑罚制裁。客观的未遂理论会导致两个结论:一是不能未遂犯欠缺可罚性,因为这种未遂犯的实行行为根本不可能造成结果的发生;二是既然重点在客观的结果不法,而既遂犯是造成结果不法的实际损害,未遂犯仅是实现结果不法的危险性,因此两者处罚必须区别。简言之,未遂犯必须按照既遂犯的刑罚减轻而非"可以减轻"。[1] (2)主观未遂理论。该理论认为,未遂犯的刑罚理由在于行为人以其未遂行为显露其主观上的敌对意思,因此,处罚未遂行为的关键不在于未遂行为对于构成要件所保护的行为客体的事实危险,而强调的是行为不法,也就是在未遂的实行行为中,所显露的行为人主观上的法敌对意识,也就是行为人应就其法敌对意思的实行而受处罚。[2] 主观未遂理论也会导致两个结论:一是不能未遂犯应该处罚,因为尽管其在客观上造成了法益侵害的危险,与普通未遂有天壤之别,但就行为人主观上的法敌对意思而言,则无任何区别;二是基于同样的道理,未遂犯的处罚也应等同于既遂犯,不是可以减轻或必须减轻的问题,而是原则上应予以相同的刑罚。(3)混合理论。混合理论又称为主客观混合的未遂理论,有的学者也称之为印象理论。该理论是以主观未遂理论为骨干但兼采客观未遂理论立场的混合说,目前是德国刑法学界的通说观点。[3] 该理论认为,未遂犯的处罚根据在于:行为人基于法敌对意思而着手实行行为,足以震憾大众的法意识及法信赖,并且破坏法秩序的安定与和平。换言之,能够表征主观犯意的客观行为,足以令社会大大众感到不安,法律若对其不加以制裁,则足以危害法律的安定性与法律秩序,因此需加以制裁。[4] 本书赞同混合说,即主张犯罪未遂(包括犯罪预备)并非同犯罪既遂存在本质区别,只是犯罪未遂在结果上因为意志以外的原因而未能得逞。实际上,二者在犯罪决意和犯罪行为上并无成立要件方面的差异,所以犯罪未遂只能比照犯罪既遂从轻或减轻处罚,而不能免除处罚。这也是本书主张不存在"修正的犯罪构成"概念的主要原因所在。

世界各国对于未遂犯的处罚,主要有等同主义、必减主义和得减主义。我国刑法典第23条第2款规定:"对于未遂犯,可以比照既遂犯从轻或者减轻处罚。"由此可见,我国采取的是得减主义原则。但对于刑法典第23条的理解需要注意以下问题:(1)对未遂犯的从轻、减轻处罚是相对于既遂犯而言的;(2)一般情况下,对未遂犯可以比照既遂犯从轻、

---

[1] 李晓明、李洪欣、陈姗姗:《中国刑法基本原理》(第4版),法律出版社2013年版,第428—429页。
[2] 林山田:《刑法通论》(上),北京大学出版社2012年版,第303页。
[3] Bernd Heinrich, Strafrecht Allgemeiner Teil, 3. Aufl., 2012, S. 285. 转引自李晓明、李洪欣、陈姗姗:《中国刑法基本原理》(第4版),法律出版社2013年版,第430页。
[4] 林山田:《刑法通论》(上),北京大学出版社2012年版,第303页。

减轻处罚。在司法实践中,适用该规定时,要考虑以下因素:(1) 属于何种性质的犯罪未遂;(2) 属于何种类型的未遂犯;(3) 距离犯罪既遂的远近;(4) 属于何种罪名的犯罪未遂;(5) 未遂犯本身所造成结果的轻重。应当根据犯罪的性质、行为人的主观恶性、行为的法益侵害性及犯罪未遂的类型等具体情况,决定是否可以给予从轻或减轻处罚。

第四节 犯 罪 中 止

犯罪中止是未完成罪的形态之一,它既可以存在于犯罪预备阶段,成立犯罪预备阶段中的犯罪中止,又可以存在于犯罪实行阶段,成立犯罪实行阶段中的犯罪中止。犯罪中止由于具有鼓励犯罪分子及时中止犯罪的刑事政策作用,各国刑法对此都予以了高度重视,建立了不同的犯罪中止理论和立法体系。①

一、犯罪中止的定义和特征

我国刑法典第 24 条第 1 款规定:"在犯罪过程中,自动放弃犯罪或者自动有效地防止犯罪结果发生的,是犯罪中止。"据此,犯罪中止是指在犯罪过程中,行为人自动中止犯罪或者自动有效地防止犯罪结果发生的犯罪未完成形态。正如德国学者李斯特指出:"在跨越不可罚的预备行为和可罚的实行行为的界限的瞬间,为未遂所规定的刑罚就具体化了。这种事实已经不能变更,也不允许废弃与抹杀。但是,立法基于刑事政策的理由,可以为应当被科处刑罚的行为人架设返回的金桥。事实上,立法承认对任意中止免除刑法。"② 犯罪中止制度的设立可以鼓励犯罪分子及时悔悟,自动放弃犯罪或有效地防止犯罪结果的发生,从而起到预防犯罪和保护法益的作用。

关于犯罪中止的特征,刑法学界有二特征说、三特征说、四特征说之争。③ 本书认为,根据我国刑法典对犯罪中止的规定,犯罪中止应当具有时间性、主动性、有效性三个特征。

1. 时间性条件:必须发生在犯罪过程中

犯罪中止必须处于犯罪过程中,这是犯罪中止的前提性条件。一般认为,"犯罪过程中"应当包括以下两方面的含义:(1) 一个完整的犯罪过程是从实行犯罪预备行为到犯罪既遂,实行犯罪预备行为和犯罪既遂是犯罪过程的两个分界点。在行为人实施犯罪预备行为之前,行为人产生了犯意但尚未实施任何犯罪行为不属于犯罪,不可能成立犯罪中止;如果犯罪已经既遂,也不可能成立犯罪中止。(2) 在实行犯罪预备到犯罪既遂期间,如果行为人由于意志以外的原因停止实施犯罪行为,符合犯罪预备或犯罪未遂,也不可能成立犯罪中止。因为犯罪预备和犯罪未遂都是一种结局状态,行为呈结局状态就不可能

---

① 李晓明主编:《中国刑法基本原理》(第 3 版),法律出版社 2010 年版,第 358 页。
② 〔德〕李斯特:《德国刑法教科书》,徐久生译,法律出版社 2000 年版,第 349 页。
③ 徐逸仁:《故意犯罪阶段形态论》,复旦大学出版社 1992 年版,第 169 页;高明暄主编:《新中国刑法学研究综述(1949—1985)》,河南人民出版社 1986 年版,第 333—334 页。

成立犯罪中止。但是，有学者对犯罪过程的界定提出了不同的见解。如有学者认为，犯罪预备阶段不应当存在犯罪中止；还有学者认为，犯罪过程的终点应当界定为犯罪结果发生前而不是犯罪既遂。由于犯罪过程的界定涉及犯罪中止成立的范围，所以本书有必要深入分析。

有学者针对通说中犯罪预备阶段存在犯罪中止的观点，提出了不同的主张。根据我国刑法典的相关规定，犯罪中止须以犯罪预备阶段为起始阶段，在刑事司法实践中这是不应动摇的。然而，从刑法完善的角度来看，犯罪预备阶段的中止行为不宜再作为犯罪中止处理。为此，我国刑法学界从对犯罪预备的立法方式的弊端、在犯罪预备阶段中成立犯罪中止的现实可能性以及犯罪预备阶段中成立犯罪中止的理论合理性三个方面作出了详尽的论述。① 本书赞同这种主张，犯罪预备阶段的法益侵害性本来就相对较小，行为人又自动中止了预备行为，其主观恶性和客观危害性就更为轻微。因此，无论从现实可能性还是理论合理性来看，犯罪预备中成立犯罪中止实在没有必要。还有学者提出，无论何种犯罪，只要存在着发生犯罪结果的可能性，在结果尚未发生之前，都应当给予行为人自动、有效地防止犯罪结果发生的权利，即在结果发生之前都可以成立犯罪中止，否则将不利于鼓励犯罪人自动中止犯罪。② 本书认为，该种观点值得商榷，该观点指出的犯罪结果是一种有形的实害结果，结果犯的既遂以发生法定的实害结果为条件，结果发生之前可以存在犯罪中止对于结果犯而言是正确的。但危险犯、行为犯的既遂并不以发生实害结果为前提，危险犯只要造成一定的危险状态即成立既遂，行为犯只要行为达到一定的程度就成立既遂，而以实害结果作为犯罪中止的终点对于行为犯和危险犯是不合适的。行为人的行为已然达到既遂状态，即使行为人有效地防止犯罪结果的发生，也不能认为是犯罪中止，只能视为一种既遂以后恢复原状的悔罪行为，在量刑时作为悔罪情节予以考虑。

2. 主动性条件：必须是行为人自动中止

主动性是犯罪中止的主观条件，也是犯罪中止与犯罪预备和犯罪未遂的根本区别。关于犯罪中止主动性的认定，刑法理论中存在不同的学说：(1) 主观说。该说认为，行为人中止的动机是基于对外部障碍的认识时，就是障碍未遂；此外的场合就是犯罪中止。(2) 限定主观说。该说认为，只有基于悔悟、同情等放弃犯罪的意思时，才是犯罪中止。(3) 客观说。该说认为，对没有既遂的原因应根据社会的一般观念进行评价，外界原因对一般人不会产生强制性影响，即一般人处于该种情况下不会中止而行为人中止时，就是自动中止；如果外界原因对一般人产生强制性影响，行为人放弃犯罪的，便是未遂。(4) 折衷说。该说认为，认定自动中止必须考察行为人对外部事实是如何认知的，再根据客观标准判断行为人的认识，探讨外部事实对行为人的意志是否产生了强制性影响。③

---

① 赵秉志主编：《犯罪总论问题探索》，法律出版社2003年版，第460—462页。
② 马克昌：《犯罪通论》，武汉大学出版社1999年版，第465—466页。
③ 张明楷：《刑法学》（上），法律出版社1997年版，第264页；张明楷：《未遂犯论》，中国法律出版社、日本国成文堂1997年版，第356—375页。

本书认为,相同的外部客观因素对不同的行为人会产生不同的影响,所以只能根据行为人的主观认识和意志来判断是否是自动中止,在这个意义上主观说是可取的。限定主观说过分强调后悔等伦理因素,不适当地缩小了犯罪中止成立的范围;而客观说以社会的一般观念进行评价,本身就存在着方法上的谬误,因为每个行为主体的主观心理活动对外界的感受是不同的,仅以一般经验来代替行为人的主观认识和意志,必然会发生认定上的错误;折衷说从主观和客观两方面入手,似乎是合理的,但其也是用客观标准来代替行为人的主观认识和意志,实质上是对客观说的修正,不可避免地带有客观说的弊端。① 德国学者弗兰克提出了主观说的基准——弗兰克公式:"能达目的而不欲"是中止,"欲达目的而不能"是未遂。其中,"能"不应当理解为客观上的"能",也不应理解为一般观念上的"能",而应当理解为行为人自己心理上的"能",不管客观上的影响因素是否足以阻止犯罪意志,只要行为人认为自己的犯罪行为可以达到目的就可以认为"能"。弗克兰公式虽然从理论上区分了犯罪未遂和犯罪中止,但在司法实践中,要认定行为人心理上的"能"或"不能",还要结合案件的具体客观情况。这里提到要结合案件的具体客观情况分析,不同于客观说和折衷说的要求。客观说和折衷说是用一般经验和客观标准来代替行为人的主观认识,以此来认定犯罪未遂和犯罪中止的区别,而结合案件的具体客观情况是为了站在行为人的立场上推断行为人的心理状况,从而以行为人的主观认识和意志来认定是犯罪中止还是犯罪未遂,两者存在着方法论上的本质区别,不可混为一谈。

3. 有效性条件:必须是行为人有效中止

根据我国刑法典的规定,犯罪中止必须自动中止犯罪或自动、有效地防止犯罪结果的发生,这是犯罪中止的客观条件。因此,可以将犯罪中止的有效性分为自动中止犯罪或自动、有效地防止犯罪结果的发生这两种情况。

自动中止犯罪是指在行为人的犯罪行为未实行终了的情况下彻底放弃了原来的犯罪。但是,这种彻底性是相对意义上的,而不具有绝对的意思,即行为人所彻底放弃的只是正在进行的某个具体的犯罪,而不是指行为人在以后任何时候都不再犯此种罪。② 如果行为人主动停止了犯罪行为的实施,但并不是真正出于悔悟而停止该种犯罪,只是等待更好的时机再继续实施原犯罪,就不能认为行为人的行为成立犯罪中止。

自动、有效地防止犯罪结果的发生是指在行为人的犯罪行为已经实施终了但犯罪结果尚未发生的情况下,采取积极的作为形式来防止犯罪结果的发生,并且实际上避免了犯罪结果的发生。值得注意的是,这里的危害结果是指行为人追求的的犯罪结果,而不是所有的犯罪结果。

---

① 李晓明主编:《中国刑法基本原理》(第2版),法律出版社2010年版,第363页。
② 高铭暄主编:《刑法学原理》(第2卷),中国人民大学出版社1993年版,第336—337页。

二、犯罪中止的类型

根据不同的标准,可以将犯罪中止分为不同的类型。

(一) 发生法益侵害结果的犯罪中止和未发生法益侵害结果的犯罪中止

根据实际上是否发生行为人追求的法益侵害结果,可以将犯罪中止划分为未发生法益侵害结果的犯罪中止和发生法益侵害结果的犯罪中止。未发生法益侵害结果的犯罪中止是指行为人自动放弃犯罪或自动、有效地防止追求的犯罪结果的发生,并且没有发生任何法益侵害结果的一种犯罪中止情况。发生法益侵害结果的犯罪中止是指行为人自动放弃犯罪或者自动、有效地防止追求的犯罪结果的发生,但发生了犯罪人追求之外的其他法益侵害结果的一种犯罪中止情况。

未发生法益侵害结果的犯罪中止由于没有发生实际的法益侵害后果,所以,行为人的主观恶性和客观侵害性比发生法益侵害结果的犯罪中止要小得多,在司法实践中量刑时应当区别对待。

(二) 积极中止和消极中止

根据行为人中止行为的不同形式,可以将犯罪中止划分为消极中止和积极中止。消极中止是行为人以不作为形式在犯罪未实行终了的情况下自动停止犯罪的犯罪中止;消极中止是犯罪中止的典型形式。积极中止是行为人不但需要自动停止犯罪的继续实施,还必须以作为形式去积极、有效地防止结果的发生;积极中止是犯罪中止的特殊形式。

消极中止是在犯罪未实行终了的情况下主动停止犯罪,一般不会发生法益侵害的结果,距离犯罪既遂较远;而积极中止距离犯罪既遂较近,一般会发生实际的法益侵害结果,行为人的主观恶性和客观危害性比消极中止大得多,因此,在司法实践中量刑时应当区别对待。

三、中止犯的刑事责任

对于中止犯的处罚,各国刑法大多实行减免处罚的原则,但关于犯罪中止减免处罚的依据,刑法理论中存在着不同的主张。刑事政策说认为,对中止犯减免刑罚,是为了给走上犯罪道路的人架设一道返回的"金桥";违法性减少说认为,由于中止行为使得其犯罪行为的客观危害减少,故应减免刑罚;责任减少说认为,由于放弃犯意使得对其行为的非难可能性减小,故应减免刑罚。① 这三种学说从不同的方面阐述了对犯罪中止减免处罚的理由,但都有失偏颇。本书认为,应当将以上三种学说有机地结合起来,才能全面地说明对犯罪中止提供减免处罚的依据。②

我国刑法典第 24 条第 2 款规定,"对于中止犯,没有造成损害的,应当免除处罚;造成

---

① 张明楷:《刑法学》(上),法律出版社 1997 年版,第 268 页。
② 李晓明主编:《中国刑法基本原理》(第 3 版),法律出版社 2010 年版,第 365—366 页。

损害的,应当减轻处罚。"该条规定以损害结果作为对中止犯的减免处罚的标准,为司法实践提供了具体化、明确化的依据。其中,"没有造成损害"应当理解为不仅没有发生行为人开始追求的犯罪结果,也没有发生其他的危害结果;"造成损害"应当理解为虽没有造成行为人开始追求的犯罪结果,但发生了其他危害结果。但是,对没有造成损害的犯罪中止免除处罚,并不表示该行为不构成犯罪,免除处罚其实也是行为人承担刑事责任的一种方式。只有行为人的行为符合刑法典第13条的"但书"规定时,才可认为其行为不是犯罪,但在这种情况下,也就不存在犯罪中止。

第十三章

犯罪形态(Ⅱ):共同犯罪

　　社会上的犯罪可谓形形色色,有的犯罪是由一个人单独实施完成的,也有的犯罪是由多个人共同实施完成的。多人参与的犯罪往往对秩序有着更大的破坏力,因此,刑法对多人共同参与犯罪在处罚上会区别于单个人完成的犯罪,而且在多数人的犯罪中也存在一个刑事责任的区分问题。因此,有必要对共同犯罪形态加以详细研究。我国大部分刑法教科书都把共同犯罪列为犯罪形态之一,并在犯罪论中进行专章研究。但是,也有一些教科书认为,共同犯罪只是一个刑事责任的区分问题,故放在刑事责任论中作为刑事责任的一种特殊形态进行研究。① 本书认为,就刑事责任的裁量而言,共同犯罪及其分工或不同类型表现的是量刑情节及其轻重,但如果从对法秩序的破坏力和所表现出的犯罪类型而言,共同犯罪还是一种犯罪形态。因此,把共同犯罪作为一种犯罪形态研究还是有一定道理的,并且也符合我国刑法典体系的基本结构。

第一节　共同犯罪概述

　　众所周知,大陆法系刑法中的共同犯罪理论,一般是以正犯和共犯为框架建立起来的且以"共犯"述之。广义上的"共犯"包括共同正犯、教唆犯和帮助犯,而狭义上的"共犯"是除正犯之外的教唆犯和帮助犯。英美法系刑法中既没有共同犯罪的明确概念,也没有共同犯罪成立条件的明确规定。苏联1919年《苏俄刑法指导准则》首次提出了"共同犯罪"的立法定义,虽然1922年和1926年苏俄刑法典中均未设立共同犯罪的基本概念,但在其中规定了实行犯、教唆犯和帮助犯,并增加了组织犯和团伙犯罪。我国刑法典在借鉴苏联刑法典的基础上,创立了自己的共同犯罪制度,沿袭了苏联实行犯、教唆犯和帮助犯的概念,并没有吸纳德、日刑法中的正犯和共犯概念,更没有片面正犯和片面共犯之说。

一、共同犯罪的定义和学说

　　我国刑法典第25条第1款规定:"共同犯罪是指二人以上共同故意犯罪。"在我国刑

---

① 李晓明主编:《刑法学》(上),法律出版社2001年版,第492—495页。

法对共同犯罪概念的界定中,何谓犯罪的共同性?这是准确界定共同犯罪概念的关键性前提。关于犯罪的共同性,国外刑法理论中存在犯罪共同说与行为共同说的争论。

(一)犯罪共同说

犯罪共同说主张,二人以上共同实施一个特定的犯罪才可能成立共同犯罪;如果具有不同的犯罪事实和不同的成立要件,则无共同犯罪存在之余地。犯罪共同说是客观主义学派倡导的共犯理论,其理论依据是:按照成立要件的理论,犯罪首先是符合成立要件的行为,成立要件是犯罪的类型,共犯就必须是相同犯罪类型的共犯。因此,共同犯罪的成立,要求二人以上行为符合某个成立要件。在犯罪共同说中,又可分为完全犯罪共同说和部分犯罪共同说。完全犯罪共同说主张,所有的二人以上共同实施的行为在罪名上完全相同时,才成立共同犯罪。部分犯罪共同说则认为,二人以上虽然共同实施了不同的犯罪,但当这些不同的犯罪之间具有重合性质时,则在重合的限度内成立共同犯罪。① 例如,甲以杀人故意,乙以伤害故意,共同对丙实施了暴力行为并导致丙的死亡。按照完全犯罪共同说的主张,甲和乙的行为都构成犯罪,但各自触犯的罪名不同,因此,不能成立共同犯罪,只能分别对甲和乙以故意杀人罪和故意伤害罪论处。这样的结论显然过于狭窄,因为完全犯罪共同说要求罪名完全相同时才成立共同犯罪,过于严格地限制了共同犯罪成立的范围,无法满足处理共同犯罪的司法实践的客观要求。按照部分犯罪共同说的主张,二人以上虽然共同实施了不同的犯罪,但当这些不同的犯罪之间具有重合性质时,则在重合的限度内成立共同犯罪。② 在上述例子中,甲和乙对丙共同实施了暴力,虽然各自在主观方面存在不同或差异,但其共同实施对丙的伤害是确定无疑的,按照部分犯罪共同说的主张,甲和乙在故意伤害罪的范围内成立共同犯罪。

(二)行为共同说

行为共同说是主观主义学派提出的共犯理论,其理论依据是:犯罪是行为人危险性格的外在表现,共同的行为就表现出行为人的危险性格,所以共同犯罪的成立,不需要以同样的成立要件为前提,只要二人以上具有共同行为而实施其犯罪的,皆系共同犯罪。这里的共同行为仅仅是指一般意义上的纯客观事实性的行为,而不是成立要件意义上的行为,否则就与犯罪共同说混为一谈了。③ 行为共同说仅仅根据相同的客观事实性的行为作为确立共同犯罪的依据,而不考虑各个行为人之间是否存在共同故意,不可避免地扩大了共同犯罪的范围。但也有学者认为,此处的共同行为是指前构成要件的或前法律的自然的行为相同,但当今的行为共同说所称的行为共同,是指违法的构成要件该当行为相同。④

由此可见,完全犯罪共同说过于严格地限制了共同犯罪成立的范围,行为共同说不可避免地扩大了共同犯罪的范围,部分犯罪共同说将符合同一犯罪成立为前提作为一个原

---

① 张明楷:《外国刑法纲要》,清华大学出版社1999年版,第293—294页。
② 张明楷:《刑法学》(第4版),法律出版社2011年版,第358页。
③ 陈兴良:《本体刑法学》,商务印书馆2001年版,第517页。
④ 张明楷:《刑法学》,法律出版社2011年版,第358页。

则,主张在不同的犯罪成立之间不存在共同犯罪,但如果二人以上实施的行为具有主客观方面的重合部分时,各行为在重合部分成立共同犯罪,如此就不排除不同罪名之间存在共同犯罪的可能性。如甲教唆乙去伤害丙,结果乙将丙杀死,在此案中乙实施了过限行为将丙杀死,应定故意杀人罪,那么对甲应当如何定罪量刑?根据完全犯罪共同说,甲只对教唆伤害承担刑事责任,应定为故意伤害罪。由于甲、乙不构成共同犯罪,那么就应当将甲、乙的行为作为单独犯罪看待,甲的教唆就属于被教唆人没有犯被教唆罪的情节,根据我国刑法典的相关规定,可以从轻或减轻处罚,这显然是不合理的。而部分共同犯罪说则很好地解决了这一问题,乙的杀人行为中包含伤害的行为,杀人行为与伤害行为在客观上存在重合部分,杀人的故意中包括伤害的故意,所以甲、乙在伤害的限度内存在共同的故意和共同的行为,成立共同犯罪。而乙的杀人行为超越了甲教唆伤害的限度,应由其单独承担故意杀人的罪责。由此可见,采用部分犯罪共同说,不仅具有理论上的合理性,而且为解决司法实践中的"重合限度内共同犯罪"问题提供了解决的方案。

因此,本书认为,数人行为可以视为一个整体,不仅有共同行为,更为重要的是主观故意的联合。只有主观故意内容存在共同性,才可以将不同表现形式的行为视为共同行为。部分犯罪共同说将符合同一犯罪成立作为一个原则,在不同的犯罪成立之间不存在共同犯罪,但如果二人以上实施的行为具有主客观方面的重合部分时,各行为在重合部分成立共同犯罪,如此就不排除不同罪名之间存在共同犯罪的可能性。

二、共同犯罪人之间的关系

众所周知,大陆法系国家一般以正犯和共犯为框架建立共同犯罪理论,并且将共同犯罪中的实行犯称为正犯,将共同犯罪中的帮助犯和教唆犯称为共犯,甚至认为,共同犯罪人之间的关系即为共犯与正犯的关系。而我国刑法的共同犯罪理论秉承了苏联的刑法理论体系,不承认共犯与正犯的理论格局,建立了统一的共同故意和共同行为的共同犯罪理论,将共同犯罪人按照作用分类法划分为主犯、从犯、胁从犯和教唆犯。我国刑法既没有承认胁迫犯为共犯,也没有规定胁迫犯是否承担刑事责任。本书认为,既然没有排除胁迫犯的刑事责任,那么胁迫犯也要承担刑事责任。所以,可以结合大陆法系共同犯罪理论,进一步揭示我国刑法共同犯罪人之间的关系,从而为准确认识共同犯罪的性质,建立科学的共同犯罪理论提供前提性基础。

一般认为,大陆法系刑法理论对正犯和共犯的关系存在共犯从属说和共犯独立说的争论。共犯从属说认为,共犯对于正犯具有从属性,共犯的成立及可罚性,以存在一定的实行行为为必要前提;如果一方行为人实施了教唆、帮助行为,但另一方行为人并没有着手实行犯罪,则教唆、帮助行为不构成犯罪。共犯独立说则认为,犯罪乃行为人恶性的表现,共犯的教唆行为或帮助行为,是行为人表现其固有的反社会的危险性,并对结果具有原因力,即为独立实现自己的犯罪,并非从属于正犯的犯罪,应依据本人的行为而受到处罚。因此,在二人以上参与共同犯罪的场合,不应认为存在从属于他人犯罪的情形;教唆与帮助行为本身应认定为独立构成犯罪,均可独立地予以处罚。① 我国刑法典第29条第2款规定:"如果被教唆的人没有犯被教唆的罪,对于教唆犯,可以从轻或者减轻处罚。"由此可见,对教唆犯不是不处罚,而是可以从轻或者减轻处罚,这完全符合大陆法系的共犯独立说。然而,我国刑法典并不承认大陆法系的正犯与共犯理论,因为在我国刑法典看来,正犯和其他共犯都属于实行犯。

然而,大陆法系的共犯从属说从客观主义出发,以正犯的行为为中心,指出共犯的从属性,在一定程度上揭示了正犯和共犯的关系,但共犯从属说无视行为人的主观恶性,将共犯依附于正犯,在一定程度上有可能放纵犯罪。与此相反的是,共犯独立说从主观主义出发,将共犯的可罚性建立在共同犯罪人行为的基础上,充分关注了行为人的主观恶性,从而严密了刑事法网。但我国有学者认为,共犯独立说割裂了主观与客观的联系,无视共犯对主犯的从属性,可能导致主观归罪。由此可见,共犯从属说和共犯独立说都具有一定的局限性,无法正确解释我国刑法中实行犯和非实行犯之间的关系。于是,有人便提出了共犯从属性与独立性统一说,在主观和客观相统一的原则下,对实行犯与非实行犯的关系作出了理论上的诠释。该说认为,共犯的从属性是指共犯所构成的具体犯罪和罪名,取决于实行犯所实施的特定犯罪,没有抽象的脱离具体犯罪的共犯;共犯的独立性是指共犯具备独立的主客观相统一的承担刑事责任的根据,因而其构成犯罪并不取决于实行犯是否实行犯罪。② 本书认为,共犯从属性与独立性统一说从主观与客观相统一的角度出发,准确地界定了我国刑法中实行犯和非实行犯之间的关系。实际上,在我国刑法典中,之所以有第29条第2款教唆犯独立构成犯罪的规定,其依据也在于行为人已经实施了教唆行为,已经给社会造成了极大损害,所以,完全应当追究行为人的刑事责任,而并非被教唆人实施了教唆的犯罪才追究刑事责任。

三、共同犯罪的成立要件

根据我国刑法典第25条第1款的规定,只要具备了主观上的"共同故意"和客观上的"共同行为",就成立共同犯罪。根据本书主张的犯罪成立三要件说,量度要件在共同犯罪研究中是不需要讨论的,这样只剩下犯罪的客观要件和犯罪的主观要件。而在共同犯罪中,犯罪的主观要件是需要优先考虑的,因为只有犯罪主体的刑事责任能力和主观故意的内容推动,才有可能产生客观的共同犯罪行为。

(一)共同犯罪成立的客观要件

根据刑法典第25条第1款的规定,必须是二人以上具有共同的犯罪行为才构成共同犯罪。"共同行为"不是各个行为人行为的简单相加,而是各行为人实施了属于同一性质犯罪的行为,并且这些行为相互联系、相互配合,共同形成了一个有机的犯罪活动整体。

---

① 张明楷:《刑法学》(上),法律出版社1997年版,第278页;陈兴良:《本体刑法学》,商务印书馆2001年版,第530页。
② 陈兴良:《刑法适用总论》(上),法律出版社1999年版,第465页。

每个行为人的行为都是共同犯罪整体中不可缺少的一部分,在发生犯罪结果的情况下,共同犯罪的行为整体与犯罪结果存在因果关系,所以,作为行为整体一部分的每个行为人的行为都与犯罪结果之间存在因果关系。就共同行为的表现形式而言,可以对共同犯罪进行多种分类:可以根据行为的刑法性质分为共同的作为、共同的不作为,不作为和作为的结合;也可以根据行为的现实表现分为有分工或者无分工的行为。在无分工的行为中,每一个共同犯罪人都实施了特定犯罪的实行行为,都是实行犯;而有分工的情形是指在共同犯罪行为中,有的行为人实施了实行行为,有的实施了教唆、帮助或者组织等非实行行为。

第一,根据行为在共同犯罪中的分工和作用,可以将共同犯罪的行为分为四类:(1)实行行为,即直接实施了刑法分则规定的导致犯罪结果发生的行为;(2)组织行为,即在犯罪集团中组织、策划、指挥的行为;(3)教唆行为,即引起他人实施犯罪决意的行为;(4)帮助行为,即在共同犯罪中起辅助作用的行为。共同犯罪行为可能是共同实施的实行行为,也可以是实行行为与组织行为、教唆行为、帮助行为之间的结合。

第二,根据共同犯罪中共同行为的表现形式,可以将共同犯罪的行为分为以下三种情况:(1)共同作为,即各行为人的行为均为作为形式;(2)共同不作为,即各行为人的形式均为不作为形式;(3)作为与不作为相混合,即一部分行为人的行为为作为形式,另一部分行为人的行为为不作为形式。这些行为的组合都可能构成共同犯罪。

第三,根据共同犯罪行为形态的不同,共同犯罪还有可能出现以下三种情况:(1)共同实行行为,即行为人的行为都是实行行为;(2)共同预备行为,即行为人的行为都是预备行为;(3)预备行为与实行行为相混合,即一部分人实施了预备行为,另一部分人实施了实行行为。

综上所述,共同犯罪的客观要件核心表现在行为本身上,无论是作为还是不作为,预备、未遂还是既遂等,只要是在共同意志支配下的共同行为,均可认定为共同犯罪。

(二)共同犯罪的主观要件

共同犯罪也完全是犯罪形态的一种,尤其在主观上也必须适用本书所主张的犯罪成立的主观要件的全部内容,即犯罪主体和主观罪过。根据刑法典第25条第1款的规定,"共同故意"是共同犯罪的主观条件,但法律对是否符合犯罪主体和刑事责任年龄以及刑事责任能力等故意内容并没有明确回答。因此,共同犯罪的主观要件也就必须从犯罪主体和主观故意的内容展开讨论。

1. 共同犯罪的主体要件

如上所述,我国刑法典第25条规定:"共同犯罪是指二人以上共同故意犯罪。二人以上共同过失犯罪,不以共同犯罪论处;应当负刑事责任的,按照他们所犯的罪分别处罚。"我国刑法通说认为,共同犯罪的主体必须为具有刑事责任能力的二人以上,这是共同犯罪的前提条件,如果犯罪主体为一人或者其中一人是不具有刑事责任能力的精神病人或者幼儿(限制刑事责任能力人除外),则"共同"二字无从谈起。然而,本书认为,准确认定共同犯罪主体方面的关键是正确理解"二人以上"的内涵和外延,包括对行为人是否具有刑事责任能力进行考察,但不能一概而论,要具体问题具体分析。

首先,"二人以上"的"人"既包括个人,也包括单位。这是因为,我国刑法典第 30 条规定单位也可以成为犯罪的主体,所以作为共同犯罪主体的"人"不仅应当包括具有刑事责任能力的自然人,也应当包括参与犯罪的单位。因此,自然人与自然人、自然人与单位、单位与单位之间都有可能构成共同犯罪。在刑法理论上包括三种情况:(1) 两个以上具有刑事责任能力的自然人实施的共同犯罪;(2) 具有刑事责任能力的自然人和单位的共同犯罪;(3) 单位和单位的共同犯罪。在单位犯罪时,直接负责的主管人员及其他直接责任人员与该单位本身不成立共同犯罪,只认定为一个单位共同犯罪;但是,直接负责的主管人员与其他直接责任人员仍然成立共同犯罪。另外,如果涉及单位共同参与的罪名没有规定单位犯罪的,是否认定共同犯罪的问题?我国刑法典对此没有规定。本书认为,这种情况也应认定为共同犯罪,而不能因为不符合单位犯罪的主体而不认定为共同犯罪,其法理根据和理由包括:一是虽然该罪名没有规定单位犯罪,但肯定涵盖自然人犯罪,因此由自然人参与的犯罪无法不认定另一参与主体不构成共同犯罪;二是同自然人一样,虽然不具有刑事责任能力(如超过 10 周岁接近刑事责任年龄的儿童),但的确给另一个参与人以实际帮助和精神支持的,另一方参与人应当认定为共同犯罪。单位不追究刑事责任的,也不应当不给另一方参与人不认定共同犯罪。在这种情况下,就可能引发片面共犯的问题。

其次,"二人以上"的"人"既包括达到刑事责任年龄的自然人,也应包括 10 周岁以上尚未达到刑事责任年龄的自然人。我国刑法通说认为,当共同犯罪的主体是自然人时,其必须达到刑事责任年龄,具有刑事责任能力。无刑事责任能力人与有刑事责任能力人共同实施犯罪不构成共同犯罪,如已满 14 周岁未满 16 周岁的人和已满 16 周岁的人共同实施盗窃,由于前者尚未达到盗窃罪的刑事责任年龄,所以,在此情况下不构成共同犯罪。但根据我国《民法通则》的规定,10 周岁以上的未成年人是限制民事行为能力人,可以进行与他的年龄、智力相适应的民事活动。虽然这一类人群尚未达到刑事责任年龄,我国刑法典规定不追究其本人的刑事责任,但他们已经具有一定的行为能力,有极大可能被犯罪人所利用从事违法甚至犯罪活动。因此,从法理上讲,对于利用这一类人群从事犯罪活动的人不应当做出有利于他们的判断,而应当认定为共同犯罪。① 也就是说,在通常情况下,二人以上都是达到刑事责任年龄并具有刑事责任能力的人,因而二人都承担共同犯罪刑事责任。但如果二人以上中仅有一部分人达到刑事责任年龄并具有刑事责任能力,而另一部分人尚未达到刑事责任年龄,也应当对达到刑事责任年龄并具有责任能力的那部分人认定共同犯罪。换言之,现实中的确存在尚未达到刑事责任年龄的人与达到刑事责任年龄的人共同故意实施犯罪行为的现象,在这种情况下,虽然没有达到刑事责任年龄的人具有责任阻却事由,但仍应认定已达到刑事责任年龄的人成立共同犯罪。如年满 13 周

---

① 这在德日刑法理论中被称作间接正犯,具体包括利用未达刑事责任年龄的人实施犯罪、利用精神病人实施犯罪、利用他人不可抗力或意外事件实施犯罪、利用他人合法行为实施犯罪、利用他人过失行为实施犯罪以及利用有故意的工具实施的犯罪六种类型。林维:《间接正犯研究》,中国政法大学出版社 1998 年版,第 76—108 页。

岁的人与年满16周岁的人共同轮奸妇女的,应认定为强奸罪的共同犯罪,对年满16周岁的人应适用轮奸的法定刑。①

2. 共同犯罪的故意内容

根据刑法典第25条第1款的规定,"共同故意"是共同犯罪的主观条件。共同犯罪的主观故意内容是两个以上行为人的共同故意,在认识因素和意志因素方面与一人故意犯罪存在较大差异。具体而言,主要表现在两个方面:

(1)在认识因素方面,各行为人认识到不是自己一个人单独实施犯罪,而是在与他人相互配合、共同实施犯罪,并且认识到这种相互配合的犯罪行为会发生危害社会的结果。在共同犯罪中,各共同犯罪人必须认识到以下内容:认识到不是自己一个人单独实施犯罪,而是和其他人一起共同实施犯罪行为的;认识到自己的行为会发生危害结果,并且认识到其他人的行为也会引起危害结果;预见到各共同犯罪人的行为已经成为一个整体,将会共同导致危害结果的发生。② 对于认识因素在司法实践中的认定,应当根据认识因素的内容,把握好意思联络和共同认识两个方面。一方面,意思联络要求行为人存在主观上的沟通和联络,否则不构成共同犯罪。值得研究的是,如果部分行为人认识到自己在和其他人共同犯罪,但其他人并没有认识到有他人与自己在进行共同犯罪,在此情况下是否构成共同犯罪?根据认识因素中意思联络的要求,本书认为以下几种情况不构成共同犯罪:一是二人以上同时或者先后实施某种犯罪行为,但缺乏主观上的联络,不构成共同犯罪。如甲盗窃仓库后,乙见仓库门大开,也实施了盗窃行为,由于甲、乙彼此之间没有犯罪的意思联络,所以不构成共同犯罪。二是事后的窝藏、包庇、窝赃、销赃等行为,如果事先缺乏意思联络,也不构成共同犯罪。另一方面,共同认识要求行为人对行为和结果有相同的认识,行为人的行为超过共同认识的范围,不构成共同犯罪。但是,在司法实践中,有时共同认识的内容和范围比较难以确定,如在聚众斗殴中,行为人的认识是致人伤害还是致人死亡,是不明确的,在此情况下应如何认定?有学者指出,共同犯罪人只要认识到危害结果的范围,即可能发生的危害结果,也可以形成共同认识,对此概括的、抽象的危害结果之认识及意志,均视为共同认识之范围。③ 本书认为,该观点对共同认识的界定是妥当的。

(2)在意志因素方面,各行为人对危害结果的发生采取希望或者放任的态度,即就故意的形式而言,全部行为人均为直接故意,或者部分行为人为直接故意,部分行为人为间接故意,或者全部行为人均为间接故意,都可以成立共同犯罪。由此可见,共同犯罪的意志因素包括:一是行为人在认识到上述因素的基础上,决定参加共同犯罪;二是希望或放任包括自己行为在内的共同犯罪行为共同导致危害结果的发生。④ 据此本书认为,以下几种情况也不构成共同犯罪:一是共同过失犯罪,即各行为人的过失行为造成一个危害结

---

① 张明楷:《刑法学》(第3版),法律出版社2007年版,第322页。
② 李晓明、李洪欣、陈姗姗:《中国刑法基本原理》(第4版),法律出版社2013年版,第454页。
③ 赵秉志主编:《犯罪总论问题探索》,法律出版社2003年版,第493页。
④ 李晓明、李洪欣、陈姗姗:《中国刑法基本原理》(第4版),法律出版社2013年版,第454页。

果的,不构成共同犯罪,因为根据共同犯罪主观方面意志因素的要求,必须要求行为人的主观心理是直接故意或者间接故意。二是故意犯罪行为与过失行为不构成共同犯罪,因为共同犯罪中行为人对侵害结果的发生持希望或者放任的态度,而过失犯罪中的行为人对侵害结果持疏忽大意或者过于自信的态度。三是超出共同犯罪故意的行为不属于共同犯罪。超出共同犯罪故意的行为同样不具备共同犯罪所要求的"相同且合意"的主观标准,因此也不构成犯罪。

综上所述,共同犯罪的故意内容主要是指各共同犯罪人通过意思联络,认识到他们的行为会发生侵害法益的结果,并且希望或者放任该种结果的发生。需要特别强调的是,这种意思联络是相互的和双向的,不是单一或单方面的;"共同"不仅包含"相同"的含义,而且还包含"合意"的含义。

第二节 共同犯罪的形式

共同犯罪的形式也称为共同犯罪的结构,通常是指共同犯罪人的各犯罪行为间的作用和结合方式。准确划分共同犯罪的形式,有助于全面、深入地认识共同犯罪这一特殊形态。另外,准确界定共同犯罪和独犯间的界限,对于指导司法实践正确定罪、量刑也十分有益。我国刑法通说从立法和理论两个层面对共同犯罪进行了分类:就立法层面来讲,刑法典第26、27、28、29条分别规定了主犯、从犯、胁从犯和教唆犯。此外,在刑法总则第26条第3款、第74、97条,以及刑法分则第103、104、105、170、240、242、268、289、290、291、292、301、317、318、328、347、377条中均规定了首要分子。就刑法理论层面来讲,依据不同的标准也将共同犯罪进行了分类,主要包括任意共同犯罪和必要共同犯罪、事前有通谋的共同犯罪和事前无通谋的共同犯罪、简单共同犯罪和复杂共同犯罪、一般共同犯罪和特殊共同犯罪。但是,其中有的分类只是立足于某一角度,不能反映事物的全貌,有的分类并没有反映事物的特有属性。例如,任意共同犯罪和必要共同犯罪有助于认识有些犯罪只能表现为共同犯罪这种唯一形态,但是任意共同犯罪的内部结构如何及如何量刑却没有反映,能否任意形成也不能认为是共同犯罪的特有属性。[①] 再如,甲、乙二人共同教唆丙抢劫他人财物,但丙根本没有接受教唆,那么,甲、乙二人构成共同犯罪,但其犯罪既不是简单的共同犯罪,也难说是复杂共同犯罪。[②] 此外,将共同犯罪分为简单共同犯罪和复杂共同犯罪也值得推敲。本书认为,对共同犯罪的形式进行分类首先要确定科学的分类标准,符合现行法律的规定,反映共同犯罪的特有属性,对司法实践的定罪、量刑具有指导意义。所以,本书比较赞同将共同犯罪的形式分为一般共同犯罪、聚众共同犯罪和集团共同犯罪。

---

① 徐安住、陶涛:《论共同犯罪形式的法定分类》,载《河海大学学报》1999年第2期。
② 张明楷:《刑法学》(上),法律出版社1997年版,第293页。

一、一般共同犯罪

一般共同犯罪是共同犯罪中最为常见的形式,是指二人以上没有组织的共同犯罪,或称松散性的共同犯罪。一般共同犯罪的特点是:(1)二人以上的共同犯罪即可构成一般共同犯罪,这也是它区别于集团共同犯罪的特征之一。(2)没有固定的特殊组织,没有首要分子和犯罪纲领,一般是犯罪以后就自动解散。(3)不存在众人可能随时参与的状态,这也是它区别于聚众共同犯罪的特征之一。

二、聚众共同犯罪

聚众共同犯罪是指首要分子组织、聚集众人实施的共同犯罪。需要指出的是,聚众共同犯罪与聚众犯罪是不同的两个概念,两者有不同的内涵和外延,同时,两者又具有一定的联系。

我国刑法学界对聚众犯罪的概念认定有以下观点:第一种观点认为,聚众犯罪是指聚集特定或不特定的多人实施犯罪,这些众多的人之所以能够聚集在一起实施犯罪,是由于其中的首要分子进行组织、策划或指挥的结果[①];第二种观点认为,聚众犯罪是指法律规定以聚众作为构成犯罪必要条件的犯罪[②];第三种观点认为,聚众犯罪是我国刑法明文规定的以聚众的行为方式实施的犯罪[③]。第一种观点从词义本身最广义地理解聚众犯罪,其法律界限很难准确界定。第二种观点将聚众理解为聚众犯罪的构成要件,这对于大多数聚众犯罪是合适的,但对于那些将聚众行为作为犯罪构成选择性要件之一的聚众犯罪,该定义则是不准确的。如刑法典第303条规定,赌博罪的成立包含三种行为:聚众赌博、开设赌场或以赌博为业;其中,聚众赌博行为只是三种行为之一。第三种观点从聚众犯罪的法律规定和行为实质的角度对聚众犯罪进行界定,本书认为是科学和准确的。

聚众犯罪的基本特点是:(1)聚众犯罪的法定性。聚众犯罪必须是刑法分则明确规定的犯罪行为,没有冠以"聚众"二字的犯罪行为,都不是聚众犯罪。(2)行为的多样性。由于参与人复杂,使得聚众犯罪行为表现出多样性的特点。(3)聚众犯罪主体的特定性而非固定性。聚众犯罪的主体必须有首要分子,还必须要有三个以上的参与人。我国刑法典第97条明确规定了"首要分子"的范围:"本法所称首要分子,是指在犯罪集团或者聚众犯罪中起组织、策划、指挥作用的犯罪分子。"在聚众共同犯罪中,并非所有的参与人都构成犯罪,而只有刑法分则规定的"积极参加者""使用暴力、威胁方法的参与者"才构成犯罪。所以,聚众犯罪的主体具有刑法明确界定的特定性。同时,聚众犯罪的参与者可能随时增加或者减少,而处于非固定状态。

如上所述,并非所有的聚众犯罪都是共同犯罪,有的聚众犯罪只能表现为共同犯罪,

[①] 高铭暄主编:《中国刑法学》,中国人民大学出版社1989年版,第196页。
[②] 姜伟:《犯罪形态通论》,法律出版社1994年版,第240页。
[③] 张正新、金泽刚:《论我国刑法中的聚众犯罪》,载《法商研究》1997年第5期。

有的聚众犯罪则表现为单独犯罪。根据聚众犯罪与共同犯罪的关系,可以将聚众犯罪分为必要的聚众共同犯罪和任意的聚众犯罪。必要的聚众共同犯罪是指其在任何情况下只能表现为共同犯罪的形式,不可能表现为单独犯罪的形式,这种聚众犯罪就是聚众共同犯罪。例如,刑法典第 317 条规定的聚众持械劫狱罪。任意的聚众犯罪,是指其既可以表现为共同犯罪的形式,也可以表现为单独犯罪的形式。当聚众犯罪只有一个首要分子,而且不存在构成犯罪的"积极参加者""多次参加者""使用暴力、威胁方法的参与者",这种聚众犯罪就是单独犯罪;当两个以上的首要分子构成共同犯罪或者首要分子与"积极参加者""多次参加者""使用暴力、威胁方法的参与者"构成共同犯罪,这种聚众犯罪就是聚众共同犯罪。

三、集团共同犯罪

集团共同犯罪是指三人以上有组织地实施的共同犯罪。需要指出的是,集团共同犯罪和犯罪集团是不同的两个概念。集团共同犯罪是共同犯罪的一种形式,而犯罪集团则是实施集团共同犯罪的主体,两者不可混为一谈。不过,在认定集团共同犯罪中,认定犯罪集团则是关键。

(一)犯罪集团的概念和特征

我国现行刑法典第 26 条第 2 款明确规定了犯罪集团的定义:"三人以上为共同实施犯罪而组成的较为固定的犯罪组织,是犯罪集团。"据此,本书认为犯罪集团具有四个基本特征。

1. 成员在三人以上甚至更多

这是犯罪集团在组成人员的数量上的要求,即成员必须在三人以上,这也是犯罪集团不同于一般共同犯罪主体的特点。事实上,在现实生活中存在的犯罪集团的成员多数都不止三人,有的甚至达到数百人乃至上千人。

2. 犯罪的目的较为明确

这是犯罪集团在主观目的方面的重要特征,也是它与其他非法组织相区别的重要标志。立法定义上也明确规定为"共同实施犯罪",即犯罪集团在主观上是为了共同实施某种犯罪或某几种犯罪而组织起来的,具有鲜明的犯罪目的。犯罪集团在主观上所具有的犯罪目的,可以是通过集团成员之间口头或者书面约定,也可以是通过共同犯罪活动而逐渐形成的,并不要求必须具有书面的犯罪纲领,也不要求反复多次实施了某种或某几种犯罪。

3. 犯罪具有较强的组织性

犯罪集团的成员一般相对固定,内部之间具有领导与被领导的关系,其中包括首要分子、骨干分子、一般成员等。首要分子负责组织、领导、指挥其他成员进行集团犯罪活动;犯罪集团的组织者和领导者主要是策划、指挥、监督和操纵犯罪集团的犯罪活动,其他犯罪集团的成员在组织者和指挥者的统一指挥下有组织地进行犯罪活动。犯罪集团成员的分工不同,行为之间的配合和联系的具体情况也不同,但都是统一的犯罪活动的共同实施者和完成者,他们之间形成一个完整、严密的整体。但是,不同的犯罪集团在组织严密程度上各有不同,有的组织性很强,而有的组织性较弱。但总体上,犯罪集团内部都具有较强的组织性,这是构成犯罪集团的前提性条件。

4. 犯罪的组织较为稳固

犯罪集团是三人以上为实施某种或某几种犯罪而组织起来的,其组织机构和活动计划都是出于长远的考虑,不是为了实施一次犯罪而临时结伙,在实施一次犯罪之后,该犯罪组织仍继续存在。有的学者指出,犯罪的组织较为稳固,就是指以实施多次犯罪为目的而联合,联合体准备长期存在,而不以事实上实施了多次犯罪为必要。所以,只要各共同犯罪人是为了实施多次或不定次数犯罪为目的而联合起来的,即使他们只实施了一次犯罪或根本没有来得及实施任何犯罪,都不影响犯罪集团的成立。① 犯罪集团之所以成为刑法打击的重点,就在于它是一种犯罪组织,是以经常性、专门性地从事犯罪活动为前提的。如果三人以上只是为了实施某种具体的犯罪而结合在一起,犯罪行为实施完毕,其犯罪的联合即行解体,则这种犯罪的联合或是普通的共同犯罪,或是聚众共同犯罪,而不能认定为犯罪集团。对于犯罪集团的稳固特征的理解,本书认为,可从以下两个方面来把握:一是犯罪心理的一致性和实施犯罪的目的的坚定性。犯罪集团内各成员犯罪心理的一致性,即团体意识,是形成集团犯罪的心理环境。正是在这种团体意识的支配下,集团成员结合成一个犯罪的团体,从事犯罪活动。这种团体意识较之单个人实施犯罪时的犯罪心理,具有很强的稳定性。二是犯罪集团组织上的稳固,也就是指核心人员基本固定且长期稳定,有的犯罪集团内部还形成多层次的体系,具有严格的等级性。这是犯罪集团长期、稳固存在的前提和基础。当然,这并不意味着犯罪集团的稳固特征包括了其组织性和犯罪目的特征,而是从另一方面反映了犯罪集团诸特征之间相互联系、不可分割的关系。只有将几个特征作为一个有机的整体加以把握,才能准确地理解犯罪集团的概念。②

(二) 犯罪集团与犯罪团伙

二者不属同一个犯罪概念,犯罪团伙不是我国刑法规定的法律概念,但广泛地被公安司法机关在文件和实践中运用。对于犯罪团伙的界定,由于法律没有明文规定,所以存在着各种观点。有学者认为,犯罪团伙就是犯罪集团;有学者认为,犯罪团伙是介于一般共同犯罪与犯罪集团之间的共同犯罪形式;还有学者认为,犯罪团伙包括犯罪集团和一般共同犯罪,是犯罪集团和一般共同犯罪的总称。③

我国刑法典只规定了一般共同犯罪、聚众共同犯罪、集团共同犯罪,并未规定犯罪团伙这种犯罪形式。犯罪团伙只是公安司法机关办案时的非正规性称谓,是公安司法机关在没有确定共同犯罪的形式和性质时,为了办案需要而采用的一种模糊用语。其实,公安司法机关所认定的犯罪团伙可以根据实际情况明确为一般共同犯罪和犯罪集团。如果只

---

① 马克昌:《论犯罪集团与犯罪团伙》,载《法学杂志》1986 年第 6 期。
② 魏东、郭理蓉:《论犯罪集团及其司法认定》,载《犯罪与改造研究》2000 年第 7 期。
③ 赵秉志主编:《刑法争议问题研究》(上卷),河南人民出版社 1996 年版,第 441—442 页。

是结伙,成员不完全固定,只有一个或者几个核心成员,并没有形成一定形式的固定组织,则应当认定为一般共同犯罪;如果犯罪团伙中既有组织者、指挥者,又有固定的成员,并且形成了固定的具有明确犯罪目的的组织,则应当认定为犯罪集团。简言之,犯罪团伙不是一个明确的法律用语,完全可以根据实际情况将其准确定位为一般共同犯罪和犯罪集团,它在司法实践和刑法理论中已失去了存在的价值。

（三）犯罪集团与黑社会性质组织

所谓黑社会性质组织,是指以暴力、威胁或者其他手段,有组织地进行违法犯罪活动,称霸一方,为非作恶,欺压群众,严重破坏经济、社会生活秩序的组织。需要指出的是,黑社会性质组织犯罪不是一种独立的共同犯罪形式,它只是集团共同犯罪中的一种,即黑社会性质组织是犯罪集团的一种。而且,从我国黑社会性质组织发展的轨迹来看,一般的犯罪集团发展到一定程度,往往会朝着黑社会性质组织的方向发展。同时,黑社会性质组织虽然也是一种犯罪集团,但它与一般的犯罪集团也存在一定的区别。

根据我国刑法典的规定,一般的犯罪集团与黑社会性质组织并不完全相同,主要区别在于:(1) 组织的严密程度不同。尽管两者都具有固定的组织,但黑社会性质组织作为一种较高层次的犯罪集团,其组织程度比一般的犯罪集团更高,不仅有明确的组织者、领导者、骨干成员,而且还有严格的组织纪律维系组织内部的协调统一。(2) 犯罪的目的不同。黑社会性质组织成立的目的是在一定区域或一定行业内形成非法控制的影响,而一般的犯罪集团只是为了共同实施某种犯罪或某几种犯罪而组织起来的。(3) 行为方式不同。黑社会性质组织往往采用暴力、威胁等手段,半公开地称霸一方,欺压残害群众,实现对社会的非法控制,而一般的犯罪集团则通常是秘密地进行犯罪活动,且没有地域和行为的限制。(4) 政治渗透力不同。黑社会性质组织一般采取贿赂、威胁等手段引诱国家工作人员参加其活动,或者直接由其组织成员直接渗透到国家机关中,为其组织提供政治上的保护和支持,而一般的犯罪集团则不存在这一特点。

第三节　共同犯罪人及其刑事责任

共同犯罪人及其刑事责任是研究共同犯罪的重要内容,但如何对共同犯罪人进行分类,却是一个非常复杂的问题。目前,我国刑法学界存在分工分类说、作用分类说、混合分类说等不同观点。由于共同犯罪人的分类直接涉及共同犯罪人的刑事责任,所以,其意义更为重大。

一、共同犯罪人的分类标准

各国立法和刑法理论对共同犯罪人的分类标准不外乎三类:一是作用分类法,二是分工分类法,三是混合分类法。作用分类法是指依照犯罪人在共同犯罪中所起的作用为标准来确定各共同犯罪人在犯罪中所处的具体地位的一种分类方法。分工分类法是指依照犯罪人在共同犯罪中的具体分工为标准来确定各共同犯罪人在犯罪中所处身份的一种分类方法。混合分类法是指依照犯罪人在共同犯罪中所发挥的作用为基础，并以犯罪人在共同犯罪中的分工作为补充标准来确定各共同犯罪人具体地位的分类法。

如何评价上述三种分类方法？这需要与如何认识对共同犯罪人进行分类放入目的联系起来。有学者提出，对共同犯罪人进行分类的目的在于正确确定刑事责任的大小，该观点有其合理性，但不容忽视的是，刑事责任大小的确定须以刑事责任的有无、具有何种犯罪之刑事责任之确定为前提。而且，定罪在前，量刑在后，认为作用分类法能解决量刑问题，就是正确地解决了刑事责任的问题，明显地忽视了定罪在刑事责任中这一重要环节，不免有以偏概全之嫌。① 对此，也有学者认为，共同犯罪人的分类不是共同犯罪的分类。共同犯罪人的分类是在共同犯罪的基础上，来确定各共同犯罪人如何承担共同犯罪中各自的刑事责任问题，它已经与如何定罪不发生内在联系。定罪和量刑是解决刑事责任的两个既有联系又有区别的重要环节，定罪是解决刑事责任有无的问题，量刑是解决刑事责任大小的问题。不否认定罪和量刑有着严格的时间顺序，即定罪在先，量刑在后，但共同犯罪的定罪问题是通过融合犯罪故意和犯罪行为的犯罪成立标准解决的。事实上，先有共同犯罪事实存在，才有共同犯罪人的认定问题；先有共同犯罪的行为性质确定，才有共同犯罪人刑事责任的承担问题。既然共同犯罪人的多寡并不影响犯罪性质的确定，那么将定罪纳入到共同犯罪人的分类依据中就毫无必要。而分工分类法可以一并解决共同犯罪定罪问题的最大优点则失去了实际意义；同时，作用分类法的目的明确，依据充足，应当成为共同犯罪人的正确分类依据。② 故后者的观点更为合理，所以，本书对共同犯罪人所进行的分类是在已然定罪的前提下进行的，分类的直接目的还是在于更加切合实际地确定各共同犯罪人刑事责任的大小。

作用分类法是以犯罪人在共同犯罪中所起的作用为标准来确定各共同犯罪人的地位，直接反映了各共同犯罪人社会危害性的大小，所以能正确解决共同犯罪人的刑事责任问题。本书认为，这是一种比较科学和具有实际操作性的分类方法。分工分类法是一种形式主义的分类方法，它能直观地反映共同犯罪人在共同犯罪中实际分工和彼此之间的联系，在刑法理论中如果采取该种分类方法对共同犯罪人进行分类，可以从另一个侧面反映各共同犯罪人的属性，也能对准确地认识和理解各共同犯罪人有所裨益，但仅凭分工还不能明确地说明共同犯罪人的社会危害性的大小。所以，分工分类法很难准确地解决犯罪人的刑事责任问题。

就混合标准说而言，显然是我国刑法理论中的通说。该说认为，我国刑法采取了作用分类和分工分类相结合的混合分类法，将共同犯罪人分为主犯、从犯、胁从犯和教唆犯。这种分类方法主要是以犯罪人在共同犯罪中的作用作为分类标准，同时也照顾到共同犯

---

① 陈兴良：《共同犯罪论》，中国社会科学出版社1992年版，第176页。
② 杨兴培：《论共同犯罪人的分类依据与立法完善》，载《法律科学》1996年第5期。

罪人的分工情况,并将教唆犯纳入以"在共同犯罪中所起的作用"为分类标准的分类体系中,从而获得了分类的统一性。① 但是,该种观点似乎值得商榷,因为从逻辑规则角度出发,按分工分类与按作用分类是两种不同的分类方法,而形式逻辑要求分类标准必须同一,将以不同标准划分出来的共同犯罪人混合在一起,必然会出现某种犯罪同时具有双重身份的逻辑错误。② 从立法的角度来看,我国刑法规定了教唆犯,并不等于将教唆犯和主犯、从犯、胁从犯并立,只是由于教唆犯的情况比较复杂,不宜简单地列入主犯和从犯,因而在刑法中作出了特殊规定。从司法实践看,对教唆犯也是按照实际案情分别按主犯、从犯、胁从犯论处的。因此,从逻辑规则、刑事立法以及司法实践三个方面考察,教唆犯都不是刑法中的法定共犯人,我国刑法仅将共同犯罪人分为主犯、从犯、胁从犯。

二、主犯、从犯、胁从犯的刑事责任

我国刑法典第26、27、28条分别规定了共同犯罪中的主犯、从犯、胁从犯,而且严格区分了这三类共同犯罪人各自承担的刑事责任。

(一) 主犯

我国刑法典第26条第1款规定:"组织、领导犯罪集团进行犯罪活动的或者在共同犯罪中起主要作用的,是主犯。"

1. 主犯的分类

(1) 犯罪集团中的主犯。这是指在集团犯罪中起组织、策划、指挥作用的犯罪分子。犯罪集团中的主犯具有两个特征:以犯罪集团的存在为前提;在犯罪集团中起组织、策划、指挥作用。

(2) 其他在共同犯罪中起主要作用的犯罪分子。这是指犯罪集团首要分子以外的在共同犯罪中起主要作用的犯罪分子,主要包括:犯罪集团的骨干分子,这类犯罪分子虽然不起组织、策划、指挥的作用,但是积极参加犯罪集团的活动,应属于主犯;在聚众犯罪中起组织、策划、指挥的首要分子以及其他起重要作用的成员,应当属于主犯;在一般共同犯罪中起主要作用的犯罪分子。

(3) 犯罪集团中的首要分子。刑法典第26条第2款规定:"三人以上为共同实施犯罪而组成的较为固定的犯罪组织,是犯罪集团。"第3款规定:"对组织、领导犯罪集团的首要分子,按照集团所犯的全部罪行处罚。"而且刑法典第97条规定:"首要分子,是指在犯罪集团或者聚众犯罪中起组织、策划、指挥作用的犯罪分子。"由此可见,首要分子与主犯的关系极为密切,所以准确理解两者究竟是何种关系就成为认定主犯的一个重要问题。

在犯罪集团中起组织、策划、指挥作用的犯罪分子是首要分子,也即主犯,这是毫无疑问的。但在聚众犯罪中起组织、策划、指挥作用的首要分子也等同于主犯吗?本书认为,

---

① 高明暄主编:《刑法学》,法律出版社1982年版,第195页。
② 张明楷:《犯罪论原理》,武汉大学出版社1991年版,第570—572页。

不能简单等同。如前所述,有的聚众犯罪是共同犯罪,有的聚众犯罪是单独犯罪,在这两种聚众犯罪中,首要分子的内涵及意义是不相同的。规定前种聚众犯罪的首要分子是为了量刑的需要,在该种情况下的首要分子就是主犯;规定后种聚众犯罪的首要分子是定罪的需要,不成立主犯的问题,即在该种情况下,只有首要分子构成犯罪,其他参与人不构成犯罪,也就谈不上主犯的问题。

2. 主犯的刑事责任

我国刑法典第 26 条第 3 款规定:"对组织、领导犯罪集团的首要分子,按照犯罪集团所犯的全部罪行处罚。""犯罪集团所犯的全部罪行"应当理解为首要分子组织、指挥的全部罪行,如果集团内成员所实施的犯罪超过了首要分子组织、指挥的罪行的范围,不能由首要分子对此承担刑事责任。

我国刑法典第 26 条第 4 款规定:"对于第 3 款规定以外的主犯,应当按照其所参与的或者组织、指挥的全部罪行处罚。"这正是对主犯刑事责任的明确规定,在司法实践中应认真贯彻和执行。

(二) 从犯

我国刑法典第 27 条规定:"在共同犯罪中起次要或者辅助作用的,是从犯。"

1. 从犯的种类

(1) 在共同犯罪中起次要作用的共同犯罪人,即次要的实行犯。这种从犯直接实施了具体犯罪构成要件的行为,但在整个犯罪过程中较之主犯所起的作用小。

(2) 在共同犯罪中起辅助作用的共同犯罪人,即帮助犯或教唆犯。① 这种从犯不直接实施具体犯罪构成客观要件的行为,而是为共同犯罪的实施创造条件。

2. 从犯的刑事责任

我国刑法典第 27 条第 2 款规定:"对于从犯,应当从轻、减轻处罚或者免除处罚。"至于在具体的案件中,对于从犯是从轻处罚,或是减轻处罚,或是免除处罚,则应当根据案件的实际情况,综合考虑案件的性质和从犯对犯罪结果所起的作用等具体因素决定。对于从犯可以从轻、减轻或免除处罚,充分体现了我国刑事政策中的区别对待原则。

(三) 胁从犯

我国刑法典第 28 条规定:"对于被胁迫参加犯罪的,应当按照他的犯罪情节减轻处罚或者免除处罚。"由此可见,胁从犯是被胁迫参加犯罪的共同犯罪人。

1. 胁从犯的特征及其认定

根据胁从犯的定义,其特征表现为:(1) 行为人是因为受到他人胁迫而参加犯罪的,这是胁迫犯不同于其他共同犯罪人的特征之一。主犯和从犯从主观上来说,都是自觉、自愿地参加犯罪,而胁从犯参加犯罪具有一定程度的不得已。(2) 行为人客观上实施了犯

---

① 教唆犯是犯罪意图的发起者,没有教唆犯的教唆,可能就不会发生犯罪,所以对教唆犯一般按主犯处罚,但在一些情况下,教唆犯也可能是起次要辅助作用,如教唆他人帮助别人犯罪,这类教唆犯就属于从犯。

罪行为。（3）行为人在共同犯罪中所起的作用比较小。我国刑法对共同犯罪人的分类是以作用分类为标准的，主犯、从犯、胁从犯在共同犯罪中的作用呈现出一种递减的趋势，如果胁从犯在共同犯罪中的作用不是较小，而是较大，甚至等同于主犯，对于这样的共同犯罪人仍然按胁从犯论处，显然有悖于我国刑法的立法精神。①

在胁从犯的认定中应注意以下问题：（1）胁从犯的认定关键在于"被胁迫"的界定。胁迫，是指以剥夺生命、损害健康、揭发隐私、毁损财产等对行为人进行精神上的强制。②在此情况下，被胁迫人虽然认识到自己的行为会造成危害社会的结果，但其意志受到他人的强制，从而实施了犯罪行为。行为人的意志虽然受到他人的强制，但是没有完全丧失意志的自由。（2）当行为人所受到的胁迫是一种正在发生的直接威胁到国家、公共利益、本人或者他人人身权利、财产权利安全的危险，在此状态下，如果行为人为了保护较大的利益而被迫实施损害较小的利益的行为，应当认定为紧急避险，而不能按胁从犯处理。③（3）在司法实践中，胁从犯可能在犯罪过程中思想发生转变，由消极转为自愿或者积极参加犯罪活动，甚至成为骨干分子，对该种共同犯罪人不能再以胁从犯论处，而应当按照其在共同犯罪中的实际作用确定刑事责任。如果是起主要作用的，应当以主犯论处；如果是起次要作用或者辅助作用的，则应当以从犯论处。

2. 胁从犯的刑事责任

我国刑法典第28条对胁从犯的刑事责任作出了明文规定："对于被胁迫参加犯罪的，应当按照他的犯罪情节减轻处罚或者免除处罚。"刑法之所以对胁从犯减轻或者免除处罚，是因为胁从犯是被胁迫实施犯罪的，其主观恶性较小，在共同犯罪中的作用小于从犯的作用。在具体的案件中，对于胁从犯是减轻处罚，或是免除处罚，则应当根据案件的实际情况，综合考虑犯罪人所受胁迫的程度、所实施的犯罪性质以及其行为对危害结果所起的作用等具体因素决定。

三、教唆犯的刑事责任

刑法之所以单独对教唆犯作出规定，是因为教唆犯具有一定的特殊性，因而本书在此对教唆犯进行单独研究和讨论。

（一）教唆犯的定义及其特征

我国刑法典第29条规定："教唆他人犯罪的，应当按照他在共同犯罪中所起的作用处罚。教唆不满18周岁的人犯罪的，应当从重处罚。"由此可见，教唆犯是教唆他人犯罪的人。教唆犯的主要特征表现在以下方面：

（1）在客观要件方面表现为行为人必须有教唆他人犯罪的行为。如果教唆他人实施违反道德的行为或者一般违法行为，则不构成教唆罪。教唆方法和手段，可以是口头、文

---

① 陈兴良：《刑法适用总论》（上卷），法律出版社1999年版，第551页。
② 赵秉志主编：《犯罪总论问题探索》，法律出版社2003年版，第513页。
③ 同上。

字、动作,可以是明示或暗示方式,可以是煽动、利诱、请求、指示、怂恿、刺激、迷信等手段。在直接故意教唆他人犯罪的情况下,只要行为人实施了教唆他人犯罪的行为,就成立教唆罪;在间接故意教唆他人犯罪的情况下,不仅要求行为人实施了教唆行为,而且要求被教唆人实施了被教唆的行为,才成立教唆罪。

(2) 在主观要件表现为责任主体必须达到刑事责任年龄,并且必须有教唆他人犯罪的直接故意。换言之,不存在过失教唆犯。① 在教唆犯的刑事责任年龄主体上有一个法律规定不明确的问题,这就是我国刑法典第 17 条第 1、2 款的规定:"已满 16 周岁的人犯罪,应当负刑事责任。""已满 14 周岁不满 16 周岁的人,犯故意杀人、故意伤害致人重伤或者死亡、强奸、抢劫、贩卖毒品、放火、爆炸、投毒罪的,应当负刑事责任。"对于教唆第 17 条第 1 款规定的一般犯罪,教唆人必须达到 16 周岁。那么,对于教唆第 17 条第 2 款规定的严重犯罪,教唆人是否也必须达到年满 16 周岁才能追究刑事责任?还是教唆人年满 14 周岁就可以追究刑事责任?对于该问题法律没有规定。本书认为,从法理上讲,对于教唆第 17 条第 2 款规定的严重犯罪,教唆人只要达到 14 周岁就可以追究刑事责任。然而,根据罪责法定原则,既然刑法没有做出明确规定,那么在司法实践中就不能够追究已满 14 周岁的教唆人的刑事责任。如上所述,在主观要件上,教唆人必须具有直接故意。从认识因素的角度出发,行为人必须认识到自己是在实施教唆他人犯罪的行为,即认识到自己的教唆行为将引起被教唆人产生某种犯罪的故意并实施该种犯罪;否则,行为人缺乏教唆故意,就不能成立教唆犯。对于教唆犯罪的意志因素,刑法学界的观点并不一致,基本上有三种观点:第一种观点认为,教唆犯的意志因素只能是"希望",即教唆犯只能是直接故意;第二种观点认为,教唆犯的意志因素包括"希望"和"放任",即教唆犯可以是直接故意或者间接故意;第三种观点认为,成立刑法典第 29 条第 2 款规定的教唆犯只能出于直接故意,成立刑法典第 29 条第 1 款规定的教唆犯通常出于直接故意,但也可以出于间接故意。② 本书认为,第三种观点比较妥当。对于间接故意犯罪而言,如果没有出现危害结果,是无法或者很难明确行为人在主观意志上的"放任"问题。承认无危害结果场合下间接故意的存在并且可以成立教唆犯,有扩大行为人刑事责任范围、加重行为人刑事责任程度的危险。

(二) 教唆犯的认定

教唆犯不仅在理论上非常复杂,而且在司法实践的认定中也存在许多问题。一般认为,认定教唆犯主要从教唆犯的主客观特征来进行。

1. 教唆犯与造意犯的区别

造意犯是指首先提出倡议,并且与他人在倡议下共同实施犯罪的人。造意犯也是犯意的制造者,其他共同犯罪人正是在其教唆之下实施了共同犯罪,所以,造意犯与教唆犯

---

① 对于过失教唆犯是否成立,学者们有着不同的见解。日本刑法学者牧野英一、宫本英修、木村龟二等持肯定态度,而我国大多数学者则持否定态度。本书认为,共同犯罪中不存在过失犯罪,所以不存在过失教唆犯。

② 马克昌:《论教唆犯》,载《法律学习与研究》1987 年第 5 期。

存在一定的相同之处。但是,两者也存在着本质上的区别:教唆犯不直接实施犯罪行为,而造意犯不仅教唆他人犯罪,而且还直接实施犯罪行为;一个是教唆犯,一个是实行犯,不可混淆。

2. 教唆犯与传授犯罪方法的区别

根据我国刑法典第295条的规定,传授犯罪方法罪是指故意用言辞文字动作或者其他方法向他人传授犯罪的技术、步骤、方法的行为。在司法实践中,教唆人使用传授犯罪方法的方式教唆他人犯罪应如何认定?本书认为,在以传授犯罪方法的方式教唆他人犯罪的情况下,虽然只有一个行为,但该行为同时触犯了两个法条的罪名,应当属于想象竞合犯。根据想象竞合犯的处理规则,应以重罪名论处。因此,如果教唆人不仅教唆被教唆人犯罪,还传授犯罪的方法,应当对其以传授犯罪方法罪论处。

3. 教唆犯与间接正犯的区别

具有刑事责任能力人利用不具有刑事责任能力人或者不发生共犯关系的第三人实行犯罪,理论上将其称为间接正犯。如果教唆人教唆未满14周岁或者教唆已满14周岁不满16周岁的人犯故意杀人、故意伤害致人重伤或者死亡、强奸、抢劫、贩卖毒品、放火、爆炸、投毒罪以外的犯罪的,应认定为教唆犯,还是间接正犯?在该种情况下,被教唆人实质上等同于教唆人实施犯罪的工具,被教唆人无相应的行为能力和意志自由,所以应认定为间接正犯,而不能将行为人以教唆犯论处。区别教唆犯与间接正犯对于准确认定教唆犯是十分必要、十分有益的。

(三)教唆犯的刑事责任

我国刑法典第29条第1款规定:"教唆他人犯罪的,应当按照他在共同犯罪中所起的作用处罚。"确定教唆犯在共同犯罪中所起的作用,应当根据案件的实际情况,从所教唆犯罪的性质、教唆情节、既未遂情况以及危害结果的大小来综合考虑。通常情况下,教唆犯在共同犯罪中起主要作用,特别是以胁迫方式教唆他人犯罪的,更是如此。所以,对教唆犯一般按主犯论处。在一些共同犯罪中,教唆犯也有可能是起次要作用的,如因受第三人胁迫而教唆他人犯罪的情况,对教唆人应当以从犯论处。

我国刑法典第29条第1款规定:"教唆不满18周岁的人犯罪的,应当从重处罚。"因为未满18周岁的人属于未成年人,容易受到教唆而走上犯罪道路,所以该种教唆行为的社会危害性较大,应当从重处罚。但"从重"的前提是确定了教唆犯在共同犯罪中的作用,即先必须确定教唆人是主犯还是从犯,然后才能确定是主犯的从重,还是从犯的从重。

我国刑法典第29条第2款规定:"如果被教唆的人没有犯被教唆的罪,对于教唆犯可以从轻或者减轻处罚。"该条规定中"可以"一词的运用,意味着可以不从轻或者减轻,甚至可以从重处罚。该教唆行为如果达到教唆目的,将会带来巨大的不可挽回的损失时,或者在教唆他人犯罪时的手段特别恶劣时,即使被教唆人没有犯被教唆的罪,也不能从轻或者减轻处罚。

第四节　共同犯罪认定中的特殊问题

在司法实践中,在对共同犯罪定罪量刑时往往会遇到一些难题,如共同犯罪中的未完成形态、共同犯罪中的片面共犯、共同犯罪中的实行过限、共同犯罪中的身份确定等。这些问题不仅是共同犯罪中的难点,更是其重点,对共同犯罪的认定和处罚具有重要意义。

一、共同犯罪中的未完成形态

共同犯罪如一般的犯罪一样,也存在着犯罪预备、犯罪未遂和犯罪中止问题,犯罪既遂虽然不属于未完成犯罪形态,但也是犯罪认定中不可缺少的一个重要阶段或停止形态,也同样是一个较为复杂的问题。根据犯罪人在共同犯罪中的分工不同,也可以将共同犯罪人分为实行犯、组织犯、教唆犯和帮助犯等。由于犯罪人在共同犯罪中的分工和作用不同,其犯罪形态也不尽相同,其应承担的刑事责任也不一样,所以准确认定共同犯罪中未完成犯罪形态,具有重要的意义。

1. 共同犯罪中实行犯的未完成形态

在共同犯罪中,实行犯直接决定着共同犯罪的进程,所以实行犯与其他共同犯罪人相比具有最大的自主性,既实行犯的犯罪形态往往只取决于他自身的作用终结时所处的阶段和终结的原因,而一般不受其他共同犯罪人的犯罪行为的影响。然而,如果存在两个以上的实行犯,各共同犯罪人在犯罪中止上就不具有绝对的自主性,必须具体情况具体分析,主要包括四种情况:(1)如果某一实行犯自动放弃犯罪而其实行行为没有为其他实行犯完成犯罪创造条件的,无论其他实行犯是否完成犯罪,该实行犯的行为都属于犯罪中止;(2)如果某一实行犯自动放弃犯罪但其实行行为已经为其他实行犯完成犯罪创造了条件,其他实行犯继续实施犯罪但由于意志以外的原因未能得逞的,该实行犯的行为属于犯罪未遂而不是中止;(3)如果某一实行犯自动放弃犯罪但其实行行为已经为其他实行犯完成犯罪创造了条件,其他实行犯继续犯罪直至完成,该实行犯的行为属于犯罪既遂而不是中止;(4)如果某一实行犯自动放弃犯罪但其实行行为已经为其他实行犯完成犯罪创造了条件,但该实行犯有效地消除了自己的行为为其他人创造的条件或者有效地阻止了其他实行犯继续完成犯罪,则该实行犯的行为属于犯罪中止。

2. 共同犯罪中组织犯的未完成形态

组织犯的组织行为在共同犯罪中起着主导作用,但由于其不直接着手实施犯罪,其行为不直接决定共同犯罪的进程,因而其犯罪的犯罪形态在一般情况下具有较大的从属性,其犯罪预备、犯罪未遂、犯罪既遂的成立一般等同于实行犯的犯罪形态。但是,组织犯的犯罪形态在有些情况下也具有一定的独立性,主要表现在:如果实行犯在着手实行犯罪之前自动放弃犯罪,实行犯属于中止犯,而组织犯应定为预备犯;如果实行犯在实行犯罪阶段中止犯罪的,实行犯属于中止犯,而组织犯应定为未遂犯;如果组织犯自动放弃犯罪并有效地防止犯罪结果的发生时,可以成立独立的犯罪中止。了解这些组织犯的样态,对于准确认定共同犯罪中的组织犯也是十分有益的,更是不可缺少的。

3. 共同犯罪中帮助犯的未完成形态

帮助犯的帮助行为在共同犯罪中起着辅助作用,所以其犯罪形态在一般情况下也具有较大的从属性,等同于实行犯的犯罪形态。但帮助犯在有些情况下也具有一定的独立性,主要表现在:实行犯在预备阶段或实行阶段自动放弃犯罪或自动、有效地防止犯罪结果的发生,构成中止犯,而帮助犯应定为预备犯或者未遂犯。如果帮助犯自动放弃犯罪没有完成帮助行为或自动、有效地防止犯罪结果的发生,则可以成立独立的犯罪中止,而不受实行犯犯罪形态的影响。了解这些帮助犯的样态,对于准确认定共同犯罪中的组织犯也是十分有益的。

4. 共同犯罪中教唆犯的未完成形态

教唆犯的教唆行为在共同犯罪中起着"起意"的作用,其犯罪形态在一般情况下具有从属性,等同于实行犯的犯罪形态。然而,教唆犯在一定的情况下也具有独立性,主要体现为同实行犯在犯罪中止与犯罪预备及犯罪未遂的关系上,这些内容与组织犯相同,因此本书就不再赘述。

二、共同犯罪中的片面共犯

片面共犯是德、日刑法共犯理论的一个重要概念,一般是指共同行为人的一方有与他人共同实施犯罪的意思,并协力于他人的犯罪行为,但他人却不知道其给予协力,因而缺乏共同故意的情况。① 对于片面共犯是否构成共同犯罪,在我国的刑法理论和司法实践中一直存有争议,争论的焦点在于"如何理解共同犯罪的主观联系"。② 否定说认为:"共犯关系之发生在实施犯罪之前,共犯者须有共通之故意,若事前无互相加功之认识时,各成立单独犯,而不发生共犯关系。"③肯定说认为:"从哲学角度上讲,联系是关系的一种。而关系又是相互的,但这并不是说在任何意义上都不存在非相互关系中的一个方面或一种特殊情况,从而使它包括在关系的相互性中。结合刑法而言,相互间的联络是共同行为人主观方面的共同故意;非相互间的联络,虽是共同行为人各自单方面的故意,但二者侵犯的犯罪客体一致,同样存在着主观上的关系。全面共同故意犯罪与片面共同故意犯罪,并不是主观联系有无区别,只是主观联系形式不同,即二者是量的区别而不是质的差异。"④由此可见,片面共犯还是比较复杂的,关键在于对"主观联系"的认识。

实事求是地讲,我国刑法中没有如德、日刑法的正犯和共犯规定,更没有片面正犯的规定。本书认为,片面共犯的确只有单方面的意思表现,而无共同意思联络,而普通的共

---

① 马克昌:《犯罪通论》,武汉大学出版社1999年版,第514页。
② 陈兴良:《共同犯罪论》,中国社会科学出版社1992年版,第115页。
③ 郗朝俊:《刑法原理》,商务印书馆1930年版,第260页。
④ 许立颖:《片面共犯问题的思考》,载《泉州师院学报》2000年第5期。

同犯罪要求共同犯罪人之间必须存在意思上的联络,按照此标准片面共犯根本不属于共同犯罪的范围。但是,片面共犯又的确是共同犯罪中存在的现实,可以说是一种特殊的共同犯罪情形。所以,不能用普通的共同犯罪理论与标准来衡量片面共犯,否则其就不能被称为"片面共犯"。

从共同犯罪理论的角度上来看,片面共犯虽然缺乏与其他共同犯罪人主观上的联络,但其主观上的确存在与他人共同犯罪的故意,客观上片面共犯的行为也与他人的犯罪行为融为一体,并且对犯罪结果的发生发挥了重要的作用,因而,完全可以将其作为共同犯罪的一种特殊形式。然而,其中的关键问题在于,如何区分片面共犯与利用他人或帮助他人实施犯罪的情形?当然,片面共犯成立具有三个要素:一是双方都在犯罪,二是双方之间没有主观沟通或联络,三是双方的行为有交互或者互助。利用他人犯罪不仅没有沟通,而且只是一个单方行为;而帮助他人实施犯罪的行为表面上是片面共犯,但是,假如帮助和被帮助的人实施的不是同一个犯罪,或是一方错误地理解二人实施的是同一个犯罪的情况下,还能否认帮助他人实施犯罪的行为是片面共犯吗?这是片面共犯必须研究清楚的问题。如果将帮助与被帮助的人实施的并非一个犯罪的情况认定为片面共犯,是否会背离共同犯罪的定义?或者在客观上有将共同犯罪扩大化的嫌疑?如果不认定为片面共犯,是否可能放纵犯罪?本书认为,此种情况认定帮助犯比较合适,包括一方错误地理解二人实施的是同一个犯罪的情况,实际上也是一种帮助犯罪的行为。但是,帮助犯也是一种共同犯罪,但通常的帮助犯是双方具有意思联络和沟通的,而此种帮助犯属于一种"片面帮助犯"。

综上所述,如果不承认片面共犯构成共同犯罪,不仅在理论上无法深入研究共同犯罪理论,而且在司法实践上会导致放纵犯罪或者重罪轻判。例如,甲和乙与丙都有仇,甲得知乙正在寻刀杀丙,就暗中故意将刀放在显眼处,结果乙拿此刀将丙杀死。在这个案例中,如果不承认甲、乙是共同犯罪,则甲的行为无法定性,最终将放纵犯罪。然而,即便承认片面共犯的合理性,也要通过立法来进行确认,绝不能毫无立法根据地适用,更不能违背罪责法定原则,要把上述片面共犯理论存在的问题彻底解决。在此基础上,完全可以将片面共犯与普通共犯确定为共同犯罪的两种形式,并且通过刑法立法将其中模糊或有疑问的地方予以明确规定,最终符合适用片面共犯的实际需要。

三、共同犯罪中的实行过限

所谓共同犯罪中的实行过限,是指实行犯实施了超过共同犯罪故意的行为。其实,这不完全是一个犯罪认定问题,更像是一个区分共同犯罪中的刑事责任问题。而且,这个问题也是一个极为复杂的问题,在德日刑法共犯理论中,不少学者都主张共同犯罪的核心是"行为共同说"。所以,对共同犯罪中实施实行过限犯罪行为的行为人要承担过限行为的刑事责任,这是毫无疑问的,但没有实行过限行为的其他共同犯罪人是否应当承担刑事责任?这才是本书讨论的重点。

在研究共同犯罪中实行过限的认定问题时，主要考虑实行犯对其他共同犯罪人实施的超过共同犯罪故意的行为是否知情？如果根本不知情，该行为就是过限行为，按照通说理论，该实行犯对超过共同故意的犯罪行为主观上没有罪过，其不应当承担刑事责任；如果实行犯对其他共同犯罪人实施的超过共同犯罪故意的行为知情，其主观上对该犯罪行为是一种放任的态度，该行为就不是过限行为，该实行犯也应当承担相应的刑事责任。然而，实行过限问题极为复杂，如上所述认定犯罪也并非没有偏颇。例如，甲教唆乙入室抢劫，但乙进屋后根本没有人，于是实施了盗窃，那能否认为甲没有教唆乙盗窃而不给甲定罪呢？如果不给甲定罪，肯定是不合理的。本书认为，给甲定盗窃罪共犯是没问题的，因为盗窃和抢劫都是针对财产的犯罪，未实施抢劫而直接盗窃更符合其本意，所以并不违背其意志。不过，这都需要由刑法立法予以明确规定，而不能无据定罪。

在组织犯罪的情况下，如果行为人实施了超过犯罪组织活动预谋的犯罪行为，该行为应当属于过限行为，组织犯对此不承担刑事责任。但有些组织犯罪也是非常复杂的，且不能一概而论。如果犯罪组织在客观上已经为实施过限者提供了极大的行为方便和物质保障，甚至是心理上的巨大支持，不追究行为人的刑事责任缺乏说服力。

在教唆犯罪中认定行为过限时，也是考虑被教唆人的犯罪行为是否超过了教唆的范围。如果被教唆人的犯罪行为超过了教唆犯的教唆范围，该行为就属于过限行为，教唆者对此不承担刑事责任。如上所述，行为人教唆抢劫而被教唆人实施了盗窃，是否违背了教唆者的意愿？另一个值得注意的问题是，教唆范围应如何确定？这也是司法实践中的难点。在刑法理论中，一般根据教唆内容的确定程度将教唆分为确定性教唆、选择性教唆和概然性教唆。概然性教唆是指教唆内容较为概括的教唆；选择性教唆是指教唆犯让被教唆的人在教唆的几种犯罪之间进行选择的教唆[①]；而确定性教唆的情况比较简单，本书不作详细阐述。概然性教唆的教唆内容比较概括，只要被教唆人在概然性教唆下产生犯意并实施了犯罪行为，都不属于过限行为；而在选择性教唆的情况下，被教唆人实施了教唆的数罪中的一罪或数罪，都不属于过限行为。[②]

在帮助犯中，如果被帮助的犯罪行为超过了帮助的范围，无论被帮助人是否利用了被帮助人的帮助，都属于过限行为，帮助犯对此不承担刑事责任。上述"片面帮助犯"问题，也与此有关，因此，不仅需要对帮助犯在理论上进行深入研究，更需要在立法上进一步明确帮助犯的规定，这样才有助于刑法立法更加完善，刑事司法更加公正。

四、共同犯罪中的身份确定

刑法中的身份，是指行为人终身或者一定期间所具有的影响犯罪成立或刑罚轻重的

[①] 陈兴良：《本体刑法学》，商务印书馆2001年版，第505页。

[②] 有学者认为，在选择性教唆的情况下，教唆犯的意图并非教唆他人犯数罪，而是让被教唆人在数罪中选择一罪，如果被教唆人在供选择的范围中实施了数种，就是实行过限。陈兴良：《本体刑法学》，商务印书馆2001年版，第505页。本书认为，所谓选择性教唆，其意图是让被教唆人在所提供的数罪中进行选择，而并非是让被教唆人在所提供的数罪中择一实行，被教唆人选择一罪或数罪都没有超越教唆的范围，不属于实行过限。

特定资格和特定人身关系。① 具有特定身份者与无特定身份者共同实施犯罪是否构成共同犯罪？应当如何定性？这些问题与共同犯罪有着密切的联系。

无身份者可以成为有身份者实施犯罪的组织犯、教唆犯、帮助犯，这在刑法理论中均没有争议。但对于有特定身份与无特定身份者共同实施犯罪能否构成共同实行犯，刑法理论中存在肯定说、否定说、折衷说之争。持肯定说的学者认为，无身份者与有身份者可以构成共同犯罪，如女性可以和男性成立强奸罪的共同实行犯。② 持否定说的学者认为，具有特定身份的人与没有特定身份的人共同实施犯罪之所以不能成立法律要求犯罪主体具有特定身份的犯罪的共同实行犯，就在于没有特定身份的人不可能实施法律要求犯罪主体具有特定身份的犯罪的实行行为。③ 持折衷说的学者认为，无身份者与有身份者能否构成真正身份犯的共同实行犯，应当区别对待。凡无身份者能够参与真正身份犯的部分实行行为的，可以与有身份者构成共同实行犯；凡无身份者根本不能参与真正身份犯的实行行为的，即不能与有身份者构成共同实行犯。④ 本书认为，肯定说和否定说没有考虑司法实践中的特殊情况，具有片面性，而折衷说符合司法实践中的实际情况及刑法理论的要求，不失为一种可取的主张。

对于有特定身份与无特定身份者共同犯罪如何定性的问题，无论是刑法理论还是司法实践均存有争议。有学者认为，应当以主犯的身份特征作为定性的依据；也有学者认为，应当以实行犯的身份作为定性的依据；还有学者认为，应当分别定罪与量刑。上述三种观点均有其合理性的方面，但其缺陷也极为明显，不能全面、准确地解决有身份者与无身份者共同实施犯罪的定性问题。如果共同犯罪中有两个以上不同身份的主犯或实行犯，应该以哪一个主犯或实行犯的身份特征定性？此时，主犯决定说和实行犯决定说或许都无法解决。如果分别定罪量刑，不仅有悖于共同犯罪理论，而且也会导致各共同犯罪人处罚悬殊，有失量刑均衡或司法公正。故本书认为，有身份者与无身份者共同实施犯罪的定性，应当根据该共同犯罪是否利用有身份者的特定身份为标准。也就是说，如果利用了有身份者的特定身份而实施的犯罪，就应当以有身份者的特征作为定罪的依据。具体而言，无特定身份者与有特定身份者共同实施法定特殊主体才能成立的犯罪，对于无特定身份者应视其是否利用了有特定身份者的身份犯罪而予以定罪和量刑；无特定身份者教唆、帮助有特定身份者实施只有该特定身份者才成立的犯罪，对无特定身份者应按照有特定身份者所实施之罪的共犯定罪与量刑；有特定身份者教唆、帮助无特定身份者利用其特定身份实施的犯罪，均应按照特定身份者的主体特征定罪量刑。如此，是为了充分体现和考虑定罪量刑的公正性与合理性。

---

① 肖介清：《浅论刑法中的身份与共同犯罪》，载《法律适用》1997年第3期。
② 赵廷光主编：《中国刑法原理》（各论卷），武汉大学出版社1992年版，第515页。
③ 陈兴良：《共同犯罪论》，中国社会科学出版社1992年版，第356—357页。
④ 马克昌：《犯罪通论》，武汉大学出版社1999年版，第582页。

第十四章

犯罪形态(Ⅲ):单位犯罪

对于单位犯罪的立法模式,我国在1997年修订刑法典时曾经出现过四种观点:(1)总则说。该说主张将单位犯罪放在刑法总则中进行规定,这样不仅具有一定的指导作用,还可以避免立法的重复。但是,具体将单位犯罪放在刑法总则的哪个位置有三种意见:一是将单位犯罪置于"犯罪主体"部分,解决的是单位能否成为犯罪主体;二是把单位犯罪置于"共同犯罪"一章,认为单位犯罪是单位内部自然人之间的共同犯罪。三是将单位犯罪置于"其他规定"部分,认为单位犯罪是对犯罪主体的解释。(2)分则说。该说主张单位犯罪并非对所有的犯罪适用,单位犯罪只适用于刑法分则中明文规定的几个罪名。(3)二元刑法说。该说主张将单位犯罪单独出来,制定一部关于单位犯罪的单行刑法,构建我国刑法的二元体系。(4)总则和分则结合说。该说主张总则和分则分别规定,首先将单位犯罪的基本原则规定在总则,其次将追究单位犯罪刑事责任的罪名规定在分则之中。1997年刑法典采用的正是这样这种方案,而且将单位犯罪并列在未完成犯罪形态和共同犯罪形态之后,成为一种新的独立的犯罪形态,这绝对不是一种偶然或巧合,说明了我国刑法典对单位犯罪的一种基本定位。

此外,有学者指出:"单位犯罪,在刑法理论上一般称为法人犯罪,是一种为单位利益或者以单位名义而实施的特殊犯罪形态,具有不同于个人犯罪的特征。"[①]由此可见,单位犯罪不仅是一个犯罪主体问题,还包括对其处罚的特殊性,所以只把单位犯罪视为犯罪主体是不准确的。严格地讲,单位犯罪就是一种特殊的犯罪形态,应该进行单独规定。将单位犯罪置于"共同犯罪"一章也是不合理的,只把单位犯罪视为单位中相关负责人之间的共同犯罪,未免过于限缩了单位犯罪的范围。如有学者指出:"犯罪未完成形态相对于既遂形态,属于非典型形态;共同犯罪相对于单个人犯罪,属于非典型形态;而单位犯罪相对于自然人犯罪也属于非典型形态。刑法分则正是以单个自然人犯罪的既遂模式来构建的,所以,对于犯罪未完成形态、共同犯罪和单位犯罪,自然要在总则中规定,并且要相邻并列规定。"[②]我国刑法典中规定的单个自然人犯罪既遂是一种常态,而犯罪未完成形态、

---

① 陈兴良主编:《刑法学》,复旦大学出版社2003年版,第222页。
② 周洪波:《论单位犯罪立法完善中的几个问题》,载《河南师范大学学报》2008年第1期。

共同犯罪以及单位犯罪是一种特殊形态,其法理根据是:犯罪与犯罪形态是实质内容与外在表现形式,是共性与个性、抽象与特殊的关系,单位主体实施的犯罪已远远超出仅仅是犯罪主体变化的意义,其在主观要件的形成、客观要件的表现以及责任和处罚上的特殊性等,都决定了单位不能简单地适用自然人有关犯罪主体的规定,也不应当视为对犯罪主体的解释,而应当单独规定。另外,诸如美国、荷兰等国均将"法人犯罪"规定在"共犯"一节之后,且不同于通常的一罪和数罪形态。

第一节 单位犯罪概述

对于单位犯罪,我国经历了单位犯罪的否定期(1949—1979年),单位犯罪的过渡期(1979—1987年)与单位犯罪的肯定期(1987年至今)三个阶段。[①] 1979年之前,我国刑法典中是没有单位犯罪的规定,而且1979年刑法典也没有涉及单位犯罪问题。这是由当时的计划经济体制所决定的,当时的单位不享有权利能力和行为能力,各个单位都附属于国家,政企不分是当时社会的现实。在这个时期,单位没有实施犯罪的可能性,所以刑法典中没有规定单位犯罪。改革开放以后,商品经济和市场经济发展迅速,企业、事业单位逐步获得了经营自主权,直接面对市场,自我管理、自负盈亏。在市场经济推动下下,很多单位为了更快地获取经济利益而进行违法犯罪活动。如有学者指出:"法人犯罪之所以存在,究其实质即在于现阶段社会生活中局部利益之间的冲突,正日益超出原有的个人利益与社会利益直接冲突的模式,而更多地代之以特定团体与社会整体的利益矛盾。"[②]在这个意义上来说,单位犯罪的大量出现是我国社会转型发展的必然产物。在这个时期,刑法理论界已经开始研究法人犯罪的相关问题,出现的法人犯罪肯定说和法人犯罪否定说都各有原由,这就是单位犯罪的过渡期。1987年《海关法》首次将单位规定为走私罪主体,以立法的形式肯定了单位犯罪。当时的《海关法》第47条第4款规定:"企业事业单位、国家机关、社会团体犯走私罪的,由司法机关对其主管人员和直接责任人员依法追究刑事责任;对该单位判处罚金等,并判处没收走私货物、物品、走私运输工具和违法所得。"当年,这部《海关法》是我国第一个关于单位犯罪的立法。在此以后,我国逐渐承认和肯定单位犯罪,并在1997年刑法典中规定了单位犯罪,共有146个罪名涉及单位犯罪。1997年以后,在历次的刑法修正案中,也增加了很多单位犯罪。《刑法修正案(一)》增加了1个罪名,即隐匿、故意销毁会计凭证、会计账簿、财务会计报告罪;《刑法修正案(三)》增加了1个罪名,即资助恐怖活动罪;《刑法修正案(四)》增加了2个罪名,即走私废物罪和雇佣童工从事危重劳动罪;《刑法修正案(六)》增加了5个罪名,即大型群众性活动重大安全事故罪,虚假破产罪,背信损害上市公司利益罪,骗取贷款、票证承兑、金融凭证罪和背信运用

[①] 黎宏:《单位刑事责任论》,清华大学出版社2001年版,第156页。
[②] 陈兴良主编:《刑法学》,复旦大学出版社2003年版,第206页。

受托财产罪;《刑法修正案(七)》增加了 3 个罪名,即出售、非法提供、非法获取公民个人信息罪,掩饰、隐瞒犯罪所得、犯罪所得收益罪和伪造、盗窃、买卖或者非法提供、使用武装部队专用标志罪;《刑法修正案(八)》增加了 13 个单位犯罪的罪名,即走私武器、弹药罪,走私核材料罪,走私假币罪,走私文物罪,走私贵重金属罪,走私珍贵动物罪,走私珍贵动物制品罪,走私国家禁止进出口的货物、物品罪,对外国公职人员、国际公共组织官员行贿罪,虚开发票罪,持有伪造的发票罪,强迫劳动罪和拒不支付劳动报酬罪;《刑法修正案(九)》增加了 16 个单位犯罪的罪名,即帮助恐怖活动罪,侵犯公民个人信息罪,虐待被监护、看护人罪,非法生产、销售专用间谍器材、窃听、窃照专用器材罪,非法侵入计算机信息系统罪,非法获取计算机信息系统数据、非法控制计算机信息系统罪,提供侵入、非法控制计算机信息系统程序、工具罪,破坏计算机信息系统罪,网络服务渎职罪,拒不履行信息网络安全管理义务罪,非法利用信息网络罪,帮助信息网络犯罪活动罪,虚假诉讼罪,披露、报道不应公开的案件信息罪,拒不执行判决、裁定罪和对有影响力人行贿罪。这些刑法修正案关于单位犯罪的规定充分表明单位犯罪已经越来越受到重视。1997 年刑法典第 30 条规定:"公司、企业、事业单位、机关、团体实施的危害社会的行为,法律规定为单位犯罪的,应当负刑事责任。"这一规定虽然不是单位犯罪的概念,但它确立了单位犯罪的定罪原则。由此,"在相当短的时间内,我国刑法完成了从个人一元主体到个人与法人二元主体的刑法嬗变,使我国刑法成为个人与法人刑事责任一体化的刑法"[①]。

一、单位犯罪的定义和特征

根据我国刑法典第 30 条的规定,单位犯罪是由公司、企业、事业单位、机关、团体等为犯罪主体的情形或罪名。单位犯罪主体的实质条件是必须具有独立对外承担义务和享有权利的能力。我国刑法典第 30 条的规定并不是对于单位犯罪的定义,而只是规定了单位犯罪的定罪原则,故并非是单位犯罪的法定概念。所以,本书需要在法理上来定义单位犯罪。我国刑法学界关于单位犯罪的概念可谓是众说纷纭,主要有以下几种观点:

(1)"单位犯罪是由刑法所规定的,由单位代表或者机关成员在有关单位的业务上所决定实施的危害社会的行为,以及由于单位代表或机关成员的监督不力或者说单位体制方面的原因而使单位组成人员在业务过程中所引起的危害社会的行为。"[②]

(2)"单位犯罪,一般是指公司、企业、事业单位、机关、团体为本单位或本单位全体成员谋取非法利益,经单位的决策机构按照单位的决策程序决定,由单位直接负责人员具体实施的犯罪。"[③]

(3)"单位犯罪是指公司、企业、事业单位、机关、团体为本单位谋取非法利益,经单位

---

① 陈兴良主编:《刑法学》,复旦大学出版社 2003 年版,第 206 页。
② 黎宏:《单位犯罪刑事责任论》,清华大学出版社 2001 年版,第 224 页。
③ 张明楷:《刑法学》(第 2 版),法律出版社 2003 年版,第 204 页。

集体决定或者主要负责人决定,故意或者过失实施依照法律应当受刑罚处罚的行为。"[①]

(4)"单位犯罪是指公司、企业、事业单位、机关、团体为本单位谋取利益,经单位集体、负责人员决定或者单位疏于管理、违反法定义务的,由单位人员咋业务过程中,实施的严重危害社会、违反刑法且依法应负刑事责任的行为。"[②]

(5)"公司、企业、事业单位、机关、团体实施的,危害社会的,违反刑法且依照法律规定应当负刑事责任的行为。"[③]

(6)"单位犯罪,是指公司、企业、事业单位、机关、团体为单位谋取非法利益或者以单位名义,经单位集体研究决定或者由负责人员决定,故意或者过失实施的犯罪。"[④]

(7)"单位犯罪是指公司、企业、事业单位、机关、团体实施的,严重违反行政法规范并具有严重的社会危害性和高度的人身危险性,在承担行政法律责任的同时,应当承担刑事责任的行为。"[⑤]

上述观点基本反映出了单位犯罪的名义说、利益说、决定说、实施说、引起说等观点,本书比较赞同引起说。首先,我国刑法典明确规定了单位犯罪的主体,即公司、企业、事业单位、机关、团体。其次,单位犯罪是由单位行为引起的危害社会的行为,至于以单位的名义、为单位的利益、由单位决定、由单位实施等都不是最重要,因为在单位犯罪中既有故意犯罪也有过失犯罪,甚至有危害环境的绝对刑事责任问题,除引起说之外的其他学说都不能完全涵盖这些内容。所以,本书对单位犯罪的定义是:由公司、企业、事业单位、机关、团体等的行为引起的,侵害法益且应依照刑法追究刑事责任的行为。这个定义既涵盖了以单位的名义、为单位的利益、由单位决定、由单位实施等与单位犯罪有关的行为内容,又包括了污染环境等绝对刑事责任问题,相对而言比较全面和完善。

二、单位犯罪的理论根据

单位犯罪的理论根据主要有四种理论:(1)同一理论。该理论认为,法人承担刑事责任的基础是自然人的行为,而自然人的行为实际上就是法人的行为。这些自然人就限定在法人的代表人范围之内,法人的代表人可以理解为承担直接责任的主管人员和其他直接责任人员。因此,同一理论强调,只有那些法人代表人的行为才能为法人带来刑事责任。(2)归罪理论。该理论实质上是替代责任,其渊源是17世纪产生的"仆人有过,主人负责"这个民事侵权行为的归责原则。侵权归责原则引入刑法领域,最初只是在严格责任犯罪的场合才准许将行为的不利后果归属于法人,后来才允许将雇员的特定犯罪归属于法人。(3)许可和容许理论。该理论认为,法人对犯罪行为的反应是法人承担刑事责任

[①] 周振想:《单位犯罪若干问题研究》,载《华东政法学院学报》1999年第1期。
[②] 赵秉志:《单位犯罪比较研究》,法律出版社2004年版,第86页。
[③] 沙君俊:《单位犯罪的定罪与量刑》,人民法院出版社2002年版,第28页。
[④] 陈兴良:《刑法学》,复旦大学出版社2009年版,第205页。
[⑤] 李晓明、陈平:《论单位犯罪中行政违法性的普遍性》,载《山东警察学院学报》2007年第4期。

的基础,具体分为认可与容许两种方式:认可通常是指对代理人的行为的事后同意;容许则是指明知雇员的活动性质类型并默许其继续进行,但并未明确同意。该理论还认为,法人最高管理机构对雇员的犯罪行为作出这种许可或者容许表示,就应当对这一犯罪行为承担刑事责任。(4)证实理论。该理论认为,被视为体现某一机构的人格的某些职务较高人员的意志和行为,就是法人的意志和行为。①

三、单位犯罪与法人犯罪

实事求是地讲,单位犯罪是我国刑法对国外刑法中法人犯罪和公司犯罪等的综合称谓,也是我国刑法对法人犯罪和公司犯罪的创造性称谓。

传统刑法理论并无法人犯罪,法人犯罪的出现和发展,是商品经济发展的必然产物。凡是商品经济发达国家,无论是英美法系还是大陆法系,无论是资本主义社会还是社会主义社会,都无法回避法人犯罪这一犯罪现象和事实。② 如上所述,我国1979年刑法典中也没有关于法人犯罪的规定,但随着我国市场经济的蓬勃发展,法人犯罪日益得到重视,为此,我国1997年刑法典规定了"单位犯罪"。我国刑法学界当时对于刑法典是采用"单位犯罪"还是"法人犯罪"存在很大争议。主张使用"法人犯罪"名称的学者认为,"单位"并不是一个法律术语,容易造成理解上的歧义,不利于法制的统一,也会造成对罪刑法定原则的破坏和法官自由裁量权的滥用。③ 此外,"单位"的外延比较宽泛,不能准确地反映出这类犯罪的本质,而"法人"是一种法律术语,具有一定的专业性。而主张使用"单位犯罪"名称的学者认为,在非自然人的有关社会组织的犯罪中,其主体不仅仅存在法人组织,很多非法人组织也可以实施该类犯罪,使用"法人犯罪"这一概念可能会使其他非法人组织逃避法律的制裁。但是,英美法系国家更多使用的是"公司、企业"的名称,从而排除了国家机关在法人犯罪中的主体地位。

本书认为,单位犯罪是一个具有中国特色的法律概念。我国现行刑法典并没有使用"法人犯罪"概念,而是直接规定了单位犯罪。但是,我国刑法典所规定的单位犯罪与法人犯罪在本质上是相同的。然而,无论如何都不应当将国家机关作为单位犯罪的主体,因为一方面,国家机关应当模范遵守国家法律、法规,另一方面,国家机关即便成立单位犯罪,也只能判处罚金,并没有什么实际意义。目前确实存在一些国家机关不严格依法办事或不遵守国家法律、法规的现象,但一般这是由行政法律规范来调整,以此逐步推动国家机关的法治建设。

四、单位犯罪的基本类型

根据我国刑法典的相关规定,单位犯罪可分为纯正的单位犯罪和不纯正的单位犯罪。

---

① 陈兴良:《陈兴良刑法教科书之规范刑法学》,中国政法大学出版社2003年版,第165页。
② 李晓明:《行政刑法学导论》,法律出版社2003年版,第328页。
③ 赵秉志:《中国内地与澳门刑法总则之比较研究》,澳门基金会2000年版,第95页。

1. 纯正的单位犯罪

纯正的单位犯罪,是指只能由单位成立而不能由自然人成立的犯罪。

我国刑法典规定的纯正的单位犯罪主要包括 17 个罪名:第 126 条违规制造、销售枪支罪,第 135 条重大劳动安全事故罪和大型群众性活动重大安全事故罪,第 137 条工程重大安全事故罪,第 161 条违规披露、不披露重要信息罪,第 162 条妨害清算罪和虚假破产罪,第 185 条之一背信运用受托财产罪和违法运用资金罪,第 190 条逃汇罪,第 327 条非法出售、私赠文物藏品罪,第 334 条采集、供应血液、制作、供应血液制品事故罪,第 380 条战时拒绝、故意延误军事订货罪,第 387 条单位受贿罪,第 393 条单位行贿罪,第 396 条私分国有资产罪和私分罚没财物罪。

2. 不纯正的单位犯罪

不纯正的单位犯罪,是指可以由单位成立也可以由自然人成立的犯罪。

我国刑法典规定的不纯正的单位犯罪,主要包括第 120 条之一帮助恐怖活动罪等 146 个罪名。

第二节 单位犯罪的认定

一、单位犯罪成立的客观要件

(一)单位犯罪必须是由单位行为引起的

成立单位犯罪,必须是在单位的意识和支配下实施的,即必须是单位行为引起的危害社会的行为。由于单位的活动必须通过内部成员的行为体现出来,因此单位的意识和意志实质上是以单位成员的意识和意志体现出来的。只有单位决策机构成员的意识和意志,才能代表单位成为单位的整体意识和意志。另外,单位决策机构成员按照单位决策程序作出决策,也是单位意识和意志的体现。单位整体意志形成后,需要通过单位成员实施才能具备单位犯罪行为。具体实施单位犯罪行为的人,既可以是单位决策机构成员,也可以是单位中的其他成员。如果不是经过单位决策机构并按照决策程序决定,而是冒用、盗用单位名义,即使是单位成员的行为也不成立单位犯罪,而是成立个人犯罪。

(二)单位犯罪必须是由刑法明文规定的

根据我国刑法典的相关规定,成立单位犯罪必须由刑法明文特别规定。但是,某些单位在实施犯罪的时候,其实施的犯罪法律并没有规定为单位犯罪,但实际上确实是由单位集体决定的犯罪行为,那么,究竟应该如何定性?例如,单位实施贷款诈骗罪、盗窃罪等。关于单位实施贷款诈骗罪,我国刑法典并没有规定单位可以实施贷款诈骗罪,所以不能追究单位的刑事责任,但是对其直接负责的主管人员或者其他直接责任人是否可以追究刑事责任,我国刑法理论存在肯定说和否定说。肯定说认为,在刑法没有规定单位构成犯罪的情况下,不能追究单位的刑事责任,但对单位中直接负责的主管人员和其他直接责任人员是可以以个人犯罪定罪处罚的。否定说认为,单位犯罪的主体只能是单位,单位中的直接负责的主管人员和其他直接责任人员是依附于单位的,单位不能构成的犯罪的情况下对其直接负责的主管人员和其他直接责任人员以个人犯罪论处,缺乏相应的法理依据。2001年1月21日《全国法院审理金融犯罪案件工作座谈会议纪要》规定:"根据刑法典第30条和第193条的规定,单位不构成贷款诈骗罪。对于单位实施的贷款诈骗行为不能以贷款诈骗罪定罪处罚,也不能以贷款诈骗罪追究直接负责的主管人员和其他直接责任人员的刑事责任。但是,在司法实践中,对于单位十分明显地以非法占用为目的,利用签订、履行借款合同诈骗银行或者其他金融机构贷款,符合刑法典224条规定的合同诈骗罪构成要件的,应当以合同诈骗罪定罪处罚。"这一规定对解决上述问题具有重要的指导意义。此外,最高人民法院研究室在《以单位名义实施盗窃行为如何适用法律问题的解答》中还指出:"从实践中来看,单位盗窃的对象主要涉及到电力、天然气等,具有一定的行业性,与普通的盗窃罪的社会危害性差别较大,单位盗窃数额往往很大,如果按照自然人盗窃犯罪的数额标准,量刑又很重;这就与单位盗窃个人并没有得到好处产生量刑失衡的问题。综上所述,对于实施盗窃的单位,不能以盗窃罪追究其刑事责任。"与之相反,2002年7月8日最高人民检察院《关于单位有关人员组织实施盗窃行为如何适用法律问题的批复》明确规定:"单位有关人员为谋取单位利益组织实施盗窃行为,情节严重的,应当依照刑法264条的规定以盗窃罪追究直接责任人员的刑事责任。"这一规定明显与最高人民法院研究室的解释相冲突;如何解决这方面的冲突规定,只能期待立法机关对其进行规定。

二、单位犯罪成立的主观要件

(一)责任主体

根据刑法典第30条的规定,单位犯罪的主体包括公司、企业、事业单位、机关和团体。

1. 公司

公司是指依照《中华人民共和国公司法》设立的,以营利为目的的企业法人。目前,我国《公司法》只规定了两种公司类型,即有限责任公司和股份有限公司。

2. 企业

企业是按照一定的生产方式和经营方式组织起来的,以营利为目的的,由人和物的要素组成的,从事生产、流通或服务的经济组织。目前,我国《个人独资企业法》《合伙企业法》《公司法》确认了三种企业形态。但是,我国长期以来对企业的划分都是以所有制形式为标准,即将企业划分为全民所有制企业、集体所有制企业和私营企业。此外,我国法律对涉外企业也进行了分类,分为中外合资经营企业、中外合作经营企业和外资企业,即所谓的"三资"企业。企业和公司不同,公司具有法人资格而有些企业并不具有法人资格,如合伙企业、未进行法人登记的企业。

3. 事业单位

事业单位是指依照法律或者行政命令成立、从事各种社会职能活动的组织。事业单位分为三种：(1)国家事业单位。国家事业单位依靠国家预算从事活动，能够直接参加与自己业务和权益有关的民事活动，并享有民事权利和承担经济责任的事业单位。(2)集体事业单位。集体事业单位又分为两种：一种是由劳动群众集体筹资、独立经营、自负盈亏的事业单位；另一种是由集体企业预算出资，能够独立处理经费，不自负盈亏的事业单位。(3)私营事业单位。私营事业单位是由私人投资设立，以从事一定的社会活动为目的的机构。随着我国社会的转型，已经出现或者正在出现各种私营事业单位，如私营的医疗机构、教育机构等。事业单位属于法人的范畴，可以成为单位犯罪的主体。

4. 机关

机关作为单位犯罪的主体有广义和狭义之分。广义上，机关包括国家行政机关、立法机关、司法机关、军队、政党等国家机关。狭义上，机关主要是指国家行政机关，一般是地方国家行政机关。

如上所述，国家机关能否成为单位犯罪的主体在学界争议很大，主要有两种观点：(1)肯定说。该说认为，单位犯罪的主体应当包括国家机关，因为国家机关也具有实施犯罪行为的可能性，它与一般的单位一样，可以实施相关的单位犯罪。根据法律面前人人平等基本原则，应当对其进行刑罚处罚。另外，在司法实践中，从已经审结的单位犯罪案件上来看，国家机关是具有实施犯罪行为的可能性的。(2)否定说。该说认为，国家机关不能成为单位犯罪的主体，因为国家机关代表国家对社会进行管理，如果将其作为犯罪主体，无论采取何种刑罚措施，都必将影响其正常职能的发挥，影响其对社会的正常管理。陈兴良教授认为，国家机关作为单位犯罪的主体，确实是我国特有的现象。这主要是因为在过去计划经济体制下，政企不分，国家机关直接介入经济活动的情况较为普遍。在这种情况下，将国家机关作为单位犯罪的主体加以处罚，当然是有意义的。此外，我国刑法分则在某些单位犯罪中，是将机关这一主体剔除出去的，这也说明我国虽然存在机关犯罪，但是并不是所有的单位犯罪都包括机关这一主体。

5. 团体

团体又称社会团体，是指各种群众团体组织。根据国务院制定的《社会团体登记管理条例》第2条的规定，团体是指中国公民自愿组成，为实现会员共同意愿，按照其章程开展活动的非营利性社会组织。例如，人民群众团体（工会、共青团、妇联等）、社会公益团体、学术研究团体、文化艺术团体、宗教团体等。社会团体并不一定是法人，但它必须是人或财产的集合体。

在单位犯罪中，单位的附属机构能否成为单位犯罪的主体？单位犯罪中的单位在一般情况下都是一个独立的实体，可以独立实施犯罪行为并构成单位犯罪。单位的附属机构包括单位的分支机构和内设机构。一方面，企业法人的分支机构是独立的单位，可以构成单位犯罪。另一方面，单位的内设机构是否能够成为单位犯罪的主体？2001年1月21日《全国法院审理金融犯罪案件工作座谈会纪要》明确指出："以单位的分支机构或者内设机构、部门的名义实施犯罪，违法所得主要归分支机构或者内设机构、部门所有的，应认定为单位犯罪。"所以,本书认为,在以单位的分支机构、内设机构、部门的名义实施犯罪,违法所得归分支机构或者内设机构、部门所有的情况,应认定为单位犯罪;而违法所得归个人所有的,则应以个人犯罪论处。

除了上述单位犯罪的主体之外,还应对一个非典型性的单位问题进行研究,即一个企事业单位、机关的中层机构是否可以构成单位犯罪的问题。判断一个机关、企事业单位的中层机构的犯罪行为能否构成单位犯罪,首先要确认其是否具有刑事责任能力。要判断一个单位是否具有刑事责任能力,就要确定该单位是否具有单位意志,并能够通过该单位意志实施单位犯罪的行为。就单位的刑事责任能力而言,一个机关、企事业单位的中层机构在一定的权限范围内是具有刑事责任能力的。尽管这些中层机构不具有法人人格,但它是以单位的名义进行对外活动的,在自己的权限范围内具有单位意志,能够通过这些单位意志实施犯罪行为。不过,这些单位的中层机构有的没有独立的财产,亦缺乏对外承担经济处罚的能力,那么,应该如何认定这些中层级机构的犯罪行为?本书认为,应该从这些中层机构的权限范围以及其违法所得的归属权来判断其犯罪行为是否属于单位犯罪。第一,如果这些单位的中层机构在自己的权限范围内做出决定,并实施了一定的犯罪行为,违法所得归该中层机构所有,则应该按单位犯罪论处。因为这些中层机构在其权限范围内所作出的决定具有单位意志,并且是为了单位的利益实施的犯罪行为。对于适用双罚制处罚的单位犯罪中,若该中层机构没有能力承担罚金处罚,那么理应由该中层机构的上层单位承担;对于适用单罚制处罚的单位犯罪中,直接适用对负直接责任的主管人员和其他直接责任人员进行处罚,不用考虑单位的对外经济处罚能力。第二,如果这些单位的中层机构不是在其权限范围内做出决定并且实施犯罪行为,或者其违法所得并不归属于该单位,那么,不能适用单位犯罪的规定来进行定罪处罚,而应该以个人共同犯罪论处。

(二) 责任能力

个人构成犯罪需要具有责任能力,单位构成犯罪同样需要具有责任能力。关于单位的责任能力问题,在刑法理论中存在肯定说和否定说。肯定说认为,单位是有意识和意志的,单位决策机构或者负责人员所产生的意识和表达的意志实质上就是该单位的意识和意志。而且,该单位的自然人的意识和意志的表达不限于是否在单位的章程之内。因此,单位具有责任能力。否定说认为,单位本身是没有意识和意志的,单位是一种法律拟制的人格,单位的一切活动都受单位中的自然人的控制。单位的意志本质上是自然人自己个人的意志,单位本身并不具有责任能力。本书赞同肯定说,单位虽然是通过其代表人作出决策或者决定的,但是这种决策或者决定是以单位名义作出的。在这种情况下,单位代表人的决策或者决定应视为单位的意志,因而单位应对单位的行为或者结果承担刑事责任。在这个意义上,单位应该具有责任能力。

(三) 责任形式

关于单位犯罪的主观罪过形式,在刑法总则中没有明文规定,因此在刑法理论上存在争议。但从我国刑法分则的条文中可以发现,单位犯罪的主观罪过形式包括故意和过失。

1. 故意的单位犯罪

故意的单位犯罪是指主观罪过由故意构成的单位犯罪。单位犯罪的故意与个人犯罪的故意还是有区别的,在单位犯罪中,单位的犯罪意志是由单位中的自然人的意志形成的单位的整体意志,而自然人犯罪中的犯罪意志是自然人本身形成的意志。这种单位的犯罪意志,为故意的单位犯罪承担刑事责任提供了主观根据。

在我国刑法中,故意的单位犯罪大多数是经济犯罪,它们的动机往往是为本单位谋取非法利益。对于这类犯罪,第一,是否为本单位谋取非法利益,是单位犯罪的罪与非罪区分的标志。简言之,认定该单位实施的行为是否构成单位犯罪,要明确该单位的行为是否为该单位谋取非法利益。第二,是否为本单位谋取非法利益,也是单位犯罪与个人犯罪相区分的标志。如果一个单位进行违法犯罪活动,若其所获的非法利益归属于个人,那么,不构成单位犯罪,而以个人犯罪论处。还有一些故意的单位犯罪,是以单位的名义实施的,但并不是为单位谋取非法利益,而是损害了单位的利益,本书认为构成故意的单位犯罪。例如我国刑法典第 396 条第 1 款私分国有资产罪,这种犯罪不仅没有为单位谋取利益,反而是损害了单位利益。在这个意义上,是否为单位谋取非法利益并不是单位犯罪的认定标准。

2. 过失的单位犯罪

过失的单位犯罪是指主观罪过由过失构成的单位犯罪。根据我国刑法的规定,过失单位犯罪一般都实行单罚制,即处罚相关的直接责任人员,因为过失只能是单位的相关负责人的过失,所以只处罚自然人。例如,我国刑法典第 137 条规定的工程重大安全事故罪的主体是建设单位、设计单位、施工单位、工程监理单位,并且只是处罚单位的直接责任人员。不过,我国刑法中规定的过失单位犯罪,也有实行双罚制的,如刑法典第 231 条规定的出具证明文件重大失实罪,相关单位的人员出具证明文件重大失实的,单位也构成犯罪,并判处罚金。这里单位之所以能够构成犯罪是因为它的监督失职,具有一定的过失。

三、单位犯罪中的量度要件

在单位犯罪中,犯罪的量度要件主要表现在法益侵害后果和犯罪情节方面。如刑法典第 286 条规定:"违反国家规定,对计算机信息系统功能进行删除、修改、增加、干扰,造成计算机信息系统不能正常运行,后果严重的,处 5 年以下有期徒刑或者拘役;后果特别严重的,处 5 年以上有期徒刑。违反国家规定,对计算机信息系统中存储、处理或者传输的数据和应用程序进行删除、修改、增加的操作,后果严重的,依照前款的规定处罚。故意制作、传播计算机病毒等破坏性程序,影响计算机系统正常运行,后果严重的,依照第一款的规定处罚。单位犯前三款罪的,对单位判处罚金,并对其直接负责的主管人员和其他直接责任人员,依照第一款的规定处罚。"其中,该条前三款规定的"后果特别严重的"和"后果严重的"都属于犯罪后果和犯罪情节方面的内容,属于对该犯罪的价值判断,属于犯罪的量度要件,单位犯罪也不例外。

第三节 单位犯罪的刑事责任

每个人都要对自己的行为负责,在单位犯罪中,单位所实施的犯罪行为当然也应由单位本身来负责,单位所负的责任就是单位犯罪的刑事责任。单位犯罪的刑事责任是因单位的犯罪行为而产生,只能由单位本身来承担犯罪后果,而这种犯罪后果是由国家司法机关根据国家的刑事法律确认的,而且刑事责任的实质是国家对犯罪行为的否定性评价和对犯罪人的责难。在单位犯罪中,单位犯罪刑事责任的承担有单罚制和双罚制之分,而且单位犯罪的承担者也包括单位本身和自然人,自然人主要就是直接负责的主管人员和其他直接责任人员。

一、单位犯罪刑事责任承担的理论根据

我国虽然在刑事立法上已经规定了单位犯罪但在理论上有关单位犯罪刑事责任的承担问题还是有所欠缺的,关于单位犯罪刑事责任承担的问题,我国理论界有很多的观点和学说,主要包括连带刑事责任论、人格化社会系统责任论、双层犯罪机制论、复合主体论、双重性论、一个犯罪两个犯罪成立论、一个主体责任论、一体化刑事责任论、共同犯罪理论、社会独立主体论以及整体责任论等理论。其中,人格化社会系统责任论、双层犯罪机制论和整体责任论最具代表性。

1. 人格化社会系统责任论

人格化社会系统责任论认为,单位是一个人格化的社会系统,单位刑事责任的本质是整体责任。法人作为一个人格化的社会系统,具有独立的意志、行为能力和责任能力。但是,单位的犯罪行为是由自然人实施的,所以,也应对自然人进行处罚。单位的刑事责任实际上是由一个犯罪行为(单位整体的犯罪)、两个犯罪主体(单位和单位内部的自然人)和两个处罚对象(双罚制)或者一个处罚对象(单罚制)共同组成的。人格化社会系统责任论确认了单位的整体责任,将单位作为一个整体来认定单位犯罪,本书是赞同的。但是,该理论所认为的两个犯罪主体,本书是不认同的。本书认为,单位犯罪的主体只能是一个,即单位,单位中的相关责任人员并不是犯罪主体,而是依附于单位,并不具有主体资格。

2. 双层犯罪机制论

双层犯罪机制认为,在单位犯罪中,单位犯罪的主体分为两层:表层是单位,深层是自然人,他们共同成为犯罪主体。单位存在双层机制是由于在单位犯罪中,虽然是以单位的名义实施犯罪行为,但只是形式上的,其实质还是由单位内部的相关自然人决定的,单位的行为和自然人的行为出现了分层。同时,该理论也为双罚制提供理论基础,但是,将犯罪主体分为单位和自然人两个主体,本书也是不赞同的。首先,两个犯罪主体说明了在单位犯罪中,单位具有独立的意志的同时,自然人也具有独立的意志,这就不能解释单位犯罪是以单位的名义实施的,由单位内部自然人决定实施的行为,忽视了单位犯罪的整体性。

3. 整体责任论

整体责任论认为,单位犯罪的刑事责任是一个整体的犯罪,由一个犯罪行为、一个犯罪主体和一个处罚对象组成。单位犯罪只包括一个犯罪主体,即单位,而处罚的对象也只有一个,即单位。而且,在单位犯罪中,处罚的对象只有一个,即单位。只是单位犯罪中的刑罚承担者为单位和相关负责人。本书赞同整体责任论。

二、单位犯罪中单位与自然人责任的分配

在单位犯罪中,刑事责任的承担者有两个,即单位以及负直接责任的主管人员和其他直接责任人员。也就是说,单位犯罪的刑罚总量是由单位和相关责任人员分担的,对单位犯罪的定性是"一个犯罪行为,一个犯罪主体,一个或者两个责任承担者"。在单位犯罪中,只能有一个犯罪主体,而这个犯罪主体不只是指单位,也可以理解为单位和自然人两者的复合。单位中的自然人是依附于单位的,一旦这个自然人在单位从事工作,他就丧失了自己的主体人格。例如,一个公司的法定代表人代表公司进行公务活动时,他所代表的就不是他个人,而是公司。简言之,他在进行公务活动时就不是一个自然人,而是公司。单位中的自然人承担刑事责任,是作为单位主体的一部分去分担单位犯罪所承担的刑事责任。因此,单位犯罪中的犯罪主体是单位和自然人的复合,是一个复合主体。

在单位犯罪中,在对单位的犯罪主体进行处罚时,其刑罚总量应该和自然人犯该罪的刑罚总量大体相当。但是,考虑到单位犯罪的社会危害性比自然人犯罪更大,所以单位犯罪的刑罚总量可以比自然人犯罪高。①

(一) 对单位适用罚金刑不影响对相关责任人员适用主刑

单位是一个特殊的犯罪主体,无法适用主刑,所以对于单位犯罪,对单位只能适用附加刑,而对单位中相关责任人员适用主刑。具体而言,在单位犯罪中,对单位判处罚金,罚金的多少都不能影响对单位相关责任人员判处主刑的轻重,对该单位中的自然人判处主刑的轻重应与其他自然人犯该罪的主刑轻重大体相当。例如,我国刑法中对单位犯罪大多规定为"单位犯前款罪的,对单位判处罚金,并对其直接负责的主管人员和其他直接责任人员,依照前款规定处罚"。不过,我国刑法中也存在对单位犯罪中直接负责的主管人员和其他责任人员的法定刑的规定轻于自然人犯罪的情况。如刑法典第180条规定:"证券交易内幕信息的知情人员或者非法获取证券交易内幕信息的人员,在涉及证券的发行、交易或者其他对证券的价格有重大影响的信息尚未公开前,买入或者卖出该证券,或者泄露该信息,情节严重的,处5年以下有期徒刑或者拘役,并处或者单处违法所得1倍以上5倍以下罚金;情节特别严重的,处5年以上10年以下有期徒刑,并处违法所得1倍以上5

---

① 王联合:《论单位犯罪的复合主体》,载《中国刑事法杂志》2012年第6期。

倍以下罚金。"第 2 款规定："单位犯前款罪的,对单位判处罚金,并对其直接负责的主管人员和其他责任人员,处 5 年以下有期徒刑或者拘役。"

（二）对单位适用罚金刑应当影响对相关责任人员适用罚金刑

对单位犯罪所配置和判处的刑罚总量是由单位和相关责任人员共同分担的,在对单位适用罚金刑的情况下,对相关责任人员的罚金刑就应该有所考量;否则,就会造成重复处罚。我国刑法在对单位规定罚金的同时,对相关责任人员的罚金配置包括三类:一是对相关责任人员所设置的罚金刑与自然人犯罪所设置的罚金刑完全相同。如刑法典第 187 条规定："银行或者其他金融机构的工作人员吸收客户资金不入账,数额巨大或者造成巨大损失的,处 5 年以下有期徒刑或者拘役,并处 2 万元以上 20 万元以下罚金;数额特别巨大或者造成特别重大损失的,处 5 年以上有期徒刑,并处 5 万元以上 50 万元以下罚金。单位犯前款规定的,对单位判处罚金,并对其直接负责的主管人员和其他直接责任人员,依照前款规定处罚。"二是对相关责任人员所设置的罚金刑与自然人犯罪所设置的罚金刑不同。如集资诈骗罪,我国刑法典规定了自然人犯集资诈骗罪并处的具体的罚金数额,而对单位犯罪并没有规定具体的罚金数额,而是只规定了并处罚金。三是只对自然人犯罪设置了罚金刑,对单位犯罪中的相关责任人员没有设置罚金刑。如我国刑法典第 179 条规定："未经国家有关主管部门批准,擅自发行股票或者公司、企业债券,数额巨大、后果严重或者由其他严重情节的,处 5 年以下有期徒刑或者拘役,并处或者单处非法募集资金金额 1% 以上 5% 以下的罚金。单位犯前款规定的,对单位判处罚金,并对其直接负责的主管人员和其他直接责任人员,处 5 年以下有期徒刑或者拘役。"

三、单位犯罪刑事责任承担的模式

对于单位犯罪刑事责任的承担模式主要为双罚制和单罚制。双罚制是指在对单位犯罪进行认定时,对单位和相关责任人员两者都进行处罚;而单罚制是指在对单位犯罪进行认定时,只对单位的相关责任人员进行处罚而不处罚单位。

（一）双罚制

我国刑法中对于单位犯罪采用"双罚制为主,单罚制为辅"的模式。双罚制,即对单位是判处罚金,且没有规定罚金的数额;对直接负责的主管人员和直接责任人员是判处刑罚,包括自由刑与罚金,主要是自由刑。对个人判处自由刑的,又有以下两种情况:一是判处与自然人犯罪相同的刑罚。例如,刑法典第 286 条（破坏计算机信息系统罪）第 4 款规定："对单位判处罚金,并对其直接负责的主管人员和其他直接责任人员,依照第 1 款定处罚。"其中,"依照第 1 款的规定处罚"就是指依照对自然人犯罪的规定处罚。二是判处低于自然人犯罪的刑罚。例如,刑法典第 387 条规定："国家机关、国有公司、企业、事业单位、人民团体,索取、非法收受他人财物,为他人谋取利益,情节严重的,对单位判处罚金,并对其直接负责的主管人员和其他直接责任人员,处 5 年以下有期徒刑或者拘役。"对于自然人受贿罪的处罚,有可能对个人判处死刑缓期两年执行,并且死刑缓期两年执行减为无期徒刑后,不得减刑和假释。由此可见,单位犯受贿罪承担的刑罚明显要轻于自然人犯受贿罪。

关于"直接负责的主管人员"和"其他直接责任人员"的认定问题,最高人民法院《关于全国法院审理金融犯罪案件工作座谈会议纪要》规定:"直接负责的主管人员,是在单位实施的犯罪中起决定、批准、授意、纵容、指挥等作用的人员,一般是单位的主管负责人,包括法定代表人。其他直接责任人员,是在单位中具体实施犯罪并起较大作用的人员,既可以是单位的经营管理人员,也可以是单位的职工,包括聘任、雇佣的人员。应当注意的是,在单位犯罪中,对于受单位领导指派或奉命而参与实施了一定犯罪行为的人员,一般不宜作为直接责任人员追究刑事责任。这一规定界定了直接负责的主管人员和其他直接责任人员的范围。"这就明确了直接负责的主管人员和其他直接责任人员的范围。此外,2000 年 9 月 28 日,最高人民法院发布的《关于审理单位犯罪案件对其直接负责的主管人员和其他直接责任人员是否区分主犯、从犯问题的批复》规定:"在审理单位故意犯罪案件时,对其直接负责的主管人员和其他直接责任人员,可不区分主犯、从犯,按照其在单位犯罪中所起的作用判处刑罚。"从理论上来说,"直接负责的主管人员"承担刑事责任是基于其法定的职责与犯罪行为之间具有因果关系,"直接负责的主管人员"虽然没有直接地参与犯罪,但是有义务阻止犯罪的发生;而"其他直接责任人员"承担刑事责任是基于其本身是实施犯罪行为的行为人。

(二)单罚制

我国刑法典也规定了对部分犯罪的单位犯罪实行单罚制,即只处罚自然人而不处罚单位。例如,刑法典第 185 条之一第 2 款规定:"社会保障基金管理机构、住房公积金管理机构等公众资金管理机构,以及保险公司、保险资产管理公司、证券投资资金管理公司,违反国家规定运用资金的,对其直接负责的主管人员和其他直接责任人员,依照前款的规定处罚。"该条规定的犯罪主体是社会保障基金管理机构、住房公积金管理机构等公众资金管理机构,以及保险公司、保险资产管理公司、证券投资资金管理公司,但是只处罚直接负责的主管人员和其他直接责任人员,而不处罚单位。我国刑法典规定对单位犯罪实行单罚制的只有很少一部分罪名,主要包括重大劳动安全事故罪、大型群众性活动重大安全事故罪、工程重大安全事故罪、违规披露、不披露重要信息罪、妨害清算罪、虚假破产罪、违法运用资金罪、私分国有资产罪,私分罚没财物罪和滥用管理公司、证券职权罪。

四、单位犯罪中单位承担刑事责任的方式:罚金

单位并非自然人,它有自己独立的人格,由于单位主体的特殊性,对单位犯罪中单位的刑法处罚不能适用生命刑、自由刑以及资格刑等刑罚,而只能适用罚金刑。罚金刑是指强制犯罪人向国家缴纳一定数量金钱的一种刑罚方法。在单位犯罪中,单位承担单位犯罪刑事责任的方式都是罚金刑。具体而言,刑法典一般都规定,"单位犯 XX 罪的,对单位判处罚金"。关于罚金的执行问题,我国刑法典第 53 条规定了罚金的缴纳和减免,即"罚金在判决指定的期限内一次或者分期缴纳。期满不缴纳的,强制缴纳。对于不能全部缴纳罚金的,人民法院在任何时候发现被执行人有可执行的财产,应当随时缴纳。由于遭遇不能抗拒的灾祸等原因缴纳确实困难的,经人民法院裁定,可以延期缴纳、酌情减少或者免除"。

五、单位犯罪中自然人承担刑事责任的方式:主刑、附加刑及其他处罚

自然人承担单位犯罪刑事责任一般都是按照自然人犯该罪所承担的刑事责任进行处罚,主要包括主刑、附加刑及其他处罚。我国刑法典第137条规定:"建设单位、设计单位、施工单位、工程监理单位违反国家规定,降低工程质量标准,造成重大安全事故,对直接责任人员,处5年以下有期徒刑或者拘役;后果特别严重的,处5年以上10年以下有期徒刑,并处罚金。"该条规定,在单位犯罪中,对自然人适用主刑和附加刑的处罚。自然人对单位犯罪刑事责任的承担不仅仅体现在适用主刑和附加刑上,还体现在可以对自然人适用非刑罚处罚和有罪宣告。非刑罚处罚是指人民法院对犯罪情节轻微的犯罪分子免予刑事处罚,但根据犯罪人的具体情况予以训诫或责令具结悔过、赔礼道歉、赔偿损失,或者由主管部门予以行政处罚或者行政处分等处理刑事案件的各种法定方法的总称。有罪宣告,一般称为"定罪免刑",是指人民法院对情节轻微的犯罪行为人通过判决仅宣告其有罪,并记录犯罪,但既免除刑罚处罚,也不给予非刑罚处罚的司法活动。

第四节 单位犯罪刑事责任的适用

在自然人犯罪中,在适用刑罚时,往往会出现许多量刑情节,如累犯、自首、立功等量刑情节,影响着对犯罪嫌疑人的量刑。而单位犯罪是否适用与自然人相同的量刑情节,理论上存在很多争议,本书主要从累犯和自首的认定方面来探讨单位犯罪刑事责任的适用问题,也可以称为单位犯罪刑事责任的裁量问题。

一、累犯与单位犯罪刑事责任

我国刑法典第65条第1款规定:"被判处有期徒刑以上刑罚的犯罪分子,刑罚执行完毕或者赦免之后,在5年以内再犯应当判处有期徒刑以上刑罚之罪的,是累犯,应当从重处罚,但是过失犯罪除外。"在立法上,现行的累犯制度不适用于单位犯罪,因为在我国,可以对单位适用的唯一刑罚是罚金刑,单位并不能被处以"有期徒刑以上刑罚"。但是,在理论界,单位是否能够构成累犯却一直存在争议,对于单位能否构成累犯,有肯定说和否定说两种说法。否定说认为,单位犯罪不能构成累犯,主要原因包括:(1)我国累犯的主体要求是被判处有期徒刑以上刑罚的犯罪主体,而单位并不能被判处有期徒刑以上的刑罚,所以,单位累犯没有立法支持。(2)在单位犯罪中的自然人在之前并没有犯罪行为,或者说自然人已经被更换,单位犯前后两个罪时其单位意志的产生分属于不同的自然人,根据

罪责自负原则,虽然行为后果都归属同一单位,但是并不能构成累犯。而肯定说认为,单位犯罪能构成累犯,主要原因包括:(1)单位能够成为犯罪主体是法人能够构成累犯的前提。既然单位可以成为犯罪主体,那么,单位在第一次犯罪之后,就完全可能再次犯罪。(2)单位是有独立意志的活动,所以,与自然人犯罪的累犯一样,也可能出现"不知悔改,再次犯罪"的情况,也可能具有相当的社会危险性。即使负直接责任的主管人员和其他责任人员因受到处罚离开单位,但单位本身由于结构和文化上固有的犯罪因素未消除,还是很有可能发生第二次犯罪。(3)即使同一单位在第二次犯罪时,其负直接责任的主管人员和其他直接责任人员是初次犯罪,也改变不了单位是第二次实施犯罪的事实。(4)如果一个单位在受到处罚之后的较短时期内再次犯罪,可见其主观恶性和社会危害性较高。①

本书认为,应该在实然性和应然性上讨论单位犯罪是否构成累犯的问题。在实然性上,我国刑法典规定了适用累犯的前提是被判处有期徒刑以上的犯罪分子,意味着否定了单位犯罪可以构成累犯。在应然性上,单位犯罪是可以构成累犯的。虽然在单位犯罪中,单位实施前后犯罪的决策者和实施者并不是同一个,但是单位是一个组织整体,是同一个犯罪主体,而单位中的自然人的变更并不影响单位整体的犯罪;而且,单位前后两次犯罪说明了该犯罪单位具有较高的社会危险性,应对其进行加重处罚,这样才能够有效地制止和预防单位犯罪。但是,单位犯罪的累犯问题需要今后在刑法立法方面不断完善。

二、自首与单位犯罪刑事责任

我国刑法典第67条第1款和第2款规定:"犯罪以后自动投案,如实供述自己的罪行的,是自首。对于自首的犯罪分子,可以从轻或者减轻处罚。其中,犯罪较轻的,可以免除处罚。""被采取强制措施的犯罪嫌疑人、被告人和正在服刑的罪犯,如实供述司法机关还未掌握的本人其他罪行的,以自首论。"但是,单位是否能成立自首,在我国刑法学界也存在很大争议。

1. 单位犯罪是否成立自首

根据我国刑法典第67条的规定,犯罪分子犯罪以后自动投案,如实供述自己的罪行的,是自首。这种自首在理论上称为一般自首。被采取强制措施的犯罪嫌疑人、被告人和正在服刑的罪犯,如实供述司法机关还未掌握的本人其他罪行的,以自首论,这种自首在理论上称为特别自首。自首制度是坦白从宽、抗拒从严、惩办与宽大相结合的刑事政策在量刑活动中的具体体现。② 对于单位犯罪中的自首问题,我国刑法学界存在两种观点,即肯定说和否定说。否定说对单位犯罪的自首是全面否定的,并认为自首是为自然人犯罪设立的,单位是无生命的组织体,既不可能自动投案,也不能如实供述自己的罪行,因此,

---

① 李文伟:《法人刑事责任比较研究》,中国检察出版社2006年版,第196—197页。
② 何秉松:《刑法教科书》(上),中国法制出版社2000年版,第582页。

单位犯罪的自首根本不存在。肯定说是承认单位犯罪可以成立一般自首,而不能成立特殊自首。因为对于单位主管人员在被控制后向有关机关或人员交代其他罪行的,因为其在控制阶段就已脱离了单位,不能认定为单位中的相关负责人,所以,单位犯罪的特别自首不能成立。[①] 本书支持肯定说,刑法典第 67 条规定的自首制度同样适用于单位犯罪。第一,自首的主体是指实施犯罪的主体,单位也是实施犯罪的主体,符合自首的主体要件。第二,自首单位的从轻处罚能够鼓励犯罪单位认罪伏法,节约司法成本。第三,承认单位自首符合法律面前人人平等的刑法基本原则。最高人民法院、最高人民检察院、海关总署《关于办理走私刑事案件适用法律若干问题的意见》第 21 条关于单位走私犯罪案件自首的认定问题规定:"在办理单位走私犯罪案件中,对单位集体决定自首的,或者单位直接负责的主管人员自首的,应当认定单位自首。认定单位自首后,如实交代主要犯罪事实的单位负责的其他主管人员和其他直接责任人员,可视为自首,但对拒不交代主要犯罪事实或逃避法律追究的人员,不以自首论。"这是我国关于承认单位自首的规定,也为司法机关认定单位自首提供了依据。最高人民法院、最高人民检察院《关于办理职务犯罪案件认定自首、立功等量刑情节若干问题的意见》中关于单位自首作出如下规定:"单位犯罪案件中,单位集体决定或者单位负责人决定而自动投案,如实交代单位犯罪事实的,或者单位直接负责的主管人员自动投案,如实交代单位犯罪事实的,应当认定为单位自首。单位自首的,直接负责的主管人员和直接责任人员未自动投案,但如实交代自己知道的犯罪事实的,可以视为自首;拒不交代自己知道的犯罪事实或者逃避法律追究的,不应当认定为自首。单位没有自首,直接责任人员自动投案并如实交代自己知道的犯罪事实的,对该直接责任人员应当认定为自首。"这也直接规定单位犯罪可以成立自首。

2. 单位自首的认定

首先,单位自首应当是单位组织体的自首,而不是单位中某个自然人或某些自然人的自首。其次,单位自首是基于单位意志,单位的意志表现为单位的整体意志,包括单位决策机关的决定以及直接负责的主管人员的决定。在单位犯罪中,如果相关责任人员如实交代了自己的罪行,可以成立自首;如果拒不交代或逃避法律追究的,不是自首。

在单位自首的认定中,如果认定为单位自首,并且自首是在单位集体决定或者单位负责人决定而自动投案的情况下,应该也认定该直接负责的主管人员自首;如果认定单位没有自首,而其直接责任人员自动投案并如实交代自己知道的犯罪事实的,对该直接责任人员应当认定为自首。所以单位自首与否并不影响有自首情节的自然人的认定。

3. 单位自首的处罚

我国刑法典第 67 条规定,对于自首的犯罪分子,可以从轻或者减轻处罚。其中,犯罪较轻的,可以免除处罚。对于单位犯罪,在单罚制的情况下,直接适用于单位直接负责的主管人员和其他责任人员;在双罚制的情况下,应同时适用于犯罪的单位及其直接负责的

[①] 蒋熙辉:《单位犯罪刑事责任探究与认定》,人民法院出版社 2005 年版,第 311 页。

主管人员和其他责任人员。在实行单罚制的单位犯罪中,单位有自首情节的,对该单位相关负责人可以从轻或者减轻处罚,但是如果有部分相关负责人没有自首情节或者不配合交代罪行的,可以不适用从轻或减轻处罚;在实行双罚制的单位犯罪中,从轻或减轻情节应该同时适用于单位和单位中的自然人,但自然人没有自首情节或拒不交代罪行的除外。

三、立功与单位犯罪刑事责任

立功分为立功和重大立功。我国刑法典第68条规定:"犯罪分子有揭发他人犯罪行为,查证属实的,或者提供重要线索,从而得以侦破其他案件等立功表现的,可以从轻或者减轻处罚;有重大立功表现的,可以减轻或者免除处罚。"最高人民法院《关于处理自首和立功具体应用法律若干问题的解释》规定:"犯罪分子有检举、揭发他人重大犯罪行为,经查证属实;提供侦破其他重大案件的重要线索,经查证属实;阻止他人重大犯罪活动;协助司法机关抓捕其他重大犯罪嫌疑人(包括同案犯);对国家和社会有其他重大贡献等表现的,应当认定为有重大立功表现。"

关于单位犯罪是否能构成立功的问题,我国刑法学界也存在争论,但本书认为,单位犯罪是可以构成立功的,主要理由是:(1)单位是实施犯罪的主体,符合立功的主体要件;(2)对构成立功的单位从轻处罚,一方面能够鼓励犯罪分子积极悔过,另一方面有利于打击犯罪、维护社会的和谐与稳定;(3)承认单位犯罪构成立功符合法律面前人人平等的刑法基本原则。

对于单位犯罪立功的认定,具体表现为单位集体决定的立功和直接负责的主管人员的立功。对于直接负责的主管人员的立功,若能够得到犯罪单位的积极配合和协助,对该单位也可以认定为单位立功。

第十五章

犯罪形态(IV)：一罪与数罪

一罪与数罪也称单复数罪，是犯罪形态的一个核心内容，也是刑法理论与实践的一个重点难点问题，其实质是正确地划分一罪与数罪的基本标准或界限。确定罪数形态不仅对定罪具有重要意义，最终也决定着量刑的轻重、公平与公正。

第一节 一罪与数罪概述

之所以存在一罪与数罪问题，是因为犯罪人的行为有时只触犯一个罪名，而有时会触犯数个罪名。对于一个行为触犯数个罪名的情形，究竟是将所触犯的罪名逐一进行并罚，还是依据一个标准选择其中一个罪进行处罚，这就是刑法中数罪竞合理论需要解决的问题，也称之为一罪与数罪。行为人触犯数罪的"数罪竞合"与数人参与同一犯罪的"数人竞合"，恰好形成一种对比，因此可称之为一种特殊的犯罪样态。因此，数罪竞合在刑法理论上的定位是犯罪论与刑事责任论的交界或衔接之处。[①] 正因为如此，一罪与数罪也是刑法理论中的核心，有必要进行深入研究。

一、一罪与数罪的界定及其意义

众所周知，一罪是指一个犯罪，数罪是指数个犯罪，刑法分则的犯罪成立要件通常是以一人实行一个犯罪为基本原型进行设计的，但在犯罪认定中，被告人的行为究竟是成立一罪还是数罪，情况非常复杂，会产生定罪认识上的争论与分歧。因此，研究一罪与数罪问题，不仅具有刑法学上的理论意义，而且具有十分重要的刑事司法实践意义。具体而言：

1. 有利于更加准确地定罪

在刑事司法的定罪过程中，不仅需要认定行为人的行为是否成立犯罪以及成立何种具体罪名，还必须判明行为人实施的行为成立一个罪名还是数个罪名。如果没有正确地

[①] Claus Roxin, Strafrecht Allgemeiner Teil, Band II, C. H. Beck, 2003, §33 Rn. 6.转引自李晓明、李洪欣、陈珊珊：《中国刑法基本原理》（第4版），法律出版社2013年版，第498—499页。

区分一罪与罪数,显然定罪就不可能准确,也就不能最终确定是单一处罚还是数罪并罚。另外,即便是一罪也要考虑应该定哪个罪。总之,刑事司法实践中的定罪是以犯罪事实为根据的,而行为人犯有一罪还是数罪以及犯何罪等都是最基本的犯罪事实,因此,必须明确地予以认定。

2. 有利于更加合理地量刑

刑事责任的追究以犯罪为前提,刑事责任的大小是与法益的侵害程度及其情节轻重相关联,即罪刑相适应。也就是说,对一罪只能一罚,而对数罪应当并罚。因此,在刑事司法实践中,如果将一罪认定为数罪,必然导致加重对行为人的刑事责任;相反,将数罪认定为一罪,也就使得行为人逃避了对其刑事责任的追究。因此,一罪与数罪认定上的混乱,必然造成刑事责任的畸重畸轻现象,最终导致刑事司法不公正。总之,只有正确地区分了一罪与数罪,以及明确认定为何罪,才能真正做到准确定罪和量刑。

正确区分一罪与数罪,除影响定罪和量刑外,还可能影响到刑法的空间效力、时间效力、追诉时效等制度的正确适用。因此,为保持良好的刑事司法环境,以及保障刑事诉讼程序的顺利进行,必须高度重视一罪与数罪的区分和认定,坚持准确定罪和公正量刑。

二、区分一罪与数罪的一般标准

通常情况下,如果行为人的行为符合一个犯罪的犯罪成立要件,那么只能依照刑法分则有关该犯罪的规定定罪和量刑。但是,如果行为人的行为符合数个犯罪的犯罪成立要件,那么需要依照刑法分则有关这数个犯罪的规定分别定罪和量刑,并按照数罪并罚原则对行为人进行处罚。然而,如果一个人的一个行为同时触犯了数个罪名,或者虽然是数个行为触犯了数个罪名,但这些罪名之间具有一种"特殊"的关联关系,则需要根据法律规定或者犯罪成立理论明确这些罪名间的相互关系,最终确定是一罪还是数罪的问题。这就需要确立划分一罪与数罪的具体标准。中外刑法理论界对于区分一罪与数罪的标准有不同观点。

(一) 法益标准说

法益标准说也称为结果标准说,该说认为,犯罪在实质上就是侵害了刑法所保护的利益,而刑法追究犯罪人刑事责任的根据也就在于犯罪人的行为侵害了刑法的法益。因此,应以行为人侵害刑法法益的个数作为判断一罪、数罪或何种罪的标准。在对法益的确定中,又因法益的性质不同而区分一罪与数罪:(1) 个人专属法益。这也称为人格法益,即个人的生命、身体、名誉、自由等与人身权益紧密不可分的法益。侵犯个人专属法益的,以法益所有人计算一罪与数罪。(2) 个人非专属法益。这也称为财产法益,不以法益所有权的个数为标准。侵犯个人非专属法益的,以侵犯财产监督权的个数来计算一罪与数罪。(3) 国家、社会法益。这也称为公共法益,即国家、政府及其权力、社会秩序、社会风尚等不属于个人的法益。侵犯公共法益的,由于是一个公共法益,故只成立一罪。①

(二) 行为标准说

行为标准说认为,行为才是一个犯罪得以成立的客观存在的事实,仅有犯意而无行为不成立犯罪。也就是说,必须是先有行为才有可能发生法益侵害的后果,包括刑法分则的各个罪名都是针对具体犯罪行为所作出的各种规定。因此,该学说认为,区分一罪与数罪应该以犯罪行为的个数为标准,即一个行为是一罪,数个行为就是数罪。行为标准说又可分为自然行为说和法律行为说,前者以生理上的自然动作作为一罪与数罪的标准,后者是以法律观念上的行为作为一罪与数罪的标准。在司法实践中,这两种学说在具体适用上会产生很大的冲突,事实上是自然的数个行为或许在法律上仅仅是一个行为。所以,事实上的一行为在法律上也视为一行为的,成立一罪;事实上的数个行为法律上视为一行为的,成立一罪,法律上视为数个行为的,成立数罪。

(三) 罪过标准说

罪过标准说也称为犯意标准说,该说认为,犯罪行为是在犯意支配下实施的,是犯意的外部表现。从某种程度上讲,行为人实施犯罪行为是为了实现其一定的犯罪意图,而犯罪行为只是达到其犯意的一种手段,犯罪结果也是其犯意追求的一种目标。这里的"犯意"不仅包括故意,也包括过失。因此,区分一罪与数罪应当以犯意的数量为标准,具有一个犯意的为一罪,具有数个犯意的为数罪。如想象竞合犯、牵连犯、连续犯等虽然都有数个行为,但由于其是基于一个犯意,因而都是一罪。

(四) 犯罪成立标准说

该说认为,犯罪是符合犯罪成立要件的行为,区分一罪与数罪应当以犯罪成立的数量为标准。行为符合一个犯罪成立的,成立一罪;行为符合数个犯罪成立要件的,是数罪,但行为不具备犯罪成立要件的,就不成立犯罪。但是,根据犯罪成立的基本原理,一个行为只能成立一个犯罪,而不能成立数个犯罪。也就是说,一个行为只能为一个犯罪成立所使用,而不能为两个犯罪成立所使用。所以,判断一个行为是一罪还是数罪,虽然是以犯罪成立要件事实的数量为犯罪数量的,但不允许对同一个犯罪成立进行重复评价。

(五) 法定标准说

法定标准说也称为法规标准说,该说认为,应当以犯罪行为触犯刑法罪名条文的个数作为判断一罪与数罪的标准。也就是说,一罪与数罪的区别关键是根据行为人实施犯罪行为所触犯的刑法所规定的罪名个数来确定。当行为人一次或两次以上的行为触犯一个罪名或同一罪名的,成立一罪;当行为人两次以上的行为触犯两个以上的独立罪名的,成立数罪。这一标准主要解决的是两个以上行为定一罪还是数罪的问题,因为一个行为触犯一个罪名只能定一罪。另外,如果刑法对一个行为或数个行为所触犯的罪名有明确的规定,那么就必须按照刑法规定的罪名定罪量刑,这也是法定标准的应有之义或应当解决

---

① 李晓明、李洪欣、陈珊珊:《中国刑法基本原理》(第4版),法律出版社2013年版,第500页。

的问题。

除了以上五种学说外,还有因果关系标准说和不同分类个别进行说等观点。因果关系标准说认为,应以犯罪成立中因果关系的个数来决定犯罪的个数,这是因为犯罪行为与侵害结果之间的因果关系是犯罪成立不可缺少的重要因素。一般认为,有一个因果关系的为一罪,有数个因果关系的为数罪;虽然有数个行为或数个结果,但只有一个因果关系的,也只能成立一罪。不同分类个别进行说认为,在罪数中也有许多不同的分类,用某个单一标准对所有种类的罪数进行区分极为困难,也难以做到,故应当根据不同的种类采取不同的区分标准,从而认定究竟是一罪还是数罪。例如,在区分是否单纯一罪时,应以犯罪成立标准说来判断一罪与数罪;在连续犯、吸收犯的情况下,应结合行为标准说和法益标准说来判断一罪与数罪;在想象竞合犯、牵连犯的情况下,应以行为标准说来判断一罪与数罪。

由此可见,上述标准都有其合理性,但也都存在局限,甚至在一定程度上存在冲突和争论。一般认为,犯罪是主客观相统一的违反刑法的行为,所以通说更加倾向于以主客观相统一的标准来判定一罪与数罪,即行为人的行为成立了一次犯罪的即是一罪,成立了数次犯罪的即是数罪,这也是我国罪数形态理论的通说。然而,犯罪成立标准只是为区分一罪与数罪提供了一个基本框架,犯罪形态的罪数是一个极其复杂的问题,并非一个"万能"的标准。因此,在使用犯罪成立标准的基础上,结合法律规定和各种犯罪形态的实际情况,加之其他标准的适用,从而对某一行为成立一罪还是数罪作出具体评价。

三、一罪与数罪的主要分类

一罪与数罪的分类是一个十分复杂的问题,基于不同的理论观点、司法实践和分类方式,世界各国对一罪和数罪的再分类存在不同的主张。法国学者在理论上承认实在竞合、观念竞合、连续犯、继续犯、集合犯的概念,除实在竞合数罪外,其余都视为一罪。意大利学者将罪数形态分为实在竞合、观念竞合、法条竞合与连续犯,观念竞合仍被认为是数罪。在日本,对于一罪的分类有三种不同的方法:(1) 二分法,即分为单纯一罪与处断一罪;(2) 三分法,即分为单纯一罪、包括一罪、处断一罪;(3) 四分法,即将一罪分为单纯一罪、特种一罪(吸收犯、结合犯、继续犯)、处断上的一罪(想象竞合犯、连续犯、牵连犯)和包括的一罪(常业犯、惯犯)。[①] 这些分类方法对于我国一罪与数罪的理论研究均具有十分重要的借鉴意义。目前,我国刑法典对一罪与数罪分别进行分类。

(一)关于一罪的分类

所谓一罪,是指一个犯罪。目前,对一罪的分类我国代表性的观点主要有:(1) 二分法,即将一罪分为单纯的一罪和理论的一罪,或者分为单纯的一罪、处断的一罪。[②] (2) 三

[①] 李晓明、李洪欣、陈珊珊:《中国刑法基本原理》(第4版),法律出版社2013年版,第502页。
[②] 顾肖荣:《刑法中的一罪与数罪问题》,学林出版社1986年版,第11页。

分法,即将一罪分为一行为在刑法上规定为一罪和处理时作为一罪的情况,数行为在刑法上规定为一罪和数行为在处理时作为一罪的情况①,或者分为典型一罪、典型数罪、罪数不典型(即不典型的一罪或数罪)②,或者分为单纯一罪、实质一罪、裁判上的一罪。③ 而我国刑法通说认为,一罪可分为实质的一罪、法定的一罪、处断的一罪。不可否认的是,在刑法理论中,一罪的分类至今还是一个尚未圆满解决的难题。即使是我国刑法通说的分类也存在一定的缺陷,如有的牵连犯原则上作为处断的一罪,但有的刑法条文中却规定以数罪论处。所以,在理论上对一罪进行分类,只是为了在理论上掌握一定的一罪判断原则。在司法实践中,不能仅根据理论上的原则来处理,而应当根据刑法典的具体规定处理。

根据我国刑法理论通说,本书将在一罪认定中重点分析三类:(1)实质的一罪。这是指一个犯罪行为形式上具有某些数罪特征,但刑法规定为一罪或者处理时作为一罪的情况,如继续犯、想象竞合犯、结果加重犯等。(2)法定的一罪。这是指数个犯罪行为本来可以成立数罪,但刑法将其规定为一罪的情形,如结合犯、惯犯、转化犯等。(3)处断的一罪。这是指行为人实施数个犯罪行为,而且具备数个犯罪成立要件,但按照司法习惯只作为一罪处分的情况,如连续犯、吸收犯、牵连犯等。

(二)关于数罪的分类

所谓数罪,是指数个犯罪。如上所述,其实罪数的种类包括一罪的种类与数罪的种类。我国刑法理论对数罪通常有四种分类方法:

(1)依照行为人符合数个犯罪成立要件的个数为标准,可以分为实质的数罪与想象的数罪。实质的数罪是指行为人实施数个行为,并符合数个犯罪成立要件,最终触犯了数个独立的罪名。想象的数罪是指行为人实施一个行为,但符合数个犯罪成立要件,并最终触犯了数个独立的罪名。

(2)依照行为人的数个行为符合数个犯罪成立要件的性质是否相同为标准,可以分为异种数罪与同种数罪。异种数罪是指行为人出于数个不同的犯意,并实施数个行为,符合数个性质不同的基本犯罪成立要件,最终触犯数个不同罪名的犯罪。同种数罪是指行为人出于数个相同的犯意,并实施数个行为,符合数个性质相同的基本犯罪成立要件,最终触犯数个罪名相同的犯罪。

(3)依照数个犯罪是否并罚为标准,可以分为并罚的数罪和非并罚的数罪。并罚的数罪是指依照法律规定应当予以并罚的实质数罪。非并罚的数罪是指不必予以并罚,而应对其适用相应处断原则的实质数罪。

(4)依照判决生效前后为标准,可以分为判决宣告前的数罪与刑罚执行期间的数罪。刑罚执行期间的数罪又具体包括两种情形:一是因犯罪受刑罚执行,在刑罚执行期间发现漏罪而成立的数罪;二是因犯罪受刑罚执行,在刑罚执行期间又犯新罪而成立的数罪。

---

① 高铭暄、马克昌主编:《中国刑法学》,中国人民大学出版社1989年版,第210—225页。
② 杨春洗、杨敦先主编:《中国刑法论》,北京大学出版社1994年版,第144—158页。
③ 马克昌:《犯罪通论》,武汉大学出版社1991年版,第592—593页。

根据我国刑法理论通说,本书将在数罪认定中重点讨论异种数罪与同种数罪,并在此基础上认真研究与数罪认定有关的几个综合问题。

第二节 一罪的认定

我国刑法理论通说将一罪具体划分为实质的一罪、法定的一罪和处断的一罪三类。

一、实质的一罪

所谓实质的一罪,是指从本质上判断这种犯罪只有一个行为,侵害了一个法益,实质上就是一个犯罪,不可能也不应当被评价为数罪。[①] 实质的一罪主要包括继续犯、想象竞合犯、结果加重犯。但是,由于有些实质的一罪行为的持续性或法条的包容交叉关系导致其在罪数认定上有难度,所以不再研究。严格地讲,单一犯罪也属于实质的一罪,然而,单一犯罪明显只构成一罪,故不再单列。

(一)继续犯

1. 继续犯的定义和特征

继续犯又称为持续犯,是指一个已经实现犯罪既遂的行为,在既遂后的相当时间里持续侵犯同一或相同法益的犯罪形态。也就是说,这是一种行为从着手实行到由于某种原因终止以前一直处于持续状态的犯罪。这种犯罪行为在犯罪状态没有改变以前,始终处于持续状态。然而,不论其持续多久,在理论与司法实践中仍然是一罪的犯罪状态。例如,非法拘禁罪就是一种典型的继续犯,即行为人从着手实施犯罪到犯罪结束,始终处于非法剥夺他人人身自由的行为持续状态。此外,窝藏罪、非法持有、私藏枪支、弹药罪等也都是典型的继续犯。

继续犯的特征包括:(1)必须是一个主客观相统一的犯罪行为,且主观方面是直接故意。行为人在主观方面具有支配行为的犯意,而且是出于直接故意。间接故意或者过失不能成为继续犯的主观方面因素,因为间接故意犯罪、过失犯罪通常都以发生特定危害结果为成立条件,而继续犯并不追求危害结果的发生。在客观方面无论行为持续多长时间都是同一个犯罪行为,不会因行为的持续、行为地的转移等而成立数个犯罪。(2)必须是犯罪行为与不法状态同时持续存在,而不仅仅是不法状态的持续。也就是说,继续犯是犯罪达到既遂之后,犯罪行为与不法状态均在持续进行中。一方面,继续犯的不法行为始终在一定的时间内持续,持续时间的长短不影响继续犯的成立,但瞬时性的行为不可能构成继续犯。另一方面,由于犯罪实行行为导致的法益受到侵害的状态必须从未间断,即从开始到结束一直处于持续状态,所以,犯罪行为与不法状态同时处于持续之中,二者缺一不可。(3)必须侵犯的是同一法益,而且继续犯是持续地作用于同一个对象。继续犯的犯

---

① 李晓明、李洪欣、陈珊珊:《中国刑法基本原理》(第4版),法律出版社2013年版,第504页。

罪行为自始至终侵犯的是同一法益。如果数行为侵犯同一法益,或者一行为侵犯数种法益,则不是继续犯。此外,继续犯必须是持续地作用于同一对象,如果作用的对象不同,且不是出于同一个概括的故意,则不是继续犯。

2. 继续犯与状态犯的区别

所谓状态犯,是指犯罪达到既遂后,其行为所造成的不法状态仍然处于持续之中的犯罪状态。刑法学界有学者对状态犯持否定态度,认为状态犯仅指不法状态继续这种情形,而此情形应属于事后的不可罚行为。就如幻觉犯,虽然状态犯中也有"犯"字,但并不是一种犯罪形态,而是一种事后行为。本书认为,状态犯可分为两部分,即本罪行为与不法状态,这两部分是紧密关联的,缺一不可的。本罪行为造成了不法状态的发生,不法状态是本罪行为对法益侵害状态的延续。由此可见,继续犯和状态犯都存在不法状态的继续,这是两者的相似之处。而继续犯和状态犯的区别主要表现在:(1)在不法状态的发生和存在时间上,继续犯中的不法状态始于犯罪行为实行,终至犯罪行为的终止,发生和存在于整个犯罪过程中。状态犯中的不法状态始于本罪终止以后,而继续存在的时间长短具有不确定性。(2)在不法状态的形式上,继续犯中除了包括不法状态的继续,还包括犯罪行为的继续,是犯罪行为与不法状态同时继续。状态犯则没有犯罪行为的继续,只有不法状态的继续,是不法状态的单项继续。(3)在不法状态继续的内容上,继续犯中的不法状态自始至终是伴随犯罪行为而继续,中间没有其他行为的介入。如果有其他行为的介入,构成犯罪的,应按数罪实行并罚。在状态犯的不法状态继续过程中,往往有事后不可罚行为的介入。所谓事后不可罚行为,是指一种犯罪达于既遂后,不法状态仍然继续存在,其持续不法状态的行为不予单独处罚。如行为人盗窃既遂后的窝藏赃物行为、贩卖赃物行为、毁坏赃物行为等,都属于事后不可罚行为。这种事后行为之所以不予单独处罚,是因为行为人实施盗窃行为窃得财物之后,对赃物的非法使用、支配和占有乃是盗窃罪的题中应有之义,不宜对窝赃、销赃、毁坏财物行为另行处罚,应按盗窃罪一罪处理。

3. 继续犯的处罚

在我国刑法分则中,有专条规定继续犯,其属于实质的一罪中法律规定为一罪的情况,而且有相应的法定刑,如虐待罪、遗弃罪、非法拘禁罪等。继续犯的行为终了时间与既遂时间有时候并不相同,因此,在继续犯的行为持续期间内参与犯罪的,可以成立共同正犯或帮助犯。根据我国刑法典第89条的规定,对继续犯的追诉期限从犯罪终了之日起计算,这也进一步说明对继续犯只能以一罪论处。[①] 另外,由于持续行为仅针对同一对象并侵犯同一法益,虽然不论其持续时间长短均应以一罪论处,但犯罪行为与不法状态继续的时间长短可以在量刑时予以酌情考虑。

---

① 张明楷:《刑法学》(第4版),法律出版社2011年版,第417页。

(二) 想象竞合犯

1. 想象竞合犯的定义和特征

想象竞合犯也称为观念竞合犯或想象的数罪,是指出于一个故意或过失实施一个犯罪行为,同时触犯数个罪名的犯罪形态。例如,甲欲开枪杀乙,结果导致乙死亡的同时,还致使丙重伤。甲的开枪行为就同时触犯故意杀人罪与故意伤害罪。又如,甲欲毁损乙的豪华轿车,用球棒击打乙的车窗玻璃,结果玻璃碎片导致乙死亡的同时,还致使丙重伤。甲的毁损行为就有可能同时触犯故意毁坏财物罪、过失致人死亡罪和过失致人重伤罪。我国刑法典中没有明确规定想象竞合犯,但在刑法理论上一直是予以承认的,司法实践也接受之。

想象竞合犯的特征包括:(1) 行为人只实施了一个犯罪行为。想象竞合犯的一个犯罪行为可以是故意行为,也可以是一个过失行为。出于一个故意而实施犯罪,因同一行为过失地造成另一犯罪结果,也只是一个行为。由于想象竞合犯只是实施了一个行为,如果触犯同种罪名,其实质还是一罪。(2) 行为人的一个行为必须同时触犯了数个罪名。所谓触犯数个罪名,是指一个行为同时在外观上或形式上符合刑法规定的数个犯罪的特征。而一个行为之所以能触犯数罪名,就是因为该行为具有多重属性或造成了多个结果。至于触犯的是同种罪名还是异种罪名,在刑法学界存在争论。一种学说认为只能触犯不同罪名,另一种学说认为既可以触犯不同罪名(异种类的想象竞合犯),也可以触犯相同罪名(同种类的想象竞合犯)。本书认为,一个行为触犯数个同种罪名,虽然造成了数个结果,侵犯了不同的法益,但是还是一个行为,在定罪上还是一个罪名,不存在想象竞合犯"择一重罪处罚"的必要,故认定同种数罪成立想象竞合犯并无意义。

关于想象竞合犯的定性及其本质,刑法理论包括实质的数罪竞合说与想象的数罪竞合说。实质的数罪竞合说认为,想象竞合犯实质上是数罪,只是在法律上作为一罪处理而已,因为行为人出于一个或数个罪过,虽然只实施了一个罪行,但产生了数个侵害结果,触犯了数个罪名。如果这个行为与结果分别联系,就可以构成数个犯罪。想象的数罪竞合说认为,想象竞合犯只是形式上、想象上的数罪,实质上还是一罪,因为行为成立一罪还是数罪,关键在于犯罪成立要件的成立次数。想象竞合犯虽有数个结果,但行为只有一个,不能对一个行为进行重复评价,故只成立一罪。本书认为,遵循刑法中"禁止一行为重复评价"的原则,想象竞合犯只是观念上的数罪,实质上的一罪。

2. 想象竞合犯与法条竞合犯的区别

所谓法条竞合犯,是指一个犯罪行为同时触犯数个具有包容关系的法律条文的情况。想象竞合犯与法条竞合犯相似之处就在于,它们都是一个犯罪行为同时触犯数个法律条文而发生竞合,都属于一罪的范畴。但是,有学者认为:"法条竞合犯与想像竞合犯的区分标准,是刑法理论尚未完全解决的问题。"[①]也有学者认为,法条竞合与想像竞合的差异是

---

① 张明楷:《刑法分则的解释原理》,中国人民大学出版社 2004 年版,第 284 页。

一种表象,主张不必区分。① 本书认为,法条竞合是一种立法现象的评价,想象竞合是一种行为样态的判断,因此仍遵循通说对两者加以区别。想象竞合犯与法条竞合犯主要区别包括:(1) 就犯罪的性质而言,虽然两者都是一罪,但想象竞合是一个行为,外观上触犯数个罪名,犯罪本身是形式上的数罪;而法条竞合,是一个犯罪行为,犯罪自身是单纯的一罪。(2) 在行为与结果的关系上,想象竞合犯是一行为导致数个结果,造成数罪名的竞合;法条竞合是一个行为造成一个后果,只是在适用的法规上存在竞合。(3) 在条文竞合的关系上,想象竞合犯所触犯的法律条文之间并无内容上的包容关系,而法条竞合犯触犯的法律条文之间有内容上的包容关系。(4) 在处理的原则上,想象竞合犯从一重罪处罚,而法条竞合犯是单纯的一罪,只能按照特别法优于普通法或者重法优于轻法的原则处理。

3. 想象竞合犯的处罚

对于想象竞合犯的处罚,我国刑法典没有作出明文规定,但我国刑法理论和司法实践都认为应采取"从一重罪处罚"的原则,即按一行为所同时触犯的数个罪名中处罚较重的一个罪适用刑罚。近年来,随着对想象竞合犯理论的深入研究,有学者进一步深化了"从一重罪处罚"原则的含义,认为除按数罪名中较重的一个罪定罪外,还应在该罪的法定刑的量刑幅度内,选择判处与最重之罪的情节和侵害程度相应的刑罚,同时将所触犯的其他轻罪作为量刑的情节考虑。

(三) 结果加重犯

1. 结果加重犯的定义和特征

结果加重犯又称为加重结果犯,是指故意实施刑法规定的一个基本犯罪行为,发生了基本犯罪结果以外的加重结果,刑法对加重结果规定了加重的法定刑的犯罪形态。简言之,结果加重犯的加重结果是由法律规定的、超出基本犯罪罪质范围的结果。结果加重犯的加重结果是相对于基本犯罪的犯罪结果而言的,可以是重合的关系,也可以是非重合的关系,即当加重结果包含基本结果时(如故意伤害致人死亡),基本结果与加重结果是重合关系;而当加重结果独立于基本结果时(如抢劫致人死亡),基本结果与加重结果是非重合关系。

在我国刑法中,结果加重犯的基本结构是:基本的犯罪成立要件+加重结果+重于基本犯罪的加重法定刑。由此可见,结果加重犯是一种特殊的犯罪形态,它包含了基本的和加重的两个部分。但就本质而言,结果加重犯还是一罪,而非数罪,它不是两个罪的简单复合,也不是单纯的一罪,而是由于法律的规定,使得一个犯罪行为造成了加重的结果而规定为一罪,所以结果加重犯应是法定的一罪。虽然由于犯罪结果的变化造成了法律规定上对法定刑的升格,但犯罪行为还是一个,所以罪数上也应是一罪。

结果加重犯的主要特征包括:(1) 行为人实施基本的犯罪行为,但造成了加重的后果,而且加重结果是刑法具体规定的,行为人在实施某种基本犯罪行为时发生的基本犯罪

---

① 陈洪兵:《不必严格区分法条竞合与想像竞合:大竞合论之提倡》,载《清华法学》2012年第1期。

成立以外的重结果。基本犯罪行为与加重结果之间具有因果关系,加重结果虽然在基本的犯罪行为以外发生,但又和基本的犯罪行为紧密联系,具有客观上的因果性和依附性。(2)行为人基本犯罪的罪过必须是故意。我国刑法学界普遍认为,过失实施基本犯罪行为的不成立结果加重犯。而且,根据我国刑法典的相关规定,结果加重犯的基本犯罪行为只能是故意,如强奸致人重伤、死亡,抢劫致人重伤、死亡等。但是,在国外的刑法典中,有的规定了结果加重犯的基本犯罪行为可以由过失成立,如《德国刑法典》第309条失火致人死亡罪和第314条过失溢水致死罪等。(3)行为人在对加重结果的罪过至少是过失。行为人对加重结果如果连过失都不存在时,则对加重结果不负责任,因而也不成立结果加重犯。至于行为人对加重结果持故意态度时,能否成立结果加重犯,刑法学界尚存在争论。一般认为,在有的结果加重犯中,行为人对加重结果只能是过失,如故意伤害致死罪,行为人对死者的死亡只能是过失的态度,如果持故意则构成故意杀人罪,而不是故意伤害罪的结果加重犯。在有的结果加重犯中,行为人对加重结果既可以是过失,也可以是故意,如放火致人重伤、死亡的,属于结果加重犯,行为人对重伤、死亡结果既可以是过失,也可以是故意。这需要根据犯罪的性质以及法定刑与犯罪之间的关系进行具体分析。(4)刑法规定了比基本犯罪较重的法定刑。加重的法定刑,是相对于基本犯罪的法定刑而言的,即结果加重犯的法定刑要重于基本犯的法定刑。如果刑法没有加重法定刑,结果再严重也不成立结果加重犯。关于较重的法定刑有两种不同的方式:一是刑法规定从重处罚,二是刑法规定更高的法定刑。而在我国刑法典中,大都采用第二种方式,这显示我国打击犯罪的决心和惩治力度。

2. 结果加重犯的处罚

根据我国刑法典的规定,结果加重犯不构成新的罪名,定罪时仍以基本犯罪的罪名定性;量刑时适用刑法规定对结果加重犯加重处罚的条款,而不适用基本犯罪的处刑。

二、法定的一罪

所谓法定的一罪,是指原本数行为可能会成立数罪,但刑法将其规定为一罪的情况,主要包括结合犯、集合犯和转化犯等。

(一)结合犯

1. 结合犯的定义和特征

结合犯是指数个原本独立的犯罪行为,根据刑法的明文规定,被合并为另一种新的独立罪名的犯罪形态。如上所述,我国刑法典中没有结合犯的规定,但司法实践中不可避免地遇到了结合犯的情况。如以杀人手段抢劫的或者在抢劫过程中杀人的情况,完全可以在刑法中规定成抢劫杀人罪。但我国对此问题的处理是通过司法解释予以解决:"行为人为劫取财物而预谋故意杀人,或者在劫取财物过程中,为制服被害人反抗而故意杀人的,以抢劫罪定罪处罚。""行为人实施抢劫后,为灭口而故意杀人的,以抢劫罪和故意杀人罪定罪,实行数罪并罚。"①《日本刑法典》有抢劫杀人罪的规定,而且,《日本刑法典》第 241 条还规定了"强盗强奸、强盗强奸致死罪":"犯强盗罪,而又强奸妇女的,处无期或 7 年以上惩役。因而致妇女于死的,处死刑或无期惩役。"由此可见,结合犯分为两个部分,即原罪与新罪,其中,原罪是结合要素,新罪是合成产物。"作为结合要素的原罪须是两个以上本各自独立的犯罪行为,这是结合犯与想象竞合犯的重要区别;作为合成物的新罪必须有刑法的明文规定,这是结合犯与牵连犯的重要区别。"②

结合犯的特征表现在:(1) 结合犯所结合的数罪必须是刑法规定的数个原本独立的罪名。所谓独立罪名,是指不依附于其他任何罪名,而各自独立符合犯罪成立要件行为的罪名。当然,数个独立罪名必须是数个不同的犯罪,而不是数个相同的犯罪。如上述《日本刑法典》中的抢劫杀人罪、强奸杀人罪,结合的均是数个不同犯罪之间的罪名。(2) 结合犯是将数个原本独立的犯罪结合成另一个新的独立犯罪,用公式来表示就是:甲罪＋乙罪＝丙罪,丙罪便是结合犯。如果刑法将数个独立的犯罪结合成为其中的一个罪,则不是结合犯。例如,绑架并杀害他人的,刑法仍然规定按绑架罪论处,故不属于结合犯。(3) 数个原本独立的犯罪被结合为另一个独立的新罪后,数个原罪则失去了原有的独立犯罪的意义,成为新罪的一部分。如抢劫杀人罪、抢劫强奸罪、强奸杀人罪等结合犯,均是数个不同犯罪结合而成的新罪名,而不是原来数罪的罪名。(4) 数个原本独立的犯罪结合成为另一个独立犯罪,必须是基于刑法的明文规定。刑法之所以将数个原本独立的罪名规定为一个独立的新罪名,是由于原本独立的数罪名之间,或者存在时空上的密切联系而容易同时发生,或者数罪的实施条件相同而容易彼此相连。如果刑法没有明文规定,就不能任意将数个独立的犯罪结合为另一独立的新罪名。另外,结合犯的规定在较大程度上减少了罪名之间的争论,以及在认定罪名上的困难,从而节省了司法资源。

2. 结合犯与结果加重犯的区别

(1) 在原行为的数量上,结合犯是数个独立犯罪的结合,必须要有两个以上的犯罪行为;而结果加重犯只有一个犯罪行为,只是由于导致了加重的结果,才存在罪数形态的问题。这也导致在犯罪既遂与未遂问题上,结合犯存在犯罪未遂,而结果加重犯是以加重的结果作为成立的必要条件,所以,一般认为,结果加重犯不存在犯罪未遂。

(2) 在处罚方式上,结合犯是按结合而成的新罪定罪,按刑法的规定以新罪的法定刑或某个原罪的法定刑适用刑罚,而结果加重犯只能按照基本犯罪定罪,其加重后果只是提高法定刑的条件。

3. 结合犯的处罚

由于结合犯是将数个原本独立的犯罪组合成为另外一个独立的新罪,自然以所结合的犯罪一罪论处,而不能以数罪论处。但考虑到是两罪的结合,在处刑上或许会比各自单

---

① 最高人民法院《关于抢劫过程中故意杀人案件如何定罪问题的批复》。
② 参见高明暄主编:《新编中国刑法学》,中国人民大学出版社 1999 年版,第 259—260 页。

一的罪名要重。

(二)集合犯

1. 集合犯的定义和特征

集合犯是指行为人实施数次同目的和同行为的犯罪,但根据刑法的规定不作为数罪处理,而作为一罪处理的犯罪形态。也就是说,依照一定的犯罪意向反复实施同一种犯罪行为,依照刑法的规定仅成立一罪的犯罪。集合犯的特征主要包括:(1)在客观上实施了数个同种侵犯刑法法益的行为。数个同种行为或许均不独立成罪,但集合在一起就能成立犯罪,如以赌博为业者或许每次赌博并不独立成罪,但长期赌博的行为集合起来即成立赌博罪。在司法实践中,往往在一个罪名中有普通犯和集合犯的混同,如盗窃罪达不到犯罪数额的,一般要求盗窃三次以上才成立犯罪,但盗窃罪一次盗窃达到法定入罪数额或存在入室盗窃的情况等都不受次数的限制。(2)在主观上必须是实施了数次同种目的的犯罪。也就是说,行为人不是偶尔一次意图实施某种行为,而是数次实施同一种犯罪目的才能成立集合犯。如上所述,只是为了偶尔消遣、娱乐而进行赌博不成立赌博罪,只有行为人反复实施以赌博为目的的行为才能成立赌博罪,这才是真正的集合犯。(3)集合犯必须是刑法明文规定的犯罪。也就是说,只有在刑法将可能实施的数个同种行为规定为一罪的情况下,才可能成立集合犯。例如,在非法行医罪中,正是因为刑法典第336条有明确规定,所以,无论行为人实施多少次非法行医行为,都只成立一罪。

从数个同种行为成立一罪来看,集合犯与连续犯有相似性,但二者存在根本区别:集合犯是刑法明文规定的数次同种行为成立一罪,所以是法定的一罪;而连续犯是连续实施的数次同种行为均独立成罪,是数次犯罪但作为一罪处理,所以是处断的一罪。另外,从犯罪在时间上可能存在一定的过程来看,集合犯又与继续犯相近似,但二者也存在明显区别:集合犯是由数个同种的犯罪行为组成,并且行为之间存在一定时间的间隔,简言之,它是数个行为。而继续犯则是一行为处于不间断持续之中,简言之,它是一个行为。[1]

2. 集合犯的种类

理论上一般有两种分类方法:一种是将集合犯分为常习犯和营业犯两种,另一种是将集合犯分为常习犯、营业犯和职业犯三种。而我国刑法理论通说将集合犯分为常业犯和营业犯。

(1)常业犯

常业犯是指以一定行为为常业的集合型犯罪,即行为人多次实施同一种常态犯罪行为,而法律规定以反复多次实施同一种行为为成立要件的犯罪。如我国刑法典第303条规定的"以营利为目的,聚众赌博或者以赌博为业的……"就是常业犯。另外,常业犯与惯犯有一定的关联,我国1979年刑法典规定了"惯犯",但1997年刑法典没有规定。所谓惯犯,是指以某种犯罪为常业或者以犯罪所得为生活来源,或者犯罪已成习性,在较长时间

---

[1] 李晓明、李洪欣、陈珊珊:《中国刑法基本原理》(第4版),法律出版社2013年版,第513页。

内反复多次实施多种犯罪的情况。其中,以某种犯罪为常业或者以犯罪所得为主要生活来源的称为常业惯犯;犯罪已成习性,在较长时间内反复多次实施多种犯罪的称为常习惯犯。

(2) 营业犯

营业犯是指以营利为目的,通过营业手段(或反复一定行为)实施刑法所规定的犯罪。营业犯与常业犯的区别在于:对于常业犯而言,实施一次某种行为不成立犯罪,必须数次反复实施同一种行为才成立犯罪;而对于营业犯而言,通过营业手段实施一次某种行为即可能成立某种犯罪,但反复实施同一种行为,也仍然只成立该种犯罪。如刑法典第363条第1款的规定:"以牟利为目的,制作、复制、出版、贩卖、传播淫秽物品的,……"虽然制作、复制、出版、贩卖、传播一次淫秽物品的可能成立犯罪,但多次制作、复制、出版、贩卖、传播淫秽物品的仍只成立一罪,这就是典型的营业犯特征。

3. 集合犯的处罚

对于集合犯,根据我国刑法典的相关规定,不论行为人实施了多少次犯罪行为,都只能以一罪论处,而不能进行数罪并罚。例如,甲非法行医3年多,导致1人死亡、1人身体残疾,甲的行为既是常业犯,也是结果加重犯。[①]

(三) 转化犯

1. 转化犯的定义和特征

转化犯又称为犯罪转化,是指行为人在实施一个犯罪的过程中,由于发生了某种特定的原因或行为人行为的改变,使其犯罪行为符合了另一种犯罪的犯罪成立要件,从而依照刑法规定以新转化的罪定罪处刑的犯罪形态。如行为人在实施盗窃的过程中被事主发现,在搏斗中行为人抽出匕首威胁事主,从而行为人的行为由盗窃罪转化为抢劫罪。由此可见,犯罪转化是指具体犯罪行为性质间的转化,并不包括罪与非罪间的转化,也不包括重罪向轻罪的转化。犯罪转化的特征主要包括[②]:(1)犯罪转化的异质性。只有存在前后两个不同性质或罪名的犯罪,才能称为犯罪转化,转化前提是存在一定的犯罪行为。而转化的过程则是原犯罪行为向另一个完全不同性质的犯罪转变;对两个不同罪质的犯罪行为(本罪与转化罪),虽然罪质各异,但在犯罪成立要件上必须具有重合性和延展性。换言之,本罪的犯罪成立要件可以向转化罪的犯罪成立要件进行转化,转化罪的犯罪成立要件可以吸收、包含本罪的犯罪成立要件。犯罪成立要件或要素的重合性和延展性,是本罪转化为转化罪的法律条件。[③] (2)犯罪转化的原因性。本罪向转化罪的转变是事实存在的,之所以如此,是由于发生了某种法定原因才进行转化,转化原因的出现使得原犯罪行为在某些方面超出了本罪的成立要件,并使得对犯罪行为本身难以再用本罪的犯罪成立要件

---

① 选自2008年司法考试卷二第8题。
② 李晓明主编:《中国刑法基本原理》(第2版),法律出版社2007年版,第412页。
③ 肖中华:《论转化犯》,载《浙江社会科学》2000年第3期。

进行评价,只能进行罪行评价的变迁。① 犯罪转化原因,可以分为客观原因(或称法定原因)和主观原因(即犯意转化)两类。客观原因分为三种情况,即以特定结果、特定的行为方式以及特定行为和特定目的作为犯罪转化的条件;主观原因又可分为行为人在犯罪的预备行为与实行行为间犯意的转化、行为人在犯罪实施过程中犯意的改变以及过失转化为故意的犯意改变。②(3)转化在定罪量刑上的单一性。转化犯是实质上的数罪、法律规定以一罪论的罪数形态。③ 在犯罪转化中,行为人的主观罪过、犯罪的成立要件、行为成立的罪名、犯罪行为的法益侵害性等各方面都发生了变化,故应该按照转化后的犯罪定罪量刑。这是转化犯的结果特征。

2. 我国刑法典中的转化犯

在我国刑法典中,涉及转化犯的典型条文很多,主要包括以下情形:

(1)非法拘禁罪转化为故意伤害罪或故意杀人罪。我国刑法典第238条第2款规定:非法拘禁他人"使用暴力致人伤残、死亡的,依照本法第234条、第232条的规定定罪处罚"。据此,在非法拘禁中使用暴力致人伤残的,则转化为故意伤害罪,对行为人以故意伤害罪定罪处罚;使用暴力致人死亡的,则转化为故意杀人罪,对行为人以故意杀人罪定罪处罚。

(2)收买被拐卖的妇女、儿童罪转化为拐卖妇女、儿童罪。我国刑法典第241条第5款规定:"收买被拐卖的妇女、儿童又出卖的,依照本法第240条的规定定罪处罚。"据此,行为人在实施收买被拐卖的妇女、儿童(即便当时并不具有出卖的目的)后,又出卖妇女、儿童的,先前的收买被拐卖的妇女、儿童罪也就转化成为拐卖妇女、儿童罪。

(3)刑讯逼供罪或暴力取证罪转化成为故意伤害罪或故意杀人罪。我国刑法典第247条规定:司法工作人员对犯罪嫌疑人、被告人实行刑讯逼供或者使用暴力逼取证人证言"致人伤残、死亡的,依照本法第234条、第232的规定定罪从重处罚"。据此,致人伤残的,刑讯逼供罪或暴力取证罪就转化成为故意伤害罪,对行为人以故意伤害罪定罪从重处罚;致人死亡的,刑讯逼供罪或暴力取证罪就转化为故意杀人罪,对行为人以故意杀人罪定罪从重处罚。

(4)虐待被监管人罪转化为故意伤害罪或故意杀人罪。我国刑法典第248条规定:监狱、拘留所、看守所等监管机构的监管人员对被监管人进行殴打或者体罚虐待,"致人伤残、死亡的,依照本法第234条、第232条的规定定罪从重处罚"。据此,致人伤残的,虐待被监管人罪转化为故意伤害罪,对行为人以故意伤害罪定罪从重处罚;致人死亡的,虐待被监管人罪转化为故意杀人罪,对行为人以故意杀人罪定罪从重处罚。

(5)私自开拆或者隐匿、毁弃邮件、电报罪转化为盗窃罪。我国刑法典第253条第2款规定:邮政工作人员私自开拆或者隐匿、毁弃邮件、电报而"窃取财物的,依照本法第

---

① 强昌文、范德繁:《犯罪转化论要》,载《吉林大学社会科学学报》2002年第11期。
② 李晓明主编:《刑法学》(上),法律出版社2001年版,第564—566页。
③ 肖中华:《论转化犯》,载《浙江社会科学》2000年第3期。

264条的规定定罪从重处罚"。据此,不再以私自开拆或者隐匿、毁弃邮件、电报罪定罪处罚,而是转化为盗窃罪,对行为人以盗窃罪从重处罚。

(6)盗窃、诈骗、抢夺罪转化为抢劫罪。我国刑法典第269条规定,"犯盗窃、诈骗、抢夺罪,为窝藏赃物、抗拒抓捕或者毁灭罪证而当场使用暴力或者以暴力相威胁的,依照本法第263条的规定定罪处罚。据此,行为人为窝藏赃物、抗拒抓捕或者毁灭罪证而当场使用暴力或者以暴力相威胁的,盗窃、诈骗、抢夺罪转化为抢劫罪,对行为人以抢劫罪一罪定罪处罚。

(7)聚众斗殴罪转化为故意伤害罪杀人罪。我国刑法典第292条第2款规定:"聚众斗殴,致人重伤、死亡的,依照本法第234条、第232条的规定定罪处罚。"据此,聚众斗殴罪转化为故意伤害罪,对行为人以故意伤害罪定罪处罚;致人死亡的,聚众斗殴罪转化为故意杀人罪,对行为人以故意杀人罪定罪处罚。

3. 转化犯的处罚

对于转化犯,根据我国刑法典的明文规定,只能以新转化的犯罪一罪定罪处罚,而不能进行数罪并罚。

三、处断的一罪

处断的一罪是指数行为虽然符合数个犯罪成立要件或者几次符合同一个犯罪成立要件,但司法实践中只认定一罪的情形。处断的一罪主要包括吸收犯、牵连犯和连续犯。

(一)吸收犯

1. 吸收犯的定义和特征

吸收犯是指数个犯罪行为应该成立数罪,但最终被其中一个主要犯罪行为所吸收,从而仅成立一个吸收行为的犯罪形态。如私藏枪支的行为就被盗窃枪支的行为所吸收,仅成立盗窃枪支罪一罪;非法侵入他人住宅的行为被强奸妇女的行为所吸收,仅成立强奸妇女罪一罪,但入室强奸从重处罚;掩饰隐瞒犯罪所得行为被盗窃行为所吸收,仅成立盗窃罪一罪。吸收犯的特征主要包括:(1)具有数个独立的犯罪行为,而且每个行为都符合一个独立的犯罪成立要件,这是成立吸收犯的前提条件。(2)数个独立的犯罪行为必须触犯数个不同的罪名,数行为触犯同一罪名的不成立吸收犯。也就是说,吸收犯的数个行为都要求独立成罪,如果数行为中只触犯一个罪名,或者只有一个行为成立犯罪,其余都是违法行为,则也不能成立吸收犯。同时,吸收犯是数行为触犯数罪名,这也是吸收犯与想像竞合犯的重要区别。(3)数行为之间具有吸收关系,后行为是前行为发展的当然结果。这是吸收犯的核心特征。我国刑法理论通说对吸收关系的描述包括三种情形:一是重行为吸收轻行为;二是实行行为吸收预备行为;三是主行为吸收从行为。[①] 也有学者描述为:一是高度行为吸收低度行为,如运输毒品罪或者贩卖毒品罪吸收非法持有毒品罪;

[①] 高铭暄、马克昌主编:《刑法学》,北京大学出版社、高等教育出版社2011年版,第212—213页。

二是主行为吸收从行为,如盗窃罪吸收掩饰隐瞒犯罪所得罪。三是实行行为吸收非实行行为,如杀人的实行行为吸收其预备行为。① 也有学者提出两种情况:一是一般经验上的吸收关系,即依照一般经验法则,一罪是另一罪的当然实行方法或当然实行结果,前行为是后行为的当然发展阶段或者后行为是前行为的当然发展结果,如运输毒品以持有毒品为前提,运输毒品罪吸收持有毒品罪。二是法条内容上的吸收关系,即按照法律规定,一罪的犯罪成立为他罪所包括。② 甚至还有学者将吸收犯理解成狭义的包括的一罪,而不是处断的一罪。③

在司法实践中,重行为吸收轻行为、主行为吸收从行为等情形较多。所谓重行为吸收轻行为,是指罪质重、危害大、法定刑重的犯罪行为吸收罪质轻、危害小、法定刑轻的犯罪行为。④ 至于行为轻重,依照法定刑的轻重来区分,法定刑重者为重行为,法定刑轻者为轻行为。所谓主行为吸收从行为,是指犯罪中的主体或主要行为吸收附属或跟随的行为。如上所述,盗窃行为完成以后,必然附属掩饰、隐瞒犯罪所得的行为,即隐匿、窝藏赃物。至于实行行为吸收预备行为和主行为吸收从行为的情况,实践中均存在争议⑤,值得深入思考。

2. 吸收犯与牵连犯的区别

吸收犯与牵连犯都是数个行为,都成立数罪,而且理论上都不实行并罚。二者的不同之处主要表现在数个行为之间的相互关系不同:(1)牵连犯中数个行为之间是相互牵连的,而吸收犯中一行为是另一行为发展的所经阶段或者当然结果。(2)牵连犯中行为之间是平等的,而吸收犯中行为之间是轻重、主从和附随关系。

3. 吸收犯的处罚

对于吸收犯,依照吸收行为所构成的犯罪处罚,不实行数罪并罚。而且吸收关系多表现为重行为吸收轻行为,因此一般而言对吸收犯以重罪论处,轻罪则被重罪吸收。所以,在我国司法实践中基本遵循处罚吸收罪名,而不处罚被吸收罪名的原则。

(二)牵连犯

1. 牵连犯的定义及特征

牵连犯是指为实施某种直接故意犯罪,其方法行为或结果行为又触犯其他罪名,因而导致两个罪名相互牵连的犯罪形态。牵连的方式主要表现在:一是手段行为与目的行为的牵连,如甲为了诈骗财物采取了伪造证件的方法,然而其分别触犯了伪造证件罪与诈骗罪两个罪名,而伪造证件的方法行为与为了诈骗的目的行为构成了牵连关系。二是原因行为与结果行为的牵连。如为防身而窃取枪支系原因行为,得逞后又伪造持枪证系结果

---

① 陈兴良著:《本体刑法学》,商务印书馆2001年版,第418—419页。
② 李晓明、李洪欣、陈珊珊:《中国刑法基本原理》(第4版),法律出版社2013年版,第520页。
③ 张明楷:《刑法学》(第4版),法律出版社2011年版,第432页。
④ 李晓明主编:《中国刑法总论》,清华大学出版社2013年版,第224页。
⑤ 张明楷:《刑法学》(第3版),法律出版社2011年版,第377—378页。

行为,因而成立盗窃枪支罪与伪造国家机关证件罪的牵连犯。其特征:

(1) 主观上必须是直接故意。因此,过失犯罪与间接故意犯罪不能成立牵连犯,因为它们没有犯罪的直接故意或目的。传统观点认为,牵连犯具有唯一目的性,也就是说具有两个以上犯罪目的时不成立牵连犯。① 现在看来这一主张不具有合理性,因为唯一目的性显然将牵连犯限制在目的犯中,这意味着只有目的犯才存在牵连犯。而事实上并非如此,除目的犯外,其他故意犯罪照样可以成立牵连犯。如伪造国家机关证件诈骗财物的人,既有伪造国家机关证件罪的故意,也有诈骗罪的故意,而前者并非目的犯。因此,把牵连犯的特征固定为直接故意较为合适,而且一般的牵连犯大都具有两个直接故意。

(2) 客观上实施两个以上的行为。而且,这两个以上的行为都必须独立成罪,两个以上行为如果有一个不能独立成罪,则不成立牵连犯。如窝藏自己所诈骗来的赃物行为,虽然诈骗罪独立成罪,但窝藏行为属于不可罚的事后附随行为,因此不能成立牵连犯,如上所述此乃吸收犯。也就是说,原因行为与结果行为,手段行为与目的行为,都必须是独立的犯罪行为。

(3) 两个以上行为之间必须存在牵连关系。可以说,这是牵连犯的本质特征。关于牵连关系的判断标准,刑法理论上存在主观说、客观说、折衷说等不同观点,②争论的核心在于这种牵连关系是一种客观上的联系还是应当包含主观上的关联。我们赞同以主观与客观的统一为标准,即以牵连意图为主观形式,以因果关系为客观内容组成一个有机统一的评价体系。③ 具体而言,从主观上看行为人是否为了一个最终的犯罪目的而实施方法行为或结果行为,即方法行为与结果行为是否是在最终目的的支配下实施的;从客观上看目的行为与方法行为、结果行为之间有无原因与结果的牵连关系。

关于牵连关系的判断,刑法理论上存在四种学说:一是客观说。该说认为,只要客观上两种行为之间具有手段行为与目的行为、原因行为与结果行为之间的关系,就具有牵连关系。二是主观说。该说认为,只要行为人主观上具有将某种行为作为手段行为或者作为结果行为进行牵连的意思,就存在牵连关系。三是折衷说。该说认为,只有行为人主观上具有牵连意思,客观上数行为具有手段与方法、原因与结果的关系的,才具有牵连关系。④ 四是类型说。该说认为,只有具有类型化的手段与目的、原因与结果的关系时,才存在牵连关系。从实质而言,类型说其实是一种客观说。⑤ 由此可见,牵连犯在司法实践中是一个极其复杂的关系,尚需要深入研究。

2. 学界对牵连犯和吸收犯关系的主张

牵连犯与吸收犯是罪数论中两个最易混淆的概念。如有学者认为,所谓的实行行为、

---

① 李晓明主编:《中国刑法基本原理》(第2版),法律出版社2007年版,第416页。
② 吴振兴:《罪数形态论》,中国检察出版社1996年版,第277页以下。
③ 陈兴良:《本体刑法学》,商务印书馆2001年版,第614—615页。
④ 吴振兴:《罪数形态论》,中国检察出版社2006年版,第289—290页。
⑤ 张明楷:《刑法学》(第4版),法律出版社2011年版,第439页。

主行为、从行为,目的行为、方法行为、结果行为等概念其实都是从不同标准做出的区分,换言之,目的行为难道不是主行为,如为诈骗而伪造国家机关公文的,诈骗行为既是目的行为也是主要行为。① 又如结果行为亦可以是从行为,比如盗窃他人提包,发现提包中有手枪和弹药然后加以隐藏,通说认为这是牵连犯,原因行为是盗窃,结果行为是私藏枪支弹药。② 然而,从吸收犯的角度讲,盗窃行为是主行为,私藏枪支弹药的行为是从行为,何尝又不可?所以,有学者认为,牵连犯与吸收犯的区别实在牵强,如果一定要在理论上加以区别的话,可否认为牵连犯中的两罪之间不存在当然关系,如为诈骗而伪造国家公文证件构成牵连犯,但伪造国家公文证件并不是诈骗当然的方法行为,为了诈骗完全有其他更多的方法行为可以选择,因此伪造国家公文证件的行为与诈骗行为并不具有当然联系。而吸收犯的两罪之间存在着一般生活经验上的当然关系,如非法制造枪支弹药罪与私藏枪支弹药罪,非法制造之后,私藏几乎是自然的结果,在一般生活经验上顺理成章。③ 或许这样区分二者的关系才较为清晰,也更符合刑事司法实践。

3. 对牵连犯的处罚

从刑法理论上讲,牵连犯虽然触犯了数个罪名,但不宜进行数罪并罚。就法律规定而言,刑法总则没有规定牵连犯的处罚原则,故一般认为,对牵连犯应从一重罪处罚或者从一重罪从重处罚。而刑法分则因罪名不同对牵连犯表现出不同的处罚规定:

(1) 有对牵连犯从一重罪处罚的规定。如刑法典第 399 条第 4 款规定:"司法工作人员收受贿赂,有前三款行为的,同时又构成本法第 385 条规定之罪的,依照处罚较重的规定定罪处罚。"由此可见,司法工作人员收受贿赂而徇私枉法的依照较重的规定处罚。

(2) 有对牵连犯从一重罪从重处罚的规定。如刑法典第 253 条第 2 款规定:"犯前款罪而窃取财物的,依照本法第 264 条的规定定罪从重处罚。"由此可见,邮政工作人员在私自开拆、隐匿、毁弃邮件、电报行为中盗窃财物的,依盗窃罪从重处罚;

(3) 有对牵连犯适用较重法定刑的规定。刑法典第 347 条第 2 款规定,在走私毒品的过程中暴力抗拒检查的,处 15 年有期徒刑、无期徒刑或者死刑,并处没收财产。这就是处以独立的而且是加重的法定刑。

(4) 有对牵连犯实行数罪并罚的规定。如刑法典第 198 条规定:"……(四) 投保人、被保险人故意造成财产损失的保险事故,骗取保险金的;(五) 投保人、受益人故意造成被保险人死亡、伤残或者疾病,骗取保险金的。""有前款第四项、第五项所列行为,同时构成其他犯罪的,依照数罪并罚的规定处罚。"再如刑法典第 157 条第 2 款规定,以暴力、威胁方法抗拒缉私的,应以走私罪和妨害公务罪并罚。由此可见,刑法分则中有对牵连犯实行数罪并罚的规定。

上述刑法分则的规定展示了对牵连犯的不同态度,从中也不难发现,对牵连犯的处理

---

① 李晓明、李洪欣、陈珊珊:《中国刑法基本原理》(第 4 版),法律出版社 2013 年版,第 521 页。
② 高铭暄、马克昌主编:《刑法学》,北京大学出版社、高等教育出版社 2011 年版,第 210 页。
③ 李晓明、李洪欣、陈珊珊:《中国刑法基本原理》(第 4 版),法律出版社 2013 年版,第 522 页。

差别较大,甚至也很难找出之所以区别对待的实质理由和基本规律。因此,也有学者基于牵连关系判断标准混乱、易导致罪刑不均衡的现状,主张取消牵连犯概念,将原有的牵连犯所包含的犯罪现象分别作为想象竞合犯、不可罚的事前(事后)行为与数罪处理。① 这说明,我国刑法理论及其立法实践对牵连犯的研究是不够的,应该加强对其的深入研究。

(三) 连续犯

1. 连续犯的定义和特征

连续犯是指行为人基于相同的犯罪故意,连续实施性质相同的数个行为,且触犯同一罪名的犯罪形态。如甲发现某小区管理不善便起盗窃之念,并连续三天夜间潜入小区盗窃,先后三次分别窃得 5000 元现金、高档笔记本电脑以及价值不菲的金项链一根。这个案件便是盗窃罪的连续犯适例。虽然我国刑法典未明文规定连续犯,但承认连续犯的存在,如我国刑法典第 89 条规定的"犯罪行为有连续状态的……"便是如此。

连续犯的特征主要包括:(1) 行为人基于相同的犯罪故意。相同的犯罪故意是指行为人具有数次实施相同犯罪的故意。相同的故意是连续犯存在的前提之一,即故意是相同的而不是多种的,从第一次行为到最后一次行为都包括在同一个犯意之内,行为人并未另起新的犯意,如出于相同犯意而多次杀人或多次强奸等。关于过失犯罪是否能构成连续犯的问题,我国刑法学界存在较大争论。有学者认为,过失犯罪可以成立连续犯,如肇事司机多次违章驾驶造成他人伤亡事故等。但刑法通说对此持否定观点,认为连续犯的主观要件之所以而且也只能是故意,是因为故意才是数个犯罪行为具有连续性不可缺少的前提条件,而连续数次过失犯罪并没有犯意使它们具有连续性,不宜认定构成连续犯。② 本书认为,交通肇事行为中违反交通规则完全可能由故意行为导致,因此,如果交通肇事罪是行为犯,当然存在连续犯。(2) 行为人连续实施数个独立的犯罪行为。是否具有连续性,应从主客观上综合进行判断:一是必须实施了数次独立行为,或数次实施了某种行为;二是每次或每个行为都能成立独立的犯罪;三是从主客观上来判断,数个或数次行为之间具有犯意和行为上的连续性。既要判断行为人有无连续实施某种犯罪行为的故意,又要通过分析客观行为的性质、对象、方式、环境、结果等来判断是否具有连续性。(3) 数个独立的犯罪行为触犯相同罪名。相同罪名是指刑法分则规定的同一个具体罪名,而不包括触犯同一类罪罪名的情况。由于连续犯只触犯相同具体罪名,故只能侵害相同的法益。但对相同法益的判断,要根据是否为个人专属法益区别对待。对此有学者认为,对于侵犯个人专属法益的,不具有同一性。例如,对于连续故意造成三个不同人轻伤的行为,宜认定为同种数罪且实行并罚,而不宜认定为连续犯;否则,会造成罪刑不均衡。对于侵犯非专属法益的犯罪,则具有同一性。如连续诈骗不同被害人财物的情况,可以认定为连续犯,以一罪论处。③

---

① 周光权:《刑法总论》(第 2 版),中国人民大学出版社 2011 年版,第 264 页。
② 高铭暄、马克昌主编:《刑法学》,北京大学出版社、高等教育出版社 2011 年版,第 208 页。
③ 黎宏:《刑法学》,法律出版社 2012 年版,第 321 页。

然而,也有学者认为,如果一个条文规定了不同的具体犯罪的,不等于触犯同一罪名,不能成立连续犯。例如,行为人先触犯暴力取证罪,后触犯刑讯逼供罪的,虽然只触犯了刑法典第247条的规定,但成立两个独立的犯罪,应当数罪并罚,而不是作为连续犯以一罪论处。①

2. 连续犯与继续犯的区别

继续犯是一个犯罪行为既遂后,行为继续较长时间而完成犯罪目的的犯罪。显然,继续犯与连续犯在行为的连续意思与继续意思上有相似。但二者具有很大的不同:(1)在行为的个数上,连续犯是数个独立犯罪行为的连续,继续犯是一个犯罪行为在既遂后的持续。(2)在主观要件上,连续犯是数个行为有相同的犯意或故意,而继续犯只是一个故意的持续。(3)在犯罪对象上,继续犯要求必须是持续地侵害同一对象,而连续犯则并无此要求的必要。(4)在处罚上,连续犯是处断的一罪,即对数个行为只认定为一罪,一般是从重处罚;而继续犯却是单纯的一罪,一般并不从重处罚,只是在犯罪行为继续的时间过长导致了更加严重的后果时才从重处罚。

3. 连续犯的处罚

由于连续犯是处断的一罪,所以对其不能实行数罪并罚。如上所述,我国刑法典第89条只规定了对连续犯"诉讼期限"的计算,对连续犯的处罚并无明文规定。然而,我国司法实践中都遵循对连续犯从重处罚的原则,即将连续犯作为量刑的从重情节,在法定刑的幅度内从重判处。所以,有学者具体研究了对连续犯的处理原则:(1)刑法规定只有一个量刑档次,或者虽有两个量刑档次但无加重犯的量刑档次的,应按照一个罪名从重处罚。如刑法典第262条规定的拐骗儿童罪就只有一个量刑档次,因此拐骗儿童罪的连续犯只能在这个量刑幅度内从重处罚。(2)刑法对多次实施某种犯罪规定了加重的量刑幅度的,应在该加重犯的量刑幅度内处罚。如刑法典第263条规定了"多次抢劫"的加重刑,连续实施3次以上抢劫的即应在该加重刑的量刑幅度内处罚。(3)刑法对多次实施某种犯罪虽然没有明文规定相应量刑幅度,但对其中"情节严重"或"情节特别严重"的情形分别规定了不同的加重量刑幅度的,在这种情况下,对连续犯应依照相对应的量刑幅度处罚。如刑法典第266条对诈骗罪按照基本犯罪、情节严重、情节特别严重分别规定了三个量刑幅度,诈骗罪的连续犯应根据连续实施诈骗次数的多少按照相应的量刑幅度处罚。②

---

① 李晓明主编:《中国刑法总论》,清华大学出版社2013年版,第221页。
② 同上书,第222页。

第三节 数罪的认定

在罪数理论中,有一罪的形态,也就有数罪的形态。数罪即复数犯罪,是指一人犯有刑法所规定的数种犯罪的情形。数罪又可分为同种数罪和异种数罪。另外,一个犯罪行为同时触犯数个罪名的现象不仅客观存在,而且在刑法分则中有明确规定。如刑法典第235条规定:"过失伤害他人致人重伤的,处3年以下有期徒刑或拘役。本法另有规定的,依照规定。"该规定表明,某种行为虽然符合过失致人重伤罪的成立要件,但又符合其他法条规定的犯罪成立要件的,则应依其他规定论处,不再适用刑法典第235条。[①] 由此可见,现实中复杂的犯罪现象导致刑事立法上错综复杂的规定,包括法条与法条之间时常发生冲突与交叉,这种现象在法学理论上被称为法条竞合。法条竞合虽然不属于罪数形态,但不仅和罪数形态非常相关,而且内容也十分近似,因此,本书也将法条竞合置于罪数论中加以讨论。

一、同种数罪

1. 同种数罪的定义和特征

所谓同种数罪,是指行为人实施二次以上的相同性质的行为,而且均符合犯罪成立要件,最终触犯的是同一个罪名的情形。换言之,同种数罪是指行为人实施的数个行为均可独立成罪,但属于性质相同、罪名相同的犯罪。同种数罪在法律特征上,表现为行为人实施的数个犯罪行为所触犯的罪名是相同罪名。例如,甲2015年1月实施了一次抢劫,2016年2月又实施了一次抢劫,两次抢劫均可独立成罪,但因罪名相同,应为同种数罪。同种数罪的特征主要包括:(1)二次及其以上行为性质相同,且均符合犯罪成立要件。(2)最终触犯的是同一个罪名,即一个罪名数次触犯。

2. 连续犯与同种数罪

通说认为,连续犯实质上是同种数罪。但如上所述,连续犯又是处断的一罪,所以连续犯与同种数罪的关系非常复杂。针对通说的观点,有学者指出,连续犯并不必然等同于同种数罪,同种数罪与连续犯之间是涵盖关系,即前者包括后者。二者的不同之处表现在:(1)罪过形式不同。连续犯在主观上是基于相同的故意;同种数罪的各个罪过形式并不要求均为相同的故意,且各个罪过之间不具有连续关系。(2)犯罪行为之间的关系不同。连续犯实施的数个行为之间具有连续性,而同种数罪之间不具有连续性。(3)处断的原则不同。对于连续犯不实行数罪并罚,同种数罪不完全排除数罪并罚。[②] 一般而言,在大陆法系刑法理论中,往往将连续犯视为一个行为。[③] 而我国学者认为,连续犯属于罪

[①] 张明楷:《刑法分则的解释原理》,中国人民大学出版社2004年版,第282页。
[②] 蔡桂生:《论连续犯与同种数罪的区分及刑事处罚》,载《福建法学》2007年第2期。
[③] 〔德〕弗兰茨·冯·李斯特:《德国刑法教科书》,徐久生译,法律出版社2000年版,第389—390页。

数不典型范畴和例外判断系统范畴。也就是说,在连续犯这种特殊罪数形态上采用"社会行为说",对于"处断的一罪"实质为数罪的要求应该是非强制性的、非绝对必要性的。假如依据连续犯不完全按照同种数罪进行并罚的观点,即区分个人专属法益的犯罪和非专属法益的犯罪(尤其在法定刑较低的犯罪中),就可能出现不同的情况。例如,连续故意造成三个不同人轻伤的行为,宜认定为同种数罪(侵犯多个法益);而对于侵犯非专属法益的犯罪(如侵犯财产罪),就要认定为连续犯(侵犯同种法益)。① 当然,要注意"种罪"与"个罪"的区别,因为可能侵犯多个法益,也可能只侵犯一种法益。另外,我国刑法典第153条第3款规定:"对多次走私未经处理的,按照累计走私货物、物品的偷逃应缴税额处罚。"第383条第2款规定:"对多次贪污未经处理的,按照累计贪污数额处罚。"这些连续犯只能按"处断的一罪"认定。但是,如果这些一罪由刑法明文规定,也就可能成为"法定的一罪"。

基于上述分析,有学者进一步指出:"同种数罪与连续犯并非涵盖关系,而是交叉关系。"而交叉关系下连续犯与同种数罪的区分标准可能是:(1)侵犯多个专属法益但性质同一则不属于连续犯的同种数罪,侵犯非专属法益的则为连续犯。(2)在数个犯罪行为中,只有一个犯罪行为完全符合犯罪构成,则肯定不是同种数罪。法定为一罪的数个犯罪行为之总和,不是连续犯。按照该学者的主张,涵盖关系下二者的区分标准依然可以适用,而交叉关系下的区分标准只是对涵盖关系下区分标准的一种限制和附加,并非完全的取代或否定。区分连续犯中属于同种数罪的部分与不属于同种数罪的部分的标准为:在数个犯罪行为中,只有一个犯罪行为完全符合犯罪成立的并非同种数罪,符合两个及以上犯罪成立的才是同种数罪。② 本书赞成该种观点,认为比较符合实际。

3. 对同种数罪的处罚

关于同种数罪的处罚问题,刑法学界存在三种学说:(1)一罚说。该学说认为,同种数罪不应并罚,而应按照一罪的从重或加重情节处理。主要理由是:其一,从我国刑事法律、法令以及某些国家的刑事立法例来看,数罪并罚的都是异种数罪,而不是同种数罪。其二,我国刑法分则的大部分条文对于犯同种罪的,因犯罪数额、情节、后果等不同,都规定了轻重不同的量刑幅度。在这种情况下,依照有关的条文定罪量刑,既有法律依据,又完全可以做到罪刑均衡,没有必要实行并罚。其三,一人犯同种数罪和一人犯异种数罪,按不同的数额、情节、后果来量刑,比较容易掌握,轻重也比较恰当。其四,一般而言,理论上对结合犯、牵连犯、持续犯、连续犯、惯犯,都不适用数罪并罚。这是因为,结合犯、牵连犯都属于数个行为侵犯数个罪名而定为一罪的情况。连续犯、持续犯、惯犯一般都属于触犯同种数罪,依照我国刑法也都按一罪从重处罚或处以较重的法定刑,这样一来就基本上没有对犯同种数罪要适用数罪并罚的问题。其五,如果对犯同种数罪的行为适用数罪并

---

① 蔡桂生:《论连续犯与同种数罪的区分及刑事处罚》,载《福建法学》2007年第2期。
② 同上注。

罚,判决势必会导致定罪量刑过程拖沓、冗长。(2)并罚说。该学说认为,同种数罪与异种数罪一样,也应实行并罚。主要理由是:其一,刑法只规定了对数罪要进行数罪并罚,而并没有规定对同种数罪可以不数罪并罚。其二,在司法实践中,对同种数罪一般是按照数罪并罚的原则处理的。其三,只有对同种数罪实行并罚,才能做到罪刑均衡,既不过轻,也不过重;相反,对同种数罪不实行并罚,就会违背罪刑均衡的原则。其四,同种数罪和异种数罪很难区分法益侵害的程度大小,既然如此,没有必要对异种数罪实行并罚而对同种数罪不实行并罚。其五,对犯有同种数罪的人不实行并罚,就会在审判实践中出现扩大连续犯、惯犯处罚范围的倾向,这不但会影响连续犯、惯犯的认定,而且以连续犯、惯犯代替同种数罪的并罚,也是不恰当的。其六,将几个同种数罪综合处理,实质上还是一种估堆办法,既不科学也不准确,不利于贯彻法治原则。① (3)折衷说。该学说认为,同种数罪应否并罚,不能一概而论,应区别对待。② 本书赞同折衷说,即原则性与灵活性相结合的原则。一般情况下,对同种数罪可以不数罪并罚,而以一罪从重处罚。这是因为刑法上多数条文都有两个以上的量刑幅度,对数罪从重处罚不会导致重罪轻判,而且比较简便易行。但如果某种犯罪只有一个量刑幅度,不并罚就不能体现出数罪从重的精神,此时就应考虑实行数罪并罚。然而,折衷说没能明确提出一罚与并罚的具体操作标准,所以,原则上对同种数罪应当并罚,但对判决宣告以前一人犯同种数罪的情况,既可实行并罚也可以一罪论处,即坚持以并罚为原则的折衷说。③ 这也需要进一步区分实行并罚和以一罪论处的基本标准,并明确其处罚的具体原则。

在司法实践中,还存在两种特殊情况:一是案件审理期间即发现同种漏罪的情况。这种情况我国刑法典第70条中似乎并没有相应规定,遇到这种情形是撤回起诉还是部分判决后再进行数罪并罚?对此,司法实践的做法不一,理论界也存有较大争议,需要立法予以明确。二是刑罚执行完毕以前又新发现漏罪的情况。根据我国刑法典第70条的规定,这里的漏罪应当是新发现的罪,而不应当是原案件或原审判已经发现的但由于种种原因而没有判决的罪。虽然在1979刑法典适用期间,最高人民法院于1993年4月16日颁布的《关于判决宣告后又发现被判刑的犯罪分子的同种漏罪是否实行数罪并罚问题的批复》指出,人民法院的判决宣告并已发生法律效力以后,刑罚还没执行完毕以前,发现被判刑的犯罪分子在判决宣告以前还有其他罪没有判决的,不论新发现的罪与原判决的罪是否属于同种罪,都应当实行数罪并罚。但在1997刑法典生效后,同种数罪是否并罚不应一概而论,而应根据罪刑相适应原则予以区别对待,做到罚当其罪。尤其是对于不是新发现的罪更不能进行二次起诉,否则严重违背"一事不再理"原则,对此《刑事诉讼法》也应尽快确立"一事不再理"的基本原则,以便与刑法的这些具体规定相互配合。

---

① 宋家兴:《同种数罪能否实行数罪并罚》,http://lawyer.110.com/3516044/article/show/type/1/aid/553715/,访问日期:2016年3月20日。
② 高铭暄主编:《新编中国刑法学》,中国人民大学出版社1999年版,第270页。
③ 张明楷:《论同种数罪的并罚》,载《法学》2011年第1期。

二、异种数罪

1. 异种数罪的定义和特征

所谓异种数罪,是指行为人犯有性质不同、罪名不同的数个犯罪的情形,即数个犯罪行为触犯数个不同罪名,就是异种数罪。如甲在入室盗窃过程中又强奸妇女,就属于典型的、纯粹的异种数罪。异种数罪是实质上的数罪,也是并合罪。① 此外,结合犯、牵连犯、吸收犯在某种意义上都具有异种数罪的特点,但结合犯是法定的一罪,牵连犯、吸收犯是处断的一罪。这些属于相对的异种数罪,即从本来意义上是异种数罪,但法律规定为一罪或按一罪处断,又并非数罪类型,而是一罪类型。也有学者认为,异种数罪可以划分为牵连异种数罪与非牵连异种数罪两种。牵连异种数罪(牵连犯)处罚原则的通说观点应予否定,对其应当实行数罪并罚,而不实行按一罪从重处罚。② 异种数罪的特征主要包括:(1)二次及其以上行为性质不同,且均符合各自独立的犯罪成立要件。(2)最终触犯的是数个罪名,即一个人的数次行为触犯数个罪名。

2. 异种数罪与同种数罪的区分

二者的区分是以犯罪人的数个行为是触犯一个罪名还是触犯数个罪名为标准,以此对数罪所进行的分类。在法律特征上的表现就是行为人实施的数个犯罪行为所触犯的罪名是否相同。数个犯罪行为触犯数个不同罪名,就是异种数罪;数个犯罪行为触犯相同罪名,就是同种数罪。二者区分的意义在于:(1)二者都是实质数罪的基本形式,不能因为数罪的性质有别而否认其中任何一种数罪作为实质数罪的法律地位。(2)无论是异种数罪还是同种数罪,均有可能被分为并罚的数罪和非并罚的数罪。(3)尽管作为实质数罪的部分异种数罪和同种数罪会引起对其予以并罚的法律后果,但在相同法律条件下,异种数罪和同种数罪被纳入并罚范围的机会不是均等的。也就是说,在一定法律条件下对异种数罪必须予以数罪并罚,而对同种数罪则没有必要实行数罪并罚。

无论同种数罪还是异种数罪,通常都会遇到以下情况:(1)行为触犯刑法分则一个条文,实为数罪。从条文的内容来看,在多数情况下一个分则条文只规定一罪,因而触犯一个条文只构成一罪。但刑法分则条文的规定并非完全如此,也存在一个分则条文规定数罪的情况。如我国刑法典第127条第1款规定了盗窃、抢夺枪支、弹药、爆炸物罪,第2款规定了抢劫枪支、弹药、爆炸物罪与盗窃、抢夺国家机关、军警人员、民兵的枪支、弹药、爆炸物罪。因此,当行为触犯了数个犯罪的同一个条文并符合数个犯罪的成立要件时,应以数罪论处,不能因为只触犯了一个条文而以一罪论处。(2)行为侵害同一对象形似一罪,实为数罪。行为侵害同一对象常常成立一罪,但在许多情况下,行为虽然侵害同一对象,却最终成立数罪。这同一罪与数罪的区分标准并不矛盾。区分一罪与数罪原则上以行为

---

① 陈兴良:《本体刑法学》,商务印书馆2001年版,第620页。
② 孟庆华:《异种数罪应当实行数罪并罚》,载《法学论坛》2008年第5期。

符合犯罪成立要件的个数为标准,而不是以行为侵害的对象数量为标准。对于同一对象,行为人可以在不同罪过心理支配下实施不同性质的犯罪行为。例如,对于同一妇女,行为人可以先强奸再杀人,从而成立两罪;即使对同一对象实施相似行为,也未必以一罪论处。(3)着手实行犯罪后另起犯意成立数罪。行为人在着手实施犯罪后,由于某种原因而另起犯意实施另一犯罪行为,也就符合两个犯罪成立要件,成立数罪。也就是说,行为人在着手实施犯罪后,行为已处于既遂或未遂状态,而又另起犯意实施另一犯罪行为,即成立数罪。当然,如果行为人改变犯意(或称犯意转移),则不成立数罪。如行为人预备抢劫,到现场后发现情况变化临时改为实施盗窃,则只能认定一罪。(4)在犯罪过程中超出原犯罪的范围成立数罪。通常情况下,犯罪行为是一个过程,对一个犯罪过程中的行为一般应认定为一罪。但是,如果行为人在犯罪中超出了原犯罪的范围,另成立其他的独立罪名,对此应认定为数罪。例如,行为人长期虐待被害人,情节恶劣,但最后一次实施虐待行为时造成被害人重伤,这种行为已经超出了虐待罪的范围,因此应认定为虐待罪与故意伤害罪。又如,收买被拐卖的妇女后又强奸的,由于超出了收买被拐卖妇女罪的范围,成立数罪。

3. 对异种数罪的处罚

对于异种数罪,应基于一罪一罚、数罪并罚的原则,实行并罚。至于如何并罚,具体参见本书刑事责任中"数罪并罚"部分。另外,异种数罪还包括并罚数罪与非并罚数罪、判决宣告以前的数罪与刑罚执行期间的数罪等许多分类,具体适用时一定要具体问题具体分析。

三、法条竞合

由于现实社会存在包罗万象的犯罪现象,最终导致刑法立法上的错综复杂性,尤其是法条与法条之间时常发生冲突与交叉,这种现象称为法条竞合。也就是说,一个犯罪行为可能同时符合数个法条所规定的犯罪成立要件,使得在法条选择与适用上发生冲突。如盗窃枪支既符合我国刑法典第 127 条的盗窃枪支罪,也符合刑法典第 264 条的盗窃罪,显然存在法条竞合的情况。如我国刑法典第 233、234、235、266、397 条均规定:"本法另有规定的,依照规定。"这表明,某行为虽然符合这些罪的犯罪成立要件,但又符合其他法条规定的犯罪成立要件的,则应依其他法条的规定论处,不再适用这些条文。法条竞合不属于数罪,表面上却存在数罪的相似内容。

1. 法条竞合的定义和特征

所谓法条竞合,是指一个行为同时触犯数个具有包容关系的法律条文,但根据法律规定和法律适用的规则,只能在数个法条中选择一个适用,从而排斥其他条文适用的情形。刑法中的法条竞合通常是指一个行为触犯数个罪名,但只能依据其中一个法条定罪量刑的情况。

法条竞合的特征主要包括：(1) 行为人只实施了一个行为，这是成立法条竞合的前提性条件。所谓"一个行为"指行为人基于一个犯意实施的一次违法或犯罪行为，衡量一个行为的标准是考量其属于某一个违法或犯罪的成立要件，也即只有一个犯意。(2) 一行为同时符合数个刑法规定的犯罪成立要件，这是成立法条竞合的原理性条件。不过，只符合一个犯罪成立要件的情况，自然就不存在法条竞合问题。但是，符合数个犯罪成立要件的情况，未必一定是法条竞合，还必须要求所符合的数个行为在性质或罪名上都应当是不同的，甚至允许对该行为进行重复性使用。(3) 数个犯罪成立要件之间存在逻辑上的重合关系(包含或交叉关系)。换言之，犯罪成立之间存在逻辑上的从属或交叉关系是法条竞合的逻辑本质。(4) 根据法律规定或犯罪成立原理，只有一个犯罪成立可以恰当地评价该行为，从而排除其他违法或犯罪成立的可能性。法条竞合是因法律错综复杂的规定形成的，故对其只能选择一个犯罪成立要件来认定。至于如何定罪量刑，则需要结合竞合情况，并根据立法规定予以解决。

2. 法条竞合与想象竞合的区别

法条竞合的本质是单纯的一罪，而想象竞合则是观念上的数罪、实质的一罪。然而，想象竞合与法条竞合具有四个共性特征：均是一个犯罪行为；均触犯了不同罪名的数个法条；两者的法律本质都是一罪，而非数罪；最终都适用一个法条且按照一罪予以处罚。两者的不同之处主要包括：(1) 在数个法律条文竞合的关系上，法条竞合犯所触犯的法律条文内容具有包容关系，而想象竞合犯所触犯的法律条文内容不具有包容关系。这是两者的关键或根本区别。包容关系具体表现为两种情形：一是全部包容关系，即数个法律条文内容具有重合关系或称法条重合；二是部分包容关系，即数个法律条文内容具有交叉关系或称法条交叉。(2) 在处罚原则上，想象竞合犯从一重罪处罚，即在行为所触犯的数罪中以法定刑较重的罪名论处；法条竞合则或按照特别法优于普通法的原则处罚，或按照重法优于轻法的原则处罚。

3. 法条竞合的类型及其处罚原则

大陆法系国家通常将法条竞合分为四种类型：(1) 特别关系，即一个行为既符合普通法条规定的犯罪成立又符合特别法条规定的犯罪成立，其适用的原则是特别法条优先于普通法条。(2) 补充关系，即一个犯罪成立具有补充另一犯罪成立的作用或者一个行为同时符合这两个犯罪成立的情况，其适用的原则是基本法优于补充法。(3) 吸收关系，即一个行为所符合的数个犯罪成立要件之间，其中一个犯罪成立包含了其他犯罪成立的内容。因此，出现一个犯罪成立吸收其他犯罪成立的情形，其适用的原则是完全法优于不完全法。(4) 择一关系，即一个行为所符合的数个犯罪成立要件之间在理论上存在不可两立的排他关系的情形，对此还没有明确的适用原则。①

然而，本书认为，法条竞合一定是以犯罪成立要件要素中的部分要素有重叠为前提。

---

① 张明楷：《刑法学》(第4版)，法律出版社2011年版，第419页。

因此,上述择一关系应该不属于法条竞合的类型,但法条竞合是否如有学者指出的那样,其实只有特别关系这一种情况①,本书也不甚赞同。这是因为法条竞合的类型应以本国刑法实践所出现的情形进行分析,因此,我国刑法中的竞合关系一般只有以下两种情形:

(1) 全包容关系的法条竞合,即一个法条的全部内容为另一法条的一部分。如我国刑法典第 238 条的非法拘禁罪与第 239 条的绑架罪,非法拘禁罪中人身自由被剥夺的内容完全由绑架罪所包括,这是典型的全包容关系的法条竞合。

(2) 两个法条各有一部分成立要件互相重叠的法条竞合,即一个法条内容的一部分是另一法条内容的一部分。如我国刑法典第 258 条重婚罪与第 259 条破坏军婚罪,前者的要素是"自己有配偶,再与他人结婚,或明知他人有配偶而与之结婚",后者的要素是"明知他人有配偶而与之结婚或同居",二者在基本要素上有交叉关系。另外,一些法条的特殊规定导致某些法条间的成立要素既有包容关系又有交叉关系。如我国刑法典第 149 条的规定:"生产、销售本节第 141 条至第 148 条所列产品,不构成各该条规定的犯罪,但是销售金额在 5 万元以上的,依照本节第 140 条的规定定罪处罚。""生产、销售本节第 141 条至第 148 条所列产品,构成各该条规定的犯罪,同时又构成本节第 140 条规定之罪的,依照处罚较重的规定定罪处罚。"由此可见,刑法典第 140 条与该节其他各条的关系也是如此。不过,这种立法现象还是比较少见,这是由于人为的立法因素而例外导致的特殊法条竞合情况,这种法条竞合处理不需要在理论上进行阐释,直接根据法条的特别规定适用即可。

另外,也有学者认为,法条竞合也不仅限于普通法条与特别法条的竞合,在特别法条与特别法条之间也可能发生竞合。如相对于我国刑法典第 266 条普通诈骗罪而言,第 193 条贷款诈骗罪与第 224 条合同诈骗罪都是特别法条,也存在一定程度的竞合,即特别法条之间的竞合。"具体表现在,利用合同骗取金融机构贷款时,同时符合第 193 条与第 224 条规定的成立要件。这是因为贷款诈骗都要利用贷款合同,金融机构的贷款属于对方当事人的财物,于是二者之间具有重叠关系。"②这种观点与上述分类并无矛盾,是属于上述法条竞合第二种类型。

综上所述,对于法条竞合的法律适用,通说认为,在包容式法条竞合中采用特别法优于普通法的原则,而在交叉式法条竞合中则采用重法优于轻法的原则。本书认可在包容式法条竞合中采用特别法优于一般法的通说观点,但在交叉式法条竞合中是否一律采用重法优于轻法则存在疑问。本书认为,法条竞合的逻辑结构情况从理论上包括:(1) 甲法条包含 A、B、C、D 四项要素,乙法条包含 A、B、C 三项要素;(2) 甲法条包含 A、B、C、D 四项要素,乙法条包含 A^1、B、C、D 三项要素,即 A 要素包含 A^1、A^2、A^3 要素;(3) 甲法条包含 A、B、C、D 四项要素,乙法条包含 B、C、D、E 四项要素;(4) 甲法条包含 A、B、C、D 四项

---

① 张明楷:《刑法学》(第 4 版),法律出版社 2011 年版,第 422 页。
② 张明楷:《刑法分则的解释原理》,中国人民大学出版社 2004 年版,第 288 页。

要素,乙法条包含 A^1、B、C、D、E 五项要素。在法条竞合的情况下,不论是特别法还是重法,只能适用与犯罪事实最精确符合的法条。通说观点认为,特别法优于普通法的观点其实也是适用更精确的法条,至于重法优于轻法的表述并不是理论上的一般规律,而是对特别立法现象的归纳。还有学者认为:"法条竞合,不是构成要件符合性判断的问题,而是犯罪成立后的刑罚法规(法条)的适用问题。"[①]对此观点本书不赞同,法条竞合正因为是成立要件符合性的判断问题,才最终影响到犯罪成立后的刑罚适用,如果没有成立要件符合性的判断也就失去了刑罚适用的前提。例如,我国刑法典第 266 条诈骗罪与第 192 条、第 194 条、第 196 条至第 198 条的金融诈骗罪的规定,由于金融诈骗罪的数额较大标准远高于诈骗罪,如果客观上金融诈骗行为没有达到金融诈骗罪的数额标准但达到了诈骗罪的数额标准,就可以按诈骗罪追究刑事责任。但是,在我国刑法典第 266 条诈骗罪与第 279 条招摇撞骗罪中,如果冒充国家机关工作人员招摇撞骗,即使骗取财物数额特别巨大也只能按招摇撞骗罪进行处罚,而不可因其不法内涵过高而适用诈骗罪追究刑事责任。由此可见,法条竞合不完全是犯罪成立后的刑罚适用问题,其首先是定罪的合理性问题,所以,对这些问题还需要认真深入地研究。

[①] 〔日〕井田良:《讲义刑法学·总论》,有斐阁 2008 年版,第 524 页。转引自张明楷:《刑法学》(第 4 版),法律出版社 2011 年版,第 426 页。

第三编 | 刑事责任及其承担

第十六章　刑事责任概述

第十七章　刑事责任的承担方式（Ⅰ）：刑罚

第十八章　刑事责任的承担方式（Ⅱ）：
　　　　　驱除出境和剥夺军衔

第十九章　刑事责任的承担方式（Ⅲ）：
　　　　　赔偿经济损失

第二十章　刑事责任的承担方式（Ⅳ）：
　　　　　有罪宣告

第二十一章　刑事责任的承担方式（Ⅴ）：
　　　　　　非刑罚处罚措施

第二十二章　刑事责任的承担方式（Ⅵ）：
　　　　　　责令管教或收容教养

第十六章

刑事责任概述

任何一个正常的社会人都要对自己的行为负责,不同性质的行为产生不同的责任。犯罪行为是社会行为的一种,因此其也会产生与之相对应的责任,这种责任就是刑事责任。刑事责任是刑法明文规定的承担犯罪后果的一切责任,在我国1997年刑法典在总则第二章第一节的标题就是"犯罪和刑事责任"。我国刑法典452个条文中就有28处使用了"刑事责任"一词,其中以刑法典第18条为例,该条共四款,每一款都有"刑事责任"一词的表述。

第一节　刑事责任概述

刑事责任的概念在我国存在争议,原因有二:一是在现代汉语中"责任"具有多重含义,既指职责、义务、过错,又指处罚、后果。因此,这就决定了人们对刑事责任这一下位概念的理解也会存在较大分歧。二是刑法学界基于对犯罪论体系的不同认知。例如,有学者认为我国的犯罪论体系与德、日刑法的犯罪论体系有明显区别,所以我国刑法中的刑事责任与德、日刑法中的刑事责任并非同一含义。

一、刑事责任概念的梳理

我国刑法学界对刑事责任概念的理解主要有以下六种观点:(1)义务说。该说认为,刑事责任是指"行为人对违反刑事法律义务的行为(犯罪)所引起的刑事法律后果(刑罚)能够提供衡量标准的、体现国家对行为人否定评价的刑事实体性义务"[1]。(2)谴责说。该说认为,刑事责任是指"国家对犯罪人及其犯罪行为的否定评价或谴责"[2]。(3)心理状态说。该说认为,刑事责任是指"犯罪人在犯罪后应受社会谴责和法律制裁的一种心理态度以及与这种心理状态相适应的法律地位"[3]。(4)刑事制裁说。该说认为,刑事责任是

---

[1] 高铭暄、马克昌主编:《刑法学》(上编),中国法制出版社1999年版,第382页。
[2] 何秉松:《建立有中国特色的犯罪构成理论体系》,载《法学研究》1986年第1期。
[3] 余淦才:《刑事责任理论试析》,载《法学研究》1986年第1期。

指"行为人对其犯罪行为引起的法律后果的承担,这种承担从国家方面看,表现为主要由国家审判机关依据刑法及其他刑事法律规范对犯罪人及其行为的制裁"①。(5)责任说。该说认为,刑事责任是指"国家司法机关依照法律规定,根据犯罪行为以及其他能说明犯罪的社会危害性的事实,强制犯罪人担负的法律责任"②。(6)后果说。该说认为,刑事责任是指"依照刑事法律规定,行为人实施刑事法律禁止的行为所必须承担的法律后果"③。

我国刑法典第 5 条以及刑法总则第二章第一节"犯罪和刑事责任"中第 14、15、17、18、20、21 条所表述的"刑事责任",指的都是应承担的"犯罪责任"。上述有关"刑事责任"的不同观点虽然都有一定道理,但不可否认在理解和认识上并不一致;有些概念甚至存在着一些缺陷或不足。就以刑法学界普遍认可的主流观点"义务说"为例,该定义指出刑事责任因犯罪而产生,刑罚轻重以刑事责任的大小来决定,刑事责任的实质是国家对犯罪人的否定评价。但是,该说一味地将犯罪所引起的刑事法律后果与刑罚等同,显然无法对应犯罪人犯罪后所可能受到的非刑罚处罚以及有罪宣告等处罚措施。另外,义务是可为状态,义务人可履行也可不履行;而责任是必为状态,犯罪人必须承担。由此可见,义务和责任不能互相替代,义务说将刑事责任定位于犯罪与刑罚的中介,认为刑事责任扮演的是决定于犯罪而又决定刑罚的角色,这显然不应当是刑事责任应有的地位。更何况,在刑法中,刑事责任实际上是由一个从应然状态(即应负刑事责任)到实然状态(即实际承担刑事责任)的转化过程,义务说也没能客观地反映这一动态过程。因此,义务说没能真实地界定出刑事责任的实质含义,并在客观上抹杀了刑事责任的独立实体地位。由此可见,对于刑事责任的定义尚需进一步研究。在法理上,义务是因,责任是果,由于有义务才可能产生责任。在刑法中,犯罪行为是因,刑事责任是果,只有实施了犯罪行为,才可能产生刑事责任。而且,从因果关系上来讲,将刑事责任理解为犯罪行为所产生的法律后果,是易于为人所理解和接受的。在国外,1975 年《联邦德国刑法典》和 1998 年《德国刑法典》等,在规定了"犯罪"之后,紧接着一定是"犯罪的法律后果"的规定;从"犯罪的法律后果"的具体内容规定来看,就是有关刑事责任的规定。同样的情况还出现在 1995 年澳门刑法典的总则规定之中,第二编是"(犯罪)事实",第三编便是"(犯罪)事实之法律后果";从其具体内容规定来看,前者就是有关犯罪成立的规定,后者就是关于"刑罚"和"保安处分"的规定。法国刑法学者也认为:"刑事责任并不是犯罪的构成要件,而是犯罪的效果及其在法律上的后果。"④由此可见,刑法中的刑事责任就是指"犯罪所产生的法律后果"。所以,有学者坚定地认为,对刑事责任采取后果说是比较合理的,也较准确地界定了刑事责任的定义:刑事责任是指因犯罪行为而产生的,犯罪人本人必须承担的,只能由司法机关依据刑事法

---

① 马克昌等主编:《刑法学全书》,上海科学技术文献出版社 1993 年版,第 53 页。
② 吴宗宪:《刑事责任基本问题研究》,载《全国刑法硕士论文荟萃》,中国人民公安大学出版社 1989 年版,第 23 页。
③ 张令杰:《论刑事责任》,载《法学研究》1986 年第 5 期。
④ 〔法〕卡斯东·斯特法尼等:《法国刑法总论精义》,罗结珍译,中国政法大学出版社 1998 年版,第 336 页。

律加以确认的,以刑罚为主要实现方式的,与犯罪行为的客观危害和犯罪人人身危险程度相当的刑事法律后果。这种刑事法律后果体现了国家对犯罪行为的否定性评价和对犯罪人的责难。①

至于谴责说和心理状态说,都没有抓住刑事责任的核心和根本,因为对于其他违法行为,甚至是违反道德的行为也可以进行否定性评价或谴责,并非只有对犯罪行为才进行否定评价或者谴责。如上所述,本书认为,谴责或否定性评价或许更适合于对于一个行为是否构成犯罪以及构成何种犯罪进行评估。例如,在犯罪成立理论中,本书将犯罪的类型具体划分为刑法对其否定性评价的犯罪和刑法对其可罚性评价的犯罪。虽然对犯罪的可罚性评价与刑事责任有关,但绝不等同于刑事责任的内容,而是对一个行为是否真正成立犯罪的一个客观表述,这涉及犯罪的定义究竟是否以"可罚性"为前提的问题。本书认为,严格地讲,也只有刑法分则规定了一个行为的"可罚性"内容,即具有了对该行为的可罚性评价,该行为才可能构成犯罪;否则,一个行为再具有被否定性或被谴责性,也不是刑法意义上的犯罪行为。

刑事制裁说和责任说,虽然都提及对犯罪行为引起法律后果的承担或者强制犯罪人承担法律责任,但两个学说更多强调的是对这种法律后果的承担或者承担过程,而且重在强调责任,而非后果的实质性内容。这就必然涉及刑事责任与大陆法系犯罪成立要件中"有责性"的关系问题。"有责性"是确定行为人的罪过以及刑事责任能力的问题,根本不涉及犯罪行为的后果。刑事责任解决的是在犯罪行为产生后,行为人所应承担的法律后果的内容问题,而不是是否应承担法律责任的问题。刑事制裁说和责任说没能很好地解释或者厘清这些问题,所以还值得商榷。

二、刑事责任概念的界定

义务说曾将刑事责任视为犯罪和刑罚的中介或者桥梁,甚至将刑法典第5条规定的"罪刑相适应原则"表述为"罪责刑相适应原则"。② 其实这种理解也有一定的道理,一方面,我国刑法典第5条就明确规定:"刑罚的轻重,应当与犯罪分子所犯罪行和承担的刑事责任相适应。"之后又在刑法典其他条文,甚至在许多附属刑法中规定"追究刑事责任"。由于多个条文规定使用了不同含义的"刑事责任",也就容易模糊刑事责任的真正含义。另一方面,一般而言,刑事责任就是指追究犯罪行为人的责任。至于刑法典第5条所规定的"和承担的刑事责任相适应",也是泛指行为人根据年龄、精神状态、身体条件等因素相应承担的不同或者较轻的刑事责任,而绝非实体意义上的以刑罚为主的法律后果意义上的刑事责任。如上所述,法律后果意义上的刑事责任,才是真正实体意义上的刑事责任。所以,本书再次将刑事责任界定为:因犯罪行为产生的,由司法机关确认的,应由犯罪人承

---

① 李晓明主编:《刑法学》(上),法律出版社2001年版,第425页。
② 高铭暄、马克昌主编:《刑法学》(第6版),北京大学出版社2014年版,目录。

担的,以刑罚为主要实现方式的最为严厉的法律后果。这种法律后果体现着国家对犯罪行为的否定性评价和对犯罪人的严厉责难,按照我国刑法典的规定,承担这种后果的基本方式包括刑罚、驱逐出境、剥夺军衔、赔偿经济损失、非刑罚处罚措施、有罪宣告、责令家长管教或政府收容教养等。而且,还可以划分为应然性刑事责任(法定刑)和实然性刑事责任(宣告刑)。

刑事责任也只是法律责任中的一种,此外还有行政责任、民事责任、宪法责任等,甚至包括道义责任。但是,非刑事法律责任与刑事责任有着明显的区别,进一步认识或区别这些不同类型的责任,不仅可以加深对刑事责任内涵的理解,而且对刑事责任的正确适用也十分有益。本书综合不同学者的观点将刑事责任的特征总结为如下几点[①]:

1. 刑事责任产生的前提是犯罪行为的发生

至于什么行为是犯罪,这完全取决于一个国家的刑法规定,即只有刑法明确规定为犯罪的行为才是犯罪。刑事责任是行为人实施了犯罪行为后承担的一种法律后果,而且根据法律规定,无论任何人实施了犯罪都必然产生刑事责任。不仅如此,刑事责任的大小、轻重还必须与犯罪行为对法益侵害的程度相适应,即重罪重责,轻罪轻责,无罪无责,罪责相当。

2. 刑事责任是一种专属于犯罪人的责任

罪责自负是现代刑事法治的基本原则,刑事责任作为一种法律责任只能由实施犯罪的人承担,而不能够由他人替代。这一点完全不同于民事责任,可以由他人代替偿还债务。刑事责任不仅不能替代或转嫁,而且某些替代或转嫁行为也可能成立犯罪。我国古代刑律还实行株连制度,殃及无辜。自近现代刑法确立了罪责自负原则后,一人犯罪一人当,不能株连无辜。

3. 刑事责任是由司法机关依据刑事法律加以确认的责任

刑事责任不同于其他法律责任,是不能由法律关系的当事人自行决定或者其他人代替决定的,必须由司法机关依据刑事法律予以确认。刑事责任的确认过程是由司法机关严格依照法定程序来进行的,只有负责审判案件的司法机关才能够决定或确认一个犯罪人的刑事责任,其他任何人都不得确认。

4. 刑事责任是一切法律责任中最为严厉的责任

刑事责任的具体承担方式以刑罚为主,既可以剥夺一个人的人身自由,也可以剥夺一个人的财产、金钱,甚至可以剥夺一个人的生命。由此可见,这远比其他法律责任要严厉。根据我国刑法的规定,刑事责任的轻重要与犯罪行为的法益侵害性和犯罪人的人身危险性程度相适应,以兼顾报应与预防犯罪的刑法功能。

5. 刑事责任体现着国家对犯罪行为的否定性评价和对犯罪人的责难。

刑事责任是因犯罪行为而产生的,而且只能由犯罪人承担这一严重的法律后果,在这

---

① 李晓明、李洪欣、陈姗姗:《中国刑法基本原理》(第4版),法律出版社2013年版,第534—536页。

一过程中体现的是国家对犯罪行为的否定性评价和对犯罪人的责难。既然是国家对犯罪行为的否定性评价和对犯罪人的责难,那么犯罪人和被害人就不能自行变更这种刑事责任,即不容许"私了"。就算是刑事自诉案件,一旦法院依法作出生效判决,犯罪人和受害人都不能像民事案件那样私下通过协商改变判决的内容。这也体现出刑事责任与其他法律责任的不同。

总之,深刻认识上述刑事责任与其他法律责任、道义责任的区别,对于深入理解刑事责任的内涵是十分有益的。

三、刑事责任的目的

刑事责任作为刑法典的重要组成部分,其目的就是通过建立该项制度所期望获得的某种社会效果。由于刑事责任追究的对象是实施了刑法所规定的犯罪行为的犯罪人,而对犯罪人追究刑事责任虽然是以犯罪人受到惩罚和对行为人的行为作出否定性评价的形式表现出来,但根本目的还是为了遏制犯罪,预防犯罪,维护社会的稳定。

刑事责任虽然具有惩罚作用,但惩罚绝非刑事责任的最终目的。这是因为,将惩罚作为刑事责任的目的,容易导致刑事责任实现方式的严酷性与单一性,甚至走向酷刑主义。另外,单纯的惩罚不能使已经发生的犯罪"复原"正常状态,如果惩罚是刑事责任的目的,那么刑法中的减刑、假释制度就将失去存在的必要性。正如贝卡利亚指出的:"刑罚的目的既不是要摧残折磨一个感知者,也不是要消除业已犯下的罪行……刑罚的目的仅在于:阻止罪犯再重新侵害公民,并规诫其他人不要重蹈覆辙。"[1]由此可见,刑事责任的目的是预防犯罪,包括特殊预防与一般预防。因此,刑事责任的惩罚属性不过是实现一般预防与特殊预防的手段而已。[2]

(一) 特殊预防

所谓特殊预防,是指通过对犯罪行为人刑事责任的追究,事先预防犯罪人本人重新犯罪的过程。特殊预防是以犯罪行为人为防卫对象的,而特殊预防的对象与刑事责任承担的主体也是一致的。就犯罪心理而言,对于故意犯罪行为人而言,如果不让他们为其犯罪行为付出代价,其重新犯罪的可能性极大,甚至其犯罪心理会不断强化。而对于过失犯罪行为人而言,行为人因疏忽大意或者过于自信,给社会造成了危害结果,如果不使其吸取教训,其仍然可能粗心大意、不尽注意义务或者盲目自信而给社会重新造成危害。因此,不能以过失犯罪反对侵害结果的发生为由否定其重新犯罪的可能性,过失犯罪的行为人同样具有惩罚的必要。基于此,刑事责任预防犯罪的目的,首先就是预防不同于一般人的犯罪人重新犯罪。

刑事责任特殊预防目的的实现途径有三种:(1) 通过剥夺与限制犯罪人的再犯能力

---

[1] 〔意〕贝卡利亚:《论犯罪与刑罚》,黄风译,中国大百科全书出版社1993年版,第42页。
[2] 李晓明、李洪欣、陈姗姗:《中国刑法基本原理》(第4版),法律出版社2013年版,第552页。

使犯罪人不能再重新犯罪。例如,死刑剥夺了犯罪人的生命,使其永远不可能再重新犯罪。不过,通过适用死刑来实现刑事责任的特殊预防目的,与现代社会的文明趋向与人权保障有明显冲突,故值得深入研究。又如,无期徒刑剥夺了犯罪人的终身自由,使其余生不可能再对监狱之外的人实施犯罪。罚金与没收财产剥夺或限制了犯罪人实施犯罪的物质基础和经济条件,使其难以再犯。剥夺政治权利使犯罪人不可能再利用某种权利实施新的犯罪,从而剥夺了其再犯的可能性。总而言之,通过剥夺或限制犯罪人的再犯能力使其不能重新犯罪,即可达到刑事责任的特殊预防目的。(2)通过实际追究犯罪人的刑事责任使其不敢重新犯罪。刑事责任是最为严厉的法律责任,通过对犯罪人追究刑事责任,会使犯罪人深感刑事责任之严厉,从而再不敢以身试法。现实表明,有些犯罪人复归社会后不再犯罪,并非其真的有所悔悟、弃恶从善,而是对刑事责任有畏惧心理。在这种情况下,虽还不能认为犯罪人已经得到彻底改造,但刑事责任确已达到了特殊预防的目的。即使刑事责任执行完毕,但这段刑事责任追究的历史仍会给犯罪人在今后的社会生活与名誉上带来不利影响,这也是一种对待犯罪的无形惩罚,甚至对预防其再犯也会起到一定作用。(3)通过教育改造犯罪人使其不愿重新犯罪。一般而言,多数犯罪人被追究刑事责任后,能够认识到自己犯罪的根源及其犯罪行为给社会造成的危害,甚至痛恨自己的行为并决心以后不再重犯。这种情况属于非常圆满地达到了特殊预防的目的。通过剥夺或限制犯罪人的再犯能力,仅能使其在服刑期间不重新犯罪,但此非长久之策;通过教育改造,使其不愿再犯才是实现刑事责任特殊预防目的的最佳途径。①

(二)一般预防

所谓一般预防,是指国家通过设定刑事责任与追究犯罪行为人的刑事责任,事先防卫社会上有犯罪倾向的人不去轻易实施犯罪。一般预防的对象是具有犯罪倾向的人,即可能实施犯罪的潜在犯罪人,具体包括:(1)曾经产生犯罪意念的人;(2)曾经承担过刑事责任但没有改造好的人;(3)法制观念淡薄,性情冲动,容易实施犯罪行为的人。

刑事责任一般预防目的主要通过以下途径来实现:(1)通过设定和追究犯罪人的刑事责任,用实际案件表明任何人实施了犯罪行为都要受到刑事追究,从而对有犯罪倾向的人产生心理强制,使其不敢以身试法,甚至消除犯罪欲念,最终防止其犯罪行为的发生。(2)通过追究犯罪人的刑事责任,安抚被害人及其家属,以防止报复性犯罪活动的发生。(3)通过设定和追究犯罪人的刑事责任,对公民进行法制教育,从而尽早消除产生犯罪的各种诱因。

四、刑事责任的类型

众所周知,分类是一种科学。研究刑事责任的分类,也有助于从多个方面揭示刑事责任的属性和特点,有助于深化对刑事责任的理解。依据不同的标准,可以对刑事责任作出

---

① 李晓明、李洪欣、陈姗姗:《中国刑法基本原理》(第4版),法律出版社2013年版,第554页。

不同的分类。

1. 依据犯罪主体是自然人还是单位(法人),可以将刑事责任分为自然人刑事责任与单位刑事责任

自然人刑事责任是指因犯罪人是自然人而由自然人承担的刑事责任,或者虽然是单位犯罪,但法律明确规定由自然人承担的刑事责任。单位刑事责任是指因犯罪人是单位而由单位承担的刑事责任。自然人能成为一切犯罪的主体,因而能对所有犯罪承担刑事责任,而单位只对刑法有明确规定的犯罪承担刑事责任,而且单位承担刑事责任的方式只是罚金刑。根据法律的规定,没有独立生命的胎儿和尸体不属于有生命的自然人,显然不能作为犯罪主体。与自然人刑事责任相比,单位刑事责任既具有整体性、双重性特征,也具有单一性或有限性特征,因此,自然人与单位刑事责任有交叉。通常对于单位犯罪,不仅要追究单位财产方面的刑事责任,一般还要追究对单位犯罪直接负责的主管人员和其他直接责任人员的刑事责任。

2. 依据犯罪主体的数量不同,可以将刑事责任分为单独刑事责任与共同刑事责任

与个人犯罪和共同犯罪相对应,由单个人实施的犯罪的刑事责任自然由实施犯罪的单个人承担,而两个以上的行为人共同实施的犯罪的刑事责任自然应由数个犯罪主体共同承担。单独刑事责任的前提是犯罪主体仅为一人,如果有数人共同犯罪则不属于单独刑事责任,而属于共同刑事责任。区分单独刑事责任与共同刑事责任,对于贯彻罪责自负原则和刑事责任相当原则具有重要意义。在共同犯罪中,因每个人在共同犯罪中所起的作用不同,刑法典第26条至第29条分别规定了主犯、从犯、胁从犯、教唆犯等应承担的不同的刑事责任,区分不同犯罪的刑事责任对于定罪量刑十分有益。

3. 依据是否以行为人的主观恶性为罪之根据,可以将刑事责任分为相对刑事责任与绝对刑事责任

相对刑事责任是指只有行为人在实施危害行为时存在主观罪过才由其承担的刑事责任。绝对刑事责任是指只要行为人的行为与产生的侵害法益的结果有关系,即使其不存在主观罪过也要承担刑事责任。通常而言,世界上大多数国家的刑法典所规定的大多数犯罪均为相对刑事责任。但20世纪以来,英美法系国家出现了严格责任的立法。例如,对奸淫幼女的行为,只要行为人与未满14周岁的幼女发生了性关系,不论行为人对此是否存在罪过,行为人都应负刑事责任。又如,许多国家的刑法典对环境犯罪也规定了严格刑事责任。我国是否存在绝对刑事责任,理论上存在争议,立法上也存在矛盾的规定。如我国刑法典第16条规定:"行为在客观上虽然造成了损害结果,但是不是出于故意或者过失,而是由于不能抗拒或者不能预见的原因所引起的,不是犯罪。"据此可以推断,我国刑法典不可能规定了绝对刑事责任。但是,我国刑法典第236条第2款规定:"奸淫不满14周岁的幼女的,以强奸论,从重处罚。"在我国取消了"奸淫幼女罪"的罪名之后,并未规定奸淫幼女的强奸行为究竟是承担相对刑事责任还是绝对刑事责任。如果是相对刑事责任,那么只有查明行为人在主观上存在罪过时才能定罪,检察机关必须承担该方面的举证

责任;如果是绝对刑事责任,那么,检察机关就不需要查明行为人在主观上是否存在罪过也能够定罪,如此也就节省了大量的司法资源,降低了证明犯罪的难度,并节约了司法成本。这种刑事责任的划分对奸淫幼女罪和污染环境罪等犯罪的定罪量刑十分重要。

4. 依据犯罪人的刑事责任是否被实际追究,可以将刑事责任分为应然刑事责任与实然刑事责任

应然刑事责任是指法定的刑事责任或应被追究的刑事责任,也被称为法定刑。实然刑事责任是经过正当程序由司法机关确认的行为人实际承担的刑事责任,也被称为宣告刑。一般而言,行为人一旦实施犯罪行为,刑事责任就随之产生,而并不以犯罪是否被发现或犯罪人是否受到追究为转移。刑事责任一旦产生,行为人就应当承担,此所谓应然的刑事责任。然而,刑事责任的最终承担必须有一个实际的追究过程,只有由司法机关通过正当程序加以确认的刑事责任才能够最终让犯罪人承担,此所谓实然的刑事责任。应然的刑事责任与实然的刑事责任的区别是明显的:前者是应予追究而尚未追究的刑事责任,后者是刑事责任由有待追究状态转变为实际被追究状态。应然的刑事责任往往能够向实然的刑事责任转变,此转变的中介为司法机关启动刑事诉讼程序来追究行为人的刑事责任。但是,应然的刑事责任并不必然转化为实然的刑事责任。例如,行为人实施犯罪后,犯罪事实一直未被发现或超过追诉时效的,应然的刑事责任就未能转变为实然的刑事责任。[①] 因此,划分应然的刑事责任与实然的刑事责任的意义也是十分重大的,应当尽量使应然的刑事责任转化为实然的刑事责任。因为如果大量的应然的刑事责任不能转化为实然的刑事责任,就意味着大量的犯罪人逍遥法外,显然不利于最大限度地打击和预防犯罪,也不利于防卫社会。

5. 依据追诉犯罪主体的性质不同,可以将刑事责任分为公诉刑事责任与自诉刑事责任

公诉刑事责任是指由检察机关向人民法院提起公诉,并最终由人民法院判处犯罪人所承担的刑事责任。自诉刑事责任是指由被害人或者其法定代理人自行向人民法院提起诉讼,并最终由人民法院判处犯罪人所承担的刑事责任。我国刑法典规定的绝大多数犯罪都是由检察机关提起公诉的案件,相应地绝大多数犯罪的刑事责任都属于公诉刑事责任。根据我国《刑事诉讼法》第204条的规定,自诉案件的范围包括:(1)告诉才处理的案件;(2)被害人有证据证明的轻微刑事案件;(3)被害人有证据证明对被告人侵犯自己人身、财产权利的行为应当依法追究刑事责任,而公安机关或者人民检察院不予追究被告人刑事责任的案件。《刑事诉讼法》第206条第1款规定:"人民法院对自诉案件,可以进行调解;自诉人在宣告判决前,可以同被告人自行和解或者撤回自诉。本法第204条第3项规定的案件不适用调解。"由此可见,区分公诉刑事责任与自诉刑事责任具有重要意义,对于公诉刑事责任的追究一般不准适用调解,而必须由检察机关依法提起公诉。而对于自

[①] 李晓明主编:《刑法学》(上),法律出版社2001年版,第439页。

诉刑事责任的追究,可以有限制地适用调解,即便在提起诉讼之后也可以进行调解,包括自诉人在宣告判决前可以同被告人自行和解或撤回自诉。

6. 依据是否达到刑事责任年龄或是否真正给予"刑事处罚",可以将刑事责任分为真正的刑事责任与变相的刑事责任

真正的刑事责任是指我国刑法典第三章规定的刑事责任的具体种类,变相的刑事责任是指我国刑法典第36条规定的"民事赔偿责任"和第37条规定的"由主管部门予以行政处罚或者行政处分",以及刑法典第17条第4款规定的"责令家长管教"或者"政府收容教养"等由犯罪引起的变相的刑事责任后果。严格地讲,变相的刑事责任不属于刑事责任,但这种责任是由违反刑法的"实质犯罪"行为引起的,只是因为尚未达到刑事责任年龄或因精神问题不追究其刑事责任,而根据法律的规定,针对行为人的具体情况,对其采取的特定管教措施或收容教育措施。但是,变相的刑事责任绝对不属于民事责任,因为变相的刑事责任不是因民事侵权引起的,这也正是"变相刑事责任"和普通"民事责任"的根本区别。

第二节 刑事责任的根据和原则

刑法的核心就是追究刑事责任,那么,国家依据什么内容来规定对某个犯罪追究刑事责任? 在追究行为人的刑事责任时,应遵循哪些法律原则? 这就涉及刑事责任的制定根据和追究犯罪行为人的刑事责任所必须遵守的原则问题。

一、刑事责任的根据

刑事责任的根据,从立法的角度而言,就是指国家制定刑事责任时的根据,用来确定国家为什么对某个犯罪设定刑事责任及其正当性。从司法的角度而言,刑事责任的根据就是指犯罪行为人之所以承担刑事责任的依据,用来确定为什么犯罪人应对其行为承担刑事责任以及司法机关追究其刑事责任的正当性。由此可见,刑事责任从法律的设定到最终的执行,都是一个动态的运行过程,这也体现或反映了刑事责任制度从制定到执行的可变性和复杂性。研究刑事责任的根据,就是为了合理地设置与确认刑事责任,防止国家滥用刑罚权侵犯公民权。

(一) 刑事责任的实体正当根据

刑事责任是一种必为义务,承担刑事责任并不以犯罪人的意志为转移。另外,刑事责任是以刑罚为主要实现方式,往往涉及限制和剥夺人身自由,甚至剥夺生命,还包括财产的没收、资格的限制以及训诫或者责令具结悔过等。可见,刑事责任本身也是一种"恶",甚至是"血淋淋"的。因此,国家也不能轻易追究刑事责任,从其设立、制定与执行也必须具有正当化根据。在一个民主社会里,法律不应当以国家的强制力强迫公民去遵守,而应当以其正当性获得公民的认同,从而促使公民自觉地维护和遵守法律。关于刑事责

任的正当化根据,自古以来存在不同的学说。

1. 神意论

神意论是假借神意,给刑事责任披上正当化的外衣。中华民族具有五千年的历史,中国古代夏、商王朝的君主,也常以"受命于天""恭行天罚"自居。如夏启在讨伐有扈氏时宣称:"有扈氏威侮五行,怠弃三正,天用于剿绝其命。今予维恭行天之罚。"① 成汤攻打夏桀时说:"有夏多罪,天命殛之……夏氏有罪,余畏上帝,不敢不正……尔尚辅予一人,致天之罚。"② 古代西方社会也认为,犯罪是对"上帝的罪过",世俗国王或君主是按照"上帝的旨意"设定刑事责任,从而使绝对正义在世俗社会中得到充分体现。如英国国王詹姆斯一世曾认为,国王受命于上帝,权力无限,是国王创造法律,而非法律制造国王。③ 显然,神意论是统治阶级所编制的弥天谎言,其目的是为刑事责任找到所谓的"正当化根据"。

2. 报应刑论

常言道:善有善报,恶有恶报。古老的因果报应论在人们的心中深深扎根,古今中外均是如此。报应论认为,刑事责任是对犯罪行为的报应,由此就为国家通过法律设定刑事责任提供了正当化根据。荀子就曾认为:"凡刑人之本,禁暴恶恶。……凡爵列官职,庆赏刑罚,毕报也,以类相从者也。一物失称,乱之端也。夫德不称位,能不称官,赏不当功,刑不当罪,不详莫大焉。"④ 在荀子看来,刑罚正是对犯罪的一种报应,如同庆赏是对功绩的回报一样。然而,我国古代的这种朴素认识并未能够形成完整的报应刑理论,刑事责任的报应论是由近代西方刑事古典学派提出的。他们认为,对犯罪科处刑罚是基于一种报应原理:犯罪虽然是一种恶害,但刑罚也是一种痛苦或恶害,对犯罪科处刑罚,就是以恶害报应恶害。简言之,对犯罪以恶害进行报应就是刑事责任最原始的正当化根据。由此可见,刑事古典学派是从刑罚功能上来确定刑事责任的正当化根据。⑤ 在报应论中存在绝对报应论与相对报应刑论之分。前者认为,报应是刑罚赖以存在的唯一根据,作为报应的刑罚自身不具有其他任何目的。刑事责任的根据是正义的要求与道义的必然性,"因为有犯罪而科处刑罚"是绝对报应论的经典口号。⑥ 而后者认为,刑罚虽然是一种报应,但同时又具有预防犯罪的功能与目的,具体包括一般预防与特别预防。刑事责任的正当化根据是正义与合目的性,"为了没有犯罪而科处刑罚"是相对报应刑论的经典口号。显然,相对报应刑论又与目的刑论有相似之处。

3. 目的刑论

目的刑论也称为功利刑论,是刑事实证学派的一种主张。目的刑论认为,刑事责任并非是对犯罪的报应,而是预防犯罪和保护社会的一种手段,正因为设立刑事责任能够防卫

---

① 《尚书·甘誓》。
② 《尚书·汤誓》。
③ 李晓明主编:《刑法学》(上),法律出版社2001年版,第450页。
④ 《荀子·正论》。
⑤ 张明楷:《外国刑法纲要》,清华大学出版社1999年版,第43—44页。
⑥ 李晓明主编:《刑法学》(上),法律出版社2001年版,第451页。

社会,所以国家制定刑事责任是正当的。由此可见,该种理论是从刑罚目的的正当性来论证刑事责任的正当化根据,这同上述相对报应论有某种程度上的契合。但是,就刑罚的功能而言,目的刑论与报应刑论均应兼顾,任何偏执或偏激均不妥。

4. 并合主义刑罚观

并合主义刑罚观认为,刑事责任正当化的根据不仅体现在为了满足"恶有恶报"的正义要求,也体现在为了实现防卫犯罪更加有效的最终目的,即应当在报应刑的范围内实现犯罪的一般预防与特殊预防。由此可见,并合主义是刑事责任根据的一种折衷主义观点,"因为有犯罪并为了没有犯罪而科处刑罚"是并合主义的经典口号。在刑罚并合主义看来,单纯的报应并不能够全部说明刑事责任的正当根据,一个国家设定刑事责任绝不仅仅是为了报应,除此之外还在于更好地预防犯罪,以维护社会的秩序性,从而保障每个公民能够正常地生活。也正因为如此,刑事责任才在极大程度上具有正当性。如上所述,犯罪是刑事责任的前提,没有犯罪就没有刑事责任。从这一观点出发,刑事责任是对犯罪的报应,而且有利于抑制国家刑罚权的轻易发动,甚至也更加有利于保障无罪的人不受刑事追究。但是,即便追究犯罪人的刑事责任也并不能消除犯罪行为人已经犯下的罪行,甚至单纯地对侵害(犯罪)作出反击(报应)只是动物界的本能反应,并不能抑制或者防止新的犯罪行为的发生。因此,单纯的报应本身还不能完整地表明刑事责任的正当性,必须突出预防犯罪的目的才使刑事责任制定根据的正当性显得更加完整和严密。在一个有秩序的社会里,如果有人去犯罪,必然就会有人成为他人犯罪的牺牲品,最终导致人人自危,社会秩序将无法存续。不过,即便有人约束自己不去犯罪,但也并不能保证其他公民不去犯罪。为了保证守法公民不受犯罪的侵害,并在违法公民犯罪后使其承担刑事责任从而不能、不敢或不愿再去犯罪,国家设定刑事责任是必要的,也是正当的。这是如今刑法学界达成的基本共识。但是,如何把握并合主义刑罚观,以及在立法与司法实践中如何贯彻执行等,这才是人们关注的问题的关键,有必要深入研究。

(二) 刑事责任的司法正当根据

刑事责任的司法正当根据,即司法机关为什么可以追究犯罪人的刑事责任?司法机关依据什么标准追究犯罪人的刑事责任?在专制社会,根本不考虑刑事责任的司法正当根据,一切以国王、皇帝等的王权意志为转移,根本不问行为人的主观罪过和行为危害,追究无辜人的刑事责任在所难免。而且,对行为人追究刑事责任时或刑讯逼供,或主观判断与秘密审判,根本不考虑客观证据与正当程序。资产阶级革命胜利后,才出现了罪刑法定和正当程序,如今在民主社会里必须讲究承担刑事责任的正当化根据。本书将刑事责任的司法正当根据划分为原理性根据与法律性根据。

1. 原理性根据:道义责任、社会责任与并合责任

原理性根据,是指从追究刑事责任的司法原理上探究刑事责任的正当化根据,即行为人因为什么原因承担刑事责任,以及承担刑事责任的基本原理和正当化根据。对此,西方

刑法理论中主要存在道义责任论与社会责任论的学说争论。①

(1) 道义责任论。一般认为,道义责任论为刑事古典学派的刑事责任理论。该说以哲学上的"非决定论"为基础,以人的自由意志为前提,将行为人承担刑事责任的正当性与合理性基础归结于人的自由意志。该说认为,行为人是意志自由的主体,凡达到一定刑事责任年龄的人(除了精神病患者外),都具有根据理性而行动的自由。如果行为人基于自由意志的决定,实施了侵害法益的行为,就应该对该行为及结果承受道义的非难而负责任。由此可见,道义责任论重视的是行为人的自由意志,并以行为人的具体侵害行为为非难对象。诚然,这在一定程度上限制了封建社会司法专横和刑罚滥用的权力,具有进步意义。但是,道义责任论则以绝对的自由意志为前提显然是不全面,也是不科学的。正因为如此,最初的绝对道义责任论后期逐步发展成为相对道义责任论,但19世纪后半期,面对犯罪不断增多,累犯、惯犯、常习犯频频出现,道义责任论愈加显得无能为力,于是社会责任论应运而生。

(2) 社会责任论。社会责任论通常被认为是刑事实证学派的刑事责任理论。该说以哲学上的"决定论"为根基,着眼于社会防卫的理论建树。社会责任论以犯罪人为本位,运用实证的研究方法,认为人之意志为其个人与社会原因所决定,受自然法则支配的人的意志并非完全自由;犯罪行为是犯罪人危险性格的集中表现,而这种危险性格是由各种个人原因和社会原因互相作用而形成的。社会为了防卫自身的安全,必然要求具有危险性格的人对其所实施的危害行为承担刑事责任;行为人的危险性格是行为人承担刑事责任的合理基础。"人为什么要对犯罪负责的唯一实证解答,即由于人生活在社会之中,在此范围内,他对所做的一切违反法律的行为总是有责任的,这是社会责任代替道义责任的根本原则。根据实证的责任论,人的行为能够归属于他,为此,他就负有责任,其理由在于'他生活在社会中'。而且这一责任对他来说是能够认识到他的违法行为的。因此,就能够对他科以作为社会防卫的刑罚。"②由此可见,社会责任论是从防卫社会的角度来解释行为人承担刑事责任的正当化根据,其揭示出刑事责任的事物本质。然而,社会责任论却走向了道义责任论的另一个极端,即完全否认人的自由意志,片面强调人的主观危险性。显然,这也是极其不妥的,因为这又为司法专权打开了方便之门。

(3) 并合责任。实际上,在分别经历了道义责任论与社会责任论的学说发展之后,学界对二者进行了纠偏,本书称之为并合责任论。该理论以哲学上的"唯物辩证法"为根基,着眼于物质决定意识在刑事责任理论中的应用,不仅认为社会物质生活条件决定人们的认识与意志,而且充分肯定人的主观能动性,并由此肯定了相对意志自由理论。显然,并合责任论不仅肯定了社会责任论的社会环境与社会防卫理论,同时也肯定了道义责任论中的自由意志与人之行为选择,甚至抛弃了二者在该问题上的极端与过分偏激,从而解决

---

① 洪福增:《刑事责任之理论》,台湾刑事法杂志社1982年版,第7页以下。
② 马克昌主编:《近代西方刑法学说史略》,中国检察出版社1996年版,第176—177页。

了同样的社会环境下为什么有人犯罪而有人不犯罪的问题。正是在这种相对意志自由理论支配下,对于犯罪行为人而言,既可以选择实施犯罪也可以选择不实施犯罪,既可以选择这样实施犯罪也可以选择那样实施犯罪,甚至可以选择实施此犯罪也可以选择实施彼犯罪。在相对意志自由的驱使与指导下,行为人具有选择实施犯罪与不选择实施犯罪的可能性。故有学者指出,在具有相对意志自由的情况下,如果行为人选择实施了犯罪行为,其自由意志就体现出主观恶性,并且该行为侵害了社会,因而行为人应当对此承担刑事责任。① 由此推论,行为人的意志自由程度愈大,其侵害法益的主观恶性愈重,则其应承担的刑事责任愈大;反之,行为人承担的刑事责任愈小。不仅如此,并合责任论深入讨论了人们不具有意志自由的特殊状况,即在一定的客观条件下人是有可能丧失意志自由。例如,在他人强制或强迫犯罪的情况下,虽然实施了纯客观的犯罪行为,但行为人没有主观恶性,完全是外力的胁迫或受他人的逼迫,此种情况下是否可能要求行为人承担刑事责任。对此,有些国家的刑法典有具体规定,但我国刑法典对此没有规定,其难点一方面在于该种情形确实难以认定,另一方面在于即便是有法律规定但究竟应该如何认定,尤其在程度上如何认定,缺乏操作性,这个难题有待将来刑法典予以明确。

综上所述,假如行为人具有相对意志自由,并在相对意志自由支配之下实施了犯罪行为,社会为了维护良好的秩序就应要求行为人承担刑事责任,这是正当的,也是合理的。

2. 法律性根据:证据证明、犯罪成立与正当程序

原理性根据已经解决为什么要追究行为人的刑事责任及其正当性的问题,那么,司法机关依据什么标准追究行为人的刑事责任,即司法正当性的法律根据。为了确保司法机关追究犯罪人刑事责任的正当性,必须对司法机关的刑事司法活动从法律上作出限制。

(1) 有足够的证据证明力证明犯罪事实的存在。只有如此,司法机关才能启动刑事司法程序去追究犯罪人的刑事责任。而行为人的行为是否构成犯罪,主要依靠证据证明。所以,证据是确定刑事责任的核心证明力。不管是在立案阶段还是侦查阶段,以及起诉和审判阶段,都必须在客观上有充分的证据表明有犯罪发生,而且有明确的犯罪嫌疑人或被告人,这样司法机关启动刑事司法程序才是正当的。

(2) 行为人的行为具备了全部的犯罪成立要件。也就是说,只有行为人的行为具备了法律规定的某一个罪名的全部犯罪成立要件,司法机关才能确定行为人应承担的刑事责任。如上所述,成立犯罪是追究刑事责任的唯一前提,刑事责任是犯罪所引起的法律后果。因此,司法机关最终确认行为人是否应当承担刑事责任,必须以行为人的行为是否成立犯罪为依据;否则,行为人就不应当承担刑事责任。行为人的行为是否成立犯罪的唯一标准就是刑法关于某个罪名全部要件的法律规定,除此之外不存在其他任何标准。在法治社会里,孤立的犯意或侵害行为都不是判断行为是否成立犯罪的标准。

(3) 司法机关追究刑事责任必须具备正当程序。正当程序(due process)虽然最初只

---

① 李晓明主编:《刑法学》(上),法律出版社 2001 年版,第 454 页。

是英美法系的一条重要法律原则,但现在已经得到了国际社会尤其是各国司法制度的普遍认可,法律程序的正当性内容所包含的价值主要是程序的中立、理性、排他、可操作、平等参与、自治、及时终结和公开等。通过正当程序不仅达到宪法的至信、至尊、至上,从而实现宪法权威,而且还有助于各种司法纠纷包括刑事案件的审理趋于公平和公正;不仅打击了犯罪,而且保障了无罪的人不受法律追究。

综上所述,司法机关追究犯罪人的刑事责任,不仅需要司法正当性的原理性根据,还特别需要法律性根据,否则,不能够充分体现司法机关追究刑事责任的正当性。而且,刑事责任的大小应当与犯罪行为的客观危害和犯罪人的人身危险程度相适应,只有如此才能够充分、完整和彻底地显示出司法机关追究犯罪人刑事责任的正当性根据。

二、刑事责任的原则

按照法治社会的要求,无论立法机关设定刑事责任还是司法机关追究刑事责任,都必须遵循一定的规则与基本准则,这就是刑事责任的原则。刑事责任的原则是指在刑事责任立法与司法活动过程中必须遵循的追究刑事责任的基本准则。刑事责任的原则其本质意义主要是对国家刑罚权的限制,其集中体现的是国家法治的基本精神。深入研究刑事责任的原则,不仅有利于指导国家立法机关公平、合理地设定刑事责任,也更加有利于指导司法机关客观、公正地追究刑事责任。

然而,刑法理论对于刑事责任究竟包含哪些原则存在争议。有学者认为,刑事责任包括两个原则,即罪责自负、反对株连原则和犯罪必究、错案必究原则。① 也有学者认为,刑事责任包括五个原则,即必然性原则、及时性原则、罪责自负原则、主客观相统一原则和均衡协调原则。② 还有学者认为,刑事责任的原则包括刑事责任不可避免原则、刑事责任及时性原则、刑事责任自负原则、刑事责任主客观相统一原则、刑事责任与犯罪相适应原则。③ 然而,本书认为,作为刑事责任的原则需要符合两个条件:(1)必须是专门用以指导刑事责任立法与司法的原则。据此,主客观相统一原则不具有此项功能,它是刑法的一项基本原则,而非专门指导刑事责任立法与司法的原则。(2)必须是贯穿于刑事责任设定与追究的全过程。据此,错案必究原则也不具有此项功能,它只是罪责自负原则之下的派生原则。所以,刑事责任原则包含必究原则、自负原则、及时原则、法定原则与相当原则。

(一)刑事责任必究原则

刑事责任必究原则是指行为人犯罪后必须追究其刑事责任的原则。追究犯罪人的刑事责任不仅是国家的权力,更是国家的义务,否则就是对人民和社会的不负责任。而且,刑事责任必究,还是国际社会及世界各国刑法达成的共识。即使在适用刑法不平等、公开维护特权的封建时代,刑事责任也是必究的。这不仅体现着法律面前人人平等,更是由刑

---

① 赵廷光主编:《中国刑法原理》(总论卷),武汉大学出版社1992年版,第341页以下。
② 张文等:《刑事责任要义》,北京大学出版社1997年版,第117页。
③ 张明楷:《刑事责任论》,中国政法大学出版社1992年版,第84页。

事责任的目的所决定的。如有学者指出:"对于犯罪最强有力的约束力量不是刑罚的严酷性,而是刑罚的必定性。""如果让人们看到他们的犯罪可能受到宽恕,或者刑罚并不一定是犯罪的必然结果,那么就会煽惑起犯罪不受处罚的幻想。"①从追究刑事责任的目的与效果上来看,只有刑事责任必然被追究,才能使犯罪人不敢、不愿重新犯罪,并使社会上的其他人不敢轻易犯罪,提高全社会抑制犯罪和同犯罪作斗争的积极性,最终真正实现一般预防与特殊预防的目的。

刑事责任必究原则要求执法与司法人员必须恪尽职守、公平公正、有罪必究,而不能随意执法、选择执法。公安司法机关只要发现犯罪事实或犯罪嫌疑人,就应当依照管辖权以事立案、毫无疏漏、公平公正、严密侦查。只有这样,才能真正贯彻刑事责任的必究原则,最终保障社会的和谐、安宁与稳定。

(二) 刑事责任自负原则

刑事责任自负原则是指刑事责任只能由犯罪人本人承担,绝不能株连和连累那些与犯罪人有关系但并没有实施犯罪的人。也就是说,谁犯罪谁担责,不能伤害或冤枉无辜。"罪责自负"不仅是世界各国刑法典明文规定的刑事责任的原则,这也是由刑事责任的功能与目的所决定的。只有让犯罪者本人承担自己的行为所导致的刑事责任的后果,才能够实现一般预防和特殊预防的最终目的。

历史上也存在扩大刑事责任范围的情况,甚至株连九族、伤及无辜,但那是奴隶社会、封建社会司法的陈规陋习,是严厉的酷刑、酷吏政策。因此,强调刑事责任自负原则不仅具有历史进步意义,而且是现代刑法的必然要求。

(三) 刑事责任及时原则

刑事责任及时原则是指犯罪发生以后司法机关应当迅速、及时地追究犯罪人的刑事责任的原则。"迟到的正义是非正义。"如有学者指出:"犯罪与刑罚之间的时间隔得越短,在人们心中,犯罪与刑罚这两个概念的联系就越突出、越持续,因而,人们就很自然地把犯罪看作起因,把刑罚看作不可缺少的必然结果。""只有使犯罪和刑罚衔接紧凑,才能指望相联的刑罚概念使那些粗俗的头脑从诱惑他们的、有利可图的犯罪图景中立即猛醒过来。推迟刑罚只会产生使这两个概念分离开来的结果。推迟刑罚尽管也给人以惩罚犯罪的印象,然而,它造成的印象不像是惩罚,倒像是表演。"②由此可见,及时追究犯罪人的刑事责任不仅体现公平正义,而且是实现特殊预防与一般预防的有效手段,这也是由追究刑事责任的目的所决定的。司法实践已证明,一些罪大恶极的犯罪分子并非一开始就胆大妄为,而是由于最初犯罪时没有被及时追究,使得犯罪分子的气焰更加嚣张,最终酿成重大恶性案件。而且,现代科学与心理学实验也进一步证实,要使惩罚收到最佳效果,就必须尽量缩短惩罚与犯罪之间的时间距离,惩罚与犯罪,时间间隔越短,则惩罚越有效果;惩罚犯罪

---

① 〔意〕贝卡利亚:《论犯罪与刑罚》,黄风译,中国大百科全书出版社1993年版,第59—60页。
② 同上书,第56—57页。

的最佳时间,就是犯罪行为发生的时间。① 及时性原则要求司法机关短时间内确认犯罪人的刑事责任,也使得其从承担刑事责任的应然状态转变为实际承担刑事责任的实然状态,从而实现了国家法律的权威性和严肃性。

刑事责任及时原则要求公安司法机关及时发现、侦破、起诉和审判犯罪案件,否则,证据将会随着时间的推移而难以取得或灭失,如此有违刑事责任及时性原则的功能与效用。及时性原则绝不意味着司法机关片面追求效率,而忽视办案质量,司法机关必须遵循法律的有关规定或按照法定程序办案。只有这样,才能准确、及时地惩治犯罪,并保障无罪的人不受刑事追究。

除了上述三项刑事责任的原则外,还包括法定原则和相当原则,即罪责法定原则和罪责相当(或相适应)原则,这在刑法基本原则中都有详细阐述,本书不再重复。刑事责任的原则,都普遍具有立法上的规制功能、司法上的指导功能和法律解释上的引用功能,所以,在司法实践中应最大程度地使其功能得以发挥。

第三节 刑事责任的定位及进程

刑事责任在我国刑法学体系中的地位如何,一方面直接决定着对刑事责任的理解问题,另一方面也决定着刑法总则体系的构建问题。因此,刑事责任的地位问题,是刑法理论的重要问题。

一、刑事责任的定位

刑事责任的定位既包括其在刑法学中的定位,也包括其在整个刑事法学中的定位。本书仅探讨刑事责任在刑法学中的应有地位。

(一)刑事责任在刑法理论中的定位:两大基础理论之一

众所周知,刑法学的基础理论有两个:一个是犯罪论,另一个就是刑事责任论。二者统称为"罪责关系"(或"罪刑关系"),是刑法学的两大主要研究对象,更是刑法学的学科主线。因此,其被誉为刑法学的两大基础理论之一。这是因为"刑事责任关系到刑法理论的全局,几乎所有的刑法问题都与刑事责任密切相关"②。如根据刑法典第13条的规定,刑事责任(应当受刑罚处罚)不仅是认定犯罪的前提,而且是犯罪的法律后果。整个刑法分则就是追究刑事责任行为的明细表,该明细表详细列举了各种犯罪行为或罪名应负刑事责任的全部内容。③

首先,刑事责任是刑法立法的主要内容。刑法立法的过程就是立法者基于报应与防卫的需要,并围绕着某行为是否应当承担刑事责任、承担何种刑事责任以及如何实现刑事

---

① 张明楷:《刑事责任论》,中国政法大学出版社1992年版,第90页。
② 冯军:《刑事责任论》,法律出版社1996年版,序第3页。
③ 李晓明主编:《刑法学》(上),法律出版社2001年版,第444—445页。

责任等问题进行的。

其次,刑事责任是刑事司法的核心问题。整个刑事司法活动的核心问题就是为了准确、及时地查明犯罪,以及最终追究其刑事责任。离开了刑事责任问题,整个刑事诉讼活动就不复存在。

最后,刑事责任是刑事法学的基础理论。刑事责任不仅在刑法学中占有重要地位,而且也是整个刑事法学的基础理论,它与刑事法中的相关部门法都有着密切关系。刑法作为实体法,主要是通过规定犯罪与刑罚,设定某种刑事责任,从而为刑事责任的追究提供实体法律根据。刑事诉讼法作为程序法,主要通过规定诉讼程序及各种证据规则,从而为刑事责任的追究提供程序法律根据。刑事执行法作为行刑法,主要通过对监狱管理和社区矫正的性质、职能、受刑人的权利和义务等的规定,为刑事责任的最终实现提供法律根据。所以,刑事责任是刑事法学的基础理论,是整个刑事法学的核心。

(二)刑事责任在学科体系中的定位:罪—责结构说

刑事责任在刑法学体系中究竟居于什么地位?对此理论上争议较大,有不少代表性的观点。[①]

1. 罪—责—刑说

该说认为,刑事责任是介于犯罪和刑罚之间的桥梁和纽带。刑事责任的功能就在于对犯罪和刑罚的关系起着联系和调节的作用:犯罪的实施与否决定刑事责任的存在与否,犯罪事实综合反映出的社会危害性程度决定着刑事责任的程度。即便是同样的犯罪,由于犯罪人承担刑事责任的能力不同,因而最终承担的刑事责任大小也就不同。该学说是基于犯罪而产生刑事责任,又由于不同的刑事责任而产生不同的刑罚后果。刑事责任既是犯罪的后果,又是刑罚的先导,还在二者之间起着中介或者桥梁的作用。"罪—责—刑"的逻辑结构是我国传统刑法学学科体系及其内容的基本反映和缩影,其认定犯罪—确定责任—决定刑罚的系列思维完整地呈现办理刑事案件的步骤和过程。[②] 一直以来,该学说是我国刑法学界的主流学说或通说。

2. 责—罪—刑说

与罪—责—刑说的观点不同,该说认为,刑事责任是整个刑法学中带有前提性和根本性的概念。从刑法特别是刑事立法的角度看,总是刑事责任在先而犯罪在后,没有刑事责任就不成立犯罪;而刑事责任又是刑罚的前提,没有刑事责任也就不应当受到刑罚处罚。因此,刑事责任是犯罪的前提,也是刑罚的根本,更是整个刑法学科的内在生命。所以该说主张,应当按照刑事责任—犯罪—刑罚的逻辑顺序来建构刑法学学科体系,包括建立刑法典总则的体系。[③] 该种学说虽然不是我国刑法学的主流性观点,但在刑法学界也具有相当大的影响力。

---

① 李晓明主编:《刑法学》(上),法律出版社 2001 年版,第 446—447 页。
② 高铭暄、马克昌主编:《刑法学》(上编),中国法制出版社 1999 年版,第 383—384 页。
③ 杨敦先主编:《刑法运用问题探讨》,法律出版社 1992 年版,第 26—28 页。

3. 罪—责说

该说认为,犯罪是追究刑事责任的前提,刑事责任是犯罪的直接法律后果;刑罚虽然是刑事责任的主要或者核心实现方式,但不是刑事责任的全部内容,更不是实现刑事责任的唯一方式。除刑罚外,刑事责任的实现方式还包括驱逐出境和剥夺军衔、赔偿经济损失、非刑罚处罚措施、有罪宣告、责令家长管教或政府收容教养等非刑罚处罚方式。所以,刑罚与其他实现刑事责任的方式一样,只是刑事责任的一个下位概念,并不是刑事责任概念的全部。因此,犯罪—刑罚的体系,应改变为犯罪—刑事责任的体系,这样才能澄清犯罪与刑事责任的关系。① 该学说曾在20世纪90年代后期至21世纪初引起刑法学界高度重视与关注。

本书赞同罪—责说。如上所述,认定或者确立刑事责任与犯罪同等地位的关键,正是在于彻底梳理或者明确刑事责任与刑罚的关系。从二者的关系来看,犯罪与刑事责任具有内在的统一性和形式上的对等性,刑事责任不仅是犯罪成立的前提,甚至也是犯罪的直接法律后果。有罪则有责,无罪则无责,完全符合刑法学科的经典原则和理论。由此可见,二者是相互对等、彼此平行的一对基本范畴与关系,这不仅可以从我国刑法总则第二章第一节"犯罪和刑事责任"的标题中得到明证,而且从国外的刑法立法例和刑法教科书架构的刑罚体系和保安处分体系的刑事责任内容上也可以得到启示。从刑罚与刑事责任的关系来看,刑罚只不过是刑事责任的实现方式之一(当然是最重要或最核心的实现方式),除了刑罚外,刑事责任还有许多实现方式,包括针对人身危险性的保安处分内容。因此,刑罚只是刑事责任的一个下位概念,而刑事责任是包括刑罚的犯罪后果集合群。

(三)刑事责任在刑法立法中的定位:刑法的核心内容

古今中外的刑法无一例外地都是以规定刑事责任为核心内容的刑法典。诚然,我国刑法总则第二章第一节"犯罪和刑事责任"的表述与内容上还对刑事责任存在另一种理解,即指的是刑事责任年龄与刑事责任能力。甚至我国刑法学家马克昌教授针对"罪—责说"也曾认为:"从刑法立法来看,这种体系明显与刑法体系不符……刑法是按照刑法——犯罪——刑罚的结构规定的,此其一。其二,在刑法理论中刑罚理论内容丰富,占有很大篇幅,非刑罚处罚方法内容单薄,所占篇幅很小,使两者处于同等地位,未必合理。如果刑法按照有的学者关于完善刑事责任立法所设想的那样修改,在刑法教材中自应采用这种体系;但在刑法未作修改之时,这种体系还不宜在教材中采用。"② 而陈兴良教授也明确指出:"在目前刑罚仍是犯罪的主要法律后果的情况下,以刑事责任取代刑罚,条件尚不成熟,而且也无此必要。"③ 对此本书不赞同,主要理由④如下:

(1)我国刑法总则第二章"犯罪"和第三章"刑罚"并非二者并列的科学依据。这种安

---

① 张明楷:《刑事责任论》,中国政法大学出版社1992年版,第149—150页。
② 马克昌:《刑事责任的若干问题》,载《湖北公安高等专科学校学报》2001年第3期。
③ 陈兴良:《本体刑法学》,商务印书馆2001年版,第7页。
④ 李晓明主编:《中国刑法基本原理》(第2版),法律出版社2007年版,第456—457页。

排,一方面说明除刑罚外其他刑事责任承担方式还不是很成熟,所以保安处分等内容在我国刑法典中根本没有涉及,另一方面也不能说明该体系就是最科学的刑法结构与立法体系。因此,既不可据此得出犯罪与刑罚就一定是并列关系的结论,也不可得出犯罪的法律后果仅是刑罚的结论,更不能得出刑事责任就是指刑罚的必然结论。换言之,依据现行刑法典同样不能得出现行刑法采取了罪—责—刑说这一结论。事实上,我国刑法典有关"……犯罪,应当负刑事责任"(如刑法典第14、15、17条等)的表述,以及众多其他法律中"构成犯罪的,依法追究刑事责任"的表述也足以表明罪—责说是合理的;如果是罪—责—刑说,则应采取"构成犯罪的,依法追究刑事责任,判处刑罚"的表述,但事实并非如此。

(2) 作为犯罪的直接法律后果,除刑罚之外还有其他刑事责任的承担形式。为此,作为实现刑事责任方式的一个集合群,也必须概括出一个上位概念来涵盖这些不同方式与情形,而这个上位概念自然就是刑事责任。不能因为刑罚在目前是犯罪的主要法律后果或刑事责任的主要实现方式,就否认刑罚是刑事责任下位概念这个事实。有必要以刑事责任论取代刑罚论,这样安排才合乎逻辑。

(3) 非刑罚处罚措施不够成熟并不是否定"罪—责说"的充分理由。根据我国刑法典的相关规定,刑罚的确是实现刑事责任的主要形式,而非刑罚处罚措施只有少数几个条文有规定,甚至在司法实践中也很少使用。但是,我国的刑法典体系本身就需要进一步完善,尤其是在保安处分等措施上与西方一些相对完备的刑法典还有相当的距离。所以,仅以刑法典暂时规定的多与少以及司法适用的频率来论证刑罚与刑事责任的关系与地位是不科学的,二者的关系和地位是否平等应当取决于它们内在的逻辑体系和本质联系。从犯罪所能产生的否定性刑事法律后果来看,刑罚与其他实现刑事责任的方式在逻辑关系上应当是平等的。所以,逻辑上,"罪—责说"不仅在刑法典中没有什么不妥,而且在未来刑法立法中更具前瞻性。

(4) 由刑事责任论取代刑罚论不仅明确了刑事责任与刑罚的关系,而且可以使原刑罚论中的某些范畴在刑法体系中找到其应有的归宿和位置。如关于赔偿经济损失、非刑罚处罚措施等内容,我国刑法典将其置于"刑罚的体系和种类"一章中附带论述。严格地讲,这种处理方法是不妥当的,因为赔偿经济损失、非刑罚性处罚措施等内容作为刑事责任的实现方式是与刑罚相并列的,二者之间不存在包容关系。只有在刑事责任论中,赔偿经济损失、非刑罚处罚措施等内容才能够确定应有位置。

由此可见,刑罚和犯罪之间不可能是并列或对等关系。虽然责—罪—刑说有一定道理,但其认为刑事责任与刑罚是并列、平行关系,这在逻辑上是无法成立的。该说虽然也肯定刑事责任是与犯罪、刑罚有区别的独立实体[①],但其将刑事责任视为犯罪与刑罚的中介或者桥梁,就使得刑事责任失去了实质性的内容,甚至使刑事责任变成了一项空洞的理论。比较二者的重要性与价值作用,显然刑事责任的实质内容的立法地位比中介或者桥

---

① 赵秉志、吴振兴主编:《刑法学通论》,高等教育出版社1993年版,第316页。

梁的地位更重要。

综上所述,本书赞成罪—责说,并由此放弃传统刑法理论原有的"犯罪论—刑罚论"这一学科体系,而采用"犯罪论—刑事责任论"的刑法学科新体系。该新体系对于重新认识刑法的性质、完善我国的刑法立法以及更新刑事司法观念等都具有十分重要的现实意义。

二、刑事责任的进程

刑事责任的进程一般称为"刑事责任的阶段"。[①] 然而,阶段的提法并不能完全体现刑事责任追究的全部动态过程,刑事责任的终结可以涵盖在进程中,但不能涵盖在阶段中。尽管所有的刑事责任都存在进程,但并非所有的刑事责任的进程都一定经历从产生、确认、实现到终结的全过程。刑事责任的进程是指从其产生到确认,再由确认到其实现的发生、发展全过程。由此可见,刑事责任从产生、确认到实现完全是一个动态的发展过程。但犯罪人也有可能在犯罪后并没有被及时发现,或者在发现后未能及时归案,以及还可能在追溯之前和诉讼过程中出现死亡等意外情况,由此导致刑事责任最终无法实现。此处有可能出现刑事责任被消灭,从而使其无法进行和发展下去。

(一) 刑事责任的产生

刑事责任的产生是指因行为人实施犯罪行为而导致刑事责任的必然出现。刑事责任的产生是刑事责任进程的首要环节,只有产生了刑事责任才有可能对其进行确认、实现以及终结;否则,如果刑事责任根本没有产生,那么司法机关便不能追究刑事责任,行为人也就不必承担刑事责任。

犯罪行为及其刑事责任产生以后,接着就要启动对刑事责任追究或者处罚的程序,刑法在一般情况下要考虑以处罚预备犯为原则,因此犯罪人开始实施直接故意犯罪的预备行为时,如果由于犯罪人意志以外的原因而未能使预备行为向前发展的,此时刑事责任便已产生。在以犯罪结果为犯罪成立条件的犯罪中(如过失犯罪、间接故意犯罪),发生犯罪结果时即产生刑事责任。刑事责任的及时性原则也会要求司法机关尽快启动刑事诉讼程序,以进一步确认犯罪人的刑事责任。然而,由于犯罪行为可能一时没有被发现,司法机关就不一定会去实际追究犯罪人的刑事责任。如果司法机关在长时期内没有启动刑事诉讼程序确认犯罪人的刑事责任,则刑事责任也极有可能被终结,如追诉时效已过或者犯罪人死亡的,便不能追究其刑事责任。

由此可见,刑事责任因犯罪的发生而产生,而且刑事责任始于犯罪成立之时,这是由刑事责任客观性的特征所决定的。因为犯罪发生时间的界定标准只有一个,即刑法规定的具体犯罪成立之时。在犯罪人实施犯罪行为后,不论司法机关是否实际确认和追究其刑事责任,刑事责任都已经产生,且不以任何人的意志为转移。所以,刑事责任因客观犯罪行为的出现同样也成为一种客观存在。刑法学界也有观点认为,刑事责任产生于法院

---

① 陈兴良主编:《刑事法总论》,群众出版社2000年版,第369页。

作出有罪判决生效之时,因为如果认为犯罪人的刑事责任从犯罪行为实施之时就已开始,那么就表明在法院未作出审判结果之前就已经将犯罪人推定有罪,司法机关就不需要收集证据,人民法院也不必进行审判,就可以要求犯罪人继续承担从犯罪行为实施时就已开始的刑事责任。① 对此本书认为值得商榷,因为该种观点是否抹杀了刑事责任的客观性,刑事责任的产生并不因为被发现或者被追究而存在,而是因犯罪的发生而存在。而且,该种观点混淆了刑事责任事实上的发生与刑事责任在法律上的确认,二者完全是不同的概念与范畴。也就是说,在犯罪人尚未被追究刑事责任之前,虽然其尚未实际承担刑事责任,但并不意味着行为人此时就没有刑事责任。对于这一点,犯罪人本人也是非常清楚的,否则,就很难解释为什么犯罪行为人在犯罪之后总是试图毁灭罪证,以逃避刑事责任。如果将刑事责任产生的时间定为有罪判决生效之时或犯罪人被实际追诉之时,则无法解释有关条文中"刑事责任"一词的真正含义。如我国刑法典第 10 条规定:"凡在中华人民共和国领域外犯罪,依照本法应当负刑事责任的,虽然经过外国审判,仍然可以依照本法追究……"该条规定表明,只要在我国领域外犯我国刑法典规定之罪,在未经我国审判机关审判之前,刑事责任就已经存在。另外,我国刑法典第 89 条第 1 款也清楚地表明了刑事责任始于实施犯罪之日:"追诉期限从犯罪之日起计算;犯罪行为有连续或者继续状态的,从犯罪行为终了之日起计算。"该条规定的追诉时效实际上就是追诉犯罪人刑事责任的有效期限。

综上所述,刑事责任开始于犯罪成立之时,而且开始的标志是犯罪行为的实际发生,终了的标志是司法机关对刑事责任的实际追究。由于不同犯罪的犯罪成立标准在法律规定上存在较大的区别,因此,刑事责任产生的时间实际上是因罪而异的。如上所述,就犯罪的主观标准而言,直接故意犯罪行为人开始实施预备行为之时,刑事责任即已产生,我国刑法典原则上处罚预备犯的法律规定也就意味着犯罪人开始实施故意犯罪的预备行为,即使预备行为未向前发展,此时刑事责任也已产生。而过失犯罪、间接故意犯罪则以犯罪结果的实际出现为犯罪成立的标准,因此,只有出现具体犯罪所要求的犯罪结果时,刑事责任才能够产生。

(二) 刑事责任的确认

刑事责任产生以后,刑事责任的确认是其实现的必经阶段,也是其功能充分体现的真实保障。刑事责任的确认是指司法机关依照法定程序准确认定行为人是否具有刑事责任,是否应当承担刑事责任以及承担何种内容、何种程度刑事责任的司法工作过程。刑事责任产生后之所以需要对其加以确认,一方面是由于刑事责任的确存在有无的问题。犯罪案件发生以后,是否需要进行立案、侦查、起诉或者审判,主要是确定行为人是否具有刑事责任,或者有无能力承担刑事责任,以及有无必要追究刑事责任。然而,有些案件的犯罪行为人及其刑事责任比较明显,但有些案件的犯罪行为人及其刑事责任则并不那么明

---

① 刘德法:《论刑事责任的范围》,载《郑州大学学报》(哲学社会科学版)1988 年第 5 期。

显，甚至刑事责任难以辨别和区分。为了不冤枉无辜，也使该承担刑事责任的人受到应有的追究，就需要对刑事责任加以确认。另一方面，在存在刑事责任的前提下，刑事责任也还存在大小的问题。也就是说，刑事责任不仅存在有无的问题，也存在大小或者程度轻重的问题。犯罪人仅应承担与其客观危害和主观恶性大小相适应的刑事责任；否则，就违背了刑事责任相当原则。所以，犯罪人实际应承担何种刑事责任，需要司法机关通过收集证据和认定案件事实加以确认。此外，刑事责任的追究不仅需要实体正义，而且需要程序正义来保障。只有依据公正的实体法和正当的程序法才能够最终准确确认刑事责任；否则，非正义的法律和非正当程序确认的刑事责任是不具有法律效力的。

刑事责任确认的主要内容包括：(1)确认刑事责任的有无。行为人的行为只有成立犯罪才会产生刑事责任，如果行为人的行为并不成立犯罪，或者行为人的犯罪情节显著轻微、危害不大的，或者行为人无刑事责任能力等，都可能导致行为人不承担刑事责任。也就是说，刑事责任的确认首先可能遇到的问题是刑事责任的有无问题。(2)确认刑事责任的大小。在确定行为人具有刑事责任的前提下，接下来就是要确认刑事责任的大小问题。具体要从犯罪行为的性质、法益侵害的程度以及手段、后果、行为人的一贯表现、罪过形式、犯罪的目的与动机等犯罪情节来考量，其中考察犯罪行为的社会危害性大小以及行为人的主观恶性是确定刑事责任大小最为重要的考量因素。对社会造成的危害较大，且行为人主观恶性较深，行为人应承担的刑事责任也就较重；反之，行为人承担的刑事责任也就较轻。(3)确认的刑事责任是否需要追究。虽然存在刑事责任，但也不一定都需要追究。如我国刑法典第7条规定："中华人民共和国公民在中华人民共和国领域外犯本法规定之罪的，适用本法，但是按本法规定的最高刑为3年以下有期徒刑的，可以不予追究。"又如对于侮辱、诽谤、侵占等这些自诉罪名，自诉人没有告诉或者撤回告诉的，或者对于公诉的罪名，行为人死亡或永远丧失刑事责任能力的，便不需要追究行为人的刑事责任。我国刑法典第11条也规定："享有外交特权和豁免权的外国人的刑事责任，通过外交途径解决。"这也是国际惯例，属于实现刑事责任的一种特殊方式。(4)确认承担刑事责任的具体内容。虽然刑事责任已经确定，但最终需要行为人承担什么样的刑事责任，如是刑罚还是非刑罚处罚，是主刑还是附加刑，以及具体的刑罚内容等，都是确认刑事责任的具体内容。(5)确定刑事责任的具体执行方式。例如，是在监狱中执行还是社区矫正，罚金是一次性缴纳还是分期、分批多次缴纳，以及赔礼道歉的方式是书面的还是口头的等。

刑事责任的确认是通过刑事诉讼的方式来实现的，刑事诉讼过程是由立案、侦查、起诉、审判、执行五个部分或阶段构成的，而刑事责任的确认由前四个阶段来完成。刑事责任的确认不是一个时间点，而是一个时间段——从立案侦查时起，直至人民法院作出有罪刑事判决时为止。因此，广义上，刑事责任的确认机关包括公安机关、检察机关和审判机关。没有公安机关、检察机关的配合，单独由审判机关确认刑事责任是根本无法进行的（不过，由人民法院直接受理的刑事案件除外）。但从狭义上理解，只有审判机关才是最终刑事责任的确认机关。我国《刑事诉讼法》第12条规定："未经人民法院依法判决，对任何人都不得确定有罪。"这就在立法上确认了只有人民法院才是最终确认刑事责任的权威机关,而公安机关、检察机关只是对刑事责任各个不同阶段的确认,他们的工作是为人民法院对刑事责任的最终确认提供必要条件,公安机关、检察机关对于刑事责任没有最终确认权。

（三）刑事责任的实现

确认刑事责任不是目的,确认刑事责任是为了更好地完成刑事责任的实现。刑事责任的实现,也称为刑事责任的实际承担,是指犯罪人由承担刑事责任的应然状态变为实际承担刑事责任的状态,即根据法律规定强制犯罪人承担其应承担的法律后果。刑事责任实现的意义主要表现在两个方面:(1) 警示和预防犯罪。也就是说,只有让犯罪人实际承担刑事责任,才能从根本上杜绝犯罪人的侥幸心理,从而不敢再重新犯罪,进而也对社会上的有犯罪倾向的人起到警戒和震慑作用。(2) 实现对社会的调控。刑事法律对社会秩序的调控主要是通过刑事责任的实现来完成的,如果没有刑事责任的追究和实现,刑事法律规范的效力及刑法的功能便不能实现。

刑事责任的承担或者实现离不开一定的方法与手段,即刑事责任的承担或实现方式。刑事责任的承担方式,也称为刑事责任的表现形式,是指犯罪人实际承担刑事责任的具体方式。刑事责任的承担方式必须是法律明文规定,而且必须是适用于刑事责任承担主体的法定方式。这是刑事责任法定原则的基本要求,也是刑事责任的实质与核心内容。关于刑事责任的承担方式我国刑法学界也存在争议。有学者认为,实现刑事责任的方法除刑罚等措施外,还包括刑事诉讼强制措施、行政强制措施和其他强制措施。但也有学者认为,刑事诉讼强制措施不是刑事责任的实现方式。① 因为刑事责任是一种不利于犯罪人的刑事法律后果,这决定了刑事责任的承担方式只能是实体上的方法,而不是程序法上的方法。程序上的强制措施不过是为确保刑事责任确认的顺利进行而采取的法律措施,所以并不能肯定行为人必然应承担刑事责任。而刑事责任的承担方式是司法机关确认行为人应承担刑事责任之后,依照刑法典的相关规定对行为人适用承担刑事责任的方法和手段。因此,程序上的强制措施并非刑事责任的承担方式,行政与其他强制措施更不是刑事责任的承担方式。还有学者认为,在我国实现刑事责任的方法只能是刑罚,除此之外尚不存在其他实现刑事责任的方法。② 本书认为,刑罚不是实现刑事责任的唯一方法。在古代社会,刑罚确实曾经是刑事责任的唯一实现方式,但随着刑事实证学派的兴起,刑罚不再是对犯罪的机械报应,而是防卫社会的必要手段,于是保安处分应运而生。因此,认为实现刑事责任的方法只能是刑罚的观点已经不合时宜。在我国刑法典中,有 14 个条文规定了"免除处罚"(即"有罪宣告"),如对于防卫过当、胁从犯等都可以免除处罚。③ 而且,

---

① 李晓明主编:《刑法学》(上),法律出版社 2001 年版,第 475 页。
② 陈兴良主编:《刑事法总论》,群众出版社 2000 年版,第 366 页。
③ 需要注意的是,免除处罚并非指行为人不承担刑事责任,而是指行为人应当承担刑事责任,不过免除刑事处罚而已。

我国刑法典第 37 条还规定了训诫、责令具结悔过、赔礼道歉等非刑罚处罚措施,这些措施也是由犯罪行为所导致的法律后果,因而也属于实现刑事责任的方式。诚然,对于犯罪人适用非刑罚处罚措施,同犯罪人承担刑罚一样,也具有实现刑事责任双面预防的目的与功效。此外,有学者认为,单纯宣告行为人的行为构成犯罪也是实现刑事责任的方式之一。[①] 行为人的行为成立犯罪后,如果法益侵害性较小,可能被免除刑罚处罚,甚至可能被免除非刑罚处罚措施处罚,这不仅在理论或逻辑上是存在的,而且也是有立法与司法实践根据的。驱逐出境和剥夺军衔、赔偿经济损失、责令家长管教或政府收容教养等也应成为承担刑事责任的方式。因此,本书将承担刑事责任的方式划分为两类:

1. 刑事责任承担的主要方式:刑罚(主刑和附加刑)

古今中外,刑罚一直是刑事责任的核心内容,对犯罪人适用刑罚也是犯罪人承担刑事责任最主要方式。众所周知,刑罚是以剥夺犯罪人的生命、自由、财产、资格等为基本内容,也是诸法律后果中最为严厉的一种法律后果。对于大多数犯罪而言,因其客观危害与主观恶性比一般违法行为更严重,因此,对多数犯罪都必须给予刑罚处罚。[②]

在我国,刑罚分为主刑和附加刑两大类。根据我国刑法典第 32 条至第 37 条的规定,主刑是对犯罪分子适用的主要的刑罚方法,但主刑只能独立适用而不能附加适用。我国刑法典规定的主刑种类包括管制、拘役、有期徒刑、无期徒刑和死刑。附加刑是补充主刑适用的刑罚方法,附加刑既可以附加适用也可以独立适用。我国刑法规定的附加刑种类包括罚金、剥夺政治权利和没收财产。

2. 刑事责任承担的其他方式:驱逐出境和剥夺军衔、赔偿经济损失、非刑罚处罚措施、有罪宣告、责令家长管教或政府收容教养

刑事责任承担的其他方式分别规定在我国刑法典第 35、36、37、17 条之中,其中第 35 条规定的是驱逐出境,第 36 条规定的是赔偿经济损失,第 37 条规定的是非刑罚处罚措施和有罪宣告,第 17 条规定的是责令家长管教或政府收容教养,而剥夺军衔的内容规定在我国有关的附属刑法中。虽然这些刑事责任的承担方式没有规定在主刑和附加刑之中,但它们也属于我国刑法典第三章第一节"刑罚的种类"内容。故本书认为,按照本节的内容排列,其应当属于广义的刑罚种类的内容。

另外,针对刑事责任的承担方式,需要注意以下问题:(1)我国刑法典第 35 条规定的"驱逐出境"实际上也是一种附加刑,只是其只适用于在我国境内犯罪的外国人,并不适用于我国公民。所以,"驱逐出境"并没有规定在我国刑法的附加刑中。(2)我国刑法典第 37 条规定的"可以免予刑事处罚"是"有罪宣告"的条款。对于有罪宣告是否可以成为一种承担刑事责任的方式,刑法学界有不同的见解与争论。有学者曾经认为,单纯宣告行为人的行为构成犯罪并不是(也不应当是)刑事责任的实现方式。[③] 因为单纯宣告不能表明

---

① 苏惠渔主编:《刑法学》(修订版),中国政法大学出版社 1997 年版,第 276 页。
② 李晓明主编:《刑法学》(上),法律出版社 2001 年版,第 477 页。
③ 同上。

行为人已经实现或承担了自己的刑事责任。但本书认为,公开宣布行为人的行为成立犯罪,这种否定性评价与谴责本身就是对行为人的生活与名誉产生的不利影响,甚至是对行为人行为的一种否定,这种不利影响或否定当然是行为人承担的一种法律后果,而与犯罪有关的法律后果就是刑事责任的一种重要特征。所以,单纯的有罪宣告应当也必须是刑事责任的重要内容之一。(3)我国刑法典第17条第4款规定的"责令家长管教或政府收容教养",也是一种承担刑事责任的方式。在不满16周岁的人成立犯罪但不予刑事处罚时,因适用责令家长管教或政府收容教养是建立在对行为人的行为进行否定性评价的前提之下,虽然行为人尚未达到承担刑事责任的年龄,但其行为也是刑法所不允许的,故责令家长管教或政府收容教养也属于刑事责任的一种承担方式。

在国外,保安处分也是犯罪人承担刑事责任的方式之一,但我国是否需要建立保安处分制度,非常值得研究。保安处分主要是针对那些已决犯未决犯的人身危险性所采取的预防犯罪的管制措施,这是我国刑法的一元结构制裁体系与西方二元结构制裁体系的主要区别。

(四)刑事责任的终结

一般认为,刑事责任的终结是指犯罪人的刑事责任已承担完毕。[①] 但也有学者认为,刑事责任的终结是指刑事责任存在和发展进程的最终结束,或称为刑事责任不复存在。本书赞同后一种观点,刑事责任的终结,应当是指刑事责任从产生到最终结束的一种结果,既包括通过让犯罪人承担刑事责任而终结,也包括刑事责任产生之后或者产生之时犯罪人死亡而终结,以及犯罪追诉时效期限已过或国家特赦罪犯而终结等。也就是说,刑事责任的终结是极其复杂的,既可能因实现而终结,也可能因没有实现而终结,甚至包括刑事责任的消灭等。刑事责任终结的意义主要表现在:(1)行为人不再承担刑事责任。根据一事不再罚原则,刑事责任终结以后不得要求行为人就本罪再次承担刑事责任。(2)行为人将恢复作为公民的一切权利。刑事责任终结后的犯罪人,除非法律明文规定予以限制,犯罪人将和其他公民一样享有各种法律规定的权利。而有些法律规定的限制内容可能会导致这些权利永远或在某一个阶段丧失。如我国《法官法》《检察官法》和《律师法》明确规定:因犯罪受过刑事处罚的,不得担任法官、检察官和律师。

刑事责任的终结主要包括两种情况:(1)因实现而终结。刑事责任因实现而终结是指刑事责任承担完毕而宣告刑事责任的终结。如被判处死刑立即执行的刑罚执行完毕即为刑事责任的终结,被判处有期徒刑、管制、拘役的刑罚执行完毕即为刑事责任的终结。也有学者认为,对于绝大多数被判处刑罚,尤其是被判处主刑的犯罪分子来说,刑事责任没有终结的时间,它们或者影响犯罪人终身,或者成为再次犯罪从重处罚的根据。[②] 对此本书认为值得商榷,显然此说将刑事责任的承担完毕与刑事责任对犯罪人日后所产生的

---

① 张文等:《刑事责任要义》,北京大学出版社1997年版,第243页。
② 王晨:《刑事责任的一般理论》,武汉大学出版社1998年版,第411—412页。

消极影响混为一谈,前者为刑事责任的实现与承担问题,后者是刑事责任对犯罪人的影响问题。此外,我国刑法典第449条规定的"不以犯罪论处"是对犯罪的军人以前的犯罪行为"不以犯罪论处",故此时的刑事责任当然就终结了。不过,该规定本身是否合乎法理尚待进一步研究。但是,刑事责任的终结应当属于刑事责任因实现而终结,因为犯罪的军人已经被宣告缓刑,实际上已经承担了一定的刑事责任。(2)因未实现而终结。刑事责任因未实现而终结是指犯罪人在实际承担刑事责任前因特定事由出现而使司法机关不能或者无法追究犯罪人的刑事责任,从而刑事责任便自行不复存在的终结情况。也有学者将此称为刑事责任的自行终结。[①] 这与刑事责任因实现而终结不同,在刑事责任因实现而终结的场合,犯罪人实际承担了刑事责任;而在刑事责任未实现而终结的场合,因特定事由的出现,司法机关不能或者无法追究犯罪人的刑事责任,从而使得犯罪人实际上并没有承担刑事责任。根据我国刑法典的相关规定,刑事责任因未实现而终结的情形主要包括:一是犯罪已过追诉时效期限。因犯罪已过追诉期限,司法机关无权追究犯罪人的刑事责任,犯罪人的刑事责任不复存在。二是依法告诉才处理的犯罪没有告诉或者撤回告诉。这种情况一般发生在侮辱、诽谤、暴力干涉婚姻自由罪、虐待和侵占等罪名中,对于告诉才处理的犯罪是否追究刑事责任取决于被害人是否告诉,如果被害人坚持不告诉或者告诉后又撤回告诉的,司法机关便无权追究犯罪人的刑事责任。所以,在法律上刑事责任已经终结。(3)尚未追究刑事责任时犯罪嫌疑人或被告人已经死亡。根据罪责自负原则,刑事责任只能由犯罪行为人本人承担,既然犯罪嫌疑人或被告人已经死亡,承担刑事责任的主体已经不复存在,故刑事责任当然归于终结。(4)有权机关作出特赦令,明确规定对某(些)人的犯罪或某种犯罪不再追究刑事责任,或者对于正在服刑、关押的罪犯宣布无条件释放,此时的刑事责任必然归于终结。

[①] 陈明华主编:《刑法学》,中国政法大学出版社1999年版,第257页。

第十七章

刑事责任的承担方式(Ⅰ):刑罚

罪责关系必然要求刑事责任具有一定的承担方式,刑罚就是让犯罪人承担刑事责任的法定方式之一,是刑法必不可少的内容,这是罪责法定原则、罪责相适应原则的法定化和具体化。按照一定的标准和原则,刑罚包括主刑和附加刑,共同构成了刑罚体系。

第一节 刑罚概述

罪责关系要求有罪则有责、有责必承担,刑罚是国家法定的责令犯罪人承担刑事责任的主要方式之一。国家之所以对犯罪人动用刑罚,是因为国家拥有属于国家主权内容之一的刑罚权。为了防止国家刑罚权的滥用,就有必要对刑罚权进行规范限制,以保证刑罚功能的有效发挥。

一、刑罚

(一)刑罚的概念

刑罚,是国家最高权力机关在刑事立法中规定的,强制剥夺犯罪人的人身自由、财产、生命或者其他权利,用以惩罚、矫正或改造犯罪人,而由法院依法判处,由特定机构依法执行的强制制裁方法。刑罚是国家刑罚权最核心的内容表现方式。刑罚具有如下法律特征:

(1)刑罚是国家最高权力机关在刑事立法中规定的制裁方法。以犯罪与刑罚为立法内容的刑法属于国家的基本法律,只能由国家的最高权力机关来制定、修改。在我国,刑法及其刑罚,只有全国人民代表大会及其常务委员会才有权制定、修改,其他任何国家机关都无权制定、修改。这是因为,刑罚是以国家的名义剥夺公民权益的制裁方法,故需要采取严格慎重的立法态度,所以,刑罚只能由国家的最高权力机关制定。

(2)刑罚是以剥夺一定权益为内容的制裁方法。刑罚作为最为严厉的法律制裁措施,其严厉性表现在对犯罪人特定权益的剥夺。如死刑使犯罪人丧失生命,自由刑使犯罪人的人身自由丧失或者受到限制,财产刑使犯罪人丧失财产所有权的一部或全部,资格刑使犯罪人丧失从事某种活动的权利。同时,刑罚还表现为社会对犯罪人在政治上、人格上的一种否定和谴责。因此,剥夺犯罪人的权益是刑罚的本质特征。

(3) 刑罚是用以惩罚、矫正或改造犯罪人的制裁方法。刑罚是犯罪的法律后果,没有犯罪就无所谓刑罚。刑罚的运作对象必须是犯罪人,由犯罪人来承受刑罚的惩罚、矫正或改造作用。因此,有必要将与刑罚最相似的刑事诉讼过程中采取的拘留、逮捕等强制措施区别开,因为拘留、逮捕等强制措施仅是刑事诉讼正常运行的保障措施,而不是惩罚、矫正或改造犯罪人的制裁方法。

(4) 刑罚是由法院依法判处的制裁方法。刑罚只能由法院裁判决定,其他任何国家机关包括公安机关、检察机关都无权适用,任何个人私自惩罚他人的行为都是违法犯罪行为。法院必须严格依照我国刑事法律的规定适用刑罚,法院适用的刑罚必须是依法明文规定的,法院适用刑罚时必须严格依照法定的诉讼程序进行。

(5) 刑罚是由特定机关依法执行的制裁方法。只有人民法院才能行使审判权,决定对犯罪人的刑罚处罚。同时,只有特定机关才能行使刑罚执行权,否则,刑罚的制定、裁判毫无疑义。特定机关是指刑罚执行机关,最主要的刑罚执行机关是社区矫正机构、监狱、看守所等。在我国,公安机关也是部分刑罚的执行机关,而检察院是刑罚执行的监督机关。

(二) 刑罚的特性

作为强制的制裁方法,刑罚特性是从刑罚的内在属性和外在特征上表现出来的。刑罚的内在属性,包括惩罚性与改造性,二者是辩证统一的关系;刑罚的外在特征,包括适用对象的特定性与制裁程度的严厉性。

1. 刑罚的内在属性

刑罚是对犯罪人某种权益的剥夺与限制,并且也是对犯罪人进行的教育与改造。因此,刑罚的内在属性表现为惩罚性与改造性,这也是现代刑罚的根本特性。

(1) 刑罚的惩罚性。刑罚的惩罚性,主要是通过对犯罪人的某种权益的剥夺或限制而造成某种痛苦,这是刑罚的基础,惩罚意味着痛苦。可见,刑罚与惩罚具有不可分隔的联系,惩罚是刑罚的应有之义,没有惩罚,也就没有刑罚。因此,惩罚性揭示了刑罚的内在属性。

(2) 刑罚的改造性。刑罚与改造具有不可分隔的联系,改造是刑罚概念的现代内容,表明了刑罚的目的性,没有改造,刑罚就会沦为机械的惩罚和报应。正因为刑罚具有改造性,刑罚从道义上谴责和惩罚犯罪人才具有合理的依据,从人性上教育和矫正犯罪人才具有合理的动议,因而也是刑罚的内在属性。刑罚的改造性,在各个历史时期的刑罚中所占的比重及其表现方式是不同的。随着社会文明的发展,从注重刑罚的报应、威慑到注重刑罚的善导、改造作用,成为现代刑罚改造性的最高表现,这是刑罚进化的必然结果。

(3) 惩罚性与改造性的辩证统一。在刑罚的内在属性中,惩罚与改造是有机的整体。惩罚离开改造,只能是法律的"恶害",难以收到刑罚的效果;改造离开了惩罚,也就不能成其为刑罚,只能沦为软弱无力的说教。如果惩罚是一种法律强制,那么改造就是一种法律善导。

2. 刑罚的外在特征

刑罚的内在属性必然通过一定的外在形式来表现,这就是刑罚的外在特征。根据刑罚的外在特征,可以将刑罚与其他法律制裁方法区别开来。

(1) 适用情况的特定性。刑罚只适用于犯罪人,无罪的人绝对不受刑事追究,这是一条铁则,也是刑罚与其他法律制裁的根本区别。刑罚只能由人民法院代表国家依照专门的法律程序适用,刑事诉讼程序具有不同于其他诉讼程序的特点。

(2) 制裁程度的严厉性。刑罚不仅可以剥夺犯罪人的人身自由、政治权利和财产等,甚至可以剥夺犯罪人的生命。而其他制裁措施,或者不涉及人的生命、自由、政治权利,或者不会产生刑罚的法律后果,因而其严厉程度都不可与刑罚同日而语。从制裁的程度、制裁的内容上看,刑罚是最严厉的制裁方法;其他任何制裁方法都达不到这样的严厉程度。

二、刑罚权

(一) 刑罚权的概念

刑罚权是国家基于独立主权对犯罪人实行刑事制裁的权力,是一种国家权力。它不仅是一种适用刑罚的权力,实际上也是决定、支配整个刑罚权的权力。刑罚权是刑法哲学中的重要理论问题之一,也是司法实践中的重要实际问题。

刑罚权源于国家统治的需要。刑罚权建立在一定的社会物质基础之上并受其制约,国家自产生起就从未放弃过刑罚权。可见,刑罚权不是首先由法律规范确认的一种权力,而是位于法律之上并支配法律的一种权力范畴。刑罚权首先是一种客观事实,而不是法律现象,这个事实的标志就是国家的存在。刑罚是社会对于违反它的生存条件的行为的自卫手段,因而,刑罚权实质上是社会的防卫权,起源于社会物质生活条件。

国家需要绝对的支配权力——主权,其中就包含对犯罪人进行处罚的刑罚权。刑罚权作为国家的一种权力,是国家统治权的一种。刑罚权表现为一种凌驾于个人之上的支配力量,以国家的强制力为后盾,具有强制性,但是这并不意味着国家借此就可为所欲为。刑罚权的行使具有国家自律性,从国家整体而言,国家结构形式的架构及国家机关的配置表明国家的自我约束与自我控制,对违反社会共同利益的人实行合理、合法的强制。刑罚权的行使还具有社会他律性,刑罚种类、刑罚期限的创立与确定,以及刑罚执行方式的选定,都受客观社会文化传统及文明程度的制约。

(二) 刑罚权的种类

刑罚权的种类是对刑罚权的运作过程所作出的分类,包括制刑权、求刑权、量刑权、行刑权。它们是刑罚权的有机组成部分,共同构成了刑罚权的完整结构体系。

1. 制刑权

制刑权是指创制刑罚的权力,国家将制刑权赋予立法机关行使。制刑权的运作表现为"立、改、废","立"是指确立某种刑罚制度,"改"是指修改某种刑罚制度,"废"是指废止某种刑罚制度。

2. 求刑权

求刑权是指请求对犯罪人予以刑罚处罚的权力,国家将求刑权授予检察机关行使。求刑权的运作表现为公诉的形式;少数情况下,求刑权属于个人(一般为被害人)行为,以自诉的形式出现。自诉案件中的求刑属于公民的个人权利,不属于国家刑罚权的范畴。

3. 量刑权

量刑权是指根据求刑而决定科处刑罚的权力,量刑权由国家授权审判机关行使。量刑权的运作表现为刑罚种类的判定、刑罚期限的确定和执行方式的选定。

4. 行刑权

行刑权是指对犯罪人执行刑罚的权力,由国家授权行刑机关行使。行刑权并不是量刑权的消极延伸或附属,而具有积极独立的内容。行刑权的运作表现为将裁判的刑罚付诸实施,发挥刑罚的惩罚、矫正和改造作用。

三、刑罚功能

刑罚功能是指国家创制、适用和执行刑罚在社会生活中发挥的积极作用。正确认识刑罚的功能,对于揭示刑罚的本质,科学地设立刑罚,以及正确区分刑罚功能与刑罚目的、刑罚效果具有重要的意义。针对不同的对象,刑罚具有不同的基本功能。

(一)对犯罪人的功能

1. 剥夺功能

剥夺功能又称为惩罚功能。从本质上讲,刑罚意味着对犯罪人某种权益的剥夺,如剥夺生命、剥夺自由、剥夺财产等,使之丧失再次犯罪的能力和条件,并遭受到生理上和精神上的痛苦。剥夺功能是刑罚固有属性的外在表现,是刑罚的基本功能,是实现特殊预防目的的必要前提和条件。

2. 威慑功能

威慑功能通常表现为一个人因恐惧刑罚制裁而不敢实施犯罪行为。对犯罪人而言,刑罚的威慑功能是特殊威慑,是指那些受过刑罚制裁的犯罪人因恐惧再次受到刑罚制裁而不想实施犯罪行为。刑罚根据犯罪人的心理、生理等特征有针对性地采取各种防止其重新犯罪的措施,这种手段营造的恐惧感不是目的,而是一种感化教育的过程与手段。

3. 矫正功能

矫正功能又称为改造功能,是指刑罚具有拘束、规范犯罪人的行为方式,改变犯罪人的犯罪意识,使之成为社会守法公民的作用。刑罚的矫正功能以自由刑最为突出。刑罚不仅仅是对罪犯的惩罚,更重要的是对罪犯的矫正;剥夺、限制、否定、威慑本身就是逆向教育,在惩罚的前提下,实施各种教育改造制度,使犯罪分子为其犯罪行为感到耻辱,形成良心上的自责、自怨、自悔,并认识到法律禁止的行为和后果,从而树立正确的人生观和价值观,成为守法公民。

（二）对被害人的功能

1. 安抚功能

安抚功能是指国家通过对罪犯适用和执行刑罚,在一定程度上满足受害人及其家属要求惩罚罪犯的强烈愿望,这样可以平息或缓和犯罪给被害人以及其他社会成员造成的激愤情绪,使他们在心理上、精神上得到安慰。刑罚的安抚功能也是刑罚的基本功能之一,具有积极的社会意义。一方面,在被害人及其他社会成员中树立了刑罚公平正义的形象,使社会各方面明白刑罚是国家公平解决犯罪问题的重要措施。另一方面,强化了社会公众对刑罚权威的信任和对国家司法机关的支持,有助于恢复、保持社会心理的平衡秩序。

2. 补偿功能

刑罚的补偿功能是指刑罚要求犯罪人对其犯罪给被害人造成物质损失而给以补偿的功能。犯罪往往会给被害人造成身体、物质或精神上的伤害等,这些损害后果,在一定程度上可以用金钱来衡量,因而通过对犯罪人适用刑罚责令其赔偿,并尽可能地弥补被害人遭受的损害。刑罚的补偿功能,既可从经济上惩罚犯罪人,又利于被害人得到经济补偿、精神安慰和救济。

（三）对其他社会成员的功能

1. 威慑功能

对其他社会成员而言,刑罚的威慑功能体现的是一般威慑功能,具体是指因恐惧而被逮捕、被起诉以及受到刑罚制裁而不敢从事刑法禁止的行为。国家立法机关创制具体的犯罪及刑罚制度,司法机关对犯罪人具体适用和执行刑罚,意在使潜在犯罪人对刑罚望而生畏,使潜在犯罪人不敢从事犯罪行为。

2. 教育功能

通过适用和执行刑罚,表明国家对犯罪的否定性评价及道义谴责,显示国家有罪必究、有罪必罚的决心,从而教育、鼓励公民,使之认识到何为法律允许、何为法律禁止的行为,增强其他公民的法制观念。

3. 保护功能

执行刑罚本身就是对国家、社会、个人合法利益的保护,其不仅是对被害人权益的维护,也是对社会正常运行秩序的保护。通过对犯罪人执行刑罚使被犯罪人破坏的社会关系得以愈合、恢复。此外,刑罚还具有保护犯罪人合法权益的功能,以防止国家刑罚权的滥用。

第二节　刑罚体系

为保证刑罚功能的有效发挥,防止国家刑罚权的滥用,有必要对刑罚权进行规范限制,尽可能理性地构建刑罚体系。刑罚体系的构建必须考虑诸多因素,如刑罚的历史传统、外部因素、内部因素、本体因素等。我国的刑罚体系是由主刑和附加刑所构成,主刑和附加刑配合,轻重衔接,疏而不漏,反映出刑罚种类的多样性、层次性和体系结构的完整性、合理性。

一、刑罚体系的概念和种类

刑罚体系是指国家的刑事立法以有利于发挥刑罚的积极功能,更好地实现刑罚目的为指导原则,由刑法所规定的并按照一定次序排列的各种刑罚方法的总和。要正确理解刑罚体系的含义,一方面,应知晓一个国家的刑罚体系中的刑罚方法,另一方面,应明白各种不同的刑罚方法在刑罚体系中所处的地位和作用。

在各国刑罚体系中,根据不同的标准,刑罚种类的划分主要有两种方法:第一种方法是按照刑罚严厉性的轻重程度进行划分,将刑罚分为主刑和附加刑,然后再将主刑和附加刑各自的刑罚方法依其轻重程度进行排列分类。以我国刑法典对刑罚的分类为例,主刑种类依次为管制、拘役、有期徒刑、无期徒刑、死刑,附加刑种类依次为罚金、剥夺政治权利、没收财产以及对在中国境内犯罪的外国人的驱逐出境。第二种方法是以刑罚方法所适用的权利对象为标准进行划分,刑罚可分为生命刑、肉体刑、自由刑、财产刑、资格刑等。

1. 刑罚体系是由所有的刑罚种类按其严厉程度有序排列组合而成的

社会上发生的各种犯罪行为,不仅在侵害对象上存在质的不同而体现了犯罪侵害质的区别,而且在侵害程度上也存在度的不同而反映了犯罪危害量的差别,犯罪的复杂性决定了适用于犯罪的刑罚种类、刑罚方法的多元化。各种刑罚方法是人类在同犯罪作斗争的漫长过程中逐步形成并丰富起来的,并且众多的刑罚种类依其严厉程度排列起来,如生命刑、肉体刑、自由刑、耻辱刑、财产刑、资格刑等共同构成了刑罚家族的全部成员。古今中外的刑罚体系也是如此,只是存在有此刑种而无彼刑种或者是有彼刑种而无此刑种的细微差别。

2. 刑罚体系是由刑法明文规定的[①]

国家对刑罚体系的确定,包括刑罚体系内部各种刑罚种类的排序、各种刑罚方法的自然归类,是由刑事实体法即刑法典所规定的,这是近现代刑法的罪责法定原则的必然要求,也是罪刑相适应原则的当然需求。毫无疑问,刑罚方法的归类、刑罚种类的排列、刑罚

[①] 高铭暄、马克昌:《刑法学》(上编),中国法制出版社1999年版,第422页。
[①] 梁根林:《刑罚结构论》,北京大学出版社1998年版,第61页。

体系的确立,不仅体现了刑法立法的技术水平,更重要的是蕴含了刑法立法的价值追求,即通过罪刑法定、罪刑相适应给犯罪行为一个公正的决断,从刑法规定的刑罚体系中能绝对排他地找出公正对应于犯罪的刑罚方法,从而杜绝以言代罚、法外用刑的现象出现。排除其他诸如民商法律、行政法律对刑罚体系甚至刑罚方法的规定,也是"刑罚体系是由刑法明文规定的"应有之义。

3. 刑罚体系以充分发挥刑罚功能、充分实现刑罚目的为架构指导

刑罚体系不是所有刑罚种类、刑罚方法毫无目的、杂乱无序的堆积,而必须建立在一定的逻辑排列基础之上,如此有利于充分发挥刑罚功能,充分实现刑罚目的。报复刑时期刑罚体系的构成以生命刑、肉体刑为刑罚种类排列顺序中的支柱性刑罚;威慑刑时期刑罚体系的构成以生命刑、肉体刑、自由刑为刑罚种类排列顺序中的主导性刑罚;教育刑时期刑罚体系的构成主要以自由刑、财产刑为刑罚种类排列顺序中的主干性刑罚。这些不同时期排列而成的不同刑罚体系分别利于发挥并实现国家报复、威慑、教育的刑罚职能和目的。

二、我国的刑罚体系

根据我国刑法典的相关规定,我国的刑罚体系由主刑和附加刑所构成,主刑包括管制、拘役、有期徒刑、无期徒刑、死刑,附加刑包括罚金、剥夺政治权利、没收财产。此外,刑法典第 35 条还规定:"对于犯罪的外国人,可以独立适用或者附加适用驱逐出境。"由此可见,驱逐出境也是一种附加刑。

(一)我国刑罚体系的确立思想

从社会主义初级阶段的现实国情出发,考虑国民的心理承受力并顺应现阶段人们的平均价值观念,来选定刑种,构建刑罚体系。不过,这并不排除继承我国历史上遗留下来的传统刑罚体系的合理成分,古为今用;也不拒绝借鉴世界各国刑罚体系的合理成分,洋为中用。同时,应避免不合理地排除传统的刑罚种类、盲目照搬外国刑罚种类的倾向。刑罚体系必须贯彻惩罚与改造相结合的方针,刑罚种类以及刑罚幅度的确定符合惩罚与改造相结合的刑事政策的需要,每一种刑罚的内容符合惩罚与改造相结合的刑事政策的机制。我国刑罚体系涵盖的刑罚种类,应体现社会主义人道主义精神,将罪犯作为人来对待,一切侮辱罪犯人格尊严、残害罪犯肉体的残酷、野蛮的刑罚,都必须排除出我国刑罚体系。

(二)我国刑罚体系的架构内容

1. 刑罚体系的架构

根据我国刑法典第 32 条的规定,我国的刑罚体系是由主刑和附加刑两大类刑罚种类构成的。刑法典第 33 条规定,主刑包括管制、拘役、有期徒刑、无期徒刑、死刑五种刑罚方法;刑法典第 34 条规定,附加刑包括罚金、剥夺政治权利、没收财产三种。另外,刑法典第 35、36、37 条还规定了驱逐出境(针对实施犯罪的外国人)、赔偿经济损失和非刑罚处罚

措施。

2. 刑罚体系的特点

我国刑法典规定的刑罚体系,既有主刑又有附加刑,主刑与附加刑既相互独立又相互配合,既有重刑又有轻刑,排列顺序由轻到重、相互衔接,每一类刑种都有自己特定的内容和作用,充分体现了我国刑罚体系的特色。

(1) 体系完整、结构严谨。我国的刑罚体系由主刑和附加刑构成一个完整的体系,主刑包括生命刑、自由刑,附加刑包括财产刑、资格刑等,既保持了主刑的独立性又体现了附加刑的灵活性,主刑与附加刑相互补充、相得益彰,避免了单一刑罚的局限性。而且,主刑与附加刑的各种刑罚措施均按照严厉程度由轻到重的顺序加以排列,不论是主刑还是附加刑,各种刑罚措施相互之间轻重衔接、限度适当、依次递进、结构严谨。

(2) 内容合理、目标统一。我国刑罚体系的内容符合我国的国情,符合惩罚与教育改造的需要;各种刑罚方法都蕴含惩罚与改造的机制;刑种由轻到重的排列也符合刑罚的发展方向;以自由刑为核心并扩大罚金刑的适用,较为符合当代世界刑罚体系立法内容的趋势。我国刑罚体系的目标是通过惩罚与教育相结合的方针,达到预防犯罪的实效。

(3) 宽严相济、方法人道。我国刑罚体系是由严厉程度轻重不同的各种刑罚方法构成的,如主刑中的管制只限制犯罪人一定的人身自由,而死刑则剥夺犯罪人的生命,主刑与附加刑中都各有严厉程度轻重不同的刑罚,这表明刑罚体系中的刑罚措施有宽有严、宽严相济。我国刑法典规定的刑罚体系中,所有的刑罚方法都体现了社会主义人道主义精神,各种刑罚方法都不包含侮辱人格、损害尊严、摧残肉体和精神的内容,虽然都会使犯罪人感受到惩罚的痛苦,但并不以追求犯罪人的痛苦为最终目的。

(4) 体现了罪责相适应原则。犯罪是一种极其复杂的社会法律现象,其所造成的法益侵害性和体现的人身危险性各不相同,由此决定了刑事责任的轻重有别。必然要求有相应的刑事责任的实现方式。刑罚作为刑事责任实现的主导方式,由轻及重、宽严相济、主附并存、结构严谨,构建了合理的刑罚体系,对应于法益侵害性、人身危险性等各不相同的犯罪类型。

(三) 我国刑罚体系的品格

刑罚体系品格的逻辑组合有四种可能性,即不严不厉、厉而不严、又严又厉、严而不厉。[①] 根据刑罚体系的发展实践,"不严不厉"由于失去了刑罚的特性,根本就没有被选择过;"厉而不严"是报复刑刑罚体系追求的品格;"又严又厉"则是威慑刑刑罚体系追求的品格;"严而不厉"是教育刑刑罚体系追求的品格。当然,刑罚体系是否严厉不是绝对的,不仅要与历史上的刑罚体系相比较,而且要与当今各国的刑罚体系相比较,更重要的是要确定是否符合国情,社会大众是否接受和认同,以此作为评价的标准。我国的刑罚体系在品格追求上以严而不厉为特征,表现为刑事法网严密、刑事责任严格、刑罚不严厉,讲究罪刑

---

① 梁根林:《刑罚结构论》,北京大学出版社1998年版,第61页。

相应、刑罚适度。相对而言,基于刑事法网严密和刑事责任严格的要求,犯罪人实施犯罪后"漏网"的比例较低,被追诉定罪判刑的比例较高,由于适用刑罚以适度和必要为限,所以国家投入的刑罚资源在质与量两个方面得到严格控制。

古今中外各种品格的刑罚体系的运作实践证明,刑罚的预防效应并不单纯取决于刑罚的严厉程度,而是更多地取决于刑罚的必要性、确定性和公正性。因为严而不厉的刑事法网能够产生强大的心理威慑效应,从而有效地降低犯罪人逃脱刑罚制裁的概率,为一般预防和特殊预防奠定刑事法制基础。我国严而不厉的刑罚体系,通过提高追诉定罪判刑率和刑罚适用公正率加强了刑罚体系的预防作用,通过公正适度的刑罚适用给犯罪分子施以相应的刑罚制裁,在节省刑罚资源的同时提高了刑罚的预防效果,符合以最小的刑罚投入谋取最大的刑罚效益的刑罚经济原则。

第三节 主 刑

我国刑罚体系中的主刑,是对犯罪人适用的主要的刑罚方法。主刑包括管制、拘役、有期徒刑、无期徒刑和死刑五种刑罚方法。

所谓主刑,是指对犯罪人依其犯罪性质、犯罪情节、法益侵害程度以及认罪态度,依照刑法的规定适用的主要刑罚方法。主刑只能独立适用而不能附加适用,也就是说,对于犯罪人实施的一个犯罪只能适用一个主刑,不能同时适用两个或两个以上的主刑。

一、管制

(一)管制的概念

根据我国刑法典的规定,管制是指由人民法院判决对罪犯不予关押但限制其一定自由而交由公安机关执行和群众监督改造的刑罚方法。管制属于限制自由刑,是我国主刑中最轻的一种刑罚方法。由于管制对犯罪人不予关押,不仅可以避免在监狱服刑生活耳濡目染造成的犯罪"交叉感染",而且可以调动社会力量参与对犯罪人的改造,减少国家的行刑成本投入,还可以尽量减少因犯罪人服刑而给其家庭带来的负面影响。同时,由于管制没有剥夺犯罪人的人身自由,既不影响犯罪人的劳动、工作和家庭生活,对犯罪分子的行刑改造和社会秩序的安定也具有积极的作用。而且,管制这一刑罚方法也符合世界各国刑罚的发展趋势。作为一种限制自由刑,管制是由我国独创,最早产生于社会主义民主革命时期,并于新中国成立后继续采用。我国刑法总则仍然将管制规定为主刑之一,分则共有86个条文规定了可以适用管制,对于管制可以从不同方面来理解。

1. 管制必须经由人民法院判处

"刑罚都必须经由人民法院判决",对犯罪人适用任何刑罚都必须经由人民法院判决。管制作为我国刑罚体系中的主要刑罚方法之一,必须经由人民法院判处。

2. 对罪犯不予关押,不剥夺其人身自由,但对其人身自由给予一定限制

管制不剥夺人身自由,只是对犯罪人的人身自由进行一定的限制,在服刑期间除必须遵守刑法规定的几项限制要求外,犯罪人的行动基本上是自由的,这是管制与其他自由刑的重要区别。犯罪人仍然在原来所属单位从事劳动工作,既不离开原居住地,也不脱离家庭,还不中断与社会的正常联系,仍然生活在社会之中、家庭之内,而且,参加劳动工作的实行同工同酬。

3. 管制的执行机关是社区矫正部门,并由群众监督改造

管制由社区矫正部门执行,罪犯虽然享有一定的人身自由,但其劳动、工作及其他重要活动都要受到一定的管束和限制,这是管制的本质特征。在服刑期间,通过社区矫正部门的管束和群众监督来限制罪犯的活动自由,以此达到对犯罪人的惩罚和改造。

(二) 管制的内容及其附加

1. 管制的本体内容

管制是主刑中的一种轻刑,其适用对象只能是罪行较轻的犯罪人。所谓罪行较轻的犯罪人,是指虽然实施了犯罪行为,但根据犯罪的性质、情节、危害以及犯罪后的认罪、悔罪态度,不予关押也不再危害社会的犯罪人。根据我国刑法典第38条至第41条的规定,管制的本体内容包括以下几个方面:

(1) 管制的效力范围。被判处管制的犯罪分子不被关押,不与社会相隔离,而是延续其过去的劳动工作和生活,并且同工同酬。

(2) 管制期限及起算。根据刑法典第38条第1款的规定,管制的期限为3个月以上2年以下。另外,根据刑法典第69条的规定,数罪并罚时,管制刑的刑期最高不超过3年。根据刑法典第78条的规定,被判处管制的犯罪分子被减刑时,减刑以后实际执行的刑期,不能少于原判刑期的1/2。管制刑期,根据刑法典第41条的规定,应该从判决执行之日开始计算;判决执行以前先行羁押的,羁押1日折抵刑期2日。所谓判决执行之日,就是指判决生效之日。

(3) 管制的执行机关与方式。刑法典第38条第3款规定:"对判处管制的犯罪分子,依法实行社区矫正。"过去是由公安机关执行,现在是由司法机关的社区矫正机构执行。而且,对于社区矫正的具体运作,国家也在不断完善具体的实施办法。

2. 管制附加的"禁止令"及其"治安处罚"

附加的主要内容包括两项:(1) 禁止令。刑法典第38条第2款规定:"判处管制,可以根据犯罪情况,同时禁止犯罪分子在执行期间从事特定活动,进入特定区域、场所,接触特定的人。"该条规定除了规定启动禁止令必须是判处管制或宣告缓刑(刑法典第73条)的犯罪分子外,都是需要法官自由裁量的。"三个特定"几乎包括了行为人的一切活动,但"三个特定"没有一个是特定的,甚至"根据犯罪情况"也存在较大的不特定性,这些规定均十分抽象。为此,最高人民法院、最高人民检察院、公安部、司法部出台了《关于禁止令有关问题的规定(试行)》(以下简称《禁止令规定(试行)》),明确规定了以下内容:一是关于

宣告禁止令的条件和确定禁止令具体内容的原则方法。二是禁止令的具体内容,即明确了禁止"从事特定活动""进入特定区域、场所""接触特定的人"的常见具体情形。三是禁止令的期限、裁量建议、裁判文书、执行机关、执行监督、违反禁止令的法律后果、变更程序等相关问题。(2)治安处罚。刑法典第38条第4款规定:"违反第2款规定的禁止令的,由公安机关依照《中华人民共和国治安管理处罚法》的规定处罚。"这是我国刑法典首次在刑法总则条文中适用《治安管理处罚法》,这不仅是对禁止令执行的配合,更是启动了刑法与治安处罚法的衔接。

3. 管制刑期的折抵、执行要求及其解除

(1)管制刑期的折抵。刑法典第41条规定:"管制的刑期,从判决执行之日起计算;判决执行以前先行羁押的,羁押1日折抵刑期2日。"羁押比管制对人身自由的限制要严格得多,因此,羁押折抵的刑期要多一倍。

(2)管制的执行要求。刑法典第39条规定:"被判处管制的犯罪分子,在执行期间,应当遵守下列规定:(一)遵守法律、行政法规,服从监督;(二)未经执行机关批准,不得行使言论、出版、集会、结社、游行、示威自由的权利;(三)按照执行机关规定报告自己的活动情况;(四)遵守执行机关关于会客的规定;(五)离开所居住的市、县或者迁居,应当报经执行机关批准。对于被判处管制的犯罪分子,在劳动中应当同工同酬。"但我国刑法典并未规定犯罪分子未遵守这些要求会面临何种惩处结果。

(3)管制期满的解除。刑法典第40条规定:"被判处管制的犯罪分子,管制期满,执行机关应即向本人和其所在单位或者居住地的群众宣布解除管制。"这预示着管制被执行完毕。

(三)管制的完善

管制是我国刑罚方法的一种创新,在其适用过程中还存在诸多缺陷,需要根据我国政治、经济、社会形势的改革发展变化等诸多因素不断进行完善。近年来,刑法学界对管制的存废问题展开了讨论,并对管制的完善提出了很多有价值的建议。

1. 管制的缺陷

首先,管制的惩罚程度不够。惩罚性是刑罚的本质特征,也是刑罚的生命力所在。刑罚惩罚性的设定,不仅要符合实现社会正义报应的需要,而且也要符合实现教育改造犯罪人的需要,同时体现国家利益、社会利益、集体利益、个人合法权益的不可侵犯性,而管制侧重于犯罪人对相关法律规定的遵守,在对其惩罚性上则较弱。其次,管制的执行缺乏强制性,刑罚执行的强制性是刑罚效应得以发挥的前提。管制的执行机关为社区矫正机构,同时需要得到人民群众的有效监督和配合,这也使得管制刑的执行在很大程度上依赖于群众的积极配合。而随着社会、经济的快速发展,人们关注的焦点越来越集中在个人的经济利益上,没有过多的时间和精力去关注其他事情,对管制刑的执行监督也逐渐失去效果。同时,社会基层组织对其成员的号召力大大减弱,社会成员的流动性加强,从而使社会基层组织难以有效组织群众对罪犯进行监督,而且公安机关对管制犯外出生产经营的请求是否批准陷于"两难"境地。此外,刑法规定公安机关执行管制,却没有规定如果罪犯违反了这些规定,公安机关应如何处理。

2. 管制的完善①

管制存在一定的缺陷是毫无疑问的,那么应当如何完善?综合刑法学界的观点,可从以下几点考虑:(1)加大管制惩罚力度。考虑增加体现惩罚的内容,充分体现管制既不剥夺自由又是一种刑罚的特征。我国的自由刑都以惩罚改造为基本特征,管制也不例外。刑罚中的劳动作为改造手段之一,应与公民以正常的劳动作为谋生的手段存在本质区别,体现在管制犯参加劳动带有强制性、劳动报酬的差别,这是刑罚惩罚性的必然要求。而管制犯在劳动中实行同工同酬,没有体现出劳动改造与一般劳动谋生手段的区别,故应参照《监狱法》"对参加劳动的罪犯,应当按照有关规定给予报酬"的规定,修改为"参加劳动的,可酌量发给报酬",由行刑机关具体规定发放标准,但原则上必须低于同工同酬的待遇,其扣除部分应上缴国库。同时,应规定有利于罪犯改造的刑罚个别内容和促进改造过程的法律义务,如不许饮酒、不许单独外出等。(2)缩短管制刑期,增加易科拘役规定。我国刑法典规定管制刑期为3个月以上2年以下,数罪并罚时最长可达3年,时间较长。如今,将犯罪人长时间固定于一个狭隘的活动空间,不但会给犯罪人本人及其家庭带来重大不利影响,而且也会大大限制罪犯充分利用自己的才能积极参与社会经济活动并为社会作出更大贡献的机会;同时,还会给执行机关的行刑工作造成很大困难。因此,可以考虑将管制刑期缩短,使之与拘役刑期相衔接,并明确规定可将管制作为短期自由刑的替代措施与拘役易科使用。(3)扩大管制适用范围,设定管制刑场。作为一种限制自由的轻刑,管制的适用对象应根据犯罪行为的犯罪情节、侵害程度和罪犯的人身危险性大小来确定。对于一切危害较轻、不予关押又不会再次危害社会的罪犯,均可考虑适用管制。具体而言,应根据不同情况,确定罪犯的服刑场所,对于单位体制较为健全、单位较为固定的罪犯,可将罪犯在原单位执行管制,由单位协助执行机关监督改造;对于没有固定单位的罪犯,或根据具体情况认为不适合在本单位执行的罪犯,可考虑设置专门的管制执行场所。执行机关应成立管制指导委员会,负责管制的执行、督查、协调、指导工作。

二、拘役

(一)拘役的概念

根据我国刑法典的规定,拘役是短期剥夺犯罪分子人身自由并就近执行实行惩罚改造的刑罚方法。拘役属于短期自由刑,在主刑的排列顺序上介于管制与有期徒刑之间,在严厉程度上重于管制轻于有期徒刑。拘役既是惩罚犯罪的需要,又是罪责相适应原则的体现。我国刑法典将拘役规定为主刑之一,刑法分则共有265个条文规定可以适用拘役。

拘役与刑事拘留、民事拘留、行政拘留都是短期剥夺自由的强制方法,但是它们在性

---

① 马克昌:《刑罚通论》,武汉大学出版社2000年版,第187—190页。

质、适用对象以及适用机关上存在明显的区别。首先,性质不同。拘役是刑罚方法,具有惩罚罪犯的作用;而刑事拘留是《刑事诉讼法》规定的一种强制措施,具有保证刑事诉讼活动正常进行的作用;行政拘留属于治安处罚,具有对一般违法行为的制裁作用;民事拘留是《民事诉讼法》规定的强制措施,具有保证民事诉讼活动正常进行的作用。其次,适用对象不同。拘役只能适用于被判决构成犯罪的犯罪分子;刑事拘留只适用于《刑事诉讼法》第 80 条规定的 7 种情形之一的现行犯或者重大嫌疑分子,民事拘留只适用于《民事诉讼法》第 111 条规定的 6 种行为之一,但又不构成犯罪的民事诉讼参与人或其他人;行政拘留只适用于违反治安管理法律、法规,尚未达到犯罪程度的行为人。最后,适用机关不同。拘役和民事拘留由人民法院适用,行政拘留由公安机关适用,刑事拘留一般由公安机关适用,检察机关适用刑事拘留强制措施时,由公安机关执行。

(二) 拘役的本体内容及其完善

1. 拘役的本体内容

拘役主要适用于那些罪行虽轻但仍需关押的罪犯,对那些判处管制过轻、判处有期徒刑又过重的犯罪人,则适用拘役较为合适。根据我国刑法典第 42 条至第 44 条的规定,拘役的本体内容包括以下几个方面:

(1) 拘役的效力范围。拘役是将罪犯羁押于特定的设施或者场所之中,剥夺其人身自由。

(2) 拘役期限及起算。刑法典第 42 条规定,拘役的期限为 1 个月以上 6 个月以下;刑法典第 69 条规定,数罪并罚时候,拘役刑期最高不超过 1 年;刑法典第 78 条规定,减刑后实际执行的刑期,判处拘役的,不能少于原判刑期的 1/2。

关于拘役刑期的计算,刑法典第 44 条规定,拘役的刑期,从判决执行之日起计算;判决执行以前先行羁押的,羁押 1 日折抵刑期 1 日。

(3) 拘役的执行。根据刑法典第 43 条的规定,被判处拘役的犯罪分子,由公安机关就近执行。所谓就近执行,是指将犯罪分子关押在执行机关建立的拘役所里执行;对于没有条件设立拘役所的地方,可以将被判处拘役的犯罪分子置于就近的监狱执行;对于远离监狱的,可在看守所执行。在执行期间,被判处拘役的犯罪分子每月可以回家 1—2 天;参加劳动的,可以酌量发给报酬。

2. 拘役的完善

在司法实践中,拘役由于既受其自身属性的局限,又受执行机关条件的制约,很难发挥出应有的刑罚作用。具体而言,一是许多人身危险性不大的偶犯因受到其他罪犯的"交叉感染"而变得犯罪倾向更大,二是本来人身危险性不大的罪犯产生自暴自弃心理,三是没有足够的时间对罪犯进行改造教育,四是罪犯感觉不到刑罚的严厉性,难以达到一般预防和特殊预防的目的。为此,应该严格限制拘役的适用范围,确保拘役只适用于那些危害不大但又确实有关押必要的罪犯,做到罪责相适应。

三、有期徒刑

(一) 有期徒刑的概念

根据我国刑法典的规定,有期徒刑是剥夺犯罪人一定期限的人身自由,实行强制劳动和教育改造的刑罚方法。在我国刑罚体系中,有期徒刑居于核心地位。有期徒刑属于定期剥夺型自由刑,在刑罚体系中主刑的排列顺序上介于拘役与无期徒刑之间,在严厉程度上重于拘役轻于无期徒刑。我国刑法典仍然将有期徒刑规定为主刑之一,刑法分则对所有犯罪的规定均能适用有期徒刑。

有期徒刑与拘役虽然同属于剥夺型自由刑,两者之间有明显的区别。在适用对象上,有期徒刑既可以适用于罪行较轻的罪犯,也可以适用于罪行较重的罪犯,拘役只能适用于罪行较轻的罪犯;在执行场所上,被判处有期徒刑的犯罪人在监狱或少年管教所等场所执行,被判处拘役的犯罪人由公安机关在就近的拘役所或看守所等场所执行;在刑期幅度上,有期徒刑刑期长、起点高、幅度大,拘役的刑期短、起点低、幅度小;在刑罚效力上,被判处有期徒刑的罪犯凡有劳动能力的必须从事强制性劳动,不享有每月回家探亲的待遇,被判处拘役的罪犯参加劳动的可以酌量发给劳动报酬,每月可以回家1—2天;在法律后果上,被判处有期徒刑的罪犯刑罚执行完毕或者赦免后再犯罪的有可能构成累犯,而被判处拘役的罪犯除非符合危害国家安全犯罪、恐怖活动犯罪、黑社会性质的组织犯罪的特殊累犯的条件,一般不存在成立累犯的可能性。

有期徒刑具有广泛的适用性,既与拘役相接,也与无期徒刑相接,刑种之间的刑期跨度很大,既可以作为重刑适用于危害性严重的犯罪,又可作为中度刑罚适用于危害性居中的犯罪,还可以作为轻刑适用于危害性较小的犯罪。同时,有期徒刑克服了短期自由刑的弊端,有利于实现罪责相适应原则和刑罚个别化的要求。

(二) 有期徒刑的本体内容及其完善

1. 有期徒刑的本体内容。

我国刑法分则条文在大多数犯罪的法律后果中都规定了有期徒刑,除了危险驾驶罪以外。在司法实践中,有期徒刑也是适用率最高的一种刑罚方法,有期徒刑在我国刑罚体系中具有十分重要的作用,是名副其实的主刑。根据我国刑法典第45条至第47条的规定,有期徒刑的内容包括以下方面:

(1) 有期徒刑的刑罚效力。有期徒刑剥夺犯罪分子的人身自由,将犯罪分子羁押于特定的设施或者场所之中,包括监狱、少年犯管教所、看守所等,凡有劳动能力的,都应当参加劳动,接受教育和改造。

(2) 有期徒刑的期限及起算。根据我国刑法典第45条的规定,除了刑法典第50、69条规定的情形外,有期徒刑的刑期为6个月以上15年以下。刑法典第50条规定,被判处死刑缓期执行的犯罪分子,在死刑缓期执行期间,如果确有重大立功表现,2年期满以后,减为25年有期徒刑。根据刑法典第69条的规定,数罪并罚时有期徒刑最高不能超过25

年。另外,刑法典第 78 条规定,减刑以后实际执行的刑期,判处有期徒刑的,不能少于原判刑期的 1/2。有期徒刑的刑期,从判决执行之日起计算;判决执行以前先行羁押的,羁押 1 日折抵刑期 1 日。

(3) 有期徒刑刑期的计算和折抵。刑法典第 47 条规定:"有期徒刑的刑期,从判决执行之日起计算;判决执行以前先行羁押的,羁押 1 日折抵刑期 1 日。"

(4) 有期徒刑的执行。被判处有期徒刑的犯罪分子在监狱、未成年犯管教所和看守所等场所执行。刑法典第 46 条规定:"被判处有期徒刑的犯罪分子,无论在何种场所执行,凡有劳动能力的,都应当参加劳动,接受教育和改造。"该条规定体现了将罪犯改造成为"新人"的精神。

2. 有期徒刑的完善

司法实践证明,有期徒刑同样存在一定弊端,主要表现为:较长时间的关押容易使罪犯产生在将来回归社会后的不适应性,较长时间与社会的隔离容易使罪犯陷入悲观失望,不利于教育改造;服刑期间各种犯罪人在一起容易产生犯罪"交叉感染",导致累犯、再犯增加;较长时间的关押隔离、监管控制容易使罪犯形成监狱人格等。为了克服存在的弊端,使有期徒刑更好地发挥打击犯罪、惩罚和教育改造罪犯的作用,需要进一步完善有期徒刑的刑罚方法。一方面,应适当延长有期徒刑的法定最高刑期,我国刑法典规定的有期徒刑的刑期为 6 个月至 15 年,相对而言,由于最高期限有些偏低,致使与无期徒刑间隔太大,导致无期徒刑适用过多。因此,可考虑将有期徒刑的最高刑期延长到 20 年,以更好地体现罪刑相适应原则。另一方面,应缩小有期徒刑的法定幅度,我国刑法典对一些犯罪配置的有期徒刑的法定期限幅度过宽,如 3 年以上 10 年以下法定刑的上限与下限幅度为 7 年,有的甚至相差 10 年,这么宽的法定刑幅度很容易导致出现量刑畸轻畸重的现象。本书认为,有期徒刑的法定刑幅度相差 5 年比较合适。

四、无期徒刑

(一) 无期徒刑的概念

根据我国刑法典的规定,无期徒刑是对犯罪分子剥夺终身自由并强制参加劳动、接受教育改造的一种刑罚方法,在我国刑罚体系中,无期徒刑居于中心地位。无期徒刑的排列顺序处于有期徒刑与死刑之间,其严厉程度重于有期徒刑轻于死刑。我国刑法典将无期徒刑规定为主刑之一,刑法分则规定的无期徒刑的适用范围较为广泛,除第九章渎职罪之外,其余各章中都有无期徒刑的规定,可以从不同方面来理解无期徒刑。

1. 无期徒刑的严厉性

绝大多数条文将无期徒刑与死刑并列规定为选择刑种,只有少数条文将无期徒刑作为最高刑种与有期徒刑并列规定为选择刑种,更没有条文将无期徒刑作为独立最高刑种来规定,由此体现了无期徒刑限制死刑适用的作用,同时也反映了无期徒刑的严厉性。

2. 无期徒刑适用的严格性

无期徒刑适用的犯罪均为故意犯罪而没有过失犯罪,无期徒刑多数是对应于"情节加重犯""结果加重犯""数额加重犯"等法定加重刑,从而使无期徒刑的适用具有严格性。

3. 无期徒刑作用的改造性

被判处无期徒刑的罪犯,虽然被剥夺了终身自由,但并没有完全断绝重新做人的机会,因为我国刑法典规定了减刑、假释等制度,只要罪犯在服刑期间真诚悔过、积极改造、重新做人,是能够通过减刑、假释等制度获得自由重返社会。

无期徒刑与有期徒刑同属于剥夺型自由刑,但两者存在一定区别:(1)适用对象不同。无期徒刑只能适用罪行严重、社会危险性及人身危险性均比较大的犯罪分子,有期徒刑既可适用于罪行严重的犯罪分子,又可适用于罪行较轻的犯罪分子。(2)严厉程度不同。在期限上,无期徒刑剥夺犯罪人的终身自由,有期徒刑剥夺犯罪分子一定时期内的人身自由;无期徒刑的刑期不能被羁押时间折抵,而且要附加剥夺政治权利终身,有期徒刑的刑期则要被羁押时间折抵,而且不一定要附加剥夺政治权利终身。

(二)无期徒刑的本体内容及其完善

1. 无期徒刑的本体内容

基于无期徒刑本身的严厉性以及适用的严格性,在司法实践中,无期徒刑的适用率较高,其在我国刑罚体系中具有十分重要的作用,是名副其实的主刑。根据我国现行刑法典第46条的规定以及司法部门对无期徒刑的执行情况,无期徒刑的本体内容包括以下方面:

(1)无期徒刑的刑罚效力。无期徒刑对罪犯实行终身关押,剥夺罪犯的终身自由,以对犯罪人实行强制劳动和教育改造为基本内容,被判处无期徒刑的犯罪分子,凡有劳动能力的,都应当参加劳动,接受教育和改造。

(2)无期徒刑的期限起算

从我国刑法典对无期徒刑的规定来看,无期徒刑的刑期对犯罪人是终身的,也就是说是无限期的,只有起点而无终点。无期徒刑的期限从判决生效之日起计算,由于无期徒刑剥夺了罪犯的终身自由,也就无需折抵刑罚执行前羁押的时间。《刑法修正案(八)》规定,被判处无期徒刑的罪犯在减刑后实际执行的期限不得少于13年。但从实际执行情况来看,真正在监狱里度过终身的罪犯为数极少,而且实际执行期限超过20年的也寥寥无几,绝大多数罪犯都能获得减刑,在一定时间之后回归了社会。

2. 无期徒刑的完善

从性质来讲,无期徒刑是处罚严重犯罪的制裁措施,将那些罪行严重、人身危险性和社会危害性极大的罪犯永久地与社会隔离,有效发挥了刑罚的惩罚和预防效果。因此,应该严格限制对被判处无期徒刑的罪犯适用减刑,只对那些确有悔改表现的罪犯才给予减刑。同时,严格把握对被判处无期徒刑的罪犯适用假释,并且及时健全假释后的社会监督制度,防止脱管现象的出现。

五、死刑

(一) 死刑的概念

根据我国刑法典的规定,死刑是剥夺犯罪分子生命的刑罚方法,包括死刑立即执行与缓期2年执行两种。死刑属于剥夺生命刑,是最为严厉的刑罚方法,故亦称为极刑。死刑在主刑的排列顺序上位于无期徒刑之后,在惩罚程度上严厉性最重。我国刑法典将死刑规定为主刑之一,除了极个别的犯罪外,死刑都是作为选择刑种来规定的,并不是绝对确定的法定刑。对于死刑,可以从不同方面来理解。

1. 死刑严厉程度的终极性

死刑是对犯罪人生命的剥夺,其从本质上不同于剥夺自由、资格、财产的刑罚方法。人的生命,是最为重要和宝贵的;没有生命,一切财产和资格都没有意义。所以,在刑罚体系中,死刑在严厉程度上具有终极性,是其他刑种不可类比的。

2. 死刑适用的严格性

死刑是对人的生命的剥夺,而人的生命一旦丧失就不可恢复,因此,必须严格限制死刑的适用。一方面,严格限制死刑的适用对象,死刑只适用于那些罪行极其严重的犯罪分子;另一方面,严格限制死刑的适用程序。刑法典第48条第2款规定:"死刑除依法由最高人民法院判决的以外,都应当报请最高人民法院核准。死刑缓期执行的,可以由高级人民法院判决或者核准。"

(二) 死刑的本体内容及其完善

1. 死刑的本体内容

鉴于死刑的严厉性和不可逆转性,在司法实践中必须严格贯彻"坚持少杀、防止错杀"的刑事政策,严格限制死刑的适用。根据我国刑法典第48条至第51条的规定,死刑的本体内容包括以下方面:

(1) 死刑的适用对象

刑法典第48条第1款规定:"死刑只适用于罪行极其严重的犯罪分子。对于应当判处死刑的犯罪分子,如果不是必须立即执行的,可以判处死刑同时宣告缓期2年执行。"由此可见,判处死刑的标准是"罪行极其严重",而1979年刑法典判处死刑的标准是"罪大恶极"。另外,刑法典第49条规定:"犯罪的时候不满18周岁的人和审判的时候怀孕的妇女,不适用死刑。审判的时候已满75周岁的人,不适用死刑,但以特别残忍手段致人死亡的除外。"这充分体现了我国刑法典对未成年人和75岁以上老人的关爱和照顾,同时也贯彻执行了相关国际公约的规定。

(2) 死刑立即执行

死刑立即执行是指审判机关对犯罪人判处死刑的判决生效即执行死刑,这是通常意义上所说的死刑。死刑的刑罚效力在于剥夺犯罪人的生命,这是死刑最本质的特征。而且,死刑只适用于罪行极其严重的犯罪分子。但是,我国刑法对未成年人、审判时怀孕的妇女以及未以特别残忍的手段致人死亡的已满75周岁老年人不适用死刑。其中,审判时怀孕的妇女,是指在因刑事犯罪被羁押的整个期间正在怀孕的妇女、被人工流产或自然流产的妇女;不能适用死刑是指根本不能判处死刑,不论是死刑立即执行还是死刑缓期2年执行均包括在内。判处死刑的案件,除依法由最高人民法院判决的死刑案件以外,都应当报请最高人民法院核准。

(3)死刑缓期2年执行

死刑缓期2年执行是指对犯罪人判处死刑同时宣告缓期2年执行,惩罚改造以观后效,通常简称为死缓。死缓制度是我国在死刑执行制度上的独创,对于促进罪犯改造重新做人、打击、分化、瓦解罪犯,具有重要作用。死缓的刑罚效力在于剥夺生命但缓期2年执行,通过对罪犯惩罚改造以观后效。《刑法修正案(九)》规定,判处死刑缓期2年执行的,在死刑缓期执行期间,如果没有故意犯罪,2年期满以后,减为无期徒刑;如果确有重大立功表现,2年期满以后,减为25年有期徒刑;如果故意犯罪,情节恶劣的,报请最高人民法院核准后执行死刑;对于故意犯罪未执行死刑的,死刑缓期执行的期间重新计算,并报最高人民法院备案。对于应当判处死刑的犯罪分子,如果不是必须立即执行的,可以判处死刑同时宣告缓期2年执行。也就是说,死缓的适用对象必须同时具备两个条件:一是罪该处死,二是不是必须立即执行。

2. 死刑的完善

鉴于死刑的特殊性,死刑的存废一直广受争议,始终没有定论。本书认为,我国死刑的完善可考虑从严格限制死刑到逐步废除死刑为努力方向,首先,维持现有死刑立法的现状,不再增加死刑立法,严格限制死刑的适用条件和适用对象;其次,大幅度削减死刑条文和死刑罪名,只对故意杀人罪、抢劫罪、放火罪、投放危险物质罪等罪行极其严重的刑事犯罪和部分军事犯罪保留死刑。废除死刑,不仅有赖于全体公民人权价值观念的全面提高,有赖于社会报应观念意识的大幅度弱化,更有赖于犯罪人对被害人生命的尊重。

第四节 附 加 刑

我国刑罚体系中的附加刑,是补充主刑适用的刑罚种类。根据我国刑法典的规定、刑事司法实践和刑罚理论,附加刑可分为财产刑、资格刑两个刑种:财产刑包括罚金、没收财产;资格刑包括剥夺政治权利、驱逐出境。此外,我国附属刑法中还规定了剥夺勋章、奖章、荣誉称号和军衔。

根据刑法典第32条的规定,除主刑外,我国也设有附加刑。所谓附加刑,亦称为从刑,是补充主刑适用的刑罚种类。它的特点是既能独立适用,又能附加适用。当附加适用时,附加于已适用的主刑,而且对于同一犯罪和同一犯罪人可以同时适用两种以上的附加刑。我国刑法典第34、35条规定了我国附加刑的种类:"附加刑的种类如下:(1)罚金;(2)剥夺政治权利;(3)没收财产。附加刑也可以独立适用。""对于犯罪的外国人,可以独立适用或者附加适用驱逐出境。"也就是说,我国刑法规定的附加刑有 4 种。

一、罚金

(一)罚金的概念

根据我国刑法典的规定,罚金是人民法院判处犯罪分子向国家交纳一定数额金钱的刑罚方法,在我国刑罚体系中,罚金居于从属地位。罚金属于财产刑,在附加刑的排列顺序上位于没收财产之前,是严厉程度最轻的一种附加刑。罚金不剥夺犯罪人的人身自由,犯罪人不受关押,犯罪人仍然过着正常的社会生活,避免了监狱人格的形成,不影响犯罪人的家庭生活,有利于犯罪人的教育改造。而且,罚金刑的适用不仅不需要国家支出费用,而且可以增加国家的收入,既给基于营利目的的犯罪人以惩罚,还可以剥夺他们重犯同类犯罪的资本,有利于预防重新犯罪。罚金刑既可以适用于自然人,也可以适用于单位。我国刑法典将罚金规定为附加刑之一,在刑法分则中规定适用的犯罪较为广泛。

罚金与行政罚款不同,两者的区别在于以下方面:(1)在性质上,虽然两者都是剥夺一定金钱的处罚方法,但罚金是一种刑罚处罚,而罚款则是一种行政处罚。(2)在适用对象上,罚金适用于触犯刑律的犯罪分子和犯罪的单位,罚款适用于一般违法分子和违法的单位。(3)在适用机关上,罚金只能由人民法院依照刑法典的规定适用,罚款则由公安机关、海关、税务机关、工商行政管理机关等有关部门,依照有关法律、法规的规定适用。此外,罚金也不同于赔偿经济损失,我国刑法典第 36 条第 1 款规定的赔偿经济损失是人民法院判处犯罪分子对遭受经济损失的被害人所给予的赔偿,而罚金是一种刑事附带民事的赔偿。第 37 条规定的赔偿损失是人民法院免于被告人的刑事处罚,但对遭受损失的被害人给予一定经济赔偿的一种责罚。

(二)罚金的本体内容及其完善

1. 罚金的本体内容

罚金主要适用于贪财图利以及与财产相关的犯罪。罚金的适用,一则通过对犯罪人判处罚金剥夺其犯罪的经济基础,二则对贪财图利的犯罪人给予惩罚教育。在我国刑法典中,规定了罚金刑的条文约占全部条文总量的五分之二,在刑法典第 52 条至第 53 条规定了罚金的具体内容,而最高人民法院《关于适用财产刑若干问题的规定》也对罚金的司法适用作了具体规定。罚金的本体内容包括以下方面:

(1)罚金的适用方式。罚金的适用方式,包括并处、单处两种。其中,"并处"又分为两种情况:一种为刑法规定"并处"罚金的犯罪,人民法院在对犯罪分子判处主刑的同时,必须依法判处;另一种是刑法典规定"可以并处"罚金的犯罪,人民法院应当根据案件具体情况及犯罪分子的财产状况,决定是否适用。

具有下列情形之一的,可以依法单处罚金:一是偶犯或者初犯,二是自首或者有立功表现的,三是犯罪时不满 18 周岁的,四是犯罪预备、中止或者未遂的,五是被胁迫参加犯罪的,六是全部退赃并有悔罪表现的,七是其他可以依法单处罚金的情形。

(2) 罚金的适用保障。人民法院适用罚金,是以实际可能履行为前提条件的。人民法院应当根据犯罪情节,如违法所得数额、造成损失的大小等,并综合考虑犯罪分子缴纳罚金的能力,依法判处罚金。同时,人民法院认为依法应当判处被告人罚金的,可以在案件审理过程中,决定扣押或者冻结被告人的财产。对于隐藏、转移、变卖、损毁已被扣押、冻结财产情节严重的,依照刑法典第314条的规定追究刑事责任。

(3) 罚金的刑罚效力。罚金的刑罚效力在于对犯罪人所有的一定数额金钱所有权的剥夺,包括币种、对象、时间三个方面。最高人民法院《关于适用财产刑若干问题的规定》规定,罚金刑的币种应当以人民币为计算单位,对象为犯罪人,时间为"判决指定的期限",应从判决发生法律效力第2日起最长不超过3个月。

(4) 罚金数额的确定。我国刑法典第52条规定:"判处罚金,应当根据犯罪情节决定罚金数额"。罚金数额的确定采取无限额罚金制、限额罚金制与比例罚金制相结合的方式。无限额罚金制,是指不规定罚金的具体数额,而由法院根据犯罪人的经济状况、表现情况等,具体裁量罚金数额的制度,最低数额不能少于1000元;对未成年人犯罪应当从轻或者减轻判处罚金,但最低数额不能少于500元。限额罚金制,亦称为普通罚金制,是指在法定的罚金数额内,由法院具体裁量的罚金制度。比例罚金制,或称为倍比罚金制、浮动罚金制,是指规定以犯罪的违法所得或犯罪涉及的数额为基准,由法院裁量一定比例或倍数罚金的制度。

(5) 罚金的缴纳。我国刑法典第53条规定:"罚金在判决指定的期限内一次或者分期缴纳。期满不缴纳的,强制缴纳。对于不能全部缴纳罚金的,人民法院在任何时候发现被执行人有可以执行的财产,应当随时追缴。由于遭遇不能抗拒的灾祸等原因缴纳确实有困难的,经人民法院裁定,可以延期缴纳、酌情减少或者免除。"由此可见,罚金的缴纳主要包括一次缴纳、分期缴纳、强制缴纳、随时追缴,只有遭遇不能抗拒的灾祸等原因导致缴纳确实有困难的,而且需要人民法院裁定才可以延期缴纳、酌情减少或者免除。这样一来,就比原来"实在无法缴纳的还可以减免"的规定更加严密,也更加符合实际,更具有操作性。

2. 罚金的完善[①]

我国刑法典中的罚金刑,应立足我国国情、求实创新、展望未来的原则,并参考外国的立法,进行完善。其一,应提升罚金在刑罚体系中的地位,将罚金提升为刑罚体系中的主刑。这是我国社会主义市场经济确立发展的必然要求,也是与以自由刑和罚金刑为刑罚体系之中心的发展趋势相一致的客观需要。其二,扩大罚金的适用范围,应当从我国的实际情况出发,以确保罚金的实际效用为目的。不仅要有针对性、有条件、有选择性地适当扩大罚金的适用范围,如贪利性犯罪、过失犯罪、轻微的故意犯罪均可适用罚金,还应明确罚金的数额标准,完善罚金的裁量原则,增设罚金执行的具体保障制度,增设罚金易科自

[①] 周振想:《中国新刑法释论与罪案》(上),方正出版社1998年版,第403—408页。

由刑的制度。

二、剥夺政治权利

(一) 剥夺政治权利的概念

根据我国刑法典的规定,剥夺政治权利是人民法院判处剥夺犯罪分子参加国家管理与政治活动权利的刑罚方法。在我国刑罚体系中,剥夺政治权利居于从属地位。剥夺政治权利属于资格刑,是严厉程度较重的一种附加刑,在附加刑的排列顺序上介于罚金与没收财产之间,在惩罚程度上严厉程度较重。根据我国刑法典的规定,可以从以下方面来理解剥夺政治权利:

(1) 剥夺政治权利是一种严厉的政治性惩罚。在我国的刑罚体系中,剥夺政治权利虽然是附加刑,但剥夺的是犯罪分子享有的政治权利,也就是参加国家管理和政治活动的权利、能力和资格,在适用对象上,剥夺政治权利主要适用于犯罪性质较为严重的犯罪分子,相对于其他附加刑来说,剥夺政治权利等于宣布了犯罪分子政治生命的死亡,因此,在惩罚程度上是十分严厉。

(2) 剥夺政治权利只能由人民法院通过依法判决对犯罪分子予以适用。作为对犯罪分子适用的刑罚方法,只能由人民法院通过依法判决对犯罪分子予以适用,其他任何机关、个人无权适用。

(二) 剥夺政治权利的本体内容及其完善

1. 剥夺政治权利的本体内容

剥夺政治权利所剥夺的权利,既可能是犯罪人已经享有的权利,也可能是犯罪人现在暂时不具有但将来可能享有的权利,至于犯罪人将来事实上有无行使的可能,法律没有必要做出具体规定。在我国刑法典中,刑法分则有4种类型的犯罪规定了剥夺政治权利的条文,共23条,而刑法总则第54条至第58条规定了剥夺政治权利的具体内容。剥夺政治权利的本体内容包括以下方面:

(1) 剥夺政治权利的刑罚效力。剥夺政治权利的刑罚效力在于对犯罪人参加国家管理与政治活动资格的剥夺,根据我国刑法典第54条的规定,剥夺政治权利的刑罚效力及于四个方面:一是选举权和被选举权,二是言论、出版、集会、结社、游行、示威自由的权利,三是担任国家机关职务的权利,四是担任国有公司、企业、事业单位和人民团体领导职务的权利。

(2) 剥夺政治权利的适用方式。剥夺政治权利的适用方式有两种:一种为附加适用,另一种为独立适用;有两种表述方式:一种表述为"应当剥夺",是强制并科原则,另一种表述为"可以剥夺",是任意并科原则。根据我国刑法典第56、57、58条的规定,附加适用剥夺政治权利的对象包含三种情况:一是对于危害国家安全的犯罪分子应当附加剥夺政治权利;二是对于被判处死刑、无期徒刑的犯罪分子应当附加剥夺政治权利终身;三是对于故意杀人、强奸、放火、爆炸、投放危险物质、抢劫等严重破坏社会秩序的犯罪分子可以附加剥夺政治权利。独立适用剥夺政治权利涉及四种类型的犯罪:危害国家安全罪;侵犯人身权利、民主权利罪;妨害社会管理秩序罪;危害国防利益罪。

(3) 剥夺政治权利的刑期起算。根据我国刑法典第56、57、58条的规定,剥夺政治权利的期限包括四种情况:一是独立适用剥夺政治权利或者主刑是有期徒刑、拘役而附加剥夺政治权利的期限为1年以上5年以下;二是判处管制附加剥夺政治权利的期限与管制的期限相等;三是判处死刑、无期徒刑应当剥夺政治权利终身;四是死刑缓期执行减为有期徒刑或者无期徒刑减为有期徒刑时应当将附加剥夺政治权利的期限相应地改为3年以上10年以下;五是某些政治权利的剥夺期限为终身。根据我国刑法典第58条第2款的规定,剥夺政治权利的刑期起算,依独立适用、附加适用随主刑的不同分为以下几种情况:独立适用剥夺政治权利的,刑期从判决生效之日起算;附加适用剥夺政治权利的,在主刑执行期间罪犯当然不享有政治权利;判处管制附加剥夺政治权利的与管制同时起算;判处拘役附加剥夺政治权利的,剥夺政治权利的刑期从拘役执行完毕之日起计算;判处有期徒刑附加剥夺政治权利的,剥夺政治权利的刑期从有期徒刑执行完毕之日或者假释之日起计算;死刑缓期执行减为有期徒刑或者无期徒刑减为有期徒刑时,附加的剥夺政治权利终身减为3年以上10年以下刑期并从确定为有期徒刑执行完毕之日或者假释之日起计算。

(4) 剥夺政治权利的执行。剥夺政治权利由公安机关执行。刑法典第58条第2款规定:"被剥夺政治权利的犯罪分子,在执行期间,应当遵守法律、行政法规和国务院公安部门有关监督管理的规定,服从监督,不得行使刑法第54条规定的各项权利。"根据有关规定,剥夺政治权利执行期满,应当由执行机关通知本人,并向有关群众公开宣布恢复政治权利。但是,有的政治权利要受到一定的限制。

2. 剥夺政治权利的完善①

我国剥夺政治权利的附加刑,虽演化于褫夺公权,但其范围远远小于褫夺公权。由于剥夺政治权利作为资格刑不能很好地适应我国社会主义的发展形势,因而有必要进一步完善。可以保留剥夺选举权与被选举权,增加剥夺从事特定职业的谋职权,建立剥夺政治权利执行的监督考察制度,建立剥夺政治权利附加刑的复权制度。

三、没收财产

(一) 没收财产的概念

没收财产是人民法院依法判处将犯罪分子个人所有财产的一部分或者全部强制无偿地收归国家所有的刑罚方法。在我国刑罚体系中,没收财产居于从属地位。没收财产属于财产刑,在附加刑的排列顺序上位于剥夺政治权利之后,在惩罚程度上严厉程度较重。

对于没收财产制度,可以从以下方面来理解:首先,没收财产是一种刑罚方法,只能作为刑罚依法适用,而不能滥用。其次,没收财产以将犯罪人所有财产的一部分或全部强制

---

① 周振想:《中国新刑法释论与罪案》(上),方正出版社1998年版,第421—425页。

收归国有为内容,这是没收财产作为附加刑区别于其他刑罚方法的主要特征。最后,没收财产只能由人民法院依法判处。

没收财产与罚金在刑罚体系中同属于附加刑,在刑罚属性上同为财产刑,但二者具有明显的区别:(1)在刑罚对象上,罚金是剥夺犯罪人一定数额的金钱;没收财产,除了可以没收金钱外,还可以没收犯罪人的其他财物。(2)在刑罚时间上,罚金要求犯罪人缴纳的金钱不一定是犯罪人现有的;没收财产没收犯罪人现有的财产。(3)在刑罚的执行方式上,罚金可以分期缴纳,特殊情况下还可以减免;没收财产可以一次性没收其一部或全部,不存在分期缴纳或减免的情况。(4)在刑罚的适用方式上,罚金既可以附加适用,又可以独立适用;没收财产只能附加适用,不能独立适用。此外,没收财产与没收犯罪物品也有质的区别,追缴犯罪所得的物品、没收违禁品和供犯罪所有的本人财物均不属于没收财产,没收财产实际上是没收犯罪人合法所有并且没有用于犯罪的财产。

(二)没收财产的本体内容及其完善

我国刑法典第59条规定:"没收财产是没收犯罪分子个人所有财产的一部或者全部。没收全部财产的,应当对犯罪分子个人及其扶养的家属保留必需的生活费用。在判处没收财产的时候,不得没收属于犯罪分子家属所有或者应有的财产。"

1. 没收财产的本体内容

在我国刑法典中,"危害国家安全罪""破坏社会主义经济秩序罪"、"侵犯财产罪""妨害社会管理秩序罪""贪污贿赂罪"五种类型的犯罪规定了没收财产,在刑法总则第59条至第60条规定了没收财产的具体内容。没收财产的本体内容包括以下方面:

(1)没收财产的适用方式。没收财产的适用方式,包括并处、单处两种。其中,并处分为三种情况:一是刑法规定"并处"没收财产的犯罪,人民法院在对犯罪分子判处主刑的同时,必须依法判处;二是刑法规定"可以并处"没收财产的犯罪,人民法院应当根据案件的具体情况及犯罪分子的财产状况,决定是否适用没收财产刑罚;三是刑法规定"并处罚金或者没收财产",在这种情况下,没收财产和罚金可以选择适用,无论是选择罚金还是没收财产,都只能附加适用,并且必须适用。

(2)没收财产的适用保障。人民法院适用没收财产,是以实际可能履行为前提条件。人民法院认为依法应当判处被告人没收财产的,可以在案件审理过程中,决定扣押或者冻结被告人的财产。对于隐藏、转移、变卖、损毁已被扣押、冻结财产情节严重的,依照我国刑法典第314条的规定追究刑事责任。

(3)没收财产的刑罚效力。没收财产的刑罚效力在于对犯罪人所有的一定财产的剥夺,包括内容、对象、时间三个方面。最高人民法院《关于适用财产刑若干问题的规定》规定,没收财产的内容为犯罪分子个人所有财产的一部或者全部,对象为犯罪人,时间为"判决指定的期限"应从判决发生法律效力第2日起最长不超过3个月。

然而,没收全部财产的,应当对犯罪分子个人及其扶养的家属保留必需的生活费用,不得没收属于犯罪分子家属所有或者应有的财产。犯罪分子家属专指没有参与犯罪分子犯罪活动的家属,他们不能以家属身份隐匿属于犯罪分子个人的财产。

(4) 没收财产的执行。没收财产的判决,无论是附加适用或是独立适用,均由人民法院执行;在必要的时候,可以会同公安机关执行。对于以没收的财产偿还债务的问题,我国刑法典第 60 条规定:"没收财产以前犯罪分子所负的正当债务,需要以没收的财产偿还的,经债权人请求,应当偿还。"

2. 没收财产的完善[①]

在与犯罪作斗争的过程中,没收财产发挥着积极的作用,特别是对于打击危害国家安全以及贪财图利型的严重犯罪活动、维护国家和公民的财产权益,没收财产具有重要的现实意义。当然,没收财产还存在一定的不足,需要进一步完善。为使没收财产在打击预防犯罪活动中发挥更好的作用,应扩大没收财产的适用范围,确定没收财产的具体标准,并确保没收财产不牵涉未参与犯罪活动的犯罪分子的亲属。

---

① 周振想:《中国新刑法释论与罪案》(上),方正出版社 1998 年版,第 436—437 页。

第十八章

刑事责任的承担方式(Ⅱ):
驱逐出境和剥夺军衔

传统的刑法教科书一直将驱逐出境和剥夺军衔作为附加刑来介绍,然而,一方面驱逐出境规定在我国刑罚体系的附加刑之中,另一方面剥夺军衔却在1981年《惩治军人违反职责罪暂行条例》第24条中有规定,直到1996年12月中旬讨论的"刑法典修订草案"第36条规定了剥夺军衔,即被判处3年以上有期徒刑的犯罪分子,如果有军衔、警衔或者勋章的,应当一并判处剥夺。1997年2月17日讨论的"刑法典修订草案修改稿"第35条又规定,被判处3年以上有期徒刑的犯罪分子和被判处剥夺政治权利的犯罪分子,如果有军衔、警衔或者勋章的,应当一并判处剥夺。但1997年刑法典没有规定剥夺军衔。在1988年《中国人民解放军军官军衔条例》以下简称《军衔条例》第27条又明确规定了军官犯罪被依法判处剥夺政治权利或者3年以上有期徒刑的,"由法院判决剥夺军衔"。由此可见,将二者置于附加刑中确实没有充分的法定根据。作为刑事责任的承担方式的驱逐出境和剥夺军衔又是不可缺少的,所以应该在刑罚体系之外介绍。

第一节 驱 逐 出 境

我国刑法典第35条规定:"对于犯罪的外国人,可以独立适用或者附加适用驱逐出境。"据此,驱逐出境是人民法院依法判处强迫犯罪的外国人离开中国国境的一种承担刑事责任的方式。从我国刑法典第三章"刑罚"第一节"刑罚的种类"中可以看出,"驱逐出境"居于刑事责任承担的从属地位。在理论上,驱逐出境属于资格刑,在惩罚程度上严厉程度较重;驱逐出境是一种专门适用于在本国犯罪的外国人的特殊措施,作为准"附加刑"既可独立适用,又可附加适用。驱逐出境作为一种刑事责任的承担方式,是国家主权及司法自主权的体现。《法国刑法典》第131—30条第1款规定,在法律有规定时,对犯重罪或者轻罪之任何外国人,得宣告永久性或者最长10年时间,禁止其进入法国领域。[①] 我国刑

---

① 张明楷:《外国刑法纲要》,清华大学出版社1999年版,第407页。

刑事法律和行政法律对驱逐出境也都有规定。随着全球化、国际化的发展趋势,犯罪国际化特征也日益明显,在华外国人日益增多,外国人犯罪的预防和惩戒亟需解决。

一、适用对象

驱逐出境只对犯罪的外国人和无国籍人适用。它具有两层含义:(1) 驱逐出境只适用于外国人和无国籍人,不适用于中国公民。(2) 驱逐出境只适用于犯罪的外国人和无国籍人,未构成犯罪的外国人不能成为驱逐出境的适用对象。我国是一个独立的主权国家,在我国境内的外国人必须遵守我国的法律、法规,不得侵犯我国国家和公民的利益。对此,我国法律的规定并不明确。法国刑法典就明确规定:在法国受到刑罚的外国人与法籍配偶已婚1年,结婚先于判刑、夫妻共同生活且配偶仍保留法国籍,不适用于驱逐出境;受到刑罚处罚的外国人已在法国合法居住满15年,不适用驱逐出境。在我国已经有不少外籍人士定居,我国相关法律的规定也要顺应社会发展变化,做出相应的规定。另外,对于无国籍人士的驱逐出境适用也要慎重,实行层级申报,在规定中增设相应的限制性条款,以保障人权。

二、适用范围

我国有关驱逐出境适用范围的主要法律依据为《全国法院审理涉外、涉侨、涉港澳台刑事案件工作座谈会纪要》,外国人一旦在我国境内犯罪,除享有外交特权和豁免权的通过外交途径解决以外,一律适用我国刑法典。然而,对犯罪的外国人不是一律都要适用驱逐出境,驱逐出境只是"可以"对犯罪的外国人适用。在对外国人或无国籍人适用驱逐出境时,由人民法院根据案件的具体情况,要考虑被告人的犯罪性质、情节、后果,考虑国际影响、国际形势等因素,灵活掌握适用。法律应当完善此部分内容的规定。

我国刑法典规定的驱逐出境与有关外国人入境出境管理法律、法规规定的驱逐出境,尽管在处罚方式上具有相同的表现,都是强迫外国人离开中国境内,但是二者在性质上是截然不同的。前者是一种刑罚处罚,适用于在我国境内构成犯罪的外国人或无国籍人,后者是一种行政处罚,适用于违反我国有关外国人入境出境管理法律、法规的有关规定并且情节严重的外国人或无国籍人;前者由人民法院判决后,从主刑执行完毕之日起执行,独立适用时,则从判决确定之日起执行,后者由公安机关决定后立即执行。所以,应当将违法行为和犯罪行为予以区分,并由不同的主体审查,分类适用刑事驱逐出境或者行政驱逐出境,结合国内行政法律、法规的相关规定,增设各部门法相关的衔接性规定,共同惩治和预防外国人或无国籍人的危险性、违法性、犯罪行为。

三、适用方式

根据我国刑法典第35条的规定,驱逐出境在适用对象上具有特定性,必须是犯罪的外国人和无国籍人。在适用方式上,可以独立或者附加适用驱逐出境。其中,在判决管制、拘役、有期徒刑附加适用时没有异议,但是,在判决无期徒刑、死刑缓期2年执行以及仅判处罚金时,司法实践常存在争议,标准不一。被判处无期徒刑、死刑缓期2年执行是否可以适用驱逐出境,理论界与实务界观点不一。理论界有学者认为,此时不应当适用驱逐出境。例如,判处死刑缓期2年执行的外国人,2年内如有故意犯罪,则根据我国刑法典的规定核准立即执行死刑,适用驱逐出境就没有意义。本书认为,对被判处无期徒刑、死刑缓期2年执行的外国人或无国籍人应当适用驱逐出境。通常这类犯罪人人身危险性大、所犯罪行极其严重,在刑罚执行期间如果没有故意犯罪,则被减为有期徒刑的可能性很大,如果不适用驱逐出境,那么就会导致罪行严重的外国人反而能滞留在国内,明显不符合罪责相适应的刑法基本原则。

四、驱逐出境期限

在执行日期上,单独判处驱逐出境从判决生效后立即执行,附加判处驱逐出境从主刑执行完毕之日起执行。对于驱逐出境的期限,我国刑法典并没有明确的规定,这在理论上就存在争议。本书认为,尽管法律没有对驱逐出境进行明确的规定,但是,驱逐出境并非终身适用。在我国境内曾经犯罪的外国人或无国籍人依然可以重新申请获得在我国居留和滞留的资格,我国刑法典可以将驱逐出境的期限规定为终身驱逐和定期驱逐两种,这样一来相对而言比较合理。例如,被判处10年以上有期徒刑的犯罪人、累犯、罪行极其严重的暴力犯罪人可以适用终身驱逐出境。

综上所述,应当由法院作为司法终局裁决机关对刑事案件综合审理,如果法院认为不属于犯罪行为,可以建议行政机关决定是否适用驱逐出境,由此全面发挥行政机关与司法机关的职能。对于驱逐出境,在实体法和程序法中都需要逐步完善相关规定。

第二节 剥夺军衔

剥夺军衔虽然没有直接规定在我国刑法典中,但在《军衔条例》中却有明确规定。在刑法理论上这称为附属刑法,也是我国刑法规定的一种类型,因此有必要进行研究。

一、国内外有关剥夺军衔等制度的法律规定

(一)我国现行法律的规定

剥夺军衔更多地是倾向于政治和名誉上的否定性评价。我国1981年《惩治军人违反职责罪暂行条例》第24条规定:"对于危害重大的犯罪军人,在必要的时候,可以附加剥夺勋章、奖章和荣誉称号。"该《条例》虽然被废止了,但1988年制定的《军衔条例》并没有废止,第27条就规定:"军官犯罪,被依法判处剥夺政治权利或者3年以上有期徒刑的,由法院判决剥夺军衔。退役军官犯罪的,依照前款规定剥夺其军衔。"这是典型的附属刑法。根据这个规定,剥夺军衔是在性质上属于一种特殊的资格剥夺。

关于剥夺军衔,相对于其他的刑事责任承担方式,它具有其特殊性,主要表现在以下方面:

(1) 适用对象的特定性。剥夺勋章、奖章和荣誉称号及军衔,只能对危害重大的犯罪军人适用,对其他人则不能适用。

(2) 适用内容的独特性。勋章、奖章和荣誉称号及军衔是国家赋予军人的一种崇高的政治荣誉,是对军人严守纪律、出色完成任务、做出贡献的一种奖励措施,对国家军事利益危害重大的犯罪军人则不配继续享有这种名誉。为了维护国家的尊严和军队的荣誉,使国家授予军人个人的奖章、勋章和荣誉称号不受玷污,军事法院对危害重大的犯罪军人,在判处重刑的同时,可以附加剥夺勋章、奖章和荣誉称号及军衔。

(3) 适用内容的双重性。在附加剥夺军衔的刑罚中,剥夺军衔具有双重性。《军衔条例》第 27 条第 3 款规定:"军官犯罪被剥夺军衔,在服刑期满后,需要在军队中服役并授予军官军衔的依照本条例第 16 条的规定办理。"由此可见,虽然剥夺军衔是永久性的,不存在时间期限的问题,但在必要时,可以依照有关规定重新授予,剥夺军衔又具有暂时性。

(二) 国外现行法律规定

国外有些国家的刑法明文规定了剥夺军衔、勋章、奖章等资格的规定。例如,根据《俄罗斯联邦刑法典》第 45 条第 3 款的规定,剥夺专门称号、军衔或荣誉称号是附加刑,只能与其他刑罚并处。根据《西班牙刑法典》(1971 年修订)第 35 条的规定,军人犯罪剥夺一切权利,包括剥夺一切荣誉的内容,并且服刑期间无能力获得荣誉。[①] 英国军事刑法制度的重要特征是违法与犯罪一体化,为适应这种制度的执行,英国特别设立了即时处置制度。在这个制度中,陆军、空军指挥官受到的刑罚处罚中都有剥夺军衔的规定。

二、剥夺军衔及剥夺勋章、奖章和荣誉称号等制度的完善

理论上,剥夺军衔的主要争论来自于法律属性的界定。本书认为,剥夺军衔作为刑罚的一种,不属于剥夺政治权利,这是由剥夺军衔适用对象的特定性和适用内容的独特性所决定的。首先,剥夺军衔是一种独立的刑罚措施,应该归属于资格刑的范畴。其次,从国外的军事刑法立法来看,剥夺军衔也多作为资格刑来规定。如果刑法规定的剥夺政治权利属于普通的资格刑,那么,剥夺军衔、勋章、奖章和荣誉称号等就属于特殊的资格刑。最后,为了使法律之间保持通畅的衔接性,为司法实践提供合理的法律依据,有必要完善刑罚的规定,增加剥夺军衔、勋章、奖章和荣誉称号等附加特殊资格刑。

资格刑属于近代刑法理论的产物,顺应时代发展而逐渐得到重视。资格是从事某种活动所应具备的条件、身份等,资格刑是以剥夺一定的资格为内容的刑罚方法。在我国刑罚体系中,资格刑正在逐步得以完善:(1) 增加从业禁止的规定,即禁止从事与所实施的犯罪有密切关系的职业。我国《刑法修正案(九)》第 1 条就对刑法典第 37 条进行了修改,

---

① 张明楷:《外国刑法纲要》,清华大学出版社 1999 年版,第 367 页。

明确规定因利用职业便利实施犯罪,或者实施违背职业要求的特定义务的犯罪被判处刑罚的,人民法院可以根据犯罪情况和预防再犯罪的需要,禁止其自刑罚执行完毕之日或者假释之日起从事相关职业,期限为3—5年,被禁止从事相关职业的人违反人民法院依照相关规定作出的决定的,由公安机关依法给予处罚;情节严重的,依照刑法典第313条的规定定罪处罚。其他法律、行政法规对其从事相关职业另有禁止或者限制性规定的,从其规定。(2)增加限制出入特定场所的规定。(3)增加禁止驾驶、吊销驾照的规定及其他规定。资格刑的设定更多地是为了预防犯罪,为此,应尽量降低或者消除其政治色彩,因为资格刑的完善是社会发展的需要,也是现代刑罚体系完善的重要内容之一。

除我国刑法典规定的剥夺军衔之外,还包括剥夺勋章、奖章和荣誉称号等的规定,并使之逐步完善。其实,我国在1981年《惩治军人违反职责罪暂行条例》第24条曾经规定:"对于危害重大的犯罪军人,在必要的时候,可以附加剥夺军衔、勋章、奖章和荣誉称号。"但是,在1997年对刑法典进行修订时并未将剥夺军衔、勋章、奖章和荣誉称号等纳入刑法典,剥夺军衔是由于《军衔条例》具有附属刑法性质的相关规定才予以保留,而剥夺勋章、奖章和荣誉称号等在1997年之后再也找不到其在刑法中的依据,这是十分遗憾的。不过,当一个人具备某种资格时可以依法剥夺,但这种资格也是可以恢复的,因此,剥夺军衔、勋章、奖章和荣誉称号等的刑罚措施更应该是一个开放的方式。资格刑的设置不仅符合国际社会刑罚趋势的未来发展,而且也符合我国刑事政策的基本要求。因此,在不远的将来,我国刑法中有关剥夺军衔、勋章、奖章和荣誉称号等资格刑的规定应当不断发展和完善。

第十九章

刑事责任的承担方式(Ⅲ):赔偿经济损失

赔偿经济损失肇始于同态复仇,著名的《汉谟拉比法典》规定:"损毁穆什钦努之眼或折断其骨,应赔银一明那;损毁自由民奴隶之眼或折断其骨,应赔偿其买价的一半。"[①]在我国现行法律规定中,赔偿经济损失初看是民事法律问题,其实在刑法中也有所涉及。刑法追究犯罪责任,从刑罚的角度预防和减少犯罪行为给社会带来的危害,从而保护社会整体利益。民法对民事行为加以苛责,通过赔偿措施来弥补因侵权或者违约行为给社会、个体造成的损失。正是因为在民事侵权与刑事犯罪之间具有法益侵害性程度的一定衔接,使得民事侵权行为和刑事犯罪行为在司法实践中存在适用处罚上的困境,成为一个世界性难题。我国刑法典第36条就专门规定了以犯罪为前提的民事赔偿问题,本章将专门予以讨论。

第一节 赔偿经济损失的法律规定

如上所述,赔偿经济损失在我国刑法典中有相应的规定,故本节就我国刑法典的相应规定进行分析。

一、我国刑法典的规定

犯罪行为不仅侵害社会秩序,而且对被害人造成物质和精神上的损失,加强被害人保护权利是时代的呼唤,也是我国法治建设的标志,为了进一步完善对被害人权利的保护,我国刑法典第36、37条规定,人民法院应当判处或责令犯罪分子"赔偿经济损失"或"赔偿损失"。但是,刑法学界对于赔偿经济损失的性质、范围及司法实践的具体操作意见不一。

1. 刑法中"赔偿经济损失"的性质

我国刑法典第36条规定:"由于犯罪行为而使被害人遭受经济损失的,对犯罪分子除依法给予刑事处罚外,并应根据情况判处赔偿经济损失。承担民事赔偿责任的犯罪分子,

---

[①] 何勤华、夏菲:《西方刑法史》,北京大学出版社2006年版,第62页。

同时被判处罚金,其财产不足以全部支付的,或者被判处没收财产的,应当先承担对被害人的民事赔偿责任。"该条规定既不等同于单纯的有罪宣告,更不等同于非刑罚处罚方法,它是以行为人构成犯罪为前提的。如果对犯罪人单独作出有罪宣告,或者判处非刑罚处罚措施,则不能适用该条规定,而是适用刑法典第37条的规定,或单独作出有罪宣告,或作出有罪宣告后不进行刑事处罚而给予非刑罚处罚措施。

我国刑法典第37条也规定了"责令赔偿损失",但这里的"责令赔偿损失"并非是指"赔偿经济损失"。根据刑法典第36条的规定,判处赔偿经济损失,是在"刑事附带民事诉讼"中。也就是说,刑法典第36条规定的判处赔偿经济损失,是以给予刑罚处罚为前提的,即必须构成犯罪,并判处刑罚。在此基础上,再根据犯罪行为给被害人造成的实际损失,经过法院审理最终判处给予被害人经济赔偿。作为刑事责任承担方式的非刑罚处罚中的责令赔偿损失,是以免除刑罚为前提,虽然免除了被告人的刑罚,但犯罪人仍要赔偿被害人的经济损失。给予刑罚处罚,是犯罪分子已经承担刑事责任的表现,判处赔偿经济损失是实现刑事责任的一种方式,其实质与责令赔偿损失一样,兼具刑事惩罚与民事赔偿的性质。

2. 刑法中"赔偿经济损失"的范围

赔偿经济损失是刑法典第36条针对犯罪人被判处刑罚后附带赔偿被害人的经济损失,因此,无论是适用对象还是适用范围,与责令赔偿损失是不同的。

(1) 责令赔偿损失与赔偿经济损失的区别

刑法典第36、37条由于适用条件不同,判处责令赔偿损失与判处赔偿经济损失是两个不同的概念,刑法典第37条中的责令赔偿损失,不包含刑法典第36条中的判处赔偿经济损失。二者的主要区别在于:一是适用的被告人对象不完全相同。责令赔偿损失的对象是依法被判处免于刑事处罚的人,或者称是被判决并宣告有罪但不给予刑罚处罚的人;而赔偿经济损失则是依法被判处刑罚的人,也就是被判处刑罚后附带赔偿被害人的经济损失。二是针对的行为或对行为的处理结果也不完全相同。责令赔偿损失针对的行为是犯罪情节轻微不需要判处刑罚的行为,包括处理的后果是不予刑罚处罚;而赔偿经济损失针对的行为是犯罪甚至是重罪,处理的结果是既判处刑罚又赔偿经济损失。

然而,我国刑法典只是原则性规定。至于如何赔偿,根据什么标准赔偿,以及具体赔偿额度,并没有在法律上予以明确规定。许多涉及经济赔偿的刑事案件(包括死刑案件的赔偿与谅解)的处理方法,也都是在司法实践中逐渐积累或摸索而形成的,也是刑事司法实践中的一个难题。当然,涉及赔偿经济损失的刑事案件都存在具体情况的特殊性,如犯罪人行为的法益侵害程度、行为性质的严重程度以及被害人有无明显过错和双方家庭的具体经济情况等,都是很复杂的难题。在我国尚未建立对被害人的国家补偿制度情况下,许多赔偿方案更是难以操作。例如,某人偷了单位价值1万多元的模具,被发现后不仅退回了所盗窃的赃物,而且为了获得法院轻判,还赔付单位2.5万元。虽然犯罪人因此获得了法院轻判,但事后,犯罪人感觉多赔偿了费用,反而起诉单位要求返还其多赔付的1.3

万元。在本案中,"赔偿经济损失"有无明确的标准?"赔偿经济损失"中的财物和金钱是否能再追回?这些问题都无明确的法律据可以解决。

(2)"损失"的界限

刑法典中有关"损失"的规定是否包括精神损失?从实然角度分析,刑法典的规定是不包括精神损失的,但是从应然的角度分析,精神损害赔偿应该纳入刑法保护的范围。关于这个问题刑法学界存在争议。一种观点认为:精神损害不应该纳入赔偿损失范围。一般认为,犯罪行为所造成的物质损失不包括精神损失的,但赔偿经济损失的范围是否等同于刑法典第36条的规定,则有不同的理解。有学者认为:责令赔偿损失不只是民事责任的实现方式,也是犯罪的法律后果,除适用于给被害人直接造成经济损失外,还适用于侵害被害人其他法益的赔偿,包括赔偿物质损失与补偿精神损害;对于补偿精神损害的范围,可参考民事法律的规定予以决定。责令赔偿损失并不以被害人提起民事诉讼为前提,在免除刑罚的情况下,即使被害人没有提起民事诉讼,法院也可以根据案件的具体情况责令赔偿损失。[①] 也有学者认为:精神损害应该纳入赔偿损失范围。刑事诉讼中对赔偿损失的范围规定得较为具体,如果刑事附带民事诉讼中连"精神损害赔偿"都不予保护,可以说这是非常不公平的。众所周知,在民事诉讼案件中,目前都认可精神损害赔偿保护。最高人民法院《关于确定民事侵权精神损害赔偿责任若干问题的解释》第8条进一步规定了侵权致人精神损害,造成严重后果的,可以判令侵权人赔偿相应的精神损害抚慰金。刑法典中规定的赔偿损失如果不包含精神损失就会导致民法的规定与之发生冲突。对于刑事侵权赔偿,除实际的物质损失外,主要的损失就是被害人的精神损失。有些刑事案件(如杀人、强奸等犯罪),对被害人及其家属会造成终生极其痛苦的精神损害,如果被害人遭受如此严重的精神损害都得不到精神损害赔偿或经济上的赔偿与补偿,那又会造成更大的社会不公。虽然精神损失一般难以评估和计算,但无论如何应当与民事侵权的权益保护保持平衡,刑法保护更要重视公民私权利的保护。特别是对被害人私权利的保护,既要规定刑事责任,也要规定民事侵权责任,平等地保护公民私权利,不断衡平犯罪人和被害人的利益关系,使现代法治更加人性化。另外,包括实体法的权益也要通过程序法来保护和实现,故在"赔偿经济损失"问题上也要关注程序法。

二、我国《刑事诉讼法》的规定

为保障刑法典有关"赔偿经济损失"规定得到具体落实,我国1996年《刑事诉讼法》在第一编第七章专章规定了"附带民事诉讼",即"赔偿经济损失"的具体程序问题。2012年《刑事诉讼法》修改后,对刑事附带民事诉讼进行了更为明确的科学定位,从而进一步完善了刑事附带民事诉讼的程序规则,强化了被害人的权利保障,但是由于刑事附带民事诉讼自身的限制,刑事附带民事诉讼经济赔偿在赔偿范围、财产保全制度、附带民事诉讼和解、

---

① 张明楷:《刑法学》(第3版),法律出版社2007年版,第478页。

调解及执行等方面还存在争议。

1. 刑事附带民事诉讼中的精神损害赔偿问题

随着我国经济制度的发展和公民人权保障意识的提升,现行刑事法律中关于禁止被害人提出精神损害赔偿的规定已经不再符合现行刑法发展的国际趋势,同时刑事诉讼法、刑法及民法对精神损害赔偿的不同规定在司法实践中所引起的冲突越发突出。我国民事法律明确规定和认可精神损害赔偿,2012年修订的《刑事诉讼法》增设的刑事和解制度对精神损害赔偿也作出了详细的规定,由此精神损害赔偿开始纳入刑事附带民事诉讼的赔偿范围,以切实保障被害人的正当权利,提升了我国法律体系的统一性。

我国《刑事诉讼法》第99条规定:"被害人由于被告人的犯罪行为而遭受物质损失的,在刑事诉讼过程中,有权提起附带民事诉讼。被害人死亡或者丧失行为能力的,被害人的法定代理人、近亲属有权提起附带民事诉讼。如果是国家财产、集体财产遭受损失的,人民检察院在提起公诉的时候,可以提起附带民事诉讼。"这是"赔偿经济损失"在程序上适用的法律根据。也就是说,公民个人或者国家财产、集体财产等遭受损失的,均可根据《刑事诉讼法》第99条的规定提起刑事附带民事诉讼,国家支持这类诉讼。刑事附带民事诉讼的形式和性质决定了精神损害赔偿存在的必要性,因为刑事附带民事诉讼本身就具有刑事、民事的二元性特征,是被告人因同一犯罪行为、同一侵权事实所引起的两种诉讼。因此,将精神损害赔偿纳入我国刑事附带民事诉讼中,符合我国与时俱进的现代法治理念。

2. 刑事附带民事诉讼中的财产保全问题

为了切实保证刑事附带民事诉讼的顺利进行,我国现行《刑事诉讼法》第100条还明确规定:"人民法院在必要的时候,可以采取保全措施,查封、扣押或者冻结被告人的财产。附带民事诉讼原告人或者人民检察院可以申请人民法院采取保全措施。人民法院采取保全措施,适用民事诉讼法的有关规定。"与1996年《刑事诉讼法》相比,现行《刑事诉讼法》在专业术语上明确规定了冻结的保全措施以及一审期间申请保全措施的启动方式,还明确规定了保全措施的程序依据是《刑事诉讼法》的有关规定。由此可见,这种刑事附带民事诉讼完全与一般的民事诉讼一样,有切实的权利保障,甚至犯罪的主要证据都不需要被害人个人搜集,而是由国家公诉机关负责搜集。至于被害人及其家属究竟因为被告人的侵害造成了多大的经济损失,必要时需要被害人及其代理人或辩护律师适当搜集证据,予以证明具体的损失数额,以此保证赔偿经济损失案件的顺利进行,也保证被害人受到的各项损失最终能赔偿到位。1996年《刑事诉讼法》没有明确的财产保全制度,犯罪人往往在审前阶段就开始进行财产的转移和隐匿,使被害人的权利无法得到有力的保障。现行《刑事诉讼法》对财产保全措施的完善和修改,使被害人获得了更有利的救济方式,强化了对被害人权利保障。

3. 刑事附带民事诉讼中的和解、调解问题

"判决和调解都是人民法院行使审判权的重要方式,判决的价值固然不容置疑,而调

解则具有其独特的功能价值。"①刑事附带民事诉讼毕竟是民事性质的诉讼,在必要时尤其是被害人不能充分举证证明受到的经济损失的具体数额时,也允许进行必要的调解。为此,我国《刑事诉讼法》第101条规定:"人民法院审理附带民事诉讼案件,可以进行调解,或者根据物质损失情况作出判决、裁定。"实在调解不成的,也可以根据犯罪的严重程度和具体给被害人造成的实际损失,结合被告人的实际赔偿能力等因素,由法院进行最终判决和裁定。

在刑事附带民事诉讼过程中,通常情况下都是刑事部分和民事部分一并审理。我国《刑事诉讼法》第102条规定:"附带民事诉讼应当同刑事案件一并审判,只有为了防止刑事案件审判的过分迟延,才可以在刑事案件审判后,由同一审判组织继续审理附带民事诉讼。"也就是说,除非特殊情况,刑事部分和民事部分同时进行。由于刑事附带民事诉讼也是以成立刑事犯罪为前提的一种民事审判,因此,在审理时间和顺序上,附带民事诉讼不能先于刑事案件的审理。

我国现行《刑事诉讼法》已经借鉴了国外立法经验和司法经验,创新性地规定了涉及精神损害赔偿的刑事和解制度。但是,由于现行的刑事法律以及相关的司法解释对刑事附带民事诉讼的规定还比较粗疏,导致调解在刑事附带民事诉讼运用中随意性较大,难以达到完全公正。

总而言之,刑事附带民事诉讼中的经济赔偿和刑法典规定的"赔偿经济损失",无论在实体法还是程序法上,都是为了更好地保障被害人及其近亲属的权利,弥补经济损失,同时提高诉讼效率,节省司法资源成本。然而,由于法律制度设计的不完善,赔偿经济损失的适用还存在以下问题:(1)刑事典的规定与《刑事诉讼法》和《民事诉讼法》的规定相互冲突,在司法审判中导致判决结果难以有统一标准,适用赔偿经济损失的实效往往无法令人满意。(2)有关赔偿经济损失的司法解释规定也存在冲突。刑事附带民事诉讼的具体规定主要体现在三个司法解释之中:一是最高人民法院《关于审理刑事案件程序的具体规定》,二是最高人民法院《关于执行〈中华人民共和国刑事诉讼法若干问题解释〉》,三是《关于刑事附带民事诉讼范围问题的规定》。这三个司法解释涉及被告人赔偿能力的规定与立法精神不符,在司法实践中,多数被告人的经济能力有限,判决后往往也难以执行到位。(3)刑事附带民事诉讼经济赔偿的调解难以真正实现平等、自愿、合法。(4)附带民事诉讼经济赔偿赔偿范围没有明确合理的界限,精神损害赔偿没有完全纳入赔偿范围。

第二节 赔偿经济损失的立法前瞻

我国刑法典中有关"赔偿经济损失"的规定和《刑事诉讼法》中"刑事附带民事诉讼"的法律规定都是很粗疏的,这当然与我国的经济发展水平、司法环境和被害人保护的程度以

---

① 沈志先主编:《调解精品案例选》,法律出版社2012年版,第2页。

及我国刑事法的立法技术水平相关。由于赔偿经济损失的适用范围的模糊,在司法实践中,办案人员难以有明确的法律依据,有时会随意将不同的处罚措施相互替代。例如,赔礼道歉代替赔偿损失。被告人在不服处罚决定时,目前的程序还没有规定被害人寻求救济的权利和途径的具体规定,所以,往往会导致处罚适用不规范。所以,本书依据我国的司法实践运行情况,对未来赔偿经济损失的立法完善进行前瞻性分析。

一、建立被害人国家补偿或救助制度

众所周知,我国1979年和1996年修订的《刑事诉讼法》更多注重的是对国家和社会利益的保护,相对而言,忽视了对被害人及其家属和犯罪嫌疑人或被告人权益的保护。2013年1月1日生效的现行《刑事诉讼法》虽然加强了一些对犯罪嫌疑人、被告人权利的保护,甚至完善了刑事附带民事诉讼的规定,但无论从立法上还是从司法上,对被害人的权利保障仍显不足。例如,庭审时,被害人没有最后陈述权,也没有明确规定被害人是否能参加庭审;在公诉案件中,被害人的起诉权往往受到限制,法律也没有给予被害人直接的上诉权。包括赔偿经济损失的标准问题、刑事案件精神损害赔偿问题和对被害人及其家属的补偿救助问题等,均是我国目前刑事实体法和刑事程序法的需要完善的内容。因此,我国有必要在借鉴国外完善的相关法律制度、立法经验,尝试建立适合中国国情的刑事被害人国家补偿制度,以体现社会公平,彰显社会道义,维护社会长久稳定。

我国《国家赔偿法》规定:对犯罪嫌疑人以及刑事被告人,国家在对其错拘、错捕、错判时,应当提供经济赔偿。《刑事诉讼法》正式将被害人的地位明确为"当事人",但是作为当事人的被害人在刑事诉讼中的保护程度仍是不足的。众所周知,被害人及其家属因遭受犯罪侵害,生活很有可能会陷入极端困境,由于我国法律制度不完善,执法和司法环境不协调,一旦犯罪人无力赔偿,或者被告人死亡没有留下遗产,刑事附带民事诉讼的判决一般无法得到有效执行,被害人也就无法行使赔偿请求权,法院裁决成为"一纸空文"。尽管部分被害人有机会获得政府、所在单位、社会团体等资助,但还是缺乏立法上的整体设计。为了使被害人的求偿权得到有效保障,维护刑事法律体系的完整性,就需要由国家承担起补偿和救助义务。但国家补偿和救助制度的启动应该以被告不能完全支付赔偿金为前提,是为保护被害人权利而设立的辅助性制度,不能成为主要的救济途径;否则,就有可能变成"罪犯犯罪,国家买单"。[①] 换言之,国家责任的核心内容就是充分保护公民的人身和财产安全,也应当承担起对刑事被害人的补偿和救助责任,全面保障被害人的权利。从国际环境与趋势看,对刑事被害人的补偿和救助已经是一个法治国家应承担的国际义务。我国已签署的《被害人人权宣言》第12条规定:"当无法从罪犯或其他来源得到充分的补偿时,会员国应设法提供金钱上的补偿。"第13条也规定:"应鼓励设立、加强和扩大向受害者提供补偿的国家基金的做法。"因此,有必要制定国家级刑事被害人的补偿和救助制度。

---

① 刘晨:《刑事附带民事诉讼应允许提出精神赔偿》,载《检察日报》2007年11月6日。

最后,建立、完善国家对刑事被害人补偿和救助制度需要从以下方面展开:(1)建立国家补偿和救助制度原则。在法律中明确规定坚持补偿和赔偿相适应原则,赔偿为主、补偿为辅助。国家对刑事被害人的补偿和救助必须符合法定的条件,并且能够照顾到个别情况,如特殊困难的被害人。(2)确定国家补偿和救助范围。依据我国国情和现有法律、法规规定,限制国家对刑事被害人的补偿和救助对象、条件,如果犯罪行为是由于被害人过错导致的,则不得申请补偿。被害人的补偿申请必须在法定期间提出,具有一定的时效性。确定国家对刑事被害人的补偿和救助的主体范围为被害人及其法定代理人或近亲属。补偿数额的确定主要依照被害人实际所受到侵害为标准,并结合个案具体情况进行综合判断。(3)加强国家补偿金的管理。国家应专门设立补偿金管理机构,负责补偿金的收取、管理、发放。

二、完善"赔偿经济损失"和"附带民事诉讼"制度

刑事附带民事诉讼制度作为一项重要的诉讼制度已经在现行《刑事诉讼法》中得到进一步完善,但在司法实践中,由于种种原因,我国刑事附带民事诉讼诉讼难、执行难的问题仍然没有得到有效解决。具体而言,主要表现在以下方面:

1. 赔偿经济损失的具体标准问题

目前,关于赔偿经济损失的具体标准问题,主要应严格参照民事侵权的赔偿标准进行,不能再低于民事侵权的赔偿标准。但难点就在于,一般的民事侵权赔偿没有刑事侵权赔偿那么严重,因此条件成熟时应尽快根据我国的刑事被害人状况,包括精神损害状况,建立专门的刑事侵权赔偿标准,并进行专门立法,以推动《刑事诉讼法》规定的赔偿经济损失的真正落实。

2. 刑事案件精神损害的赔偿问题

2001年2月26日,最高人民法院通过了《关于确定民事侵权精神损害赔偿责任若干问题的解释》,从此在民事侵权领域对被害人的精神损害赔偿有明确的法律依据,一直以来也得到很好的贯彻实施。但是,当侵权行为超过一定的限度而达到刑事侵权时,即构成犯罪时,刑事被害人至今却不能得到精神损害赔偿的应有权利,从而导致司法实践中大量刑事被害人的精神损害得不到相应的赔偿,最终影响了社会稳定,造成了社会更大不公。无论是大陆法系还是英美法系国家,绝大多数都对刑事附带民事诉讼中的精神损害赔偿有所规定,我国同样应该建立科学的精神损害赔偿制度。一般而言,刑事案件中提起精神损害赔偿的诉讼方式主要包括:(1)直接提起刑事附带民事诉讼。除了实际给刑事被害人造成的损失外,对其精神损害造成的痛苦也应成为衡量犯罪法益侵害性的一个重要指标。(2)允许另外提起民事诉讼。由于刑事法庭主要是追究犯罪,也相对限制了被害人的举证时限。同时,如果精神损害赔偿的存在与否以及损害的大小和赔偿的数额在较短的时间内难以确定,也不利于及时有效打击犯罪。因此,刑事侵权被害人可以在刑事案件的判决生效以后,直接单独另行提出精神损害赔偿之诉,以有效补偿刑事被害人的精神损失。而且,刑事法律要对精神损害赔偿的范围、原则、数额等与民事诉讼法律有相对统一、详细的规定。

在司法实践中,虽然穷尽一切司法和执行手段,但被害人实际上能得到被告人全额赔偿(事实上也均由被告人的亲属代为赔偿)的比例仍然很低,这种情况在全国都比较普遍。因此,应尽快从国家层面建立刑事被害人补偿和救助制度体系,全面完善刑事被害人救助的配套制度与措施,使之成为整个刑事被害人补偿和救助的重要环节。

三、建立犯罪人终身偿付被害人损失的责任追究制度

治理犯罪在世界各国都是一项极其繁重和难度很大的工作,尤其是对刑事侵被害人的补偿与赔偿,更是步履维艰,甚至得不到应有的资金支持。对此,世界各国及相关的国际组织都十分重视,千方百计地动用各种措施来推动问题的有效解决。就我国而言,建议从以下方面推动该问题的有效解决:

1. 改变思想观念

中国人的传统观念,一直是管好自己的人、干好自己的事,从不去考虑更多的权利和义务。对于刑事被害人的补偿、赔偿和救助也是如此,我国公民思想观念的改变,不仅有助于刑事被害人补偿与救助制度的建立,而且还有助于该制度的落实与执行。

2. 建构完整体系

这个完整体系主要针对从根本上解决刑事被害人补偿、赔偿和救助问题,注意体系性的制度建设,并从上层整体制度建构上考虑制度的系统设计。例如,将我国《宪法》中保障人权的精神通过具体制度的设计细化到基本法律中。而且,这种制度性的细化设计一定要深入、系统、全面、完整,真正做到严密法网,包括立法法网和司法法网,使得整个制度设计形成有机的整体,而不是零散、无序,更不应该将立法和司法作为争权夺利的工具。

3. 形成长久机制

研究和建构被告人终身偿付刑事被害人损害的赔偿制度,如此形成国家威慑犯罪的长久机制,使得想犯罪的人不敢再犯。犯罪及其赔偿问题一直得不到有效解决,就是因为没有建立长效机制,包括对犯罪的长效威慑机制。例如,我国几乎所有的立法、司法都倾向于对未成年人的保护,包括不适用死刑、免除犯罪义务报告制度以及应当从轻、减轻或免除处罚等,但是,并没有像美国刑事司法制度中的"三振出局"立法与司法措施,所以,会导致我国未成年人保护制度的异化,甚至会走向反面,给社会造成更大的危害。因此,从长远上看,这种机制只能造成更大的社会不稳定。所以,能否在处理案件时充分考虑包括刑事案件中的被告人和被害人在内的当事人利益,证据不扎实不过硬的不轻易判,保证公平、公正和真正保障人权,这样既能够保证案件不枉不纵,也使当事人能获得比较满意的裁判,最终促进我国司法导向和机制形成一个良性循环,推动办案质量越来越高。不过,对于真正的罪犯要严格执法与司法,甚至也要建立长效机制,包括系统建立被告人终身偿付被害人损害的赔偿制度,使其真正认识到自己给被害人造成的终身痛苦和严重伤害,再也不敢轻易犯罪,如此也就形成一个非常良性的社会安定运行机制。

第二十章

刑事责任的承担方式(Ⅳ):有罪宣告

刑事责任是因犯罪而产生的一种法律责任,有罪必有刑事责任,但这并不意味着犯罪之后一定要对犯罪人判处刑罚或者其他非刑罚处罚措施,而仅仅意味着任何犯罪都必须承担刑事责任。单纯宣告行为人的行为构成犯罪,既是司法机关追究犯罪人刑事责任的司法活动,也是犯罪人承担刑事责任的一种形式。换言之,有罪宣告与判处犯罪人刑罚或者其他非刑罚处罚措施同样是犯罪人承担刑事责任的形式之一。

第一节 有罪宣告概述

单纯有罪宣告作为刑事责任的实现方式之一,我国刑法典有明确的规定。但由于其在司法实践的适用不够普遍,仅仅作为刑事责任实现的次要、辅助方式,因此,对单纯的有罪宣告的研究尚不深入。本书强调承担刑事责任的六种方式是并列的关系,而且,在刑罚轻缓化这一世界刑罚发展的潮流面前,刑罚之外刑事责任的实现方式将会越来越普遍。基于此,本书专门对单纯有罪宣告的概念、属性进行探讨。

一、有罪宣告的概念

有罪宣告的基本含义是定罪免刑,具体是指人民法院对情节轻微的犯罪人通过判决仅宣告其有罪,并记录犯罪,但既免除刑罚处罚,也不给予非刑罚处罚的司法活动。根据我国刑法典第37条的规定:"对于犯罪情节轻微不需要判处刑罚的,可以免予刑事处罚。"也就是说,"免于刑事处罚",也不再给予任何民事与行政处罚的,才是单纯的"有罪宣告"。相对于单纯的"有罪宣告",当然还存在不单纯的"有罪宣告"。这就是我国刑法典第37条所规定的,既做出"有罪宣告",又附加给以"非刑罚处罚"。另外,我国刑法典除在第37条有"免予刑事处罚"的规定外,还在刑法典第383条贪污罪的规定中也有相同表述。而且,在刑法典第19、20、21、22、24、27、28、67、68、164、276、351、390、392等条文中,分别表述有"免除处罚"的规定,这些都是与"有罪宣告"相关的条款。有罪宣告意味着行为人的违法行为构成犯罪,但无需承担刑罚,也不受非刑罚处罚。主要依据是对于一些犯罪情节轻微不需要判处刑罚的行为人,给其贴上犯罪的"标签",就是对其犯罪的报应;即使不给予任何处罚,对于行为人来说也可以达到预防犯罪的目的。

我国刑法规定的有罪宣告,与国外刑法理论上的单纯有罪不是同一个概念。大陆法系的德、日刑法理论中,有客观处罚条件理论,该理论的含义是指即使犯罪在某些条件下已经成立,但仍不能对行为人加以刑罚处罚,如果对行为人发动刑罚权还需要有其他的事由,这种事由被称为客观的处罚条件。《日本刑法典》第 197 条第 2 款关于准受贿罪或者预约受贿罪的规定就是如此,该条规定:"将要成为公务员或者仲裁人的人,就其将要担任的职务,接受请托,收受、要求或者约定贿赂,事后成为公务员或者仲裁人的,处 5 年以下惩役。"一般认为,行为人在其将要担任的职务上收受、要求或者约定贿赂就成立犯罪,但仅此还不能发动刑罚权,还要求行为人后来确实充当了公务员或者仲裁人。后来充当公务员或者仲裁人,就是一种处罚所需要的客观条件。[①] 具体而言,我国刑法典规定的有罪宣告与国外刑法理论上的单纯有罪,主要区别在于:(1) 罪行轻重不同。单纯有罪宣告仅限于轻微犯罪,单纯有罪所涉之罪可以是轻罪,也可以是重罪,前述"准受贿罪"在《日本刑法典》中就属于重罪。(2) 不处罚的前提不同。单纯有罪宣告依据的是罪行轻微因而无需给予处罚,而单纯有罪则是由于客观处罚条件还不具备,因而不能发动刑罚权,无法给予处罚。(3) 司法进程不同。单纯有罪宣告实际上启动了司法程序,并且已经经过立案、侦查、起诉、审判全部司法过程,而单纯有罪则没有启动司法程序、发动刑罚权,也根本就不存在立案、侦查、起诉、审判过程。

二、有罪宣告的属性

有罪宣告是不是刑事责任的承担方式,理论上虽然还存在争议,但主张单纯有罪宣告是刑事责任的承担方式已被刑法学界普遍认同。

1. 我国刑法典的明确规定

我国刑法典第 37 条规定:"对于犯罪情节轻微不需要判处刑罚的,可以免予刑事处罚,但是可以根据案件的不同情况,予以训诫或者责令具结悔过、赔礼道歉、赔偿损失,或者由主管部门予以行政处罚或者行政处分。"据此,免予刑事处罚时可能出现两种结果:(1) 免予刑事处罚,但给予训诫或责令具结悔过等非刑罚处罚的判决。(2) 免予刑事处罚,既不给予刑事处罚,也不给予非刑罚处罚。解读刑法典第 37 条的规定,免于刑事处罚的前提是"犯罪情节轻微不需要判处刑罚";满足了前提条件是否最终免除,法官具有自由裁量的权力,法官"可以"免予刑事处罚,而不是"应当"免予刑事处罚。免予刑事处罚后是否判决非刑罚处罚同样规定为"可以"。因此,审判中法官有权做出对犯罪分子免予刑事处罚且不给予任何处罚的判决。而免予刑事处罚且不给予任何处罚的判决就是单纯的有罪宣告。不过,免予刑事处罚,只是免除了行为人的刑事处罚,而不是免除了行为人的刑

[①] 张明楷:《外国刑法纲要》,清华大学出版社 1999 年版,第 361 页。

事责任,单纯的有罪宣告作为免予刑事处罚的一种表现形式,其属性就是行为人承担刑事责任的形式之一。另外,在理论上,也可以将有罪宣告划分为广、狭两义,广义的有罪宣告是包括单纯有罪宣告和有罪宣告附加其他非刑罚处罚的有罪宣告,狭义的有罪宣告仅指单纯有罪宣告。

2. 有罪宣告是对犯罪人的否定

单纯有罪宣告是犯罪可能产生的后果之一,其实质是让犯罪人为自己的行为付出代价——以有罪之身承担刑事责任。这一后果的产生经历了立案、侦查、起诉、审判全部的司法过程,各个阶段的公安司法机关的活动完全体现了对犯罪行为的否定评价以及对犯罪人的责难,因而具有刑事责任的实质内容。正因为有罪宣告属于刑事责任的实现方式,因此,法律赋予行为人对于单纯有罪宣告不服时有提出上诉或申诉的权利。

3. 有罪宣告与免予刑事处罚

尽管我国刑法典出现了"有罪宣告"两种不同的表述,包括单纯的有罪宣告和附加其他非刑罚处罚的有罪宣告,以及理论上存在广、狭两义的"有罪宣告"等,但需要注意的是,在我国刑事法律中,没有"有罪宣告"这个词,而是采用"免予刑事处罚"或"免除处罚"的表述。

三、有罪宣告的意义

有条件地适用有罪宣告,符合恢复性司法的理念,也是顺应了刑罚轻缓化的潮流,体现了宽严相济的刑事政策,有利于大幅减少监狱中罪犯的关押人数,减少国家投入。而且,犯罪人与社会仍然保持着正常的联系,有利于犯罪分子的改过自新,有利于犯罪人重新成为守法公民。非刑罚处罚同样具有这些意义。因此,司法机关应当提高对有罪宣告以及非刑罚处罚的应有认识。①

第二节 有罪宣告的适用

有罪宣告是刑事责任的特殊实现方式,由于不给予犯罪分子任何处罚,因此,在司法实践中,为了防止滥用有罪宣告,必须严格适用单纯有罪宣告。

一、有罪宣告的适用条件

犯罪是一种最严重的违法行为,对于犯罪行为,既不给予刑罚处罚,也不给予非刑罚处罚,而必须满足特定的条件。

1. 有罪宣告的对象其行为构成犯罪

没有犯罪就没有刑事责任,作为刑事责任承担方式的有罪宣告,必须以行为构成犯罪

---

① 这两种刑事责任承担方式对于处理青少年犯罪案件具有特别重要意义。

为前提。对于不构成犯罪的违法行为,即使情节再严重,也不能作为有罪宣告的对象。

2. 有罪宣告对象的犯罪只能是情节轻微的犯罪

根据罪刑相适应原则,有罪宣告是比非刑罚处罚还要轻的刑事责任承担方式,因此,只能适用于那些轻微的犯罪。犯罪是否轻微,应当根据犯罪的事实、性质、情节以及对行为的法益侵害程度进行综合考量。

3. 有罪宣告只能适用于具有法定的免除刑罚的情节并且不需要给予非刑罚处罚的犯罪

应受刑罚处罚性是犯罪的属性之一,犯罪人不具有法定的免除处罚情节,就应当给予刑罚处罚。只有具有法定的免除处罚情节,并且不需要给予非刑罚处罚的,才能适用有罪宣告;否则,就是对有罪宣告的滥用。

4. 适用有罪宣告必须符合刑事责任特殊预防的目的

特殊预防的对象是实施了犯罪行为的犯罪人,如果不对犯罪人适用刑罚处罚,也不适用非刑罚处罚,就能使犯罪人接受教训、真诚悔罪,达到预防犯罪人再次犯罪的目的时,就满足了单独适用有罪宣告的条件。行为人虽然具有法定的免除处罚情节,但不给予训诫等非刑罚处罚不足以使其悔过自新的,就不适用有罪宣告,而应给予非刑罚处罚。

二、有罪宣告的机关

我国《刑事诉讼法》第12条规定:"未经人民法院依法判决,对任何人都不得确定有罪。"单纯宣告有罪,以行为人构成犯罪并得到法院的确认为前提,这一规定表明,决定一个人是否为有罪的主体只能是人民法院,决定一个人是否有罪的法律文书只能是人民法院的判决书。因此,适用有罪宣告的机关只能是人民法院。

我国《刑事诉讼法》第173条第2款规定:"对于犯罪情节轻微,依照刑法规定不需要判处刑罚或者免除刑罚的,人民检察院可以作出不起诉决定。"在这种情况下,不起诉是检察机关对一个犯罪嫌疑人的主观恶性、人身危险性以及犯罪所造成的客观后果综合考量后所作出的决定。对此《刑事诉讼法》规定为"酌定不起诉"。对于酌定不起诉,被不起诉人如果不服的,可以向人民检察院申诉(《刑事诉讼法》第177条);被害人如果不服的,可以向上一级人民检察院申诉(《刑事诉讼法》第176条)。酌定不起诉是对介于罪与非罪之间的严重违法行为的否定性评价和对行为人的责难,因而不属于刑事责任的实现形式。如果承认酌定不起诉也是刑事责任的承担方式,那么就意味着不经法院依法判决,也可以由检察机关确定有罪,这既违反了《刑事诉讼法》第12条的规定,也不符合现代法治要求。关于酌定不起诉,本书认为其性质是检察机关有选择的非罪化处置方式。换言之,酌定不起诉不是有罪宣告,而是无罪决定。

三、有罪宣告的后果

有罪宣告是刑事责任的承担方式,因此,有罪宣告的法律后果具体、明确,概括起来有以下四点：(1) 由待定的罪犯变为实际的罪犯。有罪宣告的判决生效之前，侦查、起诉、审判阶段的嫌疑人、被告人仅仅是涉嫌犯罪；有罪宣告之后，行为人就成为了实际的罪犯，从此有了犯罪记录。(2) 行为人实际承担了刑事责任。有罪宣告意味着犯罪人已对自己的行为承担了刑事责任。因此，对于同一案件不得再次追究行为人的刑事责任。(3) 如果行为人被关押的，应当立即释放；由于有罪宣告是刑事责任的实现方式，有罪宣告意味着对犯罪人不能再适用刑罚和非刑罚处罚，因此，有罪宣告后犯罪人的人身自由完全恢复。(4) 没有前科报告义务。被判处有罪宣告的犯罪人由于没有受到刑罚处罚，因此属于未受过刑事处罚。根据我国刑法典第100条的规定，被宣告有罪的犯罪分子没有刑事前科，在入伍、就业的时候，没有向有关单位报告自己曾受过有罪宣告的义务。

第三节 有罪宣告与不起诉制度

不起诉是检察机关对侦查完毕的刑事案件进行审查后，认为不具备起诉条件或不适宜提起公诉，而作出的不将案件移送法院进行审判，最终终止起诉的决定。我国《刑事诉讼法》第166条规定："人民检察院侦查终结的案件，应当作出提起公诉、不起诉或者撤销案件的决定。"由此可见，"侦查终结"的案件除提起公诉外，还存在两种情况：不起诉或撤销案件。显然，撤销案件主要是针对不成立犯罪而言的，而不起诉就有可能既包括法定不起诉，也包括存疑不起诉。

一、从免于起诉到不起诉

众所周知，我国不起诉制度是由免于起诉发展而来的。所谓免于起诉，是指人民检察院对自侦查或公安侦查终结的案件，经审查认为犯罪嫌疑人的行为虽已构成犯罪，但依法不需要判处刑罚或者应当免除刑罚的，从而做出对犯罪嫌疑人免予追诉的处理决定。免于起诉制度来自于我国1979年《刑事诉讼法》的规定，而在1996年《刑事诉讼法》中，不再有免于起诉的规定，取而代之的是不起诉的规定。

我国现行《刑事诉讼法》第173条规定："犯罪嫌疑人没有犯罪事实，或者有本法第15条规定的情形之一的，人民检察院应当作出不起诉决定。对于犯罪情节轻微，依照刑法规定不需要判处刑罚或者免除刑罚的，人民检察院可以作出不起诉决定。人民检察院决定不起诉的案件，应当同时对侦查中查封、扣押、冻结的财物解除查封、扣押、冻结。对被不起诉人需要给予行政处罚、行政处分或者需要没收其违法所得的，人民检察院应当提出检察意见，移送有关主管机关处理。有关主管机关应当将处理结果及时通知人民检察院。"根据该规定，不起诉的案件具体分为酌定不起诉和法定不起诉。

然而，我国《刑事诉讼法》第12条的规定："未经人民法院依法判决，对任何人都不得确定有罪。"这是处理刑事案件的最基本原则。因此，本书认为，不管是原先的免于起诉，还是现行的不起诉，均不应视为行为人有刑事犯罪的案底，更不能进入刑事登记。

二、有罪宣告与不起诉和撤销案件的区别

本书研究的有罪宣告,是人民法院依据《刑事诉讼法》的各项程序所进行的审判。我国《刑事诉讼法》第196条的规定:"宣告判决,一律公开进行。"因此,有罪宣告是具有司法效力的有效判决和宣告,完全不同于检察机关作出的"不起诉"的决定,更不同于《刑事诉讼法》所规定的"撤销案件"。

我国《刑事诉讼法》第161条规定:"在侦查过程中,发现不应对犯罪嫌疑人追究刑事责任的,应当撤销案件;犯罪嫌疑人已被逮捕的,应当立即释放,发给释放证明,并且通知原批准逮捕的人民检察院。"由此可见,撤销案件主要是针对"不应追究刑事责任"的情况。2012年10月16日最高人民检察院颁布的《人民检察院刑事诉讼规则(试行)》(以下简称《检诉规则(试行)》)第290条规定:"人民检察院在侦查过程中或者侦查终结后,发现具有下列情形之一的,侦查部门应当制作拟撤销案件意见书,报请检察长或者检察委员会决定:(1)具有刑事诉讼法第15条规定情形之一的;(2)没有犯罪事实的,或者依照刑法规定不负刑事责任或者不是犯罪的;(3)虽有犯罪事实,但不是犯罪嫌疑人所为的。对于共同犯罪的案件,如有符合本条规定情形的犯罪嫌疑人,应当撤销对该犯罪嫌疑人的立案。"由此可见,撤销案件完全不同于不起诉,在不起诉中,行为人的犯罪嫌疑的程度尚不能完全排除。

因此,《刑事诉讼法》第177条规定:"对于人民检察院依照本法第173条第2款规定作出的不起诉决定,被不起诉人如果不服,可以自收到决定书后7日以内向人民检察院申诉。人民检察院应当作出复查决定,通知被不起诉的人,同时抄送公安机关。"同时,《检诉规则(试行)》第409条规定:"人民检察院决定不起诉的案件,可以根据案件的不同情况,对被不起诉人予以训诫或者责令具结悔过、赔礼道歉、赔偿损失。对被不起诉人需要给予行政处罚、行政处分的,人民检察院应当提出检察意见,连同不起诉决定书一并移送有关主管机关处理,并要求有关主管机关及时通报处理情况。"由此可见,不起诉决定并非完全排除犯罪嫌疑,甚至要追究其他民事与行政责任。

三、不起诉和附条件不起诉的性质与后果

根据我国《刑事诉讼法》的有关规定,不起诉的种类可具体划分为单纯不起诉和附条件不起诉两种。我国《刑事诉讼法》第271条第1款规定:"对于未成年人涉嫌刑法分则第四章、第五章、第六章规定的犯罪,可能判处1年有期徒刑以下刑罚,符合起诉条件,但有悔罪表现的,人民检察院可以作出附条件不起诉的决定。人民检察院在作出附条件不起诉的决定以前,应当听取公安机关、被害人的意见。"由此可见,附条件不起诉是一种专门针对未成年人犯罪所采用的一项宽大刑事政策,对于其他犯罪人并不适用。

无论是单纯不起诉还是附条件不起诉,其性质究竟如何界定?根据我国现行刑事法律的规定,本书认为,只能作为案件线索或侦查机关内部情报予以掌握,不宜公开,更不宜

进入个人资信记录和刑事登记。而且，对《刑事诉讼法》第173条第3款所规定的"人民检察院决定不起诉的案件，应当同时对侦查中查封、扣押、冻结的财物解除查封、扣押、冻结。对被不起诉人需要给予行政处罚、行政处分或者需要没收其违法所得的，人民检察院应当提出检察意见，移送有关主管机关处理。有关主管机关应当将处理结果及时通知人民检察院"的执行也应慎重，要保证在确有证据的情况下执行。

此外，《刑事诉讼法》及其相关司法解释还规定了申诉、起诉等救济途径。如《检诉规则（试行）》第413条规定："不起诉决定书应当送达被害人或者其近亲属及其诉讼代理人、被不起诉人及其辩护人以及被不起诉人的所在单位。送达时，应当告知被害人或者其近亲属及其诉讼代理人，如果对不起诉决定不服，可以自收到不起诉决定书后7日以内向上一级人民检察院申诉，也可以不经申诉，直接向人民法院起诉；告知被不起诉人，如果对不起诉决定不服，可以自收到不起诉决定书后7日以内向人民检察院申诉。"由此可见，如果对不起诉决定不服，除可以向检察机关申诉之外，还可以向人民法院起诉，以澄清或排除对自己的合理怀疑。这也充分体现了《刑事诉讼法》对公民权利的一种切实保护。

第四节　有罪宣告与期待可能性

众所周知，刑法的谦抑性和宽容性是其应有品性，有力地诠释了"法律不强人所难"的刑法真谛与格言[①]。"期待可能性正是对强有力的国家法规范面前喘息不已的国民脆弱人性倾注刑法同情之泪的理论。"[②]因为期待可能性极具填补国民和法律间所存嫌隙之需，甚至具有全面提升法院威信和司法权威之功。尤其是在第二次世界大战以后，期待可能性甚至成为刑事责任理论中的"新宠"。不过，也有观点认为，期待可能性是犯罪成立问题，即是否有可能期待其承担刑事责任或构成犯罪，但本书认为期待可能性目前在我国应该是成立犯罪后的免责问题。

一、期待可能性的概念

期待可能性的理论，源自1897年3月3日德国帝国法院第四刑事部对"癖马案"的判决。被告人是马车夫，从1895年起受雇于经营马车出租业的雇主。在受雇期间，被告人驾驭双辔马车，而其中一匹马为绕缰之马，时时用尾巴绕缰绳，并用力压低缰绳。被告人与雇主对该马的缺点都清楚。1896年7月19日，被告人正驾驭之际，该马在某街头，突然用尾巴绕缰绳并用力下压，被告人虽然想拉缰绳制驭该马，但不奏效，马向前飞跑，致行人受伤。检察官以过失伤害罪提起公诉，但原判法院宣告无罪；检察官不服，提出上诉，案件移至德国帝国法院。帝国法院驳回上诉，理由是，要肯定基于违反义务的过失责任，不

[①] 张明楷：《刑法格言的展开》，法律出版社1999年版，第227页。
[②] 〔日〕大塚仁：《刑法论集(1)》，有斐阁昭和53年日文版，第240页。转引自冯军：《刑事责任论》，法律出版社1996年版，第245页。

能仅凭被告人曾认识到"驾驭有恶癖之马可能伤害行人",还要以被告人当时是否能基于该认识而向雇主提出拒绝使用此马。但我们不能期待被告人不顾自己的职业损失、违反雇主的命令而拒绝使用此马,因此,被告人不负过失责任。① 在该案中,行为人预见到自己的行为可能造成侵害法益的结果,即"驾驭有恶癖之马可能伤害行人",德国法院之所以认定被告人不负过失责任,是考虑到要求被告人不顾自己的职业损失、违反雇主的命令而拒绝使用此马,具有不可期待性。

由此可知,19世纪末20世纪初形成于德国的期待可能性理论,从法律的角度承认了人性中普遍存在的脆弱一面,认为倘若法律不对人性的脆弱表现出相当的尊重,便会背离人类所应有的怜悯之心和善良之愿。所谓期待可能性,是指即使行为人具有注意义务,但如果需要他承担刑事责任,还必须存在他实施其他合法行为的期待可能性;如果客观情况与环境不能期待他实施其他合法行为的期待可能性,即便给他人造成损害后果,甚至构成犯罪,也不能对行为人加以非难、谴责,故行为人无需承担刑罚处罚。也就是说,以期待可能性作为免责理由的理论,就是期待可能性理论。

二、期待可能性的成立

期待可能性是期待行为人不实施犯罪行为的可能性,具体包括两个方面:一是行为时虽然具备一定的期待可能性,但是该可能性程度较低,因此行为人的行为虽成立犯罪,但应该减轻对其的刑罚处罚;二是行为时完全丧失期待可能性,此时行为人的行为虽构成犯罪,但应当免除对其的刑罚处罚。在理论上,一般将上述两个方面的情况统称为期待可能性的"弱失"(即减弱和丧失)。因此,要进一步考察期待可能性的成立,实质上就是要探讨期待可能性"弱失"的基本成立要件。一般认为,期待可能性由客观要件(客观境况)、主观要件(内心刺激)和价值要件(刑法观)三个要件构成。

1. 客观要件

客观要件是指处境的非正常性。所谓处境的非正常性,是指反映存在对行为人或其密切关系人的生存和发展有重大影响的情形,主要包括:(1) 对行为人人身安全有重大威胁的;(2) 对行为人重大物质利益有威胁的;(3) 对行为人人格尊严有损害的;(4) 对行为人密切关系人有上述重大损害的等情形。②

2. 主观要件

主观要件是指选择的不得已性。期待可能性理论是基于对公民人性弱点的体恤而提出的,那么在考虑期待可能性的"弱失"事由时,也就必须考察客观情况对行为人主观心态的影响。有的心理学者认为,人的行为总是受到内在驱力与外在诱因的双重影响;内在驱力是对主体需要的本能追求,而外在诱因是吸引主体动机水平的外界目标。行为的动机

---

① 张明楷:《外国刑法纲要》,清华大学出版社2007年版,第255页。
② 何成:《期待可能性适用探究》,西南政法大学2004年硕士学位论文。

是在驱力的推动与诱因的牵引下而形成的。只有能够满足主体需要的外界目标才能成为行为的诱因。① 行为时处境的非正常性,只有包含着牵引主体行为动机的诱因,才能成为期待可能性"弱失"的依据。当然,"客观条件之非常情况,在现实生活中表现得相当复杂,但其本质总是行为人所面临的两个以上法益的尖锐冲突"②。也就是说,只有行为人出于对某一利益的追求,不得已而伤害另一刑法保护的利益时才真正存在期待可能性"弱失"的可能性。如果在客观上虽然存在利益冲突的异常情形,但行为人并非出于对其中利益的追求,即客观情况的异常性并未影响到行为人内心世界的选择,此时也就不存在期待可能性的"弱失"问题。

3. 价值要件

价值要件是指刑法的可宽宥性。这就是刑法规范的价值评价问题,即期待可能性"弱失"的价值要件,或称规范要件。例如,一个女司机为逃避流氓追逐而超速行驶,以致发生车祸,或许会因期待可能性"弱失"而免责。但是,假如劫匪为逃脱警察追捕而超速行驶,以致发生车祸,则不能以期行可能性"弱失"而免责。由此可见,可宽宥性的判断是以刑法规范所特有之价值尺度为标准的,在决定是否发动制裁措施而责难行为人时,其所秉持的价值尺度是唯一衡量标准。

由此可见,只有排除了处境的非正常性、选择的不得已性和刑法的可宽宥性三个方面的要件,最终才可以认定行为人具有期待可能性。

三、期待可能性对刑事责任的影响

在期待可能性被提出之初,德国将期待可能性确定为第三责任要素,即超法规的阻却责任事由。但随着"国家标准说"③的倡行,虽不否认其可作为判断各种法律所明文规定或承诺之阻却责任事由的法理根据,但已不再认为"无期待可能性"本身是一项独立的超法规阻却责任事由,而将其限定在有关"法律义务"之期待要件的个案判断时,作为一项评价的"调整原则",以求法律的内容更合乎人性。④因此,现在德国刑法理论通说认为,不可期待性这一超法规阻却责任事由,无论是从主观上还是从客观上,均会削弱刑法的一般预防效果,以至于导致刑法适用的不平等现象,因为"不可期待性"并不是可适用的标准。⑤也就是说,在德国已不主张期待可能性是超法规的责任阻却事由,这与德国刑法形成的较为周全的免责事由体系有关,其凭借严密的形式思维与成熟的立法经验和理性,在司法过

---

① 〔美〕约翰·P.霍斯顿:《动机心理学》,孟继群等译,辽宁人民出版社1990年版,第157—183页。
② 何泽宏、庄劲:《事实与价值:罪过评价的二元视角》,载《西南政法大学学报》2000年第4期。
③ 国家标准说认为,行为人是否存在期待可能性,应以国家和法律秩序的需要为标准。行为人标准说认为,应立足于行为人自身条件,并结合行为时具体客观情形来判断期待可能性。平均人标准说主张将平均人(普通人)置于行为人情况下,看是否能够期待平均人实施合法行为,据此决定行为人有无期待可能性。
④ 苏俊雄:《期待可能性在刑法责任理论体系上之定位》,载《现代刑事法与刑事责任》,台湾商晤书局1997年版,第451页。
⑤ 〔德〕汉斯·海因里希·耶赛克、托马斯·魏根特:《德国刑法教科书》(总论),徐久生译,法律出版社2001版,第602—603页。

程中对责任论的宽恕问题有着成熟的思考,以致最终将期待可能性归入刑事责任。

期待可能性理论传入我国后,也一度因主张归入犯罪成立还是归入刑事责任产生争议。如有学者主张,应将期待可能性理论引入我国犯罪成立理论的主观要件中,使罪过包括作为基本因素的故意、过失和作为评价因素、前提因素、消极因素的期待可能性。① 也有学者认为,期待可能性理论在我国刑法理论中的地位应当属于刑事责任论,而不是属于犯罪构成论。理由包括:一是由我国罪责分离的刑法理论所决定的;二是我国刑法典第3条"罪刑法定原则"所作出的合理选择;三是这种处置方式为刑事司法实践所接受;四是这种处置方式不仅充分注意了犯罪前的原因而且合理地评价了刑事责任。② 本书赞成后一种观点,因为我国刑法的犯罪成立理论与德、日刑法存在很大不同。在德日犯罪成立理论的前提下,虽然本书赞同"可罚的阻却、减少责任事由说"这种定位模式,但在我国刑法语境内,本书更倾向于表述为"刑事责任的免减事由说"。这种主张也是具有相当的法定根据的,如我国刑法典第二章第三节的表述是"犯罪和刑事责任",刑法典第14条第2款也明确规定"故意犯罪,应当负刑事责任"。而且,在我国目前刑法理论主流观点中,犯罪与刑事责任的关系是罪责平行论和刑法规范论③,期待可能性适用的对象显然是已确定的犯罪行为。由此可见,直接使用"犯罪行为",并在其后进行"刑事责任"评价更为妥当。④ 所以从主观上讲,就期待可能性在我国刑法中的地位而言,属于刑事责任的范畴,而非犯罪成立的范畴。如上所述,根据行为人行为时处境的异常情形去评价或期待行为人不实施犯罪行为的可能性,如果该可能性不存在或者可能性程度较低,那么行为人即使实施了犯罪行为,也应当免除或者减轻其刑事责任。

如今在日本,虽然也承认期待可能性,但主要是作为影响责任程度的因素,而非决定责任的根据。"对期待可能性,也可以进行程度的考虑。适法行为的期待可能性大时刑事责任就重,期待可能性小时责任就轻。"⑤因此,本书将期待可能性当然地置于有罪宣告的内容中予以介绍,以便在今后的我国刑法理论与立法实践中对其定位予以明确。

---

① 丁银舟、郑鹤瑜:《期待可能性理论与我国犯罪构成理论的完善》,载《法商研究》1997年第4期。
② 冯殿明:《论刑法中的期待可能性》,苏州大学2006年硕士论文。
③ 张明楷:《刑法学》(上),法律出版社1997年版,目录;李晓明主编:《刑法学》(上),法律出版社2001年版,目录;刘艳红主编:《刑法学》(上),北京大学出版社2014年版,目录。
④ 考察行为人行为时的期待可能性之价值,就在于行为虽构成犯罪,应当负刑事责任,但因客观情况的非常性,而使行为人具有免除刑事责任或者减轻刑事责任的事由,从而调和理法冲突,实现刑法的具体正义。
⑤ 〔日〕大塚仁:《刑法概说》(总论),冯军译,中国人民大学出版社2002年版,第409—410页。

第二十一章

刑事责任的承担方式(Ⅴ):非刑罚处罚措施

非刑罚处罚措施在我国刑法典中有明确的规定,但刑法总则对非刑罚处罚措施没有专门的章节,只有两个条文涉及非刑罚处罚措施,有关非刑罚处罚措施被规定在刑法典总则第三章第一节"刑罚的种类"之中。正是由于立法的这一规定,大多数教科书都是将非刑罚处罚措施置于刑罚的体系和种类中加以论述的,这种处理混淆了刑罚与刑事责任的区别,不符合非刑罚处罚措施是与刑罚相并列的刑事责任承担方式的现实,非刑罚处罚措施具有独立的地位,不属于刑罚的内容,因而本书对非刑罚处罚措施单独加以论述。

第一节 非刑罚处罚措施概述

在古代,刑事责任的实现方式比较单一,奉行威慑主义与报应主义的刑罚观,刑罚与刑事责任是一枚硬币的两面,刑罚是刑事责任实现的唯一方式。随着近现代刑法思潮的演变,尤其是在刑事实证学派的影响下,刑罚不再是对犯罪的机械报应和简单惩罚,而是国家基于社会防卫对具有人身危险性的犯罪分子的一种防卫处分。刑事实证学派主张根据犯罪人的不同情况,处以不同的刑罚和保安处分。在这种理论的指导下,刑事责任与刑罚发生了分离,刑事责任的实现方式呈现出多元化的趋势,许多国家和地区在刑罚之外,还规定了刑事责任实现的其他方式,如保安处分等。我国也不例外,在刑法典中,除了规定刑罚这一实现刑事责任的基本方式外,还规定了非刑罚处罚措施这一特殊的刑事责任的实现方式。

一、非刑罚处罚措施的界定

非刑罚处罚措施是指人民法院对犯罪情节轻微的犯罪分子免予刑事处罚,但根据犯罪人的具体情况予以训诫或者责令具结悔过、赔礼道歉、赔偿损失,或者由主管部门予以行政处罚或者行政处分等处理刑事案件的各种法定方法的总称。

非刑罚处罚措施与刑罚的联系主要表现在四个方面:一是适用的主体都是人民法院;二是适用的依据都来自刑法的规定;三是适用的对象都是实施了犯罪行为的人;四是都是

刑事责任的实现方式。非刑罚处罚措施与刑罚的区别则主要表现在两个方面:一是强制力不同。刑罚是一个国家最具强制力的处罚手段,可以强制剥夺包括受刑人生命权在内的自由、财产及相关资格,而非刑罚处罚措施的强制力基本上等同于一般的行政处罚。二是法律后果不同。受到刑罚处罚的犯罪人不仅会留下前科记录,而且在一定条件下再次犯罪时会构成累犯,适用刑罚时法定从重,而非刑罚处罚措施不会构成累犯,其处罚记录只能作为酌定的量刑情节予以考虑。

刑事责任的实现方式向多元化方向发展,是现代社会一个世界性的发展趋势,实现刑事责任的方法只能是刑罚的观点已经被历史所淘汰。在我国刑法典中,有多个条文规定对满足相关条件的刑事犯罪"可以免除处罚",具体涉及防卫过当、从犯、胁从犯、犯罪中止、避险过当、犯罪预备等。① 在刑法中规定非刑罚处罚的刑事责任实现方式具有重要的意义,不仅体现了国家对犯罪行为的否定评价与对犯罪人的责难,还有助于对宽严相济刑事政策、个别化处遇及恢复性司法理念的贯彻落实,也是对重刑主义的否定,可以最大限度地实现预防犯罪的刑法目的。

根据我国刑法典第 37 条的规定,非刑罚处罚措施的特点是对犯罪行为人免于刑事处罚只适用非刑罚处罚措施,具体包括训诫、责令具结悔过、赔礼道歉、赔偿损失,由主管部门予以行政处罚或者行政处分。非刑罚处罚措施与有罪宣告是一个问题的两个方面。非刑罚处罚措施的前提是有罪宣告,即刑法典第 37 条规定的"对于犯罪情节轻微不需要判处刑罚的,可以免予刑事处罚",简称"免予刑事处罚";而非刑罚处罚措施又是刑法典第 37 条规定的有罪宣告的另一种可能性后果。

二、非刑罚处罚的适用条件

训诫、责令具结悔过、赔偿损失等处理方式并非刑法独有,在民事案件中也会适用训诫、责令具结悔过、赔偿损失等处罚方式,但民事案件中的训诫、责令具结悔过的适用条件与刑事案件中非刑罚处罚措施的适用条件存在明显不同。根据刑法典第 37 条的规定,非刑罚处罚措施的适用必须具备以下两个条件:

1. 行为人的行为已经构成犯罪

训诫、责令具结悔过在我国的法律体系中并非只是刑事责任的实现方式,在民事法律中也是民事责任的实现方式。如我国《民法通则》第 134 条除在第 1 款民事责任的承担方式中规定了"赔礼道歉"外,还在第 3 款规定:"人民法院审理民事案件,除适用上述规定外,还可以予以训诫、责令具结悔过、收缴进行非法活动的财物和非法所得,并可以依照法律规定处以罚款、拘留。"由此可见,训诫、责令具结悔过、赔偿损失也可能出现于民事案件中,但作为刑事责任实现方式的训诫、责令具结悔过、赔偿损失是以行为人构成犯罪为前

---

① 免除处罚并非是说行为人不应承担刑事责任,而是说行为人应当承担刑事责任,不过免除其刑事责任和刑事处罚而已。

提的。换言之,只有在行为人的行为构成犯罪的前提下,训诫、责令具结悔过、赔偿损失才属于刑事责任的承担方式。在行为人没有构成犯罪的情况下,即使受到训诫、责令具结悔过、赔偿损失的处罚,也不能与刑法中的非刑罚处罚措施等同。

2. 罪行轻微,不需要对犯罪分子判处刑罚

根据我国刑法典第37条的规定,犯罪人刑事责任的承担要么是刑罚,要么是非刑罚处罚措施,只能适用其中的一种,而适用非刑罚处罚措施的前提是对行为人不需要判处刑罚处罚,因为刑罚本身就是行为人承担刑事责任的表现,适用刑罚意味着行为人所犯罪行较重,没有以非刑罚处罚措施承担刑事责任的余地。

需要强调的是,"不需要对犯罪分子判处刑罚",必须符合法律规定,有明确的法律和事实依据,司法官员有酌情裁量的权力,但不能超出法律允许的限度。例如,将故意伤害认定为防卫过当,无限度的自由裁量是司法腐败、侵犯人权的主要危险。一般而言,具有法定的不需要对犯罪分子判处刑罚的情节,可以在司法实践中适用非刑罚处罚措施,如没有造成损害的中止犯;具有法定的可以减轻、免除处罚情节,根据犯罪人的人身危险性和所犯罪行造成的客观后果综合考量后决定是否适用非刑罚处罚措施。

第二节 非刑罚处罚措施的具体内容

我国刑法典第37条规定:"对于犯罪情节轻微不需要判处刑罚的,可以免予刑事处罚,但是可以根据案件的不同情况,予以训诫或者责令具结悔过、赔礼道歉、赔偿损失,或者由主管部门予以行政处罚或者行政处分。"该条明确规定了非刑罚处罚措施的内容。

一、训诫

训诫是指人民法院当庭对犯罪情节轻微不需要判处刑罚的犯罪分子进行训斥和告诫。训斥即严肃指明犯罪分子的行为已经构成了犯罪,给社会造成了危害,应当受到责难;告诫即严厉警告、劝诫犯罪分子应当改邪归正,并不得再犯。许多国家的刑法典规定了训诫,其中有的规定为刑罚的一种,有的规定为保安处分措施。

关于训诫的方式,最高人民法院在1964年1月18日颁布的《关于训诫问题的批复》中指出:"人民法院对于情节轻微的犯罪分子,认为不需要判处刑罚,而应予以训诫的,应当用口头的方式进行训诫。在口头训诫时,应当根据案件的具体情况,一方面严肃地指出犯罪分子的违法犯罪行为,分析其危害性,并责令他努力改正,今后不再重犯;另一方面也要讲明被告人的犯罪行为尚属轻微,可不给予刑事处分。"

二、责令具结悔过

责令具结悔过是指人民法院责令因犯罪情节轻微不需要判处刑罚的犯罪分子深刻反思自己犯罪的行为,并用书面方式保证悔改,不再犯罪。责令具结悔过即在司法活动中借

助司法权威强令犯罪人悔过,其适用对象只能是于那些犯罪情节轻微、当庭承认自己所犯罪行,并对犯罪深刻反省、愿意改恶从善、重新做人的犯罪分子。只有满足罪轻、认罪、悔罪三个条件,司法机关才能对犯罪人免于刑事处罚、责令具结悔过,以使刑事责任预防犯罪的效果得以实现。对于那些不承认自己的罪行的犯罪分子,责令具结悔过是有悖刑事责任目的要求的。

在司法实践中,对于犯罪人适用责令具结悔过包括两种情形:一是在宣告有罪判决时,要求犯罪分子在一定期限内作出不再犯罪的书面保证;二是让犯罪分子开庭前事先将悔罪书写好,在法庭宣告有罪判决时当庭宣读;也可以将悔罪书印成多份,交给有关单位或基层组织,以示悔罪的诚意。

三、责令赔礼道歉

责令赔礼道歉是指人民法院责令犯罪情节轻微不需要判处刑罚的犯罪分子向被害人当面赔罪认错,表示歉意,以求得被害人的谅解。非刑罚处罚措施中的责令赔礼道歉,不同于一般意义上的赔礼道歉。责令赔礼道歉的适用对象是犯罪分子,适用主体是人民法院,反映的是国家对犯罪行为的否定评价和对犯罪人的谴责。责令赔礼道歉对于促使犯罪分子悔过自新,平息被害人及周围群众的激愤情绪,促进犯罪分子与被害人及周围群众的和解,具有非常重要意义。

人民法院适用责令赔礼道歉具有双向性:一是要求犯罪分子具有赔礼道歉的诚意,二是要求被害人愿意接受犯罪分子的赔礼道歉,责令赔礼道歉效果的好坏在一定程度上取决于被害人的态度。作为刑事责任的承担方式,赔礼道歉应当公开进行;既可以在宣判时犯罪分子公开向被害人赔礼道歉,也可以在判决所指定的日期进行赔礼道歉;既可以通过口头方式公开赔礼道歉,也可通过书面方式公开赔礼道歉,还可以借助媒体公开赔礼道歉。

四、责令赔偿损失

责令赔偿损失是指人民法院根据犯罪行为给被害人造成的经济损失情况,责令犯罪情节轻微不需要判处刑罚的犯罪分子给予被害人一定的经济赔偿。根据我国刑法典的相关规定,适用责令赔偿损失需要具备以下法定条件:

1. 犯罪人给被害人造成损失的客观事实

损害事实是指被害人因人身权利受到犯罪侵犯而遭受的损害或者财物被犯罪分子毁坏、处置而遭受的损失。我国刑法典第37条仅规定了"赔偿损失",并没有对损失予以特别限定。在日益注重精神权益的今天,刑法典第37条中的损失除包括因犯罪行为而遭受的物质损失外,还应包括因人身权利受到犯罪侵犯而遭受的精神损失。在侮辱、诽谤等轻微刑事犯罪案件中,即使不存在物质损失,但存在精神损失,按立法精神同样可以责令犯罪分子赔偿损失。

2. 没有给予刑罚处罚

责令赔偿损失是非刑罚刑事责任的实现方法之一,如果对犯罪分子判处了刑罚处罚,则不能适用刑法典第37条中的责令赔偿损失,而应根据刑法典第36条的规定,判处赔偿经济损失。我国刑法典第36条规定:"由于犯罪行为而使被害人遭受经济损失的,对犯罪分子除依法给予刑事处罚外,并应根据情况判处赔偿经济损失。承担民事赔偿责任的犯罪分子,同时被判处罚金,其财产不足以全部支付的,或者被判处没收财产的,应当先承担对被害人的民事赔偿责任。"第36条规定的判处赔偿经济损失,是以给予刑罚处罚为前提的;而非刑罚处罚措施中的责令赔偿损失,是以免除刑罚为前提的。给予刑罚处罚,是犯罪分子已经承担刑事责任的表现,判处赔偿经济损失是实现刑事责任的非刑罚方式,其实质与责令赔偿损失一样,兼具刑事惩罚与民事赔偿的性质。由于适用条件不同,责令赔偿损失与判处赔偿经济损失是两个不同的概念,刑法典第37条中的责令赔偿损失,不包含刑法典第36条中的判处赔偿经济损失。

我国刑法典第37条规定的责令赔偿损失,以免除刑罚为前提,即以有罪宣告为前提。在作出责令赔偿损失的判决前,被害人也可能提起了民事诉讼,但由于没有判处刑罚,责令赔偿损失实际上就不只是民事责任的实现方式,同时还是更为重要的刑事责任的实现方式。[①] 因此,责令赔偿损失具有刑事责任与民事责任承担方式的双重属性。当然,在被害人没有提起民事诉讼的情况下,人民法院所作出的责令赔偿损失就是纯粹的刑事责任承担方式,但由于赔偿损失的实质就是财物赔偿,因此,行为人所承担的刑事责任与民事赔偿责任的内容相同,故导致被害人民事诉讼的诉权消灭。换言之,在人民法院作出责令赔偿损失的判决以后,被害人不得再次向人民法院提出赔偿经济损失的诉求。

五、行政处罚与行政处分

行政处罚与行政处分是指人民法院根据案件的具体情况,向相关主管部门提出予以行政处罚或者行政处分的司法建议,由主管部门给予犯罪分子适当的行政处罚或者行政处分。

行政处罚、行政处分与训诫或者责令具结悔过、赔礼道歉、赔偿损失的不同之处在于:后者由人民法院直接作出,人民法院是训诫或者责令具结悔过、赔礼道歉、赔偿损失的主体;而对于前者,不是由人民法院直接给予行政处罚或者行政处分,而是由人民法院提出司法建议,由有关行政主管部门给予犯罪人行政处罚或者行政处分。作为刑事责任承担方式的行政处罚与行政处分,是以行为人构成犯罪为前提的,因而虽然行政处罚与行政处分最终是由行政机关作出的,但是行政处罚与行政处分并不仅仅具有行政责任的属性,也具有刑事责任的属性。行政处罚与行政处分的种类很多,各种行政处罚与行政处分的决定部门并不相同,人民法院应根据案件的具体性质与特点,向特定的行政主管部门提出具

---

① 张明楷著:《刑法学》(第2版),法律出版社2003年版,第488页。

体的有针对性的司法建议。

上述几种非刑罚处罚措施对我国司法实践中刑事责任的实现、犯罪预防、宽严相济刑事政策的贯彻作出了应有的贡献,但对比法治发达国家和我国法治建设及恢复性司法的需要,我国非刑罚处罚措施有待发展。为满足社会对犯罪预防的期待,非刑罚处罚措施有立法完善的必要。

六、剥夺"职业资格"

我国刑法典第37条之一的规定:"因利用职业便利实施犯罪,或者实施违背职业要求的特定义务的犯罪被判处刑罚的,人民法院可以根据犯罪情况和预防再犯罪的需要,禁止其自刑罚执行完毕之日或者假释之日起从事相关职业,期限为3年至5年。被禁止从事相关职业的人违反人民法院依照前款规定作出的决定的,由公安机关依法给予处罚;情节严重的,依照本法第313条的规定定罪处罚。其他法律、行政法规对其从事相关职业另有禁止或者限制性规定的,从其规定。"

1. 关于剥夺"职业资格"的理论分析

从各国的立法例来看,职业资格也称职业权,是资格刑[①]被剥夺的四种权利中的一种,其他三种包括选举权和被选举权、公职权、亲权。在这些资格权利中,与经济犯罪有关的只有两种,即公职权和职业权。前者也称为官职权,即剥夺犯罪人永远或在一定期限内担任某一官职或公职的权利,主要适用于贪污贿赂等犯罪及利用职务之便实施重大经济犯罪的犯罪人;后者也称为经营权,即剥夺犯罪人永远或在一定期限内不得从事某种职业或进行某种行业上的经营,主要适用于那些滥用某种职业或行业优势多次实施重大经济犯罪活动的犯罪人。虽然我国刑法典设置了"剥夺政治权利"的资格刑,但针对经济犯罪领域内的资格刑以前并没有规定,如职业资格、营业执照、经营资格、法人资格、法人职务、从事专业或行业等。《刑法修正案(九)》第1条剥夺"职业资格"的规定是我国刑法首次作出这一规定,但《刑法修正案(九)》将其规定在刑法典第37条"非刑罚方法"之中。负责此次刑法修订的全国人大常委会法工委刑法室副主任臧铁伟指出:"这一规定并非新设刑种,因此不涉及对刑法基本原则的修改。该规定的初衷主要是防止犯罪分子利用职业和职务之便再次犯罪,从预防犯罪角度,赋予法院按照犯罪情况对这类犯罪采取预防性措施的权力。"而且,另一位负责此次刑法修订的全国人大常委会法工委副主任郎胜也提出:"很多行政管理法律里都有类似规定,有《公司法》《公务员法》等20多部。这并不是一个刑种的设置,而是从预防犯罪、保障社会公众安全和维护社会公众利益的角度,采取的一项预防性措施。"[②]如果真如上述两位负责人所主张的那样,此次修订"并非新设刑种",那

---

① 资格刑是指剥夺犯罪人行使一定权利资格的刑罚。李晓明:《经济犯罪与资格刑设置》,载《江苏法制报》2001年4月11日。

② 刘茸、李婧:《臧铁伟:"禁止从事相关职业三到五年"不是新刑种》,http://www.daozhou.net/gundong/36r1x50829n420052633.shtml,访问日期::2015年8月29日。

么,或许是一种新的"非刑罚方法"? 果真如此,也就改变了长期以来刑法规范中只有在"不需要判处刑罚的"时候才可以动用"非刑罚方法"的规定,因此,这些解释值得研究。

然而,就"资格刑"的设置而言,是作为行政处罚还是作为刑罚处罚,学界历来争论很大。在理论上,本书更加赞同将这些"资格刑"规定在刑罚种类制度中,因为这些类别的资格与我国刑法典中"剥夺政治权利"的资格都是一致的,从刑种分类的科学性要求出发,也应该给予其相同的定位。另外,本书主张规定在刑罚种类制度中的理由还包括:一是可以充分显示或发挥"资格刑"的威力,警示那些想利用某种职业或行业优势进行犯罪的犯罪人不敢轻举妄动,如果只规定在"非刑罚方法"中显然力度不够;二是有国外的成熟立法例,如瑞士刑法典第51、53、54条分别规定了剥夺官职权、亲权及监护权、职业或经营权三种资格刑;三是更加有利于犯罪防控,严密刑事法网,使刑种规范科学化。因此在理论上,剥夺"职业资格"与"剥夺政治权利"同样应当是一种刑种。

2. 剥夺"职业资格"的内容及"治安处罚"

(1) 剥夺"职业资格"。我国刑法典第37条之一第1款规定:"因利用职业便利实施犯罪,或者实施违背职业要求的特定义务的犯罪被判处刑罚的,人民法院可以根据犯罪情况和预防再犯罪的需要,禁止其自刑罚执行完毕之日或者假释之日起从事相关职业,期限为3年至5年。"该款规定的职业范围非常宽泛,如"公务员职业"是否包括在该款所规定的"职业范围"之内等,均需要司法解释予以明确。又如,"因利用职业便利实施犯罪"的认定根据与要求是什么? 为什么剥夺期限为3—5年? 这些问题均需要具体说明,以便于操作。为此,最高人民法院、最高人民检察院、公安部、司法部迅速出台了《关于禁止令有关问题的规定(试行)》(以下简称《禁止令规定(试行)》),对相关问题作出了明确规定。

(2) 治安处罚。我国刑法典第37条之一第2款规定:"被禁止从事相关职业的人违反人民法院依照前款规定作出的决定的,由公安机关依法给予处罚;情节严重的,依照本法第313条的规定定罪处罚。"然而,我国《治安管理处罚法》中并没有关于"违反法院决定"所应给予的相应处罚规定。因此,只能直接依照刑法典第313条的规定按"拒不执行判决、裁定罪"处罚。另外,刑法典第37条之一第3款还规定:"其他法律、行政法规对其从事相关职业另有禁止或者限制性规定的,从其规定。"如《中华人民共和国法官法》第10条、《中华人民共和国检察官法》第11条及《中华人民共和国警察法》第26条,分别规定了法官、检察官和人民警察"曾因犯罪受过刑事处罚的",不得再担任法官、检察官和人民警察职务。这些都是与剥夺"职业资格"有关的一些规定,在一定意义上也将这些法律"职业禁止"的相关规定转化为"刑罚处罚",从而进一步加强了刑法与其他法律的衔接。

第二十二章

刑事责任的承担方式（Ⅵ）：责令管教或收容教养

责令管教和政府收容教养，是我国刑法典第17条第4款规定的承担刑事责任或否定性评价犯罪后果的方式之一。如上所述，在理论上称之为"变相的刑事责任"，也是我国刑法规定的八种非刑罚处罚措施中的两种。然而，这两种措施与其他六种不同的是，虽然被责令管教或政府收容的人的确实施了犯罪行为，但根据刑法典的规定并不成立可罚性评价的犯罪，所以对他们采取了变相的刑事责任处罚措施。不过，过去刑法教科书没有将该种情况视为一种承担刑事责任的方式，一是由于刑法粗疏，没有可操作性的内容以及专门的实施办法，二是数十年来没有真正重视，包括政府和司法机关也没有去认真执行，也就是说，没能充分发挥其应有的预防犯罪的作用。这部分规定直接关系未成年人的切身权利保障，随着当今社会犯罪不断呈现低龄化的趋势，国家对未成年人的权益保护也日益重视，对于未成年人犯罪的非刑罚处罚体系的构建和完善，必然带动少年司法制度的发展和进步，这也是国家法治现代化的进步以及全面贯彻"宽严相济"刑事政策的标志。

第一节 责 令 管 教

"责令管教"，也称为"管教处分"，是指在未成年人不满16周岁不予刑事处罚时，有关机关给监护人设定监管和教养义务的一种处遇方式。[①] 刑法学界讨论"收容教养"较多，而关注"责令管教"较少，主要原因包括：一是"收容教养"涉及政府部门和公权力，容易引起注意和重视，包括一些地方政府和社会组织已经在筹办政府收容机构，甚至开办"工读教育"；二是"责令管教"涉及家庭和私权利，在有些人看来可能是"家务事"，不仅没有动力和发展空间，甚至涉及政府、社会与家庭权利义务的划分，职责并不十分明确；三是相对于"收容教养"而言，"责令管教"难以操作，公权力难以更多地介入到私人领域进行干预，而且，家长和监护人并非专职负责少年犯罪人的监护，甚至在监管专业知识上都有欠缺。因

---

① 姜雯：《论"责令管教"的法律后果——预防未成年人犯罪的新视角》，载《河北法学》2010年第4期。

此,责令管教长期以来并没有引起社会的重视。

一、"责令管教"的定性

我国刑法典第17条第4款规定:"因不满16周岁不予刑事处罚的,责令他的家长或者监护人加以管教;在必要的时候,也可以由政府收容教养。"该条前半句规定了"未成年人不满16周岁不予刑事处罚"时,责令家长或监护人"加以管教"的处遇方式,后半句才是"必要时"由政府"收容教养"。二者之间具有前因后果的关系。尽管我国刑法典有明确的规定,但是"责令"还仅仅是一种形式的规定,家长或者其他监护人对于法院执行命令的效果难以监管。多数犯罪的未成年人都是出于家长管教的缺失,责令家长或监护人管教的规定如果不能有更加明确和有效,就只能流于形式。因此,"责令管教"不仅是对未满16周岁犯罪的未成年人的规定,更是对家长和监护人的一种规定,甚至是强制命令。因此,有必要界定"责令管教"的性质。

有学者在分析了"责令管教"与行政处罚、行政强制措施、行政强制执行、行政命令等概念之间的关系后,得出以下结论:无论是从概念还是从核心特征方面来看,"责令管教"行为和"行政命令"这种具体行政行为都是十分吻合的。[①] 本书赞同此观点,因为"责令管教"是对未满16周岁犯罪的未成年人及其家长或监护人的双向规定,家长有责任履行好监管和教育好自己子女的义务。我国《未成年人保护法》第12条规定:"父母或者其他监护人应当学习家庭教育知识,正确履行监护职责,抚养教育未成年人。"《预防未成年人犯罪法》第20条也规定:"未成年人的父母或者其他监护人对未成年人不得放任不管,不得迫使其离家出走,放弃监护职责。"正如我国刑法典第17条第4款所规定的,如果"责令管教"不奏效,那一方面就要处罚家长或监护人,而另一方面可能由政府对未满16周岁犯罪的未成年人进行"收容教养"。也就是说,既然"责令管教"是一种行政命令,那么违反行政命令就理应受到行政处罚,包括对家长和监护人的处罚,甚至这种不履行监管职责产生严重后果时,还可追究刑事责任,这些均可在今后的刑事立法中予以讨论。

对于被管教或监管的人而言,"责令管教"也是对其实施犯罪行为的一种负面评价和否定。对此,我国《预防未成年人犯罪法》第35、37、38条分别规定:"对未成年人实施本法规定的严重不良行为的,应当及时予以制止。对有本法规定严重不良行为的未成年人,其父母或者其他监护人和学校应当相互配合,采取措施严加管教,也可以送工读学校进行矫治和接受教育。""未成年人有本法规定严重不良行为,构成违反治安管理行为的,由公安机关依法予以治安处罚。因不满14周岁或者情节特别轻微免予处罚的,可以予以训诫。""未成年人因不满16周岁不予刑事处罚的,责令他的父母或者其他监护人严加管教;在必要的时候,也可以由政府依法收容教养。"这些规定从这些否定性评价的规定内容可知,"责令管教"也是以其行为已经在程度上构成犯罪为前提的,只不过由于行为人"未满16

[①] 姜雯:《论"责令管教"的法律后果——预防未成年人犯罪的新视角》,载《河北法学》2010年第4期。

周岁",刑法典不给予"刑事处罚"。

二、"责令管教"的对象及其"责令主体"

关于"责令管教"中被管教或被监管对象,是未满 16 周岁犯罪的未成年人。但具体是哪一个年龄段的未成年人,需要进一步分析。有学者分析了我国刑法典第 17 条第 1—3 款规定的三个不同的未成年人年龄段,认为"因不满 16 周岁不予刑事处罚的……"适用对象应该包括已满 14 周岁而未满 16 周岁的人,否则刑法典完全可以表述为"因不满 14 周岁不予刑事处罚的……"。[①] 这种观点就基本明确了"责令管教"的被管教或被监管对象,包括 14 周岁以下的未成年人和已满 14 周岁不满 16 周岁的除了实施刑法典第 17 条第 2 款规定的"8 种行为"以外的未成年人。

关于"责令管教"的"责令"主体,我国法律规定得相对比较分散,公安司法机关均有履行"责令"主体的资格。在行政"责令"主体方面,《预防未成年人犯罪法》第 49 条规定:"未成年人的父母或者其他监护人不履行监护职责,放任未成年人有本法规定的不良行为或者严重不良行为的,由公安机关对未成年人的父母或者其他监护人予以训诫,责令其严加管教。"《治安管理处罚法》第 12 条规定:"已满 14 周岁不满 18 周岁的人违反治安管理的,从轻或者减轻处罚;不满 14 周岁的人违反治安管理的,不予处罚,但是应当责令其监护人严加管教。"由此可见,公安机关完全具备"责令"主体的资格。在司法"责令"主体方面,《未成人保护法》第 53 条规定:"父母或者其他监护人不履行监护职责或者侵害被监护的未成年人的合法权益,经教育不改的,人民法院可以根据有关人员或者有关单位的申请,撤销其监护人的资格,依法另行指定监护人。被撤销监护资格的父母应当依法继续负担抚养费用。"由此可见,法院也具备"责令"主体的资格。至于检察机关,由于其本身就是法律监督机关,也就必然具备"责令"主体的资格。

三、不履行管教或监管职责所应承担的法律责任

未满 16 周岁的未成年人实施了盗窃、抢夺等犯罪行为,根据我国刑法典的规定不予刑事处罚。在公安机关对行为人进行治安拘留处理后,责令其家长或监护人严加管教。但目前这种"责令管教"并不见效,主要原因是:(1)公安机关一旦作出处理和"责令管教"后便不再过问,致使"责令管教"由于缺乏监督而流于形式。(2)目前社会上的流动人口剧增,其子女在这些城市都无固定居所,无法检查"责令管教"的落实情况。(3)其中有些家长或监护人自身文化程度也不高,而且整天忙于生计,无法顾及对孩子的管教。因此,本书建议完善责令家长或监护人的管理制度,具体包括:(1)有关公安机关和司法机关应当切实履行职责,定期检查、指导和督促管教人进行有效管教,最好由法律、法规予以明确规定并严格执行。(2)在公安机关作出"责令管教"后,对负有管教职责的人应明确他们

[①] 姜雯:《论"责令管教"的法律后果——预防未成年人犯罪的新视角》,载《河北法学》2010 年第 4 期。

的具体职责范围和工作任务,假如有证据证明负有管教职责的人故意不履行职责或存在重大过错的,有关部门应考虑给予其一定的处罚与处分。(3)加强对外来暂住人口的有效管理,包括落实和联系有管教之责的家长和监护人,必要时可以启动当地公安机关的联络或联系机制,使一系列管理措施落实到位。

在法律层面上,"责令"意味着一种命令,必然产生义务。那么,有履行义务的能力而不履行或履行不符合法律规定的主体,就应当承担法律责任。我国法律均明确规定了"责令管教"的对象、负有管教职责者或"责令"主体,但效果不佳,主要是没能形成有效的法律责任的严格执行与追究机制。依据《民法通则》的相关规定,在未成年人造成他人人身和财产损害时,监护人需要承担民事赔偿责任。但是,民事责任显然难以帮助解决管教不到位的法律责任,因为类似民事侵权和刑事侵权的民事经济赔偿针对的是未成年人给受害人造成的实际损失,而非针对监护人不履行管教义务的行为本身。《未成人保护法》第53条规定的"撤销监护人资格",也从根本上解决不了监护人对管教义务的履行问题。因此,监护人必须承担其他形式的法律责任,如行政责任。有学者将这种行政责任具体分为两种情况:(1)若监护人为自然人,行政拘留是较为适宜的,罚款则不适合。人身罚对监护人具有威慑力,能够引起重视。(2)若监护人为单位或法人,对其罚款和对负责人或主管人员行政拘留都是可行的。①

根据我国未成年人保护的具体情况和国情,本书认为,在我国《宪法》的统率下,推动对适合我国社会主义市场经济秩序与社会管理秩序的各部门法及其体系的梳理和编纂,并在此基础上完善各个部门法,最终通过罪名增补和修订完善现有刑法典的相关规定,用刑事法手段规制"责令管教"的立法、执法与司法。一方面,可以考虑增设一个独立罪名"监护人不履行管教义务罪",另一方面,可以考虑对现有的"遗弃罪"进行补充完善,或在立法与司法上进行扩张解释,重点将"扶养义务"解释为包括身体和精神两个方面的扶养。

第二节 收容教养

政府收容教养是根据我国刑法典第17条第4款的规定,对那些不予以刑事处罚的未成年人而采取的强制性教育改造措施。长期以来,传统观点一直认为政府收容教养是一种行政处罚措施,而非承担刑事责任的一种形式。本书认为,这种认识是不准确的,既然"有罪宣告""赔偿经济损失"和"非刑罚处罚措施"等都可以是承担刑事责任的一种方式或形式,"不予刑事处罚"并没有否定未成年人的行为的犯罪性质。因此,对于这类"不予刑事处罚"的未成年人,责令家长或者监护人对其加以"管教"和"政府收容教养"均是承担刑事责任的一种方式。

---

① 姜雯:《论"责令管教"的法律后果——预防未成年人犯罪的新视角》,载《河北法学》2010年第4期。

一、收容教养的早期规定

我国最早规定收容教养的规范性法律文件是行政通知和规章。1956年2月7日颁布的最高人民检察院、最高人民法院、内务部、司法部、公安部《对少年犯收押界限、捕押手续和清理等问题的联合通知》规定：对于13周岁以上未满18周岁的少年犯，"如其犯罪程度尚不够负刑事责任的，……，对无家可归的，则应由民政部门负责收容教养。""刑期已满的少年犯，应当按时履行释放手续，……无家无业又未满18周岁的应介绍到社会救济机关予以收容教养。"从这些规定来看，最初收容教养的性质是带有较强的社会救济性质的，而其处罚性相对较弱。

我国刑法典第17条第4款规定："对于因不满16周岁不予刑事处罚的，在必要的时候，可以由政府收容教养。"1982年公安部发布的《关于少年犯管教所收押、收容范围的通知》明确规定：少年收容教养由少年犯管教所统一执行，"收容教养的期限，一般为1至3年"。鉴于少年管教所是国家的刑罚执行机关，与少年收容教养的性质迥然不同，1996年司法部又发布了《司法部关于政府收容教养的犯罪少年移至劳动教养场所的通知》，据此劳动教养场所也是收容教养场所，这也就形成了未成年人和成年人混合关押的情况。从1979年刑法典和1997年刑法典的有关规定来看，收容教养具有明显的惩戒处分性质，而社会救济性趋弱。而且，收容教养的审批权归属于公安机关，不仅没有经过任何司法程序，甚至没有救济的渠道。

二、收容教养制度存在的问题

1. 收容教养性质不明确

从收容教养的现行规定可以看出，收容教养内容的规定只是散见于部分行政规章和通知中。多数案件不可能进入司法程序，实践中一般都由公安机关做出收容教养的决定。例外情况是，由法院做出不予刑事处罚的决定，再交由公安机关做出收容教养的决定，这样容易违反一事不再理原则。因此，必须在立法上明确收容教养的性质。

2. 收容教养的适用条件、审批程序不明确

我国刑法典、《预防未成年人犯罪法》第38条、公安部1993年颁布的《关于不满14岁的少年犯罪人员收容教养问题的通知》的规定，从表面上看是一致的，实质上针对刑法典第17条第4款规定的8种犯罪行为，符合刑事责任承担年龄的未成年人，就不用进行收容教养，但是依据公安部的通知规定，又可以进行收容教养，明显存在矛盾。因此，现行收容教养制度的适用对象不明确，适用条件也过于宽泛。法律规定的"必要时"如何解释？对此，法律、法规及司法解释都没有明确的规定，法官在实践中如何适用，难以具有统一的标准，导致未成年人收容教养的审批程序混乱，审批主体不明确，具体操作艰难。

3. 收容教养的内容和教养方式规定不明确

劳动教养制度废除以后，被废除前的劳动教养人员与收容教养年龄对象不同，置于同

一个执行场所进行教育改造,既不具有针对性,又不能对教养人员起到好的管教作用与影响。被收容教养的未成年人正处于身心发育的不稳定期,可塑性强,拥有受教育的权利,目前的收容教养场所在教育内容、师资力量、学习场地等方面都无法满足现实需求,非常不利于收容教养人员的教育和改造。

三、收容教养制度的未来改进

我国刑法典第 17 条第 4 款规定:"对于因不满 16 周岁不予刑事处罚的,在必要的时候,可以由政府收容教养。"该规定似乎只能作为收容教养审批权限的一个法律依据。从刑法典中这些原则性规定可以看出,如今的收容教养制度,社会救济的性质大大减弱,而惩罚性相对增强。由于没有收容教养的专项制度规定,政府也没有制定相关的实施细则,实践中关于收容教养的决定大都是由公安机关做出的。一般而言,收容教养制度的适用应该包括以下方面:

(1) 准确确定收容教养的对象。1956 年 2 月 7 日颁布的最高人民检察院、最高人民法院、内务部、司法部、公安部《对少年犯收押界限、捕押手续和清理等问题的联合通知》的规定,当时收容教养的对象包括两类:一是 13 周岁以上未满 18 周岁的少年犯,其违法程度不够追究刑事责任,又无家可归的;二是未满 18 周岁刑期已满的未成年人,且无家无业者。但 1979 年刑法典和 1997 年刑法典均将收容教养的对象限制在 16 周岁以下,实施犯罪而不需要追究刑事责任的人。刑法典的这个规定完全排除了前述第二种情况。1991 年我国《未成年人保护法》第 39 条规定:"已满 14 岁的未成年人犯罪,因不满 16 岁不予刑事处罚的,责令其家长或者其他监护人加以管教,必要时也可由政府收容教养。"1993 年公安部《关于对不满 14 岁的少年犯罪人员收容教养问题的通知》明确规定:"对未满 14 岁的人犯有杀人、重伤、抢劫、放火、惯窃罪或者其他严重破坏社会秩序罪的,应当依照《刑法》第 14 条的规定办理,即在必要的时候,可收容教养。"但 2006 年修订的我国《未成年人保护法》第 25 条规定:"对于在学校接受教育的有严重不良行为的未成年学生,学校和父母或者其他监护人应当互相配合加以管教;无力管教或者管教无效的,可以按照有关规定将其送专门学校继续接受教育。"该条规定将"由政府收容教养"改为"送专门学校继续接受教育"。

(2) 准确理解收容教养的条件。我国刑法典第 17 条第 4 款规定:"在必要的时候,可以由政府收容教养。"对于何为"必要的时候",实践中难以操作,甚至直接带来执法的随意性。因此,有必要对"必要的时候"做出较具体的解释,以防止权力滥用。

(3) 找准收容教养合适的场所。实践中,收容教养的场所不一,各地差异很大,主要包括工读学校、收容所、少年管教所和劳动教养所等。

(4) 确定收容教养的期限。1982 年公安部发布了《关于少年犯管教所收押、收容范围的通知》规定:少年收容教养由少年犯管教所统一执行,"收容教养的期限,一般为 1 至 3 年"。但 1997 年公安部《关于对少年收容教养人员提前解除或减少收容教养期限的批准权限问题的批复》规定,在收容期间又犯新罪的,最长可以合并执行收容教养4年。

(5) 关注收容教养的合法性问题。收容教养虽然有刑法典第17条的依据,但具体执行的期限并没有任何法律、法规明确规定,实践中大都作为行政处罚措施对待。而且,在适用对象上主要是针对不予以刑事处罚的人,但由于是长时间限制人身自由的处罚措施,对于具体期限没有任何明文的法律、法律规定和正当程序要求,只由公安机关来决定,所以,收容教养的合法性普遍受到了质疑。我国《行政处罚法》第9条第2款"限制人身自由的行政处罚,只能由法律设定"和第10条"行政法规可以设定除限制人身自由以外的行政处罚"的规定,已经从立法的层面说明了收容教养的非法性。这两条法律规定已经表明,限制人身自由的行政处罚必须由国家最高立法机关——全国人大及其常委会制定的法律来规定。因此,在形式上,现行的收容教养制度不仅算不上规范意义上的行政处罚,而且还不具有合法地位。同时,我国《行政处罚法》第64条第2款强制性规定:"本法公布前制定的法规和规章关于行政处罚的规定与本法不符合的,应当自本法公布之日起,依照本法规定予以修订,在1997年12月31日前修订完毕。"但是,我国有关收容教养制度的法规和规章没能在这一时间内全部完成修订任务。2000年颁布的《立法法》第9条明确规定:"本法第8条规定的事项尚未制定法律的,全国人民代表大会及其常务委员会有权作出决定,授权国务院可以根据实际需要,对其中的部分事项先制定行政法规,但是有关犯罪和刑罚、对公民政治权利的剥夺和限制人身自由的强制措施和处罚、司法制度等事项除外。"严格地讲,1997年12月31日以后,我国劳动教养制度已经是一种作废的制度。[①] 而2000年颁布的《立法法》,又进一步表明类似收容教养的规定失去了其应有的合法地位。由此可见,我国行政法规与法律设立行政处罚的权限是完全不同的,前者根本无权设定限制人身自由的行政处罚,只有后者才有权设定。我国现在的收容教养制度不仅限制公民的人身自由,而且在相当程度上剥夺了公民的人身自由。但是,其所依据的一系列法律渊源均十分薄弱,不符合我国现行《立法法》的规定。换言之,要从形式上保留和维持我国收容教养制度,必须由全国人大及其常委会制定新的法律予以重新确立。

(6) 逐步完成收容教养立法化和司法化的进程,以更好地提高收容教育的实际效果。

四、收容教养制度的立法展望

未来的收容教养制度是一个系统或体系问题涉及社会、家庭、教育、救济、行为规制、预防犯罪、人权与自由、刑法与程序公正等多方面的立法问题。其中,主要涉及社会秩序和预防犯罪方面的法律规范。根据我国刑法典第17条第4款的规定,可以考虑制定"未成年人管教与政府收容教育实施办法",其中包括"工读教育"的制度设计,主要内容包括以下方面:

(1) 家庭法与未成年子女管教。我国只有婚姻立法,而少有家庭立法,而家庭立法是

---

① 李晓明:《尴尬与困境中的抉择——我国劳教立法改革再研究》,载《法商研究》2003年第6期。

符合整个国家立法体系及其规律的。家庭是社会的细胞,每一个家庭的稳定必然关乎整个社会的稳定。长期以来,我国之所以重视婚姻立法,是由特定的历史时期和阶段导致的,即新中国成立前后反对封建制度下的买卖包办婚姻,彻底反对封建婚姻制度,以致在客观上也直接影响了我国家庭法或家庭法律制度的系统建构。如今,封建婚姻制度早已瓦解,应当投入更多精力在家庭法的建立上,包括在家庭中父母对子女的管教问题。管教是指父母、家长或监护人按照国家法律和社会公德的要求,采用正确和适当的方法对未成年子女加以必要的管理、引导和约束,使他们在身心上得以健康成长和自我约束,以适应社会和未来生活。我国《预防未成年人犯罪法》第 14 条至第 20 条对父母的管教义务做出了一系列具体的规定,主要包括:一是未成年人的父母或者其他监护人和学校应当教育未成年人不得实施违纪、违法、犯罪行为以及严重违背社会公德的行为。二是未成年人的父母或者其他监护人和学校应当教育未成年人不得吸烟、酗酒。三是未成年人的父母或者其他监护人和学校发现未成年人组织或者参加实施不良行为的团伙的,应当及时予以制止。发现该团伙有违法犯罪行为的,应当向公安机关报告。四是未成年人的父母或者其他监护人,不得让不满 16 周岁的未成年人脱离监护单独居住。五是未成年人的父母或者其他监护人对未成年人不得放任不管,不得迫使其离家出走,放弃监护职责。"未成年管教与政府收容教育实施办法"制定时应注意这些内容。

(2) 收容教育与未成年人保护。这部分内容可以具体参照我国《未成年人保护法》的规定进行研究。

(3) 社会工读教育与社会救济。我国的"工读教育"产生于 20 世纪 50 年代,我国第一所工读教育学校于 1955 年在北京建立,主要接收 13—18 周岁失足的未成年人,本着"立足教育、挽救孩子、科学育人、造就人才"的方针对其进行教育。在改革开放前的十年里曾经停办,改革开放后于 1981 年开始恢复,办学高峰时全国工读学校的数量达到 150 所。"工读"二字是由苏联教育家马卡连柯创办的专门教育孤儿和社会流浪儿的"工学团"演化而来。所谓工读教育,是指对具有违法或轻微犯罪行为的中学生进行半工半读的一种特殊的行政性教育措施,也是实施九年制义务教育的一种特殊形式。[①] 我国《预防未成年人犯罪法》第 35 条规定:"对有本法规定的严重不良行为的未成年人,其父母或其他监护人和学校应当相互配合,采取措施严加管教,也可以送工读学校进行矫治和接受教育。"这或许就是进行"工读教育"的法律根据。2004 年,中共中央、国务院《关于进一步加强和改进未成年人思想道德建设的若干意见》提出:加强工读学校建设,对有不良行为的未成年人进行矫治和帮助。如今,工读教育被定位为"义务教育的补充",属于特殊教育的范畴,其主要职责是为学校、家庭和社会服务,接纳的学生主要是厌学、行为偏常的"问题学生",但不满 14 周岁的未成年人实施了犯罪行为,也常常被送到"工读学校"进行特殊的教育与培养。工读教育是针对有违法和轻微犯罪行为,而不适于在一般学校受教育的未成

[①] 熊伟:《我国工读教育面临的问题与对策》,载《青少年犯罪问题》2012 年第 1 期。

年人,让其通过边劳动工作边读书学习的方式对其进行的一种特殊教育措施。共度教育的根本目的在于,通过半工半读使这类人群懂得法制、认识错误、转变思想,最终成为正常的积极向上的社会成员。然而,至今国家对工读教育并没有明确的立法及确定接受工读教育的具体标准与条件。长期以来,我国工读教育存在以下问题:办学性质司法化,即把教育对象犯罪化,实行封闭式的看管,这样不利于未成年人身心健康的发育与发展;学校"大染缸"效应,相互交叉感染的情况严重;犯罪标签化严重,不利于这些未成年人重返社会。正因为如此,一部分家庭坚决抵制将自己的孩子送进工读学校,进行工读教育;也有一部分学生因不愿意进入工读学校,经常逃学回家。本书认为,有必要对工读教育进行司法化立法与司法程序的设计,一方面保障实施了违法犯罪的未成年人享有继续接受教育、学习成才的权利,另一方面也要保护社会,确定工读教育的标准和程序,有助于解决这类未成年人的受教育问题,使社会得到更多的福祉和安宁。不过,本书提到的"工读教育司法化"是对进行工读教育的学生或对象要严格控制,切实保护未成年人的合法权益。另外,在对工读教育进行司法化的过程中,一方面要强化适用工读教育制度的强制性色彩,另一方面也要将其定位于"一种特殊的教育培养措施"。在这个基础上,明确进入工读教育的细致标准,以增强其操作性;同时,建立司法化的非刑罚处罚措施审理裁定程序,并增强其有效运行。

此外,对于1991年9月4日第七届全国人大常委会通过的《关于严禁卖淫嫖娼的决定》规定的至今仍在实施的"收容教育"也类似于"收容教养",但与本书介绍的其他刑事责任和承担方式还是存在本质区别。

第四编 | 刑事责任的裁量、实现、变更与消灭

第二十三章　刑事责任的裁量

第二十四章　刑事责任的实现

第二十五章　刑事责任的变更

第二十六章　刑事责任的消灭

第二十三章

刑事责任的裁量

我国的刑事诉讼活动由立案、侦查、起诉、审判、执行五个重要环节来组成,而审判又在刑事诉讼的各阶段中居于核心的地位。其中,如果"审"体现的是犯罪成立与否的认定过程(即定罪),那么"判"则意味着是刑事责任裁量的裁判过程(即量刑),而且是整个审判活动中的重中之重。随着1997年修订后的刑法典的实施,司法实践与理论研究中又产生了新的量刑观。因此,本章将系统讨论这些量刑观的基本理论,主要介绍刑事责任的裁量情节与裁量制度。

第一节 刑事责任裁量概述

刑事责任的裁量简称量刑,是指人民法院对犯罪人定罪后,依法裁量犯罪人应负刑事责任的量,以及以何种方式来承担刑事责任的刑事司法活动。如今刑事责任的裁量虽然也可以简称"量刑",但这里"量刑"的内容范围要比过去所谓的"量刑"范围要宽泛得多。过去的"量刑"只是包括"刑罚"内容,而刑事责任裁量的"量刑"不仅包括"刑罚",甚至包括驱逐出境和剥夺军衔、有罪宣告、非刑罚处罚措施、赔偿经济损失、责令管教或收容教养等,是整个刑事责任承担的裁量。

一、刑事责任裁量的定义

关于量刑的定义,目前主要存在以下观点:(1)"刑罚裁量,又称量刑,指人民法院依据刑事法律,对于构成犯罪的行为人,确定是否判处刑罚、判处何种刑罚以及是否适用某种刑罚制度的审判活动。"[①](2)"量刑,是指人民法院对被告人裁量决定刑罚。具体说来,就是人民法院根据犯罪的事实、犯罪情节和对社会的危害程度,依法决定对被告人的刑罚。"[②](3)"量刑,是人民法院对犯罪人依法判处一定刑罚的一种审判活动。"[③]

---

① 高铭暄等主编:《刑法学》(上编),中国法制出版社1999年版,第460页。
② 赵长青主编:《中国刑法教程》,中国政法大学出版社1997年版,第213页。
③ 张尚鷟:《中华人民共和国刑法概论》(总则部分),中国法制出版社1983年版,第270页。

不可否认,上述观点均有其合理之处,但是,随着刑法理论的发展和人们认识的深入,有些观点的确值得进一步探讨,主要表现在以下方面:

第一,量刑能否与刑罚裁量相等同?如上所述,我国传统意义上的"量刑"是从字面意义上来解释的,即"量"就是裁量,"刑"就是刑罚,因此得出的释义就是"裁量刑罚"。但从现代刑法理论和司法实践出发,量刑定义不断受到已经扩大的量刑范围的冲击和挑战。如有的学者将量刑的范围扩充为四项内容:是否判处刑罚、适用何种非刑罚处理方法、适用何种刑罚以及适用实刑还是虚刑(缓刑)。① 之所以出现此种情况,与我国刑法学界对"刑事责任"问题的深入研究有关。也就是说,刑罚的前提或依据实际上并不只是犯罪的法益侵害程度,还应考虑由于种种情况犯罪人能够承担的刑事责任,如犯罪人的人身危险性;实现刑事责任的形式也不再只是刑罚,还包括非刑罚处罚措施的适用及免予处罚,如责令具悔过、赔礼道歉、赔偿损失等。还有学者将刑法意义上的保安处分称为保安刑。② 既然作为刑罚中的刑种,就必然要涉及如何裁量的问题。由此可见,如今的量刑的确不能再与刑罚裁量相等同,除刑罚裁量外,还包括非刑罚处罚措施、赔偿经济损失、责令管教或收容教养等。另外,刑罚裁量是一个动态的过程,如是否适用刑罚(即适用何种刑罚制度)等。

第二,关于量刑的基础和依据。我国传统意义上的量刑基础就是犯罪事实、犯罪情节和危害的严重程度。但由于近些年来我国学术界对"刑事责任"问题研究的不断深入,使量刑基础的传统观点受到越来越大的冲击和挑战。如有的学者认为:"刑事责任是介于犯罪和刑罚之间的桥梁和纽带。它既是犯罪的后果,又是刑罚的先导。'罪责—刑'的逻辑结构,是整个刑法内容的缩影。"③还有的学者认为,根据刑法典第5条的精神,所谓刑罚轻重与行为人"所犯罪行和承担的刑事责任"相适应,首先应是罪行重则刑事责任重、罪行轻则刑事责任轻,罪行本身的轻重是由犯罪的主客观事实本身决定,而刑事责任的轻重虽然主要由犯罪的主客观事实决定,可许多案件外的表明犯罪人人身危险性程度的事实或情节能够说明刑事责任的轻重,却不能说明罪行的轻重。④ 由此可见,如今的量刑基础和依据不仅要考虑罪与刑的对比与相称,还应考虑责与刑的对比与相称。也就是说,量刑的轻重既要考虑所犯客观罪行的轻重程度,又要考虑行为人本身的具体客观情况(如是否对社会具有危害性)以及其他可能影响刑事责任大小的因素(如刑事责任年龄、自首、立功、是否怀孕等);既要依据罪的大小,又要依据应承担刑事责任的大小,来进行量刑处罚。

第三,关于对量刑对象的称谓。第一种观点采用的称谓是"犯罪人",第二种观点采用的称谓是"被告人",第三种观点采用的称谓是"犯罪分子"。本书认为,在量刑定义中量刑对象的称谓应当统一,故本书同意第一种观点。因为量刑的对象显然已经是经审理有罪

---

① 马克昌主编:《刑罚通论》,武汉大学出版社1995年版,第273页。
② 陈兴良:《刑法哲学》,中国政法大学出版社1996年版,第453页。
③ 高铭暄:《关于中国刑法理论若干问题的思考》,载《刑法论丛》,法律出版社1998年版,第28页。
④ 张明楷:《刑法学》(上),法律出版社1997年版,第51页。

的人,对有罪的人就不能再称为"犯罪嫌疑人",称为"被告人"也不准确,而"犯罪分子"又不是一个法律用语,故采用"犯罪人"的称谓最为贴切和恰当。

综上所述,本书认为,刑事责任裁量是指刑事审判机关在查明犯罪事实、认定犯罪性质和确定刑事责任大小的基础上,依法对犯罪人作出的是否适用刑罚、适用何种刑罚、如何适用刑罚以及适用何种非刑罚方法,包括赔偿经济损失、责令管教或收容教养等内容的裁判过程。

二、刑事责任裁量的特性

在了解了刑事责任裁量的定义之后,还有必要讨论刑事责任裁量的特性,只有这样才能够对刑事责任裁量有更加深入的认识。一般认为,刑事责任裁量的特性主要表现在以下方面:

(1) 量刑主体的明确性。量刑是国家的司法活动之一,作为司法权能的重要内容,量刑只能由人民法院进行。也就是说,只有国家专门的刑事审判机关才能行使量刑权,其他任何行政机关、团体和个人都无权行使。随着量刑概念外延的扩展,越来越多的非刑罚处罚措施进入量刑的范畴。如非刑罚处罚措施的实施主体可能不再是监狱、看守所等司法行政机关,而是交由行政机关甚至基层组织执行,但量刑权始终由法院享有。

(2) 量刑基础的确定性。量刑的基础应当停留在刑事责任的层面,因此量刑所依据的标准范围应当超越犯罪事实和性质,融入主体责任能力、量刑情节等内容。所以,当前量刑的基础是十分明确的,即犯罪的事实、性质、主体的责任情况、客观的量刑情节等。

(3) 量刑对象的正当性。量刑是对实施了犯罪行为、依法应承担刑事责任的人进行刑事处理的活动。该活动只有对实施了犯罪行为、具有刑事责任能力的人或单位才能适用,绝对不能适用于其他对象,这就是量刑对象的正当性。但是,我国刑法典第17条第4款所规定的不满16周岁的未成年人、刑法典第18条第1款所规定的精神病人,由于不具有刑事责任能力都不是犯罪人,所以严格来讲,不应当是量刑对象。

(4) 量刑内容的层次性。我国量刑的内容从死刑到罚金,具有较大的跨度。在这跨度之内,可以表现为是否适用刑罚,是适用死刑、自由刑还是罚金刑,以及如何适用这些刑罚等。因此,量刑的过程是动态的、逐层递进的。如果我国将来建立了保安刑制度,那么保安措施就同刑罚一样进入这个阶梯领域。

(5) 量刑方式的多样性。量刑的形式效果是产生刑事裁判,包括判决和裁定,均可以对刑罚做出决定;产生的实效既可以是对犯罪人产生实际的强制力,包括剥夺生命、限制自由、没收财产、取消资格等,也可以表现为训诫、责令具结悔过、赔礼道歉、赔偿损失等。可见,量刑的方式比较丰富。

(6) 量刑过程的动态性。量刑不仅仅是一个静态的对比过程,更多地表现为一个动态的操作过程。这一动态性不仅表现在犯罪行为事实与法律规定的对比操作上,也表现在对量刑方式的确定与选择以及对刑罚量的计算与操作方面。

三、刑事责任裁量的根据

刑事责任裁量的根据,也称为量刑根据,是指作出某结论的基础性前提。刑事责任裁量的根据是犯罪事实或者主要是社会危害性的观点,都是不准确、不完整、不全面的。本书认为,刑事责任裁量的根据应当包括不同方面的内容。

(一)理论根据

量刑的理论根据存在报应主义和功利主义的争论,前者代表人物是黑格尔,主张刑法是对"恶刑"的"恶报",也就是通常所说的"善有善报,恶有恶报""以眼还眼,以牙还牙"。[①] 后者代表人物是李斯特,认为通过对犯罪人科以刑罚,实现预防犯罪的功利效果。在当代,综合主义逐渐占据上风,被认为是最佳方案和合理依据,主张通过报应主义限制功利主义,在功利主义的前提下容纳报应主义。[②] 由此,刑罚的理论根据从一元论向多元论发展,这也为我国当代刑罚提供了科学、可靠的理论支撑。在量刑时要注重法益侵害性和人身危险性的考察,实质上,注重犯罪的法益侵害性(包括主观恶性和客观危害),就是在强调报应主义,注重犯罪人的人身危险性,就是为了预防犯罪,防止犯罪人再次走上犯罪道路。

(二)罪质根据

罪质根据就是犯罪的性质根据,这在刑法适用的第一阶段已经完成,这一阶段解决了是否构成犯罪以及构成何种罪名的问题,这一阶段的完成为第二阶段即量刑阶段提供了依据。因为大部分罪名都有几个法定刑幅度,所以,必须依靠具体的量刑程序才能完成刑罚的裁量任务。总而言之,罪质或者定罪是量刑的重要依据,法院在定罪以后还需要根据认定的犯罪事实和证据,综合各种量刑情节,最终完成刑事责任的裁量。

(三)刑事责任根据

关于犯罪、刑事责任和刑罚三者之间关系,主要包括三种观点:罪刑说、罪责说和罪责刑说。本书经过比较和衡量,认为罪责说最为合理,因为定罪必然引发责任,责任的实现方式多种多样,包括刑罚方法、非刑罚方法甚至单纯有罪宣告等。这是在平面上讨论三者的关系,平面关系对纵向关系是有重要影响的;在纵向关系上,定罪和量刑必须借助于刑事责任这个桥梁和纽带。而刑事责任的大小并不仅仅取决于犯罪行为本身或者法益侵害程度,还必须考量人身危险性、刑事责任能力等诸多方面的内容。总之,只有准确地确定刑事责任的大小,才能最终做到正确裁量刑罚。

(四)量刑情节根据

犯罪情节包括定罪情节和量刑情节,定罪情节就是上述的罪质根据,而量刑情节是指

[①] 报应刑还可以分为绝对报应刑和相对报应刑,报应刑从等量刑罚观过渡到等价刑罚观再到等质刑罚观,意味着绝对报应刑向相对报应刑转变,彰显刑罚观的发展和进步。孟昭武:《论正义与刑罚观念》,载《锦州师范学院学报》1996年第2期。

[②] 高铭暄、马克昌主编:《刑法学》,北京大学出版社2001年版,第231—232页;吴景芳:《刑罚与量刑》,载《法律适用》2004年第2期。

犯罪构成事实以外的情节,犯罪构成事实在定罪时已经予以评价,如果混淆犯罪构成事实和犯罪构成以外的事实就会出现二次评价或重复评价。所以这里的量刑情节是罪前情节、罪后情节和部分罪中情节这三部分的组合。例外情况是,用于充足构成要件基本要求的犯罪构成事实,属于定罪情节,定罪剩余的那部分事实情节,理所当然地转化为量刑情节。[①]

(五)法律根据

法律根据包括刑法典、附属刑法、特别刑法、立法解释以及司法解释中有关量刑的相关规定。刑法典中最重要的法律根据包括第5条规定的"刑罚的轻重,应当与犯罪分子所犯罪行和承担的刑事责任相适应"(罪责相适应原则)和第61条规定的"对于犯罪分子决定刑罚的时候,应当根据犯罪的事实、犯罪的性质、情节和对于社会的危害程度,依照本法的有关规定判处"(量刑根据的总纲领)。如何理解"情节"和"对于社会的危害程度"?本书认为,这里的"情节"仅指量刑情节,"对于社会的危害程度"不能仅作狭义的理解,即不能仅理解为主观恶性和客观危害,还应当包括人身危险性。刑法典中还有专门的刑种规定以及诸如缓刑、数罪并罚、立功自首等量刑制度规定,量刑时也是需要注意和考虑的。

(六)刑事政策根据

刑事政策在刑法典中没有明确规定,而且以刑事政策作为量刑的根据似乎存在破坏刑事法治的嫌疑。然而,长期以来,人民法院在事实上无一例外地都认可刑事政策,都会根据刑事政策进行刑事责任的裁量。既然刑事政策客观存在并发挥着作用,就必须予以承认和积极面对。具体而言,就是要严格执行罪刑法定的基本原则,打击犯罪的同时不容许突破法定刑的界限,坚决杜绝法外施刑的情况。结合我国目前宽严相济的刑事政策,量刑时该宽则宽、当严则严、宽严相济、罚当其罪。

四、刑事责任裁量的原则

刑事责任裁量的原则也称为量刑原则。"以事实为根据,以法律为准绳"是法律适用的普遍原则,刑罚的裁量作为一项重要的司法活动也应当严格限定在这条原则的框架和范围内。但是,根据量刑自身的特点,量刑原则内部也具有一些独特的要求和内容。根据我国刑法典第61条的规定,可以将量刑的原则总结为"以犯罪事实为根据,以刑事法律为准绳"。

(一)以犯罪事实为根据

犯罪事实是从广义上理解的犯罪事实,包括犯罪构成事实和犯罪构成以外的事实。具体而言,作为量刑客观根据的犯罪事实包括狭义的犯罪事实、犯罪的性质、量刑情节、对法益的侵害程度等四个方面。

[①] 高铭暄、马克昌主编:《刑法学》,北京大学出版社2007年版,第274、275页。

1. 狭义的犯罪事实

查明狭义的犯罪事实就是要查明犯罪成立事实,查明侵害行为、侵害结果等内容。同时,对于某些以"情节严重""情节恶劣""情节较重"为成立要件的犯罪而言,犯罪事实还包括这类定罪情节。

2. 犯罪的性质

仅仅查明狭义的犯罪事实,对犯罪的性质如果没有认定,也难以找到对应的刑法分则条文及其规定的法定刑,也就影响刑罚的裁量。犯罪的性质,亦即犯罪行为的法律性质,主要表现为犯罪人具体触犯的罪名。

3. 量刑情节

量刑情节与定罪情节相对应,定罪情节是犯罪成立要件事实,量刑情节是犯罪成立外的量刑事实,如坦白、自首、立功、犯罪的动机、罪前表现、罪后态度等都属于量刑情节的内容。量刑情节包括法定量刑情节和酌定量刑情节。

4. 对法益的侵害程度

对法益的侵害程度最主要是指犯罪的法益侵害性,法益侵害性是犯罪的最本质特征,无疑也是量刑最重要的衡量指标。但是法益侵害性并不是对法益的侵害程度的唯一内容,除对法益的侵害程度之外,还存在人身危险性因素。此外,人身危险性决定着再犯可能性,所以量刑时同样不容忽视。

(二)以刑事法律为准绳

我国刑法典第 61 条明确规定,对犯罪人决定刑罚的时候,"依照本法的有关规定判处"。在确定行为人构成了犯罪并需要判处刑罚之后,人民法院决定行为人应处以何种刑罚,是否需要从重、从轻、减轻、免除处罚等,都必须在刑事法律规定的范围内选择和裁量。

1. 依照刑法分则规定的刑种和刑度选择适当的刑罚

刑法分则规定的法定刑在大部分条文中有 2—3 种量刑幅度,量刑时人民法院应当根据案件的具体情况确定,但不得判处法无明文规定的刑罚,也不得超越刑法条文规定的量刑幅度。

2. 依照刑法总则规定的原则、方法和制度进行刑事责任裁量

例如,对犯罪的时候不满 18 周岁的人和审判的时候怀孕的妇女不适用死刑;对危害国家安全罪的犯罪人量刑时应当附加剥夺政治权利;对判处死刑、无期徒刑的犯罪人应当附加剥夺政治权利终身;针对自首、坦白、立功、累犯、缓刑、数罪并罚等,根据刑法总则有关从重、从轻、减轻以及免除刑罚处罚的规定量刑。

第二节 刑事责任裁量的情节

在我国刑法典总则第四章"刑罚的具体运用"中,规定了量刑、累犯、自首和立功、数罪并罚、缓刑、减刑、假释和时效八节内容。有的学者将累犯、自首和立功等作为犯罪情节来

进行研究①,也有的学者将累犯、自首和立功作为量刑制度进行研究②,本书倾向于前者的观点。

一、刑事责任裁量情节的概念和分类

刑事责任裁量情节,简称量刑情节,是指人民法院在依法对犯罪人定罪后考虑的,影响犯罪人行为的法益侵害性和人身危险性程度,进而影响是否对犯罪人处刑以及处刑轻重的各种事实。

量刑情节的外延十分丰富,所以,根据不同的标准,可以从不同角度进行不同的分类。

(一)法定情节与酌定情节

这是根据是否有法律明确规定所作出的分类。法定情节是指法律明文规定在刑事责任裁量时必须予以考虑的情节,因其具有明确的法定根据,所以进行刑事责任裁量时具有较大的确定性、公开性和明确性的根据。酌定情节又称为裁判情节,是指刑法虽然没有明文规定,但根据刑事立法的精神和有关刑事政策及司法实践中的具体效果,由人民法院从审判经验中总结出来的,在刑事责任裁量过程中灵活掌握、酌情适用的情节,如取得被害人谅解情况、赔偿情况等。

(二)从宽情节与从严情节

这是根据是否对犯罪人有利所作出的分类。从宽情节是对犯罪人有利的刑事责任裁量情节,具体是指在刑事责任裁量上对犯罪人从宽处理,从而从轻、减轻或免除对犯罪人的处罚。所以,从宽情节主要包括从轻处罚情节、减轻处罚情节、免除处罚情节三种。从严情节是对犯罪人不利的刑事责任裁量情节,具体是指在刑事责任裁量上对犯罪人从严处理,从而从重或加重对犯罪人的处罚。所以,从严情节具体包括从重情节与加重情节两种。但需要说明的是,我国刑法典只有从重情节的规定,没有加重情节的规定。

(三)案前情节、案中情节与案后情节

这是根据刑事责任裁量情节存在或发生的时间顺序所作出的分类。罪前情节是指犯罪行为实施前就客观存在的能反映犯罪人人身危险性程度的客观事实,如犯罪人的一贯表现、有无犯罪前科等。罪中情节是指存在于犯罪行为实施过程中的能反映犯罪行为法益侵害性以及犯罪人人身危险性程度的客观事实,如犯罪中止、犯罪未遂等。罪后情节是指犯罪行为实施以后能反映行为人人身危险性程度的客观事实,如自首、立功等。通常情况下,这种划分只是一种理论上的划分与梳理,在司法实践中并不实用,更不常用。

(四)应当情节与可以情节

这是根据是否对刑事责任裁量情节的作用进行硬性规定或执行力度所作出的分类。

---

① 曲新久:《刑法学》,中国政法大学出版社2007年版,第215—218页;张明楷:《刑法学》(上),法律出版社1997年版,第441—455页;李晓明主编:《中国刑法基本原理》(第2版),法律出版社2007年版,第519—532页。
② 赵秉志主编:《当代刑法学》,中国政法大学出版社2008年版,第358—372页;刘艳红主编:《刑法学》(上),北京大学出版社2014年版,第378—390页。

应当情节是指刑法明文规定对刑事责任裁量必然产生影响的情节,如正当防卫、中止犯、未成年犯等。"应当"一词在法律上的解释就是"必须",应当情节里具体包括从宽处罚情节和从严处罚情节;只要刑法作出明文规定,法官在刑事责任裁量时就必须予以考虑。可以情节是指刑法规定的对刑事责任裁量产生或然影响的情节,如未遂犯、有立功表现的犯罪人等。可以情节是否对刑事责任的裁量产生影响由法官自由裁量,它既可以对刑事责任的裁量产生影响,也可不产生影响。

以上对刑事责任裁量情节类别的区分,有助于区别刑事责任裁量中的不同情况和适用不同的量刑种类。然而,"量刑情节"与"量刑制度"是不同的,前者重在犯罪情节的认定,而后者重在刑事责任裁量的制度设计及方法运用。

二、法定情节

法定情节是指刑法明文规定在刑事责任裁量时必须予以考虑的情节。按从宽到严的排列,法定情节又大致分为四大类。

(一) 减轻或免除处罚情节

在我国刑法典中,减轻或免除情节主要体现在以下条文中:

(1) 刑法典第10条规定,在中华人民共和国领域外犯罪,依照本法应当负刑事责任的,虽然经过外国审判,仍然可以依照本法追究,但是在外国已经受过刑罚处罚的,可以免除或者减轻处罚。

(2) 刑法典第20条第2款规定,正当防卫明显超过必要限度造成重大损害的,应当减轻或者免除处罚。

(3) 刑法典第21条第2款规定,紧急避险超过必要限度造成不应有的损害的,应当减轻或者免除处罚。

(4) 刑法典第24条第2款规定,对于中止犯,没有造成损害的,应当免除处罚;造成损害的,应当减轻处罚。

(5) 刑法典第28条规定,对于被胁迫参加犯罪的,应当按其犯罪情节减轻处罚或者免除处罚。

(6) 刑法典第53条规定,被判处罚金的人,由于遭遇不能抗拒的灾祸等原因缴纳确实有困难的,经人民法院裁定,可以延期缴纳、酌情减少或者免除。

(7) 刑法典第67条第1款规定,对于自首的犯罪人,犯罪较轻的,可以免除处罚。

(8) 刑法典第68条规定,对于有重大立功表现的犯罪人,可以减轻或者免除处罚。

(9) 刑法典第164条第4款规定,对非国家工作人员行贿,行贿人在被追诉前主动交待行贿行为的,可以减轻处罚或者免除处罚。

(10) 刑法典第276条第2款规定,以转移财产、逃匿等方法逃避支付劳动者的劳动报酬或者有能力支付而不支付劳动者的劳动报酬,尚未造成严重后果,在提起公诉前支付劳动者的劳动报酬,并依法承担相应赔偿责任的,可以减轻或者免除处罚。

(11) 刑法典第 351 条第 3 款规定,非法种植罂粟或者其他毒品原植物,在收获前自动铲除的,可以免除处罚。

(12) 刑法典第 390 条第 2 款规定,行贿人在被追诉前主动交待行贿行为的,可以从轻或者减轻处罚。其中,犯罪较轻的,对侦破重大案件起关键作用的,或者有重大立功表现的,可以减轻或者免除处罚。

(13) 刑法典第 392 条第 2 款规定,介绍贿赂人在被追诉前主动交代介绍贿赂行为的,可以减轻或者免除处罚。

(二) 从轻、减轻或者免除处罚的情节

在我国刑法典中,从轻、减轻或者免除处罚的情节主要体现在以下条文中:

(1) 刑法典第 19 条规定,又聋又哑的人或者盲人犯罪,可以从轻、减轻或者免除处罚。

(2) 刑法典第 22 条第 2 款规定,对于预备犯可以比照既遂犯从轻、减轻或者免除处罚。

(3) 刑法典第 27 条第 2 款规定,对于从犯,应当从轻、减轻或者免除处罚。

(4) 刑法典第 383 条第 3 款规定,犯贪污罪的,……犯第 1 款罪,在提起公诉前如实供述自己罪行、真诚悔罪、积极退赃,避免、减少损害结果的发生,有第一项规定情形的,可以从轻、减轻或者免除处罚;有第二项、第三项规定情形的,可以从轻处罚。

(三) 从轻或减轻处罚的情节

在我国刑法典中,从轻或减轻处罚的情节主要体现在以下条文中:

(1) 刑法典第 17 条第 3 款规定,已满 14 周岁、不满 18 周岁的人犯罪,应当从轻或减轻处罚。

(2) 刑法典第 17 条第 5 款规定,已满 75 周岁的人故意犯罪的,可以从轻或者减轻处罚;过失犯罪的,应当从轻或者减轻处罚。

(3) 刑法典第 18 条第 3 款规定,尚未完全丧失辨认或者控制自己行为能力的精神病人犯罪的,应当负刑事责任,但是可以从轻或者减轻处罚。

(4) 刑法典第 23 条第 2 款规定,对于未遂犯,可以比照既遂犯从轻或减轻处罚。

(5) 刑法典第 29 条第 2 款规定,对于教唆犯,如果被教唆者未犯被教唆之罪的,可以从轻或减轻处罚。

(6) 刑法典第 67 条第 1 款规定,对于自首的犯罪人,可以从轻或减轻处罚。

(7) 刑法典第 67 条第 3 款规定,犯罪嫌疑人虽不具有自首情节,但是如实供述自己罪行的,可以从轻处罚。因其如实供述自己罪行,避免特别严重后果发生的,可以减轻处罚。

(8) 刑法典第 68 条第 1 款规定,犯罪人有立功表现的,可以从轻或减轻处罚。

(9) 刑法典第 241 条第 6 款规定,收买被拐卖的妇女、儿童,对被买儿童没有虐待行为,不阻碍对其进行解救的,可以从轻处罚;按照被买妇女的意愿,不阻碍其返回原居住地的,可以从轻或者减轻处罚。

(10) 刑法典第 383 条第 3 款规定,犯贪污罪的,贪污数额巨大或者有其他严重情节的,处 3 年以上 10 年以下有期徒刑,并处罚金或者没收财产的,或者贪污数额特别巨大或者有其他特别严重情节的,处 10 年以上有期徒刑或者无期徒刑,并处罚金或者没收财产;数额特别巨大,并使国家和人民利益遭受特别重大损失的,处无期徒刑或者死刑,并处没收财产这两种情形,在提起公诉前如实供述自己罪行、真诚悔罪、积极退赃,避免、减少损害结果的发生,可以从轻处罚。

(11) 刑法典第 390 条第 2 款规定,行贿人在被追诉前主动交待行贿行为的,可以从轻或者减轻处罚。

(四) 应当从重处罚的情节

在我国刑法典中,应当从重处罚的情节主要体现在以下条文中:

(1) 刑法典第 29 条第 1 款规定,教唆不满 18 周岁的人犯罪的,应当从重处罚。

(2) 刑法典第 65 条第 1 款规定,构成累犯的,应当从重处罚。但是过失犯罪和不满 18 周岁的人犯罪的除外。

(3) 刑法典第 104 条第 2 款规定,策动、胁迫、勾引、收买国家机关工作人员、武装部队人员、人民警察、民兵进行武装叛乱或者武装暴乱的,应当从重处罚。

(4) 刑法典第 106 条规定,与境外组织、个人相勾结犯刑法第 103 条、第 104 条、第 105 规定之罪的,应当从重处罚。

(5) 刑法典第 109 条第 2 款规定,掌握国家秘密的国家工作人员犯叛逃罪的,应当从重处罚。

(6) 刑法典第 157 条第 1 款规定,武装掩护走私的,应当从重处罚。

(7) 刑法典第 168 条第 3 款规定,国有公司、企业、事业单位的工作人员,徇私舞弊,犯国有公司、企业、事业单位人员失职罪、国有公司、企业、事业单位人员滥用职权罪的,应当从重处罚。

(8) 刑法典第 171 条第 3 款规定,伪造货币并出售或者运输伪造货币的应当从重处罚。

(9) 刑法典第 177 条第 3 款规定,银行或者其他金融机构的工作人员利用职务上的便利,窃取、收买或者非法提供他人信用卡信息资料的,应当从重处罚。

(10) 刑法典第 186 条第 2 款规定,银行或者其他金融机构的工作人员违反国家规定,向关系人发放贷款的,应当从重处罚。

(11) 刑法典第 236 条第 2 款规定,奸淫幼女的,应当从重处罚。

(12) 刑法典第 237 条第 3 款规定,猥亵儿童的,应当从重处罚。

(13) 刑法典第 238 条第 1 款规定,非法剥夺他人人身自由具有殴打、侮辱情节的,应当从重处罚。

(14) 刑法典第 238 条第 4 款规定,国家机关工作人员利用职权犯刑法第 238 条前三款规定之罪的,应当从重处罚。

(15)刑法典第 243 条第 2 款规定,国家机关工作人员犯诬告陷害罪的,应当从重处罚。

(16)刑法典第 245 条第 2 款规定,司法工作人员滥用职权犯非法搜查罪或非法侵入他人住宅罪的,应当从重处罚。

(17)刑法典第 247 条规定,刑讯逼供或暴力逼取证言致人伤残、死亡的,应当从重处罚。

(18)刑法典第 248 条第 1 款规定,虐待被监管人致人伤残、死亡的,应当从重处罚。

(19)刑法典第 253 条第 2 款规定,邮政工作人员私拆、隐匿、毁弃邮件、电报而窃取财物的,应当从重处罚。

(20)刑法典第 277 条第 5 款规定,暴力袭击正在依法执行职务的人民警察的,应当从重处罚。

(21)刑法典第 279 条第 2 款规定,冒充人民警察招摇撞骗的,应当从重处罚。

(22)刑法典第 301 条第 2 款规定,引诱未成年人参加聚众淫乱活动的,应当从重处罚。

(23)刑法典第 307 条第 4 款规定,司法工作人员阻止证人作证、指使他人作伪证或者帮助毁灭、伪造证据的,应当从重处罚。

(24)刑法典第 345 条第 4 款规定,盗伐、滥伐国家自然保护区内的森林或者其他林木的,应当从重处罚。

(25)刑法典第 347 条第 6 款规定,利用、教唆未成年人走私、贩卖、运输、制造毒品,或者向未成年人出售毒品的,应当从重处罚。

(26)刑法典第 349 条第 2 款规定,缉毒人员或者其他国家机关工作人员掩护、包庇走私、贩卖、运输、制造毒品的犯罪人的,应当从重处罚。

(27)刑法典第 353 条第 3 款规定,引诱、教唆、欺骗或者强迫未成年人吸食、注射毒品的,应当从重处罚。

(28)刑法典第 356 条规定,因走私、贩卖、运输、制造、非法持有毒品罪被判过刑,又实施毒品犯罪的,应当从重处罚。

(29)刑法典第 358 条第 2 款规定,组织、强迫未成年人卖淫的,应当从重处罚。

(30)刑法典第 361 条第 2 款规定,旅馆业、饮食服务业、文化娱乐业、出租汽车业等单位的主要负责人利用本单位的条件,组织、强迫、引诱、容留、介绍他人卖淫的,应当从重处罚。

(31)刑法典第 364 条第 3 款规定,制作、复制淫秽的电影、录象等音像制品组织播放的,应当从重处罚。

(32)刑法典第 364 条第 4 款规定,向不满 18 周岁的未成年人传播淫秽制品的,应当从重处罚。

（33）刑法典第369条规定,战时破坏或过失破坏武器装备、军事设施、军事通信的,应当从重处罚。

（34）刑法典第384条第2款规定,挪用用于救灾、抢险、防汛、优抚、扶贫、移民、救济款物归个人使用的,应当从重处罚。

（35）刑法典第386条规定,索取贿赂的,应当从重处罚。

（36）刑法典第408条第3款的规定,徇私舞弊犯环境监管失职罪和食品监管渎职罪的,应当从重处罚。

（37）刑法典第426条规定,战时阻碍军人执行职务的,应当从重处罚。

三、酌定情节

酌定情节,又称为酌定量刑情节、裁判情节,是指刑法虽然没有明文规定,但根据刑事立法立法精神和有关刑事政策,由人民法院从审判经验中总结出来的,在刑事责任裁量过程中灵活掌握、酌情适用的情节。酌定情节大致可分为两大类。

（一）反映犯罪行为的法益侵害程度的酌定情节

这类情节虽然都不影响犯罪成立,但在一定程度上反映了犯罪的法益侵害程度。

（1）犯罪对象。一般而言,犯罪对象不影响犯罪成立,但犯罪对象的差异却可以反映出犯罪行为的恶劣性和法益侵害程度。如针对未成年人、老年人、残疾人等实施的抢劫、盗窃行为要比针对普通人实施的该类犯罪要恶劣。

（2）犯罪手段。这主要指犯罪手段的残忍、狡猾程度。如用极其残忍的手段剥夺他人生命。

（3）犯罪后果。这里所指的犯罪后果不同于犯罪结果,犯罪结果属于成立要件的范畴,而犯罪后果则指犯罪成立要件以外的结果状态。如诈骗数额巨大,导致他人家庭破裂、企业破产、自杀的。

（4）犯罪行为方式。犯罪行为方式包括作为与不作为、一次或多次等,以积极的作为方式实施的犯罪、实施了多次的犯罪行为,显然法益侵害性相对较大,因而在刑事责任裁量时应有所区别。

（5）犯罪的环境。不同的犯罪时间、地点、环境、原因等条件,也能反映行为的法益侵害程度。例如,一般而言,白天在公共场所实施抢劫行为比在夜间或僻静的地方实施抢劫行为的侵害程度大,因生活所迫所实施的盗窃行为比以盗窃为偏好或职业的侵害程度小。

（6）社会形势。犯罪行为的法益侵害性具有一定的历史性,它往往会随着社会形势的变化而变化。如在社会形势严峻的情况下,实施暴力犯罪的法益侵害性大于正常社会形势下实施的暴力犯罪。

（7）民愤。民愤是指犯罪行为在民众中所造成的恶劣影响,进而导致广大人民群众产生要求严厉惩办犯罪分子的呼声。需要注意的是,随着我国网络信息时代的到来,一些媒体刻意夸大、歪曲事实进行虚假的报道,误导社会舆论,往往会对司法机关进行"舆论绑架""道德绑架"。所以,司法机关应当十分慎重地准确把握民愤,避免丧失公正。

(8) 是否赔偿或达成谅解协议。与被害人或者其家属达成谅解协议或者进行相应的赔偿,这在一定程度上是犯罪人悔罪乃至积极挽回不良后果的表现。这不仅符合现代恢复性司法的思潮,而且有利于维护社会稳定。现在我国已存在刑事和解制度,但只是针对少部分轻微犯罪适用。然而,对被害人或者其亲属进行赔偿或达成谅解协议可以作为重罪量刑的酌定情节考量。不过,要注意犯罪人是否真诚地希望得到谅解,防止犯罪人为了减轻刑罚利用此情节,对被害人或者其家属进行二次伤害。

(9) 有罪答辩。有罪答辩是指犯罪人认罪或悔罪。犯罪人作出有罪答辩表明了对其之前所犯罪行的悔悟以及表达愿意接受行为矫正的决心。所以,尽管犯罪人拒绝作出有罪答辩不是加重刑罚的理由,但是有罪答辩通常是对犯罪人减轻刑罚的考虑因素。

(10) 家庭困难或家中有特殊情况。家中有特殊情况是指家中有人需要抚养或者有病需要照顾。适当考虑犯罪人的家庭情况,可以使判决更加人性化,对社会整体来说更有益处。然而,不同家庭的具体情况纷繁复杂,评价的标准因为地域等情况会有较大差距,所以不适当的考虑会导致同案不同判的情况发生,甚至会产生更恶劣的社会影响。

(二) 影响人身危险性程度的酌定情节

一般而言,影响人身危险性程度的酌定情节也是广泛存在于刑事司法实践当中。

(1) 前科。根据我国刑法典第 100 条的规定,前科是指依法受过刑事处罚的事实。通常前科是指被告人有无犯罪经历的事实与刑事登记,或者被告人是否构成累犯。有前科的人与无前科的人犯相同的罪,在刑事责任裁量时,前者应重于后者。

(2) 初犯、偶犯及日常表现。初犯是指初次犯罪,偶犯是指偶然犯罪,对于初犯、偶犯者,目前的司法实践已经普遍作为酌定从轻情节予以考虑。同时,犯罪人在犯罪前的一贯表现也在一定程度上反映了其人身危险性。如一个经常小偷小摸的人与一个一贯遵纪守法的人,当他们盗窃相同数额的钱物时,前者的刑事责任裁量应当重于后者。

(3) 犯罪动机。犯罪动机是指刺激、促使犯罪人实施犯罪行为的内心起因或思想活动,不同的犯罪动机直接影响犯罪的罪过程度。如基于生活所迫而盗窃与追求享受而盗窃相比,后者的动机更为恶劣,刑事责任裁量就应相对较重。

(4) 犯罪后的态度。犯罪后的态度主要是指是否有坦白或抗拒的情节以及犯罪后为消除损害所作的努力。如有些犯罪人犯罪后如实供述自己的犯罪事实、具结悔过,积极采取措施消除损害、赔偿损失等,而有些犯罪人犯罪后则抗拒抓捕、销毁证据、拒不认罪,后种情况往往会遭受更重的刑罚。

(5) 犯罪人的身体状况。身体状况因人而异,有些人因先天或后天等各种因素,致使其在意志方面存有缺陷,控制能力与正常人相比有所减弱,当其实施的犯罪行为时,社会危害性相对较小,在刑事责任裁量时可适当从轻处罚。

(6) 基于人类脆弱性或压力之下的犯罪。在基于诸如激怒、家庭或情绪压力等这些源于人类脆弱性或巨大压力下的因素而实施犯罪的场合,这些因素可能成为减轻处罚的事由。如有些非预谋杀人,通常是行为人在被极度激怒的情况下丧失理智所实施的。

(7) 犯罪人犯罪前的表现。犯罪人在实施犯罪前曾经多次威胁、恐吓被害人,对其心理和生活造成恶劣影响,或者对被害人多次进行暴力伤害行为,但并未构成犯罪,事实上这一系列行为影响了之后的犯罪,所以在量刑时应当酌情考虑。

(8) 犯罪人犯罪中的表现。犯罪人在犯罪过程中,特别是在持续犯的情况下,应适当考虑犯罪中伤害行为的强度、持续时间以及是否对被害人的心理造成极大影响;反之,如果犯罪人在心理和生理上都并未对被害人造成伤害,甚至让被害人未感受到权利被侵害,在构成犯罪的情况下,应当将此情节予以考虑。

四、累犯情节

我国刑法典第 65 条第 1 款规定:"被判处有期徒刑以上刑罚的犯罪分子,刑罚执行完毕或者赦免以后,在 5 年以内再犯应当判处有期徒刑以上刑罚之罪的,是累犯,应当从重处罚,但是过失犯罪和不满 18 周岁的人犯罪的除外。"据此,累犯是指被判处一定刑罚的犯罪人,在刑罚执行完毕或者赦免以后,在法定期限内又犯一定之罪的事实。根据刑法典第 65、66 条的规定,累犯分一般累犯与特殊累犯。一般累犯,是指被判处有期徒刑以上刑罚的犯罪分子,刑罚执行完毕或者赦免以后,在 5 年以内再犯应当判处有期徒刑以上刑罚之罪的犯罪分子。特殊累犯是指危害国家安全的犯罪分子在刑罚执行完毕或者赦免以后,在任何时候再犯危害国家安全罪的犯罪分子。

1. 一般累犯的成立条件

(1) 前罪与后罪均为故意犯罪。对累犯从重处罚是基于犯罪人屡次故意犯罪后所体现的严重的人身危险性,过失犯罪并非犯罪人有意识的选择,不能反映出犯罪人的人身危险性程度。

(2) 前罪与后罪均应判处有期徒刑以上刑罚。前罪与后罪中有任何一罪是被判处有期徒刑以下刑罚的,就不能构成一般累犯。

(3) 后罪发生于前罪的刑罚执行完毕或者赦免以后的 5 年以内。如果后罪发生在前罪刑罚执行完毕或者赦免 5 年以后的,属于有前科,但非累犯。如果后罪发生在前罪刑罚执行期间的,应按刑法典第 71 条的规定处理,对于后罪不适用累犯加重处罚原则。被宣告缓刑的犯罪分子,在缓刑考验期满后再犯新罪的,也不构成一般累犯。这是因为,根据刑法典第 76 条的规定,在缓刑考验期内,如果没有刑法典第 77 条规定的情形,缓刑考验期满,原判的刑罚就不再执行。也就是说,缓刑期满不再执行意味着不存在"刑罚执行完毕",也就不能适用累犯。而刑法典第 65 条第 2 款的规定:"前款规定的期限,对于被假释的犯罪分子,从假释期满之日起计算。"

2. 特殊累犯的成立条件

我国刑法典第 66 条规定:"危害国家安全犯罪、恐怖活动犯罪、黑社会性质的组织犯罪的犯罪分子,在刑罚执行完毕或者赦免以后,在任何时候再犯上述任一类罪的,都以累犯论处。"特殊累犯成立的条件是：(1)前罪与后罪均为危害国家安全的犯罪、恐怖活动犯罪、黑社会性质的组织犯罪。(2)后罪发生于前罪刑罚执行完毕或者赦免以后，无时间期限要求。任何时候再犯危害国家安全犯罪、恐怖活动犯罪、黑社会性质的组织犯罪的，均构成特殊累犯。我国《刑法修正案(九)》对恐怖活动犯罪、黑社会性质的组织犯罪等罪名有所扩张，只要是在这些类罪之中，都适用特殊累犯。

3. 累犯的处罚

我国刑法典第65条第1款规定，对累犯应当从重处罚。这表明：无论是一般累犯还是特殊累犯，都应当从重处罚；从重处罚累犯是法定量刑情节，必须执行，不得变更。

五、自首情节

自首究竟是一种刑事责任裁量情节还是一种刑事责任裁量制度，刑法学界一直存在争论。另外，在研究自首时还要注意"余首"的认定，以及"自首"和"坦白"的区分。

（一）自首的概念与特征

自首是指犯罪以后自动投案，如实供述自己的罪行的行为。我国刑法典第67条第1款规定："犯罪以后自动投案，如实供述自己的罪行的，是自首。对于自首的犯罪分子，可以从轻或者减轻处罚。其中，犯罪较轻的，可以免除处罚。"构成自首，要具备以下特征：

1. 自动投案

所谓自动投案，一般是指犯罪分子在犯罪以后归案之前，主动将自己置于有关机关的控制之下，等待进一步交代犯罪事实，接受司法机关处理的行为。自动投案是成立自首的前提条件，司法实践中应注意以下几个问题：

（1）自动投案的时间。自动投案应在犯罪人尚未归案之前，主要包括三种情况：一是犯罪事实和犯罪分子都尚未被司法机关发觉；二是犯罪事实已经被发现，但犯罪分子尚未被发觉；三是犯罪事实和犯罪分子都已经被发觉，但犯罪人尚未受到调查谈话、讯问，或者未被宣布采取调查措施或者强制措施时。在这三种情况下的自动投案，对于自首的认定虽然没有直接的关系，但对于自首后的从轻、减轻处罚却是有直接影响的。也就是说，第一种情况下的自首要优于第二、三种情况下的自首。

（2）自动投案的对象。本书认为，只要是犯罪人具有投案的动机，自觉地将自己置于国家机关和社会组织的控制之下，都应当予以认可。因此，投案的对象既可以是公安机关、人民检察院、人民法院，也可以是犯罪分子所在单位、社会基层组织等。一方面，这有利于为犯罪人的自首提供便利，另一方面，也起到了积极鼓励自首的作用。不过，对于向犯罪人所在单位、基层组织、亲友投案的，还要求犯罪人在单位、基层组织、亲友向公安机关报告时不逃避、不抵抗，即最终要求犯罪人自动向公安机关投案。

（3）自动投案的主体。一般而言，由犯罪分子本人向有关机关投案，但对于确因客观原因如犯罪分子生病、受伤等不能亲自投案的，或者为了减轻犯罪后果，而委托他人先代为投案，或者先以电信方式投案的，也应视为自动投案。

（4）投案主动性的判断。自动投案，一般是基于犯罪分子本人的意志积极主动向有关机关投案。对于罪行尚未被司法机关发觉，仅因形迹可疑，被有关机关盘问、教育后，主动交代自己的罪行的；犯罪后逃跑，在被通缉、追捕过程中，主动投案的；经查实确已准备去投案，或者正在投案途中，被公安机关捕获的，应当视为自动投案。并非出于犯罪嫌疑人主动，而是经亲友规劝、陪同投案的；公安机关通知犯罪嫌疑人的亲友，或者亲友主动报案后，将犯罪嫌疑人送去投案的，也应当视为自动投案。犯罪嫌疑人自动投案后又逃跑的，不能认定为自首。另外，最高人民法院《关于处理自首和立功若干具体问题的意见》针对"自动投案"的具体认定就规定："明知他人报案而在现场等待，抓捕时无拒捕行为，供认犯罪事实的，也应当视为自动投案。"由此可见，我国刑法对于主动投案的把握是比较宽松的。

2. 如实供述自己的罪行

如实供述自己的罪行，是指犯罪分子自动投案以后，如实交代自己的主要犯罪事实。这是成立自首的实质条件，在认定时，应注意以下方面：

（1）原则上应如实供述全部罪行。由于客观原因影响，犯罪分子未能全部交代所有的犯罪事实，但如实交代了自己的主要犯罪事实的，也应认为是如实供述自己的罪行。如犯罪人盗窃了一辆自行车用于入室盗窃，到案后由于紧张只交待了入室盗窃的罪行，忘了交待盗窃自行车的罪行，对此也应认定为如实供述。犯有数罪的犯罪嫌疑人仅如实供述所犯数罪中部分犯罪的，只对如实供述部分的犯罪行为，认定为自首。没有自动投案，在办案机关调查谈话、讯问、采取调查措施或者强制措施期间，犯罪人如实交代办案机关掌握的线索所针对的事实的，不能认定为自首。

（2）犯罪嫌疑人或被告人对自己行为性质的辩解，不影响自首的成立。根据最高人民法院《关于被告人对行为性质的辩解是否影响自首成立问题的批复》的规定，犯罪人如实供述自己的罪行后，为自己进行辩护，提出上诉，或者更正、补充某些事实的，应当允许，不能因这些行为，而否定其是如实供述自己的罪行。如犯罪人到案后如实供述了自己的诈骗罪行，但否认自己的行为是诈骗，而主张是合同纠纷，对此仍然要认定为自首。对此，司法实践中尤其应当注意区分犯罪嫌疑人或被告人是对犯罪情节的否认还是对犯罪性质的否认。如在非法拘禁罪中，被告人承认非法限制了被害人的人身自由，但同时认为该行为是索要赔债等"正当行为"，仍然要认定为自首；如果被告人承认不让被害人离开某房间，但辩解被害人能够自由离开，而不认为对其限制了人身自由，则应不予认定自首。

（3）共同犯罪案件中的犯罪分子，除如实供述自己的罪行外，还应当供述其所知晓的同案犯罪人的罪行，主犯则应当供述所知晓的其他同案犯罪人的共同犯罪事实，才能认定为自首。这是考虑到共同犯罪行为具有共同性、集体性，犯罪分子应当对自己参与的全部共同犯罪行为如实供述，才能视为积极主动地坦白。其中，主犯因其在共同犯罪中居于重要的地位和作用，故应当对全部的共同犯罪事实进行供述。

（4）犯罪嫌疑人自动投案并如实供述自己的罪行后又翻供的，不能认定为自首；但在一审判决前又能如实供述的,应当认定为自首。很多犯罪分子非常狡猾,在侦查和移送审查起诉阶段万般抵赖、拒不认罪或者翻供,抱有侥幸心理;而在一审阶段,发现自己不可避免地要面临刑罚,于是才开始如实供述、认罪,希望尽可能地得到从轻、从宽处理。对此,最高人民法院的量刑指导意见也明确规定了不同阶段不同的自首量刑标准。

(5)单位犯罪案件中,符合自首条件的,也可认定单位自首;若单位没有自首,直接责任人员自动投案并如实交代自己知道的犯罪事实的,对其应认定为自首。

(二)余首——以自首论的情况

余首,是指犯罪人因犯罪被查获归案后,又主动如实地交待了自己尚未被司法机关发觉的其他罪行的事实,从而以自首论处的情况①。我国刑法典第 67 条第 2 款规定:"被采取强制措施的犯罪嫌疑人、被告人和正在服刑的罪犯,如实供述司法机关还未掌握的本人其他罪行的,以自首论。"成立余首,应具备以下条件:

(1)主体必须是被采取强制措施的犯罪嫌疑人、被告人和正在服刑的罪犯。这是区别于自首的根本所在。

(2)供述的必须是本人的其他罪行。如果供述的不是本人的其他罪行,而是他人的罪行或者是本人被采取强制措施或者服刑所依据的罪行,则不是余首。关于如何理解"其他罪行",则存在争议。最高人民法院《关于处理自首和立功具体应用法律若干问题的解释》规定,被采取强制措施的犯罪嫌疑人、被告人和已宣判的罪犯,如实供述司法机关尚未掌握的罪行,与司法机关已掌握的或者判决确定的罪行属不同种罪行的,以自首论。

(3)供述的罪行必须是司法机关尚未掌握的罪行。对于犯罪分子被采取强制措施或服刑所依据的罪行,司法机关已经掌握,对此不存在如实供述问题。对成立余首所要求的未掌握罪行包括两种情况:一是犯罪事实尚未被发觉;二是犯罪事实虽已被发觉,但犯罪嫌疑人尚未被发觉。

(三)对自首犯的处罚

我国刑法典第 67 条第 1 款规定:对于自首的犯罪人,可以从轻或者减轻处罚;其中,犯罪较轻的,可以免除处罚。

(1)自首是法定的量刑情节。成立自首的,无论罪行轻重,均可以从轻或者减轻处罚;犯罪较轻的,甚至可以免除处罚。

(2)对于自首犯应坚持得减主义的原则。我国刑法典规定对自首的犯罪人只是"可以"从轻或者减轻处罚,犯罪较轻的,"可以"免除处罚。是否从轻或减轻的决定权在于法院,并不是对每一个自首的犯罪人都"应当"从宽处罚。

(3)自首制度只适用于对应的犯罪。对于犯有数罪的犯罪人,投案后仅对其中部分犯罪自首的,对于没有自首的罪行,不得以自首为由从宽处罚。

(4)自首具有专属性。对于共同犯罪案件,自首的法律效果仅及于自首的犯罪人,对

---

① 马克昌主编:《刑罚通论》,武汉大学出版社 1995 年版,第 398 页。

于没有自首的其他共同犯罪人,不适用从宽处罚。

(四)坦白与自首的区分

坦白也称为"如实供述",是指犯罪嫌疑人、被告人在被动归案后,如实交待自己被指控的犯罪事实的行为。我国刑法典第67条第3款规定:"犯罪嫌疑人虽不具有前两款规定的自首情节,但是如实供述自己罪行的,可以从轻处罚;因其如实供述自己罪行,避免特别严重后果发生的,可以减轻处罚。"

自首与坦白的相同之处在于:(1)都以自己实施了某种犯罪行为为前提;(2)都是如实供述自己的罪行;(3)都是从宽处罚的情节。而主要区别在于:(1)自首是犯罪人自动投案,坦白是犯罪人被动归案。(2)自首是在归案之前向司法机关如实供述自己的罪行,坦白是在归案之后如实供述自己的罪行。(3)自首的人身危险性相对较轻,坦白的人身危险性相对较重。(4)自首在法定上情节"可以从轻或者减轻处罚","犯罪较轻的,可以免除处罚",坦白则是"可以从轻处罚","避免特别严重后果发生的,可以减轻处罚"。

六、立功情节

立功究竟是一种刑事责任裁量情节还是一种刑事责任裁量制度,在学界也有争论。本书将立功作为一种刑事责任裁量情节来进行研究。

(一)立功的概念和类型

立功,是指犯罪分子揭发他人犯罪行为,查证属实的,或者是提供重要线索,从而得以侦破其他案件等行为。根据我国刑法典的相关规定,立功可分为一般立功和重大立功。

一般立功主要包括:犯罪人到案后有检举、揭发他人犯罪行为,包括共同犯罪案件中的犯罪人揭发同案犯共同犯罪以外的其他犯罪,经查证属实;提供重要线索,从而得以侦破其他案件的;在羁押期间阻止他人犯罪活动的;协助司法机关抓捕其他犯罪人(包括同案犯);具有其他有利于国家和社会的突出表现的。重大立功主要包括:有检举、揭发他人重大犯罪行为,经查证属实;提供侦破其他重大案件的重要线索,经查证属实;阻止他人重大犯罪活动;协助司法机关抓捕其他重大犯罪嫌疑人(包括同案犯);对国家和社会有重大贡献等表现的。至于"重大犯罪""重大案件""重大犯罪嫌疑人""重大贡献"的标准,一般是指犯罪嫌疑人、被告人可能被判处无期徒刑以上刑罚或者案件在本省、自治区、直辖市或者全国范围内有较大影响等情形。

鉴于近年来在司法实践中出现了不少"假立功"的案件,最高人民法院、最高人民检察院《关于办理职务犯罪案件认定自首、立功等量刑情节若干问题的意见》对立功的具体认定予以明确规定[①]:第一,立功必须是犯罪人本人实施的行为,非本人实施,而是其亲友为了使该犯罪人得到从轻处理而实施的,不得认定为该犯罪人的立功表现。第二,据以立功的他人罪行材料应当指明具体犯罪事实;据以立功的线索或者协助行为对于侦破案件或

---

① 另见最高人民法院《全国部分法院审理毒品犯罪案件工作座谈会纪要》。

者抓捕犯罪嫌疑人要有实际作用。第三,犯罪人揭发他人犯罪行为,提供侦破其他案件重要线索的,必须经查证属实,才能认定为立功。第四,据以立功的线索、材料来源有下列情形之一的,不能认定为立功:(1)本人通过非法手段或者非法途径获取的;(2)本人因原担任的查禁犯罪等职务获取的;(3)他人违反监管规定向犯罪分子提供的;(4)负有查禁犯罪活动职责的国家机关工作人员或者其他国家工作人员利用职务便利提供的。

(二)立功的类型

根据刑法典第68条的规定及最高人民法院《关于处理自首和立功具体应用法律若干问题的解释》的规定,立功在表现形式上又包括以下类型:

1. 揭发他人犯罪行为并且查证属实的

构成这类立功,一是必须有揭发他人犯罪行为的行为。如果没有揭发行为,或者揭发他人的不是犯罪行为而仅仅是一般的违法行为或不道德行为,不构成立功;如果揭发的是同案犯的其他犯罪行为且查证属实的,也可以构成立功;如果揭发的是同案犯的共同犯罪罪行,则不构成立功。二是揭发他人的犯罪行为,必须经过查证属实的。一般由司法机关负责查证属实,如果揭发的他人犯罪行为无法查证或者查无实据的,不认为是立功;如果故意作虚假揭发,构成犯罪的,应依法追究刑事责任。

2. 提供重要线索,从而得以侦破其他案件的

构成这种立功,必须同时具备以下条件:一是向司法机关提供了重要线索。所谓重要线索,是指对某刑事案件的侦破起到重要作用,如果提供的线索对案件侦破没有关系,不应认为是立功。二是提供的线索必须是经查证属实的,并且促使案件得以侦破。

3. 其他立功方式

其他立功方式包括:(1)阻止他人犯罪活动;(2)协助司法机关抓捕其他犯罪嫌疑人(包括同案犯);(3)具有其他有利于国家和社会的突出表现的。

(三)立功的处罚原则

立功作为法定的从宽处罚情节,刑法典第68条对立功的处罚原则,具体规定在三方面:

第一,犯罪分子有立功表现的,可以从轻或者减轻处罚。这里的"可以",并不是硬性规定,但通常情况下都要考虑从轻或者减轻处罚。

第二,犯罪分子有重大立功表现的,可以减轻或者免除处罚。对有重大立功表现的犯罪人处罚,究竟适用"减轻处罚"还是"免除处罚",要结合犯罪人本人所犯罪行的性质、犯罪所造成的后果以及立功的具体表现来决定。

第三,犯罪分子犯罪后自首又有重大立功表现的,应当减轻或者免除处罚。这里的"应当"是法律的硬性规定,但究竟是减轻处罚还是免除处罚,应根据案件的具体情况而定。[①]

---

① 李晓明、李洪欣、陈珊珊:《中国刑法原理》(第4版),法律出版社2013年版,第624页。

第三节 刑事责任裁量制度

刑事责任裁量是在确定犯罪嫌疑人成立犯罪的前提下,对其是否追究刑事责任,适用何种刑罚或非刑罚处罚措施进行评价的刑事司法活动。刑事责任的承担包括刑罚方法、有罪宣告、非刑罚方法、赔偿经济损失、责令管教或收容教养等。刑事责任的裁量制度对于规范刑事责任的裁量具有积极意义,刑事责任裁量的规范化、制度化对于体现公平正义,防止司法腐败和权力滥用具有十分明显的功效。我国刑法学界存在刑事责任裁量情节和刑事责任裁量制度的争议,尽管在具体内容的划分上一直存在争论,但在刑事责任裁量制度的有些内容上又是比较一致的。因此,在刑事责任裁量过程中,必须正确适用刑法所规定的刑事责任裁量制度。

一、从重、从轻、减轻与免除处罚制度

我国刑法典没有规定"加重刑罚"的刑事责任处罚制度,只是规定了从重、从轻、减轻和免除处罚制度。其中,"免除处罚"制度即"有罪宣告",但这是指免除"刑罚"还是免除一切"刑事责任"? 在具体处罚制度中,对此具有不同的解释。

(一)从重、从轻处罚

我国刑法典第 62 条规定:"犯罪分子具有本法规定的从重、从轻处罚情节的,应当在法定刑的限度以内判处刑罚。"最高人民法院《人民法院量刑指导意见》第 4 条规定:"对被告人的从轻处罚,应以分则规定的量刑要素所决定的刑罚为基准,再依据所具有的从轻的量刑要素比率确定宣告刑。充分考虑所犯罪行社会危害性和人身危险性决定从轻处罚的幅度,但不得低于法定最低刑。不得将多个从轻量刑要素合并为减轻量刑要素。"第 5 条规定:"对被告人的从重处罚,应以分则规定的量刑要素所决定的刑罚为基准,再依据所具有的从重要素及本意见确定的从重比例,综合决定宣告刑。"实践中,理解从重和从轻处罚制度应注意以下问题:

(1)从重处罚与从轻处罚,都是在法定刑的幅度之内判处刑罚。在我国刑法典中,很多罪名的刑罚可以分为较轻、严重、特别严重等情形,分别对应着 3 年到 7 年之间、5 年到 7 年之间等区间,这些区间就是幅度。从重处罚和从轻处罚从重处罚意味着,法官可以在该幅度范围内根据实际情况作出相对较轻或较重的裁判,但绝对不能超过该幅度。例如,重婚罪的法定刑为 2 年以下有期徒刑或拘役,无论从重处罚还是从轻处罚,只能在 2 年以下有期徒刑和拘役范围内选择刑种和刑期。

(2)从重处罚与从轻处罚都是相对于既没有法定从重处罚情节也没有法定从轻处罚情节的一般情况所应判处的刑罚而言的,即从重处罚比没有上述情节时的刑罚相对重一些,从轻处罚比没有上述情节时的刑罚相对轻一些。所以,从重处罚并不意味着一律判处法定最高刑,从轻处罚也不意味着一律判处法定最低刑。

(3) 法定刑限度以内是指可能判处的法定刑幅度,而不是指法律规定的幅度。例如,抢劫罪的法定刑幅度是3年以上10年以下有期徒刑和10年以上有期徒刑、无期徒刑或死刑。如果某甲持枪抢劫的,其适用的法定刑期应为10年以上有期徒刑、无期徒刑或死刑。因此,如果对某甲予以从重处罚或从轻处罚,只能在10年以上有期徒刑、无期徒刑或死刑的限度以内进行。

(二) 减轻处罚

减轻处罚的情形包括两种:一是法定减轻处罚;二是酌定的减轻处罚。具体而言,我国刑法典第63条第1款规定:"犯罪分子具有本法规定的减轻处罚情节的,应当在法定刑以下判处刑罚;本法规定有数个量刑幅度的,应当在法定量刑幅度的下一个量刑幅度内判处刑罚。"第2款规定:"犯罪分子虽然不具有本法规定的减轻处罚情节,但是根据案件的特殊情况,经最高人民法院核准,也可以在法定刑以下判处刑罚。"最高人民法院《人民法院量刑指导意见》第6条规定:"在量刑要素未细化的前提下,对被告人的减轻处罚,应在法定刑幅度以下选择适当的刑罚作为判定刑。"实践中,应重点把握以下内容:

(1) 减轻处罚是指突破了原有的法定刑幅度而在法定刑的下一个幅度内的裁判,此处的"以下"不包括本数在内,否则会与从轻处罚发生重叠。

(2) 减轻处罚的内容包括刑期或刑种的减轻。例如,法定最低刑为10年有期徒刑,减轻处罚可以在7年有期徒刑以上10年有期徒刑以下判处刑罚。但是,减轻处罚应该采取限制减轻幅度的方法,既不能连续降格,也不能跨越降格。① 刑种的减轻也参照于此,如从无期徒刑减轻到有期徒刑,从有期徒刑减轻到单处罚金。

(3) 减轻处罚是针对所犯罪行应适用的法定刑,而非法定罪的法定刑。例如,抢劫罪的法定刑幅度是3年以上10年以下有期徒刑和10年以上有期徒刑、无期徒刑或死刑。如果某甲持枪抢劫的,其适用的法定刑应为10年以上有期徒刑、无期徒刑或死刑,对某甲予以减轻处罚,则只能在10年以下有期徒刑中选择刑期,而不是在3年以下有期徒刑中选择刑期。

(4) 在极少数情况下,可以免除处罚。如果法定最低刑是管制或附加刑,如我国刑法典第246条规定的侮辱罪,其法定刑为3年以下有期徒刑、拘役、管制或者剥夺政治权利,在予以减轻处罚时,可以适用免除处罚以达到实效。

(三) 免除处罚

免除处罚,是指对被告人作有罪宣告,但免除其刑罚的处理方式。免除处罚后的具体后果包括两种情况:一是对被告人作有罪宣告,不判处刑罚,但给予非刑罚处罚措施等处罚;二是对被告人作单纯的有罪宣告,既不判处刑罚,也不给予非刑罚处罚措施等处罚。

值得探讨的是,我国刑法典第37条能否独立适用?刑法典第37条规定:"对于犯罪情节轻微不需要判处刑罚的,可以免予刑事处罚,但是可以根据案件的不同情况,予以训

---

① 马克昌主编:《刑罚通论》,武汉大学出版社1995年版,第371页。

诚或者责令具结悔过、赔礼道歉、赔偿损失,或者由主管部门予以行政处罚或者行政处分。"对此,有学者认为:"在决定不判处刑罚的时候,如果具备免除处罚情节,需要免除处罚时,应当依照规定免除处罚情节的有关条文,判处免除处罚。如果不具备法定免除处罚情节,需要免除处罚时,应当依照刑法有关条文规定的免除处罚情节,判处免予刑事处分。"① 也有学者认为:"……刑法典第37条旨在概括规定,具有免除处罚情节因而免除刑罚处罚时,可以适用非刑罚方法,……不能直接根据刑法典第37条的规定免除处罚,只有当行为人具有刑法规定的具体的免除处罚的情节时,才能免除处罚。"② 本书认为,这里的"免予刑事处罚"就是"有罪宣告",既可以单独地进行"有罪宣告",也可以在宣布"有罪宣告"的同时,再予以"非刑罚处罚"。这是因为,一方面刑法典第37条前两句是指,"因为"是"犯罪情节轻微不需要判处刑罚",所以"可以免予刑事处罚",是使用"可以"这种表述,"但是"也"可以"予以"训诫"等。该条规定中的两个"可以",完全是一个选择性的句式,故单纯的"有罪宣告"或附"训诫"条件的"有罪宣告",都不违背立法原意。

二、数罪并罚制度

数罪并罚是指对数个犯罪的刑事责任通过合并进行处罚。在广义上,这里的并罚应当是对刑罚、非刑罚处罚措施、赔偿经济损失、责令管教或收容教养等一切处罚措施的合并执行。但由于我国刑法典第69—71条只是对"刑罚"的数罪并罚制定了一定的规则,并没有涉及非刑罚处罚措施、赔偿经济损失、责令管教或收容教养等处罚措施合并处罚问题,所以本书讨论的只是狭义上的数罪并罚。

(一)数罪并罚的概念和特征

根据我国刑法典第69条的规定,数罪并罚是指人民法院对一人所犯数罪分别定罪和进行刑事责任裁量,然后根据法定的规则和方法,决定应当执行的合并后的刑罚措施。我国刑法典对数罪并罚原则作了明确规定,故在对一人犯数罪确定刑罚时,应严格遵守刑法典所规定的原则和方法。

刑法典第69条规定:"判决宣告以前一人犯数罪的,除判处死刑和无期徒刑的以外,应当在总和刑期以下、数刑中最高刑期以上,酌情决定执行的刑期,但是管制最高不能超过3年,拘役最高不能超过1年,有期徒刑总和刑期不满35年的,最高不能超过20年,总和刑期在35年以上的,最高不能超过25年。""数罪中有判处有期徒刑和拘役的,执行有期徒刑。数罪中有判处有期徒刑和管制,或者拘役和管制的,有期徒刑、拘役执行完毕后,管制仍须执行。""数罪中有判处附加刑的,附加刑仍须执行,其中附加刑种类相同的,合并执行,种类不同的,分别执行。"具体而言:

(1)一人犯数罪。所谓数罪,是指数个单独符合犯罪成立的犯罪行为,包括同种数罪

---

① 何秉松主编:《刑法教科书》(上),中国法制出版社2000年版,第578页。
② 张明楷:《刑法学》(上),法律出版社1997年版,第490—491页。

和不同数罪。至于是否成立故意犯罪或过失犯罪,是犯罪既遂、未遂还是中止等,不影响数罪的认定。

(2) 数罪发生在刑罚执行完毕之前。如果是刑罚执行完毕之后再犯新罪,或发现有未处理的前罪的,都应当作为单独的犯罪来进行裁量,与已执行的刑罚没有关系。刑罚执行完毕之前的数罪包括三种情况:一是判决宣告以前一人犯有数罪;二是判决宣告以后,刑罚执行完毕以前,发现被判刑的犯罪分子还有其他罪没有判决的;三是判决宣告后,刑罚执行完毕以前,被判刑的犯罪分子又犯新罪的。根据不同的情况,要适用不同的并罚方法。

(3) 对数罪分别定罪进行刑事责任裁量后,依据法定的并罚原则和方法,决定应当执行的刑罚。换言之,先对犯罪分子所犯的数个罪行分别定罪进行刑事责任裁量,然后决定合并执行的刑罚。

(二) 数罪并罚的原则

1. 全球视野下的数罪并罚原则

从世界各国的立法看,数罪并罚的原则主要包括四种。

(1) 并科原则。并科原则又称为"相加原则",是指对一人所犯数罪分别宣告刑罚,然后将数刑绝对相加,相加所得的总和即为应执行的刑罚。例如,甲犯两罪,分别被判处有期徒刑 8 年和 10 年。两罪所判刑罚相加,总和刑期为有期徒刑 18 年。并科原则产生于刑法发展的初期阶段,强调"以牙还牙、以眼还眼"的报应、惩罚观点,其优点是十分简单清晰,缺点是一方面难以执行,如有死刑罪名和自由刑罪名时无法简单合并,另一方面没有实际意义,如有的重犯的徒刑相加达到上百年,不可能实现。

(2) 吸收原则。吸收原则是指对一人所犯数罪分别定罪进行刑事责任裁量,然后选择其中最重的刑罚作为执行的刑罚,其余刑罚均被最重的刑罚所吸收,不予执行。吸收原则对死刑、无期徒刑与其他刑种的并罚而言,具有一定的合理性,但适用于其他刑种就会造成一人犯一罪与一人犯数罪所受的刑罚可能相同的不公平现象,也不符合现代刑事法治所强调的罪责相适应原则。

(3) 限制加重原则。限制加重原则也称为限制并科原则,是指对一人所犯数罪分别定罪进行刑事责任裁量,然后在数刑中最高刑期以上、数刑的总和刑期以下酌情决定执行的刑罚,同时规定刑期最高不得超过一定限度。这一原则克服了相加原则和吸收原则的缺陷,具有一定的灵活性,相对比较合理。但是,这一原则对于死刑、无期徒刑无法适用。

(4) 混合原则。混合原则也称为折衷原则或综合原则,是指不采用某一种单一的原则,而是允许上述三种原则并存,针对不同的情况分别适用,从而取长补短、兼收并蓄、综合采用。折衷原则是目前世界上大多数国家所采用的原则。

2. 我国刑法采用的数罪并罚原则

根据我国刑法典第 69 条的规定,我国刑法对数罪并罚采取的是混合原则,即以限制加重为主,并科、吸收为辅的原则。

（1）吸收原则——适用于死刑和无期徒刑。既定的主刑中只要有判处死刑或无期徒刑的，均只执行死刑或无期徒刑，其他的主刑均被死刑或无期徒刑吸收而不再执行。不过，数刑中有两个以上的无期徒刑但无死刑的，不能将无期徒刑合并为死刑。

（2）限制加重原则——适用于有期徒刑、拘役和管制。根据刑法典第69条的规定，这里的"限制"包含两层含义：一是受总和刑期的限制，即只能在数罪的总和刑期以下酌情决定执行的刑期；二是受数罪并罚法定最高刑的限制。例如，甲实施了A、B、C三罪，分别被判处有期徒刑8年、10年、20年，总和刑期为38年，最高刑为20年，但刑法典规定数罪并罚时总和刑期在35年以上的，最高不能超过25年，因此只能在20年以上25年以下决定执行的刑期。这里的"加重"，是指在所判数刑中的最高刑期以上，而且可以超过有期徒刑、拘役、管制的一般法定最高限度，决定执行的期间。因此，加重处罚与从重处罚是两个不同的概念，应当注意区分。

对于数罪判处同种刑罚，即同为有期徒刑或者同为拘役或者同为管制时，适用上述原则不存在问题。但如果所犯数罪判处的是不同种刑罚，如有的是有期徒刑，有的是拘役或者是管制时，如何并罚，刑法典没有明确规定。对此，主要观点有三种：一是吸收说。该说主张对不同种有期自由刑，采用重刑吸收轻刑规则，只执行重刑。如有期徒刑吸收拘役或者管制，只执行有期徒刑；又如拘役吸收管制，只执行拘役刑。二是折算说。该说主张将不同刑种经过折算统一化为一种较重的刑种，即将管制、拘役折算为有期徒刑或者将管制折算为拘役，而后按限制加重原则决定应执行的刑期。折算的方法是拘役1日折算有期徒刑1日，管制2日折算有期徒刑1日。三是分别执行说。该说主张对判决的不同刑种，按由重到轻的顺序分别执行。先执行较重刑种，再执行较轻刑种；先执行有期徒刑，再执行拘役，后执行管制。以上三种观点，都有一定道理，但都不是最佳的方法。《刑法修正案（九）》对刑法典第69条作出修订，增加一款："数罪中有判处有期徒刑和拘役的，执行有期徒刑。数罪中有判处有期徒刑和管制，或者拘役和管制的，有期徒刑、拘役执行完毕后，管制仍须执行。"也就是说，在数罪中有判处有期徒刑和拘役的情况，只执行有期徒刑；在数罪中有判处有期徒刑和管制，或者拘役和管制的情况，待有期徒刑、拘役执行完毕后，管制仍须执行。

（3）并科原则——适用于附加刑。刑法典第69条规定："数罪中有判处附加刑的，附加刑仍须执行。"其中附加刑种类相同的，合并执行，种类不同的，分别执行。数罪中有附加刑的主要分三种情况：第一，数刑中既有主刑，也有附加刑的，附加刑与主刑的并科，分别执行。第二，数刑中有数个同种附加刑的，以合并执行为主，吸收执行为辅，比如某甲犯A、B两罪，分别被判处罚金2万元和3万元，采用并科原则，决定对某甲执行罚金5万元。如果在数个剥夺政治权利中有剥夺政治权利终身的或者是数个没收财产中有没收全部财产的，应当采用吸收原则。第三，不同种数个附加刑的并罚，比如，数罪分别被判处罚金、剥夺政治权利，分别执行。

（三）数罪并罚的计算

根据刑法典第69、70、71条的规定,适用数罪并罚包括三种情况。

1. 判决宣告以前一人犯数罪的

判决宣告以前一人犯数罪,并且均已被判处有罪的,可根据刑法典第69条的规定处理,即按上述数罪并罚原则处理。

对判决宣告以前一人犯不同种数罪的,应实行并罚,这没有任何争议。问题在于,判决宣告以前一人犯同种数罪的,是否需要以数罪进行并罚？在司法实践中,一般对于判决宣告以前的数罪大多数按照一个罪名中的若干事实（即参照连续犯）进行定罪量刑,实际上采取了一罪从重的原则,甚至法定刑会随着犯罪结果的累积而发生升格的情况。这种做法在一定程度上起到了方便诉讼、提高效率的作用,但却遭到了理论界的质疑。理论界主要存在三种不同观点:一是肯定说,即同种数罪也应数罪并罚；二是否定说,即不必并罚,只需作为一罪从重处罚即可；三是折衷说,即一般不必并罚,按一罪从重处罚,但如果该罪只有一个裁量幅度,若不并罚就不能体现对数罪从严惩处的精神,为了弥补法定刑过轻的缺陷,也可以并罚。本书倾向于折衷说,但是,"对判决宣告以前一人犯同种数罪的,原则上应以一罪论处；但在以一罪论处不符合罪刑相适应原则,或者前后犯罪相隔时间很长,不宜作为一罪的从重情节或法定刑升格的情节处理时,应实行并罚"[①]。

2. 判决宣告以后刑罚执行完毕以前发现漏罪的

我国刑法典第70条规定:"判决宣告以后,刑罚执行完毕以前,发现被判刑的犯罪分子在判决宣告以前还有其他罪没有判决的,应当对新发现的罪作出判决,把前后两个判决所判决的刑罚,依照本法第69条的规定,决定执行的刑罚。已经执行的刑期,应当计算在新判决决定的刑期以内。"

根据上述规定,对于判决宣告以后、刑罚执行完毕以前发现漏罪的并罚,应按照"先并后减"的方法计算。具体步骤是:对新发现的漏罪作出判决——对前罪和漏罪判处的刑罚,依照刑法典第69条的规定,决定应执行的刑罚,最后在决定执行的刑罚中,减去犯罪人已经执行的刑期。例如,甲犯A罪被判处有期徒刑15年,在刑罚执行8年后,发现他在判决宣告以前还犯有B罪没有处理。这时,首先应对新发现的罪作出判决,假设被判处10年。其次,再按照刑法典第69条的规定,在15年以上20年以下的幅度内决定执行的刑罚,假设应执行刑罚为18年。最后,再减去实际执行的8年,也就是说,对甲还需执行10年有期徒刑。

3. 判决宣告以后刑罚执行完毕以前又犯新罪的

我国刑法典第71条规定:"判决宣告以后,刑罚执行完毕以前,被判刑的犯罪分子又犯罪的,应当对新犯的罪作出判决,把前罪没有执行的刑罚和后罪所判处的刑罚,依照刑法典第69条的规定,决定执行的刑罚。"

[①] 张明楷：《刑法学》（上）,法律出版社1997年版,第464页。

根据上述规定,判决宣告以后刑罚执行完毕以前又犯新罪的并罚,应按"先减后并"的方法计算。具体步骤为:对新犯的罪作出判决——确定前罪尚未执行的刑罚(以前罪所判刑罚减去已经执行的刑罚),将前罪尚未执行的刑罚和新犯的罪所判处的刑罚,依照刑法典第69条的规定,决定应执行的刑罚。例如,甲因犯A罪被判处有期徒刑15年,执行5年后,又在监狱内犯B罪。首先,对B罪作出判决,假设判处8年。其次,确定前罪没有执行的刑罚,即用15年减去5年,还剩10年。最后,按照刑法典第69条的规定,在10年以上18年以下决定执行的刑罚。实际上,"先减后并法"与"先并后减法"相比,可能给予犯罪人的惩罚更重,主要表现在以下方面:在一定条件下,决定执行刑期的最低期限较高;按"先减后并法",犯罪人实际执行的刑罚,管制最高可以超过3年,拘役最高可以超过1年,有期徒刑最高可以超过25年。这是因为在同等情况下,犯罪人"知法犯法"所表现出的人身危险性更强,更需要加重处罚。

根据我国刑法典第77条、第86条的规定,对于宣告缓刑和假释考验期限内发现漏罪或者又犯新罪的,分别按照先并后减、先减后并的方法,撤销缓刑和假释予以执行。

三、缓刑制度

一般认为,缓刑最早由英国法官希尔所创制,早先是在英美法系的判例法中使用。直至1870年,美国波士顿的《缓刑法》才将缓刑正式确立为制定法中的刑罚制度。[①] 不可否认,缓刑制度是人类文明史上的一个经典制度。

(一)缓刑的概念和价值

缓刑是指人民法院对于被判处拘役、3年以下有期徒刑的犯罪分子,如果犯罪情节较轻、有悔罪表现、没有再犯罪的危险,且宣告缓刑对所居住社区没有重大不良影响的,在一定期限内附条件不执行原判刑罚的一种刑罚制度。我国的缓刑制度体现在刑法典第72条规定:"对于被判处拘役、3年以下有期徒刑的犯罪分子,同时符合下列条件的,可以宣告缓刑,对其中不满18周岁的人、怀孕的妇女和已满75周岁的人,应当宣告缓刑:(1)犯罪情节较轻;(2)有悔罪表现;(3)没有再犯罪的危险;(4)宣告缓刑对所居住社区没有重大不良影响。宣告缓刑,可以根据犯罪情况,同时禁止犯罪分子在缓刑考验期限内从事特定活动,进入特定区域、场所,接触特定的人。被宣告缓刑的犯罪分子,如果被判处附加刑,附加刑仍须执行。"

缓刑制度自创立至今,各国刑法规定的缓刑主要包括刑罚暂缓宣告、刑罚暂缓执行和缓于起诉三种。我国的缓刑主要是指刑罚暂缓执行,其意义表现在:(1)可以克服短期自由刑的不足,使罪行较轻的罪犯避免受到监狱中恶习的"交叉感染"。(2)可以使罪犯免遭关押,不脱离家庭和所从事的工作,避免了因执行刑罚而带来的诸如名誉和家庭生活方面的影响,更有利于社会的安定、犯罪人的悔过自新。(3)缓刑制度使罪犯在不脱离社会

---

① 高铭暄主编:《刑法学原理》(第3卷),中国人民大学出版社1994年版,第442页。

的条件下进行改造,有利于其回归社会。

我国刑法典第 76 条规定:"被宣告缓刑的犯罪分子,在缓刑考验期限内,依法实行社区矫正。"在司法实践中,缓刑考察机关对缓刑犯进行考察应特别注意以下问题:承担考察任务的社区矫正机构要认真、严肃地对待缓刑犯的考察工作,要有专人负责;要将对缓刑犯的考察与管制的执行、对假释犯的监督严格区分,不能限制缓刑犯的人身自由,更不能实行劳动改造;缓刑犯的工作安排、经济待遇等问题,应按照国家的有关规定处理。通过社区矫正,一方面使罪犯体会到法律的宽容,从而自觉地接受改造,另一方面又可以发动社会的力量改造罪犯,使刑罚成为一项良好的社会政策。

(二)缓刑与相关概念的区分

1. 缓刑与免除处罚

免除处罚,是人民法院对已经构成犯罪的被告人作出有罪判决,但根据案件的具体情况,而免予刑事处罚。缓刑与免除处罚的区别在于:(1)缓刑的宣告以有罪且有实刑为前提;免除处罚是有罪判决,但不存在实刑。(2)缓刑有一定考验期;免除处罚不存在考验期。(3)缓刑考验期内,一旦出现法定事由,原判刑罚就会被执行;免除处罚无此规定。

2. 缓刑与监外执行

缓刑与监外执行的区别在于:(1)适用对象不同。缓刑只适用于被判处拘役、3 年以下有期徒刑的犯罪人;监外执行可以适用于被判处拘役、有期徒刑的犯罪人。(2)性质不同。缓刑是附条件暂缓执行原判刑罚的制度;监外执行是在刑罚执行过程中涉及具体执行场所的问题。(3)适用的条件不同。缓刑的适用以不再危害社会为条件;监外执行以有碍关押执行的法定情况为适用条件。(4)适用的依据不同。缓刑的适用依据是刑法典;监外执行的适用依据是《刑事诉讼法》。(5)适用的主体不同。缓刑由人民法院依法适用;监外执行由监狱部门依法适用。

3. 缓刑与死刑缓期执行

缓刑与死刑缓期执行的区别在于:(1)适用前提不同。缓刑以判处拘役、3 年以下有期徒刑为前提;死刑缓期执行以判处死刑为前提。(2)执行方法不同。缓刑是将犯罪人置于社会上改造,不予关押;死刑缓期执行是将犯罪人监禁起来,强迫劳动改造,以观后效。(3)期限不同。缓刑考验期限,受原判刑罚限制而有不同的法定期限;死刑缓期执行的期限为两年。(4)法律后果不同。经过缓刑考验,对犯罪人或者不执行原判刑罚,或者撤销缓刑;死刑缓期执行期满后,对犯罪人要么减刑,要么执行死刑,而且在死刑缓期执行期间,亦可执行死刑。

(三)缓刑的适用条件

根据刑法典第 72 条和第 74 条的规定,适用缓刑必须同时具备两个条件。

1. 所犯罪行的法益侵害性较轻

所犯罪行的法益侵害性较轻,是指宣告刑只能是被判处拘役或 3 年以下有期徒刑的情况,而且是宣告刑,而非法定刑。最高人民检察院研究室《关于数罪并罚决定执行 3 年以下有期徒刑的犯罪分子能否适用缓刑问题的复函》规定,即使判决宣告以前犯罪人犯有数罪,只要判决执行的刑罚为拘役、3年以下有期徒刑,而且符合根据犯罪分子的犯罪情节和悔罪表现,适用缓刑确实不致再危害社会的案件,依法也可以适用缓刑。对于被判处拘役或3年以下有期徒刑的犯罪人,符合缓刑实质条件的,除不满18周岁的人、怀孕的妇女和已满75周岁的人外,是否宣告缓刑的决定权在人民法院,并非绝对要适用。对被判处管制或者单处附加刑的犯罪人不适用缓刑,这是由于管制或者单处附加刑并不存在剥夺人身自由的问题。

2. 犯罪人的人身危险性较轻

符合被判处拘役或者3年以下有期徒刑条件的犯罪人,并不一定都能获得缓刑。只有犯罪分子同时表现出较轻的人身危险性才有可能适用缓刑。人身危险性的程度主要体现为以下方面:(1)有悔罪表现,如积极主动地向被害人赔礼道歉、赔偿损失、取得被害人谅解等;(2)没有再犯罪的危险,如丧失再犯的能力、自觉接受管束等;(3)宣告缓刑对所居住社区没有重大不良影响,这需要接收社区对犯罪分子进行评估,听取当地居民的意见;(4)必须不是累犯和犯罪集团的首要分子。我国刑法典第74条规定:"对于累犯和犯罪集团的首要分子,不适用缓刑。"累犯和犯罪集团的首要分子,无论是从其犯罪情节还是再犯罪的危险性来看,都已基本不具备宣告缓刑的条件,刑法典规定对这些犯罪人不得适用缓刑,可以有效防止法官在这些犯罪上滥用自由裁量权。所以,即使累犯或犯罪集团的首要分子被判处拘役或3年以下有期徒刑,也不能适用缓刑。

现实生活的复杂性决定了立法也难以穷尽适用缓刑的各种情况,只能做出原则性的规定,然后交由法官在具体案件中具体把握。如最高人民检察院2007年发布的《关于在检察工作中贯彻宽严相济刑事司法政策的若干意见》第8条规定,对于初犯、从犯、预备犯、中止犯、防卫过当、避险过当、未成年人犯罪、老年人犯罪以及亲友、邻里、同学同事等纠纷引发的案件,确需提起公诉的,可以依法向人民法院提出从宽处理,适用缓刑等量刑方面的意见。也就是说,初犯、从犯、预备犯、中止犯、防卫过当、避险过当等可以视为犯罪情节较轻的具体表现。

(四)缓刑的具体内容

1. 缓刑的考验期限效力

缓刑的考验期限,是指对受缓刑宣告的犯罪分子进行考察的一定期限,考验期限是缓刑制度的重要组成内容。根据我国刑法典第73条的规定,拘役的缓刑考验期限为原判刑期以上1年以下,但是不能少于2个月;有期徒刑的缓刑考验期限为原判刑期以上5年以下,但是不能少于1年。在刑法典规定的缓刑考验期限以内,对犯罪分子的表现进行考察,并根据犯罪分子的表现决定是否需要执行原判刑罚。刑法规定的缓刑考验期限具有原则性、灵活性的特点,人民法院在对犯罪分子适用缓刑时,要根据刑法典的规定以及案件的具体情况,确定一个适当的考验期限。

2. 缓刑考验期限的起算

缓刑考验期限从判决确定之日起计算,判决确定之日就是判决发生法律效力之日;判决以前先行羁押的时间,不能折抵缓刑的考验期限。这是因为,宣告缓刑已是对犯罪分子的宽大处理,先行羁押的期间是对犯罪分子进行审查的期间,考验期限则是对犯罪分子服刑情况的考察时间,二者因性质不同而不存在折抵问题。

3. 缓刑的行为约束效力

缓刑制度的适用是将犯罪分子置于社会上进行监督改造,为了维护社会治安,就必须要对缓刑犯的行为进行约束。根据我国刑法典第75条的规定,被宣告缓刑的犯罪分子在缓刑考验期限内应当遵守以下规定:遵守法律、行政法规,服从监督;按照考察机关的规定报告自己的活动情况;遵守考察机关关于会客的规定;离开所居住的市、县或者迁居,应当报经考察机关批准。

4. 缓刑的执行后果

根据我国刑法典第76条的规定,对宣告缓刑的犯罪分子,在缓刑考验期限内,依法实行社区矫正,如果没有第77条规定的情形,缓刑考验期满,原判的刑罚就不再执行,并公开予以宣告。根据缓刑犯在缓刑考验期限内的不同表现,公安机关决定对他们的处理结果包括以下三种情况:撤销缓刑,实行数罪并罚;撤销缓刑,执行原判刑罚;缓刑考验期满,原判的刑罚就不再执行。

四、禁止令制度

禁止令是《刑法修正案(八)》创设的一项制度。我国刑法典中的禁止令包括两种情况:第一种是刑法典第38条第2款规定的情况,即"判处管制,可以根据犯罪情况,同时禁止犯罪分子在执行期间从事特定活动,进入特定区域、场所、接触特定的人"。第二种是刑法典第72条第2款规定的情况,即"宣告缓刑,可以根据犯罪情况,同时禁止犯罪分子在缓刑考验期限内从事特定活动,进入特定区域、场所、接触特定的人"。由此可见,我国刑法典规定的禁止令可以分为管制执行期的禁止令和缓刑考验期的禁止令,这两种禁止令都紧紧地依附于管制和缓刑的裁判,因此具有强烈的附属性。所以,禁止令是一种"兼具刑罚性和非刑罚性的综合性处遇制度"。

我国刑法典第38条第3款规定:"对判处管制的犯罪分子,依法实行社区矫正。"社区矫正是指将符合条件的犯罪人依法被安排在社区内,由司法行政机关在公安机关、社会团体、居民社区等主体的协助下,对犯罪人进行心理和行为的矫正、教育,帮助其顺利回归社会的一种刑事责任制度。社区矫正的对象包括管制犯、缓刑犯、假释犯、暂予监外执行犯等。有学者认为,社区矫正是一种刑罚执行制度;本书则认为,社区矫正虽然是在刑罚执行之中针对非监禁犯罪人适用的一项制度,但是社区矫正发展至今已经不再是只为了保障刑罚的顺利执行而予以适用的。社区矫正具有越来越独立的品格:一方面,社区矫正整合了司法、行政、社会等方方面面的资源,已然成为一项社会治理层面上的制度,其最终目的应当在于教育、挽救、帮助犯罪人重新回归社区,保障刑罚执行反而是次要目的;另一方面,社区矫正也具有一定的强制性、惩罚性,即符合条件的犯罪人不论是否愿意必须接受社区矫正,如果矫正效果不佳或不接受矫正,则可能被继续监禁,同时社区矫正也体现了对社会造成危害的犯罪行为施以惩罚。由此可见,社区矫正也是对犯罪人的一项强制性措施,需要犯罪人通过积极、主动地接受矫正表明自己认罪悔过、愿意并能够回归社会。与其将社区矫正归为刑罚执行制度,不如说是一种刑事责任的实现制度。

此外,我国刑法典第38条第4款规定:违反刑法典第38条第2款规定的,由公安机关根据《治安管理处罚法》的规定进行处罚。所以,在禁止令的适用中如果遇到阻碍或效果不佳,依然有与之配套的法律措施应对。

五、对犯罪财物的处理制度

我国刑法典第64条规定:"犯罪分子违法所得的一切财物,应当予以追缴或者责令退赔;对被害人的合法财产,应当及时退还;违禁品和供犯罪所用的本人财物,应当予以没收。没收的财物和罚金,一律上缴国库,不得挪用和自行处理。"该条规定在司法实践中被作为处理赃款赃物的依据。具体而言,没收的对象应该是违禁品、供犯罪所用的本人财物和犯罪分子违法所得的一切财物(除应返还被害人的以外)。此外,本条涉及追缴、责令退赔、返还、没收等法律行为,正确适用刑法典第64条需要合理解释这些法律行为的逻辑关系。例如,1999年10月27日发布的《全国法院维护农村稳定刑事审判工作座谈会纪要》规定:"如赃款尚在的,应一律追缴;已被用掉、毁坏或挥霍的,应责令退赔。"这就进一步明确了追缴与责令退赔的适用顺序。再如,在《最高人民法院关于适用刑法第六十四条有关问题的批复》的解读中,最高人民法院研究室认为:"如果部分赃款赃物尚在部分赃款赃物已经不在的,判决主文可以不作区分,只写责令退赔;如果赃物虽然尚在但已被毁坏,或者不能排除第三方属于善意取得的,宜判决责令退赔。"追缴与责令退赔是前置程序,而返还与予以没收则是对赃款赃物最终的实体处置。

除了刑法典第64条的规定,我国《刑事诉讼法》第234条第4款还规定:"人民法院作出的生效判决以后,有关机关应该根据判决对查封、扣押、冻结的财物及其孳息进行处理。对查封、扣押、冻结的赃款赃物及其孳息,除依法返还被害人的以外,一律上缴国库。"根据上述规定,没收的违法所得应当一律上缴国库,但是实践中存在没收的违法所得去向不符的情况。例如,武汉市硚口区审计局在审计罚没收入中,发现个别执法单位的业务科室未按罚没物资变价的金额上缴财政。具体比例是:变价收入的70%由财会部门上缴财政(财政以此为基数按30%退库),15%由执法单位业务科室掌握使用;另外15%由废旧物资回收公司提成。[①] 以上数据所反映的问题是具有代表性的,有些地方司法机关的确也存在这种情况,并未按法律规定将没收的违法所得上缴国库,而是将其作为财政收入加以

---

① 何冰:《罚没收入一律上缴国库》,载《武汉财会》1986年第11期。

使用。另外,由于法律只是规定"上缴国库",但是上缴中央隶属的"国库"还是地方隶属的"国库"并未做出明确区分。在司法实践中,个别办案单位和地方将"没收非法所得"作为增加地方财政收入的工具,热衷于办案的经济效益,严重损害了司法机关的声誉,破坏了法治和案件处理的公平、公正以及社会稳定。

针对上述违法、违规现象,本书建议完善对犯罪财物处理的程序保障机制,加强监督和管理,将没收的违法所得真正上缴"中央国库";而且,不仅要避免地方截留或者违规返还,还要坚决杜绝和制止片面追求办案的经济效益。为此,本书认为,可以从以下方面作出努力:一是科学调整公安司法机关办理违法所得没收案件的考核制度,既要提高办案人员的工作积极性,又要杜绝违法办案和为追求经济利润而办案的错误做法。二是建立专项经费制度,对办理此类案件加以支持和保障,督促办案人员合法、有效地完成任务。三是加强内部监督和制约,上级机关可以通过一定的程序变更下级机关错误的没收决定,推动案件的公平和公正处理,尊重和保障公民合法的基本财产权利。四是建议通过修改刑法典和《刑事诉讼法》,将原来的"上缴国库"的表述细化为"上缴中央国库"的表述,防止地方部门和办案机关利用办案创收或违法办案,从制度上杜绝办经济案、创收案、功利案和地方保护案。五是司法机关之间应当相互监督,不受功利主义的错误干扰,在最大程度上保证办案的公平和公正。

第四节　刑事责任裁量的偏差与规范化

刑事审判的规范性对于实现科学量刑、公正量刑具有十分重要的意义,但在现实中似乎却总是难以"十全十美"。因此,有必要对量刑偏差的现象和内涵进行研究,从量刑规范化的角度着手纠正这种偏差。

一、刑事责任裁量偏差的原因

所谓量刑偏差,也称为量刑不平衡,是指不同的审判者对于性质与程度相当的犯罪处以明显不同的刑罚。总体上,多数法官能够在刑事诉讼中依法审判,正确量刑,基本上做到公正、合理、平衡、协调地裁量刑罚。但是,审判实践中的量刑偏差形势依然严峻。有学者早期曾就强奸罪的刑罚适用进行了细致的调查:即使是对同样一个案件,各审判人员的量刑意见也很不一致,最低刑意见为3年,最高刑意见为8年[①]。华东政法大学也曾向刑事审判人员进行量刑问卷调查,发现30%左右的审判人员对个案量定的刑罚差距较大或太大,如对某一案件的量刑竟有15年的差距[②]。一般认为,量刑偏差主要表现在以下方面:一是同一时期同一地区的不同审判员对同一性质案件判处不同刑罚;二是不同时期的

---

① 柯葛壮:《强奸罪情节与量刑关系的调查分析》,载《政治与法律》1985年第6期。
② 苏惠渔等:《电脑与量刑》,百家出版社1989年版,第10页。

审判员对同一性质案件判处不同刑罚;三是不同地区的审判员对同一性质案件判处不同刑罚。本书认为,造成量刑偏差的原因主要是法官本身的主体性原因(内因)和客观性原因(外因)。

(一) 主体性原因

我国的刑事法官具有较大的自由裁量权。如我国刑法典中规定了许多3年至7年有期徒刑为区间的刑罚,法官既可以判处3年也可以判处7年;而对于法官而言,个人素质和量刑技术会直接影响到量刑结果。

1. 法官的个人素质因素

根据我国《法官法》等法律、法规和法院系统内部的纪律守则,法官应当具有良好的政治品质、高尚的道德素质和熟练的业务素养。如果有的法官搞司法腐败、屈从压力徇私枉法,就可能会在案件处理中做出不公正的判决;如果有的法官曲解法律、随意擅断,偏私不公,那么,就更难以深刻领悟立法意图,准确处理相关案件;如果有的法官缺乏健康的心理,遇事以好恶和情感来处断案件,也就容易造成量刑上的偏差和失当[①]。

2. 具体的量刑方法因素

量刑方法是指对犯罪人适用何种程度的刑罚的具体计算方法。不同的量刑方法对于法官的裁判影响很大,量刑方法越科学,其所作出的判决则越合理;反之,则会出现量刑偏差。

(二) 客观性原因

1. 法定刑幅度过大,立法不够明确

例如,我国刑法典中不少条文都规定了"情节较轻""情节严重""情节特别严重""情节特别恶劣"等用语作为划分量刑幅度的标志,而刑法条文的法定刑区间又过多,有的既规定管制、拘役、有期徒刑,又规定无期徒刑和死刑,还规定附加刑,这就导致了量刑在立法层面就不够明确,加上法定刑幅度过大,就容易导致法官无所适从。

2. 审判体制不科学

我国目前的审判体制是人民法院受当地党委政法委领导,人民法院内部以审判委员会为核心实行对审判工作的集体领导,而法官作为办案人员在决定量刑结果方面所起的作用极为有限,仅可以向合议庭提出量刑建议,由合议庭讨论决定,然后由合议庭提交审判委员会研究决定。在这种审判体制下,审与判相脱离,结果只能是审者不判,判者不审。

3. 行政机关的干预

根据我国《宪法》的相关规定,虽然人民法院和人民政府一样,都由同级人民代表大会选举产生,并分别向同级人大及其常委会负责报告工作,从而确认了审判权和行政权的分立。但实践中,由于行政机关掌握着法院的人事、调备、财政拨款等大权,有时会以发展大局等原因直接干涉法院依法独立办案。

[①] 胡学相:《量刑的基本理论研究》,武汉大学出版社1999年版,第221页。

二、刑事责任裁量偏差的矫正

矫正量刑偏差同样需要从内、外两方面来着手,本书认为应做好以下方面的工作。

(一)完善刑事立法,限制法官自由裁量权

具体而言,首先,立法上应尽量避免规定"模糊性"条款,使法律规定明确化;对那些确实难以在法律规定中予以明确的条款,应及时通过司法解释等形式予以明确。其次,应适当缩小法定刑的幅度,我国刑法典规定的法定刑幅度过大,如7年以上15年以下有期徒刑、10年以上有期徒刑甚至无期徒刑、死刑等。本书认为,在法定刑的幅度设定上,应以2—3年左右的区间为宜。例如,设置法定刑幅度为3年以上5年以下有期徒刑、7年以上10年以下有期徒刑等。

(二)改革现行审判体制,确保司法独立

中国共产党十八届四中全会精神表明,各地政法委员会对司法机关的领导是路线、方针、政策的领导,而不是代为处理具体案件。首先,政法委员会应将自己的活动置于宪法和法律规定的范围内,置于法律的监督之下。其次,法院审判委员会的任务应当是重点研究和解决重大疑难案件,总结审判工作经验教训,制定有关审判制度等;对那些非重大疑难案件,审判委员会不应当介入,而应尊重合议庭的独立审判权。目前我国正在逐步推动法官独立办案制度。

(三)提高法官素质,探索科学量刑方法

首先,要严格依据《法官法》的规定,对法官进行考核和奖惩,对于不胜任的法官要清理出法官队伍,保障称职法官的正常福利待遇,使法官有尊严。其次,要大力加强对法官的职业教育和培训,使法官能够及时地学习新的知识,提升自身的知识结构水平。最后,要优化法官的人才来源,可以从优秀律师和法学教授中选拔法官,为司法系统不断注入新鲜、健康的"血液"。

(四)减少行政干预,确保司法独立

行政机关与司法机关应当是地位平等的机关,应当避免行政机关通过直接或间接的方式对司法机关施加压力,从而干预司法办案。所以,应当优化顶层设计,完善当下司法机关人、财、物的配给制度,合理提高司法机关的地位,保障司法机关能够依法独立行使检察权和审判权。

三、刑事责任裁量的方法

刑事责任裁量方法也称为量刑方法,是指刑事责任的裁量方法,而不是非刑罚的裁量方法。"规范裁量权,将量刑纳入法庭审理程序"是中央确定的重要司法改革项目,也是《人民法院第三个五年改革纲要》的重要内容,是当前刑事司法改革的焦点问题。自2010年10月1日起,《人民法院量刑指导意见(试行)》和《关于规范量刑程序若干问题的意见(试行)》在全国范围内试行,量刑规范化改革由部分法院试点正式走向全面推广适用的阶段。而到 2014 年,最高人民法院下发了《关于实施量刑规范化工作的通知》和《关于常见犯罪的量刑指导意见》,确定了量刑规范化改革的具体内容。其中,对量刑方法的描述是:根据基本犯罪构成事实在相应的法定刑幅度内确定量刑起点;根据其他影响犯罪构成的犯罪数额、犯罪次数、犯罪后果等犯罪事实,在量刑起点的基础上增加刑罚量确定基准刑;根据量刑情节调节基准刑,并综合考虑全案情况,依法确定宣告刑。

四、刑事责任裁量的基准

刑事责任裁量的基准也称为量刑基准,是指排除各种法定和酌定情节,对某种仅抽象为一般既遂状态的犯罪构成的基本事实所判处的刑罚。① 确定量刑基准既可为个罪刑罚量的确定提供参考,也能有效地防止量刑的畸轻畸重。近年来,我国学者对量刑基准问题进行了长期深入的研究,在基本理论和实践运用上都有细致的分析。因此,有必要参考国外的刑事责任理论和刑事司法经验,为我国量刑基准制度的建立提出可行性建议和意见。目前,首先要解决两个主要问题。

1. 量刑基准的概念如何理解

最高人民法院在制定相关的量刑标准时,确立了一个"量刑基准"的概念:"为防止量刑失衡,应当确立各罪的量刑基准,即按刑法分则构成规定,对已确定适用一定幅度法定刑的个罪,在排除各种轻重情节的情况下,依其一般既遂状态的基本事实而应判定的刑罚。"该量刑标准同时列举了量刑要素,主要包括法定要素和酌定要素、社会危害性要素和人身危险性要素等。② 对此,刑法学界和司法界均存在争议。有人认为,量刑基准应当是在不考虑任何量刑情节的情况下,仅就其构成事实所应当判处的刑罚量。③ 也有人认为,量刑基准是一定的刑罚量,量刑基准来源于抽象个罪。④ 本书认为,量刑基准应当包含基准刑与基准事实两个方面内容的测量与对比,而不能被简单地视为一个抽象个罪的基准刑,因为任何一种犯罪罪名或类型都是非常复杂的。同样是实施盗窃罪,不同案件的具体情节可能完全不一样,甚至犯罪的原因都不一样,所以,量刑的基准与标准完全可以不一样,如果机械地适用,将有失刑罚的公平与公正。

2. 量刑基准究竟是一个点还是一个比法定刑更狭小的量刑幅度

有学者主张,量刑基准中的基准刑应该是"点",而不是幅度,主要理由是:(1)基准事实是具体的事实,那么从应然的角度讲,与其对应的基准刑就应该是具体的刑罚量,即

---

① 〔日〕西原春夫主编:《日本刑事法的形成与特色——日本法学家论日本刑事法》,李海东等译,中国法律出版社·日本国成文堂 1997 年联合出版,第 150 页。
② 法定要素是指法律明文规定在量刑时必须考虑的因素;酌定要素是指虽无法律的明文规定,但根据刑事政策和审判实践经验,在量刑时可以酌情考虑的因素。社会危害性要素是指由犯罪的客观危害和犯罪人的主观恶性综合体现决定的因素;人身危险性要素是指反映犯罪人再次犯罪可能性的因素。
③ 周光权:《刑罚诸问题的新表述》,中国法制出版社 1999 年版,第 348 页。
④ 刘玉安、于晓东、陈树礼、徐嘎:《论量刑基准》,http://www.chinalawedu.com/new,访问日期:2015 年 5 月 28 日。

"点"。(2)基准刑是一个"点"相对于是一个幅度更具优越性。基准刑是幅度时,如强奸罪"3—10年有期徒刑"法定刑的基准刑是"5—6年有期徒刑",幅度为1年,那么对被告人从重或从轻处罚时,只能通过上升或下降幅度来实现。从重处罚只有"6—7年""7—8年""8—9年""9—10年"四种选择,从轻处罚只有"4—5年""3—4年"两种选择,量刑的灵活性较差,还要进一步解决幅度内的量刑选择问题。相反,基准刑如果是"点",法官的量刑选择明显增多,量刑变化可以精确到月和天。①在此基础上,有学者就指出,确定量刑基准不能直接寻找基准刑的位置,而是应该先确定合理的基准事实,然后确定基准事实对应的基准刑。基准事实与基准刑的确定次序是一个逻辑问题,只要先确定具体的基准事实,该事实对应的基准刑就应该是唯一的;反之,如果先确定具体刑罚作为基准刑,该刑罚对应的事实就不是唯一的。因此,他们确立量刑基准的一般步骤②包括:第一步是根据个罪法定刑的多少决定量刑基准的数量。第二步是通过拟定事实的方法确定每个量刑基准的基准事实。所谓拟定事实的方法,是指在个罪法定刑幅度内,拟定不具有任何量刑情节的一般犯罪人实施了刚刚达到该法定刑对应的犯罪构成要件的犯罪行为,该拟定犯罪人的特征与犯罪事实的总和为基准事实。如故意伤害罪中3年以下有期徒刑的法定刑基准事实,可以拟定为犯罪人是没有从重或从轻情节的一般犯罪人,不是临时起意也未使用作案工具,或采用拳打脚踢等一般性伤害手段,伤害1人1次,并导致被害人轻伤(轻型)或无伤残。第三步是在统一基准事实的前提上,由各地法院自行确立符合本地实际的基准刑,上级法院则通过量刑平衡机制对各地基准刑进行调控使之规范化。

本书认为,一方面由于基本犯罪成立、加重犯罪成立和减轻犯罪成立的罪状各不相同,不同的法定刑应有不同的量刑基准。如故意伤害罪,应在3年以下有期徒刑、3年以上10年以下有期徒刑、10年以上有期徒刑这三个法定刑幅度分别确定量刑基准。此外,对于单一犯罪成立的罪名,如引诱幼女卖淫罪,在法定刑幅度内只需确定一个量刑基准;但是,对于复杂犯罪成立的罪名,如医疗事故罪规定医务人员由于严重不负责任"造成就诊人死亡的"或者"严重损害就诊人身体健康的"构成犯罪,则要依据选择性要件的数量决定量刑基准的个数。另一方面,为了使全国各地的量刑基准都得到统一,建议最高人民法院应该成立类似于美国量刑委员会的专门机构,负责拟定刑法所有罪名的基准事实。此外,在最高人民法院公布所有罪名的基准事实后,基准刑的确立应当由各省高级人民法院负责;各省高级人民法院可以采用实证分析与逻辑推演相结合的办法确立适合于本地区政治、经济、治安等形势需要的基准刑。有学者就指出,有必要在司法实践中依实证分析法确定量刑基准,为量刑过程和结果的合理化、客观化以及公正性提供制度保障。③甚至也需要结合犯罪类型和罪名分别进行研究。具体而言,各省高级人民法院可以通过实证

---

① 刘玉安、于晓东、陈树礼、徐嘎:《论量刑基准》,http://www.chinalawedu.com/new,访问日期:2015年5月28日。
② 同上注。
③ 周光权:《量刑基准研究》,载《中国法学》1999年第5期。

调研，尽量搜集以往与基准事实类似的判例，寻找基准事实在审判实践中量刑的大体位置，并组织当地法官对基准事实进行模拟量刑，寻找法官对基准事实所对应刑罚的基本共识，同时可以参考刑法学专家的意见，最终通过审判委员会的研究决策，确定每个罪名的基准刑。各地人民法院确定基准刑要接受上级人民法院的宏观调控，要将确立的基准刑备案至最高人民法院，最高人民法院如发现下级人民法院所确立的基准刑严重偏离合理的限度，可提出纠正意见。

由于我国疆域广大，地区差异比较明显，不能苛求基准刑过于统一，应当允许各地人民法院根据需要在一定范围内自主确定基准刑，允许不同时期的社会形势下由各地人民法院自行对基准刑进行微调，只要确保这些自主确定的基准刑处于量刑平衡机制的调控之下，那么，这些差异就是一种规范化范畴内的合理性差异。由各地人民法院通过审判实践确立的基准刑，经过司法实践的不断调整与量刑平衡机制的有效调控，最终会使量刑达到最佳的状态。

第二十四章

刑事责任的实现

众所周知,刑事责任承担的逻辑后果就是要实现刑事责任,刑事责任的实现就是使抽象的刑事责任以一定形式的制裁措施或某种处理结果付诸实施。刑事责任的实现必须遵循一定的原则,以追求良好的实效。刑事责任实现的具体方式,包括刑罚方法和其他方法,这涉及刑法学、刑事诉讼法学、刑事执行法学等多个学科。

第一节 刑事责任实现概述

刑事责任的实现方式具有多元化、法定性,而且实现方式与责任轻重相适应。刑事责任的实现,应遵循教育性、经济性、人道性、个别化、社会化的原则,追求良好的社会效益,以充分发挥刑事责任实现效益评估的积极作用。

一、刑事责任实现的界定

在理论上,刑事责任的实现,即使抽象的、虚拟的和处于形成阶段的刑事责任转化为确定的刑事责任,使之具体化为一定的形式并付诸实践。对犯罪人刑事责任的认定,并不意味着刑事责任的实现,实现刑事责任才是刑事法律处理犯罪的结局。实现刑事责任必须凭借一定的方式,各种用以实现刑事责任现实的具体的刑事制裁措施和处理方式就是刑事责任的实现形式。在报应刑、威慑刑时期,盛行重刑主义,刑罚成为实现刑事责任的唯一形式。随着社会文明的进步,报应刑、威慑刑被教育刑所取代,教育刑倡导对犯罪人实施惩罚改造,使刑罚体系、刑罚方法趋向轻缓,并出现了保安处分及其他非刑罚处罚措施,标志着刑事责任实现形式一元化的坚冰被打破,形成了多元化的局面。

刑事责任实现形式的多元化"是由多种原因综合作用的结果"①,既有经济基础的作用,又有人们对社会物质生活条件的能动反作用,还有如宗教、民族传统、法律文化、刑罚目的等上层建筑的影响,但最直接的影响因素是犯罪种类的多样性、犯罪严重程度的多层

---

① 王晨:《刑事责任的一般原理》,武汉大学出版社1998年版,第420页。

次性。因此,在一定意义上,刑事责任实现方式的多元化,是由刑事责任形影相随的基础——犯罪种类的多样性、法益侵害程度的多层次性所决定的。正如原苏联学者卡尔别茨所言:"不应只说刑罚是犯罪的法律后果,只说刑罚的个别处理。而应把问题看得更为广泛一些,即关注责任(刑罚也只是责任的一个组成部分)和责任的个别处理问题。这一理论上的构思反映了苏维埃刑法发展的根本途径,即对轻微犯罪逐步停止使用刑罚……责任的新形式将是介于法与道德之间的一种过渡的责任形式。"[①]在犯罪与刑罚之间构筑刑事责任的概念,使刑事责任承担具体的独立的实体意义,就在于明确将刑事责任与刑罚区分开,广泛使用各种刑事制裁措施与处理方式,处理犯罪问题。

首先,刑事责任的实现方式具有法定性。刑事责任的实现方式必须由法律来规定,这是罪责法定原则的必然要求。法律对于刑事责任的实现方式,有的进行了细化规定,有的只有框架规定;有的规定在刑法典中,有的规定在《刑事诉讼法》中,有的还规定在《监狱法》中,而刑法的规定具有主干性。

其次,刑事责任的实现方式具有特殊性。刑事责任实现方式的特殊性,主要表现在两个方面:一是在适用方式上具有特殊性。刑事责任的实现方式必须由法院或检察院依法直接适用。二是在适用对象上具有特殊性。刑事责任的实现方式只能适用于实施了侵害行为且应当承担刑事责任的犯罪人。

最后,刑事责任的实现方式必须与刑事责任的轻重相适应。刑事责任重的,刑事责任的实现方式就严厉;刑事责任轻的,刑事责任的实现方式就轻缓,这符合罪责相适应原则的要求。刑事责任的实现方式与刑事责任既有区别又有联系:前者是保证、体现并使刑事责任得以实现的各种措施;后者是衡量犯罪轻重的一个抽象概念,决定着刑事责任的实现方式。根据我国刑法典的相关规定,刑事责任实现的常规方式包括刑罚执行、非刑罚处罚措施和免除处罚三种。在实现刑事责任的过程中,根据罪犯的悔改程度,法院可以对刑事责任实现的常规方式进行变更。

二、刑事责任实现的原则

在实现刑事责任的过程中,必须遵守一定的原则与规则;否则,将无法较好地实现刑事责任,也难以取得较好的刑事责任实现的法律与社会效果。

(一)教育性原则

刑事责任实现的教育性原则,是指在实现刑事责任的过程中从教育改造罪犯的角度出发,采取善意劝导的方式,使罪犯的思想和行为向遵纪守法的行为模式转化。刑事责任实现的过程,就是教育改造罪犯的过程。刑事责任实现的教育性原则,建立在"人是可以改造的"基础上,是引导罪犯重新回归社会从事正常社会生活所必须遵循的原则。罪犯并非天生犯罪人,绝大多数罪犯都是可以通过教育感化得到改造回归的。

[①] 王晨:《刑事责任的一般原理》,武汉大学出版社1998年版,第421页。

（二）经济性原则

刑事责任实现的经济性原则，是指在实现刑事责任的过程中，力求以最小的投入来实现有效预防和控制犯罪的最大社会效益，以减少执行、缓执行以及不执行刑罚而采取非刑罚处罚措施来达到执行刑罚的效果。刑事责任实现的经济性原则，充分展现了刑事责任实现方式趋向于轻缓化和注重效益的发展方向。

（三）人道性原则

刑事责任实现的人道性原则，是指在实现刑事责任的过程中，要将罪犯当作"人"看待，尊重罪犯的人格尊严，不体罚、虐待罪犯，保证罪犯享有各种法定权利，切实关心罪犯的生活并提供相应的物质保证。

（四）个别化原则

刑事责任实现的个别化原则，是指在实现刑事责任的过程中，应当根据罪犯的人身危险性即再犯可能性的大小以及罪犯的悔改程度而给予个别处遇的制度。刑事责任的实现，必须根据犯罪人的年龄、性别、性格特征、生理状况、犯罪性质、犯罪严重程度、人身危险性、悔改表现等情况给予不同处遇，这是罪责相适应原则的必然要求和体现。刑事责任实现的个别化原则，因能达到"因材施教"和"对症下药"教育改造罪犯的目的，而成为刑法理论和实践中的一个重要原则。

（五）社会化原则

刑事责任实现的社会化原则，是指在实现刑事责任的过程中，要调动社会的一切积极因素，合理地救助、改造罪犯，保证和巩固刑事责任实现的效果。人犯罪是在社会多种因素的交合作用下而形成的独特的社会现象，那么，追究和实现犯罪人的刑事责任，必须将犯罪人置于多种社会关系构成的特定社会环境之中，以使犯罪人接受多方面的社会体验。刑事责任实现的社会化原则，使实现刑事责任的手段社会化，一方面有助于依靠社会力量对犯罪人进行改造，另一方面有助于罪犯回归社会。

三、刑事责任实现的效益

（一）刑事责任实现效益的概念

刑事责任实现的效益，是指发挥刑事责任效力的作用，实现刑事责任预防犯罪目的的程度，是刑事责任目的实现的现实状态。在刑事责任的实现过程中，为了完成刑事责任所赋予的任务、实现刑事责任目的，所取得的结果有的是良性的，如通过惩罚改造使罪犯成为守法公民而达到了预防犯罪的目的；有的是非良性的，如罪犯在服刑期间仍实施违法犯罪行为。刑事责任实现活动所追求的效益，是改造罪犯达到预防犯罪目的的良性结果。

（二）刑事责任实现的效益种类

1. 刑事责任实现中效益与刑事责任实现后效益

这是以刑事责任的效力起始与终结为标准所作的分类。刑事责任实现中的效益是刑事责任实现效益的核心部分，在一定意义上，是刑事责任实现效益的代称，是指刑事责任效力对承担刑事责任罪犯直接作用后果。刑事责任实现后的效益是指刑事责任效力终结后对刑事责任承担终结者的潜在影响,由于失去了直接作用的法律依据,刑事责任实现后的效益实际上是社会接纳、同化、消化刑事责任承担终结者的效益。

2. 刑事责任实现的狱内效益与刑事责任实现的狱外效益

这是以监狱行刑效力的场内外作用为标准所作的分类。刑事责任实现的狱内效益是刑事责任实现效益的主干部分,是指刑事责任效力在监狱场所实现的状况。刑事责任实现的狱外效益是监狱实现刑事责任效益的延伸,是指监狱实现刑事责任效力对于社会的威慑、安抚等辐射作用。

3. 刑事责任实现的群体效益与刑事责任实现的个体效益

这是以实现刑事责任效力作用对象的存在形态为标准所作的分类。刑事责任实现的群体效益是指实现刑事责任活动对一定数量的罪犯所产生的效果,刑事责任实现的个体效益是指刑事责任实现活动对具体的某个罪犯所产生的效果。

(三) 刑事责任实现效益的评估

1. 刑事责任实现效益的评估因素

刑事责任实现效益反映一种投入与产出之比。如果刑事责任实现的实践成本、投入不变,效用、效果越大,则刑事责任实现效益越高;如果刑事责任实现的实践效果、效用不变,投入越大,则刑事责任实现效益越低。刑事责任实现效益反映了刑事责任实现的水平,用最小的刑事责任实现代价换取最大的刑事责任实现效益,就是刑事责任实现所追求的目标。关于刑事责任实现代价,主要包括以下方面:

(1) 刑事责任实现的成本。刑事责任实现成本,是指为实现刑事责任达到刑事责任目的所耗费的实践活动投入,主要是包括人、财、物在内的刑事责任资源的付出,这是保障、维持刑事责任实现所必需的成本。

(2) 刑事责任实现的副作用。刑事责任实现的副作用,一般是指刑事责任主要作用以外附带产生的不利影响,主要包括罪犯的监狱化、监狱人格、恶习传染等。

(3) 刑事责任实现中的失误。由于受到种种主客观条件的限制,刑事责任的实现,在一定意义上,失误是不可避免的。失误是所有代价中最大的一种,不仅有难免与可免之分,而且有局部与全局之别,还存在短期与长期的不同。在刑事责任实现中,失误最严重的形式为狱内违法犯罪、犯人的非正常死亡以及错误承担刑事责任等现象。

2. 刑事责任实现效益的评估方法

刑事责任实现效益的评估,主要包括自评法与比较法两种方法。自评法是指刑事责任实现就同期的预期目的与所付代价的比较,需要将两者转化为可比性的因素,以进行逐条衡量比对,最终测出实现及发挥作用的程度。比较法又分为两种具体方法:第一种是横向比较法,是指刑事责任实现的不同执行单位,就某一时期的刑事责任实现效益进行比较;第二种是纵向比较法,是指刑事责任实现的同一执行单位,就不同时期的刑事责任实现效益进行比较。

3. 刑事责任实现效益评估的意义

刑事责任实现效益评估,以反馈的方式对指导刑事责任实现活动有重大影响。刑事责任实现效益意味着,执行机关单位不仅要依法实现刑事责任,而且要主动地提高刑事责任实现的效益。国家不仅应普遍地合理配置刑事责任实现资源,还应重视刑事责任实现的成本问题。刑事责任实现效益要求刑事责任实现方法应具有灵活性,凡能发挥刑事责任效力、有利于完成刑事责任任务、有利于实现刑事责任目的的方法,均可纳入刑事责任实现方式之列。刑事责任实现效益意味着,对执行机关不仅按正义的要求分配刑事责任实现的权力职责,而且要以效益作为分配刑事责任以实现权力职责的标准。刑事责任实现效益,通过降低刑事责任实现程序的成本而对实现过程产生影响。一般而言,尽快地结束刑事责任的实现过程,可以降低刑事责任实现程序的成本,只要犯罪人改造完成就给予减刑或假释,从而缩短了刑事责任实现效益的程序时间,提高了刑事责任的实现效益。

第二节 刑事责任实现的刑罚方法

刑事责任实现的主要方法是刑罚方法,即刑罚的执行。它是国家刑罚执行机关依法执行已经生效的刑事裁判,具体对犯罪分子实施惩罚的一系列活动。在法治国家中,刑罚权的行使只能通过刑罚执行机关来进行,其他任何行政机关、单位或个人不得行使刑罚执行权。刑罚权执行的依据是人民法院做出的生效裁判,刑罚权执行的对象只能是经人民法院裁判应当承担刑事责任的罪犯。根据刑罚种类的不同,刑罚的执行包括主刑的执行和附加刑的执行。

一、主刑的执行

根据刑法典第 33 条的规定,主刑只包括管制、拘役、有期徒刑、无期徒刑和死刑。本书按照主刑种类先重后轻的顺序,对主刑的具体执行进行讨论。

(一)死刑的执行

在我国,死刑执行包括立即执行和缓期 2 年执行两种方式。近年来,为了防止冤假错案,对于死刑的执行均规定了非常严格的程序要求。死刑立即执行的程序按顺序依次为:签发执行死刑命令,准备执行死刑的工作,对受刑人验明正身并询问有无遗言、信札,押赴刑场实施执行,制作笔录,做好执行死刑后的善后工作等。同时,死刑作为最严厉的刑罚,更应当体现人道主义原则,因此,我国的死刑确立了慎重执行原则、秘密执行原则、不增加痛苦原则等符合现代法治文明的执行原则。具体表现为:死刑立即执行由法院负责具体实施;死刑采用枪决或者注射的方法执行;执行场所可以在监狱内,也可以在其他指定的场所,但不得将死刑犯示众等。

死刑缓期 2 年执行是我国独创的一项法律制度,是指对于应当判处死刑的犯罪分子,在法律允许的范围内不是必须立即执行的,可在判处死刑的同时宣告缓期 2 年执行的制度。死缓的执行考验期限为 2 年,从判决确定之日起计算。对此,最高人民法院《关于死刑缓期执行的期间如何确定问题的批复》规定,根据刑法典第 51 条的规定,死刑缓期执行的期间,从判决或者裁定核准死刑缓期 2 年执行的法律文书宣告或送达之日起计算。对于死缓犯,判决确定以前羁押的期间不计算在考验期限之内。监狱对死缓犯执行刑罚,在 2 年执行考验期限内,剥夺其人身自由,强迫其参加生产劳动,实行监管改造,以观后效。死缓的考验结果有两种情况:一种为不再执行死刑而获得减刑,另一种为执行死刑。

《刑法修正案(九)》对死缓制度做出了修改,第 2 条规定:"判处死刑缓期执行的,在死刑缓期执行期间,如果没有故意犯罪,2 年期满以后,减为无期徒刑;如果确有重大立功表现,2 年期满以后,减为 25 年有期徒刑;如果故意犯罪,情节恶劣的,报请最高人民法院核准后执行死刑;对于故意犯罪未执行死刑的,死刑缓期执行的期间重新计算,并报最高人民法院备案。"而且,对死刑缓期执行的罪犯经过一次或几次减刑后,其实际执行的刑期,不得少于 12 年(不含死刑缓期执行期间的 2 年)。值得注意的是,《刑法修正案(九)》规定在死缓执行期间,只有故意犯罪且情节恶劣的才报请最高人民法院核准后执行死刑,这体现了对执行死刑的审慎态度,进一步提高了执行死刑的门槛。

死缓的刑罚效力特征,在于剥夺生命与剥夺自由相结合并以剥夺自由为隐性内容、以剥夺生命为显性内容,但在实际执行上却以剥夺自由为显性内容、以剥夺生命为隐性内容,并以 2 年为期限;2 年之内或 2 年期满,显性内容、隐性内容将根据罪犯的服刑表现进行排他性的选择。对于被判处死刑缓期 2 年执行的罪犯,由公安机关押送监狱执行。监狱对死缓犯执行刑罚,剥夺其人身自由,强迫其参加生产劳动,实行监管改造。

(二) 无期徒刑的执行

无期徒刑是剥夺犯罪分子人身自由的一种较重的刑罚,对罪犯实行终身关押,终身剥夺罪犯的人身自由,以对犯罪人实行强制劳动和教育改造为基本内容。被判处无期徒刑的犯罪人在监狱或其他执行场所执行。根据刑事司法实践,"其他执行场所执行"是指对于被判处无期徒刑的未成年犯罪人在未成年犯管教所内执行。被判处有期徒刑的犯罪分子,凡具有劳动能力的,都应当参加劳动,接受教育和改造。被判处无期徒刑的罪犯减刑后,实际执行的刑期不能少于 10 年。

然而,对于无期徒刑的存废始终存在争论。目前在世界范围内,无期徒刑仍是刑罚的一种主要方式,只有俄罗斯、葡萄牙等少数国家废除了该项制度。废除论者认为,无期徒刑会使人对于生存和发展丧失希望,是对人性的折磨,实际上也并不能发挥刑罚教育改造的功能。保留论者认为,无期徒刑介于死刑与一般徒刑之间,对于严重的犯罪适用无期徒刑是在人道与正义之间的平衡点,而且由于无期徒刑一般都规定了减刑和假释制度,并不会绝对"无期",因此,无期徒刑是有必要存在的。我国的无期徒刑也并非"绝对的无期",而是"相对的无期",即在具备一定条件下可以减刑、假释,重返社会。

《刑法修正案(九)》在对贪污、受贿罪的修订中规定:"被判处死刑缓期执行的,人民法院根据犯罪情节等情况可以同时决定在其死刑缓期执行 2 年期满依法减为无期徒刑后,终身监禁,不得减刑、假释。"由此可见,这是我国刑法典首次确定了终身监禁制度。那么,需要进一步思考的是,终身监禁是否为一项独立的刑罚制度？本书认为,终身监禁实际上仍然是无期徒刑的一种。我国的无期徒刑虽然规定了减刑、假释的条件,但在刑法典第50、81条分别对无期徒刑的减刑和假释做出了限制,这意味着并不是所有的无期徒刑罪犯都可以得到减刑、假释。因此,我国的无期徒刑实际上分为可减刑、假释的无期徒刑和不可减刑、假释的无期徒刑。其中,后者正好与《刑法修正案(九)》有关贪污、受贿罪的刑罚规定相吻合,是对该两个犯罪的无期徒刑执行方式的重大变更。

(三) 有期徒刑的执行

被判处有期徒刑的罪犯在监狱或其他执行场所执行,根据刑事司法实践,"其他执行场所执行"是指根据我国《监狱法》的规定,罪犯在被交付执行刑罚之前,剩余刑期在1年以下的,由看守所代为执行;对于被判处有期徒刑的未成年犯罪人在未成年犯管教所内执行。有期徒刑罪犯减刑后,实际执行的刑期不能少于原判刑期的二分之一。有期徒刑在监狱等特定场所执行,一方面体现了有期徒刑的严厉性,给罪犯以强烈的威慑力,另一方面也强化了有期徒刑的改造实践。监狱对罪犯执行有期徒刑期满,应当按期释放并发给释放证明书。

日本的有期徒刑大体可以分为拘禁刑和拘役刑,前者只限制人身自由但不强制劳役,后者在限制人身自由的同时还要承担劳役。我国则实行拘役刑,凡是被判处有期徒刑的罪犯均应当接受劳动改造,从而实现预防犯罪的目的。因此,我国刑法典规定的"犯罪人应当参加劳动"是一种强制性规定,其意义在于：(1) 凡有劳动能力的罪犯都必须参加劳动,不论罪犯是否愿意；(2) 除法律另有规定的特殊情况外,罪犯在劳动的场所、种类、形式和时间上必须无条件服从执行机关的安排,没有自由选择的权利；(3) 罪犯的劳动是在严格的监督下进行的。执行机关在强制罪犯劳动的同时,也要对其进行充分的法制、道德、文化等方面的教育改造,坚持"惩罚与改造相结合,以改造人为宗旨"的监狱工作方针。

(四) 拘役的执行

拘役是剥夺犯罪分子的人身自由,但同时又让罪犯享有一定的人身自由的一种轻刑。罪犯享有的人身自由主要包括:罪犯服刑期间每个月可回家1—2天,参加劳动的可以酌量发给报酬。由此可见,拘役一方面使罪犯能够保持和家庭的联系,发挥家庭对罪犯的教育感化作用,让罪犯真心悔过；另一方面通过参加劳动让罪犯获得一技之长,以便今后更好地回归社会。执行机关执行拘役期满,应立即发给服刑人释放证明,予以释放。

拘役的执行机关是公安机关,由公安机关就近执行。根据我国目前的实际情况,拘役的执行场所有两种:一种是建立了拘役所的地方,都应当在拘役所执行拘役；另一种是尚未建立拘役所的地方,应当在就近的监狱执行,远离监狱的也可在当地看守所执行。

(五) 管制的执行

管制是对罪犯不予关押,但限制其一定的人身自由,依法实行社区矫正的制度。被判处管制的罪犯仍然留在原工作单位或居住地工作或劳动,在劳动中享受同工同酬,同时要接受社区矫正。我国刑法典第38条第3款规定:"对判处管制的犯罪分子,依法实行社区矫正。"而我国《社区矫正实施办法》明确规定:司法行政机关负责指导管理、组织实施社区矫正工作。因此,管制的执行主体由原先的公安机关转变为司法行政机关,实践中一般是由县级司法行政机关下设的社区矫正中心负责执行。

根据刑法典第39条的规定,在社区矫正期间,被判处管制的犯罪分子必须遵守如下规定:(1)遵守法律、行政法规,服从监督。(2)未经执行机关批准,不得行使言论、出版、集会、结社、游行、示威自由的权利。(3)按照执行机关规定报告自己的活动情况。(4)遵守执行机关关于会客的规定。(5)离开所居住的市、县或者迁居,应当报经执行机关批准。社区矫正机构执行管制期满,应立即通知服刑人解除管制,发给解除管制通知书,并向社会有关群众公开宣布。同时,对于被附加剥夺政治权利的,还应宣布恢复政治权利的享有和行使。(6)遵守人民法院发布的禁止令,在执行期间不得从事特定活动,不得进入特定区域、场所,不得接触特定的人。管制期满,执行机关应向罪犯及其所在单位或居住地的群众宣布解除管制,并且发给解除通知书。

相对其他刑罚而言,管制是一种社区处遇。由于管制对犯罪人不予关押,犯罪人是在其自己的生活劳动工作区域执行管制刑,所以,社区矫正机构必须依靠犯罪人所在单位的基层组织以及群众的配合监督才能做好执行工作。社区矫正机构执行管制时,应当依靠群众,这既是专门机关与人民群众相结合的体现,又是社会治安综合治理的要求。

二、附加刑的执行

附加刑是补充主刑适用的刑罚方法,又称从刑。它既可以随主刑附加适用,也可以独立适用。在附加刑适用时,可以同时适用多个附加刑。根据我国刑法的相关规定,附加刑的种类包括罚金、剥夺政治权利、没收财产。此外,对于犯罪的外国人可以独立适用或者附加适用驱逐出境,对于犯罪的军人可以独立适用或者附加适用剥夺勋章、奖章和荣誉称号以及剥夺军衔。

(一)罚金的执行

《刑法修正案(九)》对罚金刑规定进行了修改,使得我国的罚金刑制度又进一步完善。根据刑法典第53条的规定,我国目前罚金刑的执行方式,可以分为一次缴纳、分期缴纳、强制缴纳、随时追缴、延期缴纳、减少或免缴纳六种方式。一次缴纳,是指在判决所确定的期限内,判令犯罪人一次性地将判决所确定的罚金数额全部缴清。分期缴纳,是指在判决所确定的期限内判令犯罪人分数次将判决所确定的罚金数额全部缴清。强制缴纳,是指在判决所确定的期限届满后,强迫在判决所确定的期限内具有缴纳能力而拒不缴纳的犯罪人缴纳判决所确定的罚金数额。自判决指定的期限届满第2日起,人民法院对于没有法定减免事由不缴纳罚金的,应当强制其缴纳。随时追缴,是指对于不能全部缴纳罚金的犯罪人,人民法院在任何时候发现被执行人有可以执行的财产应当随时强制犯罪人缴纳。延期缴纳,是指由于遭遇不能抗拒的灾祸等原因缴纳确实有困难的,经人民法院裁定,可以延长缴纳罚金的期限。减免缴纳,是指于遭遇不能抗拒的灾祸等原因缴纳确实有困难的,经人民法院裁定,可以减少或者免除罚金的缴纳。"不能抗拒的灾祸"主要是指自然灾难、身患严重疾病或丧失劳动能力的残疾、需要罪犯抚养的近亲属患有重病需支付巨额医药费等,确实没有财产可供执行的情形。延期、减少或者免除的事由,由罪犯本人、亲属或者犯罪人所在单位向负责执行的人民法院提出书面申请,并提供相应的证明材料;人民法院审查以后,根据实际情况,裁定延期、减少或者免除应当缴纳的罚金数额。

人民法院不仅判决罚金刑,而且负责执行。具体而言,罚金由第一审人民法院负责执行后上缴国库;如果罪犯的财产在异地,第一审人民法院可以委托财产所在地的人民法院代为执行。

(二) 剥夺政治权利的执行

剥夺政治权利附加刑的执行机关是公安机关。公安机关在执行剥夺政治权利期间,应向当地群众宣布罪犯的犯罪事实以及剥夺政治权利的内容与期限,并根据我国刑法典所规定的剥夺政治权利的不同内容,采取相应的措施,以保证剥夺政治权利的刑罚得到正确执行。被剥夺政治权利的犯罪分子,除不能享有被剥夺的政治权利外,在执行期间,应当遵守法律、行政法规和有关监督管理规章的规定,服从监督。剥夺政治权利的刑罚执行期满,应当由执行机关通知其本人,并向有关群众公开宣布恢复政治权利。

(三) 没收财产的执行

没收财产的执行机关是人民法院,没收的财物和罚金,一律上缴国库,不得挪用和自行处理。没收财产由第一审人民法院执行,犯罪分子的财产在异地的,第一审人民法院可以委托财产所在地人民法院代为执行。一人犯数罪依法同时并处罚金和没收财产的,应当合并执行;但并处没收全部财产的,只执行没收财产。

没收财产一般不优先于普通民事债权,即犯罪分子所负的正当债务,需要以没收的财产偿还的,经债权人要求,应当偿还。从罪犯的财产中偿还正当债务要遵循三项原则:一是债务是犯罪分子财产被没收前的债务,二是债务是正当的,三是须经债权人要求。当然,应当偿还的债务以没收的财产为限,在债务人较多的情况下,还应依据《民法通则》的规定顺序偿还。

刑事责任的实现并非只有上述刑罚措施。犯罪分子被判处刑罚的,刑罚的实际执行完毕标志着刑事责任的真正实现。但是,如果是宣告缓刑或予以假释的,考验期内没有撤销缓刑、假释的法定事由,考验期满,也标志着刑事责任的完全实现。如果是给予非刑罚处罚的,具体的制裁措施执行完毕,也属于刑事责任的实现;如果只是作出有罪宣告的,那么判决发生效力也意味着刑事责任的实现。然而,至于驱逐出境和剥夺军衔以及赔偿经济损失、责令管教或收容教养等刑事责任如何实现,由于缺乏法律的明确规定,有待于进一步研究和探讨。

第二十五章

刑事责任的变更

刑事责任裁量后,除正常实现外,我国刑法还规定了刑事责任的变更。通说认为,我国刑罚的目的主要包括预防和惩罚两方面。刑罚的执行过程是动态的,犯罪分子的主观态度也在逐渐改变。因此,法律应当允许刑罚根据犯罪分子的悔罪表现和实际的一些客观原因而发生变更。刑罚的变更大体上可以分为两个方向:一是向从宽的方向变更,二是向从严的方向变更。为了确保刑事责任实现的目的,鼓励服刑罪犯积极改造争取早日回归社会,成为守法公民,刑法规定了根据犯罪分子的表现而适用的不同的刑罚执行制度。根据我国刑事法律的规定及刑事司法实践,不同的刑罚种类决定了不同的执行方式。刑罚的执行以主刑的执行为主干,以附加刑的执行为补充;主刑的执行则又以死刑缓期2年执行、无期徒刑、有期徒刑的执行为主干。死刑缓期2年执行、无期徒刑、有期徒刑的执行又以监狱收押执行为常规执行方式,以缓刑的不收押执行方式为补充;监狱收押执行方式中则以减刑、假释的变更执行方式为特色。因此,缓刑的不收押执行方式、减刑的变更执行方式、假释的变更执行方式、死刑缓期2年执行的变更执行,组成了刑事责任在实现中变更的主体内容。

第一节 缓刑的变更

缓刑是附条件不执行原判刑罚的制度,缓刑犯在缓刑考验期间必须遵守一定的条件,当违反应当遵守的条件时,就要被宣告撤销缓刑,执行原判刑罚。我国刑法典所规定的缓刑,属于刑罚暂缓执行,即对原判刑罚附条件不执行的一种刑罚制度。包括死刑缓期执行和其他刑罚的暂缓执行,是根据犯罪人的犯罪情节和悔罪表现在一定期限内附条件不执行原判刑罚的一种刑罚制度,因此还涉及缓刑的变更问题。根据我国刑法典第75条、第76条的规定,缓刑犯在缓刑期间内应当遵守下列规定:(1) 遵守法律、行政法规,服从监督;(2) 按照考察机关的规定报告自己的活动情况;(3) 遵守考察机关关于会客的规定;(4) 离开所居住的市、县或者迁居,应当报经考察机关批准。犯罪分子在缓刑期内遵守法律纪律的情况将直接影响着缓刑的变更。

一、缓刑的一般撤销及处理

根据我国刑法典第77条的规定,撤销缓刑包括三种情况。

1. 被宣告缓刑的犯罪人,在缓刑考验期限内,犯有新罪,应当撤销缓刑,对新罪作出判决,与前罪所判处的刑罚,依照刑法典第69条的规定进行并罚。在这种情形下,已经执行的缓刑考验期不能计算在新判决的刑期以内。至于在缓刑考验期内所再犯之新罪,是在缓刑期内及时发现的,还是在缓刑期满后才发现的,则不影响缓刑的撤销。只要再犯之罪没有超过追诉时效期限,都要先撤销缓刑,再实行数罪并罚。

2. 被宣告缓刑的犯罪人,在缓刑考验期内,发现判决宣告前还有其他罪没有判决的,应当撤销缓刑,对新发现的罪作出判决,实施数罪并罚,依据我国刑法典第69条的规定,决定应执行的刑罚。需要注意的是,已经执行的缓刑考验期,不予折抵刑期,但是,判决宣告以前羁押的日期应当折抵刑期;如果仍符合缓刑条件,应计算在新决定的缓刑考验期内。

3. 被宣告缓刑的犯罪人,在缓刑考验期限内,违反法律、行政法规或者国务院公安部门有关缓刑的监督管理规定,或者违反人民法院判决中的禁止令,情节严重的,应当撤销缓刑,执行原判刑罚。我国刑法典第75条明确规定了缓刑犯在考验期内应当遵守的规定,这是缓刑犯应履行的义务,也是其真诚悔罪、积极改造的基本表现。

二、缓刑考验期满及其处理

缓刑考验期满,是指犯罪人在缓刑考验期内,没有再犯新罪,没有发现判决宣告以前还有其他罪没有判决,没有情节严重的违反有关缓刑的监督管理规定的行为,并且经过了考验期限。缓刑考验期满后,原判的刑罚就不再执行,并公开予以宣告。也就是说,考验期满后,只能免除所宣告的刑罚的执行,但有罪宣告依然存在。法律如此规定,实际上是给缓刑犯留下曾经实施了犯罪的记录,能够对缓刑犯产生一定的警戒作用,从而有利于预防犯罪。但是,也有观点认为,这样的做法不利于罪行较轻的犯罪分子在社会上得到平等对待,从而难以获得就业机会,不利于其回归社会。缓刑的效力不及于附加刑,即被宣告缓刑的犯罪人,如果被判处附加刑,附加刑仍需执行。

三、特别缓刑的撤销及处理

我国刑法典第449条规定:"在战时,对被判处3年以下有期徒刑没有现实危险宣告缓刑的犯罪军人,允许其戴罪立功,确有立功表现时,可以撤销原判刑罚,不以犯罪论。"这就是特别缓刑制度,也称为战时缓刑制度,其特点包括:(1)适用的时间必须是在战时。(2)适用的对象只能是被判处3年以下有期徒刑的犯罪军人。(3)适用的前提是在战争条件下宣告缓刑没有现实危险。

第二节　减　刑

减刑是一项行刑制度,目的是为了保证行刑活动的顺利进行,鼓励正在服刑的犯罪人积极改造,早日成为守法公民。我国刑法典第78条规定:"被判处管制、拘役、有期徒刑、无期徒刑的犯罪分子,在执行期间,如果认真遵守监规,接受教育改造,确有悔改表现的,或者有立功表现的,可以减刑;有下列重大立功表现之一的,应当减刑:(1)阻止他人重大犯罪活动的;(2)检举监狱内外重大犯罪活动,经查证属实的;(3)有发明创造或者重大技术革新的;(4)在日常生产、生活中舍己救人的;(5)在抗御自然灾害或者排除重大事故中,有突出表现的;(6)对国家和社会有其他重大贡献的。减刑以后实际执行的刑期不能少于下列期限:(1)判处管制、拘役、有期徒刑的,不能少于原判刑期的二分之一;(2)判处无期徒刑的,不能少于13年;(3)人民法院依照本法第50条第2款规定限制减刑的死刑缓期执行的犯罪分子,缓期执行期满后依法减为无期徒刑的,不能少于25年,缓期执行期满后依法减为25年有期徒刑的,不能少于20年。"

一、减刑的概念

减刑是对被判处管制、拘役、有期徒刑或者无期徒刑的犯罪人,因其在刑法执行期间认真遵守监规、接受教育改造,确有悔改或有立功表现,而适当减轻其原判刑罚的一种制度。减刑包括刑种的减轻和刑期的减轻。

减刑不同于改判:改判是由于原判决在认定事实或适用法律上存在错误而重新作出判决;减刑是在原判决准确无误的基础上,对于犯罪人确有悔改或立功表现情节的,适当减轻刑罚。减刑不同于减轻处罚:减轻处罚是量刑上的问题,是对刑罚的裁量活动;减刑则是刑罚的执行活动。减刑不同于死缓减刑:死缓减刑是判处死刑缓期执行的犯罪人在死缓期内没有故意犯罪,而予以减刑的制度。从适用条件来看,判处死缓的犯罪人只要在法定的期限内没有故意犯罪即可获得减刑,而一般减刑的条件要求则较高;从适用对象来看,死缓减刑仅适用于被判处死期缓期执行的犯罪人,而一般减刑适用于被判处管制、拘役、有期徒刑、无期徒刑的犯罪人;从考察时间来看,死缓减刑的考察期限为2年,而一般减刑没有明确的时间限制。减刑也不同于特赦:特赦主要是满足国家政治形势发展的需要,而减刑则着眼于犯罪人的改造。

减刑作为对确有悔改或有立功表现的犯罪人实行的一项宽大制度,是惩罚与教育改造相结合政策的体现,是一项行之有效的刑罚政策。减刑有利于稳定犯罪人的改造情绪,提高犯罪人接受改造的积极性,促进犯罪人的改造,对实现刑罚的目的具有重要的意义。

二、减刑的条件

我国刑法典第78条规定:"被判处管制、拘役、有期徒刑、无期徒刑的犯罪分子,在执行期间如果认真遵守监规,接受教育改造,确有悔改表现的,或者有立功表现的,可以减刑;有重大立功表现的,应当减刑。减刑以后实际执行的刑期,判处管制、拘役、有期徒刑的,不能少于原判刑期的二分之一;判处无期徒刑的,不能少于 13 年。"

1. 减刑的刑种条件

适用减刑的对象应是被判处管制、拘役、有期徒刑、无期徒刑的犯罪人。减刑的范围仅受刑罚种类的限制,而不受刑期长短以及犯罪性质的限制,如无论是重罪还是轻罪、危害国家安全犯罪还是普通刑事犯罪、故意犯罪还是过失犯罪,都可以适用减刑。但是,《刑法修正案(九)》在对贪污、受贿罪的修订中规定:"被判处死刑缓期执行的,人民法院根据犯罪情节等情况可以同时决定在其死刑缓期执行 2 年期满依法减为无期徒刑后,终身监禁,不得减刑、假释。"也就是说,人民法院对贪污、受贿罪决定终身监禁的,不得减刑。

那么,对于附加刑能否减刑?最高人民法院《关于办理减刑、假释案件具体应用法律若干问题的规定》第 4 条规定:"在有期徒刑犯罪分子减刑后,对附加剥夺政治权利的刑期可以酌减。"由此可见,剥夺政治权利在作为附加刑适用时,是可以适用减刑的。《刑法修正案(九)》第 2 条规定:"如果由于遭遇不能抗拒的灾祸缴纳确实有困难的,可以酌情延期、减少或者免除。"有学者将其视为罚金刑的减免。但本书认为,这种罚金的减轻是依据被执行人的实际负担能力而作出的一种变通执行措施,而减刑是依据犯罪人的实际改造情况对其依法减轻刑罚,故不宜将罚金刑的减免视为罚金刑的减刑。

另外,最高人民法院《关于办理减刑、假释案件具体应用法律若干问题的规定》第 5 条规定:"对判处拘役或 3 年以下有期徒刑,宣告缓刑的犯罪分子,一般不适用减刑。如果在缓刑考验期内有重大表现的,可以参照刑法典第 78 条的规定,予以减刑,同时相应地缩短其缓刑考验期限。"由此可见,缓刑犯也可以减刑。减刑适用于缓刑犯可充分发挥减刑制度的作用,对促进犯罪人在考验期内积极改造有重要的意义。

2. 减刑的实质条件

减刑的实质条件是指减刑只能适用于在刑罚执行过程中确有悔改或有立功表现的犯罪人。将"确有悔改或有立功表现"作为减刑的实质条件是由减刑制度的目的所决定的:削弱犯罪人的人身危险性,增强回归社会的能力。确有悔改、立功都可以反映出犯罪人的人身危险性的降低,所以我国将"确有悔改或有立功表现"作为减刑的实质条件。具体而言:

(1) 确有悔改的认定。最高人民法院《关于办理减刑、假释案件具体应用法律若干问题的规定》第 1 条规定:"确有悔改表现是指同时具备以下四个方面情形:认罪服法;认真遵守监规,接受教育改造;积极参加政治、文化、技术学习;积极参加劳动,完成生产任务。"由此可见,悔改表现主要包括以下内容:

第一,认罪服法。这是指犯罪人承认犯罪事实,服从法院的正确判决、裁定,认识到所犯罪行对社会的危害性和进行劳动改造的必要性,自觉进行改造。认罪服法是悔罪、改造的逻辑前提。但是,认罪服法的认定绝对不能排除犯罪人的正当申诉权利。申诉权是犯罪人的一项基本权利,来自于古老的自然正义原理,即任何一个人都有权对自己不利的待遇提出申诉。在司法实践中,司法机关和监狱极其容易以犯罪人申诉为由不予认定其认罪服法,导致犯罪人的诉求得不到满足,矛盾积累加剧。事实上,对此应当区别对待:如果犯罪人明知法院判决是正确的,或虽有瑕疵但不导致裁判的实质内容改变的,仍然进行申诉,可以认定为不认罪服法;如果犯罪人由于不理解法律、判决事实认定不当等原因而认为法院判决错误的,应当允许其提出申诉犯罪人认真遵守监规、接受教育改造的行为应当认定为认罪服法;如果经审查发现判决无误,并且司法人员已经做了充分的释法说理工作,犯罪分子仍然申诉的,可以认定为不认罪服法。

第二,认真遵守监规,接受教育改造。这是指犯罪人严格遵守犯人守则和监内规章、纪律,服从狱警的管教,积极维护监狱内的秩序。认真遵守监规、接受教育改造是确有悔改表现的核心内容,是考察犯罪人是否悔改的重要依据。

第三,积极参加政治、文化、技术学习。这是指犯罪人在刑罚执行过程中通过政治学习,提高政治觉悟,促进改造;通过文化技术学习提高自己的科学文化知识,掌握一定的技能,将自己改造成为对社会有用的人。

第四,积极参加劳动,完成生产任务。这是指犯罪人积极参加劳动,认真及时地完成监狱布置的生产任务,并在劳动过程中破除好逸恶劳的思想,建立科学的劳动观和价值观。

以上四方面的内容共同构成确有悔改的法定条件,只有同时具备才能认为犯罪人确有悔改,才能对其适用减刑。

(2)立功表现的认定。最高人民法院《关于办理减刑、假释案件具体应用法律问题的规定》第1条规定:"立功表现是指具有下列情形之一的:检举、揭发监内外犯罪活动,或者提供重要的破案线索,经查证属实的;阻止他人犯罪活动的;在生产、科研中进行技术革新,成绩突出的;在抢险救灾或者排除重大事故中表现积极的;有其他有利于国家和社会的突出事迹。"

一般而言,悔改和立功是独立的,悔改具有连续性、通常性,立功则具有偶然性。但实际上,有立功表现的犯罪人,在服刑过程中往往都是认罪服法的。当然,犯人的情况是复杂的,有的罪犯平时表现一般、甚至还会违反监规,但是在特殊的环境和情形下却能够挺身而出,实施立功行为。只要罪犯有立功表现,作出对社会有益的行为,就应当给予鼓励。

(3)重大立功的认定。上述"确有悔改和立功"属于"可以"减刑的情况,因此两者也可以并称为相对减刑情形;而重大立功则是必须适用减刑的情况,也可称为绝对减刑情形。重大立功的表现主要包括以下内容:

第一,阻止他人重大犯罪活动。这是指犯罪人在刑罚执行过程中,发现他人有重大犯罪活动并予以制止的。关于一般犯罪与重大犯罪的界限,我国刑法典未作明文规定,主要由司法机关根据犯罪的性质、犯罪的形式以及犯罪的后果予以界定。本书认为,所谓的重大犯罪活动,是相对于一般犯罪活动而言的,是指被检举或者揭发的犯罪嫌疑人可能判处无期徒刑以上刑罚,或者犯罪在全国或者省、直辖市、自治区有较大影响的案件。需要注意的是,犯人揭发他人依照犯罪情节"应被判处无期徒刑以上的刑罚"指的是不包含从轻、从重情节的犯罪可能判处的刑罚,而非实际判处的刑罚。

第二,检举监内外重大犯罪活动,经查证属实的。检举监内外重大犯罪活动主要是指犯罪人在刑罚执行过程中向有关司法机关报告监狱内外重大犯罪活动的线索,由此而破获监狱内外的重大犯罪活动。

第三,有发明创造或重大技术革新的。这里的发明创造是指科学技术的重大创新,而重大技术革新是指能为国家带来重大经济利益的技术成果。有发明创造或重大技术革新的,应认定为重大立功表现,予以减刑;仅给国家和社会带来较小利益的技术革新是一般技术革新,应视为一般立功表现,可予以减刑。我国关于具体认定发明创造与技术革新构成立功的法律标准和司法解释较少,导致了司法实践中的认定比较随意,具有不确定性。一般认为,并非任何一种发明、实用新型或者外观设计都能够认定为我国刑法典第78条规定的"发明创造",从而认定为重大立功。我国《专利法》将发明创造界定为发明、实用新型和外观设计三大类,其中,发明和实用新型专利权的取得必须具备新颖性、创造性和实用性,而外观设计专利权的取得则只需要具备新颖性。因此,本书认为,将刑法典第78条所指的"发明创造"限定为三种情形:一是发明并取得专利的,应当认定为重大立功;二是完成实用新型并取得专利的,应当认定为一般立功;三是完成外观设计的,一般不认定为立功,但为国家和社会作出较大贡献的,可以酌情认定为立功。

第四,在日常生产、生活中舍己救人的。犯人在日常生产、生活中不顾个人安危舍己救人,这是一种高尚的行为,说明其思想已良性化,应当认为是重大立功表现而予以减刑。

第五,在抗御自然灾害或排除重大事故中,有突出表现的。犯罪人在刑罚执行过程中,在遭遇自然灾害或重大事故的紧急关头,积极参加抢险救灾并作出突出表现的应予以减刑。所谓突出表现,是指避免或减少巨大的国家损失,如抢救多人性命、挽救巨大的财产损失等。

第六,对国家和社会有其他贡献的。这是一个空白规定,起着补充的作用。如果犯罪人在刑罚执行过程中对国家或社会有其他重大贡献,与前五项规定的情形相当时,可适用此规定,认定为重大立功而予以减刑。

3. 减刑的限度条件

我国刑法典第78条第2款对减刑的限度条件明确规定:"减刑以后实际执行的刑期,判处管制、拘役、有期徒刑的,不能少于原判刑期的二分之一;判处无期徒刑的,不能少于13年。"减刑不应是无限制的,否则不利于犯罪人的教育惩戒,同时也容易产生司法腐败,最终影响到法治的威信。

三、减刑的具体规则

减刑实际上是将犯罪分子的原判刑罚予以适当的减轻,具体包括:将原判较重的刑种减轻为较轻的刑种,即刑种的减轻;将原判较长的刑期减为较短的刑期,即刑期的减轻。而对于减刑的具体问题,如减刑的起始时间、幅度、间隔、减刑后刑期的计算以及对于特殊罪犯的减刑适用等,应当按照刑法典的不同规定区别对待。

1. 减刑的起始时间

减刑的提起必须基于对犯罪人表现的考察,这就涉及从何时可以对犯罪人提起减刑的建议。如果太早,则不利于法律的严肃性;如果太晚,又会影响犯罪人改造的积极性。最高人民法院《关于办理减刑、假释案件具体应用法律若干问题的规定》第3、6、7、8条对不同刑种的犯罪人适用减刑的起始时间明确规定了以下不同情况:

(1) 被判处5年以上有期徒刑的罪犯,一般在执行1年6个月以上方可减刑,两次减刑之间一般应当间隔1年以上。被判处不满5年有期徒刑的罪犯,可以比照上述规定,适当缩短起始和间隔时间。确有重大立功表现的,可以不受上述减刑起始和间隔时间的限制。有期徒刑的减刑起始时间自判决执行之日起计算。

(2) 被判处无期徒刑的罪犯在刑罚执行期间,确有悔改表现,或者有立功表现的,服刑2年以后,可以减刑。减刑幅度为:确有悔改表现,或者有立功表现的,一般可以减为20年以上22年以下有期徒刑;有重大立功表现的,可以减为15年以上20年以下有期徒刑。

被判处无期徒刑的罪犯经过一次或几次减刑后,其实际执行的刑期不能少于13年,起始时间应当自无期徒刑判决确定之日起计算。

2. 减刑的幅度

减刑的幅度是指一次减刑的期限。最高人民法院《关于办理减刑、假释案件具体应用法律若干问题的规定》分别对被判处不同刑种的罪犯作出了不同的规定。

(1) 减刑的间隔。减刑的间隔是指同一犯罪人前后两次减刑的时间间距。一般情况下,同一犯罪人前后两次减刑之间应有一定的间隔时间,以便于考察犯罪人在前一次减刑后是否又确有悔改或立功表现。最高人民法院《关于办理减刑、假释案件具体应用法律若干问题的规定》就指出,被判处5年以上有期徒刑的罪犯,一般在执行1年6个月以上方可减刑,两次减刑之间一般应当间隔1年以上。被判处不满5年有期徒刑的罪犯,可以比照上述规定,适当缩短起始和间隔时间。确有重大立功表现的,可以不受上述减刑起始和间隔时间的限制。

(2) 减刑后刑期的计算。减刑后刑期的计算,因原判刑罚的种类不同而有所区别:对于原判管制、拘役、有期徒刑的,减刑后的刑期自原判决开始执行之日起计算,原判决已经执行的部分,应当计入减刑后的刑期以内;被判处无期徒刑的犯罪人,在其刑期被减为有期徒刑后,其刑期自法院裁定减刑之日起计算,减刑之前已经执行的刑期,不得计入减刑以后的刑期以内。

(3) 关于缓刑犯、未成年犯减刑的适用。我国刑法典第50条第1款规定:"判处死刑缓期执行的,在死刑缓期执行期间,如果没有故意犯罪,2年期满以后,减为无期徒刑;如果确有重大立功表现,2年期满以后,减为25年有期徒刑;如果故意犯罪,情节恶劣的,报请最高人民法院核准后执行死刑;对于故意犯罪未执行死刑的,死刑缓期执行的期间重新计算,并报最高人民法院备案。"同时,最高人民法院《关于办理减刑、假释案件具体应用法律若干问题的规定》明确指出,对有重大立功表现的缓刑犯可以适用减刑。减刑后实际执行的刑期不能少于原判刑期的二分之一,相应缩减的缓刑考验期限不能低于减刑后实际执行的刑期。拘役的缓刑考验期限不能少于2个月,有期徒刑的缓刑考验期限不能少于1年。未成年罪犯的减刑、假释,可以比照成年罪犯依法适当从宽。未成年罪犯能认罪悔罪,遵守法律、法规及监规,积极参加学习、劳动的,应视为确有悔改表现,减刑的幅度可以适当放宽,起始时间、间隔时间可以相应缩短。符合刑法典第81条第1款规定的,可以假释。

四、减刑的主要程序

我国刑法典第79条规定:"对于犯罪分子的减刑,由执行机关向中级以上人民法院提出减刑建议书。人民法院应当组成合议庭进行审理,对确有悔改或者立功表现的,裁定予以减刑。非经法定程序不得减刑。"

首先,需要明确减刑的各种管辖规则。在级别管辖上,根据刑法典第79条的规定,减刑案件的审判管辖是中级以上人民法院,即只有中级人民法院、高级人民法院、最高人民法院才有减刑的裁定权。在地域管辖上,被判处有期徒刑、无期徒刑的减刑,由执行机关向当地中级人民法院提出减刑建议书;对于被判处管制、拘役以及被判处1年以下有期徒刑或者余刑在1年以下,对在看守所服刑的犯罪人的减刑,由县级公安机关负责提出减刑建议书,经地、市公安机关审核同意后,提请当地中级人民法院审理、裁定。

其次,需要明确减刑的流程。一是对犯罪人考察,提出减刑建议书。由监狱及其他执行机关对犯罪人在刑罚执行过程中的思想、行为进行认真的考察,以此来认定犯罪人是否确有悔改或立功表现。如果罪犯符合减刑的条件,就可以向人民法院提出减刑意见,由人民法院依据减刑意见书依法裁定减刑。如果执行机关未提出减刑的意见书,人民法院不得自行对犯罪人进行减刑。二是法院组成合议庭审议并裁定减刑。中级以上人民法院受理减刑案件后,应当依法组成合议庭,认真审核执行机关申报的材料及手续是否齐全;如材料不齐或手续不全的,应当通知执行机关补充或退回补充调查。事实和证据认定确凿后,应制定减刑刑事裁定书,依法对犯罪人宣告减刑。裁定书副本应同时送达原判人民法院和对犯罪人所在执行机关有检察任务的人民检察院。人民检察院认为减刑裁定不当的,作出减刑裁定的人民法院应另行组成合议庭,在法定期限内重新审理,并作出最终裁定。

第三节　假　释

我国刑法典第 81 条规定:"被判处有期徒刑的犯罪分子,执行原判刑期二分之一以上,被判处无期徒刑的犯罪分子,实际执行 13 年以上,如果认真遵守监规,接受教育改造,确有悔改表现,没有再犯罪的危险的,可以假释。如果有特殊情况,经最高人民法院核准,可以不受上述执行刑期的限制。对累犯以及因故意杀人、强奸、抢劫、绑架、放火、爆炸、投放危险物质或者有组织的暴力性犯罪被判处 10 年以上有期徒刑、无期徒刑的犯罪分子,不得假释。对犯罪分子决定假释时,应当考虑其假释后对所居住社区的影响。"这是我国刑法典规定的假释制度,对于保障人权、体现人道主义精神、保证刑罚的顺利进行、鼓励犯罪人重回社会等均具有积极的作用。

一、假释的定义及特征

假释是指对于被判处有期徒刑或者无期徒刑的犯罪人,在执行一定的刑期以后,如果确有悔改表现,不致再危害社会,将其附条件地提前予以释放的一种刑罚执行制度。

"假释"(parole)一词来源于法语(parole' dhomeur),其原意为"承诺"之意。[①] 18、19 世纪,法国人最初将假释适用于战俘,即如果战俘承诺今后不再参加战争,便可以获得释放。战争结束后,法国的一个监狱将这项制度首先应用于未成年人罪犯的提前释放问题上。后来,假释制度被介绍到英国,英国政府对于那些流放到澳大利亚的罪犯适用这项制度,对于那些悔罪良好、品行不错的罪犯免除其剩余的刑期并提前释放。1853 年英国废除流刑制度后,英国本土采用了假释制度并逐渐流传到美国。1869 年,美国制定了《假释法》,将实践中的假释制度纳入到法律规范之中。[②] 随后各国竞相效仿,成为世界各国都规定的一项刑罚执行制度。在我国历史上,关于假释制度的最早立法是 1911 年《大清新刑律》,此后的北洋政府和民国政府也在刑事立法中规定了假释制度。新中国成立后,假释制度被保存并传承了下来。根据我国刑法典第 81—84 条的规定,假释具有以下特征:

(1) 特殊性。由于假释是以罪犯被剥夺人身自由为前提条件的,故其特殊性体现在将服刑罪犯提前释放。这表明,假释与刑满释放不同,刑满释放是指犯罪分子所判处的刑罚已经执行完毕而回归到自由社会上;假释虽然在形式上也是解除监禁回到社会上,但还保留着执行原判刑罚剩余刑期的可能性。

(2) 条件性。并不是任何罪犯都能适用假释,并不是假释后即可获得绝对的自由,假释的适用是有严格条件的。一方面,罪犯必须通过自己的努力表现去创造假释的条件;另一方面,假释执行所附带的条件表明罪犯并非无条件的出狱,如果不遵守假释的附加条

---

① 赵华溢:《中外刑法假释制度之比较》,载《中共郑州市委党校学报》2008 年第 1 期。
② 司法部预防犯罪研究组:《假释问题研究》,载《犯罪与改造研究》2006 年第 6 期。

件,就会重新被收监入狱。

（3）单独性。假释是对作为主刑的自由刑的变更,并不影响附加刑的执行,因此具有单独性。犯罪人被宣告假释后,若原判决有附加刑,附加刑仍要继续执行。原判决对犯罪人附有剥夺政治权利的,从假释之日起算;原判决中没有附加剥夺政治权利,犯罪人在假释期内应享有政治权利。

假释不同于监外执行。监外执行是指犯罪人在监狱内服刑期间,因具有某种特定情形,如疾病、怀孕等,而依法置于监外执行的刑罚制度。监外执行与假释存在本质的区别:（1）对象不同。假释适用于服刑期间确有悔改表现的犯罪人;监外执行适用于某些有特殊情况不宜在监内执行的罪犯。(2) 收监条件不同。假释考验期内没有犯新罪,就认为原判决刑罚执行完毕;监外执行妨碍执行的因素消失,就应收监执行。(3) 期间计算不同。假释如被撤消,假释期间不折抵刑期;监外执行期间应计入原判刑期。

假释不同于缓刑,两者存在明显的区别:（1）缓刑适用于被判处拘役、3年以下有期徒刑的犯罪人;假释仅适用于被判处有期徒刑、无期徒刑的犯罪人。(2) 缓刑的适用根据是犯罪人的犯罪情节和悔改表现;而假释则是根据犯罪人在刑罚执行过程中确有悔改而作出的。(3) 缓刑是在判决的同时宣告的;假释是在刑罚执行过程中决定的。(4) 缓刑是有条件地不执行原判刑罚的全部刑期;假释是有条件地不执行原判刑罚尚未执行的刑期。

假释也不同于减刑,两者也存在明显的区别:（1）减刑适用于被判处管制、拘役、有期徒刑、无期徒刑的犯罪人;假释仅适用于被判处有期徒刑和无期徒刑的犯罪人。(2) 减刑不受次数的限制;假释只能适用一次。(3) 减刑减去的刑罚不再执行;假释有考验期和撤消假释的规定。

二、假释的条件

假释是一种附条件的提前释放,对服刑的犯罪人适用假释即意味着对其解除监禁、放归社会,因此,适用假释必须符合一定的条件。

1. 刑种条件

假释是对服刑一段时间的犯罪人提前予以释放,并接受一段时间的考验,这就决定了其只能适用于较长刑期的剥夺自由刑,如有期徒刑、无期徒刑。死刑缓期2年执行不是一个独立的刑种,只有在减为无期徒刑或有期徒刑后,才可能适用假释。拘役虽属剥夺自由刑,但刑期较短,一般法定刑最高为6个月,数罪并罚时法定刑最高也不得超过1年。如果犯罪人确有悔改或立功表现,可依据我国刑法典第78条的规定对其适用减刑,适用假释的意义不大。而管制则属于短期限制自由刑,对被判处管制的犯罪人不予关押,置于社会上执行,这就失去了对其适用假释的前提条件。

2. 主体条件

并不是所有的被判处有期徒刑、无期徒刑的犯罪人都可以适用假释,根据我国刑法典第81条第2款的规定,对累犯以及因故意杀人、强奸、抢劫、绑架、放火、爆炸、投放危险物质或者有组织的暴力性犯罪被判处10年以上有期徒刑、无期徒刑的犯罪分子，不得假释。所谓暴力性犯罪，本书认为，是指以暴力手段实施的犯罪。由于暴力手段实施的犯罪的社会危害性一般较大，行为人的人身危险性也更大。对于"10年以上有期徒刑"的理解，最高人民法院《关于办理减刑、假释案件具体应用法律若干问题的规定》规定："对累犯以及因故意杀人、强奸、抢劫、绑架、放火、爆炸、投放危险物质或者有组织的暴力性犯罪被判处10年以上有期徒刑、无期徒刑的罪犯，不得假释。"这就意味着，如果行为人犯上述的数罪，被合并判处10年以上有期徒刑，而无个罪被判处10年以上有期徒刑的，对其可以适用假释。

3. 时间条件

被判处有期徒刑或者无期徒刑的犯罪人必须在已经执行了一部分刑罚后才可以适用假释。只有执行一部分刑罚，才足以体现对犯罪人的惩罚，保持刑罚的严肃性和稳定性。根据我国刑法典第81条的规定，一般情况下，被判处有期徒刑的犯罪人，必须执行原判决刑期的二分之一以上，被判处无期徒刑的犯罪人，必须实际执行13年以上，才能适用假释。

然而，实际执行的刑期是否包括先行羁押的时间？就有期徒刑而言，最高人民法院《关于办理减刑、假释案件具体应用法律若干问题的规定》第16条明确规定：有期徒刑罪犯假释，执行原判刑期二分之一以上的起始时间，应当从判决执行之日起计算，判决执行以前先行羁押的，羁押一日折抵刑期一日。由此可见，对被判处有期徒刑的犯罪人适用假释，实际执行的刑期应包括先行羁押的时间。就无期徒刑而言，因为先行羁押的时间不能折抵刑期，所以对被判处无期徒刑的犯罪人适用假释，实际执行的刑期不应包括先行羁押的时间。2011年最高人民法院《关于办理减刑、假释案件具体应用法律若干问题的规定》第21条规定："对死刑缓期执行罪犯减为无期徒刑或者有期徒刑后，符合刑法典第81条第1款和本规定第9条第2款、第18条规定的，可以假释。"

我国刑法典第81条对假释作出了例外规定，即"如果有特殊情况，经最高人民法院核准，可以不受上述执行刑期的限制"。所谓"特殊情况"，一般是指有国家政治、国防、外交等方面特殊需要的情况。

4. 实质条件

犯罪人必须认真遵守监规、确有悔改表现，假释后不致再危害社会的，才能对其适用假释，这是假释的实质条件。"确有悔改表现"的成立条件可依刑法典规定减刑的条件进行考察。如果犯罪人虽然已经执行了一定刑期，如果并没有明显的悔改表现，或者虽有一定的悔改，但尚不能达到不致再危害社会的程度，不能适用假释。"不致再危害社会"主要是指不仅客观上没有危害行为而且主观上也无危害之心。2011年最高人民法院《关于办理减刑、假释案件具体应用法律若干问题的规定》第20条的规定，老年、身体残疾（不含自伤致残）、患严重疾病罪犯的减刑、假释，应当主要注重悔罪的实际表现。这说明，对丧失危害社会能力的罪犯适用假释，仍然要考察其主观上是否确实认罪服法、悔过自新。另外,对未成年犯罪人的假释,在掌握标准上可以比照成年犯罪人依法适度放宽。只要未成年犯罪人能认罪服法,遵守监规,积极参加学习、劳动的,即可视为确有悔改表现。

三、假释的程序

我国刑法典第82条规定:"对于犯罪分子的假释,依照本法第79条规定的程序进行。非经法定程序不得假释。"一般假释的程序如下:(1)执行机关根据实际情况提出假释意见书。(2)中级以上人民法院组成合议庭进行审理。合议庭必须认真审查执行机关申报的材料,确认犯罪人是否符合假释的条件。(3)对于符合假释条件的,合议庭裁定予以假释。对于不符合假释条件的,不予假释。

对于我国刑法典第81条规定的"如有特殊情况,经最高人民法院核准"的特殊假释案件,程序如下:(1)执行机关提出假释建议书。(2)中级以上人民法院组成合议庭审理。(3)中级人民法院裁定假释的,应当在裁定书中写明"本裁定经最高人民法院核准后生效",并写出书面报告连同全部材料报送最高人民法院审核;高级人民法院裁定假释的,也应在裁定中写明"本裁定经最高人民法院核准后生效",并写出书面报告报送最高人民法院核准。(4)最高人民法院组成合议庭审理后,应当依法作出予以核准或不予以核准的刑事裁定书。

四、假释的考验期限

我国刑法典第83条规定:"有期徒刑的假释考验期限,为没有执行完毕的刑期;无期徒刑的假释考验期限为10年。假释考验期限,从假释之日起计算。"

五、假释的考察

对被适用假释的犯罪人规定一定的考验期限,是为了在此期间内对假释犯进行监督考察。根据我国刑法典第84条的规定,被宣告假释的犯罪人应遵守下列规定:(1)遵守法律、行政法规,服从监督。(2)按照监督机关的规定报告自己的活动情况。(3)遵守监督机关关于会客的规定。这主要是防止假释犯与社会上的犯罪人交往,又走上犯罪的道路。(4)离开居住的市、县或者迁居,应当报经监督机关批准。

在假释考验期内,如果假释犯没有再犯新罪,没有发现在判决宣告前还有漏罪没有判决,或者没有严重的违法行为,假释期满就应认为原判刑罚已执行完毕,并应当向犯罪人和当地群众或其所在单位公开予以宣告假释期满。

六、假释的撤销

我国刑法典第86条规定:"被假释的犯罪分子,在假释考验期限内犯新罪,应当撤销假释,依照本法第71条的规定实行数罪并罚。在假释考验期限内,发现被假释的犯罪分子在判决宣告以前还有其他罪没有判决的,应当撤销假释,依照本法第70条的规定实行数罪并罚。被假释的犯罪分子,在假释考验期限内,有违反法律、行政法规或者国务院有关部门关于假释的监督管理规定的行为,尚未构成新的犯罪的,应当依照法定程序撤销假释,收监执行未执行完毕的刑罚。"具体而言,假释的撤销包括以下三种情形:

(1) 假释犯罪人在考验期内又犯新罪的。假释犯罪人在考验期内只要再犯罪,不论是故意犯罪还是过失犯罪、重罪还是轻罪,都应当撤销假释,收监执行。

(2) 在考验期内,发现被假释犯罪人在判决宣告以前还有其他罪没有判决的。也就是说,当发现被假释犯罪人存在漏罪时,应当撤消假释,对发现的"漏罪"作出判决,再对前罪与"漏罪"数罪并罚决定应执行的刑罚。对前罪已执行的刑期,应当计算在新判决执行的刑期以内。

(3) 被假释犯罪人在考验期内,实施了违反法律、行政法规或者国务院有关部门关于假释的监督管理规定的行为,但尚未构成新的犯罪,应当依照法定程序撤消假释,收监执行未执行完毕的刑罚。

第四节　死刑缓期 2 年执行的变更执行

我国刑法典第 48 条规定:"对应当判处死刑的犯罪分子,如果不是必须立即执行的,可以判处死刑同时宣告缓期 2 年执行。"刑法典第 50 条第 1 款规定:"判处死刑缓期执行的,在死刑缓期执行期间,如果没有故意犯罪,2 年期满以后,减为无期徒刑;如果确有重大立功表现,2 年期满以后,减为 25 年有期徒刑;如果故意犯罪,情节恶劣的,报请最高人民法院核准后执行死刑;对于故意犯罪未执行死刑的,死刑缓期执行的期间重新计算,并报最高人民法院备案。"这就是我国独创的死刑缓期执行的制度(简称死缓制度)。

一、死缓制度的起源与概念

死缓制度产生于 20 世纪 50 年代的新中国。在镇压"反革命"的运动中,党和政府对于一些损害了国家利益的犯罪行为依法应当判处极刑,但对并没有血债、民愤也不大的犯罪分子,一般就采取死刑缓期 2 年执行的策略。如果经过 2 年的劳动改造,犯罪分子能够具结悔过,就不再执行死刑。1952 年,对于严重的贪污犯也开始适用死缓制度。随后,死缓制度逐渐得到推广,只要是法律规定可以适用死刑的犯罪都可以适用死缓。死缓本质上就是采取一种更加慎重的态度对待应当处以死刑的犯罪人。实践证明,死缓制度对于保障人权、服务社会发挥了较大的积极作用。其一,有利于分化瓦解犯罪人,给那些罪该处死但不是必须立即执行的罪犯留下生存的希望,有利于打击和预防犯罪。其二,可以保存一批劳动力,使他们为国家建设服务,有利于发展生产力。其三,死缓制度符合国际轻刑化的发展趋势,同时也体现了刑法的人道主义精神。

因此,发展到今天的死缓制度主要包括两层含义:(1)必须是应当判处死刑的犯罪分子。如果所犯之罪不是死刑罪名,或者虽然是死刑罪名,但其犯罪没有达到罪行极其严重的程度,或者是不满 18 周岁的人和怀孕的妇女,不能适用死缓。(2) 不是必须立即执行。例如,存在自首、立功表现,或者被害人有一定或明显的过错等情况。

二、死缓制度的适用条件

根据刑法典第 48 条的规定,死缓的适用必须具备两个条件:(1) 犯了应当判处死刑之罪。被判处死刑是适用死缓的前提,这就要求一方面所犯的罪行规定了死刑的刑罚种类,另一方面行为人所犯的罪行已经达到了应当判处死刑的严重程度。(2) 所判处的死刑不是必须立即执行。

死刑的执行包括死刑缓期 2 年执行和立即执行。这表现出我国刑法对于死刑的慎重把握,即在被判处死刑的犯罪之中,根据罪行轻重、主观恶性大小等因素再划分出两个层次:应当立即执行之死罪和不必立即执行之死罪。对于后者,虽然罪已至死,但还不至于立即执行,为此,应当给予犯罪人一定的生存机会。根据我国刑事审判实践,"不是必须立即执行"包括以下内容:(1) 犯罪后自首、立功或者有其他法定任意从轻情节的;(2) 在共同犯罪中有多名主犯,其中的首要分子或者罪行最严重的主犯已判处死刑立即执行,其他主犯不具有最严重罪行的;(3) 被告人是限制刑事责任能力的;(4) 由于被害人的严重过错导致被告人激情或义愤杀人的;(5) 有令人怜悯的情节等。值得一提的是,由于死缓的适用条件在刑法典上没有明确,"不是必须立即执行"的规定比较模糊,这就导致了死缓适用上可能存在偏差。例如,有些死刑案件,一审法院判决死刑立即执行,但二审法院却改判为死刑缓期 2 年执行。为了贯彻刑法面前人人平等和罪责相适应原则,在将来的立法中应对死缓适用条件予以明确化。

三、死缓制度的变更执行

我国刑法典第 50 条第 1 款规定:"判处死刑缓期执行的,在死刑缓期执行期间,如果没有故意犯罪,2 年期满以后,减为无期徒刑;如果确有重大立功表现,2 年期满以后,减为 25 年有期徒刑;如果故意犯罪,情节恶劣的,报请最高人民法院核准后执行死刑;对于故意犯罪未执行死刑的,死刑缓期执行的期间重新计算,并报最高人民法院备案。"据此,死缓的变更包括以下四种情况:

(1) 死缓减为无期徒刑。根据刑法典第 50 条的规定,没有故意犯罪是死缓减为无期徒刑的唯一条件。只要死缓犯在 2 年考验期内没有故意犯罪,就应当减为无期徒刑。这里的故意犯罪只能根据刑法典第 14 条的规定来加以认定,即明知自己的行为会发生危害社会的结果,并且希望或放任这种结果发生,因而构成犯罪的,是故意犯罪。"没有故意犯罪"包括两层含义:一是犯罪人没有犯任何罪。即使被判处死缓的犯罪人违反监规,抗拒改造,但只要没有达到犯罪程度,仍应对其减为无期徒刑。二是犯罪人犯有过失罪。即使被判处死缓的犯罪人已经犯罪,但只要其所犯的是过失犯罪,而非故意犯罪,仍应对其减为无期徒刑。

(2) 死缓减为 25 年有期徒刑。死缓减为 25 年有期徒刑的条件是死缓犯在 2 年考验期内，确有重大立功表现。"重大立功表现"是指犯罪人有刑法典第 78 条第 1 款规定的六项情形：阻止他人重大犯罪活动的；检举监狱内外重大犯罪活动，经查证属实的；有发明创造或者重大技术革新的；在日常生产、生活中舍己救人的；在抗御自然灾害或者排除重大事故中，有突出表现的；对国家和社会有其他重大贡献的。

　　(3) 对死缓犯故意犯罪，情节恶劣的，决定执行死刑立即执行。被判处死刑缓期 2 年执行的犯罪人，如果在死缓考验期内故意犯罪，情节恶劣的，就要依法执行死刑。具体操作时应注意以下问题：一是必须是在死刑缓期执行期间故意犯罪。死缓犯在死刑缓期 2 年执行期满后，如果因人民法院工作程序方面的原因未及时减刑，这期间又故意犯罪的，不能视为是在死缓执行期间的犯罪。二是再犯的罪必须是故意犯罪，过失犯罪不在此限。三是必须情节恶劣。如一些罪犯因为受到"牢头狱霸"的压迫而奋起反击，结果实施故意犯罪的，不能认定为情节恶劣。四是必须由最高人民法院核准才能执行死刑。

　　对死缓犯决定执行死刑的问题，主要包括：其一，死缓犯在 2 年考验期限内故意犯罪的，是否需要 2 年期满后才能执行死刑？我国刑法典对此没有明文规定，理论上主要包括否定说、肯定说和折衷说。其中，折中说认为，如果死缓犯再犯的故意犯罪本身是应当判处死刑立即执行的，对其执行死刑不必等到 2 年期满以后；但在大多数情况下，死缓犯变更为死刑立即执行的期限，必须是在 2 年期满以后。本书认为，只要在死刑缓期执行期间有故意犯罪的，无论什么时候都应当立即执行死刑。不过，根据国际惯例，并不是所有被判处死刑的罪犯都必须立即执行死刑，可以执行死刑和必须立即执行死刑还是有差异的。我国传统刑律文化中曾有"秋后问斩"，这种做法也有值得借鉴之处。其二，在死缓考验期内既有故意犯罪，又有重大立功表现的，如何处理？对此，本书赞同如下观点："既然刑法规定了罪刑法定原则，而该原则又包括了有利于被告人的思想，故在上述情况下，应作出有利于犯罪人的选择，即不得执行死刑；但由于犯罪人在有重大立功表现的同时又故意犯罪，故减为有期徒刑有不当之处，似应减为无期徒刑。"①

　　(4) 对死缓犯故意犯罪未执行死刑。刑法典第 50 条第 1 款规定："判处死刑缓期执行的，在死刑缓期执行期间……如果故意犯罪，情节恶劣的，报请最高人民法院核准后执行死刑……"换言之，在死刑缓期执行期间，罪犯虽然故意犯罪，但并未达到"情节恶劣"的程度，即仍不需要立即执行死刑的，为了与那些改造较好没有故意犯罪的情况予以区别，需要对其死刑缓期执行的期间进行重新计算，并且需要报请最高人民法院备案。但是，遇到此种情况是按照改判程序由法庭决定还是由刑罚执行机关直接报请最高人民法院备案，需要司法解释予以明确规定。

四、死缓变更的特殊限制

　　首先，我国刑法典第 50 条第 2 款规定："对被判处死刑缓期执行的累犯以及因故意杀

---

① 张明楷：《刑法学》(上)，法律出版社 1997 年版，第 428 页。

人、强奸、抢劫、绑架、放火、爆炸、投放危险物质或者有组织的暴力性犯罪被判处死刑缓期执行的犯罪分子,人民法院根据犯罪情节等情况可以同时决定对其限制减刑。"也就是说,对累犯以及因故意杀人、强奸、抢劫、绑架、放火、爆炸、投放危险物质或者有组织的暴力性犯罪等特殊对象,在死刑缓期执行 2 年期满后能否减刑的问题,人民法院在最初判决死刑缓期 2 年执行时就有权力判决其限制减刑。

其次,死刑缓期执行减为有期徒刑的刑期,从死刑缓期执行期满之日起计算。死缓判决确定之前的羁押期间和死缓判决确定之后的考验期,不能折抵有期徒刑的刑期。

最后,在死刑缓期执行减为有期徒刑时,也应当相应地将附加剥夺政治权利的期限由剥夺政治权利终身减为 3 年以上 10 年以下。

第二十六章

刑事责任的消灭

刑事责任的消灭意味着国家不再对犯罪人追究刑事责任,从而有利于犯罪人顺利地回归社会。

第一节 刑事责任消灭概述

在刑事责任的进程当中,一定事由的出现,能够导致国家不再追究犯罪人的刑事责任。究竟哪些事由能够具有这方面的效果,是刑事责任消灭制度的研究内容。

一、刑事责任消灭的界定

刑事责任的消灭,是指由于法定事由的出现,致使刑事责任呈现终局、结束状态,或者刑事责任不复存在。刑事责任消灭的实质是国家追究刑事责任的权力(主要是刑罚权中的求刑权、量刑权和行刑权)不能再行使。

刑事责任消灭以行为人的行为构成犯罪为前提。刑事责任的消灭以存在刑事责任为前提,而没有犯罪,就没有刑事责任。因此,刑事责任消灭必须以行为人的行为构成犯罪为前提。在行为不构成犯罪的情况下,自然无刑事责任消灭问题。

刑事责任消灭以后的犯罪人,除非法律明文规定有所限制,将和其他公民一样享有各种法律规定的权利。不过,犯罪人承担刑事责任后(即刑事责任消灭后),往往也会给他造成相当的消极影响,如在婚姻、就业等方面将会受到社会的歧视,有些权利甚至从此丧失,如《法官法》《检察官法》《律师法》规定因犯罪受过刑事处罚的,不得担任法官、检察官和律师。

二、刑事责任消灭的理论依据

依照本书有关刑事责任消灭的概念,刑事责任消灭的理论依据主要体现在以下方面:
(1)无惩罚和预防必要性的罪责承担。作为刑罚、量刑基础的罪责与具体案件刑事责任承担大小、法官进行量刑的起点等因素都有关系。但是,由于出现了某些法定或者事实的原因,导致刑事责任无惩罚的必要性或者无预防必要性时,刑罚权的行使就没有意义。(2) 刑法功能的效益。刑法作为各部门法的最后法,如果行为人的法益侵害性和人身危险性已经降低或消除,表明刑法功能已经得到体现,也就没有必要滥用。(3) 犯罪预防和社会稳定。社会恢复正常秩序后,对于已经消除负面影响的犯罪人不再加以追究,才是社会稳定的体现。

三、刑事责任消灭的事由

刑事责任的消灭必须是法定的。由于犯罪人是对国家承担刑事责任,因此,刑事责任是否消灭,只能取决于法律的规定。[①] 换言之,刑事责任的消灭,必须是法定的;没有法定事由的出现,不能导致刑事责任的消灭。例如,如果没有我国刑法典第449条关于战时缓刑的规定,即使犯罪的军人戴罪立功的,也不能导致刑事责任消灭;战时缓刑之所以具有刑事责任消灭事由的功能,是由刑法典明文规定的。

刑事责任消灭事由可以分两类:一类是实际承担或者执行刑事责任而消灭的法定事由,即刑事责任实现,主要包括:(1) 免除处罚;(2) 赦免;(3) 执行完毕(包括缓刑、假释考验期满);(4) 前科消灭;(5) 复权制度。另一类是没有承担刑事责任或执行中被执行主体发生"灭失"导致刑事责任消灭的法定事由,主要包括:(1) 执行中死亡;(2) 被驱逐出境(针对犯罪的外国人);(3) 犯罪嫌疑人或被告人死亡或者失去刑事责任能力;(4) 刑事案件自诉人不起诉或者撤回诉讼;(5) 超过诉讼时效。[②]

对于以上不同的消灭事由,刑事责任消灭的原因是不同的。在犯罪人承担刑事责任完毕的情况下,根据一罪不二罚原则,既然犯罪人已经完成刑事责任承担工作,刑事责任自然消灭。在被赦免的情况下,大赦导致犯罪本身消灭,自然刑事责任也消灭;对于免除刑罚执行的特赦,由于免除刑罚的执行,刑事责任也消灭。[③] 受有罪判决并被科刑的犯罪人在服刑期满或免除刑罚后,在一定的期间内未犯新罪,即视为没有前科。这主要针对未成年人犯罪,目前刑法典只规定了未成年人犯罪记录封存制度。在告诉才处理的犯罪中,由于告诉权由被害人行使,其不告诉或者撤回告诉的,行为人因为实际没有承担刑事责任,自然可以导致刑事责任消灭。在犯罪嫌疑人、被告人死亡的情况下,根据罪责自负原则,既然承担刑事责任的主体不复存在,刑事责任当然归于终结。在超过追诉时效的情况下,不追究刑事责任符合刑事责任的目的,因而刑事责任归于消灭。此外,外国人因实施犯罪而被驱逐出境,刑事责任也自然消灭。

---

① 即使对于自诉案件的刑事责任,也是由《刑事诉讼法》确认其作为刑事责任消灭事由的。
② 由此可见,刑事责任消灭可能发生在刑事责任进程中的不同阶段,即刑事责任可能是因刑事责任承担完毕(刑事责任终结)而消灭,可能是刑事责任产生以后即告消灭,可能是在刑事责任确认过程中消灭,也可能是在刑事责任实现过程中消灭。对于后三种情形,在犯罪人死亡的情况下,都能产生刑事责任消灭的效果。
③ 对于只赦免部分刑罚执行的特赦,不完全导致刑事责任的消灭。

第二节　时　效

刑法上的时效是指经过法定期间不再追究犯罪人刑事责任或者对所宣告的刑罚不再执行的一种刑法制度。民法上的时效制度主要在于敦促权利人积极、及时行使自己的权利。刑法上的时效制度具有类似的目的，即敦促国家积极、及时追究犯罪人的刑事责任，否则，将产生不能追究刑事责任的后果。由此可见，刑法上的时效制度具有限制国家刑罚权的意义。

一、时效的种类

时效可分为追诉时效与行刑时效两种。追诉时效，是指对犯罪分子追究刑事责任的法定有效期限。在法定的有效期限内，司法机关有权追究犯罪人的刑事责任；超过法定追诉期限的，司法机关便丧失追究犯罪人刑事责任的权利，不得再对犯罪人进行追诉（包括侦查、起诉、审判），对已判处的刑罚也不得执行，否则就是违法。因此，超过追诉时效，意味着刑事责任消灭。行刑时效，是指刑法规定的对被判处刑罚的犯罪分子执行刑罚的有效期限。在行刑时效期限内，司法机关有权执行刑罚；超过了此期限，司法机关就再不能执行刑罚。因此，超过行刑时效，同样意味着刑事责任消灭。虽然追诉时效与行刑时效都能够导致刑事责任消灭，但二者导致刑事责任消灭所处的阶段是不一样的：追诉时效是在刑事责任产生之后但尚未被确认之前导致刑事责任消灭，行刑时效是在刑事责任已被确认之后即将实现的过程中导致刑事责任消灭。

我国刑法典只规定了追诉时效制度。一般认为，判处刑罚而没有执行的原因主要是战争或者重大自然灾害、司法机关的疏漏、罪犯的脱逃等。但前两种情况实践中没有出现过，第三种情况不能成为刑罚消灭的正当理由。[①] 故我国刑法典没有规定行刑时效。

设立追诉时效制度符合刑事责任的目的，即报应与预防犯罪。犯罪人犯罪以后，其一直担心被追究刑事责任，这种长期的内心恐惧与痛苦已经使犯罪人受到了一定程度的"报应"。犯罪人长时间没有犯罪的事实足以表明，虽然对犯罪人没有处刑，但事实上已经达到了与处刑相同的效果（即预防犯罪人不犯罪的目的已经达到）。所以，因超过追诉时效期间而导致刑事责任消灭是合理的。

二、追诉时效的期限

根据我国刑法典第 87 条的规定，犯罪经过下列期限不再追诉：法定最高刑为不满 5 年有期徒刑的，经过 5 年；法定最高刑为 5 年以上不满 10 年有期徒刑的，经过 10 年；法定最高刑为 10 年以上有期徒刑的，经过 15 年；法定最高刑为无期徒刑、死刑的，经过 20 年。

---

① 高格主编：《刑法教程》，吉林大学出版社 1987 年版，第 226 页。

如果 20 年以后认为必须追诉的,须报请最高人民检察院核准。

刑法典按照罪责相适应的原则,将追诉期限规定为四种不同个情况。因此,根据犯罪人所犯罪行的轻重,应当分别适用刑法典规定的不同条款或相应的量刑幅度,按其法定最高刑来计算追诉期限。如果所犯罪行的刑罚,分别规定在数个法律条文中时,按其罪行应当适用的法律条文的法定最高刑计算。如果是规定在同一法律条文中,法律规定了数个量刑幅度时按其罪行应当适用的量刑幅度的法定最高刑计算;如果只规定了单一的量刑幅度时,按其罪行应当适用的法定最高刑计算。虽然案件尚未开庭审判,但是,经过认真审查案卷材料和必要的核实案情,在基本事实查清的情况下,已可估量刑期,计算追诉期限。①

我国刑法典第 87 条规定,超过追诉时效期间,在例外的情况下并不必然导致刑事责任消灭。也就是说,法定最高刑为无期徒刑、死刑的,20 年以后认为必须追诉的,经最高人民检察院核准,也可以对犯罪人进行追诉。之所以如此规定,是因为少数犯罪法益侵害性特别严重、行为人的人身危险性较大、所造成的社会影响也极大,确有追究刑事责任的必要。

为了促进祖国和平统一大业,最高人民法院与最高人民检察院先后于 1988 年 3 月 14 日和 1989 年 9 月 7 日就去台人员(包括犯罪后去海外其他地方的人员)去台前在大陆犯罪的问题颁布了《关于不再追诉去台人员在中华人民共和国成立前的犯罪行为的公告》与《关于不再追诉去台人员在中华人民共和国成立后当地人民政权建立前的犯罪行为的公告》。据此,去台人员在中华人民共和国成立前在大陆犯有罪行的,根据我国刑法典关于追诉时效的规定精神,对其当时所犯罪行,不再追诉;对去台人员在中华人民共和国成立后、犯罪地地方人民政权建立前所犯的罪行,不再追诉;去台人员在中华人民共和国成立后、犯罪地地方人民政权建立前犯有罪行,并连续或继续到当地人民政权建立后的,追诉期限从犯罪行为终了之日起计算。凡超过我国刑法典规定的追诉时效期限的,均不再追诉。

三、追诉期限的计算

1. 一般追诉期限的计算

我国刑法典第 89 条第 1 款规定:"追诉期限从犯罪之日起计算;犯罪行为有连续或者继续状态的,从犯罪行为终了之日起计算。"所谓"犯罪之日",是指犯罪成立之日,即行为完全符合犯罪构成之日。如果犯罪行为有连续或者继续状态的,此时不是从犯罪成立之日起计算追诉期限,而是从犯罪行为终了之日起计算。这是因为,对于连续犯或继续犯而言,犯罪成立与犯罪终了的时间点是不同的,选择犯罪终了的时间点开始计算追诉期限,体现了从严追究刑事责任的思想,是合理的。

---

① 最高人民法院《关于人民法院审判严重刑事犯罪案件中具体应用法律的若干问题的答复(三)》。

2. 追诉时效的中断

追诉时效的中断是指在时效进行期间,因发生法定事由,而使以前所经过的时效期间归于无效,需要重新开始计算时效。

在我国,追诉时效中断的法定事由是行为人又犯新罪。我国刑法典第89条第2款规定:"在追诉期限以内又犯罪的,前罪追诉的期限从犯后罪之日起计算。"也就是说,在追诉期限以内又犯罪的,前罪的追诉时效便中断,其追诉时效从后罪成立之日起重新计算。例如,行为人于1990年1月1日实施故意致人重伤的行为,法定最高刑为10年有期徒刑,如果行为人在1999年12月30日实施了数额较大的盗窃行为,这时故意伤害罪的追诉时效便中断,即先前的故意伤害罪的追诉期限从1999年12月30日起重新开始计算,再经过15年,才不追诉。在本案中,先前的故意伤害罪,实际上要经过24年才不追诉。

3. 追诉时效的延长

追诉时效的延长是指在追诉时效进行期间,因发生法定事由,使得对犯罪的追诉不再受追诉期限的限制。追诉时效的延长,在实质上意味着追诉犯罪不再受时效的约束。追诉时效的延长包括三种情况:(1)我国刑法典第88条第1款规定:"在人民检察院、公安机关、国家安全机关立案侦查或者人民法院受理案件以后,逃避侦查或者审判的,不受追诉期限的限制。"据此,这种时效延长的情况必须具备两个条件:一是被人民检察院、公安机关、国家安全机关立案侦查或者人民法院受理了案件。如果人民检察院、公安机关、国家安全机关没有立案侦查或者人民法院没有受理案件,行为人逃避侦查或者审判的,仍受追诉期限的限制,不能进行追诉时效延长。二是行为人逃避侦查或者审判的。这里的"逃避侦查或者审判"是指行为人积极逃避侦查或者审判,如远走他乡、越狱潜逃等。如果行为人犯罪以后消极地逃避侦查或者审判(即不主动投案自首)的,仍受追诉期限的限制。(2)我国刑法典第88条第2款规定:"被害人在追诉期限内提出控告,人民法院、人民检察院、公安机关应当立案而不予立案的,不受追诉期限的限制。"因此,被害人在追诉期限内提出控告,符合立案条件而应当立案的,不管司法机关出于何种原因没有立案,不论行为人是否逃避侦查或者审判,不论经过多长时间,任何时候都可以进行追诉。(3)根据刑法典第87条第4项的规定,法定刑为无期徒刑和死刑经过20年后需要延长追诉时效的,必须报请最高人民检察院批准。

第三节 赦 免

赦免是指宣告对犯罪分子免除其罪或免除其刑的一种刑法制度。赦免"在很大程度上具有行政性,被视为国家元首或者最高权力机关的一种行政特权,因而也被称为恩赦"。① 赦免制度有时不考虑犯罪人本人的悔改与否,因而受到非议②,但赦免制度基本上为世界各国法律所承认。赦免包括大赦与特赦两种类型。

一、大赦

大赦,通常是指在某一特定时期对犯有一定罪行的不特定犯罪人,国家免除其罪(如果在执行刑罚的,同时免除其刑)的刑法制度;简言之,就是对行为人所犯罪行在法律上不认为是犯罪。虽然我国 1954 年《宪法》规定了大赦,但我国现行《宪法》没有对此加以规定,故我国现在不存在大赦制度。

大赦的对象是特定时期的不特定犯罪人,既包括已受罪刑宣告者,也包括未受罪刑宣告者。其中,对于未受罪刑宣告者,不追究刑事责任;对于已受罪刑宣告者,宣告归于无效;对于罪刑宣告后刑罚正在执行的,免除其刑。大赦的效果涉及罪与刑两个方面,既赦其罪,也赦其刑,即罪与刑同时免除,故被大赦的犯罪分子,不存在犯罪记录,以后再犯罪的,不存在构成累犯问题。

二、特赦

特赦,是指国家对较为特定的犯罪人免除刑罚全部或者部分执行的制度。特赦为我国《宪法》第 67、80 条明文规定的制度,故我国刑法典第 65、66 条所指的赦免就仅限于特赦。

特赦的对象是较为特定的犯罪人,特赦的效果是免除刑罚全部或者部分的执行。当特赦只免除部分刑罚的执行时,特赦不能导致刑事责任完全消灭;只有在免除刑罚全部执行的情况下,才能导致刑事责任完全消灭。由于特赦只是免除刑罚的执行,而不免除罪之宣告,故被特赦的犯罪人以后再犯罪的,能够构成累犯。根据我国《宪法》第 67、80 条的规定,特赦由全国人大常委会决定,由国家主席发布特赦令。

从 1959 年到 1975 年,我国先后实行过 7 次特赦。这 7 次特赦都是由党中央或者国务院提出建议,由全国人大常委会决定,由最高人民法院或者高级人民法院执行。1975 年以后,我国根据十二届全国人大常委会第十六次会议于 2015 年 8 月 29 日通过的全国人大常委会《关于特赦部分服刑罪犯的决定》,对参加过抗日战争、解放战争等四类服刑罪犯实行特赦。具体而言,对依据 2015 年 1 月 1 日前人民法院作出的生效判决正在服刑,释放后不具有现实社会危险性的四类罪犯实行特赦:一是参加过中国人民抗日战争、中国人民解放战争的;二是中华人民共和国成立以后,参加过保卫国家主权、安全和领土完整对外作战的,但犯贪污受贿犯罪、故意杀人、强奸、抢劫、绑架、放火、爆炸、投放危险物质或者有组织的暴力性犯罪,黑社会性质的组织犯罪,危害国家安全犯罪,恐怖活动犯罪的,有

---

① 陈兴良:《本体刑法学》,商务印书馆 2001 年版,第 888 页。
② 于志刚:《刑罚消灭制度研究》,法律出版社 2002 年版,第 447 页。

组织犯罪的主犯以及累犯除外;三是年满 75 周岁、身体严重残疾且生活不能自理的;四是犯罪的时候不满 18 周岁,被判处 3 年以下有期徒刑或者剩余刑期在 1 年以下的,但犯故意杀人、强奸等严重暴力性犯罪,恐怖活动犯罪,贩卖毒品犯罪的除外。

第四节 前科消灭制度

前科消灭制度也是刑事责任消灭的重要内容,由于我国尚未建立起系统的刑事登记制度,所以,前科消灭制度也未能相应出台。但相关制度既有法律规定,也有政策性规定,甚至立法机关已经开始考虑研究与制定相关制度。

一、国外前科消灭制度的立法借鉴

前科制度,也称刑事前科制度。一般认为,前科是因犯罪受过的有罪宣告或者被判处刑罚而被判决书、裁定书所记载的事实。我国刑法典只在第 100 条规定了成年犯罪人的前科报告制度和未成年犯罪人的前科报告制度。该条第 1 款规定:"依法受过刑事处罚的人,在入伍、就业的时候,应当如实向有关单位报告自己曾受过刑事处罚,不得隐瞒。"第 2 款规定:"犯罪的时候不满 18 周岁被判处 5 年有期徒刑以下刑罚的人,免除前款规定的报告义务。"由此可见,我国对于未成年犯罪人实施的特殊保护,只是免除其前科报告义务,并没有对其规定前科消灭制度。但在国外,许多国家对未成年犯罪人适用前科消灭制度,从而彻底保护未成年犯罪人的应有权益。前科消灭制度,是指有犯罪前科的人,经过一定的法律程序将其犯罪记录消除。前科消灭制度最早发源于大陆法系的法国和德国,之后世界各国纷纷效仿,现已被世界大部分国家及地区所采用,成为国际上一项普遍的刑事制度,在国际法和国内法中予以规定。德国、日本、美国、澳大利亚等国在其国内有关青少年犯罪的法律中,都规定了对青少年犯罪人的前科消灭制度,在一定程度上体现了世界主要国家对未成年人犯罪前科消灭制度规定的普遍性,而且非常值得在我国青少年犯罪立法中借鉴以及在司法实践中推广。

二、我国未成年犯罪人前科保密制度

我国法律对未成年人前科记录的规定主要体现在刑法典和刑事诉讼法典中。我国刑法典第 100 条第 2 款规定:"犯罪的时候不满 18 周岁被判处 5 年有期徒刑以下刑罚的人,免除前款规定的报告义务。"同时,《刑事诉讼法》第 275 条第 1 款规定:"犯罪的时候不满 18 周岁,被判处 5 年以下有期徒刑以下刑罚的,应当对相关犯罪记录予以封存。"第 2 款规定:"犯罪记录被封存的,不得向任何单位和个人提供,但司法机关为办案需要或者有关单位根据国家规定进行查询的除外。依法进行查询的单位,应当对被封存的犯罪记录的情况予以保密。"虽然前科封存制度与前科消灭制度不同,只是不得对外公布和泄露,但已经是对未成年人犯罪记录的一种保密措施强化,也是对未成年犯罪人的一种有效保护。

不过,本书认为,今后我国应通过刑事登记系统立法的形式,对未成年犯罪人真正实行前科消灭的立法制度性保护。也就是说,对于未成年犯罪人,不只是将其犯罪记录封存,而且通过一定的法律程序,也能够宣布未成年犯罪人犯罪记录不复存在,以更大程度地保护未成年人的基本权利。

三、刑事登记及前科消灭制度的建立

从现行法律的相关规定中可以发现,我国前科消灭及相关制度存在以下问题:

(1) 前科制度和政审制度相结合。我国在《法官法》《检察官法》和《人民警察法》中都有类似的规定,受过刑事处罚的人是不能担任法官、检察官、人民警察等公职的。同样,在《律师法》《教师法》《会计法》等法律中也有类似规定,即犯过罪的人不得从事律师、教师、会计师等职业。由此可见,虽然我国尚未规定系统的刑事登记制度,更没有明确制定刑事犯罪的前科消灭制度,但这些公职剥夺和职业限制规定充分说明了我国必须尽快建立系统的刑事登记制度以及前科消灭制度,以保证和支持这些公职剥夺和职业限制规定得到真正地贯彻落实,以提高社会管理的水准与水平。

(2) 与公开宣判的原则相冲突。我国《刑事诉讼法》第196条第1款规定:"宣告判决,一律公开进行。"本书认为,在公开判决时已经是将未成年被告人的罪行公开了,再将未成年人的犯罪记录封存,是不是有违立法的目的?是否有助于对未成年人的人权保护以及对其将来回归社会时不被歧视?当遇到未成年人和成年人实施共同犯罪的案件时,对未成年人的犯罪记录进行封存,但是对成年人的犯罪记录公开,这在一定程度上也是对未成年人犯罪行为的一种公开。由于立法者没有考虑到这些具体问题的有效衔接,因此,在今后的立法中必须进一步完善和修改。

(3) 前科消灭制度尚未规定。如上所述,我国刑事法律规定的对未成年人犯罪记录的封存制度和国外的前科消灭制度并不相同。国外的前科消灭制度是从根本上消除犯罪记录,最终未成年人的犯罪记录是任何机关、团体和个人都是查不到的。而我国对未成年人犯罪记录的处理只是将犯罪记录封存,事实上都很难完全做到严格保密,尤其是司法机关为了办案需要,依法是完全可以查到未成年人的犯罪记录前科的。

总而言之,在分析了上述有关前科制度的矛盾与问题之后,本书认为,我国目前亟需建立系统、完整的刑事犯罪登记制度,从而方便我国有关部门对受过刑事处罚的人进行管理,以及在罪犯刑满释放后回归社会时进行及时、有效的帮扶工作。针对未成年犯罪人,只是进行犯罪记录封存是远远不够的,在其刑满释放回归社会后,由于犯罪记录仍然存在,所以,对其以后的工作始终存在不利影响。这种制度限制了经过改造的未成年犯罪人回归社会并参与就业,同时"犯罪人"这个标签是跟随犯罪人一生的,这也不利于其今后的生活与自身发展。为此,我国对未成年犯罪人应当建立和适用前科消灭制度,只有这样才能真正帮助未成年犯罪人在社会中不再承担犯罪记录的"包袱",面对"职业禁止"的潜在危险,以保证和促进实施过犯罪的未成年人能够健康、自由地发展。

后　　记

本书是我承担的"十二五"江苏省高等学校重点教材的一个项目，自从干上教书匠这个活儿，我参编、主编的书也不算少。目前，我主编过的刑法教材主要包括：《刑法学》（上下）（法律出版社2001年版）、《中国刑法基本原理》和《中国刑法罪刑适用》（法律出版社2005—2013年版）、《中国刑法总论》和《中国刑法分论》（清华大学出版社2013年版）；还著有供研究生使用的教材《经济刑法学》（群众出版社2000年版）、《行政刑法学》（群众出版社2005年版）以及大专自考教材《刑法学》（群众出版社2002年版）。平心而论，真正令自己满意的教材尚未出现。因此，我一直希望能够真正独自完成一部令自己满意的刑法学教材，看来在我这个年龄以及受自己能力所限，要完成这一任务也十分艰难。

《刑法学总论》和《刑法学分论》这两本书使我进一步认识到，构建中国特色的刑法学体系是一项艰苦卓绝的理论与专业创建过程，也是一项宏大的学科建设的系统工程。虽然在大量吸收、借鉴国内外刑法学研究成果的基础上，我国刑法学界同仁已经对刑法学科体系进行了大刀阔斧的改造与建构，但刑法学理论体系的建设与完善仍是一个需要长期为之努力的过程。为此，希望本书能够成为一块改革我国传统刑法学理论体系的"引玉之砖"，更期盼我国刑法学体系，尤其是现代刑法理论能有长足的进步与发展，并日臻完善。

在本书的撰写与出版过程中，自始至终得到了学界同仁、同事和朋友们的大力支持与帮助，尤其是作为同事的彭文华教授、钱叶六教授、王昭武教授、李洪欣副教授、陈姗姗副教授、吴江副教授以及杨俊和朱嘉珺博士后等，更是在茶余饭后和工作期间与我一起讨论学术问题，本书也自然领教和吸收了诸位同事、同仁的理论观点与学术建议。在此对各位同事长期以来对我的学术和工作的支持表示由衷的感谢！另外，还要感谢当时在读的博士和硕士研究生如尹文平、张鑫、陈小伟、江金满、汪鸿哲、沈仕芫、黄静、倪文琪、赵晓彤、章彭、刘昊等同学为本书撰写所做出的辛勤劳动和贡献！当然，在本书即将出版之际，还要感谢江苏省教育厅重点教材工作组的领导和同志们，以及为本书出版给予工作支持的苏州大学教务部和法学院的领导和同志们，他们是卢玮老师、黄学贤教授、方新军教授、郭凤云老师等，还要感谢北京大学出版社蒋浩副总编的鼎力支持和毕苗苗编辑的无私帮助和奉献！

后　记

本书在撰写过程中参考了国内外大量的学术著作、教材和论文，我们尽可能地将作者书名及参考文献予以注释，但由于文字工作量较大，加之编排和校对过程的复杂过程，如有疏漏还请学界同仁及朋友们多多见谅，并在此表示深深的谢意。在把本书献诸我国刑法学界的同时，我也殷切期待能够得到高校广大师生、刑法学理论研究者、司法实务工作者及其他读者朋友们的关心，支持与批评与指正，尤其是本书的不足之处请及时与我联系，我的电子信箱地址是：sudalxm10@163.com，以待日后对本书做出修改与完善。

李晓明

2016 年 8 月 1 日

于苏州大学相门寓所